FALLPAUSCHALEN-VEREINBARUNG 2024 (FPV 2024)

VEREINBARUNG ZUM FALLPAUSCHALENSYSTEM FÜR KRANKENHÄUSER FÜR DAS JAHR 2024

AG-DRG-FALLPAUSCHALEN-KATALOG 2024 NEBST ANLAGEN UND PFLEGEERLÖSKATALOG 2024

DEUTSCHE KODIERRICHTLINIEN VERSION 2024

ALLGEMEINE UND SPEZIELLE KODIERRICHTLINIEN FÜR DIE VERSCHLÜSSELUNG VON KRANKHEITEN UND PROZEDUREN

Praxisausgabe Fallpauschalenvereinbarung 2024 (FPV 2024) vom 6. November 2023 und Deutsche Kodierrichtlinien Version 2024

Fallpauschalenvereinbarung 2024 (FPV 2024) vom 6. November 2023
aG-DRG-Fallpauschalen-Katalog 2024 nebst Anlagen und Pflegeerlös-Katalog 2024

Deutsche Kodierrichtlinien Version 2024, 23. Oktober 2023

ISBN: 978-3-910921-03-0

Druckjahr 2023

Verlag und Vertrieb:
pictura Werbung GmbH
Schlossgasse 6d, D-35423 Lich
Tel. 0 64 04/66 87 20
Fax 0 64 04/66 87 21
info@pictura-gmbh.de
www.pictura-gmbh.de

Inhaltsverzeichnis Praxisausgabe

Vorwort und spezielle Hinweise zu dieser Sonderauflage

Die vorliegende Praxisausgabe kombiniert die Deutschen Kodierrichtlinien 2024 und die Fallpauschalenvereinbarung 2024 sowie den aG-DRG-Fallpauschalen-Katalog Version 2024 und Pflegeerlöskatalog 2024.

Basis sind die von der InEK GmbH – Institut für das Entgeltsystem im Krankenhaus – im Auftrag der Selbstverwaltung veröffentlichten, durch die Selbstverwaltungspartner geeinigten und gemeinfrei zur Verfügung gestellten Datenbestände.

Die Fallpauschalenvereinbarung 2024 mit den Abrechnungsregeln und den Anlagen wurden um die bislang vorliegenden Klarstellungen der Selbstverwaltung sowie die Hinweise zu „Kombinierten Fallzusammenführungen" ergänzt, die die Anwendung der Abrechnungsregeln präzisieren. Danach folgen die Deutschen Kodierrichtlinien, anhand derer eine Überprüfung der Kodierung und damit auch der Gruppierung fallbezogen durchgeführt werden kann. Damit wird allen an der Kodierung und Abrechnung Beteiligten ein kompaktes Instrument an die Hand gegeben.

Bei der Erstellung dieser Druckversion wurde größtmögliche Sorgfalt aufgewendet, um für den Anwender die Benutzerfreundlichkeit bestmöglich zu gestalten. Für Schäden, die durch Fehler bei der Erstellung entstanden sind, wird jegliche Haftung ausgeschlossen. Es kann bei Redaktionsschluss nicht ausgeschlossen werden, dass sich weitere Änderungen und Anpassungen ergeben.

Bei der Herstellung wurde zwischen dem ersten Teil mit der Fallpauschalenvereinbarung 2024 inklusive Anlagen sowie dem zweiten Teil mit den Deutschen Kodierrichtlinien ein grünes Trennblatt eingebunden, so dass ein einfaches Erkennen der beiden Teile auch von außen möglich ist.

Zur Verbesserung der Benutzerfreundlichkeit der Fallpauschalenvereinbarung 2024 wurde dieser Sonderauflage ein eigens erstelltes alphabetisches Suchregister im Anhang auf Basis wesentlicher für die Abrechnung relevanter Stichworte aus dem Text der Vereinbarung angehängt.

TEIL I

FALLPAUSCHALENVEREINBARUNG 2024

Vereinbarung

zum

Fallpauschalensystem für Krankenhäuser
für das Jahr 2024
(Fallpauschalenvereinbarung 2024 – FPV 2024)

zwischen

dem GKV-Spitzenverband, Berlin,
und
dem Verband der privaten Krankenversicherung, Köln,
gemeinsam und einheitlich

sowie

der Deutschen Krankenhausgesellschaft, Berlin

Präambel

Gemäß § 17b Absatz 1 und 3 Krankenhausfinanzierungsgesetz (KHG) ist für die Vergütung der allgemeinen Krankenhausleistungen ein durchgängiges, leistungsorientiertes und pauschalierendes Vergütungssystem eingeführt worden. Seit dem Gesetz zur Stärkung des Pflegepersonals (Pflegepersonal-Stärkungsgesetz, PpSG) erfolgt die Vergütung der Pflegepersonalkosten für die unmittelbare Patientenversorgung auf bettenführenden Stationen außerhalb des G-DRG-Systems in einem Pflegebudget. Gegenüber der Vorjahresfassung erfolgten zur Berücksichtigung diverser Effekte Korrekturen des DRG-Volumens. Die in diesem Jahr gefundene Lösung zur Ausgliederung des Kostenvolumens für Hybrid-DRG-Fälle aus dem DRG-Katalog stellt kein Präjudiz für zukünftige Ausgliederungen für den Hybrid-Leistungsbereich dar. Unterschiedliche Auffassungen der Vertragspartner bestehen insbesondere nach wie vor beim Thema der Ausgliederung von Gemeinkosten.

Der GKV-Spitzenverband und der Verband der Privaten Krankenversicherung vereinbaren gemeinsam mit der Deutschen Krankenhausgesellschaft gemäß § 17b Absatz 2 KHG auch dessen jährliche Weiterentwicklung und Anpassung, insbesondere an medizinische Entwicklungen, Kostenentwicklungen, Verweildauerverkürzungen und Leistungsverlagerungen zu und von anderen Versorgungsbereichen, und die Abrechnungsbestimmungen, soweit diese nicht im Krankenhausentgeltgesetz (KHEntgG) vorgegeben werden. In diesem Zusammenhang vereinbaren sie gemäß § 9 Absatz 1 Nummern 1 bis 3 KHEntgG einen Fallpauschalenkatalog nach § 17b Absatz 1 Satz 4 KHG, einen Katalog ergänzender Zusatzentgelte nach § 17b Absatz 1 Satz 7 KHG, einen Pflegeerlöskatalog nach § 17b Absatz 4 Satz 5 KHG sowie die Abrechnungsbestimmungen für diese Entgelte.

In Erfüllung dieses gesetzlichen Auftrages vereinbaren die Parteien das Folgende:

ABSCHNITT 1: ABRECHNUNGSBESTIMMUNGEN FÜR DRG-FALLPAUSCHALEN

§ 1 Abrechnung von Fallpauschalen

(1) Die Fallpauschalen werden jeweils von dem die Leistung erbringenden Krankenhaus nach dem am Tag der voll- oder teilstationären Aufnahme geltenden Fallpauschalen-Katalog und den dazu gehörenden Abrechnungsregeln abgerechnet. Im Falle der Verlegung in ein anderes Krankenhaus rechnet jedes beteiligte Krankenhaus eine Fallpauschale ab. Diese wird nach Maßgabe des § 3 gemindert; dies gilt nicht für Fallpauschalen, die im Fallpauschalen-Katalog als Verlegungs-Fallpauschalen gekennzeichnet sind; für diese Verlegungsfälle sind die Regelungen des Absatzes 3 entsprechend anwendbar. Eine Verlegung im Sinne des Satzes 2 liegt vor, wenn zwischen der Entlassung aus einem Krankenhaus und der Aufnahme in einem anderen Krankenhaus nicht mehr als 24 Stunden vergangen sind.

(2) Ist die Verweildauer eines Patienten oder einer Patientin länger als die obere Grenzverweildauer, wird für den dafür im Fallpauschalen-Katalog ausgewiesenen Tag und jeden weiteren Belegungstag des Krankenhausaufenthalts zusätzlich zur Fallpauschale ein tagesbezogenes Entgelt abgerechnet. Dieses wird ermittelt, indem die für diesen Fall im Fallpauschalen-Katalog ausgewiesene Bewertungsrelation mit dem Basisfallwert

multipliziert wird. Die Zahl der zusätzlich abrechenbaren Belegungstage ist wie folgt zu ermitteln:

Belegungstage insgesamt (tatsächliche Verweildauer nach Absatz 7) + 1

- erster Tag mit zusätzlichem Entgelt bei oberer Grenzverweildauer

= zusätzlich abrechenbare Belegungstage

(3) Ist die Verweildauer von nicht verlegten Patienten oder Patientinnen kürzer als die untere Grenzverweildauer, ist für die bis zur unteren Grenzverweildauer nicht erbrachten Belegungstage einschließlich des im Fallpauschalen-Katalog ausgewiesenen ersten Tages mit Abschlag ein Abschlag von der Fallpauschale vorzunehmen. Abweichend von Satz 1 gilt die Abschlagsregelung auch für die Abrechnung von Verlegungs-Fallpauschalen. Die Höhe des Abschlags je Tag wird ermittelt, indem die für diesen Fall im Fallpauschalen-Katalog ausgewiesene Bewertungsrelation mit dem Basisfallwert multipliziert wird. Die Zahl der Abschlagstage ist wie folgt zu ermitteln:

Erster Tag mit Abschlag bei unterer Grenzverweildauer + 1

- Belegungstage insgesamt (tatsächliche Verweildauer nach Absatz 7)

= Zahl der Abschlagstage

(4) Erfolgt die Behandlung sowohl in Hauptabteilungen als auch in belegärztlichen Abteilungen desselben Krankenhauses, ist die Höhe der Fallpauschale nach folgender Rangfolge festzulegen:

1. nach der Abteilungsart mit der höheren Zahl der Belegungstage
2. bei gleicher Zahl der Belegungstage in Haupt- und Belegabteilungen nach der Hauptabteilung

Ist im Ausnahmefall eine Fallpauschale für belegärztliche Versorgung nicht vorgegeben, ist die Fallpauschale für Hauptabteilungen abzurechnen. Ist bei einer belegärztlichen Versorgung im Rahmen der Geburtshilfe (MDC 14) für eine Fallpauschale eine Bewertungsrelation für die Beleghebamme in den Spalten 6 bzw. 7 nicht vorgegeben, so sind die Bewertungsrelationen der Spalte 4 bzw. 5 maßgeblich.

(5) Für jedes Neugeborene, das nach der Versorgung im Kreißsaal weiter im Krankenhaus versorgt wird, ist ein eigener Fall zu bilden und eine eigene Fallpauschale abzurechnen. In diesem Falle ist für die Mutter und das Neugeborene jeweils eine Rechnung zu erstellen. Die Fallpauschale für das gesunde Neugeborene ist mit dem für die Mutter zuständigen Kostenträger abzurechnen. In diesem Fall ist auf der Rechnung für das Neugeborene die Versichertennummer der Mutter anzugeben. Die Fallpauschale für das krankheitsbedingt behandlungsbedürftige Neugeborene ist mit dessen Kostenträger abzurechnen. Nicht krankheitsbedingt behandlungsbedürftig in diesem Sinne sind alle Neugeborenen, für welche die DRG-Fallpauschale P66D, P67D oder P67E abgerechnet werden kann. Ist im Fallpauschalen-Katalog für das Krankenhaus, in dem die Geburt stattfand, eine Mindestverweildauer für die Fallpauschale vorgegeben und wird diese nicht erreicht, ist die Versorgung des Neugeborenen mit dem Entgelt für die Mutter abgegolten und nicht als eigenständiger Fall nach § 9 zu zählen. Im Falle einer Verlegung gilt Absatz 1 Sätze 2 bis 4. Erfolgt ein Verbleib der gesunden Mutter aufgrund des krankheitsbedingt behandlungsbedürftigen Neugeborenen oder des Neugeborenen in der DRG-Fallpauschale P67D, so ist ab Erreichen der abgerundeten mittleren Verweildauer der vollstationären DRG-Fallpauschale für die Mutter der Zuschlag für Begleitpersonen abzurechnen; § 1 Absatz 2 findet in diesem Fall für die Fallpauschale der gesunden Mutter keine Anwendung.

(6) Zur Einstufung in die jeweils abzurechnende Fallpauschale sind Programme (Grouper) einzusetzen, die vom Institut für das Entgeltsystem im Krankenhaus zertifiziert sind. Für

Art und Höhe der nach dieser Vereinbarung abzurechnenden Entgelte ist der Tag der voll- oder teilstationären Aufnahme in das Krankenhaus maßgeblich. Für die Abrechnung tagesbezogener teilstationärer Leistungen gilt als Aufnahmetag in diesem Sinne jeweils der erste Behandlungstag im Quartal. Ist bei der Zuordnung von Behandlungsfällen zu einer Fallpauschale auch das Alter der behandelten Person zu berücksichtigen, ist das Alter am Tag der Aufnahme in das Krankenhaus maßgeblich. Soweit und solange vor- bzw. nachstationäre Behandlungen nicht gesondert vergütet werden, sind deren Diagnosen und Prozeduren bei der Gruppierung und der Abrechnung der zugehörigen vollstationären Behandlung zu berücksichtigen (Neugruppierung); dies gilt nicht für Diagnosen und Prozeduren im Rahmen belegärztlicher Leistung. Ergibt sich aus der Neugruppierung eine andere Fallpauschale, ist diese für die Abrechnung sowie für weitere Prüfungen maßgeblich.

(7) Maßgeblich für die Ermittlung der Verweildauer ist die Zahl der Belegungstage. Belegungstage sind der Aufnahmetag sowie jeder weitere Tag des Krankenhausaufenthalts ohne den Verlegungs- oder Entlassungstag aus dem Krankenhaus; wird ein Patient oder eine Patientin am gleichen Tag aufgenommen und verlegt oder entlassen, gilt dieser Tag als Aufnahmetag. Für den Fall von Wiederaufnahmen gilt § 2 Absatz 4 Satz 4. Vollständige Tage der Beurlaubung sind gesondert in der Rechnung auszuweisen und zählen nicht zur Verweildauer. Eine Beurlaubung liegt vor, wenn ein Patient oder eine Patietin mit Zustimmung des behandelnden Krankenhausarztes die Krankenhausbehandlung zeitlich befristet unterbricht, die stationäre Behandlung jedoch noch nicht abgeschlossen ist. Bei Fortsetzung der Krankenhausbehandlung nach einer Beurlaubung liegt keine Wiederaufnahme im Sinne von § 2 vor.

(8) In der Rechnung des Krankenhauses sind der sich nach dem Fallpauschalen-Katalog ergebende Betrag für die Fallpauschale sowie Abschläge, weitere Entgelte und Zuschläge gesondert auszuweisen; das Verfahren nach § 301 des Fünften Buches Sozialgesetzbuch (SGB V) bleibt unberührt.

§ 2
Wiederaufnahmen in dasselbe Krankenhaus

(1) Das Krankenhaus hat eine Zusammenfassung der Falldaten zu einem Fall und eine Neueinstufung in eine Fallpauschale vorzunehmen, wenn

1. ein Patient oder eine Patientin innerhalb der oberen Grenzverweildauer, bemessen nach der Zahl der Kalendertage ab dem Aufnahmedatum des ersten unter diese Vorschrift zur Zusammenfassung fallenden Krankenhausaufenthalts, wieder aufgenommen wird und
2. für die Wiederaufnahme eine Einstufung in dieselbe Basis-DRG vorgenommen wird.

Eine Zusammenfassung und Neueinstufung nach Satz 1 wird nicht vorgenommen, wenn die Fallpauschalen dieser Basis-DRG bei Versorgung in einer Hauptabteilung in Spalte 13 oder bei belegärztlicher Versorgung in Spalte 15 des Fallpauschalen-Katalogs gekennzeichnet sind.

(2) Eine Zusammenfassung der Falldaten zu einem Fall und eine Neueinstufung in eine Fallpauschale ist auch dann vorzunehmen, wenn

1. ein Patient oder eine Patientin innerhalb von 30 Kalendertagen ab dem Aufnahmedatum des ersten unter diese Vorschrift zur Zusammenfassung fallenden Krankenhausaufenthalts wieder aufgenommen wird und
2. innerhalb der gleichen Hauptdiagnosegruppe (MDC) die zuvor abrechenbare Fallpauschale in die „medizinische Partition" oder die „andere Partition" und die anschließende Fallpauschale in die „operative Partition" einzugruppieren ist.

Eine Zusammenfassung und Neueinstufung nach Satz 1 wird nicht vorgenommen, wenn einer der Krankenhausaufenthalte mit einer Fallpauschale abgerechnet werden kann, die bei Versorgung in einer Hauptabteilung in Spalte 13 oder bei belegärztlicher Versorgung in Spalte 15 des Fallpauschalen-Katalogs gekennzeichnet ist.

(3) Werden Patienten oder Patientinnen, für die eine Fallpauschale abrechenbar ist, wegen einer in den Verantwortungsbereich des Krankenhauses fallenden Komplikation im Zusammenhang mit der durchgeführten Leistung innerhalb der oberen Grenzverweildauer, bemessen nach der Zahl der Kalendertage ab dem Aufnahmedatum des ersten unter diese Vorschrift zur Zusammenfassung fallenden Aufenthalts, wieder aufgenommen, hat das Krankenhaus eine Zusammenfassung der Falldaten zu einem Fall und eine Neueinstufung in eine Fallpauschale vorzunehmen. Eine Zusammenfassung und Neueinstufung wird nicht vorgenommen bei unvermeidbaren Nebenwirkungen von Chemotherapien und Strahlentherapien im Rahmen onkologischer Behandlungen. Die Absätze 1 und 2 gehen den Vorgaben nach den Sätzen 1 und 2 vor. Die Sätze 1 und 2 ergänzen die Vorgaben nach § 8 Absatz 5 KHEntgG.

(4) Bei der Anwendung der Absätze 1 bis 3 ist für jeden Krankenhausaufenthalt eine DRG-Eingruppierung vorzunehmen. Auf dieser Grundlage hat das Krankenhaus eine Neueinstufung in eine Fallpauschale mit den Falldaten aller zusammenzuführenden Krankenhausaufenthalte durchzuführen. Hierbei ist eine chronologische Prüfung vorzunehmen. Zur Ermittlung der Verweildauer sind dabei die Belegungstage der Aufenthalte in diesem Krankenhaus zusammenzurechnen. Die obere Grenzverweildauer, die nach Absatz 1 Satz 1 Nummer 1 für die Fallzusammenführung maßgeblich ist, ergibt sich aus dem Aufnahmedatum und der DRG-Eingruppierung des ersten unter diese Vorschrift zur Zusammenfassung fallenden Aufenthalts in diesem Krankenhaus. Hat das Krankenhaus einen der zusammenzuführenden Aufenthalte bereits abgerechnet, ist die Abrechnung zu stornieren. Maßgeblich für die zusätzliche Abrechnung von tagesbezogenen Entgelten ist die Grenzverweildauer, die sich nach der Fallzusammenführung ergibt; für die Ermittlung der Verweildauer gilt Satz 3 entsprechend. Die Sätze 1 bis 7 gelten nicht für Krankenhausaufenthalte, bei denen der Tag der Aufnahme außerhalb der Geltungsdauer dieser Vereinbarung nach § 12 liegt oder soweit tagesbezogene Entgelte nach § 6 Absatz 1 KHEntgG abzurechnen sind.

(5) Sind mehrere Aufenthalte in einem Krankenhaus aufgrund der Regelungen zur Wiederaufnahme nach den Absätzen 1 bis 3 zusammenzuführen und erfolgte bei mindestens einem Aufenthalt eine Verlegung, sind vom zusammengeführten Fall Verlegungsabschläge nach den Vorgaben des § 1 Absatz 1 Satz 3 in Verbindung mit § 3 zu berechnen.

§ 3
Abschläge bei Verlegung

(1) Im Falle einer Verlegung in ein anderes Krankenhaus ist von dem verlegenden Krankenhaus ein Abschlag vorzunehmen, wenn die im Fallpauschalen-Katalog ausgewiesene mittlere Verweildauer unterschritten wird. Die Höhe des Abschlags je Tag wird ermittelt, indem die bei Versorgung in einer Hauptabteilung in Spalte 11 oder bei belegärztlicher Versorgung in Spalte 13 des Fallpauschalen-Katalogs ausgewiesene Bewertungsrelation mit dem Basisfallwert multipliziert wird. Die Zahl der Tage, für die ein Abschlag vorzunehmen ist, wird wie folgt ermittelt:

Mittlere Verweildauer nach dem Fallpauschalen-Katalog, kaufmännisch auf die nächste ganze Zahl gerundet

- Belegungstage insgesamt (tatsächliche Verweildauer nach § 1 Absatz 7)

= Zahl der Abschlagstage

(2) Im Falle einer Verlegung aus einem anderen Krankenhaus ist von dem aufnehmenden Krankenhaus ein Abschlag entsprechend den Vorgaben des Absatzes 1 vorzunehmen, wenn die im Fallpauschalen-Katalog ausgewiesene mittlere Verweildauer im aufnehmenden Krankenhaus unterschritten wird. Dauerte der vorangegangene voll- oder teilstationäre Aufenthalt im verlegenden Krankenhaus nicht länger als 24 Stunden, so ist im aufnehmenden Krankenhaus kein Verlegungsabschlag nach Satz 1 vorzunehmen; bei einer frühzeitigen Entlassung durch das aufnehmende Krankenhaus ist die Regelung zur unteren Grenzverweildauer nach § 1 Absatz 3, bei einer Weiterverlegung die Abschlagsregelung nach Absatz 1 anzuwenden.

(3) Wird ein Patient oder eine Patientin aus einem Krankenhaus in weitere Krankenhäuser verlegt und von diesen innerhalb von 30 Kalendertagen ab dem Entlassungsdatum eines ersten Krankenhausaufenthalts in dasselbe Krankenhaus zurückverlegt (Rückverlegung), hat das wiederaufnehmende Krankenhaus die Falldaten des ersten Krankenhausaufenthalts und aller weiteren, innerhalb dieser Frist in diesem Krankenhaus aufgenommenen Fälle zusammenzufassen und eine Neueinstufung nach den Vorgaben des § 2 Absatz 4 Sätze 1 bis 7 in eine Fallpauschale durchzuführen sowie Absatz 2 Satz 1 anzuwenden. Kombinierte Fallzusammenführungen wegen Rückverlegung in Verbindung mit Wiederaufnahmen sind möglich. Hierbei ist eine chronologische Prüfung vorzunehmen. Prüffrist ist immer die des ersten Falles, der die Fallzusammenführung auslöst. Die Sätze 1 bis 4 finden keine Anwendung für Fälle der Hauptdiagnosegruppe für Neugeborene (MDC 15). Die Sätze 1 bis 5 gelten nicht für Krankenhausaufenthalte, bei denen der Tag der Aufnahme außerhalb der Geltungsdauer dieser Vereinbarung nach § 12 liegt oder für die anstelle einer Fallpauschale tagesbezogene Entgelte nach § 6 Absatz 1 KHEntgG abzurechnen sind.

(4) Ist in einem Krankenhaus neben dem Entgeltbereich der DRG-Fallpauschalen einerseits noch ein Entgeltbereich nach der Bundespflegesatzverordnung (BPflV) oder für besondere Einrichtungen nach § 17b Absatz 1 Satz 10 KHG andererseits vorhanden, sind diese unterschiedlichen Entgeltbereiche im Falle von internen Verlegungen wie selbstständige Krankenhäuser zu behandeln. Für den Entgeltbereich der DRG-Fallpauschalen sind die Absätze 1 bis 3 entsprechend anzuwenden.

(5) Abschläge nach den Absätzen 1 bis 3 sind nur dann vorzunehmen, insofern beide an der Verlegung beteiligten Krankenhäuser dem Geltungsbereich des Krankenhausfinanzierungsgesetzes unterliegen. Hiervon abweichend sind bei Leistungen, für die eine schriftliche Kooperationsvereinbarung zwischen den Krankenhäusern besteht, Abschläge nach Absatz 1 bis 3 vorzunehmen.

(6) Abschläge nach den Absätzen 1 und 2 sind nicht vorzunehmen, wenn ein invasiv beatmeter Patient oder eine invasiv beatmete Patientin in ein aufnehmendes Krankenhaus auf eine spezialisierte Beatmungsentwöhnungseinheit verlegt wird, das über eine Bescheinigung über eine bestandene Strukturprüfung gemäß § 275d Absatz 2 SGB V für die OPS-Kodes 8-718.8 oder 8-718.9 verfügt.

§ 4
Fallpauschalen bei bestimmten Transplantationen

(1) Mit Fallpauschalen nach Anlage 1 bzw. Entgelten nach Anlage 3a bei Transplantationen von Organen nach § 1a Nr. 1 des Transplantationsgesetzes (TPG), bei Transplantationen von Geweben nach § 1a Nr. 4 TPG sowie bei Transplantationen von hämatopoetischen Stammzellen werden die allgemeinen Krankenhausleistungen nach § 2 KHEntgG für die stationäre Versorgung eines Transplantatempfängers, einer Transplantatempfängerin oder bei der Lebendspende vergütet. Nicht mit den Fallpauschalen nach Anlage 1 bzw. Entgelten nach Anlage 3a vergütet und folglich gesondert abrechenbar sind insbesondere folgende Leistungen:

1. Leistungen des Krankenhauses für eine Organentnahme bei möglichen postmortalen Organspendern oder Organspenderinnen
2. Leistungen der Koordinierungsstelle nach § 11 TPG für die Bereitstellung eines postmortal gespendeten Organs zur Transplantation einschließlich eines dafür erforderlichen Transports des Organs
3. Leistungen der Vermittlungsstelle nach § 12 TPG für die Vermittlung eines postmortal gespendeten Organs
4. Gutachtenerstellung durch die Kommission nach § 8 Absatz 3 Satz 2 TPG vor einer möglichen Lebendorganspende
5. ambulanten Voruntersuchungen gemäß § 8 Absatz 1 Satz 1 Nummer 1 Buchstabe c TPG, die im Hinblick auf die Transplantation eines bestimmten Transplantatempfängers durchgeführt werden, bei möglichen Lebendspendern oder Lebendspenderinnen, nicht jedoch die entsprechenden Untersuchungen bei tatsächlichen Lebendspendern oder Lebendspenderinnen
6. Transport von Knochenmark oder hämatopoetischen Stammzellen
7. Kontrolluntersuchungen nach § 115a Absatz 2 Satz 4 SGB V bei einem Transplantatempfänger oder einer Transplantatempfängerin; § 8 Absatz 2 Satz 3 Nummer 3 KHEntgG bleibt unberührt
8. Kontrolluntersuchungen nach § 115a Absatz 2 Satz 7 in Verbindung mit Satz 4 SGB V bei einem Lebendorganspender oder einer Lebendorganspenderin; § 8 Absatz 2 Satz 3 Nummer 4 KHEntgG bleibt unberührt

Krankengeld bzw. Verdienstausfallerstattung sowie Fahrkosten für Lebendspender oder Lebendspenderinnen sind keine allgemeinen Krankenhausleistungen und daher weder mit den Fallpauschalen nach Anlage 1 bzw. Entgelten nach Anlage 3a vergütet noch gesondert seitens des Krankenhauses abrechenbar.

(2) Für Transplantationen nach Absatz 1 Satz 1 ist jeweils eine Fallpauschale nach Anlage 1 bzw. ein Entgelt nach Anlage 3a gegenüber den Transplantatempfängern, den Transplantatempfängerinnen oder deren Sozialleistungsträgern abzurechnen.

(3) Für zum Zwecke einer Organ- oder Gewebeentnahme für einen bestimmten Transplantatempfänger stationär aufgenommene Lebendspender oder Lebendspenderinnen, bei denen

1. eine Organ- oder Gewebeentnahme vorgenommen wird oder
2. sich erst während der Entnahmeoperation herausstellt, dass das Organ oder das Gewebe nicht entnommen werden kann, oder
3. sich erst nach der Organentnahme herausstellt, dass das Organ nicht transplantiert werden kann, ist eine Fallpauschale nach Anlage 1 bzw. ein Entgelt nach Anlage 3a abzurechnen. Bei erfolgter Transplantation der entnommenen Organe ist die je-

weilige Fallpauschale nach Anlage 1 bzw. das jeweilige Entgelt nach Anlage 3a gegenüber den Transplantatempfängern, den Transplantatempfängerinnen oder deren Sozialleistungsträgern abzurechnen. Kommt es nicht zur Transplantation, ist die jeweilige Fallpauschale nach Anlage 1 bzw. das jeweilige Entgelt nach Anlage 3a gegenüber der Person, die zum Transplantatempfang vorgesehen war, oder gegenüber deren Sozialleistungsträger abzurechnen. Auf der Rechnung ist die Versichertennummer der Person, die das Transplantat empfangen hat oder für die Transplantation vorgesehen war, anzugeben. Werden hämatopoetische Stammzellen bei Familienspendern aus dem Ausland oder bei nicht-verwandten Spendern über in- oder ausländische Spenderdateien bezogen, wird anstelle der Fallpauschale nach Anlage 1 bzw. dem Entgelt nach Anlage 3a ein entsprechendes Zusatzentgelt abgerechnet.

(4) Die Leistungen des Krankenhauses nach Absatz 1 Satz 2 Nr. 1 sind gegenüber der Koordinierungsstelle nach § 11 TPG abzurechnen. Die Leistungen des Krankenhauses nach Absatz 1 Satz 2 Nr. 5 sind gegenüber den Personen, die zum Transplantatempfang vorgesehen waren oder gegenüber deren Sozialleistungsträgern abzurechnen.

ABSCHNITT 2: ABRECHNUNGSBESTIMMUNGEN FÜR ANDERE ENTGELTARTEN

§ 5 Zusatzentgelte

(1) Zusätzlich zu einer Fallpauschale oder zu den Entgelten nach § 6 Absatz 1 KHEntgG dürfen bundeseinheitliche Zusatzentgelte nach dem Zusatzentgelte-Katalog nach Anlage 2 bzw. 5 abgerechnet werden. Die Zusatzentgelte nach Satz 1 sind mit Inkrafttreten der Vereinbarung (§ 13) abrechenbar.

(2) Für die in Anlage 4 bzw. 6 benannten, mit dem bundeseinheitlichen Zusatzentgelte-Katalog nicht vergüteten Leistungen vereinbaren die Vertragsparteien nach § 11 KHEntgG krankenhausindividuelle Zusatzentgelte nach § 6 Absatz 1 KHEntgG. Diese können zusätzlich zu den DRG-Fallpauschalen oder den nach § 6 Absatz 1 KHEntgG vereinbarten Entgelten abgerechnet werden. Für die in Anlage 4 bzw. 6 gekennzeichneten Zusatzentgelte gilt § 15 Absatz 2 Satz 3 KHEntgG entsprechend. Können für die Leistungen nach Anlage 4 bzw. 6 auf Grund einer fehlenden Vereinbarung für den Vereinbarungszeitraum 2024 noch keine krankenhausindividuellen Zusatzentgelte abgerechnet werden, sind für jedes Zusatzentgelt 600,00 Euro abzurechnen. Wurden für Leistungen nach Anlage 4 bzw. 6 für das Jahr 2024 keine Zusatzentgelte vereinbart, sind im Einzelfall auf der Grundlage von § 8 Absatz 1 Satz 3 KHEntgG für jedes Zusatzentgelt 600,00 Euro abzurechnen.

(3) Zusatzentgelte für Dialysen können zusätzlich zu einer DRG-Fallpauschale oder zu einem Entgelt nach § 6 Absatz 1 KHEntgG abgerechnet werden; dies gilt nicht für die Fallpauschalen der Basis-DRG L60 oder L71 oder der DRG L90B / L90C und dem nach Anlage 3b krankenhausindividuell zu vereinbarenden Entgelt L90A, bei denen die Behandlung des Nierenversagens die Hauptleistung ist.

§ 6
Teilstationäre Leistungen

(1) Teilstationäre Leistungen sind mit tagesbezogenen teilstationären Fallpauschalen oder mit Entgelten abzurechnen, die nach § 6 Absatz 1 Satz 1 KHEntgG krankenhausindividuell vereinbart worden sind.

(2) Werden Patienten oder Patientinnen, für die zuvor eine vollstationäre DRG-Fallpauschale abrechenbar war, zur teilstationären Behandlung in dasselbe Krankenhaus wieder aufgenommen oder wechseln sie in demselben Krankenhaus von der vollstationären Versorgung in die teilstationäre Versorgung, kann erst nach dem dritten Kalendertag ab Überschreiten der abgerundeten mittleren Verweildauer, bemessen ab dem Aufnahmedatum des stationären Aufenthalts der zuvor abgerechneten Fallpauschale, eine tagesbezogene teilstationäre Fallpauschale oder ein tagesbezogenes teilstationäres Entgelt nach § 6 Absatz 1 KHEntgG berechnet werden. Die bis dahin erbrachten teilstationären Leistungen sind mit der zuvor abgerechneten Fallpauschale abgegolten. Wurden bei der Abrechnung der vollstationären Fallpauschale Abschläge nach § 1 Absatz 3 oder § 3 vorgenommen, sind zusätzlich zu den Entgelten nach Satz 1 für jeden teilstationären Behandlungstag tagesbezogene teilstationäre Entgelte zu berechnen; höchstens jedoch bis zur Anzahl der vollstationären Abschlagstage. Die teilstationären Prozeduren sind nicht bei der Gruppierung der zuvor abgerechneten Fallpauschale zu berücksichtigen. Die Sätze 1 bis 3 gelten nicht für tagesbezogene teilstationäre Entgelte für Leistungen der Onkologie, der Schmerztherapie, die HIV-Behandlung, für Dialysen sowie Leistungen, die im Anschluss an die Abrechnung einer expliziten Ein-Belegungstag-DRG erbracht werden. Die Regelung nach Satz 1 findet für tagesbezogene Pflegeentgelte keine Anwendung.

(3) Wird ein Patient oder eine Patientin an demselben Tag innerhalb des Krankenhauses von einer tagesbezogen vergüteten teilstationären Behandlung in eine vollstationäre Behandlung verlegt, kann für den Verlegungstag kein tagesbezogenes teilstationäres Entgelt abgerechnet werden.

§ 7
Sonstige Entgelte

(1) Sonstige Entgelte nach § 6 Absatz 1 KHEntgG können krankenhausindividuell vereinbart werden für

1. voll- und teilstationäre Leistungen, die nach Anlagen 3a und 3b noch nicht mit DRG-Fallpauschalen vergütet werden,
2. unbewertete teilstationäre Leistungen, die nicht in Anlage 3b aufgeführt sind, und
3. besondere Einrichtungen nach § 17b Absatz 1 Satz 10 KHG.

Werden fallbezogene Entgelte vereinbart, müssen auch Vereinbarungen zu den übrigen Bestandteilen der Aufstellung für fallbezogene Entgelte nach Abschnitt E3.1 der Anlage 1 KHEntgG getroffen werden, damit die Entgelte von den Abrechnungsprogrammen verarbeitet werden können, die für die DRG-Fallpauschalen vorgesehen sind. Für den Fall der Verlegung eines Patienten oder einer Patientin in ein anderes Krankenhaus sind Abschlagsregelungen zu vereinbaren; dies gilt nicht, soweit Verlegungs-Fallpauschalen im Sinne des § 1 Absatz 1 Satz 3 vereinbart werden. Für den Fall der Wiederaufnahme eines Patienten oder einer Patientin in dasselbe Krankenhaus sollen für fallbezogene Entgelte Vereinbarungen getroffen werden, die den Vorgaben nach § 2 Absatz 1, 2 und 4 entsprechen.

(2) Für die Abrechnung von fallbezogenen Entgelten gelten die Abrechnungsbestimmungen nach § 8 Absatz 2 und 4 KHEntgG und nach § 2 Absatz 3 entsprechend.

(3) Tagesbezogene Entgelte werden für den Aufnahmetag und jeden weiteren Tag des Krankenhausaufenthalts abgerechnet (Berechnungstage); der Entlassungs- oder Verlegungstag, der nicht zugleich Aufnahmetag ist, wird nur bei tagesbezogenen Entgelten für teilstationäre Behandlung nach § 6 Absatz 1 Satz 1 abgerechnet.

(4) Für die in den Anlagen 3a und 3b gekennzeichneten Entgelte gilt § 15 Absatz 2 Satz 3 KHEntgG entsprechend. Können für die Leistungen nach Anlage 3a auf Grund einer fehlenden Vereinbarung für den Vereinbarungszeitraum 2024 noch keine krankenhausindividuellen Entgelte abgerechnet werden, sind für jeden Belegungstag 600,00 Euro abzurechnen. Können für die Leistungen nach Anlage 3b auf Grund einer fehlenden Vereinbarung für den Vereinbarungszeitraum 2024 noch keine krankenhausindividuellen Entgelte abgerechnet werden, sind für jeden Belegungstag 300,00 Euro abzurechnen. Wurden für Leistungen nach Anlage 3a für das Jahr 2024 keine Entgelte vereinbart, sind im Einzelfall auf der Grundlage von § 8 Absatz 1 Satz 3 KHEntgG für jeden Belegungstag 450,00 Euro abzurechnen. Zusätzlich zu den ungeminderten Entgelten nach den Sätzen 2 bis 4 sind die tagesbezogenen Pflegeentgelte nach § 7 Absatz 1 Nr. 6a KHEntgG abrechenbar.

§ 8
Tagesbezogene Pflegeentgelte

(1) Zusätzlich zu vollstationären und teilstationären Entgelten sind für alle ab dem 01.01.2024 aufgenommenen Patienten oder Patientinnen tagesbezogene Pflegeentgelte gemäß § 7 Absatz 1 Nr. 6a KHEntgG abzurechnen. Die Pflegeentgelte werden jeweils von dem die Leistung erbringenden Krankenhaus nach dem am Tag der voll- oder teilstationären Aufnahme geltenden Pflegeerlöskatalog und den dazu gehörenden Abrechnungsregeln abgerechnet.

(2) Das tagesbezogene Pflegeentgelt wird ermittelt, indem die maßgebliche Bewertungsrelation jeweils mit dem krankenhausindividuellen Pflegeentgeltwert multipliziert und das Ergebnis kaufmännisch auf zwei Nachkommastellen gerundet wird. Für die Rechnungsstellung wird der Entgeltbetrag nach Satz 1 mit der Anzahl der Berechnungstage je tagesbezogenem Entgelt multipliziert und in der Rechnung ausgewiesen.

(3) Für die Ermittlung der für den Pflegeerlös relevanten Bewertungsrelation ist die Zuordnung zu einem Entgelt gemäß den Vorgaben dieser Vereinbarung in der jeweils gültigen Fassung maßgeblich. Die Zahl der Berechnungstage richtet sich nach den Vorgaben zur Ermittlung der Verweildauer nach § 1 Absatz 7 und § 7 Absatz 3. Die Fallzählung bleibt von der neuen Pflegepersonalkostenfinanzierung ab dem Jahr 2020 unberührt und ergibt sich weiterhin aus den Vorgaben des § 9. Sofern die Höhe von Zu- oder Abschlägen anhand eines Prozentsatzes zu berechnen ist, richtet sich die Ermittlung nach den hierfür maßgeblichen gesetzlichen Vorgaben.

(4) Kann auf Grund einer fehlenden Vereinbarung für das Jahr 2020 noch kein krankenhausindividueller Pflegeentgeltwert angewendet werden, erfolgt die Abrechnung von Patienten oder Patientinnen, die ab dem 1. Januar 2024 in das Krankenhaus aufgenommen werden, nach den Vorgaben des § 15 Absatz 2a KHEntgG.

(5) Für Leistungen, die unter die Regelung nach § 7 Absatz 1 Satz 1 Nr. 2 und Nr. 3 (teilstationäre Leistungen, die nicht in Anlage 3b aufgeführt sind und besondere Einrichtungen) fallen, gilt eine Pflegebewertungsrelation von 1,0 für vollstationäre Fälle und 0,5 für teilstationäre Fälle, sofern die Vertragsparteien nach § 11 KHEntgG keine abweichenden Festlegungen treffen.

(6) Sofern die Budgetvereinbarung nach § 11 KHEntgG für das jeweilige Kalenderjahr unterjährig oder nach Ablauf des Vereinbarungszeitraums genehmigt wird, erfolgt die Abrechnung mit dem neuen genehmigten krankenhausindividuellen Pflegeentgeltwert für alle Aufnahmen ab dem Tag des Wirksamwerdens der Budgetvereinbarung.

(7) Die Regelungen zum Kostenträgerwechsel nach § 10 Satz 2 und 3 bleiben durch die Abrechnung von Pflegeentgelten unberührt.

ABSCHNITT 3:
SONSTIGE VORSCHRIFTEN

§ 9
Fallzählung

(1) Jede abgerechnete vollstationäre Fallpauschale zählt im Jahr der Entlassung als ein Fall. Dies gilt auch für Neugeborene sowie für vollstationäre Fallpauschalen, die mit nur einem Belegungstag ausgewiesen sind. Bei einer Wiederaufnahme nach § 2 und einer Rückverlegung nach § 3 Absatz 3 ist jeweils nur die Fallpauschale zu zählen, die nach der Neueinstufung für die zusammengefassten Krankenhausaufenthalte abgerechnet wird. Bei Abrechnung von tagesbezogenen teilstationären Fallpauschalen wird für jeden Patienten oder jede Patientin, der oder die wegen derselben Erkrankung regelmäßig oder mehrfach behandelt wird, je Quartal ein Fall gezählt.

(2) Leistungen, für die Entgelte nach § 6 Absatz 1 KHEntgG abgerechnet werden, sind wie folgt zu zählen:

1. Jedes fallbezogene Entgelt für eine voll- oder teilstationäre Leistung zählt als ein Fall.
2. a) Bei Abrechnung von tagesbezogenen vollstationären Entgelten zählt jede Aufnahme als ein Fall.

   b) Bei Abrechnung von tagesbezogenen teilstationären Entgelten wird für jeden Patienten oder jede Patientin, der oder die wegen derselben Erkrankung regelmäßig oder mehrfach behandelt wird, je Quartal ein Fall gezählt.

§ 10
Kostenträgerwechsel

Vorbehaltlich einer anderweitigen gesetzlichen Regelung gilt:

Tritt bei Fallpauschalenpatienten oder -patientinnen während der stationären Behandlung ein Zuständigkeitswechsel des Kostenträgers ein, wird der gesamte Krankenhausfall mit dem Kostenträger abgerechnet, der am Tag der Aufnahme leistungspflichtig ist. Tritt hingegen während der mittels tagesbezogener Entgelte nach § 6 Absatz 1 KHEntgG sowie tagesbezogener teilstationärer Fallpauschalen vergüteten Behandlung ein Zuständigkeitswechsel des Kostenträgers ein, sind die Kosten der einzelnen Belegungstage mit dem Kostenträger abzurechnen, der am Tag der Leistungserbringung leistungspflichtig ist.

§ 11
Laufzeit der Entgelte

(1) Die Fallpauschalen nach Anlage 1 und die Zusatzentgelte nach Anlage 2 bzw. 5 sind abzurechnen für Patienten oder Patientinnen, die ab dem 1. Januar 2024 in das Krankenhaus aufgenommen werden. Können die Fallpauschalen noch nicht mit der für das Jahr 2024 vereinbarten oder festgesetzten Höhe des Landesbasisfallwerts gewichtet

werden, sind sie nach Maßgabe des § 15 Absatz 1 KHEntgG mit der bisher geltenden Höhe des Landesbasisfallwerts zu gewichten und in der sich ergebenden Entgelthöhe abzurechnen.

(2) Bis zum Beginn der Laufzeit der nach § 6 Absatz 1 KHEntgG zu vereinbarenden Entgelte für teilstationäre Leistungen, die nicht in Anlage 3b aufgeführt sind und im Jahr 2024 nicht mit DRG-Fallpauschalen abgerechnet werden können, werden die für diese Leistungen bisher nach § 6 Absatz 1 KHEntgG vereinbarten Entgelte weiter abgerechnet.

ABSCHNITT 4:
GELTUNGSDAUER, INKRAFTTRETEN

§ 12
Geltungsdauer

Die Vorschriften der Abschnitte 1 bis 3 gelten vom 01.01.2024 bis zum 31.12.2024. Können die Entgeltkataloge 2024 erst nach dem 01.01.2024 angewendet werden, sind nach Maßgabe des § 15 Absatz 1 und 2 KHEntgG die Leistungen weiterhin nach den Anlagen 1 bis 8 der abzurechnen. Solange noch keine neuen Abrechnungsregeln vereinbart oder in Kraft getreten sind, gelten die Abrechnungsbestimmungen nach dieser Vereinbarung weiter.

§ 13
Inkrafttreten

Diese Vereinbarung tritt zum 01.01.2024 in Kraft.

STICHWORTVERZEICHNIS ZUR FALLPAUSCHALENVEREINBARUNG 2024

DRG-ENTGELTKATALOGVERORDNUNG 2024 DRG-EKV 2024

Anlage 1 Fallpauschalen-Katalog gem. § 1 Abs. 1 Satz 1 und Pflegeerlöskatalog gem. § 8 Abs. 1 Satz 2

Teil a Bewertungsrelationen bei Versorgung durch Hauptabteilungen

Teil b Bewertungsrelationen bei Versorgung durch Belegabteilungen

Teil c Bewertungsrelationen bei teilstationärer Versorgung

Teil d Bewertungsrelationen mit gezielter Absenkung in Abhängigkeit der Median-Fallzahl bei Versorgung durch Hauptabteilung

Teil e Bewertungsrelationen mit gezielter Absenkung in Abhängigkeit der Median-Fallzahl bei Versorgung durch Belegabteilung

Anlage 2 Zusatzentgelte-Katalog (Liste) gem. § 5 Abs. 1

Anlage 3a Nicht mit dem Fallpauschalen-Katalog vergütete vollstationäre Leistungen gem. § 7 Abs. 1 Satz 1 Nr. 1 und Pflegeerlöskatalog gem. § 8 Abs. 1 Satz 2

Anlage 3b Nicht mit dem Fallpauschalen-Katalog vergütete teilstationäre Leistungen gem. § 7 Abs. 1 Satz 1 Nr. 1 und Pflegeerlöskatalog gem. § 8 Abs. 1 Satz 2

Anlage 3c Pflegeerlöskatalog für Hybrid-DRGs

Anlage 4 Zusatzentgelte nach § 6 Abs. 1 KHEntgG (Liste) gem. § 5 Abs. 2

Anlage 5 Zusatzentgelte-Katalog (Definition und differenzierte Beträge) gem. § 5 Abs. 1

Anlage 6 Zusatzentgelte nach § 6 Abs. 1 KHEntgG gem. § 5 Abs. 2

Anlage 7 Zusatzentgelte nach § 6 Abs. 1 KHEntgG gem. § 5 Abs. 2 Zusatzentgelte-Katalog – Blutgerinnungsstörungen

Anlage 8 Ergänzende Informationen zur Abrechnung von bewerteten Zusatzentgelten aus dem Zusatzentgelte-Katalog (Anlage 2 bzw. Anlage 5)

Fallpauschalen-Katalog gemäß § 17b Absatz 1 Satz 4 des Krankenhausfinanzierungsgesetzes Katalog ergänzender Zusatzentgelte gemäß § 17b Absatz 1 Satz 7 des Krankenhausfinanzierungsgesetzes Pflegeerlöskatalog gemäß § 17b Absatz 4 Satz 5 des Krankenhausfinanzierungsgesetzes

Die Bewertungsrelationen gelten für die Abrechnung von stationären Leistungen. Dies gilt für die Abrechnung von Fallpauschalen des aG-DRG-Katalogs nicht, soweit nach Paragraf 6 Absatz 1 Krankenhausentgeltgesetz sonstige Entgelte für bestimmte Leistungen nach Anlage 3a/b, teilstationäre Leistungen nach Paragraf 6 Absatz 1 Satz 1 Krankenhausentgeltgesetz oder besondere Einrichtungen nach Paragraf 17b Absatz 1 Satz 10 Krankenhausfinanzierungsgesetz vereinbart worden sind.

Die tagesbezogenen Bewertungsrelationen des Pflegeerlöskatalogs sind für die Abzahlung des Pflegebudgets nach Paragraf 6a Krankenhausentgeltgesetz zu verwenden. Die Werte 1,0000 und 0,5000 in Anlage 3a beziehungsweise 3b sind nicht kalkuliert; sie entsprechen den Vorgaben nach Paragraf 8 Absatz 5 der Fallpauschalenvereinbarung.

Abkürzungen:

CC	Komplikationen oder Komorbiditäten
MDC	Hauptdiagnosegruppe (Major Diagnostic Category)
OR	operativ (Operating Room)
ZE	Zusatzentgelt
ZE_D	Zusatzentgelt, differenziert
Partition "O"	operative Fallpauschalen
Partition "A"	andere Fallpauschalen, z. B. Koloskopie
Partition "M"	medizinische Fallpauschalen

Fußnoten:

1) Belegungstage, die der Kalkulation der Fallpauschale zu Grunde gelegt wurden.

2) Erster Belegungstag, an dem nach Paragraf 1 Absatz 3 ein Abschlag von der Fallpauschale vorzunehmen ist.

3) Erster Belegungstag, an dem nach Paragraf 1 Absatz 2 ein tagesbezogenes Entgelt zusätzlich zur Fallpauschale gezahlt wird.

4) Eine Zusammenfassung von Fällen bei Wiederaufnahme in dasselbe Krankenhaus nach Paragraf 2 Absatz 1 und 2 erfolgt nicht.

5) Wenn die Definition der DRG keine untere Grenzverweildauer und/oder keine obere Grenzverweildauer zulässt, dann werden im Katalog gegebenenfalls keine Werte angegeben.

6) Bei den in der DRG-Bezeichnung angegebenen Punktwerten für die intensivmedizinische Komplexbehandlung handelt es sich bei dem ersten Wert um die Aufwandspunkte für die intensivmedizinische Komplexbehandlung im Kindesalter (8-98d.*), bei dem zweiten Wert um die Aufwandspunkte für die Aufwendige intensivmedizinische Komplexbehandlung (8-98f.*) und bei dem dritten Wert um die Aufwandspunkte für die intensivmedizinische Komplexbehandlung im Erwachsenenalter (8-980.*).

Fallpauschalen-Katalog und Pflegeerlöskatalog
Teil a) Bewertungsrelationen bei Versorgung durch Hauptabteilungen

DRG	Partition	Bezeichnung [6]	Bewertungsrelation bei Hauptabteilung	Bewertungsrelation bei Hauptabteilung und Beleghebamme	Mittlere Verweildauer [1]	Untere Grenzverweildauer: Erster Tag mit Abschlag [2, 5]	Untere Grenzverweildauer: Bewertungsrelation/Tag	Obere Grenzverweildauer: Erster Tag zus. Entgelt [3, 5]	Obere Grenzverweildauer: Bewertungsrelation/Tag	Externe Verlegung Abschlag/Tag (Bewertungsrelation)	Verlegungsfallpauschale	Ausnahme von Wiederaufnahme [4]	Pflegeerlös Bewertungsrelation/Tag
1	2	3	4	5	6	7	8	9	10	11	12	13	
Prä-MDC													
A01A	O	Lebertransplantation mit Beatmung > 179 Stunden oder kombinierter Dünndarmtransplantation	19,986	-	45,3	14	0,993	63	0,356	-	x	x	3,2011
A01B	O	Lebertransplantation ohne kombinierte Dünndarmtranspl. mit Beatmung > 59 und < 180 Std. od. mit Transplantatabstoßung od. mit komb. Nierentranspl. od. m. kombinierter Pankreastranspl. od. Alter < 6 J. oder od. m. intensivm. Komplexbeh. > 980 / 828 / - P.	11,446	-	31,1	9	0,820	49	0,300	-	x	x	2,1973
A01C	O	Lebertransplantation ohne kombinierte Dünndarmtransplantation, ohne Beatmung > 59 Stunden, ohne Transplantatabstoßung, ohne komb. Nierentranspl., ohne kombinierte Pankreastranspl., Alter > 5 Jahre, ohne intensivmed. Komplexbehandlung > 980 / 828 / - P.	8,556	-	22,3	6	0,814	40	0,261	-	x	x	1,8430
A02Z	O	Transplantation von Niere und Pankreas	8,709	-	23,9	7	0,695	42	0,253	-	x	x	1,8464
A03A	O	Lungentransplantation mit Beatmung > 179 Stunden	24,445	-	60,0	19	0,966	78	0,404	-	x	x	3,1960
A03B	O	Lungentransplantation ohne Beatmung > 179 Stunden	11,518	-	29,0	9	0,776	45	0,325	-	x	x	2,2479
A04B	O	Knochenmarktranspl. / Stammzelltransf., allogen, außer bei Plasmozytom oder mit Graft-versus-Host-Krankheit Grad III und IV, mit Gabe best. Stammzellen od. Alt. < 18 J., mit best. Entnahme od. Stammzellboost od. intensivmed. Komplexbeh. > 2058 / - / - P.	20,555	-	56,1	18	0,897	74	0,435	-	x	x	3,1572
A04C	O	Knochenmarktransplantation / Stammzelltransfusion, allogen, < 18 J. od. GVHD Grad III/IV od. auß. b. Plasmozytom, mit Gabe best. Stammz. od. GVHD III/IV od. HLA-versch., mit best. Entn. od. SZ-Boost od. m. intensivm. Komplexbeh. > 1764 / 1932 / 2760 P.	17,443	-	53,5	17	0,909	72	0,284	-	x	x	2,9807
A04D	O	Knochenmarktransplantation / Stammzelltransfusion, allogen, mit Graft-versus-Host-Krankheit Grad III und IV oder außer bei Plasmozytom, HLA-verschieden oder mit Komplexbehandlung bei multiresistenten Erregern	10,265	-	37,8	12	0,729	56	0,244	-	x	x	1,7827
A04E	O	Knochenmarktransplantation / Stammzelltransfusion, allogen, außer bei Plasmozytom	8,985	-	34,4	10	0,744	51	0,236	-	x	x	1,9317
A05Z	O	Herztransplantation	23,324	-	54,5	17	0,889	73	0,270	-	x	x	2,0463
A06A	O	Beatmung > 1799 Stunden mit intensivmedizinischer Komplexbehandlung > 2940 / 5520 / 7360 Aufwandspunkte oder mit hochkomplexem Eingriff	48,001	-	125,7	-	-	144	0,344	-	x	x	4,2245
A06B	O	Beatmung > 1799 Stunden mit komplexer OR-Prozedur oder Polytrauma, ohne hochkomplexen Eingriff, ohne intensivmedizinische Komplexbehandlung > 2940 / 5520 / 7360 Aufwandspunkte	33,607	-	96,0	-	-	114	0,302	-	x	x	3,8343
A06C	O	Beatmung > 1799 Stunden, ohne komplexe OR-Prozedur, ohne Polytrauma, mit intensivmedizinischer Komplexbehandlung > 588 / 552 / 552 Aufwandspunkte	23,364	-	94,6	-	-	113	0,192	-	x	x	3,0598
A07A	O	Beatmung > 999 Stunden oder > 499 Stunden mit intensivmedizinischer Komplexbehandlung > 4900 / 4600 / 4600 Aufwandspunkte, mit komplexer OR-Prozedur oder Polytrauma und int. Komplexbeh. > 3920 / 3680 / 3680 P. oder mit hochkompl. oder dreizeitigem Eingr.	32,972	-	79,5	26	0,945	98	0,352	-	x	x	3,7714
A07B	O	Beatmung > 999 Stunden oder > 499 Stunden mit intensivmedizinischer Komplexbehandlung > 4900 / 4600 / 4600 P., mit komplexer OR-Prozedur und ECMO ab 384 Stunden oder mit Polytrauma oder Alter < 18 J. oder intensivmed. Komplexbeh. > - / 3220 / - P.	25,513	-	70,0	22	0,979	88	0,319	-	x	x	3,9034
A07C	O	Beatmung > 999 Stunden oder > 499 Stunden mit intensivmed. Komplexbeh. > 4900 / 4600 / 4600 Punkte, mit komplexer OR-Prozedur, ohne ECMO ab 384 Stunden, ohne Polytrauma, Alter > 17 Jahre oder mit intensivmed. Komplexbeh. > 2352 / 1932 / 2760 Punkte	19,389	-	57,9	18	0,932	76	0,230	0,298	-	x	3,7181
A07D	O	Beatmung > 999 Stunden ohne komplexe OR-Prozedur, ohne Polytrauma, Alter > 17 Jahre, mit intensivmedizinischer Komplexbehandlung > 1176 / 1380 / 2484 und < 2353 / 1933 / 2761 Aufwandspunkte, mit komplexer Diagnose oder komplizierender Konstellation	16,321	-	70,4	22	0,657	88	0,166	0,210	-	x	3,8469
A07E	O	Beatmung > 999 Stunden ohne komplexe OR-Prozedur, ohne Polytrauma, Alter > 17 Jahre, ohne komplexe Diagnose, ohne komplizierende Konstellation, mit intensivmedizinischer Komplexbehandlung > 392 / 184 / 368 Aufwandspunkte oder Beatmung > 1799 Stunden	12,978	-	63,3	20	0,596	81	0,141	0,197	-	x	2,8296
A07F	O	Beatmung > 999 Stunden ohne komplexe OR-Prozedur, ohne Polytrauma, Alter > 17 Jahre, ohne komplexe Diagnose, ohne komplizierende Konstellation, ohne intensivmedizinische Komplexbehandlung > 392 / 184 / 368 Aufwandspunkte, ohne Beatmung > 1799 Stunden	9,717	-	59,5	19	0,474	77	0,109	0,156	-	x	2,6173
A09A	O	Beatmung > 499 Stunden oder > 249 Stunden mit IntK > 2352 / 1932 / 2208 P., mit hochkomplexem Eingriff oder komplexer OR-Prozedur, Alter < 16 Jahre, mit IntK > 1764 / 1932 / - Punkten oder mit sehr komplexem Eingriff und IntK > - / 2208 / - Punkten	22,978	-	57,5	18	0,963	75	0,319	-	x	x	3,6644
A09B	O	Beatmung > 499 Stunden oder > 249 Stunden mit int. Komplexbeh. > 2352 / 1932 / 2208 Punkte, mit angeb. Fehlbild. oder Tumorerkr., Alter < 3 J. oder mit hochkompl. Eingr. oder mit kompl. OR-Proz. oder int. Komplexbeh. > 1764 / 1932 / - P., Alter < 16 J.	15,046	-	40,7	13	0,883	59	0,305	-	x	x	3,6570
A09C	O	Beatmung > 499 Stunden oder > 249 Stunden mit intensivmedizinischer Komplexbeh. > 2352 / 1932 / 2208 P., mit komplexer OR-Prozedur oder Polytrauma oder int. Komplexbeh. > 1764 / 1656 / 2208 P. oder mit komplizierender Konstellation oder Alter < 16 Jahre	11,828	-	33,2	10	0,935	51	0,243	-	x	x	3,7103

Fallpauschalen-Katalog und Pflegeerlöskatalog
Teil a) Bewertungsrelationen bei Versorgung durch Hauptabteilungen

DRG	Partition	Bezeichnung [6]	Bewertungsrelation bei Hauptabteilung	Bewertungsrelation bei Hauptabteilung und Beleghebamme	Mittlere Verweildauer [1]	Untere Grenzverweildauer: Erster Tag mit Abschlag [2], [5]	Untere Grenzverweildauer: Bewertungsrelation/Tag	Obere Grenzverweildauer: Erster Tag zus. Entgelt [3], [5]	Obere Grenzverweildauer: Bewertungsrelation/Tag	Externe Verlegung Abschlag/Tag (Bewertungsrelation)	Verlegungsfallpauschale	Ausnahme von Wiederaufnahme [4]	Pflegeerlös Bewertungsrelation/Tag
1	2	3	4	5	6	7	8	9	10	11	12	13	
A09D	O	Beatmung > 499 Stunden, ohne komplexe OR-Prozedur, ohne Polytrauma, Alter > 15 Jahre, ohne komplizierende Konstellation, mit intensivmedizinischer Komplexbehandlung > 1470 / 1380 / 1656 und < 1765 / 1657 / 2209 Aufwandspunkte	11,305	-	36,5	11	0,891	55	0,204	0,281	-	x	3,5576
A09E	O	Beatmung > 499 Stunden, ohne komplexe OR-Prozedur, ohne Polytrauma, Alter > 15 Jahre, ohne komplizierende Konstellation, mit intensivmedizinischer Komplexbehandlung > 1176 / 1104 / 1380 u. < 1471 / 1381 / 1657 Punkte, mit komplexer Diagnose oder Prozedur	10,020	-	36,5	11	0,779	55	0,189	0,245	-	x	3,6182
A09F	O	Beatmung > 499 Stunden, ohne komplexe OR-Prozedur, ohne Polytrauma, Alter > 15 Jahre, ohne komplizierende Konstellation, ohne intensivmedizinische Komplexbehandlung > 1176 / 1104 / 1380 Aufwandspunkte, ohne komplexe Diagnose oder Prozedur	8,205	-	30,7	9	0,790	48	0,179	0,248	-	x	2,8261
A11A	O	Beatmung > 249 Stunden oder > 95 Stunden mit intensivmedizinischer Komplexbehandlung > 1764 / 1656 / 1932 Aufwandspunkte, mit kompliz. Konstellation und best. OR-Prozedur, Alter < 16 Jahre oder mit intensivmed. Komplexbeh. > 1764 / 1656 / 2208 Aufwandsp.	18,811	-	46,5	14	0,952	64	0,304	0,300	-	x	3,4375
A11B	O	Beatmung > 249 Stunden oder > 95 Stunden mit intensivmedizinischer Komplexbehandlung > 1764 / 1656 / 1656 Aufwandspunkte, mit hochkomplexem Eingriff oder best. Eingriff und best. intensivmed. Komplexbeh. oder Alter < 2 Jahre bei angeborener Fehlbildung	13,709	-	36,6	11	0,847	55	0,279	-	x	x	3,3322
A11C	O	Beatmung > 249 Stunden oder > 95 Stunden mit intensivmed. Komplexbehandlung > 1764 / 1656 / 1656 Punkte, mit komplexer OR-Prozedur, Alter < 16 Jahre oder komplizierende Konstellation	9,647	-	20,8	6	0,938	37	0,321	-	x	x	3,3347
A11D	O	Beatmung > 249 h oder > 95 h mit IntK > 1764 / 1656 / 1656 P. mit best. OR-Prozeduren u. kompliz. Konstell. oder EHEC oder generalisierte Mukositis ohne IntK > 1764 / 1656 / 1932 P. oder mit kompl. Diagnose u. Alter < 3 J. oder IntK > 980 / 1104 / - P.	8,352	-	23,5	7	0,906	42	0,267	-	x	x	3,4577
A11E	O	Beatmung > 249 Stunden, mit komplexer OR-Prozedur, ohne hochkomplexen Eingriff, ohne int. Komplexbeh. > 1764 / 1656 / 1656 P., ohne kompliz. Konstellation, Alter > 15 Jahre oder mit intensivmedizinischer Komplexbehandlung > 588 / 828 / - Aufwandspunkte	6,756	-	21,5	6	0,873	37	0,200	-	x	x	3,3691
A11F	O	Beatmung > 249 Stunden oder > 95 Stunden mit intensivmedizinischer Komplexbehandlung > 1764 / 1656 / 1656 Aufwandspunkte, mit bestimmter OR-Prozedur oder kompliz. Konstellation oder intensivmed. Komplexbehandlung > - / - / 1104 P. oder Alter < 6 Jahre	6,504	-	22,3	6	0,793	40	0,178	0,241	-	x	3,2263
A11G	O	Beatmung > 249 Stunden, ohne komplexe oder bestimmte OR-Prozedur, ohne intensivmed. Komplexbehandlung > 588 / 828 / 1104 Punkte, ohne kompliz. Konstellation, Alter > 5 Jahre, mit kompl. Diagnose oder Prozedur oder Alter < 16 J. oder äußerst schwere CC	5,808	-	20,5	6	0,799	37	0,191	0,259	-	x	3,1703
A11H	O	Beatmung > 249 Stunden, ohne komplexe oder bestimmte OR-Prozedur, ohne IntK > 588 / 828 / 1104 Punkte, ohne komplizierende Konstellation, Alter > 15 Jahre, ohne komplexe Diagnose oder Prozedur, ohne äußerst schwere CC	4,213	-	19,1	5	0,693	34	0,146	0,209	-	x	2,9727
A13A	O	Beatmung > 95 Std. mit hochkompl. Eingriff oder mit int. Komplexbeh. > 1176 / 1380 / - P. oder mit kompl. OR-Prozedur oder bei Lymphom und Leukämie und int. Komplexbeh. > - / 1104 / 1104 P. oder mit kompliz. Konst. u. best. OR-Proz., Alter < 16 Jahre	11,392	-	31,6	10	0,818	50	0,284	-	x	x	3,0854
A13B	O	Beatmung > 95 Stunden mit sehr komplexem Eingriff oder mit komplexer OR-Prozedur und komplizierender Konstellation oder mit best. OR-Proz. und kompliz. Konst., Alter < 16 Jahre od. mit intensivmed. Komplexbeh. > - / 1104 / 1104 Punkte und kompliz. Konst.	8,571	-	20,2	6	0,742	38	0,254	-	x	x	2,6561
A13C	O	Beatmung > 95 Stunden mit komplexer OR-Prozedur, Alter < 6 Jahre oder mit bestimmter OR-Proz. und kompliz. Konstellation od. mit intensivmed. Komplexbeh. > - / - / 1104 Punkte od. Alter < 16 J., außer bei Lymphom und Leukämie, ohne kompliz. Konstellation	7,687	-	26,4	8	0,648	44	0,209	-	x	x	2,6700
A13D	O	Beatmung > 95 Stunden mit komplexer OR-Prozedur, Alter > 5 Jahre oder mit IntK > - / 828 / - Punkte oder kompl. OR-Prozedur od. mit best. OR-Prozedur od. kompliz. Konst. od. mit IntK > 588 / 552 / 552 Punkte od. Alter < 16 Jahre bei bösartiger Neubildung	6,179	-	20,0	6	0,632	38	0,159	-	x	x	2,5378
A13E	O	Beatmung > 95 Stunden, ohne komplexe OR-Prozedur, mit bestimmter OR-Prozedur oder komplizierender Konstellation oder mit intensivmedizinischer Komplexbehandlung > 588 / 552 / 552 Aufwandspunkte und < 1177 / 829 / 1105 Aufwandspunkte od. Alter < 16 Jahre	4,824	-	17,6	5	0,685	34	0,160	-	x	x	2,7332
A13F	O	Beatmung > 95 Stunden, ohne bestimmte OR-Prozedur, ohne komplizierende Konstellation, ohne intensivmed. Komplexbeh. > 588 / 552 / 552 Aufwandspunkte, Alter > 15 Jahre, mit komplexer Diagnose oder Prozedur od. intensivmed. Komplexbeh. > - / 368 / - Punkte	3,456	-	12,4	3	0,773	26	0,175	0,231	-	x	3,0347
A13G	O	Beatmung > 95 Stunden, mit bestimmter OR-Prozedur oder kompliz. Konstellation, mit äußerst schweren CC, verstorben oder verlegt < 9 Tage oder ohne best. OR-Proz., ohne kompliz. Konst., Alter > 15 J., ohne kompliz. Diagnose od. Prozedur, mit äuß. schw. CC	3,708	-	15,1	4	0,708	33	0,153	0,219	-	x	2,4384
A13H	O	Beatmung > 95 Stunden mit bestimmter OR-Prozedur oder kompliz. Konstellation, ohne äußerst schwere CC, verstorben oder verlegt < 9 Tage oder ohne best. OR-Proz., ohne kompliz. Konst., Alter > 15 J., ohne kompliz. Diagnose oder Proz., ohne äuß. schw. CC	2,507	-	11,0	3	0,599	24	0,151	0,196	-	x	2,7973

Fallpauschalen-Katalog und Pflegeerlöskatalog
Teil a) Bewertungsrelationen bei Versorgung durch Hauptabteilungen

DRG	Partition	Bezeichnung [6]	Bewertungsrelation bei Hauptabteilung	Bewertungsrelation bei Hauptabteilung und Beleghebamme	Mittlere Verweildauer [1]	Untere Grenzverweildauer: Erster Tag mit Abschlag [2, 5]	Untere Grenzverweildauer: Bewertungsrelation/Tag	Obere Grenzverweildauer: Erster Tag zus. Entgelt [3, 5]	Obere Grenzverweildauer: Bewertungsrelation/Tag	Externe Verlegung Abschlag/Tag (Bewertungsrelation)	Verlegungsfallpauschale	Ausnahme von Wiederaufnahme [4]	Pflegeerlös Bewertungsrelation/Tag
1	2	3	4	5	6	7	8	9	10	11	12	13	
A15B	O	Knochenmarktransplantation / Stammzelltransfusion, autogen, außer bei Plasmozytom, Alter < 18 Jahre oder bestimmte Entnahme oder intensivmedizinische Komplexbehandlung > 588 / 552 / 552 Aufwandspunkte	7,838	-	28,6	9	0,599	45	0,224	-	x	x	2,3792
A15C	O	Knochenmarktransplantation / Stammzelltransfusion, autogen, außer bei Plasmozytom, Alter > 17 Jahre, ohne bestimmte Entnahme oder bei Plasmozytom, mit bestimmter Entnahme oder intensivmedizinischer Komplexbehandlung > 392 / 368 / 368 Aufwandspunkte	5,303	-	23,8	7	0,495	36	0,196	-	x	x	1,2410
A15D	O	Knochenmarktransplantation / Stammzelltransfusion, autogen, bei Plasmozytom, ohne bestimmte Entnahme	3,760	-	19,3	5	0,433	28	0,173	-	x	x	1,1332
A17A	O	Nierentransplantation mit postoperativem Versagen des Nierentransplantates oder Alter < 16 Jahre oder AB0-inkompatible Transplantation oder schwerste CC	6,628	-	22,6	7	0,581	40	0,228	-	x	x	1,6264
A17B	O	Nierentransplantation ohne postoperatives Versagen des Nierentransplantates, Alter > 15 Jahre oder ohne AB0-inkompatible Transplantation, ohne schwerste CC	4,736	-	16,4	4	0,617	29	0,197	-	x	x	1,4489
A18Z	O	Beatmung > 999 Stunden und Transplantation von Leber, Lunge, Herz und Knochenmark oder Stammzelltransfusion	38,515	-	88,5	-	-	106	0,376	-	x	x	3,8387
A36A	O	Intensivmedizinische Komplexbehandlung > 980 / 1104 / 1656 Aufwandspunkte bei bestimmten Krankheiten und Störungen oder intensivmedizinische Komplexbehandlung > 588 / 552 / 552 P. bei Versagen und Abstoßung eines Transplantates hämatopoetischer Zellen	11,563	-	38,4	12	0,801	56	0,270	-	x	x	2,7194
A36B	O	Intensivmedizinische Komplexbehandlung > 588 / 552 / 828 und < 981 / 1105 / 1657 Aufwandspunkte bei bestimmten Krankheiten und Störungen oder komplizierende Konstellation bei Versagen und Abstoßung eines Transplantates hämatopoetischer Zellen	7,220	-	27,8	8	0,708	46	0,228	-	x	x	2,2727
A36C	O	Intensivmedizinische Komplexbehandlung > - / - / 552 und < - / - / 829 Aufwandspunkte bei bestimmten Krankheiten und Störungen	5,202	-	24,3	7	0,575	42	0,137	-	x	x	2,1984
A42A	A	Stammzellentnahme bei Eigenspender mit Chemotherapie oder mit schwersten CC, Alter > 15 Jahre	1,986	-	16,1	4	0,371	25	0,119	0,105	-	x	0,7507
A42B	A	Stammzellentnahme bei Eigenspender, Alter < 16 Jahre oder ohne schwerste CC	1,317	-	4,8	1	0,465	12	0,197	0,160	-	x	1,8020
A42C	A	Stammzellentnahme bei Eigenspender ohne Chemotherapie, Alter > 15 Jahre, ohne schwerste CC, ohne Sepsis, ohne komplizierende Konstellation	0,835	-	4,4	1	0,443	10	0,154	0,139	-	x	0,8825
A60A	M	Versagen und Abstoßung eines Organtransplantates, mehr als ein Belegungstag, mit Entfernung eines Organtransplantates oder komplexer OR-Prozedur oder äußerst schweren CC oder komplizierender Konstellation	2,380	-	16,4	4	0,401	34	0,128	-	x	x	1,0388
A60B	M	Versagen und Abstoßung eines Organtransplantates, mehr als ein Belegungstag, ohne Entfernung eines Organtransplantates, ohne komplexe OR-Prozedur, ohne äußerst schwere CC, ohne komplizierende Konstellation, Alter < 16 Jahre	0,898	-	5,2	-	-	13	0,167	-	x	x	1,4436
A60C	M	Versagen und Abstoßung eines Organtransplantates, mehr als ein Belegungstag, ohne Entfernung eines Organtransplantates, ohne komplexe OR-Prozedur, ohne äußerst schwere CC, ohne komplizierende Konstellation, Alter > 15 Jahre	0,629	-	5,5	-	-	14	0,102	-	x	x	0,7230
A60D	M	Versagen und Abstoßung eines Organtransplantates, ein Belegungstag	0,187	-	1,0	-	-	-	-	-	-	x	1,1281
A61A	M	Versagen und Abstoßung eines Transplantates hämatopoetischer Zellen mit äußerst schweren CC oder mit bestimmter akuter Graft-versus-Host-Krankheit, mehr als ein Belegungstag	3,006	-	19,2	5	0,486	35	0,159	0,143	-	x	1,4270
A61B	M	Versagen und Abstoßung eines Transplantates hämatopoetischer Zellen ohne äußerst schwere CC, ohne bestimmte akute Graft-versus-Host-Krankheit oder ein Belegungstag, mit schweren CC oder Alter < 10 Jahre	1,501	-	6,0	1	1,106	16	0,239	0,211	-	x	1,3837
A61C	M	Versagen und Abstoßung eines Transplantates hämatopoetischer Zellen ohne äußerst schwere oder schwere CC, ohne bestimmte akute Graft-versus-Host-Krankheit oder ein Belegungstag, Alter > 9 Jahre	0,904	-	4,6	1	0,718	11	0,183	0,150	-	x	1,1089
A62Z	M	Evaluierungsaufenthalt vor Herztransplantation	2,798	-	11,9	3	0,615	27	0,173	0,186	-	x	1,2756
A63Z	M	Evaluierungsaufenthalt vor Lungen- oder Herz-Lungen-Transplantation	1,902	-	10,9	3	0,421	21	0,154	0,141	-	x	0,9686
A64Z	M	Evaluierungsaufenthalt vor Leber-, Dünndarm- oder Nieren-Pankreas-Transplantation	1,824	-	10,0	2	0,522	23	0,156	0,142	-	x	0,8622
A66Z	M	Evaluierungsaufenthalt vor anderer Organtransplantation	1,028	-	3,7	1	0,410	10	0,310	0,177	-	x	0,9341
A69Z	M	Evaluierungsaufenthalt vor Organtransplantation ohne Aufnahme auf eine Warteliste	1,877	-	10,6	3	0,386	23	0,147	0,128	-	x	0,8559

Fallpauschalen-Katalog und Pflegeerlöskatalog
Teil a) Bewertungsrelationen bei Versorgung durch Hauptabteilungen

DRG	Parti-tion	Bezeichnung [6]	Bewertungsrelation bei Hauptabteilung	Bewertungsrelation bei Hauptabteilung und Beleghebamme	Mittlere Verweil-dauer [1]	Untere Grenzverweildauer: Erster Tag mit Abschlag [2), 5)]	Untere Grenzverweildauer: Bewertungs-relation/Tag	Obere Grenzverweildauer: Erster Tag zus. Entgelt [3), 5)]	Obere Grenzverweildauer: Bewertungs-relation/Tag	Externe Verlegung Abschlag/Tag (Bewertungsrelation)	Verlegungs-fallpauschale	Ausnahme von Wieder-aufnahme [4]	Pflegeerlös Bewertungs-relation/Tag
1	2	3	4	5	6	7	8	9	10	11	12	13	
MDC 01 Krankheiten und Störungen des Nervensystems													
B01A	O	Mehrzeitige komplexe OR-Prozeduren bei Krankheiten und Störungen des Nervensystems, mit komplizierender Konstellation oder Alter < 18 Jahre	6,752	-	19,8	6	0,583	36	0,225	0,198	-	-	2,1957
B01B	O	Mehrzeitige komplexe OR-Prozeduren bei Krankheiten und Störungen des Nervensystems, ohne komplizierende Konstellation, Alter > 17 Jahre	5,220	-	20,3	6	0,407	38	0,185	0,134	-	-	1,4388
B02A	O	Komplexe Kraniotomie oder Wirbelsäulen-Operation bei Neubildung des Nervensystems oder intensivmedizinischer Komplexbehandlung > 392 / 368 / - Punkte, Alter < 6 Jahre mit Eingriff bei BNB oder Alter < 16 Jahre und mehrzeitige komplexe OR-Prozedur	9,819	-	33,1	10	0,553	51	0,186	-	x	-	2,3257
B02B	O	Komplexe Kraniotomie oder WS-OP, Bestr. an mind. 9 T. od. best. Eingr. bei BNB mit intraop. Monit., Alt. < 18 J. od. b. BNB od. IntK > 392 / 368 / - P., mit schwersten CC, Alt. > 15 J. od. oh. mehrz. kompl. OR-Proz. od. Alt. > 5 J. od. oh. Eingr. bei BNB	7,541	-	42,4	13	0,418	60	0,141	-	x	-	1,1870
B02C	O	Komplexe Kraniotomie oder WS-OP, mehr als 8 Bestr., Alter > 17 J. oder ohne best. Eingr. bei BNB mit intraop. Monit. od. bei NB des Nervensystems oder IntK > 392 / 368 / - P., Alter > 15 J. od. oh. mehrz. kompl. OR-Proz. od. Alt. > 5 J., oh. schwerste CC	5,904	-	20,7	6	0,665	37	0,228	-	x	-	2,4343
B02D	O	Komplexe Kraniotomie oder Wirbelsäulen-Operation, außer bei Neubildung, ohne intensivmedizinische Komplexbehandlung > 392 / 368 / - Aufwandspunkte, Alter < 6 Jahre oder mit bestimmtem Eingriff, Alter < 18 Jahre oder mit best. komplizierenden Faktoren	3,771	-	11,5	3	0,459	24	0,177	-	x	-	1,3851
B02E	O	Komplexe Kraniotomie oder Wirbelsäulen-Operation, ohne bestimmten komplexen Eingriff, Alter > 5 Jahre, ohne bestimmte komplizierende Faktoren	3,272	-	10,9	3	0,658	25	0,210	-	x	-	1,6525
B03Z	O	Bestimmte Eingriffe an Wirbelsäule und Rückenmark bei bösartiger Neubildung oder mit intraoperativem Monitoring oder Eingriffe bei zerebraler Lähmung, Muskeldystrophie, Neuropathie oder nicht akuter Para- / Tetraplegie mit äußerst schweren CC	2,863	-	10,4	2	0,427	23	0,146	0,109	-	-	1,0579
B04A	O	Interventionelle oder beidseitige Eingriffe an den extrakraniellen Gefäßen mit äußerst schweren CC	3,733	-	15,5	4	0,589	32	0,139	-	x	-	1,7296
B04B	O	Beidseitige Eingriffe an den extrakraniellen Gefäßen ohne äußerst schwere CC oder mehrzeitige Eingriffe an den extrakraniellen Gefäßen oder äußerst schwere CC	3,485	-	13,9	4	0,468	28	0,111	-	x	-	1,4173
B04C	O	Eingriffe an den extrakraniellen Gefäßen, ohne mehrzeitige Eingriffe, ohne beidseitige Eingriffe, ohne äußerst schwere CC	1,315	-	4,9	1	0,406	10	0,088	-	x	-	0,9832
B05Z	O	Dekompression bei Karpaltunnelsyndrom oder kleine Eingriffe an den Nerven	0,496	-	2,4	1	0,136	5	0,065	0,065	-	-	0,8881
B07Z	O	Eingriffe an peripheren Nerven, Hirnnerven und anderen Teilen des Nervensystems mit äußerst schweren CC oder komplizierender Diagnose	4,145	-	15,0	4	0,497	31	0,089	0,152	-	-	1,2776
B09Z	O	Andere Eingriffe am Schädel	1,080	-	4,4	1	0,460	10	0,076	0,108	-	-	0,8375
B12Z	O	Implantation eines Herzschrittmachers bei Krankheiten und Störungen des Nervensystems oder perkutan-transluminale Gefäßintervention an Herz und Koronargefäßen	2,303	-	12,9	3	0,395	26	0,087	0,113	-	-	1,1434
B15Z	O	Strahlentherapie bei Krankheiten und Störungen des Nervensystems, Bestrahlungen an mindestens 8 Tagen	2,429	-	19,4	5	0,396	35	0,124	-	x	x	0,8269
B16A	O	Strahlentherapie bei Krankheiten und Störungen des Nervensystems, mehr als ein Belegungstag, Bestrahlungen an mindestens 5 Tagen	1,289	-	8,9	2	0,421	19	0,133	0,135	-	x	0,8265
B16B	O	Strahlentherapie bei Krankheiten und Störungen des Nervensystems, mehr als ein Belegungstag, Bestrahlungen an weniger als 5 Tagen	0,742	-	4,7	-	-	13	0,104	0,123	-	x	0,8987
B17A	O	Eingriffe an peripheren Nerven, Hirnnerven und anderen Teilen des Nervensystems oder Eingriff bei zerebraler Lähmung, Muskeldystrophie oder Neuropathie, mit komplexer Diagnose	2,122	-	4,9	1	0,398	12	0,113	0,134	-	-	1,0213
B17B	O	Eingriffe an peripheren Nerven, Hirnnerven und anderen Teilen des Nervensystems oder Eingriff bei zerebraler Lähmung, Muskeldystrophie oder Neuropathie, mit komplexem Eingriff	1,853	-	6,0	1	0,328	15	0,077	0,094	-	-	0,7251
B17C	O	Eingr. an periph. Nerven, Hirnnerven und and. Teilen des Nervensys. oder Eingr. bei zerebr. Lähmung, Muskeldystr. od. Neurop., mit best. kompl. Eingr., Alt. < 16 J. oder mit mäßig kompl. Eingr., Alt. < 19 J. oder mit schw. CC od. Impl. Ereignis-Rekorder	1,581	-	9,6	2	0,360	20	0,108	0,112	-	-	0,9340
B17D	O	Eingriffe an peripheren Nerven, Hirnnerven und anderen Teilen des Nervensystems oder Eingriff bei zerebraler Lähmung, Muskeldystrophie oder Neuropathie, mit mäßig komplexem Eingriff oder best. Eingriff und Alter < 19 J. oder schw. CC oder best. Diagnose	0,990	-	4,2	1	0,327	11	0,071	0,082	-	-	0,7693
B17E	O	Eingriffe an peripheren Nerven, Hirnnerven und anderen Teilen des Nervensystems oder Eingriff bei zerebraler Lähmung, Muskeldystrophie oder Neuropathie, ohne komplexe oder bestimmte Diagnose, ohne mäßig komplexen oder komplexen Eingriff	0,721	-	2,9	1	0,189	7	0,065	0,069	-	-	0,8389
B18A	O	Komplexe Eingriffe an Wirbelsäule und Rückenmark bei Krankheiten und Störungen des Nervensystems	4,072	-	19,9	6	0,330	37	0,081	0,110	-	-	1,0188

Fallpauschalen-Katalog und Pflegeerlöskatalog
Teil a) Bewertungsrelationen bei Versorgung durch Hauptabteilungen

DRG	Partition	Bezeichnung [6]	Bewertungsrelation bei Hauptabteilung	Bewertungsrelation bei Hauptabteilung und Beleghebamme	Mittlere Verweildauer [1]	Untere Grenzverweildauer		Obere Grenzverweildauer		Externe Verlegung Abschlag/Tag (Bewertungsrelation)	Verlegungsfallpauschale	Ausnahme von Wiederaufnahme [4]	Pflegeerlös Bewertungsrelation/Tag
						Erster Tag mit Abschlag [2], [5]	Bewertungsrelation/Tag	Erster Tag zus. Entgelt [3], [5]	Bewertungsrelation/Tag				
1	2	3	4	5	6	7	8	9	10	11	12	13	
B18B	O	Bestimmte Eingriffe an Wirbelsäule und Rückenmark bei Krankheiten und Störungen des Nervensystems außer bei bösartiger Neubildung oder Revision eines Ventrikelshuntes oder operative Eingriffe bei nicht akuter Para- / Tetraplegie	2,114	-	9,1	2	0,353	21	0,070	0,096	-	-	0,8892
B18C	O	Andere Eingriffe an Wirbelsäule und Rückenmark bei Krankheiten und Störungen des Nervensystems außer bei bösartiger Neubildung	1,571	-	5,3	1	0,320	12	0,078	0,108	-	-	1,1242
B18D	O	Mäßig komplexe Eingriffe an Wirbelsäule und Rückenmark bei Krankheiten und Störungen des Nervensystems außer bei bösartiger Neubildung	1,464	-	5,8	1	0,266	14	0,064	0,079	-	-	0,9538
B19A	O	Implantation, Revision und Entfernung von Neurostimulatoren und Neurostimulationselektroden bei Krankheiten und Störungen des Nervensystems mit Implantation oder Wechsel eines Neurostimulators	1,419	-	3,5	1	0,393	9	0,060	0,067	-	-	0,8316
B19B	O	Implantation, Revision und Entfernung von Neurostimulatoren und Neurostimulationselektroden bei Krankheiten und Störungen des Nervensystems mit Implantation oder Wechsel eines permanenten oder temporären Elektrodensystems	1,502	-	2,8	1	0,085	6	0,061	0,064	-	-	0,8416
B19C	O	Implantation, Revision und Entfernung von Neurostimulatoren und Neurostimulationselektroden bei Krankheiten und Störungen des Nervensystems ohne Implantation oder Wechsel von Neurostimulatoren und Elektrodensystemen	0,834	-	3,0	1	0,342	6	0,063	0,066	-	-	0,8305
B20A	O	Kraniotomie oder große Wirbelsäulen-Operation mit bestimmter komplexer Prozedur, Alter < 18 Jahre oder mit komplizierenden Faktoren, Alter < 16 Jahre oder mit bestimmter intrakranieller Blutung	3,706	-	11,8	3	0,601	25	0,202	-	x	-	2,0418
B20B	O	Kraniotomie oder große WS-Operation mit kompl. Prozedur, mit kompliz. Faktoren, Alter > 15 Jahre, ohne best. intrakran. Blutung oder Alter < 1 J. mit interv. oder großem intrakran. oder best. Eingriff oder mit kompl. Diagnose od. bei bösart. Neubildung	2,739	-	8,8	2	0,437	18	0,172	-	x	-	1,1968
B20C	O	Kraniotomie oder große WS-Operation, Alter < 3 Jahre oder interventioneller Eingriff oder Alter < 18 Jahre mit großem intrakraniellen Eingriff oder mit kompl. Diagnose oder best. Eingriff, Alter < 16 J. od. bei bösartiger Neubildung, Alter > 0 Jahre	2,075	-	6,1	1	0,586	14	0,204	-	x	-	1,2575
B20D	O	Kraniotomie oder große WS-OP mit komplexer Prozedur oder ohne komplexe Prozedur, Alter > 2 Jahre, mit komplexer Diagnose oder bestimmtem Eingriff oder mit bestimmter Prozedur oder bei bösartiger Neubildung oder Alter < 16 Jahre	1,917	-	6,9	1	0,662	17	0,150	-	x	-	1,2033
B20E	O	Kraniotomie oder große Wirbelsäulen-Operation ohne komplexe Prozedur, Alter > 2 Jahre, ohne komplexe Diagnose, ohne bestimmten Eingriff, ohne bestimmte Prozedur, außer bei bösartiger Neubildung, Alter > 15 Jahre	1,528	-	6,6	1	0,467	16	0,137	-	x	-	1,1501
B21A	O	Implantation eines Neurostimulators zur Hirnstimulation, Mehrelektrodensystem, mit Sondenimplantation	7,273	-	10,9	3	0,258	18	0,095	0,087	-	-	0,8765
B21B	O	Implantation eines Neurostimulators zur Hirnstimulation, Mehrelektrodensystem, ohne Sondenimplantation	3,539	-	3,0	1	0,309	7	0,086	0,100	-	-	1,0322
B36A	O	Intensivmedizinische Komplexbehandlung > 1764 / 1656 / 1932 Aufwandspunkte oder > 1176 / 1104 / 1380 Aufwandspunkte mit bestimmter OR-Prozedur oder Alter < 10 Jahre bei Krankheiten und Störungen des Nervensystems	11,488	-	36,3	11	0,807	54	0,282	-	x	x	3,2934
B36B	O	Intensivmedizinische Komplexbehandlung > 1176 / 1104 / 1104 Aufwandspunkte ohne bestimmte OR-Prozedur oder > 588 / 552 / 552 Punkte mit best. OR-Prozedur oder best. hochaufw. Implantate oder Alter > 9 Jahre bei Krankheiten und Störungen des Nervensystems	7,518	-	22,0	6	0,897	39	0,288	-	x	x	3,3207
B39A	O	Neurologische Komplexbehandlung des akuten Schlaganfalls mit bestimmter OR-Prozedur, mehr als 72 Stunden mit komplexem Eingriff oder mit komplizierender Konstellation oder intensivmedizinischer Komplexbehandlung > 392 / 368 / - Aufwandspunkte	4,665	-	19,2	5	0,646	35	0,204	-	x	-	1,8611
B39B	O	Neurologische Komplexbehandlung des akuten Schlaganfalls mit bestimmter OR-Prozedur, bis 72 Stunden mit komplexem Eingriff oder mehr als 72 Stunden, ohne kompl. Eingriff, ohne kompliz. Konst., ohne intensivmed. Komplexbehandlung > 392 / 368 / - Punkte	2,557	-	11,2	3	0,525	24	0,132	-	x	-	1,5864
B39C	O	Neurologische Komplexbehandlung des akuten Schlaganfalls mit best. OR-Prozedur, bis 72 Std., ohne kompl. Eing., ohne kompliz. Konst., ohne intensivmed. Komplexbeh. > 392 / 368 / - P. oder and. neurolog. Komplexbeh. des akuten Schlaganf., mehr als 72 Std.	2,089	-	8,5	2	0,542	19	0,135	-	x	-	1,3412
B42A	A	Frührehabilitation bei Krankheiten und Störungen des Nervensystems bis 27 Tage mit neurologischer Komplexbehandlung des akuten Schlaganfalls oder fachübergreifende u. andere Frührehabilitation mit neurologischer Komplexbehandlung des akuten Schlaganfalls	3,094	-	23,1	-	-	35	0,093	0,127	-	-	1,5509
B42B	A	Frührehabilitation bei Krankheiten und Störungen des Nervensystems bis 27 Tage ohne neurologische Komplexbehandlung des akuten Schlaganfalls	2,412	-	21,2	-	-	31	0,079	0,108	-	-	1,1633

Fallpauschalen-Katalog und Pflegeerlöskatalog
Teil a) Bewertungsrelationen bei Versorgung durch Hauptabteilungen

DRG	Partition	Bezeichnung [6]	Bewertungsrelation bei Hauptabteilung	Bewertungsrelation bei Hauptabteilung und Beleghebamme	Mittlere Verweildauer [1]	Untere Grenzverweildauer: Erster Tag mit Abschlag [2, 5]	Untere Grenzverweildauer: Bewertungsrelation/Tag	Obere Grenzverweildauer: Erster Tag zus. Entgelt [3, 5]	Obere Grenzverweildauer: Bewertungsrelation/Tag	Externe Verlegung Abschlag/Tag (Bewertungsrelation)	Verlegungsfallpauschale	Ausnahme von Wiederaufnahme [4]	Pflegeerlös Bewertungsrelation/Tag
1	2	3	4	5	6	7	8	9	10	11	12	13	
B44A	A	Geriatrische frührehabilitative Komplexbehandlung bei Krankheiten und Störungen des Nervensystems mit neurologischer Komplexbehandlung oder anderer neurologischer Komplexbehandlung des akuten Schlaganfalls bei schwerer motorischer Funktionseinschränkung	2,258	-	25,1	-	-	39	0,066	0,085	-	-	1,0244
B44B	A	Geriatrische frührehabilitative Komplexbehandlung bei Krankheiten und Störungen des Nervensystems mit anderer neurologischer Komplexbehandlung des akuten Schlaganfalls oder schwerer motorischer Funktionseinschränkung	1,506	-	20,1	-	-	31	0,052	0,071	-	-	0,8508
B44C	A	Geriatrische frührehabilitative Komplexbehandlung bei Krankheiten und Störungen des Nervensystems ohne Komplexbehandlung des akuten Schlaganfalls, ohne schwere motorische Funktionseinschränkung	1,324	-	18,1	-	-	26	0,051	0,068	-	-	0,6743
B45Z	A	Intensivmedizinische Komplexbehandlung > 392 / 368 / 828 Aufwandspunkte bei Krankheiten und Störungen des Nervensystems	4,702	-	25,9	8	0,512	44	0,179	0,171	-	x	2,1431
B47A	A	Multimodale Schmerztherapie bei Krankheiten und Störungen des Nervensystems, mindestens 14 Behandlungstage	1,309	-	16,6	-	-	20	0,058	0,074	-	x	0,4684
B47B	A	Multimodale Schmerztherapie bei Krankheiten und Störungen des Nervensystems, weniger als 14 Behandlungstage	0,892	-	10,4	-	-	15	0,058	0,080	-	x	0,4775
B48Z	A	Frührehabilitation bei Multipler Sklerose und zerebellarer Ataxie, nicht akuter Para- / Tetraplegie oder anderen neurologischen Erkrankungen	1,539	-	17,7	-	-	22	0,060	0,081	-	-	0,5943
B60A	M	Nicht akute Paraplegie / Tetraplegie, mehr als ein Belegungstag	0,926	-	8,7	2	0,303	20	0,074	0,094	-	-	0,9094
B60B	M	Nicht akute Paraplegie / Tetraplegie, ein Belegungstag	0,211	-	1,0	-	-	-	-	-	-	-	1,1369
B61A	M	Bestimmte akute Erkrankungen und Verletzungen des Rückenmarks mit komplexem Eingriff, weniger als 14 Belegungstage, wegverlegt	3,583	-	8,5	2	0,562	16	0,141	-	x	-	2,0305
B63Z	M	Demenz und andere chronische Störungen der Hirnfunktion	0,610	-	6,4	1	0,379	16	0,069	0,088	-	-	0,8521
B66A	M	Neubildungen des Nervensystems mit äußerst schweren CC, mehr als ein Belegungstag, Alter < 10 Jahre oder mit komplizierender Konstellation	2,758	-	16,8	5	0,427	35	0,165	0,144	-	x	1,6084
B66B	M	Neubildungen des Nervensystems mit äußerst schweren CC, mehr als ein Belegungstag, Alter > 9 Jahre, ohne komplizierende Konstellation	1,498	-	14,9	4	0,286	29	0,074	0,091	-	x	1,2400
B66C	M	Neubildungen des Nervensystems, ein Belegungstag oder ohne äußerst schwere CC, Alter < 16 Jahre	0,654	-	3,5	1	0,264	8	0,175	0,136	-	x	1,9044
B66D	M	Neubildungen des Nervensystems, ein Belegungstag oder ohne äußerst schwere CC, Alter > 15 Jahre	0,623	-	5,5	1	0,379	14	0,079	0,095	-	x	1,0357
B67A	M	Morbus Parkinson mit äußerst schweren CC oder schwerster Beeinträchtigung	1,123	-	12,6	3	0,276	25	0,062	0,081	-	-	1,0671
B67B	M	Morbus Parkinson ohne äußerst schwere CC, ohne schwerste Beeinträchtigung	0,784	-	8,4	2	0,257	18	0,065	0,083	-	-	0,7714
B68A	M	Multiple Sklerose und zerebellare Ataxie mit äußerst schweren CC, mehr als ein Belegungstag	2,045	-	26,5	8	0,214	44	0,066	0,071	-	-	1,3366
B68B	M	Multiple Sklerose und zerebellare Ataxie, ein Belegungstag oder ohne äußerst schwere CC, Alter < 16 Jahre	0,821	-	4,9	1	0,570	12	0,163	0,136	-	-	1,1991
B68C	M	Multiple Sklerose und zerebellare Ataxie, ein Belegungstag oder ohne äußerst schwere CC, Alter > 15 Jahre, mit komplexer Diagnose	0,721	-	5,7	1	0,497	13	0,090	0,109	-	-	0,6278
B68D	M	Multiple Sklerose und zerebellare Ataxie, ein Belegungstag oder ohne äußerst schwere CC, Alter > 15 Jahre, ohne komplexe Diagnose	0,547	-	6,6	1	0,391	16	0,060	0,074	-	-	0,6637
B69A	M	Transitorische ischämische Attacke (TIA) und extrakranielle Gefäßverschlüsse mit neurologischer Komplexbehandlung des akuten Schlaganfalls und äußerst schweren CC	1,753	-	13,9	4	0,341	30	0,094	0,112	-	-	1,2828
B69B	M	Transitorische ischämische Attacke (TIA) und extrakranielle Gefäßverschlüsse mit neurologischer Komplexbehandlung des akuten Schlaganfalls > 72 Stunden	0,925	-	5,9	1	0,442	12	0,114	0,140	-	-	1,5374
B69C	M	Transitorische ischämische Attacke (TIA) und extrakranielle Gefäßverschlüsse mit neurologischer Komplexbehandlung des akuten Schlaganfalls ohne äußerst schwere CC oder mit anderer neurologischer Komplexbehandlung oder mit äußerst schweren CC	0,718	-	4,1	1	0,301	9	0,119	0,129	-	-	1,2465
B69D	M	Transitorische ischämische Attacke (TIA) und extrakranielle Gefäßverschlüsse ohne neurologische Komplexbehandlung des akuten Schlaganfalls, ohne andere neurologische Komplexbehandlung des akuten Schlaganfalls, ohne äußerst schwere CC	0,594	-	3,9	1	0,302	9	0,095	0,118	-	-	0,8327
B70A	M	Apoplexie mit neurologischer Komplexbehandlung des akuten Schlaganfalls, mehr als 72 Stunden, mit komplizierender Diagnose oder bestimmter neurologischer Komplexbehandlung > 96 Stunden	1,807	-	12,8	3	0,451	26	0,109	-	x	-	1,5670

Fallpauschalen-Katalog und Pflegeerlöskatalog
Teil a) Bewertungsrelationen bei Versorgung durch Hauptabteilungen

DRG	Partition	Bezeichnung [6]	Bewertungsrelation bei Hauptabteilung	Bewertungsrelation bei Hauptabteilung und Beleghebamme	Mittlere Verweildauer [1]	Untere Grenzverweildauer: Erster Tag mit Abschlag [2], [5]	Untere Grenzverweildauer: Bewertungsrelation/Tag	Obere Grenzverweildauer: Erster Tag zus. Entgelt [3], [5]	Obere Grenzverweildauer: Bewertungsrelation/Tag	Externe Verlegung Abschlag/Tag (Bewertungsrelation)	Verlegungsfallpauschale	Ausnahme von Wiederaufnahme [4]	Pflegeerlös Bewertungsrelation/Tag
1	2	3	4	5	6	7	8	9	10	11	12	13	
B70B	M	Apoplexie mit neurologischer Komplexbehandlung des akuten Schlaganfalls, mehr als 72 Stunden oder mit komplexem zerebrovaskulären Vasospasmus oder intensivmedizinischer Komplexbehandlung > 196 / 184 / - Aufwandspunkte	1,288	-	8,3	2	0,423	18	0,110	-	x	-	1,4021
B70C	M	Apoplexie ohne komplexen zerebrovask. Vasospasmus, mit neurol. Komplexbeh. des akuten Schlaganfalls bis 72 Std., mit komplizierender Diagnose oder systemischer Thrombolyse oder mit anderer neurol. Komplexbeh. des akuten Schlaganfalls, mehr als 72 Std.	1,216	-	7,4	1	0,603	16	0,114	0,140	-	-	1,2950
B70D	M	Apoplexie ohne komplexen zerebrovaskulären Vasospasmus, ohne komplizierende Diagnose oder systemische Thrombolyse, mit neurol. Komplexbeh. des akuten Schlaganfalls bis 72 Std. oder mit bestimmter neurol. Komplexbeh. des akuten Schlaganfalls bis 72 Std.	0,926	-	6,0	1	0,455	14	0,102	0,124	-	-	1,1498
B70E	M	Apoplexie ohne neurologische Komplexbehandlung des akuten Schlaganfalls, ohne andere neurol. Komplexbeh. des akuten Schlaganfalls, mehr als 72 Stunden, mit komplizierender Diagnose oder systemischer Thrombolyse oder Alter < 16 Jahre	1,101	-	8,0	2	0,365	18	0,095	0,121	-	-	1,2176
B70F	M	Apoplexie ohne neurologische Komplexbehandlung des akuten Schlaganfalls, ohne andere neurologische Komplexbehandlung des akuten Schlaganfalls, ohne komplizierende Diagnose, ohne systemische Thrombolyse, Alter < 15 Jahre	0,777	-	6,5	-	-	15	0,083	0,089	-	-	0,8966
B70G	M	Apoplexie mit neurologischer Komplexbehandlung des akuten Schlaganfalls oder mit anderer neurologischer Komplexbehandlung des akuten Schlaganfalls, verstorben < 4 Tage nach Aufnahme	0,731	-	2,5	-	-	-	-	-	x	-	2,3958
B70H	M	Apoplexie ohne neurologische Komplexbehandlung des akuten Schlaganfalls, ohne andere neurologische Komplexbehandlung des akuten Schlaganfalls, verstorben < 4 Tage nach Aufnahme	0,595	-	2,4	-	-	-	-	-	x	-	2,3831
B70I	M	Apoplexie, ein Belegungstag	0,296	-	1,0	-	-	-	-	-	-	-	1,3438
B71A	M	Erkrankungen an Hirnnerven und peripheren Nerven mit komplexer Diagnose oder Komplexbehandlung der Hand, mehr als ein Belegungstag, mit äußerst schweren CC oder bei Para- / Tetraplegie mit äußerst schweren oder schweren CC	5,614	-	29,9	9	0,549	48	0,130	0,178	-	-	1,5660
B71B	M	Erkrankungen an Hirnnerven und peripheren Nerven mit komplexer Diagnose, mit schweren CC oder bei Para- / Tetraplegie oder mit Komplexbehandlung der Hand oder ohne komplexe Diagnose, mit äußerst schweren oder schweren CC, bei Para- / Tetraplegie	1,487	-	12,1	3	0,363	26	0,084	0,110	-	-	0,9555
B71C	M	Erkrankungen an Hirnnerven und peripheren Nerven ohne Komplexbehandlung der Hand oder mit komplexer Diagnose, mit äußerst schweren oder schweren CC, außer bei Para- / Tetraplegie	1,071	-	11,7	3	0,249	25	0,068	0,082	-	-	0,8453
B71D	M	Erkrankungen an Hirnnerven und peripheren Nerven ohne komplexe Diagnose, ohne Komplexbehandlung der Hand, ohne äußerst schwere oder schwere CC oder ohne Komplexbehandlung der Hand oder mit kompl. Diagnose, ohne schw. CC oder außer bei Para- / Tetraplegie	0,503	-	4,4	1	0,288	10	0,080	0,117	-	-	0,6598
B72A	M	Infektion des Nervensystems, Alter < 16 Jahre oder bestimmte Enzephalitis mit Intensivmedizinischer Komplexbehandlung > 0 / 0 / 184 Aufwandspunkte	1,329	-	10,3	2	0,464	23	0,127	0,117	-	-	1,2983
B72B	M	Infektion des Nervensystems, mehr als ein Belegungstag, ohne bestimmte Enzephalitis, ohne Intensivmedizinische Komplexbehandlung > 0 / 0 / 184 Aufwandspunkte	1,057	-	9,9	2	0,348	22	0,075	0,097	-	-	0,8060
B73Z	M	Virusmeningitis oder Infektion des Nervensystems, Alter > 15 Jahre oder ein Belegungstag	0,659	-	6,0	1	0,433	13	0,082	0,100	-	-	0,8037
B74Z	M	Komplexbehandlung bei multiresistenten Erregern bei Krankheiten und Störungen des Nervensystems	3,089	-	28,4	-	-	46	0,068	0,104	-	-	1,2787
B75Z	M	Fieberkrämpfe	0,440	-	2,7	1	0,208	6	0,112	0,117	-	-	1,2738
B76B	M	Anfälle, ohne komplexe Diagnostik und Therapie, mehr als ein Belegungstag mit äußerst schweren CC oder Alter < 3 Jahre oder komplexer Diagnose oder EEG, Alter < 1 Jahr, mehr als ein Belegungstag, mit komplexer Diagnose	1,643	-	11,8	3	0,405	26	0,096	0,124	-	-	1,5730
B76C	M	Anfälle, ohne komplexe Diagnostik und Therapie, mehr als ein Belegungstag, mit schweren CC, Alter > 2 Jahre, ohne komplexe Diagnose oder EEG, Alter < 1 Jahr, mehr als ein Belegungstag, ohne komplexe Diagnose	1,089	-	8,9	2	0,357	20	0,121	0,103	-	-	1,2730
B76D	M	Anfälle, Alter < 6 Jahre oder komplizierende Diagnose oder EEG, mehr als ein Belegungstag	0,583	-	4,1	1	0,332	10	0,099	0,114	-	-	1,1874
B76E	M	Anfälle, ein Belegungstag oder ohne komplexe Diagnostik und Therapie, ohne äußerst schwere oder schwere CC, ohne EEG, Alter > 5 Jahre, ohne komplexe Diagnose	0,507	-	3,8	1	0,268	8	0,091	0,105	-	-	1,0072
B77Z	M	Kopfschmerzen	0,446	-	3,1	1	0,218	7	0,094	0,106	-	-	0,7552
B78A	M	Intrakranielle Verletzung, Alter < 6 Jahre oder mit komplizierender Diagnose oder Intensivmedizinischer Komplexbehandlung > 196 / 184 / - Aufwandspunkte	0,859	-	6,0	1	0,518	15	0,094	0,115	-	-	1,3230
B78B	M	Intrakranielle Verletzung, Alter > 5 Jahre, ohne komplizierende Diagnose, ohne Intensivmedizinische Komplexbehandlung > 196 / 184 / - Aufwandspunkte	0,669	-	5,1	1	0,386	13	0,090	0,105	-	-	1,1514

Fallpauschalen-Katalog und Pflegeerlöskatalog
Teil a) Bewertungsrelationen bei Versorgung durch Hauptabteilungen

DRG	Parti-tion	Bezeichnung [6]	Bewertungsrelation bei Hauptabteilung	Bewertungsrelation bei Hauptabteilung und Beleghebamme	Mittlere Verweil-dauer [1]	Untere Grenzverweildauer		Obere Grenzverweildauer		Externe Verlegung Abschlag/Tag (Bewertungsrelation)	Verlegungs-fallpauschale	Ausnahme von Wieder-aufnahme [4]	Pflegeerlös Bewertungs-relation/Tag
						Erster Tag mit Abschlag [2, 5]	Bewertungs-relation/Tag	Erster Tag zus. Entgelt [3, 5]	Bewertungs-relation/Tag				
1	2	3	4	5	6	7	8	9	10	11	12	13	
B79Z	M	Schädelfrakturen, Somnolenz, Sopor oder andere Kopfverletzungen und bestimmte Fraktur	0,513	-	3,5	1	0,276	8	0,098	0,109	-	-	1,3069
B80Z	M	Andere Kopfverletzungen	0,288	-	2,3	1	0,101	5	0,087	0,086	-	-	1,0802
B81A	M	Andere Erkrankungen des Nervensystems mit komplexer Diagnose oder bestimmter aufwendiger / hochaufwendiger Behandlung	1,078	-	9,1	2	0,357	20	0,099	0,099	-	-	1,1591
B81B	M	Andere Erkrankungen des Nervensystems ohne komplexe Diagnose, ohne bestimmte aufwendige / hochaufwendige Behandlung	0,585	-	4,9	1	0,331	12	0,080	0,098	-	-	0,7639
B82Z	M	Andere Erkrankungen an peripheren Nerven	0,346	-	3,3	1	0,159	7	0,076	0,081	-	-	0,6820
B84Z	M	Vaskuläre Myelopathien	1,228	-	9,1	2	0,401	20	0,093	0,120	-	-	0,9266
B85A	M	Degenerative Krankheiten des Nervensystems mit hochkomplexer Diagnose oder mit äußerst schweren oder schweren CC, mehr als ein Belegungstag, mit komplexer Diagnose oder bestimmter aufwendiger / hochaufwendiger Behandlung oder Alter < 6 Jahre	2,001	-	17,2	5	0,325	33	0,080	0,106	-	-	1,2223
B85B	M	Degenerative Krankheiten des Nervensystems mit äußerst schweren oder schweren CC, mehr als ein Belegungstag oder mit komplexer Diagnose, zerebrale Lähmungen oder Delirium, Alter < 2 Jahre	1,102	-	11,0	3	0,249	24	0,069	0,085	-	-	1,0745
B85C	M	Degenerative Krankheiten des Nervensystems ohne hochkomplexe Diagnose, ohne äußerst schwere oder schwere CC oder ein Belegungstag, mit komplexer Diagnose, zerebrale Lähmungen oder Delirium, Alter > 1 Jahr	0,675	-	6,7	1	0,469	16	0,074	0,093	-	-	0,9281
B85D	M	Degenerative Krankheiten des Nervensystems ohne hochkomplexe Diagnose, ohne äußerst schwere oder schwere CC oder ein Belegungstag, ohne komplexe Diagnose	0,510	-	4,2	1	0,281	10	0,083	0,096	-	-	0,8644
B86Z	M	Rückenmarkkompression, nicht näher bezeichnet und Krankheit des Rückenmarkes, nicht näher bezeichnet	0,614	-	5,1	1	0,302	12	0,080	0,099	-	-	0,7179
MDC 02 Krankheiten und Störungen des Auges													
C01A	O	Komplexer Eingriff bei penetrierenden Augenverletzungen oder bestimmte Orbitotomie	1,376	-	6,4	1	0,269	14	0,088	0,076	-	-	0,7594
C01B	O	Andere Eingriffe bei penetrierenden Augenverletzungen oder Amnionmembrantransplantation oder bestimmte Biopsie	0,791	-	5,1	1	0,374	12	0,060	0,082	-	-	0,7658
C02Z	O	Enukleationen und Eingriffe an Retina, Orbita und Augenlid oder Strahlentherapie bei bösartiger Neubildung	1,452	-	5,4	1	0,335	12	0,163	0,097	-	x	0,8698
C03A	O	Eingriffe an Retina, Orbita und Augenlid oder Entfernung Augapfel mit komplexem Eingriff oder komplizierenden Faktoren oder mit bestimmtem Eingriff oder bei bösartiger Neubildung, Alter < 16 Jahre	1,035	-	5,1	1	0,197	11	0,057	0,078	-	-	0,7910
C03B	O	Eingriffe an Retina, Orbita und Augenlid oder Entfernung Augapfel ohne komplexen Eingriff, ohne komplizierende Faktoren, mit bestimmtem Eingriff oder bei bösartiger Neubildung, Alter > 15 Jahre	0,790	-	3,2	1	0,116	7	0,058	0,086	-	-	0,7166
C03C	O	Eingriffe an Retina, Orbita und Augenlid oder Entfernung Augapfel, ohne komplexen oder bestimmten Eingriff, außer bei bösartiger Neubildung	0,658	-	2,9	1	0,119	6	0,060	0,063	-	-	0,7276
C04A	O	Hornhauttransplantation mit extrakapsulärer Extraktion der Linse (ECCE) oder Amnion-membrantransplantation oder komplexem Eingriff oder komplexer Diagnose oder Pars-plana-Vitrektomie oder Alter < 16 Jahre	1,429	-	5,8	1	0,248	13	0,151	0,069	-	x	0,6862
C04B	O	Hornhauttransplantation ohne extrakapsuläre Extraktion der Linse (ECCE), ohne Amnion-membrantransplantation, ohne komplexen Eingriff, ohne komplexe Diagnose, ohne Pars-plana-Vitrektomie, Alter > 15 Jahre	1,291	-	4,9	1	0,220	10	0,149	0,082	-	x	0,7012
C05Z	O	Dakryozystorhinostomie	0,656	-	2,9	1	0,089	6	0,056	0,063	-	-	0,7534
C06Z	O	Komplexe Eingriffe bei Glaukom	0,748	-	3,7	1	0,161	9	0,057	0,062	-	-	0,6607
C07A	O	Andere Eingriffe bei Glaukom mit extrakapsulärer Extraktion der Linse (ECCE) oder komplexem Eingriff am Auge oder bestimmten Eingriffen bei Glaukom oder Alter < 6 Jahre	0,528	-	2,6	1	0,039	5	0,059	0,060	-	-	0,7419
C07B	O	Andere Eingriffe bei Glaukom ohne extrakapsuläre Extraktion der Linse (ECCE), ohne komplexen Eingriff am Auge, ohne bestimmte Eingriffe bei Glaukom, Alter > 5 Jahre	0,394	-	3,1	1	0,151	7	0,058	0,059	-	-	0,7088
C08A	O	Beidseitige extrakapsuläre Extraktion der Linse (ECCE) oder extrakapsuläre Extraktion der Linse oder bestimmte andere Eingriffe am Auge bei komplexer Diagnose oder Alter < 10 Jahre	0,669	-	3,5	1	0,314	8	0,057	0,064	-	-	0,7723
C08B	O	Extrakapsuläre Extraktion der Linse (ECCE) ohne komplexe Diagnose oder bestimmte Eingriffe am Auge, Alter > 9 Jahre	0,414	-	2,5	1	0,077	5	0,058	0,060	-	-	0,8586
C10A	O	Eingriffe an den Augenmuskeln mit erhöhtem Aufwand	0,654	-	2,2	1	0,079	4	0,065	0,075	-	-	1,2277
C10B	O	Eingriffe an den Augenmuskeln ohne erhöhten Aufwand, mit komplexem Eingriff oder Alter < 6 Jahre	0,600	-	2,2	1	0,140	4	0,091	0,073	-	-	1,2160

Fallpauschalen-Katalog und Pflegeerlöskatalog

Teil a) Bewertungsrelationen bei Versorgung durch Hauptabteilungen

DRG	Partition	Bezeichnung [6]	Bewertungsrelation bei Hauptabteilung	Bewertungsrelation bei Hauptabteilung und Beleghebamme	Mittlere Verweildauer [1]	Untere Grenzverweildauer: Erster Tag mit Abschlag [2), 5)]	Untere Grenzverweildauer: Bewertungsrelation/Tag	Obere Grenzverweildauer: Erster Tag zus. Entgelt [3), 5)]	Obere Grenzverweildauer: Bewertungsrelation/Tag	Externe Verlegung Abschlag/Tag (Bewertungsrelation)	Verlegungsfallpauschale	Ausnahme von Wiederaufnahme [4]	Pflegeerlös Bewertungsrelation/Tag
1	2	3	4	5	6	7	8	9	10	11	12	13	
C10C	O	Eingriffe an den Augenmuskeln ohne erhöhten Aufwand, ohne komplexen Eingriff, Alter > 5 Jahre	0,523	-	2,1	1	0,069	4	0,066	0,067	-	-	1,0576
C12Z	O	Andere Rekonstruktionen der Augenlider	0,721	-	3,5	1	0,328	8	0,059	0,067	-	-	0,7197
C13Z	O	Eingriffe an Tränendrüse und Tränenwegen	0,483	-	2,9	1	0,139	6	0,062	0,066	-	-	0,8674
C14Z	O	Andere Eingriffe am Auge	0,419	-	2,9	1	0,111	6	0,060	0,064	-	-	0,7857
C15Z	O	Andere Eingriffe an der Retina	0,658	-	3,1	1	0,231	6	0,059	0,063	-	-	0,7685
C16Z	O	Aufwendige Eingriffe am Auge, Alter < 6 Jahre	0,834	-	2,9	1	0,133	7	0,107	0,080	-	-	1,4575
C20A	O	Eingriffe an Kornea, Sklera und Konjunktiva, Eingriffe am Augenlid oder verschiedene Eingriffe an der Linse, Alter < 16 Jahre oder mit bestimmter Transplantation am Auge oder bei bösartiger Neubildung am Auge	0,697	-	3,0	1	0,257	7	0,102	0,071	-	-	1,0046
C20B	O	Eingriffe an Kornea, Sklera und Konjunktiva, Eingriffe am Augenlid oder verschiedene Eingriffe an der Linse, Alter > 15 Jahre, ohne bestimmte Transplantation am Auge außer bei bösartiger Neubildung am Auge	0,509	-	2,9	1	0,118	6	0,059	0,063	-	-	0,7975
C60Z	M	Akute und schwere Augeninfektionen	0,517	-	6,3	1	0,316	12	0,057	0,070	-	-	0,7155
C61Z	M	Neuro-ophthalmologische und vaskuläre Erkrankungen des Auges	0,545	-	4,3	1	0,278	9	0,088	0,102	-	-	0,6727
C62Z	M	Hyphäma und konservativ behandelte Augenverletzungen	0,299	-	3,1	1	0,135	7	0,064	0,070	-	-	0,7706
C63Z	M	Andere Erkrankungen des Auges oder Augenerkrankungen bei Diabetes mellitus	0,436	-	3,9	1	0,238	9	0,076	0,087	-	-	0,7510
C64Z	M	Glaukom, Katarakt und Erkrankungen des Augenlides	0,209	-	2,4	1	0,087	5	0,060	0,060	-	-	0,7434
C65Z	M	Bösartige Neubildungen des Auges	0,523	-	3,7	1	0,229	9	0,096	0,107	-	x	1,0221
MDC 03 Krankheiten und Störungen des Ohres, der Nase, des Mundes und des Halses													
D01B	O	Kochleaimplantation, unilateral	6,081	-	4,1	1	0,275	8	0,131	0,112	-	-	0,7493
D02A	O	Komplexe Resektionen mit Rekonstruktionen an Kopf und Hals mit komplexem Eingriff oder mit Kombinationseingriff mit äußerst schweren CC	6,277	-	18,8	5	0,425	34	0,221	0,123	-	-	1,3451
D02B	O	Komplexe Resektionen mit Rekonstruktionen an Kopf und Hals ohne komplexen Eingriff, ohne Kombinationseingriff mit äußerst schweren CC	4,601	-	14,5	4	0,378	27	0,197	0,117	-	-	1,1643
D03A	O	Operative Korrektur einer Lippen-Kiefer-Gaumen-Spalte oder bestimmte plastische Rekonstruktion am Kopf mit Hartgaumenplastik oder bestimmte Knochentransplantation an Kiefer- und Gesichtsschädelknochen oder Alter < 2 Jahre	1,682	-	5,2	1	0,293	10	0,113	0,095	-	-	1,4909
D03B	O	Operative Korrektur einer Lippen-Kiefer-Gaumen-Spalte oder bestimmte plastische Rekonstruktion am Kopf ohne Hartgaumenplastik, ohne bestimmte Knochentransplantation an Kiefer- und Gesichtsschädelknochen, Alter > 1 Jahr	1,266	-	4,7	1	0,229	10	0,062	0,080	-	-	0,9355
D04A	O	Bignathe Osteotomie und komplexe Eingriffe am Kiefer oder Rekonstruktion der Trachea oder plastische Rekonstruktion der Ohrmuschel mit mikrovaskulärem Lappen, mit komplexem Eingriff	2,201	-	5,3	1	0,309	9	0,255	0,110	-	-	0,9726
D04B	O	Bignathe Osteotomie und komplexe Eingriffe am Kiefer oder Rekonstruktion der Trachea oder plastische Rekonstruktion der Ohrmuschel mit mikrovaskulärem Lappen, ohne komplexen Eingriff	1,675	-	5,4	1	0,306	10	0,208	0,112	-	-	0,9249
D05A	O	Komplexe Parotidektomie	1,413	-	4,0	1	0,211	8	0,071	0,084	-	-	0,7559
D05B	O	Komplexe Eingriffe an den Speicheldrüsen außer komplexe Parotidektomien	1,049	-	3,5	1	0,178	7	0,069	0,072	-	-	0,7778
D06A	O	Komplexe Eingriffe an Nasennebenhöhlen, Mastoid, Mittelohr, Speicheldrüsen, Rachen, Alter < 6 Jahre oder Alter > 15 Jahre mit komplexer Prozedur oder Diagnose, mit Resektion des Felsenbeins oder mit intrakraniellem Eingriff bei bösartiger Neubildung	1,401	-	6,0	1	0,297	13	0,072	0,085	-	-	1,2107
D06B	O	Andere Eingriffe an Nasennebenhöhlen, Mastoid, Mittelohr, Speicheldrüsen, Rachen, Alter > 5 Jahre und Alter < 16 Jahre oder Alter > 15 Jahre, mit komplexer Prozedur oder Diagnose, ohne Resektion am Felsenbein, ohne intrakraniellen Eingriff bei BNB	0,907	-	4,0	1	0,177	9	0,069	0,071	-	-	0,8374
D06C	O	Bestimmte Eingriffe an Nasennebenhöhlen, Mastoid, Mittelohr, Speicheldrüsen, Rachen, Alter > 15 Jahre, ohne komplexe Prozedur, ohne komplexe Diagnose, mit bestimmter Prozedur	0,733	-	3,2	1	0,183	6	0,059	0,090	-	-	0,6837
D08A	O	Eingriffe an Mundhöhle und Mund bei bösartiger Neubildung mit äußerst schweren CC	2,235	-	14,8	4	0,263	29	0,143	0,096	-	-	1,2478
D08B	O	Eingriffe an Mundhöhle und Mund bei bösartiger Neubildung ohne äußerst schwere CC	0,751	-	4,1	1	0,273	9	0,128	0,086	-	-	0,8120
D09Z	O	Tonsillektomie bei bösartiger Neubildung oder verschiedene Eingriffe an Ohr, Nase, Mund und Hals mit äußerst schweren CC	1,713	-	10,3	2	0,354	25	0,141	0,094	-	-	1,0856
D12A	O	Andere aufwendige Eingriffe an Ohr, Nase, Mund und Hals mit komplexer Diagnose	1,333	-	6,3	1	0,331	15	0,078	0,111	-	-	0,9020
D12B	O	Andere Eingriffe an Ohr, Nase, Mund und Hals ohne komplexe Diagnose	0,847	-	3,8	1	0,289	9	0,067	0,077	-	-	0,7988

Fallpauschalen-Katalog und Pflegeerlöskatalog
Teil a) Bewertungsrelationen bei Versorgung durch Hauptabteilungen

DRG	Partition	Bezeichnung [6]	Bewertungsrelation bei Hauptabteilung	Bewertungsrelation bei Hauptabteilung und Beleghebamme	Mittlere Verweildauer [1]	Untere Grenzverweildauer: Erster Tag mit Abschlag [2, 5]	Untere Grenzverweildauer: Bewertungsrelation/Tag	Obere Grenzverweildauer: Erster Tag zus. Entgelt [3, 5]	Obere Grenzverweildauer: Bewertungsrelation/Tag	Externe Verlegung Abschlag/Tag (Bewertungsrelation)	Verlegungsfallpauschale	Ausnahme von Wiederaufnahme [4]	Pflegeerlös Bewertungsrelation/Tag
1	2	3	4	5	6	7	8	9	10	11	12	13	
D13A	O	Kleine Eingriffe an Nase, Ohr, Mund und Hals mit komplizierender Diagnose oder bestimmtem Eingriff oder Alter < 16 Jahre mit äußerst schweren CC oder Alter < 1 Jahr	0,857	-	3,6	1	0,301	8	0,074	0,086	-	-	0,8910
D13B	O	Kleine Eingriffe an Nase, Ohr, Mund und Hals ohne komplizierende Diagnose, ohne bestimmten Eingriff, Alter > 15 Jahre oder ohne äußerst schwere CC, Alter > 0 Jahre	0,498	-	2,9	1	0,113	6	0,065	0,069	-	-	0,9600
D15A	O	Tracheostomie mit äußerst schweren CC oder mit radikaler zervikaler Lymphadenektomie oder Implantation einer Kiefergelenkendoprothese	3,549	-	17,4	5	0,320	33	0,077	-	x	-	1,1587
D15B	O	Tracheostomie ohne äußerst schwere CC, ohne radikale zervikale Lymphadenektomie	2,102	-	13,8	4	0,266	26	0,070	-	x	-	1,0571
D16Z	O	Materialentfernung an Kiefer und Gesicht	0,717	-	2,5	1	0,155	5	0,062	0,069	-	-	0,8056
D19Z	O	Strahlentherapie bei Krankheiten und Störungen des Ohres, der Nase, des Mundes und des Halses, Bestrahlungen an mindestens 9 Tagen	2,826	-	21,2	6	0,388	39	0,129	0,122	-	x	0,7497
D20A	O	Strahlentherapie bei Krankheiten und Störungen des Ohres, der Nase, des Mundes und des Halses, Bestrahlungen an mindestens 5 Tagen	1,186	-	7,4	-	-	15	0,154	0,135	-	x	0,7719
D20B	O	Strahlentherapie bei Krankheiten und Störungen des Ohres, der Nase, des Mundes und des Halses, Bestrahlungen an weniger als 5 Tagen	0,619	-	3,4	1	0,295	9	0,159	0,145	-	x	0,8149
D22A	O	Eingriffe an Mundhöhle und Mund, mit Mundboden- oder Vestibulumplastik, mit Eingriffen an Gaumen- und Rachenmandeln bei bösartiger Neubildung oder komplexe Eingriffe am Kopf	1,012	-	5,7	1	0,264	11	0,060	0,073	-	-	0,7460
D22B	O	Eingriffe an Mundhöhle und Mund oder Eingriffe an Hals und Kopf, ohne Mundboden- oder Vestibulumplastik, ohne Eingriffe an Gaumen- und Rachenmandeln bei bösartiger Neubildung, ohne komplexe Eingriffe am Kopf	0,575	-	3,1	1	0,161	7	0,070	0,075	-	-	0,8397
D24A	O	Komplexe Hautplastiken und große Eingriffe an Kopf und Hals mit äußerst schweren CC oder mit Kombinationseingriff ohne äußerst schwere CC	4,911	-	21,3	6	0,347	39	0,080	0,109	-	-	1,1500
D24B	O	Komplexe Hautplastiken und große Eingriffe an Kopf und Hals ohne äußerst schwere CC, ohne Kombinationseingriff	2,269	-	8,3	2	0,309	17	0,075	0,100	-	-	0,8740
D25A	O	Mäßig komplexe Eingriffe an Kopf und Hals bei bösartiger Neubildung oder mit Eingriff an den oberen Atemwegen mit äußerst schweren CC oder Strahlentherapie mit operativem Eingriff	5,946	-	36,9	11	0,342	55	0,134	0,108	-	-	1,1276
D25B	O	Mäßig komplexe Eingriffe an Kopf und Hals bei BNB oder mit Eingriff an den oberen Atemwegen, mit Laryngektomie oder Exzision von Tumorgewebe, ohne äußerst schwere CC oder außer bei bösartiger Neubildung mit äußerst schweren CC	3,873	-	19,2	5	0,287	35	0,069	0,084	-	-	1,1325
D25C	O	Mäßig komplexe Eingriffe an Kopf und Hals bei BNB oder mit Eingriff an den oberen Atemwegen, ohne Laryngektomie, ohne Exzision von Tumorgewebe, ohne äußerst schwere CC	1,687	-	7,3	1	0,365	15	0,170	0,088	-	-	0,8656
D25D	O	Mäßig komplexe Eingriffe an Kopf und Hals außer bei bösartiger Neubildung ohne äußerst schwere CC	1,189	-	4,8	1	0,515	10	0,072	0,078	-	-	0,8819
D28Z	O	Andere Eingriffe an Kopf und Hals mit komplexem Eingriff oder bei bösartiger Neubildung oder Rekonstruktion mit Gesichtsepithesen oder totale Auflagerungsplastik der Maxilla	1,297	-	4,2	1	0,598	9	0,185	-	x	-	0,8435
D29Z	O	Operationen am Kiefer und andere Eingriffe an Kopf und Hals außer bei bösartiger Neubildung	1,063	-	4,0	1	0,394	8	0,069	0,102	-	-	0,8093
D30A	O	Tonsillektomie außer bei BNB od. versch. Eingriffe Ohr, Nase, Mund, Hals oh. äuß. schw. CC, m. aufw. Eingr. od. Eingr. Mundh., Mund, Alter < 3 J. od. m. kompl. Diag. od. Alter < 16 J. m. äuß. schw. od. schw. CC od. m. Eingr. Ohr, Trachea m. äuß. schw. CC	0,777	-	3,3	1	0,163	7	0,064	0,077	-	-	0,8342
D30B	O	Tonsillektomie außer bei BNB oder verschiedene Eingriffe an Ohr, Nase, Mund und Hals, Alter > 15 oder ohne äußerst schwere oder schwere CC, Alter < 12 Jahre oder Alter > 11 Jahre bei BNB oder mit anderem Eingriff oder ohne Eingriff an Hals, Trachea	0,605	-	3,5	1	0,190	7	0,057	0,064	-	-	0,8341
D30C	O	Kleine Eingriffe an Ohr, Nase, Mund und Hals, Alter > 11 Jahre	0,377	-	2,7	1	0,030	5	0,066	0,069	-	-	0,8075
D33Z	O	Mehrzeitige komplexe OR-Prozeduren bei Krankheiten und Störungen des Ohres, der Nase, des Mundes und des Halses	3,767	-	21,3	6	0,308	38	0,141	0,097	-	-	0,9938
D35Z	O	Eingriffe an Nase, Nasennebenhöhlen bei bösartiger Neubildung	1,115	-	4,3	1	0,225	9	0,194	0,086	-	-	0,7554
D36Z	O	Sehr komplexe Eingriffe an den Nasennebenhöhlen	0,977	-	4,2	1	0,217	9	0,072	0,083	-	-	0,7895
D37A	O	Sehr komplexe Eingriffe an der Nase, Alter < 16 Jahre oder bei Gaumenspalte oder Spaltnase oder plastische Rekonstruktion der Nase mit Rippenknorpeltransplantation	1,612	-	4,4	1	0,201	8	0,068	0,070	-	-	0,7529
D37B	O	Sehr komplexe Eingriffe an der Nase, Alter > 15 Jahre, außer bei Gaumenspalte oder Spaltnase, ohne plastische Rekonstruktion der Nase mit Rippenknorpeltransplantation	1,033	-	3,3	1	0,108	6	0,059	0,080	-	-	0,6621
D38Z	O	Mäßig komplexe Eingriffe an Nase, Nasennebenhöhlen, Gesichtsschädelknochen	0,784	-	3,1	1	0,319	6	0,061	0,069	-	-	0,6931
D39Z	O	Andere Eingriffe an der Nase	0,480	-	2,9	1	0,110	7	0,065	0,069	-	-	0,8063
D40Z	A	Zahnextraktion und -wiederherstellung	0,550	-	2,5	1	0,092	5	0,068	0,075	-	-	1,0404

Fallpauschalen-Katalog und Pflegeerlöskatalog
Teil a) Bewertungsrelationen bei Versorgung durch Hauptabteilungen

DRG	Partition	Bezeichnung [6]	Bewertungsrelation bei Hauptabteilung	Bewertungsrelation bei Hauptabteilung und Beleghebamme	Mittlere Verweildauer [1]	Untere Grenzverweildauer		Obere Grenzverweildauer		Externe Verlegung Abschlag/Tag (Bewertungsrelation)	Verlegungsfallpauschale	Ausnahme von Wiederaufnahme [4]	Pflegeerlös Bewertungsrelation/Tag
						Erster Tag mit Abschlag [2], [5]	Bewertungsrelation/Tag	Erster Tag zus. Entgelt [3], [5]	Bewertungsrelation/Tag				
1	2	3	4	5	6	7	8	9	10	11	12	13	
D60A	M	Bösartige Neubildungen an Ohr, Nase, Mund und Hals, mehr als ein Belegungstag, mit äußerst schweren oder schweren CC	1,447	-	13,7	4	0,269	28	0,098	0,092	-	x	1,0551
D60B	M	Bösartige Neubildungen an Ohr, Nase, Mund und Hals, ein Belegungstag oder ohne äußerst schwere oder schwere CC	0,603	-	3,7	1	0,248	9	0,083	0,093	-	x	0,9086
D61Z	M	Gleichgewichtsstörung, Hörverlust und Tinnitus	0,433	-	3,6	1	0,226	8	0,077	0,091	-	-	0,6853
D63A	M	Otitis media oder Infektionen der oberen Atemwege oder Blutung aus Nase und Rachen mit äußerst schweren CC	1,036	-	8,7	2	0,326	20	0,078	0,102	-	-	1,2539
D63B	M	Otitis media oder Infektionen der oberen Atemwege oder Blutung aus Nase und Rachen ohne äußerst schwere CC	0,342	-	3,3	1	0,157	7	0,071	0,078	-	-	1,0287
D64Z	M	Laryngotracheitis, Laryngospasmus und Epiglottitis	0,278	-	2,2	1	0,118	4	0,084	0,081	-	-	1,3908
D65Z	M	Andere Krankheiten an Ohr, Nase, Mund und Hals oder Verletzung und Deformität der Nase	0,408	-	3,4	1	0,132	7	0,068	0,077	-	-	0,8924
D67Z	M	Erkrankungen von Zähnen und Mundhöhle	0,417	-	3,4	1	0,140	8	0,070	0,077	-	-	0,9361
MDC 04 Krankheiten und Störungen der Atmungsorgane													
E01A	O	Revisionseingriffe, beidseitige Lobektomie, erweiterte Lungenresektionen und andere komplexe Eingriffe mit komplizierender Konstellation, hochkomplexem Eingriff oder komplizierender Diagnose	5,428	-	26,3	8	0,349	44	0,087	0,114	-	-	1,3283
E01B	O	Revisionseingriffe, beidseitige Lobektomie, erweiterte Lungenresektionen und andere komplexe Eingriffe ohne komplizierende Konstellation, ohne hochkomplexen Eingriff, ohne komplizierende Diagnose	3,413	-	13,8	4	0,340	27	0,087	0,115	-	-	1,0554
E02A	O	Andere OR-Prozeduren an den Atmungsorganen mit aufwendigem Eingriff oder schwersten CC oder IntK > 196 / 184 / 368 Punkte oder Alter < 10 Jahre	2,406	-	14,7	4	0,353	30	0,082	0,111	-	-	1,0131
E02B	O	Andere OR-Prozeduren an den Atmungsorganen, Alter > 9 Jahre, mit mäßig aufwendigem Eingriff bei Krankheiten und Störungen der Atmungsorgane oder mehr als ein Belegungstag mit bestimmtem Eingriff an Larynx oder Trachea oder mit äußerst schweren CC	1,689	-	11,9	3	0,308	25	0,070	0,095	-	-	0,7938
E02C	O	Andere OR-Prozeduren an den Atmungsorganen, Alter > 9 J., mehr als 1 BT, ohne best. Eingr. an Larynx oder Trachea, ohne mäßig aufwend. Eingr., ohne äuß. schw. CC, mit best. endoskop. Lungenvolumenred. oder anderem mäßig kompl. Eingr. oder Alter < 18 J.	0,961	-	5,6	1	0,288	14	0,066	0,102	-	-	0,7560
E02D	O	Andere OR-Prozeduren an den Atmungsorganen, Alter > 17 Jahre, mehr als 1 BT, ohne bestimmten Eingriff an Larynx oder Trachea, ohne mäßig aufwendigen Eingriff, ohne äußerst schwere CC, ohne endoskop. Lungenvolumenred., ohne anderen mäßig kompl. Eingriff	0,850	-	5,4	-	-	14	0,085	0,098	-	-	0,6626
E02E	O	Andere OR-Prozeduren an den Atmungsorganen, Alter > 17 J., ohne best. Eingriff an Larynx oder Trachea, ohne mäßig aufwendigen Eingriff, ohne äußerst schwere CC, ohne endoskop. Lungenvolumenreduktion, ohne andere mäßig kompl. Eingriffe, ein Belegungstag	0,524	-	1,0	-	-	-	-	-	-	-	1,3415
E03Z	O	Brachytherapie oder Therapie mit offenen Nukliden bei Krankheiten und Störungen der Atmungsorgane, mehr als ein Belegungstag	0,694	-	2,8	-	-	6	0,167	0,181	-	x	1,2104
E05A	O	Andere große Eingriffe am Thorax mit bestimmten Eingriffen bei Brustkorbdeformität oder äußerst schweren CC	4,858	-	19,4	5	0,483	37	0,101	0,142	-	-	1,3281
E05B	O	Andere große Eingriffe am Thorax bei bösartiger Neubildung oder Alter < 18 Jahre oder Perikarddrainage mit äußerst schweren CC	2,952	-	9,2	2	0,424	18	0,088	0,122	-	-	0,9538
E05C	O	Andere große Eingriffe am Thorax oder bestimmte Revisionseingriffe ohne bestimmte Eingriffe bei Brustkorbdeformität, ohne äußerst schwere CC, außer bei bösartiger Neubildung, Alter > 17 Jahre	2,232	-	9,4	2	0,363	20	0,082	0,103	-	-	0,9755
E06A	O	Andere Lungenresektionen, bestimmte Eingriffe an Thoraxorganen, Thoraxwand, Gefäßsystem oder Mediastinum, Alter < 10 Jahre oder Eingriff am Thorax mit äußerst schweren CC oder bestimmte Lobektomie oder Exzision intrakranielles Tumorgewebe	3,177	-	15,9	4	0,374	31	0,083	0,111	-	-	1,1209
E06B	O	And. Lungenresek., best. Eingr. an Thoraxorg., Thoraxw., Gefäßsystem od. Mediast., Alter > 9 und < 16 J. od. m. offen chirurg. Pleurolyse m. Eingr. an Lunge/Pleura od. best. atyp. Lungenresek. od. best. Brustkorbkorr. od. best. chirurg. Stab. d. Thoraxw.	2,421	-	9,2	2	0,377	20	0,081	0,117	-	-	0,9980
E06C	O	Andere Lungenresektionen, best. Eingriffe an Thoraxorganen, Thoraxwand, Gefäßsystem od. Mediastinum, Alter > 15 J., ohne offen chirurgische Pleurolyse mit Eingr. an Lunge/Pleura, mit komplexem Eingriff an Atmungsorganen, Mediastinum und Brustkorb	1,754	-	8,1	2	0,306	17	0,076	0,094	-	-	0,8549
E06D	O	Andere Lungenresektionen, best. Eingriffe an Thoraxorganen, Thoraxwand, Gefäßsystem od. Mediastinum, Alter > 15 J., ohne offen chirurgische Pleurolyse mit Eingr. an Lunge/Pleura, mit bestimmtem Eingriff an Atmungsorganen, Mediastinum und Brustkorb	1,414	-	7,2	1	0,375	16	0,073	0,091	-	-	0,7675
E07Z	O	Aufwendige Eingriffe bei Schlafapnoesyndrom	0,781	-	4,3	1	0,191	8	0,061	0,073	-	-	0,6456

Fallpauschalen-Katalog und Pflegeerlöskatalog

Teil a) Bewertungsrelationen bei Versorgung durch Hauptabteilungen

DRG	Partition	Bezeichnung [6]	Bewertungsrelation bei Hauptabteilung	Bewertungsrelation bei Hauptabteilung und Beleghebamme	Mittlere Verweildauer [1]	Untere Grenzverweildauer: Erster Tag mit Abschlag [2], [5]	Untere Grenzverweildauer: Bewertungsrelation/Tag	Obere Grenzverweildauer: Erster Tag zus. Entgelt [3], [5]	Obere Grenzverweildauer: Bewertungsrelation/Tag	Externe Verlegung Abschlag/Tag (Bewertungsrelation)	Verlegungsfallpauschale	Ausnahme von Wiederaufnahme [4]	Pflegeerlös Bewertungsrelation/Tag
1	2	3	4	5	6	7	8	9	10	11	12	13	
E08A	O	Strahlentherapie bei Krankheiten und Störungen der Atmungsorgane mit operativem Eingriff oder Beatmung > 24 Stunden	3,727	-	26,1	8	0,379	44	0,114	-	x	x	0,8134
E08B	O	Strahlentherapie bei Krankheiten und Störungen der Atmungsorgane ohne operativen Eingriff oder Beatmung > 24 Stunden, mehr als ein Belegungstag, Bestrahlungen an mindestens 9 Tagen	3,220	-	23,3	7	0,386	41	0,131	-	x	x	0,7153
E08C	O	Strahlentherapie bei Krankheiten und Störungen der Atmungsorgane ohne operativen Eingriff od. Beatmung > 24 Stunden, mehr als ein Belegungstag, Bestrahlungen an mindestens 5 Tagen od. mindestens 10 Bestrahlungen od. zerebrale, stereotaktische Bestrahlung	1,582	-	11,7	3	0,379	25	0,131	0,118	-	x	0,8056
E08D	O	Strahlentherapie bei Krankheiten und Störungen der Atmungsorgane ohne operativen Eingr. oder Beatmung > 24 Stunden, mehr als ein Belegungstag, Bestrahlungen an weniger als 5 Tagen, weniger als 10 Bestrahlungen, ohne zerebrale, stereotaktische Bestrahlung	1,038	-	8,6	2	0,321	21	0,119	-	x	x	0,7648
E36Z	O	Intensivmedizinische Komplexbehandlung > 588 / 552 / 552 Aufwandspunkte oder hochaufwendiges Implantat bei Krankheiten und Störungen der Atmungsorgane	5,133	-	20,6	6	0,702	38	0,238	0,224	-	x	2,8780
E40A	A	Krankheiten und Störungen der Atmungsorgane mit Beatmung > 24 Stunden, mehr als 2 Belegungstage, mit komplexer Prozedur oder int. Komplexbehandlung > 196 / 368 / - Punkte oder komplizierender Diagnose oder Alter < 16 Jahre, mit äußerst schw. CC oder ARDS	3,430	-	15,9	4	0,648	30	0,142	0,185	-	x	2,3267
E40B	A	Krankheiten und Störungen der Atmungsorgane mit Beatmung > 24 Stunden, mehr als 2 Belegungstage, mit komplexer Prozedur, mit äußerst schweren CC, Alter > 15 Jahre oder bei bestimmter Para- / Tetraplegie	2,672	-	17,9	5	0,415	33	0,099	0,132	-	x	1,8428
E40C	A	Krankheiten und Störungen der Atmungsorgane mit Beatmung > 24 Stunden, mehr als 2 Belegungstage, mit komplexer Prozedur, ohne äußerst schwere CC, außer bei bestimmter Para- / Tetraplegie	1,643	-	9,2	2	0,545	21	0,116	0,158	-	x	2,0048
E42A	A	Geriatrische frührehabilitative Komplexbehandlung bei Krankheiten und Störungen der Atmungsorgane bei traumatischem Hämato-/Pneumothorax oder Komplexbehandlung bei isolationspflichtigen Erregern, COVID-19, Virus nachgewiesen	2,309	-	30,8	-	-	46	0,052	0,072	-	-	0,8829
E42B	A	Geriatrische frührehabilitative Komplexbehandlung bei Krankheiten und Störungen der Atmungsorgane, außer bei traumatischem Hämato-/Pneumothorax	1,478	-	20,9	-	-	32	0,049	0,068	-	-	0,7782
E60A	M	Zystische Fibrose (Mukoviszidose), Alter < 16 Jahre oder mit äußerst schweren CC oder Lungenembolie oder komplexe respiratorische Insuffizienz, Alter < 16 Jahre	1,289	-	9,3	2	0,417	20	0,134	-	x	-	1,3147
E60B	M	Zystische Fibrose (Mukoviszidose), Alter > 15 Jahre, ohne äußerst schwere CC	0,809	-	7,1	1	0,493	17	0,109	-	x	-	0,8829
E63A	M	Schlafapnoesyndrom oder Polysomnographie oder kardiorespir. Polygraphie bis 2 Belegungstage, Alter < 18 Jahre oder mit best. invasiver kardiologischer Diagnostik oder Kontrolle oder Optimierung einer bestehenden häusl. Beatmung bis 2 BT, Alter < 18 Jahre	0,350	-	2,1	1	0,147	4	0,113	0,108	-	-	1,7049
E63B	M	Schlafapnoesyndrom oder Polysomnographie oder kardiorespiratorische Polygraphie bis 2 Belegungstage, Alter > 17 Jahre, ohne bestimmte invasive kardiologische Diagnostik	0,274	-	2,2	1	0,113	4	0,088	0,087	-	-	0,7434
E64A	M	Respiratorische Insuffizienz, mehr als ein Belegungstag, mit äußerst schweren CC oder bestimmte Lungenembolie oder IntK > 196 / 184 / 184 Aufwandspunkte oder Komplexbehandlung bei isolationspflichtigen Erregern, Alter > 15 Jahre	0,983	-	8,6	2	0,318	18	0,077	0,095	-	-	1,0657
E64B	M	Respiratorische Insuffizienz, mehr als ein Belegungstag, mit IntK > 0 / 0 / - Aufwandspunkten, ohne IntK > 196 / 184 / 184 Aufwandspunkten, ohne äußerst schwere CC, Alter < 16 Jahre	0,946	-	6,0	-	-	14	0,154	0,131	-	-	1,5671
E64C	M	Respiratorische Insuffizienz, mehr als ein Belegungstag, ohne äußerst schwere CC, IntK < - / - / 185 Aufwandspunkten, Alter > 15 Jahre	0,605	-	5,8	-	-	13	0,069	0,084	-	-	0,8065
E64D	M	Respiratorische Insuffizienz, ein Belegungstag	0,233	-	1,0	-	-	-	-	-	-	-	1,2920
E65A	M	Chron.-obstr. Atemwegserkrankung od. best. Atemwegsinfekt. mit äuß. schw. CC od. best. hochaufw. Beh. od. kompliz. Fakt. od. Bronchitis u. Asthma bronch., > 1 BT, mit äuß. schw. od. schw. CC, Alter < 1 J., mit RS-V.-Infekt., mit IntK > 196 / 184 / - P.	1,503	-	17,8	5	0,234	29	0,062	0,076	-	-	1,0485
E65B	M	Chronisch-obstruktive Atemwegserkrankung oder best. Atemwegsinfektion ohne äußerst schwere CC, mit komplizierender Diagnose oder mit FEV1 < 35% und mehr als ein Belegungstag oder Alter < 1 J. oder mit best. mäßig aufwendiger /and. aufwendiger Behandlung	0,712	-	8,1	2	0,224	17	0,062	0,074	-	-	0,7616
E65C	M	Chronisch-obstruktive Atemwegserkrankung ohne äußerst schwere CC, ohne komplizierende Diagnose, ohne FEV1 < 35% oder ein Belegungstag oder Alter > 1 Jahr, ohne bestimmte mäßig aufwendige / andere aufwendige Behandlung	0,545	-	6,2	1	0,331	13	0,057	0,072	-	-	0,7200
E66A	M	Schweres Thoraxtrauma mit komplizierender Diagnose	0,581	-	5,4	1	0,270	12	0,074	0,089	-	-	0,8841
E66B	M	Schweres Thoraxtrauma ohne komplizierende Diagnose	0,437	-	4,2	1	0,196	10	0,071	0,084	-	-	0,8030

Fallpauschalen-Katalog und Pflegeerlöskatalog
Teil a) Bewertungsrelationen bei Versorgung durch Hauptabteilungen

DRG	Partition	Bezeichnung [6]	Bewertungsrelation bei Hauptabteilung	Bewertungsrelation bei Hauptabteilung und Beleghebamme	Mittlere Verweildauer [1]	Untere Grenzverweildauer: Erster Tag mit Abschlag [2], [5]	Untere Grenzverweildauer: Bewertungsrelation/Tag	Obere Grenzverweildauer: Erster Tag zus. Entgelt [3], [5]	Obere Grenzverweildauer: Bewertungsrelation/Tag	Externe Verlegung Abschlag/Tag (Bewertungsrelation)	Verlegungsfallpauschale	Ausnahme von Wiederaufnahme [4]	Pflegeerlös Bewertungsrelation/Tag
1	2	3	4	5	6	7	8	9	10	11	12	13	
E69A	M	Bronchitis und Asthma bronchiale, mehr als ein Belegungstag, mit äußerst schweren oder schweren CC oder bestimmte aufwendige / hochaufwendige Behandlung, Alter < 1 Jahr ohne RS-Virus-Infektion oder bei Para- / Tetraplegie	0,646	-	6,0	1	0,312	13	0,072	0,088	-	-	1,4107
E69B	M	Bronchitis und Asthma bronchiale, mehr als 1 BT u. Alter > 55 J. od. mit äuß. schw. od. schw. CC, Alter > 0 J. od. 1 BT od. oh. äuß. schw. od. schw. CC, Alter < 1 J. od. flex. Bronchoskopie, Alter < 16 J. od. andere mäßig aufw. Beh., mit RS-Virus-Infekt.	0,532	-	5,7	1	0,332	12	0,060	0,076	-	-	0,8353
E69C	M	Bronchitis und Asthma bronchiale, ein Belegungstag oder ohne äuß. schw. oder schw. CC oder Alter < 56 Jahre oder Beschwerden und Symptome der Atmung oder Störungen der Atmung mit Ursache in der Neonatalperiode, ohne bestimmte aufw./hochaufw. Behandlung	0,369	-	3,1	1	0,177	7	0,079	0,086	-	-	1,0651
E70Z	M	Keuchhusten und akute Bronchiolitis	0,418	-	4,0	1	0,224	9	0,072	0,082	-	-	1,4763
E71A	M	Neubildungen der Atmungsorgane mit intensivmedizinischer Komplexbehandlung > 196 / 184 / - Aufwandspunkten oder mehr als ein Belegungstag mit äußerst schweren CC	1,551	-	14,7	4	0,289	30	0,068	0,093	-	x	0,9298
E71B	M	Neubildungen der Atmungsorgane, ein Belegungstag oder ohne äußerst schwere CC, mit Ösophagusprothese oder endoskopischer Stufenbiopsie oder endoskopischer Biopsie am Respirationstrakt mit Chemotherapie ohne int. Komplexbeh. > 196 / 184 / - Punkten	1,114	-	7,5	1	0,601	19	0,075	0,115	-	x	0,6415
E71C	M	Neubildungen der Atmungsorgane, ein Belegungstag oder ohne äußerst schwere CC, ohne Ösophagusproth., ohne Stufenbiop., ohne Chemotherapie od. ohne endoskop. Biop. am Respir.-Trakt, mit Bronchoskop. mit starrem Instr. oder perkut. Biop. am Respir.-Trakt	0,718	-	5,1	1	0,335	13	0,082	0,098	-	x	0,6639
E71D	M	Neubildungen der Atmungsorgane, ein Belegungstag od. ohne äußerst schwere CC, ohne Ösophagusproth., ohne Stufenbiopsie, ohne Chemoth. od. ohne endoskop. Biop. am Respir.-Trakt, ohne Bronchoskopie mit starrem Instr., ohne perkut. Biopsie am Respir.-Trakt	0,514	-	5,5	1	0,291	14	0,068	0,071	-	x	0,8600
E73A	M	Pleuraerguss mit äußerst schweren CC	1,735	-	16,1	4	0,328	33	0,066	0,097	-	-	1,0640
E73B	M	Pleuraerguss ohne äußerst schwere CC	0,587	-	5,6	1	0,339	13	0,066	0,098	-	-	0,7464
E74Z	M	Interstitielle Lungenerkrankung	0,673	-	6,1	1	0,370	15	0,071	0,087	-	-	0,7316
E75A	M	Andere Krankheiten der Atmungsorgane mit äußerst schweren CC, Alter < 16 Jahre	1,625	-	8,7	2	0,502	20	0,139	0,153	-	-	2,6576
E75B	M	Andere Krankheiten der Atmungsorgane mit äußerst schweren CC, Alter > 15 Jahre oder best. andere Krankheiten der Atmungsorgane oder intensivmed. Komplexbehandlung > 196 / 184 / 368 Aufwandspunkten od. Komplexbehandlung bei isolationspflichtigen Erregern	1,171	-	12,3	3	0,277	21	0,068	0,079	-	-	1,0849
E75C	M	Andere Krankheiten der Atmungsorgane ohne äußerst schwere CC, ohne best. andere Krankheiten der Atmungsorgane, ohne IntK > 196 / 184 / 368 P., ohne Komplexbeh. bei isolationspfl. Erregern oder Beschwerden und Symptome der Atmung mit komplexer Diagnose	0,502	-	4,8	1	0,238	11	0,067	0,078	-	-	0,9331
E76B	M	Tuberkulose bis 14 Belegungstage oder Alter < 18 Jahre mit äußerst schweren oder schweren CC	1,048	-	7,1	1	0,610	16	0,081	0,124	-	-	0,9167
E76C	M	Tuberkulose bis 14 Belegungstag, Alter > 17 Jahre oder ohne äußerst schwere oder schwere CC oder Pneumothorax	0,713	-	6,3	1	0,424	14	0,074	0,091	-	-	0,9470
E77A	M	Bestimmte andere Infektionen und Entzündungen der Atmungsorgane mit intensivmedizinischer Komplexbehandlung > 392 / 368 / - Aufwandspunkte	3,648	-	18,2	5	0,605	34	0,134	0,188	-	-	2,1429
E77B	M	Bestimmte andere Infektionen und Entzündungen der Atmungsorgane mit bestimmter komplizierender Konstellation oder hochkomplexer Diagnose oder intensivmedizinischer Komplexbehandlung > 196 / - / - Aufwandspunkte	2,602	-	25,1	7	0,309	41	0,084	0,099	-	-	1,3656
E77C	M	Bestimmte andere Infektionen und Entzündungen der Atmungsorgane mit Komplexbehandlung bei isolationspflichtigen Erregern oder bestimmter hochaufwendiger Behandlung oder schwersten CC oder weiteren komplizierenden Faktoren	1,954	-	15,2	4	0,374	29	0,090	0,114	-	-	1,3687
E77D	M	Bestimmte andere Infektionen und Entzündungen der Atmungsorgane, Alter > 9 Jahre	1,235	-	11,4	3	0,291	23	0,073	0,095	-	-	0,9940
E78Z	M	Kontrolle oder Optimierung einer bestehenden häuslichen Beatmung, bis 2 Belegungstage, Alter > 17 Jahre	0,274	-	2,0	1	0,096	3	0,089	0,084	-	-	1,0340
E79A	M	Infektionen und Entzündungen der Atmungsorgane mit komplexer Diagnose oder äußerst schweren CC, mehr als ein Belegungstag oder mit äußerst schweren CC mit bestimmten Infektionen oder Entzündungen	1,063	-	11,9	3	0,259	22	0,061	0,081	-	-	0,9965
E79B	M	Infektionen und Entzündungen der Atmungsorgane ohne komplexe Diagnose, ohne äußerst schwere CC oder ein Belegungstag, bei Para- / Tetraplegie oder mit bestimmter mäßig aufwendiger Behandlung oder mit bestimmter Pneumonie, mehr als ein Belegungstag	0,980	-	10,8	3	0,236	21	0,066	0,077	-	-	1,1084
E79C	M	Infektionen und Entzündungen der Atmungsorgane ohne komplexe Diagnose, ohne äußerst schwere CC oder ein Belegungstag, außer bei Para- / Tetraplegie, ohne bestimmte mäßig aufwendige Behandlung	0,614	-	6,7	1	0,397	14	0,063	0,078	-	-	0,9490

Fallpauschalen-Katalog und Pflegeerlöskatalog
Teil a) Bewertungsrelationen bei Versorgung durch Hauptabteilungen

DRG	Partition	Bezeichnung [6]	Bewertungsrelation bei Hauptabteilung	Bewertungsrelation bei Hauptabteilung und Beleghebamme	Mittlere Verweildauer [1]	Untere Grenzverweildauer: Erster Tag mit Abschlag [2], [5]	Untere Grenzverweildauer: Bewertungsrelation/Tag	Obere Grenzverweildauer: Erster Tag zus. Entgelt [3], [5]	Obere Grenzverweildauer: Bewertungsrelation/Tag	Externe Verlegung Abschlag/Tag (Bewertungsrelation)	Verlegungsfallpauschale	Ausnahme von Wiederaufnahme [4]	Pflegeerlös Bewertungsrelation/Tag
1	2	3	4	5	6	7	8	9	10	11	12	13	
MDC 05 Krankheiten und Störungen des Kreislaufsystems													
F01A	O	Implantation Kardioverter / Defibrillator (AICD), Dreikammer-Stim. od. Defibrillator mit subk. Elektrode od. intrak. Pulsgen. mit kompliz. Fakt. od. myokardstim. Sys. od. aufwendige Sondenentf. mit kompliz. Fakt. od. Zweikammer-Stim. mit kompliz. Fakt.	4,944	-	13,5	3	0,415	28	0,077	0,113	-	-	1,2134
F01B	O	Implantation Kardioverter / Defibrillator (AICD), Zweikammer-Stimulation mit komplizierenden Faktoren oder neurologische Komplexbehandlung des akuten Schlaganfalls mehr als 24 Stunden mit komplizierenden Faktoren	4,134	-	13,2	3	0,386	27	0,082	0,109	-	-	1,1849
F01C	O	Implantation Kardioverter / Defibrillator (AICD), Dreikammer-Stimulation oder Defibrillator oder intrakardialer Pulsgenerator, ohne komplizierende Faktoren oder Implantation eines Drucksensors in die Pulmonalarterie	2,903	-	5,6	1	0,533	15	0,065	0,076	-	-	0,8869
F01D	O	Implantation Kardioverter / Defibrillator (AICD), Zwei- oder Einkammer-Stim. mit äußerst schweren CC oder Einkammer-Stim. mit zusätzlichem Herz- oder Gefäßeingriff oder mit IntK > 392 / 368 / - AP oder best. Sondenentfernung oder Alter < 18 Jahre	3,614	-	13,3	3	0,383	27	0,076	0,107	-	-	1,1405
F01E	O	Implantation Kardioverter / Defibrillator (AICD), Zweikammer-Stimulation oder aufwendige Sondenentfernung, ohne Implantation eines Drucksensors in Pulmonalarterie, ohne Implantation eines intrakardialen Pulsgenerators, Alter > 17 Jahre	2,323	-	6,1	1	0,743	14	0,072	0,081	-	-	0,9108
F01F	O	Impl. Kardioverter / Defibrillator (AICD), Einkammer-Stimulation, ohne zusätzl. Herz- od. Gefäßeingriff, ohne IntK > 392 / 368 / - P., ohne äuß. schw. CC, ohne aufw. Sondenentf., ohne Impl. Drucksens. in Pulmonalart., ohne Impl. Pulsgen., Alter > 17 J.	2,011	-	5,1	1	0,561	13	0,078	0,084	-	-	0,8534
F02A	O	Aggregatwechsel eines Kardioverters / Defibrillators (AICD), Zwei- oder Dreikammer-Stimulation	1,722	-	2,8	1	0,110	6	0,071	0,069	-	-	0,9379
F02B	O	Aggregatwechsel eines Kardioverters / Defibrillators (AICD), Einkammer-Stimulation	1,475	-	3,0	1	0,206	7	0,064	0,068	-	-	0,8894
F03A	O	Herzklappeneingriff mit Herz-Lungen-Maschine, mit bestimmter komplizierender Konstellation	8,877	-	20,0	6	0,615	37	0,276	0,201	-	-	2,0678
F03B	O	Herzklappeneingriff mit Herz-Lungen-Maschine, mit Mehrfacheingriff oder Alter < 1 Jahr oder Eingriff in tiefer Hypothermie oder IntK > 392 / 368 / - Aufwandspunkte oder bestimmter anderer komplizierender Konstellation oder pulmonale Endarteriektomie	6,891	-	16,8	5	0,579	33	0,244	0,194	-	-	1,9112
F03C	O	Herzklappeneingriff mit Herz-Lungen-Maschine, Alter > 0 J., IntK > 196 / 184 / - P. und IntK < 393 / 369 / - P., mit Zweifacheingriff od. bei angeborenem Herzfehler, mit kompl. Eingr. od. best. Herzklappeneingriff oder andere komplizierende Konstellation	6,005	-	16,1	4	0,552	29	0,218	0,161	-	-	1,6055
F03D	O	Herzklappeneingriff mit HLM, Alter > 0 J., IntK < 197 / 185 / - P., mit Zweifacheingr. od. bei angeb. Herzfehler, oh. kompl. Eingr. oder Alter < 16 J. od. oh. Zweifacheingr., auß. bei angeb. Herzfehler, Alter > 15 J. mit Impl. klappentr. Gefäßprothese	4,606	-	13,3	3	0,463	24	0,207	0,129	-	-	1,3354
F03E	O	Herzklappeneingriff mit Herz-Lungen-Maschine, ohne kompliz. Konst., Alter > 15 J., ohne Eingr. in tiefer Hypoth., IntK < 197 / 185 / - P., ohne Zweifacheingr., auß. bei Endokarditis, auß. b. angeb. Herzfehler, ohne Impl. klappentr. Gefäßpr.	3,966	-	11,1	3	0,388	19	0,223	0,124	-	-	1,3169
F05Z	O	Koronare Bypass-Operation mit invasiver kardiologischer Diagnostik oder intraoperativer Ablation, mit komplizierender Konstellation oder Karotiseingriff oder bestimmte Eingriffe mit Herz-Lungen-Maschine in tiefer Hypothermie	5,738	-	14,5	4	0,509	27	0,231	-	x	-	1,5417
F06A	O	Koronare Bypass-Operation mit bestimmten mehrzeitigen komplexen OR-Prozeduren, mit komplizierender Konstellation oder Karotiseingriff oder intensivmedizinischer Komplexbehandlung > 392 / 368 / - Aufwandspunkte	11,287	-	30,3	9	0,616	48	0,234	0,201	-	-	2,4275
F06B	O	Koronare Bypass-Operation mit anderen mehrzeitigen komplexen OR-Prozeduren, ohne komplizierende Konstellation, ohne Karotiseingriff, ohne intensivmedizinische Komplexbehandlung > 392 / 368 / - Aufwandspunkte	7,171	-	20,4	6	0,485	38	0,206	0,156	-	-	1,4353
F06C	O	Koronare Bypass-Operation ohne mehrzeitige komplexe OR-Prozeduren, mit komplizierender Konstellation oder IntK > 392 / 368 / - Aufwandspunkte oder Karotiseingriff	6,066	-	16,6	5	0,572	32	0,211	-	x	-	2,0215
F06D	O	Koronare Bypass-Operation ohne mehrzeitige komplexe OR-Prozeduren, ohne komplizierende Konstellation, mit invasiver kardiologischer Diagnostik oder mit intraoperativer Ablation oder schwersten CC oder Implantation eines herzunterstützenden Systems	4,509	-	13,6	4	0,414	25	0,206	-	x	-	1,6075
F06E	O	Koronare Bypass-Operation ohne mehrzeitige komplexe OR-Prozeduren, ohne komplizierende Konstellation, ohne invasive kardiologische Diagnostik, ohne intraoperative Ablation, ohne schwerste CC, ohne Implantation eines herzunterstützenden Systems	3,510	-	10,8	3	0,379	18	0,208	-	x	-	1,3606
F07A	O	Andere Eingriffe mit Herz-Lungen-Maschine, Alter < 1 Jahr oder mit best. kompliz. Konstellation od. kompl. Operation oder IntK > - / 368 /- P. oder Alter < 18 Jahre mit Reop. Herz od. Perikard oder and. kompliz. Konstellation, mit best. kompl. Eingriffen	6,714	-	14,2	4	0,635	28	0,269	0,207	-	-	2,0933
F07B	O	And. Eingr. mit HLM, Alter < 1 J. od. mit best. kompl. Konst. od. IntK > -/368 /- P., oh. best. kompl. Eingr. od. Alter > 0 J., IntK < -/369/- P., m. and. kompl. Eingr. mit Reop. Herz od. Perik. od. mit best. and. kompliz. Konst. od. mit best. Aortklers.	5,415	-	13,9	4	0,493	26	0,230	0,158	-	-	1,6232

Fallpauschalen-Katalog und Pflegeerlöskatalog
Teil a) Bewertungsrelationen bei Versorgung durch Hauptabteilungen

DRG	Partition	Bezeichnung [6]	Bewertungsrelation bei Hauptabteilung	Bewertungsrelation bei Hauptabteilung und Beleghebamme	Mittlere Verweildauer [1]	Untere Grenzverweildauer		Obere Grenzverweildauer		Externe Verlegung Abschlag/Tag (Bewertungsrelation)	Verlegungs-fallpauschale	Ausnahme von Wiederaufnahme [4]	Pflegeerlös Bewertungsrelation/Tag
						Erster Tag mit Abschlag [2), 5)]	Bewertungsrelation/Tag	Erster Tag zus. Entgelt [3), 5)]	Bewertungsrelation/Tag				
1	2	3	4	5	6	7	8	9	10	11	12	13	
F07C	O	Andere Eingr. mit HLM, Alter > 0 J., IntK < - / 369/- P. oder Alter > 17 J. od. ohne Reop. od. ohne and. kompliz. Konst., ohne and. kompl. Eingriffe od. ohne Reop. an Herz od. Perikard od. ohne best. and. kompliz. Konst. od. ohne best. Aortklers.	4,200	-	11,4	3	0,419	20	0,224	0,137	-	-	1,4178
F08A	O	Rekonstruktive Gefäßeingriffe mit komplizierender Konstellation oder komplexe Vakuumbehandlung oder komplexer Aorteneingriff	8,788	-	38,9	12	0,344	57	0,081	0,110	-	-	1,1051
F08B	O	Rekonstruktive Gefäßeingriffe ohne komplizierende Konstellationen, ohne komplexe Vakuumbehandlung, ohne komplexen Aorteneingriff, mit komplexem Eingriff mit Mehretagen- oder Aorteneingriff oder Re-OP oder bestimmten Bypässen, mit äußerst schweren CC	5,806	-	23,9	7	0,359	42	0,083	0,115	-	-	1,1011
F08C	O	Rekonstruktive Gefäßeingriffe ohne kompl. Vakuumbeh., ohne kompl. Aorteneingriff, mit kompl. Eingriff ohne Mehretagen- od. Aorteneingriff, ohne Reop., ohne best. Bypass, mit äußerst schweren CC oder mit best. Aorteneingriff od. best. kompl. Konstellation	4,219	-	20,0	6	0,302	38	0,077	0,102	-	-	0,9975
F08D	O	Rekonstruktive Gefäßeingriffe ohne kompl. Konst., ohne kompl. Aorteneingriff, mit kompl. Eingr. mit Mehretagen- oder Aorteneingriff oder Reop. oder best. Byp., ohne äuß. schw. CC, ohne best. Aorteneingriff oder bestimmter Bypass mit äußerst schweren CC	2,948	-	13,2	3	0,318	26	0,068	0,090	-	-	0,8853
F08E	O	Rekonstruktive Gefäßeingriffe ohne kompl. Konst., ohne kompl. Vakuumbeh., ohne kompl. Aorteneingriff, mit komplex. Eingriff, ohne Mehretagen- oder Aorteneingriff, ohne Reop., ohne bestimmten Bypass, ohne äußerst schwere CC, ohne bestimmten Aorteneingriff	2,457	-	10,6	3	0,255	22	0,064	0,088	-	-	0,7794
F08F	O	Rekonstruktive Gefäßeingriffe ohne komplizierende Konstellation, ohne komplexe Vakuumbehandlung, ohne komplexen Aorteneingriff, ohne komplexen Eingriff, ohne bestimmten Aorteneingriff, mit bestimmtem Eingriff	1,986	-	9,2	2	0,262	18	0,058	0,078	-	-	0,7071
F08G	O	Rekonstruktive Gefäßeingriffe ohne komplizierende Konstellation, ohne komplexe Vakuumbehandlung, ohne komplexen Aorteneingriff, ohne komplexen Eingriff, ohne bestimmten Aorteneingriff, ohne bestimmten Eingriff	1,771	-	7,3	1	0,328	13	0,061	0,078	-	-	0,7103
F09A	O	Andere kardiothorakale Eingriffe, Alter < 16 Jahre, mit komplizierender Konstellation oder Exzision am Vorhof	3,422	-	9,4	2	0,527	19	0,170	0,163	-	-	1,7433
F09B	O	Andere kardiothorakale Eingriffe, Alter > 15 Jahre, ohne kompl. Konst., ohne Exzision am Vorhof, mit mäßig kompl. kardiothorakalen Eingriffe. mit äußerst schweren CC oder best. kardiothorakalem Eingriff oder best. Perikardektomie bei chron. Perikarditis	3,707	-	11,6	3	0,389	23	0,096	0,122	-	-	1,3972
F09C	O	Andere kardiothorakale Eingriffe, Alter > 15 Jahre, ohne kompl. Konst., ohne Exzision am Vorhof, ohne äußerst schwere CC oder ohne mäßig kompl. kardiothorakale Eingr., ohne best. kardiothorakalen Eingr., ohne best. Perikardektomie bei chron. Perikarditis	2,279	-	8,0	2	0,357	18	0,091	0,120	-	-	1,2402
F12A	O	Implantation eines Herzschrittmachers, Dreikammersystem mit äuß. schw. CC oder ablativ. Maßnahmen oder PTCA oder mit aufwendiger Sondenentfernung mit kompliz. Faktoren oder mit Revision eines Herzschrittm. oder AICD ohne Aggregatw. mit kompliz. Faktoren	3,607	-	13,9	4	0,276	29	0,073	0,095	-	-	1,0086
F12B	O	Implantation eines Herzschrittmachers, Dreikammersystem ohne äußerst schwere CC, ohne ablative Maßnahme, ohne PTCA oder Implantation eines Herzschrittmachers ohne aufwendige Sondenentfernung mit komplizierenden Faktoren	2,082	-	5,4	1	0,353	13	0,066	0,096	-	-	0,8385
F12C	O	Implantation eines Herzschrittmachers, Zweikammersystem, mit komplexem Eingriff oder Alter < 16 Jahre	2,474	-	8,4	2	0,298	17	0,076	0,104	-	-	1,0860
F12D	O	Implantation eines Herzschrittmachers, Zweikammersystem, ohne komplexen Eingriff, Alter > 15 Jahre, mit äußerst schweren CC oder isolierter offen chirurgischer Sondenimplantation oder aufwendiger Sondenentfernung oder mäßig komplexer PTCA	2,266	-	12,0	3	0,328	26	0,079	0,101	-	-	1,1719
F12E	O	Implantation eines Herzschrittmachers, Einkammersystem oder Implantation eines Ereignisrekorders, Alter > 15 Jahre, mit invasiver kardiologischer Diagnostik bei bestimmten Eingriffen	1,600	-	8,6	2	0,270	18	0,066	0,082	-	-	0,8327
F12F	O	Impl. HSM, Zweikammersys., oh. äuß. schwere CC, oh. isol. offen chir. Sondenimpl., oh. aufw. Sondenentf., oh. mäßig kompl. PTCA od. Impl. HSM, Einkammersys. od. Impl. Ereignisrekorder, oh. invasive kardiol. Diagnostik bei best. Eingriffen, Alter > 15 J.	1,164	-	5,2	1	0,397	12	0,072	0,086	-	-	0,8967
F13A	O	Amputation bei Kreislauferkrankungen an oberer oder unterer Extremität oder Revisionseingriff mit äußerst schweren CC und mehrzeitigen Revisions- oder Rekonstruktionseingriffen	5,109	-	35,5	11	0,276	53	0,061	0,092	-	-	0,9311
F13B	O	Amputation bei Kreislauferkrankungen an oberer oder unterer Extremität oder Revisionseingriff mit äußerst schweren CC, ohne mehrzeitige Revisions- oder Rekonstruktionseingriffe	2,420	-	21,8	6	0,269	40	0,061	0,083	-	-	0,9798
F13C	O	Amputation bei Kreislauferkrankungen an oberer Extremität oder komplexe Amputation an unterer Extremität oder Revisionseingriff ohne äußerst schwere CC	1,676	-	13,6	4	0,243	27	0,062	0,085	-	-	0,6812
F13D	O	Amputation bei Kreislauferkrankungen an unterer Extremität ohne komplexe Amputationen, ohne äußerst schwere CC	1,024	-	9,7	2	0,243	20	0,053	0,068	-	-	0,7057
F14A	O	Komplexe oder mehrfache Gefäßeingriffe außer große rekonstruktive Eingriffe mit äußerst schweren CC	4,696	-	24,7	7	0,325	43	0,074	0,100	-	-	1,0027

Fallpauschalen-Katalog und Pflegeerlöskatalog
Teil a) Bewertungsrelationen bei Versorgung durch Hauptabteilungen

DRG	Partition	Bezeichnung [6]	Bewertungsrelation bei Hauptabteilung	Bewertungsrelation bei Hauptabteilung und Beleghebamme	Mittlere Verweildauer [1]	Untere Grenzverweildauer		Obere Grenzverweildauer		Externe Verlegung Abschlag/Tag (Bewertungsrelation)	Verlegungsfallpauschale	Ausnahme von Wiederaufnahme [4]	Pflegeerlös Bewertungsrelation/Tag
						Erster Tag mit Abschlag [2), 5)]	Bewertungsrelation/Tag	Erster Tag zus. Entgelt [3), 5)]	Bewertungsrelation/Tag				
1	2	3	4	5	6	7	8	9	10	11	12	13	
F14B	O	Komplexe oder mehrfache Gefäßeingriffe außer große rekonstruktive Eingriffe, ohne äußerst schwere CC	2,282	-	11,8	3	0,263	25	0,062	0,082	-	-	0,7367
F15Z	O	Perkutane Koronarangioplastie mit komplizierender Konstellation oder komplexer Diagn. u. hochkompl. Intervention od. m. best. Rekanalisationsverf., Alt. < 16 J. od. inv. kardiolog. Diagnostik, m. kompliz. Konst. od. Endokarditis, mehr als 2 Belegungstage	3,183	-	20,0	6	0,343	38	0,084	0,113	-	-	1,2421
F17A	O	Wechsel eines Herzschrittmachers, Dreikammersystem oder Alter < 16 Jahre	1,307	-	2,8	1	0,122	6	0,078	0,074	-	-	1,0628
F17B	O	Wechsel eines Herzschrittmachers, Einkammer- oder Zweikammersystem, Alter > 15 Jahre	0,735	-	2,9	1	0,137	7	0,068	0,072	-	-	0,8812
F18A	O	Revision eines Herzschrittmachers oder Kardioverters / Defibrillators (AICD) ohne Aggregatwechsel, Alter < 16 Jahre oder mit äußerst schweren CC, mit komplexem Eingriff oder mit aufwendiger Sondenentfernung	2,995	-	10,6	3	0,287	24	0,109	0,099	-	-	1,0670
F18B	O	Revision Herzschrittmacher od. Kardioverter / Defibrillator (AICD) oh. Aggregatw., Alt. < 16 J. od. mit äuß. schw. CC, oh. kompl. Eingr., oh. aufwend. Sondenentf. od. Alt. > 15 J., oh. äuß. schw. CC mit kompl. Eingr., mit intralum. exp. Extraktionshilfe	2,080	-	9,0	2	0,320	21	0,070	0,101	-	-	1,0073
F18C	O	Revision eines Herzschrittmachers oder Kardioverters / Defibrillators (AICD) ohne Aggregatwechsel, Alter > 15 Jahre, ohne äußerst schwere CC, ohne aufwendige Sondenentfernung, mit komplexem Eingriff, ohne intraluminale expandierende Extraktionshilfe	1,151	-	4,7	1	0,356	12	0,069	0,082	-	-	0,8986
F18D	O	Revision eines Herzschrittmachers oder Kardioverters / Defibrillators (AICD) ohne Aggregatwechsel, Alter > 15 Jahre, ohne äußerst schwere CC, ohne aufwendige Sondenentfernung, ohne komplexen Eingriff	0,661	-	3,5	1	0,354	8	0,065	0,075	-	-	0,8293
F19A	O	Andere transluminale Intervention an Herz, Aorta und Lungengefäßen mit äußerst schweren CC	3,094	-	12,1	3	0,385	26	0,088	0,114	-	-	1,3442
F19B	O	Andere transluminale Intervention an Herz, Aorta und Lungengefäßen ohne äußerst schwere CC oder Ablation über A. renalis oder komplexe koronare Lithoplastie	1,586	-	4,0	1	0,386	10	0,085	0,085	-	-	1,0825
F20Z	O	Beidseitige Unterbindung und Stripping von Venen mit bestimmter Diagnose oder äußerst schweren oder schweren CC	1,030	-	7,2	1	0,221	17	0,047	0,061	-	-	0,6110
F21A	O	Andere OR-Prozeduren bei Kreislauferkrankungen mit hochkomplexem Eingriff oder komplizierender Konstellation	5,232	-	28,7	9	0,279	47	0,071	0,096	-	-	0,9980
F21B	O	Andere OR-Prozeduren bei Kreislauferkrankungen ohne hochkomplexen Eingriff, mit komplexem Eingriff oder bestimmter komplizierender Konstellation	3,732	-	20,9	6	0,319	39	0,065	0,107	-	-	0,9210
F21C	O	Andere OR-Prozeduren bei Kreislauferkrankungen ohne komplexen Eingriff, mit mäßig komplexem Eingriff oder anderer komplizierender Konstellation oder IntK > 196 / 184 / 368 Punkte	2,027	-	17,3	5	0,223	34	0,050	0,078	-	-	0,7496
F21D	O	Andere OR-Prozeduren bei Kreislauferkrankungen ohne komplexen Eingriff, ohne komplizierende Konstellationen, ohne IntK > 196 / 184 / 368 Punkte, ohne mäßig komplexen Eingriff, mit bestimmtem anderen Eingriff	1,366	-	12,6	3	0,252	27	0,053	0,073	-	-	0,7610
F21E	O	Andere OR-Prozeduren bei Kreislauferkrankungen ohne komplexen Eingriff, ohne komplizierende Konstellationen, ohne IntK > 196 / 184 / 368 Punkte, ohne mäßig komplexen Eingriff, ohne bestimmten anderen Eingriff	0,869	-	9,9	2	0,249	21	0,055	0,068	-	-	0,6996
F24A	O	Perkutane Koronarangioplastie mit komplexer Diagnose und hochkomplexer Intervention oder mit bestimmten Rekanalisationsverfahren, Alter > 15 Jahre, mit äußerst schweren CC	2,908	-	15,1	4	0,381	29	0,091	0,118	-	-	1,4449
F24B	O	Perkutane Koronarangioplastie mit komplexer Diagnose und hochkomplexer Intervention oder mit bestimmten Rekanalisationsverfahren, Alter > 15 Jahre, ohne äußerst schwere CC	1,364	-	5,4	1	0,448	11	0,079	0,096	-	-	1,0458
F27A	O	Verschiedene Eingriffe bei Diabetes mellitus mit Komplikationen, mit äußerst schweren CC oder Gefäßeingriff oder bestimmter Amputation oder komplexer Arthrodese des Fußes oder komplexem Hauteingriff oder Ringfixateur	2,407	-	20,2	6	0,225	38	0,055	0,074	-	-	0,7823
F27B	O	Verschiedene Eingriffe bei Diabetes mellitus mit Komplikationen, ohne äußerst schwere CC, ohne Gefäßeingriff, ohne bestimmte Amputation, ohne komplexe Arthrodese des Fußes, ohne komplexen Hauteingriff, ohne Ringfixateur, mit mäßig komplexem Eingriff	1,815	-	15,8	4	0,261	31	0,057	0,078	-	-	0,6641
F27C	O	Verschiedene Eingriffe bei Diabetes mellitus mit Komplikationen, ohne äußerst schwere CC, ohne Gefäßeingriff, ohne best. Amputation, ohne komplexe Arthrodese des Fußes, ohne Ringfixateur, ohne mäßig komplexen Eingriff, mit bestimmtem aufwendigen Eingriff	1,066	-	10,6	3	0,199	21	0,053	0,069	-	-	0,6734
F28A	O	Bestimmte Amputation bei Kreislauferkrankungen an unterer Extremität mit zusätzlichem Gefäßeingriff oder mit Hauttransplantation mit äußerst schweren oder schweren CC	3,759	-	24,0	7	0,270	42	0,063	0,087	-	-	0,8153
F28B	O	Bestimmte Amputation bei Kreislauferkrankungen an unterer Extremität ohne zusätzlichen Gefäßeingriff, ohne Hauttransplantation, mit äußerst schweren oder schweren CC	2,176	-	19,4	5	0,257	37	0,056	0,076	-	-	0,8306
F28C	O	Bestimmte Amputation bei Kreislauferkrankungen an unterer Extremität, ohne zusätzlichen Gefäßeingriff, ohne äußerst schwere oder schwere CC	1,761	-	15,2	4	0,249	30	0,055	0,077	-	-	0,8477

Fallpauschalen-Katalog und Pflegeerlöskatalog
Teil a) Bewertungsrelationen bei Versorgung durch Hauptabteilungen

DRG	Partition	Bezeichnung [6]	Bewertungsrelation bei Hauptabteilung	Bewertungsrelation bei Hauptabteilung und Beleghebamme	Mittlere Verweildauer [1]	Untere Grenzverweildauer		Obere Grenzverweildauer		Externe Verlegung Abschlag/Tag (Bewertungsrelation)	Verlegungs-fallpauschale	Ausnahme von Wiederaufnahme [4]	Pflegeerlös Bewertungsrelation/Tag
						Erster Tag mit Abschlag [2,5]	Bewertungsrelation/Tag	Erster Tag zus. Entgelt [3,5]	Bewertungsrelation/Tag				
1	2	3	4	5	6	7	8	9	10	11	12	13	
F30Z	O	Operation bei komplexem angeborenen Herzfehler oder Hybridchirurgie bei Kindern	5,251	-	12,8	3	0,671	24	0,272	0,194	-	-	2,3331
F36A	O	Intensivmedizinische Komplexbehandlung bei Krankheiten und Störungen des Kreislaufsystems mit komplizierenden Faktoren, > 1176 / 1380 / - Aufwandspunkte oder > 588 / 828 / 1104 Aufwandspunkte mit aufwendigem Eingriff	14,525	-	34,6	11	0,836	53	0,290	-	x	x	3,0969
F36B	O	Intensivmed. Komplexbeh. bei Krankh. und Störungen d. Kreislaufsyst. m. kompliz. Fakt., > 588 / 828 / - P. od. > - / - / 1104 P. m. best. OR-Proz., ohne aufwend. Eingr. od. > - / 552 / 552 P. m. best. Aortenstent od. minimalinv. Eingr. an mehrer. Herzkl.	10,517	-	25,6	8	0,769	44	0,271	-	x	x	2,7932
F36C	O	Intensivmedizinische Komplexbehandlung bei Krankheiten und Störungen des Kreislaufsystems mit komplizierenden Faktoren, > - / 552 / 552 Aufwandspunkte ohne bestimmte OR-Prozedur, ohne bestimmten Aortenstent oder bestimmter mehrzeitiger komplexer Eingriff	8,154	-	23,4	7	0,703	41	0,233	-	x	x	2,4503
F39A	O	Unterbindung und Stripping von Venen mit beidseitigem Eingriff oder bestimmter Diagnose oder äußerst schweren oder schweren CC	0,645	-	4,1	1	0,073	11	0,064	0,058	-	-	0,7693
F39B	O	Unterbindung und Stripping von Venen ohne beidseitigen Eingriff, ohne bestimmte Diagnose, ohne äußerst schwere oder schwere CC	0,575	-	2,4	1	0,058	5	0,077	0,087	-	-	0,9875
F41A	A	Invasive kardiologische Diagnostik bei akutem Myokardinfarkt mit äußerst schweren CC	3,065	-	17,2	5	0,459	33	0,096	0,147	-	-	1,2957
F41B	A	Invasive kardiologische Diagnostik bei akutem Myokardinfarkt ohne äußerst schwere CC	0,766	-	4,9	1	0,318	11	0,077	0,085	-	-	0,9372
F42Z	O	Operation b. kompl. angeb. Herzfehler, Hybridchirurgie, best. Herzklappeneingriffe od. and. Eingriffe m. Herz-Lungen-Maschine m. invas. kardiolog. Diagnostik bei Kindern od. best. rekonstruktive Gefäßeingriffe oh. Herz-Lungen-Maschine m. kompl. Eingriff	6,508	-	15,5	4	0,496	32	0,166	0,150	-	-	1,4332
F43A	A	Beatmung > 24 Stunden bei Krankheiten und Störungen des Kreislaufsystems, Alter < 6 Jahre oder intensivmedizinische Komplexbehandlung > 392 / 552 / 552 Aufwandspunkte oder best. Impl. herzunterst. System	5,026	-	22,0	6	0,653	40	0,199	0,193	-	x	2,2193
F43B	A	Beatmung > 24 Stunden bei Krankheiten und Störungen des Kreislaufsystems oh. IntK > 392 / 552 / 552 Pkte, Alter > 5 J. und Alter < 16 J. od. mit kompl. Konstell. od. best. OR-Prozedur od. IntK > - / 368 / - Punkte, ohne best. Impl. herzunterst. System	4,340	-	15,6	4	0,563	30	0,119	0,168	-	x	1,9061
F43C	A	Beatmung > 24 Stunden bei Krankheiten und Störungen des Kreislaufsystems, Alter > 15 J., ohne intensivmed. Komplexbehandlung > 392 / 368 / 552 Aufwandspunkte, ohne komplizierende Konstellation, ohne best. OR-Prozedur, ohne best. Impl. herzunterst. System	2,002	-	10,6	3	0,455	24	0,121	0,155	-	x	2,0378
F48Z	A	Geriatrische frührehabilitative Komplexbehandlung bei Krankheiten und Störungen des Kreislaufsystems	1,460	-	20,5	-	-	32	0,049	0,067	-	-	0,7265
F49A	A	Invasive kardiologische Diagnostik außer bei akutem Myokardinfarkt, mit äußerst schweren CC oder IntK > 196 / 184 / 368 Aufwandspunkten, mit komplexem Eingriff oder Alter < 10 Jahre	3,175	-	18,1	5	0,453	36	0,106	0,140	-	-	1,3508
F49B	A	Invasive kardiologische Diagnostik außer bei akutem Myokardinfarkt, mit äußerst schweren CC oder IntK > 196 / 184 / 368 Aufwandspunkten, ohne komplexen Eingriff, Alter > 9 Jahre	2,547	-	17,8	5	0,373	35	0,085	0,119	-	-	1,3763
F49C	A	Invasive kardiologische Diagnostik außer bei akutem Myokardinfarkt, ohne äußerst schwere CC, ohne IntK > 196 / 184 / 368 Aufwandspunkte, Alter < 18 Jahre	1,040	-	2,4	1	0,128	5	0,170	0,120	-	-	1,7749
F49D	A	Invasive kardiologische Diagnostik außer bei akutem Myokardinfarkt, ohne äußerst schwere CC, ohne IntK > 196 / 184 / 368 Aufwandspunkte, Alter > 17 Jahre, mit schweren CC, mehr als ein Belegungstag	1,538	-	12,7	3	0,309	26	0,066	0,093	-	-	0,8829
F49E	A	Invasive kardiologische Diagnostik außer bei akutem Myokardinfarkt, ohne IntK > 196 / 184 / 368 Aufwandspunkte, Alter > 17 Jahre, ohne schwere CC bei BT > 1, mit kardialem Mapping oder best. andere kardiologische Diagnostik oder best. komplexer Diagnose	1,011	-	7,1	1	0,371	16	0,060	0,078	-	-	0,6976
F49F	A	Invasive kardiolog. Diagnostik außer bei akutem Myokardinfarkt, o. äußerst schwere CC, ohne IntK > 196 / 184 / 368 P., Alter > 17 J., o. kard. Mapping, o. best. and. kard. Diagnostik, o. schwere CC bei BT > 1, o. best. kompl. Diagnose, mit best. Eingr.	0,816	-	5,6	1	0,298	13	0,066	0,080	-	-	0,7392
F49G	A	Invasive kardiolog. Diagnostik außer bei akutem Myokardinfarkt, o. äußerst schwere CC, ohne IntK > 196 / 184 / 368 P., Alter > 17 J., o. kard. Mapping, o. best. and. kard. Diagnostik, o. schwere CC bei BT > 1, o. best. kompl. Diagnose, ohne best. Eingr.	0,545	-	3,5	1	0,199	8	0,063	0,071	-	-	0,7211
F50A	O	Ablative Maßnahmen bei Herzrhythmusstörungen mit hochkomplexer Ablation im linken Vorhof, Ventrikel oder Pulmonalvenen oder Implantation eines Ereignisrekorders oder Alter < 16 Jahre oder best. angeb. Herzfehler oder mit kompl. Ablation, Alter < 18 Jahre	1,993	-	3,2	1	0,214	8	0,078	0,088	-	-	0,9247
F50B	O	Ablative Maßnahmen bei Herzrhythmusstörungen ohne hochkomplexe Ablation im linken Vorhof, Ventrikel oder Pulmonalvenen, ohne Implantation eines Ereignisrekorders, ohne best. angeb. Herzfehler, mit komplexer Ablation, Alter > 17 Jahre	1,564	-	3,5	1	0,200	8	0,074	0,082	-	-	0,9337

Fallpauschalen-Katalog und Pflegeerlöskatalog
Teil a) Bewertungsrelationen bei Versorgung durch Hauptabteilungen

DRG	Partition	Bezeichnung [6]	Bewertungsrelation bei Hauptabteilung	Bewertungsrelation bei Hauptabteilung und Beleghebamme	Mittlere Verweildauer [1]	Untere Grenzverweildauer: Erster Tag mit Abschlag [2, 5]	Untere Grenzverweildauer: Bewertungsrelation/Tag	Obere Grenzverweildauer: Erster Tag zus. Entgelt [3, 5]	Obere Grenzverweildauer: Bewertungsrelation/Tag	Externe Verlegung Abschlag/Tag (Bewertungsrelation)	Verlegungsfallpauschale	Ausnahme von Wiederaufnahme [4]	Pflegeerlös Bewertungsrelation/Tag
1	2	3	4	5	6	7	8	9	10	11	12	13	
F50C	O	Ablative Maßnahmen bei Herzrhythmusstörungen ohne hochkomplexe Ablation im linken Vorhof, Ventrikel oder Pulmonalvenen, ohne Implantation eines Ereignisrekorders, ohne best. angeb. Herzfehler, ohne komplexe Ablation, Alter > 15 Jahre	1,013	-	3,4	1	0,120	8	0,064	0,069	-	-	0,9223
F51A	O	Endovaskuläre Implantation von Stent-Prothesen an der Aorta, thorakal oder mit bestimmter Aortenprothesenkombination	4,639	-	8,1	2	0,390	17	0,132	0,132	-	-	1,1917
F51B	O	Endovaskuläre Implantation von Stent-Prothesen an der Aorta, nicht thorakal, ohne bestimmte Aortenprothesenkombination	3,279	-	6,3	1	0,387	12	0,079	0,116	-	-	0,8715
F52A	O	Perkutane Koronarangioplastie mit komplexer Diagnose, mit äußerst schweren CC	2,705	-	17,2	5	0,337	32	0,081	0,107	-	-	1,2895
F52B	O	Perkutane Koronarangioplastie mit komplexer Diagnose, ohne äußerst schwere CC oder mit intrakoronarer Brachytherapie oder bestimmte Intervention	1,052	-	5,0	1	0,334	10	0,079	0,091	-	-	1,0172
F56A	O	Perkutane Koronarangioplastie mit bestimmter hochkomplexer Intervention, mit äußerst schweren CC	2,426	-	12,6	3	0,361	26	0,080	0,106	-	-	1,1953
F56B	O	Perkutane Koronarangioplastie mit hochkomplexer Intervention, ohne bestimmte hochkomplexe Intervention oder ohne äußerst schwere CC oder Kryoplastie oder koronare Lithoplastie	1,018	-	3,5	1	0,302	8	0,069	0,077	-	-	0,8454
F58A	O	Perkutane Koronarangioplastie oder bestimmte kardiologische Diagnostik mit Gefäßeingriff, mit äußerst schweren CC	1,841	-	10,9	3	0,295	22	0,076	0,100	-	-	1,0690
F58B	O	Perkutane Koronarangioplastie oder bestimmte kardiologische Diagnostik mit Gefäßeingriff, ohne äußerst schwere CC	0,780	-	3,3	1	0,228	7	0,066	0,073	-	-	0,8262
F59A	O	Mäßig komplexe Gefäßeingriffe mit äußerst schweren CC	3,034	-	18,9	5	0,344	36	0,077	0,103	-	-	0,9702
F59B	O	Mäßig komplexe Gefäßeingriffe mit aufwendiger Gefäßintervention, ohne äußerst schwere CC	1,737	-	4,0	1	0,567	10	0,172	0,214	-	-	0,9092
F59C	O	Mäßig komplexe Gefäßeingriffe ohne äußerst schwere CC, ohne aufwendige Gefäßintervention, mit aufwendigem Eingriff oder Mehrfacheingriff oder bestimmter Diagnose oder Alter < 16 Jahre, mehr als ein Belegungstag	1,567	-	6,2	1	0,401	14	0,091	0,112	-	-	0,8135
F59D	O	Mäßig komplexe Gefäßeingriffe ohne äußerst schwere CC, ohne aufwendige Gefäßintervention, mit bestimmtem Eingriff oder anderem Mehrfacheingriff, Alter > 15 Jahre oder ein Belegungstag oder mit pAVK mit Gangrän, mehr als ein Belegungstag	1,175	-	5,5	1	0,257	14	0,085	0,103	-	-	0,7788
F59E	O	Mäßig komplexe Gefäßeingriffe ohne äußerst schwere CC, ohne aufwend. Gefäßinterv., mit best. anderen Eingriff oder best. Mehrfacheingriff oder PTA, mehr als ein Belegungstag, ohne aufwendigen oder bestimmten Eingr., Alter > 15 Jahre oder ein Belegungstag	0,919	-	4,0	1	0,233	10	0,100	0,115	-	-	0,7747
F59F	O	Mäßig komplexe Gefäßeingriffe ohne äußerst schwere CC, ohne aufwendige Gefäßintervention, ohne aufwendigen, bestimmten oder bestimmten anderen Eingriff, ohne Mehrfacheingriff, Alter > 15 Jahre oder ein Belegungstag	0,676	-	2,8	1	0,131	6	0,111	0,117	-	-	0,8325
F60A	M	Akuter Myokardinfarkt ohne invasive kardiologische Diagnostik mit äußerst schweren CC	1,446	-	13,6	4	0,271	26	0,069	0,099	-	-	1,0559
F60B	M	Akuter Myokardinfarkt ohne invasive kardiologische Diagnostik ohne äußerst schwere CC	0,531	-	5,2	1	0,365	12	0,065	0,092	-	-	0,9053
F61A	M	Infektiöse Endokarditis mit komplizierender Diagnose oder mit komplizierender Konstellation	2,980	-	30,5	9	0,277	48	0,064	0,088	-	-	0,9185
F61B	M	Infektiöse Endokarditis ohne komplizierende Diagnose, ohne komplizierende Konstellation	2,255	-	25,8	8	0,237	44	0,059	0,079	-	-	0,7769
F62A	M	Herzinsuffizienz und Schock mit äußerst schweren CC, mit Dialyse oder komplizierender Diagnose oder mit bestimmter hochaufwendiger Behandlung mit intensivmedizinischer Komplexbehandlung > 196 / 184 / 368 Punkte oder komplizierender Konstellation	2,808	-	19,8	6	0,382	36	0,095	0,127	-	-	1,4579
F62B	M	Herzinsuff. und Schock mit äuß. schw. CC, mit Dialyse oder kompliz. Diag. od. mit best. hochaufw. Beh. od. ohne kompliz. Konst., ohne best. hochaufw. Beh., mehr als 1 BT bei best. akuten Nierenvers. mit äuß. schw. CC od. Komplexbeh. des akut. Schlaganf.	1,811	-	16,6	5	0,280	32	0,070	0,098	-	-	1,0798
F62C	M	Herzinsuffizienz und Schock ohne äuß. schw. CC od. ohne Dialyse, ohne kompliz. Diagnose, ohne kompliz. Konst., ohne best. hochaufw. Beh., mehr als 1 Belegungstag, ohne best. akut. Nierenvers. od. ohne äuß. schw. CC. ohne Komplexbeh. des akut. Schlaganf.	0,672	-	8,1	2	0,218	17	0,057	0,072	-	-	0,7838
F62D	M	Herzinsuffizienz und Schock ohne äußerst schwere CC oder ohne Dialyse, ohne komplizierende Diagnose, ohne komplizierende Konstellation, ohne bestimmte hochaufwendige Behandlung, ein Belegungstag	0,200	-	1,0	-	-	-	-	-	-	-	1,2349
F63A	M	Venenthrombose mit äußerst schweren CC	1,433	-	14,9	4	0,263	30	0,060	0,084	-	-	0,8639
F63B	M	Venenthrombose ohne äußerst schwere CC	0,427	-	4,6	1	0,242	10	0,062	0,072	-	-	0,7100
F64Z	M	Hautulkus bei Kreislauferkrankungen	0,635	-	8,2	2	0,206	17	0,054	0,069	-	-	0,7092
F65A	M	Periphere Gefäßkrankheiten mit komplexer Diagnose und äußerst schweren CC oder intensivmedizinische Komplexbehandlung > 196 / 184 / 184 Aufwandspunkte	2,018	-	17,5	5	0,325	32	0,078	0,105	-	-	1,1749

Fallpauschalen-Katalog und Pflegeerlöskatalog
Teil a) Bewertungsrelationen bei Versorgung durch Hauptabteilungen

DRG	Partition	Bezeichnung [8]	Bewertungsrelation bei Hauptabteilung	Bewertungsrelation bei Hauptabteilung und Beleghebamme	Mittlere Verweildauer [1]	Untere Grenzverweildauer		Obere Grenzverweildauer		Externe Verlegung Abschlag/Tag (Bewertungsrelation)	Verlegungs-fallpauschale	Ausnahme von Wiederaufnahme [4]	Pflegeerlös Bewertungsrelation/Tag
						Erster Tag mit Abschlag [2), 5)]	Bewertungs-relation/Tag	Erster Tag zus. Entgelt [3), 5)]	Bewertungs-relation/Tag				
1	2	3	4	5	6	7	8	9	10	11	12	13	
F65B	M	Periphere Gefäßkrankheiten ohne komplexe Diagnose oder ohne äußerst schwere CC, ohne intensivmedizinische Komplexbehandlung > 196 / 184 / 184 Aufwandspunkte	0,535	-	5,8	1	0,268	14	0,062	0,075	-	-	0,7628
F66A	M	Koronararteriosklerose mit äußerst schweren CC	1,158	-	14,9	4	0,221	26	0,054	0,070	-	-	0,8212
F66B	M	Koronararteriosklerose ohne äußerst schwere CC	0,415	-	4,2	1	0,219	10	0,067	0,078	-	-	0,6552
F67A	M	Hypertonie mit komplizierender Diagnose oder äußerst schweren oder schweren CC oder bestimmter hochaufwendiger / mäßig aufwendiger / aufwendiger Behandlung	0,880	-	9,9	2	0,281	21	0,062	0,080	-	-	0,8094
F67B	M	Hypertonie ohne komplizierende Diagnose, ohne äußerst schwere oder schwere CC, ohne bestimmte hochaufwendige / mäßig aufwendige / aufwendige Behandlung, Alter < 18 Jahre	0,393	-	3,2	1	0,143	7	0,082	0,097	-	-	1,0363
F67C	M	Hypertonie ohne komplizierende Diagnose, ohne äußerst schwere oder schwere CC, ohne bestimmte hochaufwendige / mäßig aufwendige / aufwendige Behandlung, Alter > 17 Jahre	0,368	-	3,8	1	0,203	8	0,064	0,076	-	-	0,6287
F68A	M	Angeborene Herzkrankheit, Alter < 6 Jahre oder intensivmedizinische Komplexbehandlung > 196 / - / - Aufwandspunkte oder Alter < 16 Jahre mit äußerst schweren oder schweren CC	0,704	-	5,3	1	0,408	12	0,130	0,107	-	-	1,7327
F68B	M	Angeborene Herzkrankheit ohne intensivmedizinische Komplexbehandlung > 196 / - / - Aufwandspunkte, Alter > 5 Jahre und Alter < 16 Jahre, ohne äußerst schwere oder schwere CC oder Alter > 15 Jahre	0,436	-	3,3	1	0,187	8	0,093	0,099	-	-	1,0711
F69A	M	Herzklappenerkrankungen mit äußerst schweren oder schweren CC	1,302	-	14,4	4	0,237	27	0,058	0,078	-	-	0,8410
F69B	M	Herzklappenerkrankungen ohne äußerst schwere oder schwere CC	0,475	-	5,4	1	0,272	13	0,059	0,072	-	-	0,6929
F70A	M	Schwere Arrhythmie und Herzstillstand mit äußerst schweren CC	1,268	-	11,3	3	0,280	24	0,077	0,092	-	-	1,3628
F70B	M	Schwere Arrhythmie und Herzstillstand ohne äußerst schwere CC	0,541	-	5,0	1	0,378	11	0,073	0,088	-	-	0,9640
F71A	M	Nicht schwere kardiale Arrhythmie und Erregungsleitungsstörungen mit äußerst schweren CC, mehr als ein Belegungstag oder mit kathetergestützter elektrophysiologischer Untersuchung des Herzens oder bestimmter hochaufwendiger Behandlung	1,175	-	12,4	3	0,277	25	0,063	0,085	-	-	0,9803
F71B	M	Nicht schwere kardiale Arrhythmie und Erregungsleitungsstörungen ohne äußerst schwere CC oder ein Belegungstag, ohne kathetergestützte elektrophysiologische Untersuchung des Herzens, ohne bestimmte hochaufwendige Behandlung	0,376	-	3,7	1	0,197	8	0,070	0,076	-	-	0,7747
F72A	M	Angina pectoris mit äußerst schweren CC	1,318	-	12,1	3	0,290	25	0,067	0,089	-	-	0,7958
F72B	M	Angina pectoris ohne äußerst schwere CC	0,367	-	3,3	1	0,189	7	0,069	0,115	-	-	0,6860
F73A	M	Synkope und Kollaps, Alter < 14 Jahre, ein Belegungstag	0,209	-	1,0	-	-	-	-	-	-	-	1,5435
F73B	M	Synkope und Kollaps, Alter > 13 Jahre oder mehr als ein Belegungstag	0,429	-	4,0	1	0,247	9	0,074	0,086	-	-	0,7462
F74Z	M	Thoraxschmerz und sonstige und nicht näher bezeichnete Krankheiten des Kreislaufsystems	0,318	-	2,8	1	0,154	6	0,078	0,082	-	-	0,7239
F75A	M	Andere Krankheiten des Kreislaufsystems mit äußerst schweren CC, mehr als ein Belegungstag	1,917	-	16,7	5	0,290	32	0,073	0,099	-	-	0,9935
F75B	M	Andere Krankheiten des Kreislaufsystems ohne äußerst schwere CC oder ein Belegungstag, Alter < 10 Jahre oder Alter < 16 Jahre mit schweren CC	0,975	-	6,4	1	0,646	16	0,139	0,117	-	-	1,7979
F75C	M	Andere Krankheiten des Kreislaufsystems ohne äußerst schwere CC oder ein Belegungstag, Alter > 9 Jahre und Alter < 16 Jahre, ohne schwere CC oder Alter > 15	0,694	-	5,8	1	0,437	14	0,066	0,087	-	-	0,7842
F77A	M	Komplexbehandlung bei isolationspflichtigen Erregern bei Krankheiten und Störungen des Kreislaufsystems, COVID-19, Virus nachgewiesen	2,140	-	26,8	-	-	44	0,052	0,072	-	-	0,9075
F77B	M	Komplexbehandlung bei isolationspflichtigen Erregern bei Krankheiten und Störungen des Kreislaufsystems	2,067	-	23,4	-	-	40	0,057	0,078	-	-	0,9427
F95A	O	Interventioneller Septumverschluss oder Verschluss einer paravalvulären Leckage mit einem kardialen Okkluder, Alter < 18 Jahre oder Vorhofohrverschluss	2,093	-	3,9	1	0,294	10	0,076	0,081	-	-	0,9296
F95B	O	Interventioneller Septumverschluss oder Verschluss einer paravalvulären Leckage mit einem kardialen Okkluder, Alter > 17 Jahre, ohne Vorhofohrverschluss	1,491	-	2,4	1	0,207	5	0,083	0,083	-	-	0,9681
F98A	O	Komplexe minimalinvasive Operationen an Herzklappen ohne minimalinvasiven Eingriff an mehreren Herzklappen, mit hochkomplexem Eingriff oder komplexer Diagnose oder Alter < 30 Jahre oder Implantation eines Wachstumsstents	6,969	-	13,8	4	0,354	28	0,089	0,119	-	-	1,4531
F98B	O	Komplexe minimalinvasive Operationen an Herzklappen ohne minimalinvasiven Eingriff an mehreren Herzklappen, ohne hochkomplexen Eingriff, ohne komplexe Diagnose, Alter > 29 Jahre, ohne Implantation eines Wachstumsstents, mit sehr komplexem Eingriff	5,258	-	9,1	2	0,463	18	0,080	0,126	-	-	1,1601
F98C	O	Komplexe minimalinvasive Operationen an Herzklappen ohne minimalinvasiven Eingriff an mehreren Herzklappen, ohne hochkomplexen Eingriff, ohne komplexe Diagnose, Alter > 29 Jahre, ohne Implantation eines Wachstumsstents, ohne sehr komplexen Eingriff	7,323	-	8,4	2	0,327	19	0,067	0,107	-	-	1,0150

Fallpauschalen-Katalog und Pflegeerlöskatalog
Teil a) Bewertungsrelationen bei Versorgung durch Hauptabteilungen

DRG	Partition	Bezeichnung [6]	Bewertungsrelation bei Hauptabteilung	Bewertungsrelation bei Hauptabteilung und Beleghebamme	Mittlere Verweildauer [1]	Untere Grenzverweildauer: Erster Tag mit Abschlag [2), 5)]	Untere Grenzverweildauer: Bewertungsrelation/Tag	Obere Grenzverweildauer: Erster Tag zus. Entgelt [3), 5)]	Obere Grenzverweildauer: Bewertungsrelation/Tag	Externe Verlegung Abschlag/Tag (Bewertungsrelation)	Verlegungsfallpauschale	Ausnahme von Wiederaufnahme [4]	Pflegeerlös Bewertungsrelation/Tag
1	2	3	4	5	6	7	8	9	10	11	12	13	
MDC 06 Krankheiten und Störungen der Verdauungsorgane													
G01Z	O	Eviszeration des kleinen Beckens	5,481	-	20,4	6	0,385	36	0,132	0,125	-	-	1,0915
G02A	O	Bestimmte Eingriffe an den Verdauungsorganen bei angeb. Fehlbildung, Alter < 2 Jahre oder sehr komplexe Eingriffe an Dünn- und Dickdarm, Alter < 10 Jahre oder best. Eingriffe an Dünn- und Dickdarm mit kompliz. Diagnose, mit bestimmten kompliz. Faktoren	3,995	-	19,4	5	0,374	37	0,081	0,111	-	-	1,1582
G02B	O	Bestimmte komplexe Eingriffe an Dünn- und Dickdarm oder andere Eingriffe an den Verdauungsorganen bei angeb. Fehlbildung, Alter < 2 Jahre oder bestimmte Eingriffe an Dünn- und Dickdarm mit komplizierender Diagnose, ohne bestimmte komplizierende Faktoren	2,815	-	13,9	4	0,292	27	0,073	0,096	-	-	0,9107
G02C	O	Andere komplexe Eingriffe an Dünn- und Dickdarm oder andere Eingriffe an Dünn- und Dickdarm mit komplizierender Diagnose, ohne Eingriffe an den Verdauungsorganen bei angeborener Fehlbildung, Alter < 2 Jahre	2,332	-	11,8	3	0,298	23	0,072	0,088	-	-	0,9395
G03A	O	Große Eingriffe an Magen, Ösophagus und Duodenum oder bestimmte Eingriffe an Dünn- und Dickdarm oder an Magen, Ösophagus und Duodenum mit komplexer Prozedur mit hochkomplexem Eingriff oder intensivmedizinischer Komplexbehandlung > - / 368 / - Aufwandsp.	5,669	-	18,9	5	0,468	35	0,141	0,139	-	-	1,4484
G03B	O	Große Eingriffe an Magen, Ösophagus und Duodenum oder bestimmte Eingriffe an Magen, Ösophagus und Duodenum mit komplexer Prozedur ohne hochkomplexen Eingriff, ohne intensivmedizinische Komplexbehandlung > - / 368 / - Aufwandspkt., mit komplexem Eingriff	4,606	-	17,6	5	0,377	32	0,089	0,122	-	-	1,1145
G03C	O	Große Eingriffe an Magen, Ösophagus und Duodenum oder bestimmte Eingriffe an Magen, Ösophagus und Duodenum mit komplexer Prozedur ohne hochkomplexen Eingriff, ohne intensivmedizinische Komplexbehandlung > - / 368 / - Aufwandspkt., ohne komplexen Eingriff	3,748	-	15,2	4	0,365	28	0,083	0,112	-	-	1,1162
G04Z	O	Adhäsiolyse am Peritoneum, Alter < 4 Jahre od. mit äuß. schw. od. schw. CC oder kleine Eingriffe an Dünn- und Dickdarm oder best. Eingriffe an abd. Gefäßen mit äuß. schw. CC oder Implantation eines Antireflux-Stimulationssystems od. best. Gastrektomie	3,758	-	19,8	6	0,328	37	0,076	0,110	-	-	1,1302
G07A	O	Appendektomie oder laparoskopische Adhäsiolyse bei Peritonitis mit äuß. schw. od. schw. CC od. kl. Eingr. an Dünn- / Dickdarm od. an abdom. Gefäßen, oh. äuß. schw. CC od. best. Anorektoplastik, Alter < 10 Jahre od. mit best. Eingr. an abdominalen Gefäßen	1,900	-	8,4	2	0,370	18	0,097	0,110	-	-	1,4163
G07B	O	Appendekt. od. laparoskop. Adhäsiolyse bei Peritonitis mit äuß. schw. od. schw. CC od. kl. Eingr. an Dünn-/Dickdarm, oh. äuß. schw. CC od. best. Anorektopl., Alt. > 9 J. u. Alt. < 16 J. od. mit laparoskop. Adhäsiolyse od. Rektopexie od. best. Magenexz.	1,771	-	8,4	2	0,281	18	0,071	0,090	-	-	0,9343
G07C	O	Appendektomie bei Peritonitis mit äußerst schweren oder schweren CC oder kleine Eingriffe an Dünn- und Dickdarm ohne äußerst schwere CC oder bestimmte Anorektoplastik, Alter > 15 Jahre, ohne laparoskopische Adhäsiolyse, ohne Rektopexie	1,246	-	7,4	1	0,293	15	0,061	0,077	-	-	0,7516
G08A	O	Komplexe Rekonstruktion der Bauchwand, Alter > 0 Jahre, mit äußerst schweren CC	3,299	-	17,7	5	0,310	34	0,074	0,100	-	-	1,0327
G08B	O	Komplexe Rekonstruktion der Bauchwand, Alter > 0 Jahre, ohne äußerst schwere CC	1,089	-	4,5	1	0,456	10	0,060	0,070	-	-	0,7422
G09Z	O	Beidseitige Eingriffe bei Leisten- und Schenkelhernien, Alter > 55 Jahre oder komplexe Herniotomien oder Operation einer Hydrocele testis oder andere kleine Eingriffe an Dünn- und Dickdarm	0,870	-	2,7	1	0,166	6	0,067	0,066	-	-	0,9112
G10Z	O	Bestimmte Eingriffe an hepatobiliärem System, Pankreas, Niere und Milz	2,923	-	13,0	3	0,355	25	0,076	0,100	-	-	0,9662
G11A	O	Pyloromyotomie oder Anoproktoplastik und Rekonstruktion von Anus und Sphinkter außer bei Analfissuren und Hämorrhoiden, Alter < 6 Jahre	1,062	-	5,3	1	0,273	11	0,073	0,088	-	-	1,6386
G11B	O	Pyloromyotomie oder Anoproktoplastik und Rekonstruktion von Anus und Sphinkter außer bei Analfissuren und Hämorrhoiden, Alter > 5 Jahre	0,662	-	4,1	1	0,262	10	0,059	0,068	-	-	0,7830
G12A	O	Andere OR-Prozeduren an den Verdauungsorganen mit komplexer OR-Prozedur oder mit mäßig komplexer OR-Prozedur, mehr als ein Belegungstag, Alter < 16 Jahre	2,540	-	13,1	3	0,333	28	0,077	0,092	-	-	1,1455
G12B	O	Andere OR-Prozeduren an den Verdauungsorganen mit mäßig komplexer OR-Prozedur, mehr als ein Belegungstag, Alter > 15 Jahre	1,803	-	13,1	3	0,287	28	0,061	0,081	-	-	0,8619
G12C	O	Andere OR-Prozeduren an den Verdauungsorganen mit wenig komplexer OR-Prozedur, mehr als ein Belegungstag	1,491	-	11,5	3	0,105	24	0,067	0,080	-	-	0,7997
G12D	O	Andere OR-Prozeduren an den Verdauungsorganen ohne komplexe OR-Prozedur, ein Belegungstag oder ohne mäßig komplexe OR-Prozedur, mit bestimmtem Eingriff oder Alter < 14 Jahre oder bei bösartiger Neubildung der Verdauungsorgane	1,200	-	9,1	2	0,294	20	0,069	0,089	-	-	0,7980
G12E	O	Andere OR-Prozeduren an den Verdauungsorganen ohne komplexe OR-Prozedur, ein Belegungstag oder ohne mäßig komplexe OR-Prozedur, ohne bestimmten Eingriff, Alter > 13 Jahre, außer bei bösartiger Neubildung der Verdauungsorgane	0,769	-	4,6	1	0,249	11	0,063	0,076	-	-	0,8434

Fallpauschalen-Katalog und Pflegeerlöskatalog

Teil a) Bewertungsrelationen bei Versorgung durch Hauptabteilungen

DRG	Partition	Bezeichnung [6]	Bewertungsrelation bei Hauptabteilung	Bewertungsrelation bei Hauptabteilung und Beleghebamme	Mittlere Verweildauer [1]	Untere Grenzverweildauer: Erster Tag mit Abschlag [2, 5]	Untere Grenzverweildauer: Bewertungsrelation/Tag	Obere Grenzverweildauer: Erster Tag zus. Entgelt [3, 5]	Obere Grenzverweildauer: Bewertungsrelation/Tag	Externe Verlegung Abschlag/Tag (Bewertungsrelation)	Verlegungsfallpauschale	Ausnahme von Wiederaufnahme [4]	Pflegeerlös Bewertungsrelation/Tag
1	2	3	4	5	6	7	8	9	10	11	12	13	
G13A	O	Implantation und Wechsel von Neurostimulatoren und Neurostimulationselektroden bei Krankheiten und Störungen der Verdauungsorgane ohne Implantation oder Wechsel eines permanenten Elektrodensystems	1,022	-	2,3	1	0,113	4	0,075	0,080	-	-	0,8381
G13B	O	Implantation und Wechsel von Neurostimulatoren und Neurostimulationselektroden bei Krankheiten und Störungen der Verdauungsorgane mit Implantation oder Wechsel eines permanenten Elektrodensystems	1,331	-	2,3	1	0,117	4	0,072	0,075	-	-	0,7839
G14Z	O	Geriatrische frührehabilitative Komplexbehandlung mit bestimmter OR-Prozedur bei Krankheiten und Störungen der Verdauungsorgane	3,503	-	28,8	-	-	46	0,060	0,082	-	-	0,8614
G15Z	O	Strahlentherapie mit großem abdominellen Eingriff	3,879	-	21,8	6	0,387	40	0,110	0,119	-	-	0,8342
G16A	O	Komplexe Rektumresektion od. and. Rektumres. m. best. Eingr. od. kompl. Diagnose od. mehrz. Enterostomaanlage und -rückverlagerung, m. kompliz. Konstell. od. plast. Rekonstruktion m. myokut. Lappen od. IntK > 196/ 368/ - P. od. endorektale Vakuumtherapie	6,403	-	27,1	8	0,359	45	0,084	0,115	-	-	1,1572
G16B	O	Komplexe Rektumresektion od. andere Rektumres. mit best. Eingr. od. kompl. Diag. od. mehrz. Enterostomaanlage u. -rückverlagerung, ohne kompliz. Konstell. od. plast. Rekonstruktion m. myokut. Lappen od. IntK > 196/ 368/ - P. ohne endorekt. Vakuumtherapie	3,479	-	15,3	4	0,308	30	0,070	0,094	-	-	0,9306
G17A	O	Andere Rektumresektion ohne bestimmten Eingriff oder Implantation eines künstlichen Analsphinkters, bei bösartiger Neubildung oder Alter < 16 Jahre	3,016	-	11,6	3	0,301	23	0,072	0,096	-	-	0,8616
G17B	O	Andere Rektumresektion ohne bestimmten Eingriff oder Implantation eines künstlichen Analsphinkters, außer bei bösartiger Neubildung, Alter > 15 Jahre	2,513	-	10,7	3	0,249	21	0,065	0,084	-	-	0,8867
G18A	O	Bestimmte Eingriffe an Dünn- und Dickdarm oder Anlegen eines Enterostomas oder andere Eingriffe am Darm oder an abdominalen Gefäßen mit bestimmtem hochkomplexem Eingriff oder Diagnose oder mit endorektaler Vakuumtherapie	3,970	-	20,3	6	0,305	38	0,072	0,100	-	-	1,0056
G18B	O	Bestimmte Eingriffe an Dünn- und Dickdarm oder Anlegen eines Enterostomas oder andere Eingriffe am Darm oder an abdominalen Gefäßen mit bestimmter sehr komplexer Prozedur oder Diagnose	2,444	-	12,3	3	0,308	25	0,070	0,093	-	-	0,9093
G18C	O	Bestimmte Eingriffe an Dünn- und Dickdarm oder Anlegen eines Enterostomas oder andere Eingriffe am Darm mit äußerst schweren CC, mit komplexem Eingriff	1,979	-	10,0	2	0,284	20	0,062	0,076	-	-	0,8259
G18D	O	Bestimmte Eingriffe an Dünn- und Dickdarm oder Anlegen eines Enterostomas oder andere Eingriffe am Darm mit äußerst schweren CC, ohne komplexen Eingriff	1,543	-	8,1	2	0,265	18	0,068	0,087	-	-	0,8839
G19A	O	Andere Eingriffe an Magen, Ösophagus und Duodenum außer bei angeborener Fehlbildung oder Alter > 1 Jahr, mit komplizierender Konstellation oder bei bösartiger Neubildung oder Alter < 16 Jahre ohne bestimmte Operationen an Pharynx oder Magenband	3,151	-	14,5	4	0,329	29	0,077	0,107	-	-	1,0476
G19B	O	Andere Eingriffe an Magen, Ösophagus und Duodenum außer bei angeborener Fehlbildung oder Alter > 1 Jahr, ohne komplizierende Konstellation, außer bei bösartiger Neubildung, Alter > 15 Jahre, mit komplexem Eingriff	2,005	-	10,1	2	0,318	22	0,067	0,087	-	-	0,9722
G19C	O	Andere Eingriffe an Magen, Ösophagus und Duodenum außer bei angeborener Fehlbildung oder Alter > 1 Jahr, ohne komplizierende Konstellation, außer bei bösartiger Neubildung, Alter > 15 Jahre, ohne komplexen Eingriff	1,414	-	5,6	1	0,254	12	0,063	0,083	-	-	0,8052
G21A	O	Komplexe Adhäsiolyse am Peritoneum, Alter > 3 J., ohne äußerst schw. oder schw. CC od. andere Eingriffe an Darm u. Enterostoma od. best. Eingriffe am Pharynx od. Verschluss Darmfistel m. äußerst schw. CC od. aufw. Eingriff am Darm oder Alter < 16 Jahre	1,598	-	8,6	2	0,270	17	0,065	0,085	-	-	0,8783
G21B	O	Andere Eingriffe an Darm und Enterostoma oder bestimmte Eingriffe am Pharynx oder Verschluss Darmfistel ohne äußerst schwere CC, ohne aufwendigen Eingriff am Darm, Alter > 15 Jahre	0,911	-	5,4	1	0,449	13	0,060	0,072	-	-	0,7507
G22A	O	Appendektomie oder laparoskopische Adhäsiolyse bei Peritonitis oder mit äußerst schweren oder schweren CC, Alter < 6 Jahre oder bei bösartiger Neubildung	1,527	-	7,7	2	0,275	16	0,074	0,090	-	-	1,0857
G22B	O	Appendektomie oder laparoskopische Adhäsiolyse bei Peritonitis oder mit äußerst schweren oder schweren CC, Alter > 5 Jahre, außer bei bösartiger Neubildung, mit laparoskopischer Adhäsiolyse oder sekundärer Appendektomie oder Alter < 16 Jahre	1,317	-	6,8	1	0,334	14	0,066	0,087	-	-	1,0343
G22C	O	Appendektomie oder laparoskopische Adhäsiolyse bei Peritonitis oder mit äußerst schweren oder schweren CC, Alter > 15 Jahre, außer bei bösartiger Neubildung, ohne laparoskopische Adhäsiolyse, ohne sekundäre Appendektomie	1,014	-	5,0	1	0,240	10	0,067	0,078	-	-	0,7340
G23A	O	Appendektomie oder laparoskopische Adhäsiolyse außer bei Peritonitis oder Exzision erkranktes Gewebe Dickdarm ohne äußerst schwere oder schwere CC, Alter < 10 Jahre oder bei bösartiger Neubildung oder Endometriose am Darm	0,893	-	3,6	1	0,195	7	0,078	0,079	-	-	1,0726

Fallpauschalen-Katalog und Pflegeerlöskatalog

Teil a) Bewertungsrelationen bei Versorgung durch Hauptabteilungen

DRG	Partition	Bezeichnung [6]	Bewertungsrelation bei Hauptabteilung	Bewertungsrelation bei Hauptabteilung und Beleghebamme	Mittlere Verweildauer [1]	Untere Grenzverweildauer: Erster Tag mit Abschlag [2, 5]	Untere Grenzverweildauer: Bewertungsrelation/Tag	Obere Grenzverweildauer: Erster Tag zus. Entgelt [3, 5]	Obere Grenzverweildauer: Bewertungsrelation/Tag	Externe Verlegung Abschlag/Tag (Bewertungsrelation)	Verlegungsfallpauschale	Ausnahme von Wiederaufnahme [4]	Pflegeerlös Bewertungsrelation/Tag
1	2	3	4	5	6	7	8	9	10	11	12	13	
G23B	O	Appendektomie oder laparoskopische Adhäsiolyse außer bei Peritonitis oder Exzision erkranktes Gewebe Dickdarm ohne äußerst schwere oder schwere CC, Alter > 9 Jahre, außer bei bösartiger Neubildung oder Endometriose am Darm	0,781	-	3,1	1	0,163	7	0,071	0,081	-	-	0,7752
G24A	O	Eingriffe bei Hernien mit plastischer Rekonstruktion der Bauchwand oder bestimmte partielle Resektion des Dickdarmes	1,179	-	4,8	1	0,220	10	0,065	0,076	-	-	0,7978
G24B	O	Eingriffe bei Hernien ohne plastische Rekonstruktion der Bauchwand, mit beidseitigem oder komplexem Eingriff oder Alter < 14 Jahre mit äußerst schweren oder schweren CC	0,860	-	3,0	1	0,244	7	0,064	0,069	-	-	0,7139
G24C	O	Eingriffe bei Hernien ohne plastische Rekonstruktion der Bauchwand, ohne beidseitigen Eingriff, ohne komplexen Eingriff, Alter > 13 Jahre oder ohne äußerst schwere oder schwere CC	0,742	-	2,8	1	0,176	6	0,066	0,069	-	-	0,8394
G26A	O	Andere Eingriffe am Anus oder Anoproktoplastik und Rekonstruktion von Anus und Sphinkter bei Analfissuren und Hämorrhoiden, Alter < 18 Jahre oder mit komplexer Diagnose oder mit kleinem Eingriff am Rektum	0,664	-	3,8	1	0,273	9	0,069	0,078	-	-	0,8633
G26B	O	Andere Eingriffe am Anus oder Anoproktoplastik und Rekonstruktion von Anus und Sphinkter bei Analfissuren und Hämorrhoiden, Alter > 17 Jahre, ohne komplexe Diagnose, ohne kleinen Eingriff am Rektum	0,494	-	2,9	1	0,132	6	0,062	0,065	-	-	0,8304
G27A	O	Strahlentherapie bei Krankheiten und Störungen der Verdauungsorgane, Bestrahlungen an mindestens 8 Tagen, mit äußerst schweren CC	5,388	-	39,6	12	0,386	58	0,130	0,124	-	x	1,0220
G27B	O	Strahlentherapie bei Krankheiten und Störungen der Verdauungsorgane, Bestrahlungen an mindestens 8 Tagen, ohne äußerst schwere CC	2,469	-	19,2	5	0,399	36	0,121	0,119	-	x	0,7242
G29A	O	Strahlentherapie bei Krankheiten und Störungen der Verdauungsorgane, mehr als ein Belegungstag, Bestrahlungen an mindestens 5 Tagen	0,986	-	6,6	-	-	14	0,146	0,127	-	x	0,7624
G29B	O	Strahlentherapie bei Krankheiten und Störungen der Verdauungsorgane, mehr als ein Belegungstag, Bestrahlungen an weniger als 5 Tagen	0,686	-	4,2	-	-	11	0,154	0,126	-	x	0,8615
G33Z	O	Mehrzeitige komplexe OR-Prozeduren oder hochaufwendiges Implantat bei Krankheiten und Störungen der Verdauungsorgane	7,109	-	27,0	8	0,402	45	0,182	0,128	-	-	1,2881
G35Z	O	Komplexe Vakuumbehandlung bei Krankheiten und Störungen der Verdauungsorgane	10,071	-	46,2	14	0,363	64	0,114	0,114	-	-	1,2438
G36A	O	Intensivmedizinische Komplexbehandlung bei Krankheiten und Störungen der Verdauungsorgane > 1470 / 1380 / - Aufwandspunkte oder > 1176 / 1104 / 1104 und < 1471 / 1381 / - Aufwandspunkte oder mit endoösophagealer Vakuumtherapie, mit aufwendigem Eingriff	12,980	-	39,5	12	0,776	58	0,256	-	x	x	2,8293
G36B	O	Intensivmedizinische Komplexbehandlung bei Krankheiten und Störungen der Verdauungsorgane > 1176 / 1104 / 1104 Aufwandspunkte und < 1471 / 1381 / - Aufwandspunkte oder mit endoösophagealer Vakuumtherapie, ohne aufwendigen Eingriff	10,516	-	37,8	12	0,664	56	0,228	-	x	x	2,6241
G36C	O	Intensivmedizinische Komplexbehandlung > 392 / 552 / - Aufwandspunkte und < 1177 / 1105 / - Aufwandspunkte bei Krankheiten und Störungen der Verdauungsorgane	7,509	-	26,0	8	0,646	44	0,218	-	x	x	2,3789
G37Z	O	Multiviszeraleingriff bei Krankheiten und Störungen der Verdauungsorgane	4,841	-	17,0	5	0,370	31	0,093	0,122	-	-	1,1424
G38Z	O	Komplizierende Konstellation mit bestimmtem operativen Eingriff bei Krankheiten und Störungen der Verdauungsorgane oder mehrzeitiger komplexer Eingriff am Gastrointestinaltrakt und anderem Organsystem	6,306	-	26,8	8	0,445	45	0,155	0,142	-	-	1,3397
G40A	A	Bestimmte komplizierende Konstellation mit bestimmtem endoskopischen Eingriff bei Krankheiten und Störungen der Verdauungsorgane	3,806	-	24,9	7	0,395	43	0,092	0,120	-	-	1,2839
G40B	A	Andere komplizierende Konstellation mit bestimmtem endoskopischen Eingriff bei Krankheiten und Störungen der Verdauungsorgane	2,849	-	16,3	4	0,470	32	0,103	0,135	-	-	1,3279
G46A	A	Komplexe therapeutische Gastroskopie bei schweren Krankheiten der Verdauungsorgane, mit äußerst schweren CC oder mit schweren CC oder andere Gastroskopie bei schw. Krankh. der Verd.organe, mit äußerst schweren CC, Alter < 15 Jahre, mehr als ein BT	2,389	-	18,6	5	0,327	35	0,074	0,099	-	-	1,1225
G46B	A	Komplexe therapeutische Gastroskopie mit schw. CC od. and. Gastroskopie mit äuß. schw. CC, bei schw. Krankh. der Verd.organe, Alter > 14 J., mehr als 1 BT od. best. Gastroskopie, Alter < 15 J. od. mit kompliz. Faktoren od. ERCP mit and. endoskop. Eingr.	1,713	-	13,7	4	0,276	28	0,071	0,094	-	-	0,9695
G46C	A	Verschiedenartige komplexe und andere Gastroskopie, ohne komplexe therapeutische Gastroskopie bei schw. Krankheiten der Verdauungsorgane und äuß. schw. oder schw. CC, ohne bestimmte Gastroskopie mit kompliz. Faktoren, mit anderem aufwendigen Eingriff	1,089	-	6,8	1	0,529	15	0,065	0,080	-	-	0,6615
G46D	A	Verschiedenartige komplexe und andere Gastroskopie, ohne komplexe therapeutische Gastroskopie bei schw. Krankheiten der Verdauungsorgane und äuß. schw. oder schw. CC, ohne bestimmte Gastroskopie mit kompliz. Faktoren, ohne anderen aufwendigen Eingriff	0,861	-	5,8	1	0,424	14	0,066	0,081	-	-	0,7956
G47A	A	Andere Gastroskopie oder bestimmte koloskopische Eingriffe, mit bestimmter endoskopischer Maßnahme am Dickdarm, ein Belegungstag	0,476	-	1,0	-	-	-	-	-	-	-	1,0774

Fallpauschalen-Katalog und Pflegeerlöskatalog
Teil a) Bewertungsrelationen bei Versorgung durch Hauptabteilungen

DRG	Parti-tion	Bezeichnung [6]	Bewertungsrelation bei Hauptabteilung	Bewertungsrelation bei Hauptabteilung und Beleghebamme	Mittlere Verweil-dauer [1]	Untere Grenzverweildauer: Erster Tag mit Abschlag [2), 5)]	Untere Grenzverweildauer: Bewertungs-relation/Tag	Obere Grenzverweildauer: Erster Tag zus. Entgelt [3), 5)]	Obere Grenzverweildauer: Bewertungs-relation/Tag	Externe Verlegung Abschlag/Tag (Bewertungsrelation)	Verlegungs-fallpauschale	Ausnahme von Wieder-aufnahme [4]	Pflegeerlös Bewertungs-relation/Tag
1	2	3	4	5	6	7	8	9	10	11	12	13	
G47B	A	Andere Gastroskopie oder bestimmte koloskopische Eingriffe, ohne bestimmte endoskopische Maßnahme am Dickdarm oder mehr als ein Belegungstag	0,728	-	5,2	1	0,363	12	0,070	0,084	-	-	0,7234
G48A	A	Koloskopie mit äußerst schweren oder schweren CC, komplizierendem Eingriff oder Alter < 15 Jahre oder mehrzeitige endoskopische Blutstillung, mit schwerer Darminfektion oder bei bösartiger Neubildung oder bestimmter Darminfektion mit äußerst schweren CC	1,789	-	17,4	5	0,265	34	0,064	0,087	-	-	0,8864
G48B	A	Koloskopie mit äußerst schweren oder schweren CC, komplizierendem Eingriff oder Alter < 15 Jahre oder mehrzeitige endoskopische Blutstillung, ohne schwere Darminfektion, außer bei bösartiger Neubildung od. best. Darminfektion od. ohne äußerst schwere CC	1,245	-	9,4	2	0,308	20	0,070	0,088	-	-	0,9008
G50Z	A	Komplexe therapeutische Gastroskopie und bestimmte andere Gastroskopie bei nicht schweren Krankheiten der Verdauungsorgane, mit äußerst schweren oder schweren CC, mehr als ein Belegungstag, Alter > 14 Jahre	1,457	-	12,4	3	0,296	26	0,067	0,089	-	-	0,9816
G52Z	A	Geriatrische frührehabilitative Komplexbehandlung bei Krankheiten und Störungen der Verdauungsorgane	1,491	-	21,0	-	-	33	0,049	0,065	-	-	0,7486
G60A	M	Bösartige Neubildung der Verdauungsorgane, mehr als ein Belegungstag mit äußerst schweren CC oder bestimmte hochaufwendige Behandlung	1,301	-	13,0	3	0,299	26	0,065	0,086	-	x	0,9793
G60B	M	Bösartige Neubildung der Verdauungsorgane, ein Belegungstag oder ohne äußerst schwere CC, ohne bestimmte hochaufwendige Behandlung	0,418	-	4,1	1	0,166	11	0,069	0,079	-	x	0,8510
G64A	M	Entzündliche Darmerkrankung oder andere schwere Erkrankungen der Verdauungsorgane, mit äußerst schweren CC oder Alter < 16 Jahre mit schweren CC	1,933	-	16,8	5	0,305	35	0,073	0,101	-	-	1,0109
G64B	M	Entzündliche Darmerkrankung oder andere schwere Erkrankungen der Verdauungsorgane, ohne äußerst schwere CC, Alter > 15 Jahre oder ohne schwere CC	0,543	-	5,4	1	0,335	12	0,062	0,077	-	-	0,6577
G66Z	M	Abdominalschmerz oder mesenteriale Lymphadenitis, Alter > 55 Jahre und mit CC	0,583	-	5,9	1	0,359	14	0,061	0,084	-	-	0,7660
G67A	M	Ösophagitis, Gastroenteritis, gastrointestinale Blutung, Ulkuserkrankung und verschiedene Erkrankungen der Verdauungsorgane oder Obstruktion des Verdauungstraktes mit bestimmten komplizierenden Faktoren	0,635	-	5,8	1	0,299	13	0,062	0,075	-	-	0,8508
G67B	M	Ösophagitis, Gastroenteritis, gastrointestinale Blutung, Ulkuserkrankung und verschiedene Erkrankungen der Verdauungsorgane oder Obstruktion des Verdauungstraktes mit anderen komplizierenden Faktoren oder mit äußerst schweren CC	0,492	-	4,4	1	0,237	10	0,063	0,075	-	-	0,7253
G67C	M	Ösophagitis, Gastroenteritis, gastrointestinale Blutung, Ulkuserkrankung und verschiedene Erkrankungen der Verdauungsorgane ohne bestimmte oder andere komplizierende Faktoren, ohne äußerst schwere CC	0,377	-	3,4	1	0,185	8	0,068	0,076	-	-	0,8325
G70A	M	Andere schwere Erkrankungen der Verdauungsorgane ohne äußerst schwere CC, Alter < 18 Jahre oder mit komplexer Diagnose	0,701	-	6,7	1	0,336	15	0,104	0,083	-	-	0,9697
G70B	M	Andere schwere Erkrankungen der Verdauungsorgane ohne äußerst schwere CC, Alter > 17 Jahre, ohne komplexe Diagnose	0,637	-	5,8	1	0,366	13	0,065	0,079	-	-	0,7582
G71Z	M	Andere mäßig schwere Erkrankungen der Verdauungsorgane	0,461	-	3,4	1	0,149	8	0,065	0,071	-	-	0,7634
G72A	M	Andere leichte bis moderate Erkrankungen der Verdauungsorgane oder Abdominalschmerz oder mesenteriale Lymphadenitis, Alter < 3 Jahre	0,351	-	2,4	1	0,075	5	0,113	0,081	-	-	1,4346
G72B	M	Andere leichte bis moderate Erkrankungen der Verdauungsorgane, Alter > 2 Jahre oder Abdominalschmerz oder mesenteriale Lymphadenitis, Alter > 2 Jahre und Alter < 56 Jahre oder ohne CC	0,312	-	2,6	1	0,132	5	0,075	0,078	-	-	0,8049
G73Z	M	Gastrointestinale Blutung oder Ulkuserkrankung mit äußerst schweren CC, mehr als ein Belegungstag	0,678	-	5,5	-	-	13	0,069	0,083	-	-	0,8541
G74Z	M	Hämorrhoiden oder andere wenig schwere Erkrankungen der Verdauungsorgane	0,390	-	3,3	1	0,180	7	0,066	0,071	-	-	0,7458
G77A	M	Bestimmte Komplexbehandlung bei isolationspflichtigen Erregern bei Krankheiten und Störungen der Verdauungsorgane	1,688	-	21,5	6	0,229	37	0,056	0,072	-	-	1,0820
G77B	M	Andere Komplexbehandlung bei isolationspflichtigen Erregern bei Krankheiten und Störungen der Verdauungsorgane	1,083	-	13,2	-	-	22	0,056	0,073	-	-	0,9947

Fallpauschalen-Katalog und Pflegeerlöskatalog
Teil a) Bewertungsrelationen bei Versorgung durch Hauptabteilungen

DRG	Partition	Bezeichnung [6]	Bewertungsrelation bei Hauptabteilung	Bewertungsrelation bei Hauptabteilung und Beleghebamme	Mittlere Verweildauer [1]	Untere Grenzverweildauer		Obere Grenzverweildauer		Externe Verlegung Abschlag/Tag (Bewertungsrelation)	Verlegungsfallpauschale	Ausnahme von Wiederaufnahme [4]	Pflegeerlös Bewertungsrelation/Tag
						Erster Tag mit Abschlag [2), 5)]	Bewertungsrelation/Tag	Erster Tag zus. Entgelt [3), 5)]	Bewertungsrelation/Tag				
1	2	3	4	5	6	7	8	9	10	11	12	13	
MDC 07 Krankheiten und Störungen an hepatobiliärem System und Pankreas													
H01A	O	Eingriffe an Pankreas und Leber und portosystemische Shuntoperationen mit großem Eingriff oder Strahlentherapie oder komplexer Eingriff an Gallenblase und Gallenwegen, Alter < 14 J., mit kompl. Eingriff oder intensivmed. Komplexbeh. > 392 / 368 / - P.	5,716	-	21,0	6	0,431	39	0,188	0,139	-	-	1,2521
H01B	O	Eingriffe an Pankreas und Leber und portosystemische Shuntoperationen mit großem Eingriff oder Strahlentherapie oder komplexer Eingriff an Gallenblase und Gallenwegen, Alter < 14 J., ohne kompl. Eingriff, ohne intensivmed. Komplexbeh. > 392 / 368 / - P.	4,369	-	17,2	5	0,355	33	0,155	0,115	-	-	1,0914
H02A	O	Komplexe Eingriffe an Gallenblase und Gallenwegen, Alter > 13 Jahre, bei bösartiger Neubildung oder mit bestimmter biliodigestiver Anastomose	3,926	-	17,6	5	0,317	34	0,072	0,100	-	-	0,8623
H02B	O	Komplexe Eingriffe an Gallenblase und Gallenwegen, Alter > 13 Jahre, außer bei bösartiger Neubildung, ohne bestimmte biliodigestive Anastomose	3,604	-	17,0	5	0,299	33	0,068	0,099	-	-	0,9271
H05Z	O	Laparotomie und mäßig komplexe Eingriffe an Gallenblase und Gallenwegen	2,213	-	11,2	3	0,279	24	0,070	0,092	-	-	0,8673
H06A	O	Andere OR-Prozeduren an hepatobiliärem System und Pankreas mit aufwendigem Eingriff und bestimmten komplizierenden Faktoren	3,227	-	14,9	4	0,339	30	0,080	0,106	-	-	1,0122
H06B	O	Andere OR-Prozeduren an hepatobiliärem System und Pankreas mit bestimmtem Eingriff und komplexer Diagnose, Dialyse, komplexer OR-Prozedur oder komplizierender Konstellation	1,666	-	14,6	4	0,297	29	0,074	0,094	-	-	0,9336
H06C	O	Andere OR-Prozeduren an hepatobiliärem System und Pankreas ohne bestimmten Eingriff und komplexe Diagnose, Dialyse, komplexe OR-Prozedur oder komplizierende Konstellation	0,938	-	6,5	1	0,292	17	0,086	0,099	-	-	0,7537
H07A	O	Cholezystektomie und wenig komplexe Eingriffe an Gallenblase, Gallenwegen, Leber mit sehr komplexer Diagnose oder komplizierender Konstellation	2,655	-	11,8	3	0,320	24	0,076	0,097	-	-	0,9225
H07B	O	Cholezystektomie und wenig komplexe Eingriffe an Gallenblase, Gallenwegen, Leber ohne sehr komplexe Diagnose, ohne komplizierende Konstellation	1,641	-	9,1	2	0,284	20	0,065	0,085	-	-	0,8544
H08A	O	Laparoskopische Cholezystektomie oder bestimmte Eingriffe an Leber und Bauchwand mit komplexer Diagnose oder komplizierender Konstellation	1,836	-	9,4	2	0,303	19	0,068	0,088	-	-	0,8787
H08B	O	Laparoskopische Cholezystektomie oder bestimmte Eingriffe an Leber und Bauchwand, Alter < 12 Jahre oder mit endoskopischer Steinentfernung oder mit bestimmter Diagnose	1,542	-	8,2	2	0,234	16	0,060	0,080	-	-	0,6807
H08C	O	Laparoskopische Cholezystektomie oder bestimmte Eingriffe an Leber und Bauchwand, Alter > 11 Jahre	0,832	-	3,5	1	0,226	8	0,067	0,075	-	-	0,7593
H09A	O	Eingriffe an Pankreas und Leber und portosystemische Shuntoperationen, ohne großen Eingriff, ohne Strahlentherapie, mit bestimmtem Eingriff mit äußerst schweren CC oder aufwendiger Eingriff am Dünndarm mit bestimmten komplizierenden Faktoren	5,753	-	26,0	8	0,365	44	0,160	0,121	-	-	1,1291
H09B	O	Eingriffe an Pankreas und Leber und portosystemische Shuntoperationen, ohne großen Eingriff, ohne Strahlentherapie, ohne bestimmten Eingriff oder ohne äußerst schwere CC, ohne aufwendigen Eingriff am Dünndarm mit bestimmten komplizierenden Faktoren	2,503	-	9,6	2	0,389	20	0,081	0,111	-	-	0,9119
H12A	O	Verschiedene Eingriffe am hepatobiliären System oder Eingriffe an abdominalen oder pelvinen Gefäßen mit äußerst schweren CC	4,364	-	26,6	8	0,339	45	0,080	0,113	-	-	1,0053
H12B	O	Verschiedene Eingriffe am hepatobiliären System oder Eingriffe an abdominalen oder pelvinen Gefäßen ohne äußerst schwere CC, mit komplexem Eingriff	2,956	-	18,4	5	0,276	35	0,063	0,086	-	-	0,8022
H12C	O	Verschiedene Eingriffe am hepatobiliären System oder Eingriffe an abdominalen oder pelvinen Gefäßen ohne äußerst schwere CC, ohne komplexen Eingriff	1,489	-	10,2	2	0,330	24	0,068	0,089	-	-	0,7390
H15Z	O	Strahlentherapie bei Krankheiten und Störungen an hepatobiliärem System und Pankreas, Bestrahlungen an mindestens 8 Tagen	3,052	-	22,2	6	0,423	40	0,133	0,128	-	x	0,8031
H16A	O	Strahlentherapie bei Krankheiten und Störungen an hepatobiliärem System und Pankreas, mehr als ein Belegungstag, Bestrahlungen an mindestens 5 Tagen	1,274	-	9,1	2	0,404	21	0,130	0,119	-	x	0,7254
H16B	O	Strahlentherapie bei Krankheiten und Störungen an hepatobiliärem System und Pankreas, mehr als ein Belegungstag, Bestrahlungen an weniger als 5 Tagen	0,706	-	2,9	1	0,351	7	0,241	0,179	-	x	0,8604
H29Z	O	Bestimmte selektive Embolisation oder SIRT	1,184	-	3,8	1	0,231	10	0,212	0,225	-	-	0,9605
H33Z	O	Mehrzeitige komplexe OR-Prozeduren bei Krankheiten und Störungen an hepatobiliärem System und Pankreas	7,487	-	31,2	9	0,401	49	0,192	0,125	-	-	1,3146
H36A	O	Intensivmedizinische Komplexbehandlung > 980 / 828 / - Aufwandspunkte bei Krankheiten und Störungen an hepatobiliärem System und Pankreas	8,220	-	30,3	9	0,721	48	0,243	-	x	x	2,5638
H36B	O	Intensivmedizinische Komplexbehandlung > 588 / 552 / 552 und < 981 / 829 / - Aufwandspunkte bei Krankheiten und Störungen an hepatobiliärem System und Pankreas	5,786	-	24,0	7	0,631	42	0,211	-	x	x	2,2231

Fallpauschalen-Katalog und Pflegeerlöskatalog

Teil a) Bewertungsrelationen bei Versorgung durch Hauptabteilungen

DRG	Partition	Bezeichnung [6]	Bewertungsrelation bei Hauptabteilung	Bewertungsrelation bei Hauptabteilung und Beleghebamme	Mittlere Verweildauer [1]	Untere Grenzverweildauer: Erster Tag mit Abschlag [2, 5]	Untere Grenzverweildauer: Bewertungsrelation/Tag	Obere Grenzverweildauer: Erster Tag zus. Entgelt [3, 5]	Obere Grenzverweildauer: Bewertungsrelation/Tag	Externe Verlegung Abschlag/Tag (Bewertungsrelation)	Verlegungsfallpauschale	Ausnahme von Wiederaufnahme [4]	Pflegeerlös Bewertungsrelation/Tag
1	2	3	4	5	6	7	8	9	10	11	12	13	
H38A	O	Bestimmte komplizierende Konstellation mit bestimmtem operativen Eingriff bei Krankheiten und Störungen an hepatobiliärem System und Pankreas	9,982	-	30,5	9	0,572	48	0,222	0,182	-	-	1,9337
H38B	O	Andere komplizierende Konstellation mit bestimmtem operativen Eingriff bei Krankheiten und Störungen an hepatobiliärem System und Pankreas	7,340	-	26,1	8	0,479	44	0,116	0,158	-	-	1,2526
H40A	A	Endoskopische Eingriffe bei Ösophagusvarizenblutung mit äußerst schweren CC	2,489	-	16,4	4	0,433	31	0,090	0,124	-	-	1,1794
H40B	A	Endoskopische Eingriffe bei Ösophagusvarizenblutung ohne äußerst schwere CC	1,073	-	7,6	2	0,288	16	0,080	0,094	-	-	1,0092
H41A	A	Bestimmte ERCP mit äußerst schweren CC oder mit schweren CC oder komplexer Eingriff oder Alter < 16 Jahre, mit komplexer Prozedur, mit Zugang durch retrograde Endoskopie	3,559	-	23,7	7	0,308	42	0,076	0,097	-	-	1,0063
H41B	A	Bestimmte ERCP mit schweren CC oder komplexer Eingriff oder Alter < 16 Jahre, mit komplexer Prozedur, ohne Zugang durch retrograde Endoskopie	2,448	-	16,1	4	0,338	32	0,064	0,093	-	-	0,7529
H41C	A	Bestimmte ERCP mit schweren CC oder komplexem Eingriff oder Alter < 16 J. oder andere ERCP mit Radiofrequenzablation und endoskopischer Stentimplantation oder andere aufwendige ERCP oder bestimmter endoskopischer Eingriff mit bestimmter BNB	1,427	-	10,3	2	0,307	22	0,063	0,080	-	-	0,7481
H41D	A	Andere aufwendige ERCP oder bestimmter endoskopischer Eingriff oder andere ERCP mit bestimmter BNB oder bestimmter Pankreatitis	0,873	-	5,9	1	0,455	13	0,061	0,075	-	-	0,6840
H41E	A	Andere ERCP ohne bestimmte oder andere aufwendige ERCP, Alter > 15 Jahre	0,605	-	4,5	1	0,251	10	0,064	0,075	-	-	0,6964
H44Z	A	Geriatrische frührehabilitative Komplexbehandlung bei Krankheiten und Störungen an hepatobiliärem System und Pankreas	1,561	-	21,3	-	-	34	0,048	0,065	-	-	0,7412
H60Z	M	Leberzirrhose und bestimmte nichtinfektiöse Hepatitiden mit äußerst schweren CC oder komplizierende Konstellation bei bestimmten Krankheiten und Störungen an hepatobiliärem System und Pankreas	1,796	-	14,8	4	0,334	30	0,079	0,106	-	-	1,0934
H61A	M	Bösartige Neubildung an hepatobiliärem System und Pankreas, mehr als ein Belegungstag, mit komplexer Diagnose, mit äußerst schweren CC	1,248	-	12,7	3	0,290	26	0,064	0,085	-	x	0,9671
H61B	M	Bösartige Neubildung an hepatobiliärem System und Pankreas, Alter < 18 Jahre oder mehr als ein Belegungstag, mit komplexer Diagnose, mit Pfortaderthrombose	0,739	-	5,7	1	0,339	14	0,135	0,090	-	x	0,9050
H61C	M	Bösartige Neubildung an hepatobiliärem System und Pankreas, Alter > 17 Jahre	0,484	-	4,4	1	0,235	11	0,071	0,098	-	x	0,8233
H62A	M	Erkrankungen des Pankreas außer bösartige Neubildung oder Leberzirrhose und bestimmte nichtinfektiöse Hepatitiden ohne äußerst schwere CC, Alter < 16 Jahre oder Erkrankungen von Gallenblase und Gallenwegen, Alter < 10 Jahre	0,630	-	4,1	1	0,271	10	0,129	0,124	-	-	1,3319
H62B	M	Erkrankungen des Pankreas außer bösartige Neubildung, mit akuter Pankreatitis mit Organkomplikation oder Leberzirrhose oder bestimmter nichtinfektiöser Hepatitis, Alter > 15 Jahre	0,670	-	6,8	1	0,437	16	0,062	0,077	-	-	0,7397
H62C	M	Erkrankungen des Pankreas außer bösartige Neubildung, ohne akute Pankreatitis mit Organkomplikation, ohne Leberzirrhose, ohne bestimmte nichtinfektiöse Hepatitis, Alter > 15 Jahre	0,494	-	5,4	1	0,269	12	0,062	0,077	-	-	0,6929
H63A	M	Erkrankungen der Leber auß. bösart. Neubild., Leberzirr. u. best. nichtinfekt. Hepatitiden u. best. Erkrank. der Gallenwege, mehr als ein Belegungstag, mit kompl. Diag. u. äuß. schw. o. schw. CC od. kompl. Diag. od. äuß. schw. od. schw. CC, Alter < 1 J.	1,582	-	12,8	3	0,363	27	0,081	0,108	-	-	1,0245
H63B	M	Erkrankungen der Leber außer bösartige Neubildung, Leberzirrhose und bestimmte nichtinfektiöse Hepatitiden und best. Erkrankungen der Gallenwege, mehr als ein Belegungstag, mit kompl. Diagnose oder äuß. schw. o. schw. CC oder Leberbiopsie, Alter < 18 J.	0,986	-	8,5	2	0,291	18	0,072	0,092	-	-	0,7990
H63C	M	Erkrankungen der Leber außer bösartige Neubildung, Leberzirrhose und bestimmte nichtinfektiöse Hepatitiden und bestimmte Erkrankungen der Gallenwege, ein Belegungstag oder ohne komplexe Diagnose und ohne äußerst schwere oder schwere CC	0,540	-	5,1	1	0,303	11	0,068	0,082	-	-	0,6940
H64Z	M	Erkrankungen von Gallenblase und Gallenwegen	0,426	-	4,6	1	0,237	10	0,059	0,070	-	-	0,7315
H77Z	M	Komplexbehandlung bei isolationspflichtigen Erregern bei Krankheiten und Störungen an hepatobiliärem System und Pankreas	1,919	-	19,8	-	-	38	0,063	0,080	-	-	1,0006
H78Z	M	Bestimmte komplizierende Konstellation bei bestimmten Krankheiten und Störungen an hepatobiliärem System und Pankreas	5,043	-	29,4	9	0,437	47	0,143	0,143	-	-	1,3307

Fallpauschalen-Katalog und Pflegeerlöskatalog
Teil a) Bewertungsrelationen bei Versorgung durch Hauptabteilungen

DRG	Partition	Bezeichnung [6]	Bewertungsrelation bei Hauptabteilung	Bewertungsrelation bei Hauptabteilung und Beleghebamme	Mittlere Verweildauer [1]	Untere Grenzverweildauer: Erster Tag mit Abschlag [2,5]	Untere Grenzverweildauer: Bewertungsrelation/Tag	Obere Grenzverweildauer: Erster Tag zus. Entgelt [3,5]	Obere Grenzverweildauer: Bewertungsrelation/Tag	Externe Verlegung Abschlag/Tag (Bewertungsrelation)	Verlegungsfallpauschale	Ausnahme von Wiederaufnahme [4]	Pflegeerlös Bewertungsrelation/Tag
1	2	3	4	5	6	7	8	9	10	11	12	13	
MDC 08 Krankheiten und Störungen an Muskel-Skelett-System und Bindegewebe													
I01Z	O	Beidseitige Eingriffe oder mehrere große Eingriffe an Gelenken der unteren Extremität mit komplexer Diagnose	4,416	-	28,4	8	0,252	46	0,058	0,077	-	-	0,8132
I02A	O	Großflächige Gewebe- / Hauttransplantation außer an der Hand, mit komplizierender Konstellation, Eingriff an mehreren Lokalisationen oder mit schwerem Weichteilschaden, mit äußerst schweren CC und komplexer OR-Prozedur	12,818	-	54,0	17	0,363	72	0,164	0,117	-	-	1,3296
I02B	O	Großfl. Gewebe- / Hauttransplantation m. kompliz. Konst., Eingr. an mehr. Lokal. od. schw. Weichteilsch., m. äuß. schw. CC od. kompl. OR-Proz. od. mit hochkompl. Gewebe-Tx od. Vakuumbeh. od. BNB u. kompl. OR-Proz. od. kompl. Gewebe-Tx m. äuß. schw. CC	8,799	-	42,5	13	0,313	61	0,071	0,101	-	-	1,0489
I02C	O	Großfl. Gewebe- / Hauttransplantation außer an der Hand, mit kompliz. Konst., Eingriff an mehreren Lokalisationen oder schw. Weichteilschaden, bei BNB und kompl. OR-Proz. m. äußerst schweren oder schweren CC od. komplexer Gewebe-Tx m. äußerst schweren CC	5,796	-	32,5	10	0,279	50	0,066	0,094	-	-	0,9523
I02D	O	Kleinflächige oder großflächige Gewebe- / Hauttransplantation außer an der Hand, mit äußerst schweren CC	4,611	-	28,7	9	0,279	47	0,066	0,094	-	-	0,9916
I03A	O	Revision oder Ersatz des Hüftgelenkes mit kompl. Diagnose od. Arthrodese od. Alter < 16 Jahre oder beidseitige od. mehrere gr. Eingr. an Gelenken der unt. Extr. mit kompl. Eingriff, mit äuß. schw. CC oder mehrzeitigem Wechsel oder Eingr. an mehr. Lok.	6,225	-	36,8	11	0,292	55	0,063	0,094	-	-	1,0388
I03B	O	Revision oder Ersatz des Hüftgelenkes mit kompl. Diagnose od. Arthrodese od. Alter < 16 Jahre oder beidseitige od. mehrere gr. Eingr. an Gelenken der unt. Extr. mit kompl. Eingriff, ohne äuß. schw. CC, ohne mehrzeit. Wechsel, ohne Eingr. an mehr. Lok.	2,826	-	17,4	5	0,241	33	0,058	0,079	-	-	0,7746
I04Z	O	Implantation, Wechsel oder Entfernung einer Endoprothese am Kniegelenk mit komplizierender Diagnose oder Arthrodese oder Implantation einer Endoprothese nach vorheriger Explantation oder periprothetische Fraktur an der Schulter oder am Knie	3,116	-	16,4	4	0,294	30	0,059	0,085	-	-	0,8252
I05A	O	Revision oder Ersatz des Hüftgelenkes ohne komplizierende Diagnose, ohne Arthrodese, ohne komplexen Eingriff, mit äußerst schweren CC	3,512	-	24,8	7	0,273	43	0,069	0,085	-	-	1,1573
I05B	O	Implantation oder Wechsel einer inversen Endoprothese am Schultergelenk oder Implantation einer Sprunggelenkendoprothese	2,149	-	8,0	2	0,242	16	0,060	0,083	-	-	0,7932
I05C	O	Anderer großer Gelenkersatz ohne Implantation oder Wechsel einer inversen Endoprothese am Schultergelenk, ohne Implantation einer Sprunggelenkendoprothese	1,795	-	6,4	1	0,285	13	0,062	0,068	-	-	0,7668
I06A	O	Komplexe Eingriffe an der Wirbelsäule mit hochkomplexem Korrektureingriff oder bestimmtem mehrzeitigen Eingriff oder mit Eingriff an mehreren Lokalisationen oder mit komplizierender Konstellation oder bei Para- / Tetraplegie mit äußerst schweren CC	6,946	-	22,2	6	0,436	40	0,082	0,129	-	-	1,1524
I06B	O	Komplexe Eingriffe an Wirbelsäule, Kopf und Hals mit sehr komplexem Eingriff bei schwerer entzündlicher Erkrankung oder bestimmte bösartige Neubildung am Knochen oder Alter < 19 Jahre	4,631	-	12,5	3	0,379	25	0,108	0,106	-	-	1,1102
I06C	O	Komplexe Eingriffe an Wirbelsäule, Kopf und Hals, Alter > 18 Jahre, ohne Para- / Tetraplegie oder ohne äußerst schwere CC, ohne bösartige Neubildung am Knochen, mit bestimmtem Eingriff ohne schwere entzündliche Erkrankung oder ohne bestimmten Eingriff	4,322	-	14,2	4	0,271	28	0,067	0,090	-	-	0,9129
I07A	O	Amputation bei Krankheiten und Störungen an Muskel-Skelett-System und Bindegewebe	2,206	-	16,9	5	0,247	33	0,062	0,083	-	-	0,9487
I07B	O	Bestimmte Amputation am Fuß	1,633	-	15,3	4	0,194	31	0,057	0,064	-	-	0,7349
I08A	O	Andere Eingriffe an Hüftgelenk und Femur mit hochkomplexem Eingriff bei Beckenfraktur, mit bösartiger Neubildung, mit äußerst schweren CC oder mit weiteren komplizierenden Faktoren	4,765	-	24,3	7	0,324	42	0,078	0,105	-	-	1,1942
I08B	O	Andere Eingriffe an Hüftgelenk und Femur mit sehr komplexem Eingriff oder äußerst schweren CC oder bei komplexer Diagnose oder Ersatz des Hüftgelenkes mit Eingriff an oberer Extremität oder Wirbelsäule mit bestimmten komplizierenden Faktoren	4,250	-	25,9	8	0,283	44	0,068	0,096	-	-	1,0862
I08C	O	Andere Eingriffe an Hüftgelenk und Femur mit Einbringen von Abstandshaltern od. and. komplexen Eingriffen od. äuß. schw. CC od. bei kompl. Diagnose od. Ersatz des Hüftgelenks mit Eingriff an oberer Extremität od. Wirbelsäule ohne best. kompliz. Faktoren	3,126	-	18,6	5	0,250	35	0,066	0,079	-	-	0,9799
I08D	O	Andere Eingriffe an Hüftgelenk und Femur mit komplexer Diagnose oder Prozedur oder äußerst schweren CC	2,604	-	14,5	4	0,269	29	0,066	0,092	-	-	0,9554
I08E	O	Andere Eingriffe an Hüftgelenk und Femur ohne komplexe Diagnose oder Prozedur, ohne äußerst schwere CC, mit bestimmten Eingriffen an Becken und Femur oder mit bestimmten komplizierenden Diagnosen	2,163	-	11,2	3	0,253	21	0,063	0,088	-	-	0,9082
I08F	O	Andere Eingriffe an Hüftgelenk und Femur ohne komplexe Diagnose oder Prozedur, ohne äußerst schwere CC, mehr als ein Belegungstag, mit bestimmten anderen Eingriffen an Hüftgelenk und Femur	1,503	-	9,2	2	0,264	18	0,062	0,082	-	-	0,8869

Fallpauschalen-Katalog und Pflegeerlöskatalog

Teil a) Bewertungsrelationen bei Versorgung durch Hauptabteilungen

DRG	Partition	Bezeichnung [6]	Bewertungsrelation bei Hauptabteilung	Bewertungsrelation bei Hauptabteilung und Beleghebamme	Mittlere Verweildauer [1]	Untere Grenzverweildauer		Obere Grenzverweildauer		Externe Verlegung Abschlag/Tag (Bewertungsrelation)	Verlegungsfallpauschale	Ausnahme von Wiederaufnahme [4]	Pflegeerlös Bewertungsrelation/Tag
						Erster Tag mit Abschlag [2], [5]	Bewertungsrelation/Tag	Erster Tag zus. Entgelt [3], [5]	Bewertungsrelation/Tag				
1	2	3	4	5	6	7	8	9	10	11	12	13	
I08G	O	Andere Eingriffe an Hüftgelenk und Femur ohne komplexe Diagnose oder Prozedur, ohne äußerst schwere CC, mehr als ein Belegungstag, mit mäßig komplexem Eingriff	1,090	-	4,9	1	0,223	12	0,063	0,076	-	-	0,8026
I08H	O	Andere Eingriffe an Hüftgelenk und Femur, ein Belegungstag oder ohne mäßig komplexen Eingriff, mit bestimmtem anderen Eingriff oder Alter < 12 Jahre oder Eingriff an der unteren Extremität	0,921	-	3,2	1	0,146	8	0,075	0,082	-	-	0,9182
I08I	O	Andere Eingriffe an Hüftgelenk und Femur, ein Belegungstag oder ohne mäßig komplexen Eingriff, ohne bestimmten anderen Eingriff, Alter > 11 Jahre, ohne Eingriff an der unteren Extremität	0,773	-	2,6	1	0,152	5	0,081	0,076	-	-	0,9609
I09A	O	Bestimmte Eingriffe an der Wirbelsäule mit sehr komplexer Osteosynthese und äußerst schweren CC oder bestimmter Spondylodese ab 10 Segmenten oder aufwendiger intensivmedizinischer Komplexbehandlung ab 369 Punkten	6,259	-	26,9	8	0,347	45	0,082	0,110	-	-	1,2939
I09B	O	Bestimmte Eingriffe an der Wirbelsäule mit bestimmten expandierbaren Implantaten oder mehrzeitigen komplexen Eingriffen	5,278	-	20,2	6	0,279	36	0,066	0,092	-	-	0,9167
I09C	O	Bestimmte Eingriffe an der Wirbelsäule mit best. kompl. Faktoren, mit Wirbelkörperersatz oder komplexer Spondylodese oder andere mehrzeitige komplexe Eingriffe an der Wirbelsäule mit aufwendiger intensmed. Komplexbehandlung ab 185 Aufwandspunkten	4,647	-	17,8	5	0,306	32	0,076	0,096	-	-	1,0607
I09D	O	Bestimmte Eingriffe an der Wirbelsäule mit best. kompl. Faktoren, bei Frakturen der Halswirbelsäule oder sek. bösartiger Neub. des Knochens oder mit anderen mehrz. kompl. Eingriffen ohne aufwendige intensmed. Komplexbehandlung ab 185 Aufwandspunkten	4,213	-	21,4	6	0,308	39	0,071	0,096	-	-	0,9969
I09E	O	Bestimmte Eingriffe an der Wirbelsäule und best. komplizierende Faktoren oder best. Eingriffe an der WS mit best. anderen kompl. Faktoren und Eingriffe ZNS oder transpleuraler Zugang BWS oder best. langstreckige Spondylodese/Osteosynthese oder Diszitis	3,377	-	13,8	4	0,236	27	0,061	0,075	-	-	0,8249
I09F	O	Best. Eingriffe an der Wirbelsäule, best. kompliz. Faktoren od. Alter < 16 Jahre oder knöcherne Dekompression Spinalkanal / best. Osteosynthese > 3 Segm. oder Impl. eines Schrauben-Band-Systems oder Schrauben-Stab-Systems, 1 Segment bei Diszitis	2,668	-	11,1	3	0,240	22	0,060	0,083	-	-	0,7519
I09G	O	Bestimmte Eingriffe an der Wirbelsäule mit bestimmten anderen kompliz. Faktoren oder mit anderen kompl. Faktoren und Frakturen Halswirbelsäule oder BNB der Wirbelsäule mit Kyphoplastie, mit Radiofrequenzablation oder komplexer Eingriff an der Wirbelsäule	2,351	-	8,2	2	0,238	16	0,060	0,082	-	-	0,7497
I09H	O	Bestimmte Eingriffe an der Wirbelsäule mit bestimmten anderen kompliz. Faktoren oder mit anderen kompliz. Faktoren, ohne Frakturen HWS, ohne BNB der Wirbelsäule oder ohne Kyphoplastie od. ohne Radiofrequenzabl., ohne komplexen Eingriff an der Wirbelsäule	1,701	-	7,4	1	0,420	17	0,061	0,087	-	-	0,6987
I09I	O	Bestimmte Eingriffe an der Wirbelsäule ohne komplizierende Faktoren	1,323	-	8,1	2	0,230	17	0,060	0,077	-	-	0,6905
I10A	O	Andere Eingriffe an der Wirbelsäule mit bestimmtem Eingriff an Rückenmark, Spinalkanal, Wirbelsäule, Rumpf mit äußerst schweren CC	4,122	-	21,8	6	0,312	40	0,072	0,099	-	-	1,0323
I10B	O	Andere Eingriffe WS m. best. kompl. Eingriffen od. Para- / Tetrapl. od. Wirbelfraktur m. best. Eingriffen oh. äuß. schw. CC od. best. andere Operationen WS m. äuß. schw. CC u. > 1 BT od. mäßig kompl. Eingriffe u. Diszitis od. Exzision spin. Tumorgewebe	2,284	-	11,4	3	0,266	25	0,064	0,089	-	-	0,8031
I10C	O	Andere Eingriffe an der Wirbelsäule bei Bandscheibeninfektion oder mit bestimmtem Eingriff an der Wirbelsäule	1,559	-	6,0	1	0,268	13	0,061	0,071	-	-	0,7319
I10D	O	Andere Eingriffe an der Wirbelsäule mit komplexem Eingriff an der Wirbelsäule oder mit äußerst schweren oder schweren CC ohne Bandscheibeninfektion, ohne Diszitis, ohne bestimmten anderen Eingriff an der Wirbelsäule	1,162	-	5,3	1	0,221	12	0,059	0,070	-	-	0,7072
I10E	O	Andere Eingriffe an der Wirbelsäule mit mäßig komplexem Eingriff, mit bestimmtem kleinen Eingriff oder wenig komplexer Eingriff, mehr als 1 Belegungstag, Alter < 18 Jahre oder mit bestimmtem anderen kleinen Eingriff ohne äußerst schwere oder schwere CC	0,996	-	5,1	1	0,330	11	0,058	0,069	-	-	0,6568
I10F	O	Andere Eingriffe an der Wirbelsäule ohne mäßig komplexen Eingriff an der Wirbelsäule mit bestimmtem kleinen Eingriff oder wenig komplexer Eingriff, mehr als ein Belegungstag oder ohne bestimmten anderen kleinen Eingriff, Alter > 17 Jahre	0,817	-	4,8	1	0,221	10	0,058	0,067	-	-	0,6697
I10G	O	Andere Eingriffe an der Wirbelsäule ohne mäßig komplexen Eingriff an der Wirbelsäule, ohne bestimmten kleinen Eingriff, ohne wenig komplexen Eingriff oder ein Belegungstag, mit anderem kleinen Eingriff	0,630	-	5,4	1	0,182	14	0,064	0,072	-	-	0,6797
I10H	O	Andere Eingriffe an der Wirbelsäule ohne mäßig komplexen Eingriff, ohne bestimmten kleinen Eingriff, ohne anderen kleinen Eingriff	0,534	-	2,6	1	0,147	5	0,049	0,071	-	-	0,8643
I11Z	O	Eingriffe zur Verlängerung einer Extremität	2,237	-	7,0	1	0,368	14	0,056	0,092	-	-	0,7837
I12A	O	Knochen- und Gelenkinfektion / -entzündung mit verschiedenen Eingriffen am Muskel-Skelett-System und Bindegewebe mit äußerst schweren CC	4,078	-	25,4	7	0,308	43	0,072	0,091	-	-	1,0065

Fallpauschalen-Katalog und Pflegeerlöskatalog
Teil a) Bewertungsrelationen bei Versorgung durch Hauptabteilungen

DRG	Partition	Bezeichnung [6]	Bewertungsrelation bei Hauptabteilung	Bewertungsrelation bei Hauptabteilung und Beleghebamme	Mittlere Verweildauer [1]	Untere Grenzverweildauer: Erster Tag mit Abschlag [2), 5)]	Untere Grenzverweildauer: Bewertungsrelation/Tag	Obere Grenzverweildauer: Erster Tag zus. Entgelt [3), 5)]	Obere Grenzverweildauer: Bewertungsrelation/Tag	Externe Verlegung Abschlag/Tag (Bewertungsrelation)	Verlegungsfallpauschale	Ausnahme von Wiederaufnahme [4]	Pflegeerlös Bewertungsrelation/Tag
1	2	3	4	5	6	7	8	9	10	11	12	13	
I12B	O	Knochen- und Gelenkinfektion / -entzündung mit verschiedenen Eingriffen am Muskel-Skelett-System und Bindegewebe mit schweren CC, mit Revision des Kniegelenkes, mit Einbringen oder Wechsel von Abstandshaltern oder Osteomyelitis, Alter < 16 Jahre	2,376	-	16,7	5	0,244	31	0,060	0,081	-	-	0,8301
I12C	O	Knochen- und Gelenkinfektion / -entzündung mit verschiedenen Eingriffen am Muskel-Skelett-System und Bindegewebe mit schweren CC, ohne Revision des Kniegelenkes, ohne Einbringen oder Wechsel von Abstandshaltern, ohne Osteomyelitis, Alter > 15 Jahre	1,459	-	11,1	3	0,216	23	0,054	0,071	-	-	0,6908
I13A	O	Bestimmte Eingriffe an den Extremitäten mit komplexem Mehrfacheingriff, mit komplizierendem Eingriff an der unteren Extremität oder aufwendiger Osteosynthese	2,895	-	15,2	4	0,241	28	0,054	0,076	-	-	0,7256
I13B	O	Bestimmte Eingriffe an den Extremitäten mit best. Mehrfacheingriff oder kompliz. Diagnose oder bei Endoprothese der oberen Extremität oder mit Fixateur ext., mit best. BNB od. mit Einbringen von Abstandshalt od. Alter < 18 J. mit äuß. schw. od. schw. CC	2,548	-	12,6	3	0,275	24	0,054	0,081	-	-	0,7255
I13C	O	Bestimmte Eingriffe an den Extremitäten mit best. Mehrfacheingr. od. kompliz Diag. od. bei Endopr. der oberen Extrem. od. m. Fix. ext., m. kompl. Eingr. od. schw. Weichteilsch., m. best. kompl. Osteot. od. BNB od. Alter < 18 J. m. äuß. schw. od. schw. CC	1,927	-	8,5	2	0,249	18	0,059	0,081	-	-	0,7429
I13D	O	Bestimmte Eingriffe an den Extremitäten mit bestimmtem anderen Mehrfacheingriff oder komplizierender Diagnose oder bei endoprothetischem Eingriff an der oberen Extremität od. mit Fixateur externe oder mit and. kompl. Eingr. od. bei sek. BNB Knochen/-mark	1,630	-	7,5	2	0,234	16	0,058	0,081	-	-	0,7165
I13E	O	Bestimmte Eingriffe an den Extremitäten od. bei Endoproth. am Knie m. kompl. Eingr. od. schw. Weichteilsch. od. Pseudarthrose od. best. Osteotom. od. best. Eingr. Knieproth. od. Epiphyseodese od. bei BNB od. Alter > 17 J. od. ohne äuß. schw. od. schw. CC	1,335	-	5,7	1	0,530	13	0,060	0,069	-	-	0,7356
I13F	O	Bestimmte Eingriffe an den Extremitäten mit bestimmtem anderen Eingriff an den Extremitäten oder bei bösartiger Neubildung oder kleiner Eingriff bei Knochen- und Gelenkinfektion oder Alter < 18 Jahre mit äußerst schweren oder schweren CC	1,022	-	4,4	1	0,276	10	0,059	0,071	-	-	0,7489
I13G	O	Bestimmte Eingriffe an den Extremitäten ohne bestimmten anderen Eingriff an den Extremitäten, außer bei bösartiger Neubildung, ohne kleinen Eingriff bei Knochen- und Gelenkinfektion oder Alter > 17 Jahre oder ohne äußerst schwere oder schwere CC	0,913	-	4,0	1	0,246	10	0,063	0,068	-	-	0,7590
I14Z	O	Revision eines Amputationsstumpfes	1,107	-	9,6	2	0,229	21	0,050	0,061	-	-	0,6948
I15A	O	Operationen am Hirn- und Gesichtsschädel, mit bestimmtem intrakraniellen Eingriff oder komplexem Eingriff an der Mandibula, Alter < 16 Jahre	2,356	-	6,5	1	0,518	14	0,157	0,136	-	-	1,6378
I15B	O	Operationen am Hirn- und Gesichtsschädel, ohne bestimmten intrakraniellen Eingriff, ohne bestimmten Eingriff an der Mandibula oder Alter > 15 Jahre	1,526	-	5,9	1	0,325	14	0,071	0,086	-	-	1,0392
I16A	O	Andere Eingriffe an der Schulter und bestimmte Eingriffe an der oberen Extremität mit bestimmtem Eingriff an Schulter, Oberarm und Ellenbogen	0,839	-	2,5	1	0,122	5	0,073	0,071	-	-	0,8409
I16B	O	Andere Eingriffe an der Schulter und bestimmte Eingriffe an der oberen Extremität ohne bestimmten Eingriff an Schulter, Oberarm und Ellenbogen, mit bestimmtem anderem Eingriff an Klavikula, Schulter und Ellenbogen	0,770	-	2,8	1	0,129	6	0,068	0,077	-	-	0,7921
I16C	O	Andere Eingriffe an der Schulter und bestimmte Eingriffe an der oberen Extremität ohne bestimmten Eingriff an Schulter, Oberarm und Ellenbogen, ohne bestimmten anderen Eingriff an Klavikula, Schulter und Oberarm	0,623	-	2,5	1	0,098	5	0,075	0,076	-	-	0,8507
I17A	O	Aufwendige Operationen am Gesichtsschädel oder Alter < 16 Jahre	1,833	-	6,5	1	0,469	14	0,068	0,094	-	-	0,8063
I17B	O	Operationen am Gesichtsschädel ohne aufwendige Operationen, Alter > 15 Jahre	0,973	-	4,3	1	0,239	9	0,076	0,091	-	-	0,7939
I18A	O	Wenig komplexe Eingriffe an Kniegelenk, Ellenbogengelenk und Unterarm, Alter < 16 Jahre oder mit mäßig komplexem Eingriff oder mit beidseitigem Eingriff am Kniegelenk	0,798	-	3,3	1	0,187	8	0,062	0,076	-	-	0,7984
I18B	O	Wenig komplexe Eingriffe an Kniegelenk, Ellenbogengelenk und Unterarm, Alter > 15 Jahre, ohne mäßig komplexen Eingriff, ohne beidseitigen Eingriff am Kniegelenk	0,678	-	3,1	1	0,156	7	0,068	0,052	-	-	0,8112
I19A	O	Implantation und Wechsel von Neurostimulatoren und Neurostimulationselektroden bei Krankheiten und Störungen an Muskel-Skelett-System und Bindegewebe ohne Implantation oder Wechsel eines permanenten Elektrodensystems	1,257	-	3,1	1	0,446	7	0,060	0,086	-	-	0,6969
I19B	O	Implantation und Wechsel von Neurostimulatoren und Neurostimulationselektroden bei Krankheiten und Störungen an Muskel-Skelett-System und Bindegewebe mit Implantation oder Wechsel eines permanenten Elektrodensystems	1,438	-	3,0	1	0,104	7	0,057	0,094	-	-	0,7385
I20A	O	Eingriffe am Fuß mit mehreren hochkomplexen Eingriffen oder Teilwechsel Endoprothese des unteren Sprunggelenks, mit hochkomplexem Eingriff und komplexer Diagnose oder bestimmter Arthrodese	2,044	-	10,3	2	0,259	22	0,051	0,069	-	-	0,7130

Fallpauschalen-Katalog und Pflegeerlöskatalog
Teil a) Bewertungsrelationen bei Versorgung durch Hauptabteilungen

DRG	Partition	Bezeichnung [6]	Bewertungsrelation bei Hauptabteilung	Bewertungsrelation bei Hauptabteilung und Beleghebamme	Mittlere Verweildauer [1]	Untere Grenzverweildauer: Erster Tag mit Abschlag [2), 5)]	Untere Grenzverweildauer: Bewertungsrelation/Tag	Obere Grenzverweildauer: Erster Tag zus. Entgelt [3), 5)]	Obere Grenzverweildauer: Bewertungsrelation/Tag	Externe Verlegung Abschlag/Tag (Bewertungsrelation)	Verlegungsfallpauschale	Ausnahme von Wiederaufnahme [4]	Pflegeerlös Bewertungsrelation/Tag
1	2	3	4	5	6	7	8	9	10	11	12	13	
I20B	O	Eingriffe am Fuß mit mehreren komplexen Eingriffen od. hochkompl. Eingriff od. Teilwechsel Endoprothese d. unteren Sprunggelenks od. bei Zerebralparese od. mit kompl. Eingriff und kompl. Diagnose od. mit Eingriff an Sehnen des Rückfußes, Alter < 12 Jahre	1,649	-	8,3	2	0,213	18	0,057	0,076	-	-	0,7088
I20C	O	Eingriffe am Fuß ohne mehrere komplexe Eingriffe, ohne hochkomplexen Eingriff, mit bestimmten komplizierenden Faktoren oder Alter > 11 Jahre	1,168	-	6,1	1	0,559	15	0,058	0,073	-	-	0,7094
I20D	O	Eingriffe am Fuß ohne bestimmte komplizierende Faktoren, mit Knochentransplantation oder schwerem Weichteilschaden oder bestimmtem Eingriff am Fuß oder Kalkaneusfraktur	0,958	-	3,1	1	0,238	7	0,060	0,074	-	-	0,7677
I20E	O	Andere Eingriffe am Fuß oder chronische Polyarthritis oder Diabetes Mellitus mit Komplikationen oder Alter < 16 Jahre	0,817	-	3,1	1	0,192	7	0,059	0,073	-	-	0,7992
I20F	O	Eingriffe am Fuß ohne komplexe Eingriffe oder komplizierende Faktoren, Alter > 15 Jahre	0,647	-	2,7	1	0,121	6	0,065	0,069	-	-	0,7772
I21Z	O	Lokale Exzision und Entfernung von Osteosynthesematerial an Hüftgelenk, Femur und Wirbelsäule oder komplexe Eingriffe an Ellenbogengelenk und Unterarm oder bestimmte Eingriffe an der Klavikula	0,837	-	2,8	1	0,155	6	0,069	0,067	-	-	0,8386
I22A	O	Gewebe- / Hauttransplantation, außer an der Hand, mit großfläch. Gewebetransplantation, mit komplizierender Konstellation, Eingriff an mehreren Lokalisationen, schwerem Weichteilschaden oder komplexer Gewebetransplantation mit schweren CC	3,978	-	24,2	7	0,239	42	0,055	0,076	-	-	0,7777
I22B	O	Gewebe- / Hauttransplantation, außer an der Hand, mit kleinflächiger Gewebetransplantation od. mit großflächiger Gewebetransplantation ohne kompliz. Konst., oh. Eingr. an mehreren Lokal., oh. schw. Weichteilschaden, oh. kompl. Gewebetranspl. m. schw. CC	3,142	-	22,9	7	0,229	41	0,056	0,076	-	-	0,7953
I23A	O	Andere kleine Eingriffe an Knochen und Weichteilen mit bestimmten kleinen Eingriffen am Knochen oder Revision mit Osteosynthese an der oberen Extremität oder Alter < 18 Jahre mit äußerst schweren oder schweren CC	0,826	-	3,5	1	0,130	8	0,058	0,065	-	-	0,8657
I23B	O	Andere kleine Eingriffe an Knochen und Weichteilen mit bestimmten kleinen Eigriffen an Knochen und Weichteilen, Alter > 17 Jahre oder ohne äußerst schwere oder schwere CC	0,691	-	2,7	1	0,147	6	0,065	0,067	-	-	0,8769
I23C	O	Andere kleine Eingriffe an Knochen und Weichteilen ohne bestimmte kleine Eingriffe an Knochen und Weichteilen, Alter > 17 Jahre oder ohne äußerst schwere oder schwere CC	0,539	-	2,6	1	0,093	5	0,061	0,048	-	-	0,8784
I24A	O	Arthroskopie oder andere Eingriffe an den Extremitäten oder Eingriffe am Weichteilgewebe oder Alter < 18 Jahre	0,633	-	2,8	1	0,146	7	0,069	0,079	-	-	0,9945
I24B	O	Arthroskopie oder andere Eingriffe an den Extremitäten oder Eingriffe am Weichteilgewebe ohne komplexen Eingriff, Alter > 17 Jahre	0,542	-	2,4	1	0,108	5	0,065	0,066	-	-	0,9938
I26A	O	Intensivmedizinische Komplexbehandlung > 785 / 829 / - Aufwandspunkte bei Krankheiten und Störungen an Muskel-Skelett-System und Bindegewebe	9,931	-	32,1	10	0,704	50	0,241	-	x	x	2,6207
I26B	O	Intensivmedizinische Komplexbehandlung > 588 / 552 / 552 Aufwandspunkte bei Krankheiten und Störungen an Muskel-Skelett-System und Bindegewebe oder bestimmte hochaufwendige Implantate	7,583	-	29,4	9	0,584	47	0,198	-	x	x	2,2762
I27A	O	Eingriffe am Weichteilgew. od. kleinfl. Gewebe-Tx m. best. Diagn. u. best. Eingr. od. m. äuß. schw. CC od. b. BNB m. schw. CC, m. best. Diagn. u. kompl. Eingr. od. Nephrekt. od. best. BNB m. best. Eingr. Abdomen od. Thorax od. Tx e. Zehe als Fingerersatz	3,471	-	12,1	3	0,441	25	0,127	0,130	-	-	1,2308
I27B	O	Eingriffe am Weichteilgewebe oder kleinflächige Gewebe-Tx mit äußerst schweren CC oder bei BNB mit schweren CC oder mit kompliz. Faktoren, mit schweren CC oder bei BNB oder mit best. Eingr. am Weichteilgewebe, > 1 Belegungstag oder best. Eingriff	3,098	-	17,9	5	0,296	36	0,072	0,095	-	-	0,9862
I27C	O	Eingriffe am Weichteilgewebe oder kleinflächige Gewebetransplantationen mit schweren CC oder bei BNB oder mit bestimmtem Eingriff am Weichteilgewebe, mehr als ein Belegungstag oder bestimmter Eingriff ohne komplizierende Faktoren	1,363	-	7,8	2	0,247	18	0,067	0,085	-	-	0,8110
I27D	O	Bestimmte andere Eingriffe am Weichteilgewebe oder ein Belegungstag	1,008	-	4,0	1	0,342	9	0,067	0,094	-	-	0,7460
I27E	O	Bestimmte kleine Eingriffe am Weichteilgewebe oder ein Belegungstag	0,715	-	3,4	1	0,180	8	0,064	0,097	-	-	0,7845
I28A	O	Andere Eingriffe an Muskel-Skelett-System und Bindegewebe mit bestimmter offen chirurgischer Stabilisierung der Thoraxwand oder bestimmtem Eingriff am Zwerchfell oder Alter < 18 Jahre bei bösartiger Neubildung	2,063	-	7,1	1	0,613	14	0,121	0,123	-	-	1,3925
I28B	O	Andere Eingriffe an Muskel-Skelett-System und Bindegewebe mit komplexem Eingriff an Thorax und Abdomen oder Implantation/Wechsel best. Medikamentenpumpen oder Eingriff bei bösartiger Neubildung an Knochen und Gelenken, mehr als ein Belegungstag	1,454	-	7,4	1	0,360	16	0,068	0,086	-	-	0,8002
I28C	O	Andere Eingriffe an Muskel-Skelett-System und Bindegewebe mit bestimmtem Eingriff an Knochen, Weichteilen oder Bindegewebe, mehr als ein Belegungstag oder Alter < 10 Jahre	1,554	-	10,2	2	0,366	23	0,072	0,097	-	-	0,7896
I28D	O	Andere Eingriffe an Muskel-Skelett-System und Bindegewebe mit mäßig komplexem Eingriff, mehr als ein Belegungstag, Alter > 9 Jahre	1,068	-	8,0	2	0,261	18	0,064	0,090	-	-	0,6609

Fallpauschalen-Katalog und Pflegeerlöskatalog
Teil a) Bewertungsrelationen bei Versorgung durch Hauptabteilungen

DRG	Partition	Bezeichnung [6]	Bewertungsrelation bei Hauptabteilung	Bewertungsrelation bei Hauptabteilung und Beleghebamme	Mittlere Verweildauer [1]	Untere Grenzverweildauer: Erster Tag mit Abschlag [2,5]	Untere Grenzverweildauer: Bewertungsrelation/Tag	Obere Grenzverweildauer: Erster Tag zus. Entgelt [3,5]	Obere Grenzverweildauer: Bewertungsrelation/Tag	Externe Verlegung Abschlag/Tag (Bewertungsrelation)	Verlegungsfallpauschale	Ausnahme von Wiederaufnahme [4]	Pflegeerlös Bewertungsrelation/Tag
1	2	3	4	5	6	7	8	9	10	11	12	13	
I28E	O	Andere Eingriffe an Muskel-Skelett-System und Bindegewebe, ohne bestimmte, mäßig komplexe und komplexe Eingriffe, Alter > 9 Jahre oder ein Belegungstag	0,851	-	4,6	1	0,274	13	0,066	0,077	-	-	0,8191
I29A	O	Komplexe Eingriffe am Schultergelenk oder bestimmte Osteosynthesen an der Klavikula, bei komplizierender Diagnose oder Eingriff an mehreren Lokalisationen	1,293	-	4,2	1	0,406	10	0,065	0,075	-	-	0,7685
I29B	O	Komplexe Eingriffe am Schultergelenk oder best. Osteosynthesen an der Klavikula ohne kompliz. Diagnose, ohne Eingriff an mehreren Lokalisationen oder sonst. arthroskopische Rekonstruktion der Rotatorenmanschette mit bestimmten Eingriffen an der Schulter	1,005	-	2,7	1	0,176	6	0,071	0,070	-	-	0,8920
I29C	O	Sonstige arthroskopische Rekonstruktion der Rotatorenmanschette ohne bestimmte Eingriffe an der Schulter	0,822	-	2,6	1	0,142	5	0,066	0,069	-	-	0,8452
I30A	O	Arthroskopischer Eingriff am Hüftgelenk, Alter < 16 Jahre oder komplexe Eingriffe am Kniegelenk mit sehr komplexem Eingriff oder bestimmte komplexe Eingriffe am Kniegelenk, Alter < 18 Jahre, mit äußerst schweren oder schweren CC	1,410	-	4,9	1	0,238	12	0,063	0,073	-	-	0,6386
I30B	O	Arthroskopischer Eingriff am Hüftgelenk, Alter > 15 Jahre oder bestimmte komplexe Eingriffe am Kniegelenk, Alter > 17 Jahre oder ohne äußerst schwere oder schwere CC	0,948	-	2,8	1	0,154	6	0,070	0,074	-	-	0,8008
I30C	O	Komplexe Eingriffe am Kniegelenk ohne bestimmte komplexe Eingriffe am Kniegelenk, Alter > 17 Jahre oder ohne äußerst schwere oder schwere CC oder bestimmte arthroskopische Eingriffe am Hüftgelenk, Alter > 15 Jahre	0,732	-	3,3	1	0,160	8	0,063	0,067	-	-	0,7966
I31A	O	Mehrere komplexe Eingriffe an Ellenbogengelenk und Unterarm oder gelenkübergreifende Weichteildistraktion bei angeborenen Anomalien der Hand, mit aufwendigen Eingriffen am Unterarm	2,120	-	8,5	2	0,248	17	0,058	0,074	-	-	0,7139
I31B	O	Mehrere komplexe Eingriffe an Ellenbogengelenk und Unterarm oder gelenkübergreifende Weichteildistraktion bei angeborenen Anomalien der Hand oder bestimmte Eingriffe bei Mehrfragmentfraktur der Patella, mit bestimmten komplexen Eingriffen am Unterarm	1,415	-	5,3	1	0,507	13	0,061	0,089	-	-	0,7475
I31C	O	Mehrere komplexe Eingriffe an Ellenbogengelenk und Unterarm ohne gelenkübergreifende Weichteildistraktion bei angeborenen Anomalien der Hand, ohne bestimmte Eingriffe bei Mehrfragmentfraktur der Patella, ohne bestimmte komplexe Eingriffe am Unterarm	1,093	-	3,8	1	0,266	9	0,067	0,081	-	-	0,7396
I32A	O	Eingr. an Handgelenk u. Hand mit mehrzeitigem kompl. od. mäßig kompl. Eingr. od. mit Komplexbehandl. Hand od. mit aufwendigem rekonstruktivem Eingr. bei angeborener Fehlbildung der Hand oder mit best. gefäßgestielten Knochentx. bei Pseudarthrose der Hand	1,725	-	10,2	2	0,255	21	0,128	0,069	-	-	0,6338
I32B	O	Eingriffe an Handgelenk und Hand mit komplexem Eingriff oder bei angeborener Anomalie der Hand oder Pseudarthrose, Alter < 6 Jahre oder bei schweren Weichteilschäden oder mit komplexen Eingriffen bei angeborener Fehlbildung der Hand, Alter < 16 Jahre	1,168	-	3,9	1	0,469	8	0,086	0,091	-	-	0,5161
I32C	O	Eingriffe an Handgelenk und Hand mit komplexem Eingriff oder bei angeborener Anomalie der Hand oder Pseudarthrose, Alter > 5 Jahre oder mit hochkomplexem Eingriff bei angeb. Fehlbildung der Hand, Alter < 16 Jahre oder mit best. Eingr. od. kompl. Diagnose	1,481	-	6,6	1	0,284	17	0,061	0,070	-	-	0,6795
I32D	O	Eingriffe an Handgelenk und Hand mit komplexem Eingriff, ohne komplexe Diagnose oder ohne sehr komplexen Eingriff oder mit komplexer Diagnose oder mit bestimmtem oder beidseitigem Eingriff	1,001	-	3,2	1	0,184	7	0,069	0,075	-	-	0,7831
I32E	O	Bestimmte mäßig komplexe Eingriffe an Handgelenk und Hand, mehr als ein Belegungstag oder Alter < 6 Jahre	0,767	-	3,0	1	0,215	7	0,064	0,069	-	-	0,7530
I32F	O	Eingriffe an Handgelenk und Hand ohne komplexe oder mäßig komplexe Eingriffe oder ohne bestimmtem mäßig komplexen Eingriff, Alter > 5 Jahre, ein Belegungstag	0,611	-	2,6	1	0,068	5	0,065	0,071	-	-	0,9209
I33Z	O	Rekonstruktion von Extremitätenfehlbildungen	1,339	-	3,0	1	0,194	6	0,066	0,098	-	-	0,8970
I34Z	O	Geriatrische frührehabilitative Komplexbehandlung mit bestimmter OR-Prozedur bei Krankheiten und Störungen an Muskel-Skelett-System und Bindegewebe	2,606	-	23,6	-	-	36	0,054	0,071	-	-	0,8113
I36Z	O	Beidseitige oder kombinierte Implantation oder Wechsel einer Endoprothese an Hüft-, Kniegelenk und/oder an der oberen Extremität	2,515	-	9,1	2	0,316	18	0,059	0,091	-	-	0,7984
I39Z	O	Strahlentherapie bei Krankheiten und Störungen an Muskel-Skelett-System und Bindegewebe, Bestrahlungen an mindestens 8 Tagen	2,517	-	19,2	5	0,415	34	0,122	-	x	x	0,7722
I41Z	A	Geriatrische frührehabilitative Komplexbehandlung bei Krankheiten und Störungen an Muskel-Skelett-System und Bindegewebe	1,402	-	19,7	-	-	29	0,050	0,068	-	-	0,7033
I42A	A	Multimodale Schmerztherapie bei Krankheiten und Störungen an Muskel-Skelett-System und Bindegewebe, mindestens 14 Tage	1,174	-	16,0	-	-	19	0,057	0,069	-	x	0,4215
I42B	A	Multimodale Schmerztherapie bei Krankheiten und Störungen an Muskel-Skelett-System und Bindegewebe, weniger als 14 Tage	0,867	-	10,1	-	-	15	0,056	0,079	-	x	0,4310

Fallpauschalen-Katalog und Pflegeerlöskatalog
Teil a) Bewertungsrelationen bei Versorgung durch Hauptabteilungen

DRG	Parti-tion	Bezeichnung [6]	Bewertungsrelation bei Hauptabteilung	Bewertungsrelation bei Hauptabteilung und Beleghebamme	Mittlere Verweil-dauer [1]	Untere Grenzverweildauer		Obere Grenzverweildauer		Externe Verlegung Abschlag/Tag (Bewertungsrelation)	Verlegungs-fallpauschale	Ausnahme von Wieder-aufnahme [4]	Pflegeerlös Bewertungs-relation/Tag
						Erster Tag mit Abschlag [2), 5)]	Bewertungs-relation/Tag	Erster Tag zus. Entgelt [3), 5)]	Bewertungs-relation/Tag				
1	2	3	4	5	6	7	8	9	10	11	12	13	
I43A	O	Implantation oder Wechsel bestimmter Endoprothesen am Knie- oder am Ellenbogengelenk oder Prothesenwechsel am Schulter- oder am Sprunggelenk oder Entfernung bestimmter Endoprothesen am Kniegelenk, mit äußerst schweren CC	5,253	-	29,1	9	0,254	47	0,064	0,084	-	-	0,9171
I43B	O	Implantation oder Wechsel bestimmter Endoprothesen am Knie- oder am Ellenbogengelenk oder Prothesenwechsel am Schulter- oder am Sprunggelenk oder Entfernung bestimmter Endoprothesen am Kniegelenk, ohne äußerst schwere CC	2,549	-	9,9	2	0,283	19	0,058	0,079	-	-	0,7497
I44A	O	Bestimmte Endoprotheseneingriffe am Kniegelenk mit äußerst schweren CC oder Implantation bestimmter schaftverankerten Prothese am Knie oder Korrektur einer Brustkorbdeformität	2,319	-	10,1	2	0,315	18	0,055	0,078	-	-	0,7078
I44B	O	Bestimmte Endoprotheseneingriffe am Kniegelenk ohne äußerst schwere CC, mit bestimmtem Wechsel von Endoprothesen oder Implantation einer patientenindividuell angefertigten Endoprothese am Kniegelenk oder Einbringen oder Wechsel von Abstandshaltern	2,147	-	11,1	3	0,226	21	0,061	0,071	-	-	0,7700
I44C	O	Bestimmte Endoprotheseneingriffe am Kniegelenk ohne äußerst schwere CC, ohne bestimmten Wechsel von Endoprothesen oder Prothesenkomponenten, ohne Impl. e. patientenindiv. angefertigten Endoprothese am Knie, ohne Einbringen od. Wechsel von Abstandshaltern	1,681	-	7,4	1	0,441	12	0,061	0,097	-	-	0,7192
I44D	O	Bestimmte Endoprotheseneingriffe am Kniegelenk oder Einbringen einer Entlastungsfeder am Kniegelenk	1,511	-	6,0	1	0,297	10	0,064	0,090	-	-	0,7286
I44E	O	Andere Endoprotheseneingriffe am Kniegelenk	1,270	-	6,7	1	0,408	12	0,063	0,086	-	-	0,6941
I45A	O	Implantation und Ersatz einer Bandscheibenendoprothese, mehr als ein Segment	2,195	-	4,1	1	0,212	8	0,064	0,084	-	-	0,6410
I45B	O	Implantation und Ersatz einer Bandscheibenendoprothese, weniger als 2 Segmente	1,517	-	3,7	1	0,170	7	0,065	0,073	-	-	0,6422
I46A	O	Prothesenwechsel am Hüftgelenk mit äußerst schweren CC oder Eingriff an mehreren Lokalisationen	4,407	-	22,9	7	0,307	39	0,070	0,103	-	-	1,0773
I46B	O	Prothesenwechsel am Hüftgelenk ohne äußerst schwere CC, ohne Eingriff an mehreren Lokalisationen, mit periprothetischer Fraktur	3,183	-	17,6	5	0,256	33	0,064	0,080	-	-	0,9856
I46C	O	Prothesenwechsel am Hüftgelenk ohne äußerst schwere CC, ohne Eingriff an mehreren Lokalisationen, ohne periprothetische Fraktur	2,429	-	11,9	3	0,261	23	0,059	0,081	-	-	0,8052
I47A	O	Revision oder Ersatz des Hüftgelenkes ohne komplizierende Diagnose, ohne Arthrodese, ohne äußerst schwere CC, Alter > 15 Jahre, mit komplizierendem Eingriff	2,216	-	11,7	3	0,240	23	0,060	0,074	-	-	0,8346
I47B	O	Revision oder Ersatz des Hüftgelenkes ohne best. territoriz. Faktoren, mit kompl. Diagnose an Becken/Oberschenkel, mit best. endoproth. oder gelenkplast. Eingr. od. m. Impl. od. Wechsel Radiuskopfproth. od. m. kompl. Erstimpl. od. m. Entf. Osteosynthesemat.	1,808	-	10,1	2	0,316	19	0,062	0,084	-	-	0,8872
I47C	O	Revision oder Ersatz des Hüftgelenkes ohne best. kompliz. Faktoren, ohne komplexe Diagnose an Becken/OS, ohne best. endoproth. Eingriff, ohne gelenkpl. Eingriff am Hüftgelenk, ohne Impl. oder Wechsel einer Radiuskopfprothese, ohne Entf. Osteosynthesemat.	1,408	-	7,0	1	0,310	12	0,056	0,076	-	-	0,7246
I50A	O	Gewebe- / Haut-Transplantation außer an der Hand, ohne bestimmte komplizierende Faktoren, mit bestimmtem Eingriff oder bestimmter Vakuumbehandlung mit kontinuierlicher Sogbehandlung ab 8 Tagen	2,317	-	15,7	4	0,239	30	0,053	0,072	-	-	0,6638
I50B	O	Gewebe- / Haut-Transplantation außer an der Hand, ohne bestimmte komplizierende Faktoren, ohne bestimmten Eingriff, mit bestimmter Vakuumbehandlung oder Alter < 16 Jahre	1,516	-	10,0	2	0,294	20	0,052	0,071	-	-	0,6491
I50C	O	Gewebe- / Haut-Transplantation außer an der Hand, ohne bestimmte komplizierende Faktoren, ohne bestimmten Eingriff, ohne bestimmte Vakuumbehandlung, Alter > 15 Jahre	0,656	-	4,4	1	0,205	10	0,065	0,076	-	-	0,6307
I54A	O	Strahlentherapie bei Krankheiten und Störungen an Muskel-Skelett-System und Bindegewebe, bei bösartiger Neubildung, Bestrahlungen an mindestens 5 Tagen oder Alter < 18 Jahre	1,198	-	11,0	3	0,267	24	0,093	0,096	-	x	0,8348
I54B	O	Strahlentherapie bei Krankheiten und Störungen an Muskel-Skelett-System und Bindegewebe, bei bösartiger Neubildung, Bestrahlungen an weniger als 5 Tagen, Alter > 17 Jahre	0,820	-	5,9	1	0,402	16	0,139	0,118	-	x	0,8255
I59Z	O	Andere Eingriffe an den Extremitäten oder am Gesichtsschädel	0,709	-	2,6	1	0,155	5	0,076	0,073	-	-	0,9882
I64A	M	Osteomyelitis, Alter < 16 Jahre	1,215	-	7,1	1	0,870	18	0,116	0,164	-	-	1,1169
I64B	M	Osteomyelitis, Alter > 15 Jahre, mit äußerst schweren oder schweren CC oder Tuberkulose der Knochen und Gelenke	1,436	-	13,6	4	0,267	28	0,074	0,094	-	-	0,9377
I64C	M	Osteomyelitis, Alter > 15 Jahre, ohne äußerst schwere oder schwere CC	0,611	-	8,1	2	0,195	17	0,057	0,071	-	-	0,6892
I65A	M	Bösartige Neubildung des Bindegewebes einschließlich pathologischer Fraktur, Alter < 17 Jahre oder mit äußerst schweren CC oder Alter < 16 Jahre mit äußerst schweren oder schweren CC	1,344	-	8,9	2	0,440	20	0,151	0,133	-	x	1,8074
I65B	M	Bösartige Neubildung des Bindegewebes einschließlich pathologischer Fraktur, Alter < 17 Jahre oder mit äußerst schweren CC, Alter > 15 Jahre oder ohne äußerst schwere oder schwere CC	0,841	-	5,0	1	0,452	12	0,158	0,135	-	x	1,5506

Fallpauschalen-Katalog und Pflegeerlöskatalog
Teil a) Bewertungsrelationen bei Versorgung durch Hauptabteilungen

DRG	Partition	Bezeichnung [6]	Bewertungsrelation bei Hauptabteilung	Bewertungsrelation bei Hauptabteilung und Beleghebamme	Mittlere Verweildauer [1]	Untere Grenzverweildauer: Erster Tag mit Abschlag [2], [5]	Untere Grenzverweildauer: Bewertungsrelation/Tag	Obere Grenzverweildauer: Erster Tag zus. Entgelt [3], [5]	Obere Grenzverweildauer: Bewertungsrelation/Tag	Externe Verlegung Abschlag/Tag (Bewertungsrelation)	Verlegungsfallpauschale	Ausnahme von Wiederaufnahme [4]	Pflegeerlös Bewertungsrelation/Tag
1	2	3	4	5	6	7	8	9	10	11	12	13	
I65C	M	Bösartige Neubildung des Bindegewebes einschließlich pathologischer Fraktur, Alter > 16 Jahre, ohne äußerst schwere CC	0,601	-	5,0	1	0,314	12	0,080	0,096	-	x	0,8052
I66A	M	Andere Erkrankungen des Bindegewebes oder Frakturen an Becken und Schenkelhals, mit komplizierender Konstellation oder intensivmedizinischer Komplexbehandlung > 392 / 368 / 368 Aufwandspunkte	3,339	-	22,7	7	0,396	41	0,099	0,135	-	-	1,2125
I66B	M	Andere Erkrankungen des Bindegewebes, mit äußerst schweren CC oder intensivmedizinischer Komplexbehandlung > 196 / 184 / - Aufwandspunkte oder anderen komplizierenden Konstellationen	2,058	-	17,4	5	0,324	33	0,078	0,106	-	-	0,9284
I66C	M	Frakturen an Becken und Schenkelhals, mit äußerst schweren CC oder bestimmte kinder-/jugendrheumatologische Behandlung, Alter < 1 Jahr oder multisystemisches Entzündungssyndrom bei COVID-19 mit intensivmedizinischer Komplexbehandlung im Kindesalter	1,526	-	13,9	4	0,302	27	0,072	0,101	-	-	1,1178
I66D	M	Kinder-/jugendrheum. Komplexbeh. 7 bis 13 Behandlungstage, Alter > 0 Jahre od. Amyloidose, adulte Form des Morbus Still, best. Vaskulitiden od. syst. rheum. Erkrankungen, Alter < 16 Jahre od. m. multisystem. Entzündungssyndrom bei COVID-19, mehr als 1 BT	0,850	-	7,0	1	0,420	14	0,084	0,105	-	-	1,0985
I66E	M	Amyloidose, bestimmte Vaskulitiden oder adulte Form des Morbus Still, Alter > 15 Jahre	0,736	-	6,4	1	0,203	15	0,076	0,094	-	-	0,6132
I66F	M	Frakturen an Becken und Schenkelhals oder bestimmte Systemkrankheiten des Bindegewebes	0,609	-	6,6	1	0,300	15	0,066	0,074	-	-	0,7356
I66G	M	Andere Erkrankungen des Bindegewebes, mehr als ein Belegungstag, ohne bestimmte Erkrankungen, ohne äußerst schwere CC, ohne intensivmed. Komplexbeh. > 196 / 184 / - Aufwandsp. od. multisystemisches Entzündungssyndrom bei COVID-19 od. Alter < 6 J., 1 BT	0,532	-	5,9	1	0,291	13	0,062	0,075	-	-	0,5830
I66H	M	Andere Erkrankungen des Bindegewebes oder Frakturen an Becken und Schenkelhals, Alter > 5 Jahre, ein Belegungstag	0,179	-	1,0	-	-	-	-	-	-	-	1,1268
I68A	M	Nicht operativ behandelte Erkrankungen und Verletzungen im Wirbelsäulenbereich, mehr als 1 BT, mit äußerst schw. oder schw. CC od. intensivmed. Komplexbeh. > 196 / 184 / - P. od. bei Para- / Tetraplegie, bei Diszitis od. infektiöser Spondylopathie	2,426	-	24,4	7	0,292	42	0,069	0,093	-	-	1,0343
I68B	M	Nicht operativ behandelte Erkrankungen und Verletzungen im Wirbelsäulenbereich, mehr als 1 BT, mit äuß. schw. oder schw. CC od. bei Para- / Tetraplegie, mit kompl. Diagn. oder ohne äuß. schw. oder schw. CC, ohne Para- / Tetraplegie bei Diszitis	1,293	-	14,2	4	0,253	28	0,061	0,084	-	-	0,8573
I68C	M	Nicht operativ behandelte Erkrankungen und Verletzungen WS, > 1 BT od. and. Femurfraktur, bei Para- / Tetraplegie od. mit äuß. schw. CC od. schw. CC od. Alter > 65 J., oh. kompl. Diagn. od. Kreuzbeinfraktur od. best. mäßig aufw., aufw. od. hochaufw. Beh.	0,784	-	8,9	2	0,254	19	0,061	0,078	-	-	0,7853
I68D	M	Nicht operativ behandelte Erkrankungen und Verletzungen WS, > 1 Belegungstag oder andere Femurfraktur, außer bei Diszitis oder infektiöser Spondylopathie, ohne Kreuzbeinfraktur, ohne best. mäßig aufw., aufw. od. hochaufw. Beh., mit Wirbelsäulenfraktur	0,564	-	5,5	1	0,278	13	0,071	0,086	-	-	0,7464
I68E	M	Nicht operativ behandelte Erkrankungen und Verletzungen WS, > 1 Belegungstag oder andere Femurfraktur, außer bei Diszitis oder infektiöser Spondylopathie, ohne Kreuzbeinfraktur, ohne best. mäßig aufw., aufw. od. hochaufw. Beh., oh. Wirbelsäulenfraktur	0,432	-	4,7	1	0,220	11	0,066	0,071	-	-	0,6146
I68F	M	Nicht operativ behandelte Erkrankungen und Verletzungen im Wirbelsäulenbereich, ein Belegungstag oder Prellung am Oberschenkel	0,197	-	1,0	-	-	-	-	-	-	-	1,0068
I69A	M	Knochenkrankheiten und spezifische Arthropathie mit bestimmter Arthropathie oder Muskel- / Sehnenerkrankung bei Para- /Tetraplegie	0,591	-	7,2	1	0,402	16	0,058	0,073	-	-	0,5764
I69B	M	Knochenkrankheiten und spezifische Arthropathie ohne bestimmte Arthropathie, ohne Muskel- / Sehnenerkrankung bei Para- /Tetraplegie	0,486	-	5,8	1	0,314	13	0,058	0,071	-	-	0,6520
I71A	M	Muskel- und Sehnenerkrankungen außer bei Para- / Tetraplegie oder Verstauchung, Zerrung, Luxation an Hüftgelenk, Becken und Oberschenkel, mit Zerebralparese oder Kontraktur	0,630	-	7,2	1	0,293	15	0,065	0,061	-	-	0,9445
I71B	M	Muskel- und Sehnenerkrankungen außer bei Para- / Tetraplegie oder Verstauchung, Zerrung, Luxation an Hüftgelenk, Becken und Oberschenkel, ohne Zerebralparese, ohne Kontraktur	0,431	-	4,4	1	0,235	10	0,067	0,077	-	-	0,7096
I72Z	M	Entzündung von Sehnen, Muskeln und Schleimbeuteln mit äußerst schweren oder schweren CC oder Frakturen am Femurschaft	1,025	-	10,2	2	0,317	23	0,065	0,085	-	-	0,9580
I73Z	M	Nachbehandlung bei Erkrankungen des Bindegewebes	0,590	-	7,2	1	0,382	17	0,058	0,073	-	-	0,7620
I74A	M	Verletzungen an Unterarm, Handgelenk, Hand oder Fuß oder leichte bis moderate Verletzungen von Schulter, Arm, Ellenbogen, Knie, Bein und Sprunggelenk mit unspezifischen Arthropathien, mit äußerst schweren oder schweren CC	1,019	-	11,0	3	0,249	24	0,063	0,082	-	-	0,8298
I74B	M	Verletzungen an Unterarm, Handgelenk, Hand oder Fuß oder leichte bis moderate Verletzungen von Schulter, Arm, Ellenbogen, Knie, Bein und Sprunggelenk mit unspezifischen Arthropathien ohne äußerst schwere oder schwere CC	0,494	-	5,3	1	0,299	12	0,065	0,078	-	-	0,6704

Fallpauschalen-Katalog und Pflegeerlöskatalog
Teil a) Bewertungsrelationen bei Versorgung durch Hauptabteilungen

DRG	Partition	Bezeichnung [6]	Bewertungsrelation bei Hauptabteilung	Bewertungsrelation bei Hauptabteilung und Beleghebamme	Mittlere Verweildauer [1]	Untere Grenzverweildauer: Erster Tag mit Abschlag [2), 5)]	Untere Grenzverweildauer: Bewertungsrelation/Tag	Obere Grenzverweildauer: Erster Tag zus. Entgelt [3), 5)]	Obere Grenzverweildauer: Bewertungsrelation/Tag	Externe Verlegung Abschlag/Tag (Bewertungsrelation)	Verlegungsfallpauschale	Ausnahme von Wiederaufnahme [4)]	Pflegeerlös Bewertungsrelation/Tag
1	2	3	4	5	6	7	8	9	10	11	12	13	
I74C	M	Verletzungen an Unterarm, Handgelenk, Hand oder Fuß oder leichte bis moderate Verletzungen von Schulter, Arm, Ellenbogen, Knie, Bein und Sprunggelenk ohne äußerst schwere oder schwere CC, Alter < 10 Jahre	0,444	-	2,1	1	0,113	4	0,085	0,085	-	-	1,3276
I74D	M	Verletzungen an Unterarm, Handgelenk, Hand oder Fuß oder leichte bis moderate Verletzungen von Schulter, Arm, Ellenbogen, Knie, Bein und Sprunggelenk ohne äußerst schwere oder schwere CC, Alter > 9 Jahre	0,376	-	3,5	1	0,157	8	0,072	0,076	-	-	0,8045
I75A	M	Schwere Verletzungen von Schulter, Arm, Ellenbogen, Knie, Bein und Sprunggelenk mit CC	1,126	-	11,8	3	0,261	25	0,065	0,086	-	-	1,0356
I75B	M	Schwere Verletzungen von Schulter, Arm, Ellenbogen, Knie, Bein und Sprunggelenk ohne CC oder Entzündungen von Sehnen, Muskeln und Schleimbeuteln ohne äußerst schwere oder schwere CC	0,466	-	5,0	1	0,269	12	0,064	0,077	-	-	0,7476
I76A	M	Andere Erkrankungen des Bindegewebes mit komplizierender Diagnose oder äußerst schweren CC oder Alter < 16 Jahre mit septischer Arthritis	1,196	-	8,5	2	0,361	22	0,075	0,116	-	-	1,0824
I76B	M	Andere Erkrankungen des Bindegewebes ohne komplizierende Diagnose, ohne äußerst schwere CC, ohne septische Arthritis oder Alter > 15 Jahre	0,491	-	5,5	1	0,245	13	0,063	0,077	-	-	0,8213
I77Z	M	Mäßig schwere Verletzungen von Schulter, Arm, Ellenbogen, Knie, Bein und Sprunggelenk	0,423	-	4,4	1	0,226	11	0,066	0,077	-	-	0,7825
I79Z	M	Fibromyalgie	0,656	-	9,3	2	0,216	17	0,049	0,064	-	-	0,4351
I87A	M	Komplexbehandlung bei isolationspflichtigen Erregern bei Krankheiten und Störungen an Muskel-Skelett-System und Bindegewebe, COVID-19, Virus nachgewiesen	1,877	-	25,6	-	-	40	0,051	0,070	-	-	0,8792
I87B	M	Komplexbehandlung bei isolationspflichtigen Erregern bei Krankheiten und Störungen an Muskel-Skelett-System und Bindegewebe	1,345	-	16,1	-	-	31	0,063	0,078	-	-	0,8958
I95A	O	Implantation einer Tumorendoprothese mit Implantation oder Wechsel einer bestimmten Endoprothese oder Knochentotalersatz am Femur oder resezierende Eingriffe am Becken bei bösartiger Neubildung oder Alter < 18 Jahre	4,627	-	16,5	5	0,306	31	0,174	0,105	-	-	0,9291
I95B	O	Implantation einer Tumorendoprothese ohne Implantation oder Wechsel einer bestimmten Endoprothese, ohne Knochentotalersatz am Femur, ohne resezierende Eingriffe am Becken bei bösartiger Neubildung, Alter > 17 Jahre	3,671	-	13,7	4	0,320	28	0,182	0,109	-	-	0,8551
I97Z	A	Rheumatologische Komplexbehandlung bei Krankheiten und Störungen an Muskel-Skelett-System und Bindegewebe	1,057	-	15,2	4	0,210	18	0,069	0,065	-	-	0,4104
I98Z	O	Komplexe Vakuumbehandlung bei Krankheiten und Störungen an Muskel-Skelett-System und Bindegewebe	6,536	-	40,2	12	0,257	58	0,081	0,081	-	-	0,8185
MDC 09 Krankheiten und Störungen an Haut, Unterhaut und Mamma													
J01Z	O	Gewebetransplantation mit mikrovaskulärer Anastomosierung bei bösartiger Neubildung an Haut, Unterhaut und Mamma	3,329	-	8,2	2	0,284	13	0,068	0,099	-	-	0,9182
J02A	O	Hauttransplantation oder bestimmte Lappenplastik an der unteren Extremität bei Ulkus oder Infektion oder ausgedehnte Lymphadenektomie oder Gewebetransplantation mit mikrovaskulärer Anastomose, mit äußerst schweren CC, mit komplexem Eingriff	4,686	-	28,3	8	0,295	46	0,062	0,092	-	-	1,0686
J02B	O	Hauttransplantation oder bestimmte Lappenplastik an der unteren Extr. bei Ulkus od. Infektion od. ausgedehnte Lymphadenekt. oder Gewebetransplant. mit mikrovask. Anastomose, mit äuß. schw. CC, oh. kompl. Eingr. od. oh. äuß. schw. CC, m. kompl. Eingr.	3,310	-	22,5	7	0,232	41	0,058	0,079	-	-	0,9422
J02C	O	Hauttransplantation oder bestimmte Lappenplastik an der unteren Extremität bei Ulkus oder Infektion oder ausgedehnte Lymphadenektomie, ohne äußerst schwere CC, ohne komplexen Eingriff	1,735	-	15,5	4	0,223	30	0,051	0,068	-	-	0,8320
J03Z	O	Eingriffe an der Haut der unteren Extremität bei Ulkus oder Infektion / Entzündung	0,923	-	8,9	2	0,227	19	0,054	0,069	-	-	0,7715
J04Z	O	Eingriffe an der Haut der unteren Extremität außer bei Ulkus oder Infektion / Entzündung	0,598	-	3,5	1	0,207	8	0,071	0,077	-	-	0,6706
J06Z	O	Mastektomie mit Prothesenimplantation und plastischer Operation bei bösartiger Neubildung oder komplexe Prothesenimplantation	1,695	-	6,0	1	0,353	12	0,084	0,096	-	-	0,7424
J07A	O	Best. Eingr. an der Mamma mit Lymphknotenex. oder PCCL >2 oder Impl. Hautexpander oder best. Eingr. an Ovar/Plexus brachialis oder Lymphknotenex. mit Hautransplantation oder Debridement, mit beidseitigem Eingr. oder best. Eingr. Ovar/Plexus brachialis	1,407	-	4,1	1	0,343	8	0,110	0,154	-	-	0,7296
J07B	O	Best. Eingr. an der Mamma mit Lymphknotenex. oder PCCL >2 oder Impl. Hautexpander oder best. Eingr. an Ovar/Plexus brachialis oder Lymphknotenex. mit Hautransplantation oder Debridement, ohne beidseitigen Eingr., ohne best. Eingr. Ovar/Plexus brachialis	1,085	-	3,6	1	0,282	7	0,105	0,120	-	-	0,8082
J08A	O	Bestimmte Hauttransplantation oder Debridement mit Eingriff an Kopf und Hals oder mit bestimmtem Eingriff an Haut und Unterhaut oder Eingriffe an der Haut der unteren Extremität bei Ulkus oder Infektion / Entzündung, mit äußerst schweren CC	3,045	-	22,9	7	0,254	41	0,061	0,089	-	-	1,0119

Fallpauschalen-Katalog und Pflegeerlöskatalog
Teil a) Bewertungsrelationen bei Versorgung durch Hauptabteilungen

DRG	Partition	Bezeichnung [6]	Bewertungsrelation bei Hauptabteilung	Bewertungsrelation bei Hauptabteilung und Beleghebamme	Mittlere Verweildauer [1]	Untere Grenzverweildauer: Erster Tag mit Abschlag [2], [5]	Untere Grenzverweildauer: Bewertungsrelation/Tag	Obere Grenzverweildauer: Erster Tag zus. Entgelt [3], [5]	Obere Grenzverweildauer: Bewertungsrelation/Tag	Externe Verlegung Abschlag/Tag (Bewertungsrelation)	Verlegungsfallpauschale	Ausnahme von Wiederaufnahme [4]	Pflegeerlös Bewertungsrelation/Tag
1	2	3	4	5	6	7	8	9	10	11	12	13	
J08B	O	Bestimmte Hauttransplantation oder Debridement ohne Eingriff an Kopf und Hals, ohne bestimmten Eingriff an Haut und Unterhaut oder ohne äußerst schwere CC	1,120	-	7,6	2	0,226	17	0,059	0,074	-	-	0,6811
J09A	O	Eingriffe bei Sinus pilonidalis und perianal, Alter < 16 Jahre	0,619	-	2,7	1	0,219	6	0,080	0,084	-	-	1,1534
J09B	O	Eingriffe bei Sinus pilonidalis und perianal, Alter > 15 Jahre	0,511	-	2,8	1	0,050	6	0,065	0,069	-	-	0,7785
J10A	O	Plastische Operationen an Haut, Unterhaut und Mamma mit äußerst schweren oder schweren CC oder mit komplexem Eingriff	0,979	-	5,9	1	0,259	13	0,061	0,072	-	-	0,6979
J10B	O	Plastische Operationen an Haut, Unterhaut und Mamma ohne äußerst schwere oder schwere CC, ohne komplexen Eingriff	0,625	-	3,8	1	0,115	8	0,061	0,064	-	-	0,6896
J11A	O	Andere Eingriffe an Haut, Unterhaut und Mamma mit komplexem Eingriff bei komplizierender Diagnose oder bei Para- / Tetraplegie oder selektive Embolisation bei Hämangiom	1,256	-	10,2	2	0,311	23	0,064	0,083	-	-	0,8368
J11B	O	Andere Eingriffe an Haut, Unterhaut und Mamma mit komplizierender Diagnose oder mit mäßig komplexer Prozedur oder Diagnose oder Alter < 18 Jahre mit äußerst schweren oder schweren CC oder mit bestimmtem Eingriff bei bösartiger Neubildung oder Pemphigoid	0,820	-	5,0	1	0,310	13	0,066	0,081	-	-	0,7999
J11C	O	And. Eingr. an Haut, Unterhaut u. Mamma oh. kompliz. Diag., oh. mäßig kompl. Proz. od. Diagn., Alter > 17 J. od. oh. äuß. schw. oder schw. CC, m. best. Eingr. od. m. Hidradenitis suppurativa od. bei BNB/Pemphigoid od. mit kl. Eingr. an d. Haut u. Weicht.	0,551	-	3,4	1	0,171	7	0,063	0,071	-	-	0,7189
J11D	O	And. Eingr. an Haut, Unterhaut u. Mamma oh. kompliz. Diag., oh. mäßig kompl. Proz. od. Diag., Alter > 17 J. od. oh. äuß. schw. od. schw. CC, oh. best. Eingr., oh. Hidradenitis suppurativa, auß. b. BNB od. Pemphigoid, oh. kl. Eingr. an d. Haut od. Weicht.	0,467	-	3,0	1	0,142	7	0,063	0,069	-	-	0,7729
J12Z	O	Komplexe beidseitige plastische Rekonstruktion der Mamma	4,405	-	9,1	2	0,317	15	0,068	0,099	-	-	0,8989
J14Z	O	Plastische Rekonstruktion der Mamma bei BNB mit aufwend. Rekonstr. oder beidseit. Mastektomie bei BNB oder Strahlenther. mit operat. Proz. bei Krankh. und Störungen an Haut, Unterhaut und Mamma, mit beidseit. Prothesenimpl. oder Impl. eines Hautexpanders	2,146	-	6,3	1	0,393	12	0,083	0,127	-	-	0,7833
J16A	O	Beidseitige Mastektomie bei bösartiger Neubildung	1,605	-	6,3	1	0,412	12	0,089	0,124	-	-	0,7946
J16B	O	Strahlentherapie mit operativer Prozedur bei Krankheiten und Störungen an Haut, Unterhaut und Mamma	1,454	-	4,6	1	0,739	11	0,168	0,137	-	-	0,8302
J17Z	O	Strahlentherapie bei Krankheiten und Störungen an Haut, Unterhaut und Mamma, Bestrahlungen an mindestens 9 Tagen	3,375	-	24,5	7	0,409	43	0,133	0,128	-	x	0,8357
J18A	O	Strahlentherapie bei Krankheiten und Störungen an Haut, Unterhaut und Mamma, mehr als ein Belegungstag, Bestrahlungen an mindestens 5 Tagen	1,919	-	14,4	4	0,370	29	0,132	0,122	-	x	0,8916
J18B	O	Strahlentherapie bei Krankheiten und Störungen an Haut, Unterhaut und Mamma, mehr als ein Belegungstag, Bestrahlungen an weniger als 5 Tagen	1,225	-	9,3	2	0,389	21	0,125	0,114	-	x	0,8971
J21Z	O	Andere Hauttransplantation oder Debridement mit Lymphknotenexzision oder schweren CC	1,518	-	10,6	3	0,226	24	0,061	0,088	-	-	0,7413
J22Z	O	Andere Hauttransplantation oder Debridement ohne komplexen Eingriff, ohne komplexe Diagnose, ohne äußerst schwere oder schwere CC oder mit Weichteildeckung oder Mehrfachtumoren der Haut oder Erysipel	0,805	-	5,6	1	0,348	13	0,055	0,073	-	-	0,6586
J23Z	O	Große Eingriffe an der Mamma bei bösartiger Neubildung ohne komplexen Eingriff, ohne bestimmten Eingriff an den weiblichen Geschlechtsorganen bei bösartiger Neubildung	1,240	-	5,0	1	0,491	10	0,082	0,118	-	-	0,7811
J24A	O	Eingriffe an der Mamma außer bei bösartiger Neubildung mit ausgedehntem Eingriff, mit Prothesenimplantation oder bestimmter Mammareduktionsplastik oder beidseitiger Mastopexie	1,254	-	3,6	1	0,343	8	0,069	0,089	-	-	0,8623
J24B	O	Eingriffe an der Mamma außer bei bösartiger Neubildung mit ausgedehntem Eingriff, mit Prothesenimplantation, ohne bestimmte Mammareduktionsplastik, ohne beidseitige Mastopexie	1,163	-	3,7	1	0,371	7	0,077	0,085	-	-	0,7292
J24C	O	Eingriffe an der Mamma außer bei bösartiger Neubildung ohne ausgedehnten Eingriff, mit komplexem Eingriff	0,920	-	3,5	1	0,274	8	0,070	0,079	-	-	0,8237
J24D	O	Eingriffe an der Mamma außer bei bösartiger Neubildung ohne ausgedehnten Eingriff, ohne komplexen Eingriff	0,642	-	2,4	1	0,152	5	0,085	0,170	-	-	0,9749
J25Z	O	Kleine Eingriffe an der Mamma bei bösartiger Neubildung ohne äußerst schwere oder schwere CC	0,752	-	2,8	1	0,204	6	0,093	0,102	-	-	0,8296
J26Z	O	Plastische Rekonstruktion der Mamma mit komplexer Hauttransplantation oder große Eingriffe an der Mamma bei bösartiger Neubildung mit komplexem Eingriff oder bestimmtem Eingriff an den weiblichen Geschlechtsorganen bei bösartiger Neubildung	3,391	-	9,0	2	0,334	16	0,070	0,100	-	-	0,9302
J35Z	O	Komplexe Vakuumbehandlung bei Krankheiten und Störungen an Haut, Unterhaut und Mamma	5,363	-	37,5	12	0,225	56	0,078	0,076	-	-	0,8112
J44Z	A	Geriatrische frührehabilitative Komplexbehandlung bei Krankheiten und Störungen an Haut, Unterhaut und Mamma	1,446	-	20,7	-	-	31	0,048	0,066	-	-	0,7462

Fallpauschalen-Katalog und Pflegeerlöskatalog
Teil a) Bewertungsrelationen bei Versorgung durch Hauptabteilungen

DRG	Partition	Bezeichnung [6]	Bewertungsrelation bei Hauptabteilung	Bewertungsrelation bei Hauptabteilung und Beleghebamme	Mittlere Verweildauer [1]	Untere Grenzverweildauer: Erster Tag mit Abschlag [2], [5]	Untere Grenzverweildauer: Bewertungsrelation/Tag	Obere Grenzverweildauer: Erster Tag zus. Entgelt [3], [5]	Obere Grenzverweildauer: Bewertungsrelation/Tag	Externe Verlegung Abschlag/Tag (Bewertungsrelation)	Verlegungsfallpauschale	Ausnahme von Wiederaufnahme [4]	Pflegeerlös Bewertungsrelation/Tag
1	2	3	4	5	6	7	8	9	10	11	12	13	
J61A	M	Schwere Erkrankungen der Haut, mehr als ein BT, Alter > 17 Jahre oder mit kompl. Diagn., mit äuß. schw. CC od. Hautulkus bei Para-/Tetraplegie od. hochkompl. Diagn. od. Epid. bullosa, Alter < 10 Jahre oder mit schwerer Erkr. der Haut, mit aufw. Behandl.	1,165	-	12,7	3	0,286	26	0,090	0,084	-	-	1,1354
J61B	M	Schwere Erkrankungen der Haut, mehr als ein Belegungstag, Alter > 17 Jahre, ohne äußerst schwere CC, ohne hochkomplexe Diagnose, mit schwerer Erkrankung der Haut, ohne aufwendige Behandlung	0,758	-	9,0	2	0,250	18	0,058	0,075	-	-	0,6056
J61C	M	Schwere Erkrankungen der Haut, mehr als ein Belegungstag, Alter < 18 Jahre, ohne hochkomplexe Diagnose oder mäßig schwere Hauterkrankungen, mehr als ein Belegungstag	0,484	-	6,0	-	-	13	0,058	0,071	-	-	0,6873
J62A	M	Bösartige Neubildungen der Mamma, mehr als ein Belegungstag, mit äußerst schweren CC	1,509	-	14,5	4	0,287	29	0,070	0,094	-	x	1,0186
J62B	M	Bösartige Neubildungen der Mamma, ein Belegungstag oder ohne äußerst schwere CC	0,627	-	6,5	1	0,406	16	0,069	0,077	-	x	0,9440
J64A	M	Infektion / Entzündung der Haut und Unterhaut oder Hautulkus mit äußerst schweren CC	1,630	-	15,3	4	0,308	29	0,070	0,097	-	-	1,0960
J64B	M	Bestimmte Infektion / Entzündung der Haut und Unterhaut oder Hautulkus ohne äußerst schwere CC oder Alter < 6 Jahre mit komplexer Diagnose	0,512	-	6,8	1	0,330	14	0,053	0,064	-	-	0,7105
J64C	M	Andere Infektion / Entzündung der Haut und Unterhaut oder Alter > 5 Jahre oder ohne komplexe Diagnose	0,414	-	4,6	1	0,152	10	0,057	0,069	-	-	0,7694
J65A	M	Verletzung der Haut, Unterhaut und Mamma, mehr als 1 Belegungstag	0,350	-	3,5	-	-	9	0,071	0,069	-	-	0,8375
J65B	M	Verletzung der Haut, Unterhaut und Mamma, ein Belegungstag	0,198	-	1,0	-	-	-	-	-	-	-	1,2371
J67A	M	Bestimmte Erkrankungen der Mamma außer bösartige Neubildung oder moderate Hauterkrankungen	0,452	-	4,9	1	0,206	11	0,059	0,070	-	-	0,7335
J67B	M	Andere Erkrankungen der Mamma außer bösartige Neubildung oder leichte Hauterkrankungen	0,327	-	3,7	1	0,041	9	0,062	0,068	-	-	0,8130
J68A	M	Erkrankungen der Haut, ein Belegungstag, mit komplexer Diagnose oder Alter < 16 Jahre mit anderer komplexer Diagnose	0,221	-	1,0	-	-	-	-	-	-	x	1,2422
J68B	M	Erkrankungen der Haut, ein Belegungstag, ohne komplexe Diagnose, Alter > 15 Jahre	0,165	-	1,0	-	-	-	-	-	-	-	1,0680
J77Z	M	Komplexbehandlung bei isolationspflichtigen Erregern bei Krankheiten und Störungen an Haut, Unterhaut und Mamma	1,417	-	17,5	-	-	33	0,057	0,072	-	-	1,0110
MDC 10 Endokrine, Ernährungs- und Stoffwechselkrankheiten													
K03A	O	Eingriffe an der Nebenniere bei bösartiger Neubildung oder Eingriff an der Hypophyse, Alter < 18 Jahre oder bestimmte zweizeitige Eingriffe an der Hypophyse	3,716	-	12,6	3	0,398	25	0,128	0,113	-	-	1,1351
K03B	O	Eingriffe an der Nebenniere bei bösartiger Neubildung oder Eingriff an der Hypophyse, Alter > 17 Jahre, ohne bestimmte zweizeitige Eingriffe an der Hypophyse	2,036	-	8,6	2	0,363	16	0,167	0,116	-	-	0,9543
K04Z	O	Große Eingriffe bei Adipositas	1,503	-	3,7	1	0,225	7	0,078	0,085	-	-	0,8911
K06A	O	Eingriffe an Schilddrüse, Nebenschilddrüse und Ductus thyreoglossus mit IntK > 392 / 368 / - Punkte oder bei BNB, mit äußerst schweren CC oder Parathyreoidektomie oder äußerst schwere oder schwere CC, mit Thyreoidektomie durch Sternotomie	3,582	-	13,2	3	0,489	28	0,093	0,137	-	-	1,3301
K06B	O	Eingriffe an Schilddrüse, Nebenschilddrüse und Ductus thyreoglossus ohne IntK > 392 / 368 / - Punkte, bei BNB oder mit äuß. schw. oder schw. CC oder Eingr. an der Schilddrüse außer kl. Eingr., mit Thyreoidektomie durch Sternotomie oder Alter < 16 Jahre	1,251	-	3,5	1	0,196	8	0,079	0,088	-	-	0,8976
K06C	O	Eingriffe an Schilddrüse, Nebenschilddrüse u. Ductus thyreogl. ohne IntK > 392 / 368 / - P., auß. bei BNB, oh. äuß. schw. od. schw. CC, mit Eingr. an d. Schilddrüse auß. kl. Eingr., ohne Thyreoidektomie durch Sternotomie, Alter > 15 J. od. Alter < 18 J.	1,046	-	2,8	1	0,132	6	0,073	0,079	-	-	0,8190
K06D	O	Andere Eingriffe an Schilddrüse, Nebenschilddrüse und Ductus thyreoglossus ohne IntK > 392 / 368 / - Punkte, außer bei bösartiger Neubildung, ohne äußerst schwere oder schwere CC oder bestimmte Reduktionseingriffe an Haut und Unterhaut	0,877	-	2,5	1	0,103	5	0,079	0,081	-	-	0,8080
K06E	O	Kleine Eingriffe an Schilddrüse, Nebenschilddrüse und Ductus thyreoglossus ohne IntK > 392 / 368 / - Punkte, außer bei bösartiger Neubildung, ohne äußerst schwere oder schwere CC, ohne bestimmte Reduktionseingriffe an Haut und Unterhaut	0,796	-	2,6	1	0,187	5	0,080	0,082	-	-	0,7902
K07A	O	Andere Eingriffe bei Adipositas mit bestimmten größeren Eingriffen am Magen oder Darm	1,413	-	4,2	1	0,203	8	0,065	0,091	-	-	0,8525
K07B	O	Andere Eingriffe bei Adipositas ohne bestimmte größere Eingriffe am Magen oder Darm	1,101	-	3,1	1	0,145	6	0,069	0,096	-	-	0,9287
K09A	O	Andere Prozeduren bei endokrinen, Ernährungs- und Stoffwechselkrankheiten mit hochkomplexem Eingriff oder mit bestimmtem Eingriff, mit äußerst schweren CC oder Alter < 7 Jahre	3,678	-	22,5	7	0,327	41	0,082	0,108	-	-	1,1809
K09B	O	Andere Prozeduren bei endokrinen, Ernährungs- und Stoffwechselkrankheiten mit bestimmtem Eingriff, mit äußerst schweren CC oder Alter < 7 Jahre oder mit mäßig komplexem Eingriff, Alter < 16 Jahre	2,210	-	18,5	5	0,265	33	0,071	0,083	-	-	1,0391

Fallpauschalen-Katalog und Pflegeerlöskatalog
Teil a) Bewertungsrelationen bei Versorgung durch Hauptabteilungen

DRG	Partition	Bezeichnung [6]	Bewertungsrelation bei Hauptabteilung	Bewertungsrelation bei Hauptabteilung und Beleghebamme	Mittlere Verweildauer [1]	Untere Grenzverweildauer: Erster Tag mit Abschlag [2), 5)]	Untere Grenzverweildauer: Bewertungsrelation/Tag	Obere Grenzverweildauer: Erster Tag zus. Entgelt [3), 5)]	Obere Grenzverweildauer: Bewertungsrelation/Tag	Externe Verlegung Abschlag/Tag (Bewertungsrelation)	Verlegungsfallpauschale	Ausnahme von Wiederaufnahme [4]	Pflegeerlös Bewertungsrelation/Tag
1	2	3	4	5	6	7	8	9	10	11	12	13	
K09C	O	Andere Prozeduren bei endokrinen, Ernährungs- und Stoffwechselkrankheiten mit mäßig komplexem Eingriff, Alter > 15 Jahre	1,556	-	9,4	2	0,297	23	0,067	0,086	-	-	0,8843
K09D	O	Andere Prozeduren bei endokrinen, Ernährungs- und Stoffwechselkrankheiten ohne mäßig komplexen Eingriff	0,882	-	4,4	1	0,290	13	0,064	0,074	-	-	0,8116
K14Z	O	Andere Eingriffe an der Nebenniere oder ausgedehnte Lymphadenektomie	1,591	-	4,7	1	0,274	11	0,081	0,102	-	-	0,8907
K15A	O	Strahlentherapie bei endokrinen, Ernährungs- und Stoffwechselkrankheiten, mehr als ein Belegungstag, mit hochkomplexer Radiojodtherapie	0,936	-	3,3	-	-	6	0,198	0,216	-	x	0,9742
K15B	O	Strahlentherapie bei endokrinen, Ernährungs- und Stoffwechselkrankheiten, mehr als ein Belegungstag, ohne hochkomplexe Radiojodtherapie	1,542	-	12,9	3	0,365	28	0,141	0,106	-	x	0,8538
K15C	O	Strahlentherapie bei endokrinen, Ernährungs- und Stoffwechselkrankheiten, mehr als ein Belegungstag, mit mäßig komplexer Radiojodtherapie bei bösartiger Neubildung oder mit bestimmter nuklearmedizinischer Therapie	0,739	-	3,2	-	-	6	0,221	0,174	-	x	0,9862
K15D	O	Strahlentherapie bei endokrinen, Ernährungs- und Stoffwechselkrankheiten, mehr als ein Belegungstag, mit mäßig komplexer Radiojodtherapie, außer bei bösartiger Neubildung, ohne bestimmte nuklearmedizinische Therapie	0,757	-	6,3	-	-	13	0,121	0,104	-	x	0,7836
K15E	O	Strahlentherapie bei endokrinen, Ernährungs- und Stoffwechselkrankheiten, mehr als ein Belegungstag, mit anderer Radiojodtherapie	0,453	-	3,1	-	-	7	0,143	0,107	-	x	0,9031
K25Z	O	Komplexbehandlung bei multiresistenten Erregern mit bestimmter OR-Prozedur bei endokrinen, Ernährungs- und Stoffwechselkrankheiten	2,744	-	29,1	-	-	47	0,054	0,067	-	-	0,9123
K33Z	O	Mehrzeitige komplexe OR-Prozeduren bei endokrinen, Ernährungs- und Stoffwechselkrankheiten	7,229	-	31,9	10	0,397	50	0,172	0,130	-	-	1,3386
K38Z	O	Hämophagozytäre Erkrankungen	2,576	-	16,0	4	0,494	33	0,163	0,144	-	-	1,3149
K44Z	A	Geriatrische frührehabilitative Komplexbehandlung bei endokrinen, Ernährungs- und Stoffwechselkrankheiten	1,486	-	20,5	-	-	31	0,051	0,068	-	-	0,7894
K60A	M	Diabetes mellitus und schwere Ernährungsstörungen, Alter < 6 Jahre, mit multimodaler Komplexbehandlung bei Diabetes mellitus oder intensivmedizinischer Komplexbehandlung > 196 / 184 / - Aufwandspunkte	1,805	-	12,4	3	0,441	23	0,099	0,134	-	-	1,7085
K60B	M	Diabetes mellitus und schwere Ernährungsstörungen, Alter > 5 Jahre und Alter < 18 Jahre und multimodale Komplexbehandlung bei Diabetes mellitus, ohne intensivmedizinische Komplexbehandlung > 196 / 184 / - Aufwandspunkte	1,171	-	9,6	2	0,384	16	0,118	0,108	-	-	1,2663
K60C	M	Diabetes mellitus und schwere Ernährungsstörungen, Alter > 17 Jahre oder ohne multimodale Komplexbehandlung bei Diabetes mellitus oder schwerste Ernährungsstörungen oder äußerst schwere CC, mehr als ein Belegungstag	1,559	-	14,5	4	0,288	29	0,073	0,094	-	-	1,0656
K60D	M	Diabetes mellitus ohne äußerst schwere CC, Alter < 11 Jahre oder Alter < 16 Jahre mit schweren CC oder multiplen Komplikationen oder Ketoazidose oder Koma, ohne multimodale Komplexbehandlung bei Diabetes mellitus	0,511	-	4,8	1	0,306	12	0,079	0,086	-	-	1,3682
K60E	M	Diabetes mellitus mit schweren CC oder mit komplexer Diagnose, Alter > 15 Jahre, mehr als ein Belegungstag	0,782	-	8,5	2	0,254	16	0,060	0,080	-	-	0,6417
K60F	M	Diabetes mellitus, Alter > 10 Jahre, ein Belegungstag oder ohne äußerst schwere oder schwere CC oder ohne komplexe Diagnose	0,574	-	6,4	1	0,401	13	0,060	0,088	-	-	0,6334
K62A	M	Verschiedene Stoffwechselerkrankungen bei Para- / Tetrapleg. oder mit kompliz. Diagnose oder endoskopischer Einlage eines Magenballons oder Alter < 16 Jahre, mit äußerst schweren CC oder best. aufwendiger / hochaufw. Behandlung, mehr als ein Belegungstag	1,399	-	14,7	4	0,266	28	0,067	0,081	-	-	1,1364
K62B	M	Verschiedene Stoffwechselerkrankungen bei Para- / Tetrapleg. oder mit kompliz. Diagnose oder endoskop. Einlage eines Magenballons oder Alter < 16 Jahre, ein Belegungstag od. ohne äußerst schwere CC od. ohne best. aufwendige / hochaufwendige Behandlung	0,577	-	5,6	1	0,346	14	0,070	0,084	-	-	1,0657
K62C	M	Verschiedene Stoffwechselerkrankungen außer bei Para- / Tetraplegie, ohne kompliz. Diagnose, ohne endoskopische Einlage eines Magenballons, ohne äußerst schwere CC oder ein Belegungstag, ohne best. aufwendige / hochaufwendige Behandlung, Alter > 15 Jahre	0,516	-	5,5	1	0,319	13	0,063	0,065	-	-	0,8810
K63A	M	Angeborene Stoffwechselstörungen, mehr als ein Belegungstag, Alter < 6 Jahre oder mit komplexer Diagnose oder intensivmedizinischer Komplexbehandlung > 196 / 184 / - Aufwandspunkte	0,718	-	4,6	-	-	13	0,147	0,114	-	-	1,5759
K63B	M	Angeborene Stoffwechselstörungen, mehr als ein Belegungstag, Alter > 5 Jahre, ohne komplexe Diagnose, ohne intensivmedizinische Komplexbehandlung > 196 / 184 / - Aufwandspunkte	0,578	-	5,1	-	-	13	0,074	0,086	-	-	0,8098
K63C	M	Angeborene Stoffwechselstörungen, ein Belegungstag	0,206	-	1,0	-	-	-	-	-	-	-	1,2047

Fallpauschalen-Katalog und Pflegeerlöskatalog
Teil a) Bewertungsrelationen bei Versorgung durch Hauptabteilungen

DRG	Partition	Bezeichnung [6]	Bewertungsrelation bei Hauptabteilung	Bewertungsrelation bei Hauptabteilung und Beleghebamme	Mittlere Verweildauer [1]	Untere Grenzverweildauer		Obere Grenzverweildauer		Externe Verlegung Abschlag/Tag (Bewertungsrelation)	Verlegungsfallpauschale	Ausnahme von Wiederaufnahme [4]	Pflegeerlös Bewertungsrelation/Tag
						Erster Tag mit Abschlag [2), 5)]	Bewertungsrelation/Tag	Erster Tag zus. Entgelt [3), 5)]	Bewertungsrelation/Tag				
1	2	3	4	5	6	7	8	9	10	11	12	13	
K64A	M	Endokrinopathien mit komplexer Diagnose und äußerst schweren CC oder intensivmedizinischer Komplexbehandlung > 196 / 184 / - Aufwandspunkte	2,559	-	15,8	4	0,501	31	0,157	0,147	-	x	1,4257
K64B	M	Endokrinopathien mit komplexer Diagnose oder äußerst schweren CC, Alter < 6 Jahre, ohne intensivmedizinische Komplexbehandlung > 196 / 184 / - Aufwandspunkte	1,380	-	7,1	1	0,655	15	0,183	0,161	-	x	1,9265
K64C	M	Endokrinopathien mit komplexer Diagnose oder äußerst schweren CC, Alter > 5 Jahre oder mit bestimmter komplexer Diagnose oder mit invasiver endokrinologischer Diagnostik oder Alter < 18 Jahre bei bösartiger Neubildung oder Alter < 1 Jahr	0,749	-	6,8	1	0,494	16	0,075	0,094	-	x	0,9667
K64D	M	Endokrinopathien ohne komplexe Diagnose, ohne bestimmte Diagnose, ohne äußerst schwere CC, ohne invasive endokrinologische Diagnostik, Alter > 17 Jahre oder außer bei bösartiger Neubildung, Alter > 0 Jahre	0,476	-	4,8	1	0,260	11	0,068	0,079	-	x	0,7222
K77Z	M	Komplexbehandlung bei isolationspflichtigen Erregern bei endokrinen, Ernährungs- und Stoffwechselkrankheiten	1,905	-	23,0	-	-	37	0,064	0,077	-	-	1,0621
MDC 11 Krankheiten und Störungen der Harnorgane													
L02A	O	Operatives Einbringen eines Peritonealkatheters, Alter < 10 Jahre oder Blasenrekonstruktion und kontinenter Pouch bei Neubildung mit Multiviszeraleingriff oder Verschluss einer Blasenekstrophie	4,418	-	17,8	5	0,416	28	0,085	0,133	-	-	1,6500
L02B	O	Operatives Einbringen eines Peritonealkatheters, Alter > 9 Jahre mit akuter Niereninsuffizienz oder mit chronischer Niereninsuffizienz mit Dialyse	1,456	-	13,0	3	0,235	26	0,051	0,068	-	-	0,6784
L02C	O	Operatives Einbringen eines Peritonealkatheters, Alter > 9 Jahre mit akuter Niereninsuffizienz oder mit chronischer Niereninsuffizienz mit Dialyse oder transurethrale Injektion bei Ostiuminsuffizienz	0,759	-	3,9	1	0,178	9	0,063	0,071	-	-	0,8656
L03Z	O	Bestimmte Nieren-, Ureter- und große Harnblaseneingriffe bei Neubildung, Alter < 19 Jahre oder mit äußerst schweren CC oder bestimmter Kombinationseingriff, ohne großen Eingriff am Darm	3,877	-	16,9	5	0,310	31	0,165	0,104	-	-	1,0535
L04A	O	Bestimmte komplexe Nieren-, Ureter- und große Harnblaseneingriffe außer bei Neubildung, ohne äußerst schwere CC, ohne Kombinationseingriff oder bestimmte Harnblaseneingriffe oder Alter < 16 Jahre	1,920	-	7,5	2	0,231	15	0,064	0,076	-	-	0,8646
L04B	O	Andere Nieren-, Ureter- und große Harnblaseneingriffe außer bei Neubildung, ohne äußerst schwere CC, ohne Kombinationseingriff, ohne bestimmte Harnblaseneingriffe oder Exzision und Resektion von retroperitonealem Gewebe, Alter > 15 Jahre	1,469	-	6,4	1	0,260	13	0,056	0,072	-	-	0,7357
L06A	O	Bestimmte kleine Eingriffe an den Harnorganen mit äußerst schweren CC	2,611	-	17,8	5	0,303	35	0,073	0,096	-	-	1,0491
L06B	O	Kleine Eingriffe an den Harnorganen ohne äußerst schwere CC oder ohne bestimmte Prozeduren oder Alter < 16 Jahre	0,964	-	5,8	1	0,449	13	0,062	0,075	-	-	0,7853
L06C	O	Andere kleine Eingriffe an den Harnorganen, Alter > 15 Jahre	0,603	-	2,9	1	0,148	7	0,068	0,071	-	-	0,8935
L07Z	O	Andere Nieren-, Ureter-, Prostata- und große Harnblaseneingriffe bei Neubildung, Alter < 19 Jahre oder mit äußerst schweren CC oder anderer Kombinationseingriff oder bestimmte Zystektomien, ohne großen Eingriff am Darm oder komplexe Harnblasenplastik	3,429	-	16,0	4	0,361	31	0,077	0,106	-	-	1,0483
L08Z	O	Komplexe Eingriffe an der Urethra oder Ureter	1,229	-	5,2	1	0,202	11	0,063	0,099	-	-	0,9136
L09A	O	And. Eingr. bei Erkr. der Harnorg. mit Anl. Dialyseshunt bei akut. Nierenins. od. bei chron. Nierenins. mit Dialyse od. auß. Anl. Dialyseshunt, m. Kalziphylaxie od. best. Laparotomie od. m. kompl. OR-Proz. od. kompl. Eingr., Alt. < 2 J. od. äuß. schw. CC	3,900	-	22,2	6	0,366	40	0,075	0,111	-	-	1,0532
L09B	O	Andere Eingriffe bei Erkrankungen der Harnorgane mit Anlage Dialyseshunt bei akuter Niereninsuffizienz od. bei chronischer Niereninsuff. mit Dialyse od. außer Anlage Dialyseshunt, m. Kalziphylaxie od. best. Laparotomie, Alter > 1 Jahr, ohne äuß. schw. CC	1,817	-	12,9	3	0,266	28	0,058	0,077	-	-	0,7738
L09C	O	Andere Eingriffe bei Erkrankungen der Harnorgane auß. Anlage Dialyseshunt, ohne Kalziphylaxie, ohne best. Laparotomie, ohne best. Eingriff an Präputium od. Nebenschilddrüse, Alter < 2 J. od. mit äuß. schw. CC, ohne kompl. OR-Proz., ohne kompl. Eingriff	2,640	-	21,6	6	0,313	40	0,073	0,098	-	-	1,0228
L09D	O	Andere Eingriffe bei Erkrankungen der Harnorgane ohne Anlage eines Dialyseshunts bei akuter Niereninsuffizienz od. bei chronischer Niereninsuffizienz mit Dialyse, ohne Kalziphylaxie, ohne best. Laparotomie, mit best. anderen Eingriff od. Alter < 18 Jahre	1,440	-	8,1	2	0,269	19	0,073	0,084	-	-	0,7968
L09E	O	Andere Eingriffe bei Erkrankungen der Harnorgane ohne Anlage eines Dialyseshunts bei akuter Niereninsuffizienz oder bei chron. Niereninsuff. mit Dialyse, ohne Kalziphylaxie, ohne best. Laparotomie, ohne bestimmten anderen Eingriff, Alter > 17 Jahre	0,779	-	3,6	1	0,191	10	0,063	0,071	-	-	0,7776
L10Z	O	Blasenrekonstruktion und kontinenter Pouch bei Neubildung ohne Multiviszeraleingriff oder Nieren-, Ureter- und große Harnblaseneingriffe bei Neubildung, Alter < 19 Jahre oder mit äußerst schweren CC oder Kombinationseingriff, mit großem Eingriff am Darm	4,498	-	20,4	6	0,324	35	0,075	0,106	-	-	0,9407

Fallpauschalen-Katalog und Pflegeerlöskatalog
Teil a) Bewertungsrelationen bei Versorgung durch Hauptabteilungen

DRG	Partition	Bezeichnung [6]	Bewertungsrelation bei Hauptabteilung	Bewertungsrelation bei Hauptabteilung und Beleghebamme	Mittlere Verweildauer [1]	Untere Grenzverweildauer: Erster Tag mit Abschlag [2], [5]	Untere Grenzverweildauer: Bewertungsrelation/Tag	Obere Grenzverweildauer: Erster Tag zus. Entgelt [3], [5]	Obere Grenzverweildauer: Bewertungsrelation/Tag	Externe Verlegung Abschlag/Tag (Bewertungsrelation)	Verlegungsfallpauschale	Ausnahme von Wiederaufnahme [4]	Pflegeerlös Bewertungsrelation/Tag
1	2	3	4	5	6	7	8	9	10	11	12	13	
L11Z	O	Komplexe transurethrale, perkutan-transrenale und andere retroperitoneale Eingriffe mit extrakorporaler Stoßwellenlithotripsie (ESWL), ohne äußerst schwere CC	1,498	-	6,0	1	0,442	12	0,073	0,123	-	-	0,7254
L12A	O	Strahlentherapie bei Krankheiten und Störungen der Harnorgane, mehr als ein Belegungstag, Bestrahlungen an mindestens 9 Tagen	3,317	-	24,6	7	0,399	43	0,129	0,124	-	x	0,8592
L12B	O	Strahlentherapie bei Krankheiten und Störungen der Harnorgane, mehr als ein Belegungstag, Bestrahlungen an weniger als 9 Tagen	1,202	-	10,9	3	0,271	25	0,122	0,095	-	x	0,9110
L13A	O	Nieren-, Ureter- und große Harnblaseneingriffe bei Neubildung, Alter > 18 Jahre, ohne Kombinationseingriff, mit bestimmtem Eingriff mit CC oder mit komplexem Eingriff	2,324	-	9,5	2	0,316	18	0,067	0,091	-	-	0,8056
L13B	O	Nieren-, Ureter- und große Harnblaseneingriffe bei Neubildung, Alter > 18 Jahre, ohne Kombinationseingriff, ohne CC, ohne komplexen Eingriff, mit anderem Eingriff	1,875	-	6,5	1	0,336	12	0,068	0,080	-	-	0,7965
L13C	O	Nieren-, Ureter- und große Harnblaseneingriffe bei Neubildung, Alter > 18 Jahre, ohne Kombinationseingriff, ohne äußerst schwere CC, ohne bestimmten Eingriff oder ohne CC, ohne komplexen Eingriff, ohne anderen Eingriff	0,813	-	2,9	1	0,228	6	0,073	0,106	-	-	0,7295
L16A	O	Implantation und Wechsel von Neurostimulatoren und Neurostimulationselektroden bei Krankheiten und Störungen der Harnorgane mit Implantation oder Wechsel eines Neurostimulators	1,187	-	3,0	1	0,134	7	0,063	0,067	-	-	0,7997
L16B	O	Implantation und Wechsel von Neurostimulatoren und Neurostimulationselektroden bei Krankheiten und Störungen der Harnorgane mit Implantation oder Wechsel eines permanenten Elektrodensystems	1,522	-	2,9	1	0,135	6	0,068	0,072	-	-	0,7058
L16C	O	Implantation und Wechsel von Neurostimulatoren und Neurostimulationselektroden bei Krankheiten und Störungen der Harnorgane mit Implantation oder Wechsel eines temporären Elektrodensystems	0,658	-	2,4	1	0,127	5	0,081	0,079	-	-	0,6927
L17A	O	Andere Eingriffe an der Urethra außer bei Para- / Tetraplegie, kleine Eingriffe an den Harnorganen, mit bestimmten Eingriffen an der Urethra oder Alter < 16 Jahre	0,767	-	3,8	1	0,274	9	0,091	0,072	-	-	1,2204
L17B	O	Andere Eingriffe an der Urethra außer bei Para- / Tetraplegie, kleine Eingriffe an den Harnorganen, ohne bestimmte Eingriffe an der Urethra, Alter > 15 Jahre	0,504	-	3,0	1	0,080	7	0,064	0,073	-	-	0,7191
L18A	O	Komplexe transurethrale, perkutan-transrenale und andere retroperitoneale Eingriffe mit äußerst schweren CC	2,749	-	17,3	5	0,325	34	0,075	0,104	-	-	1,0490
L18B	O	Komplexe transurethrale, perkutan-transrenale / andere retroperitoneale Eingriffe oh. ESWL, oh. äußerst schwere CC od. best. Eingriffe Niere od. transurethrale Eingriffe auß. Prostatares. u. kompl. Ureterorenoskop., b. Para-/Tetrapl., m. äuß. schw. CC	1,140	-	5,8	1	0,591	13	0,062	0,075	-	-	0,7476
L19Z	O	Transurethrale Eingriffe außer Prostataresektion und komplexe Ureterorenoskopien mit extrakorporaler Stoßwellenlithotripsie (ESWL), ohne äußerst schwere CC oder perkutane Thermo- oder Kryoablation der Niere	1,047	-	3,9	1	0,324	9	0,111	0,127	-	-	0,7054
L20A	O	Transurethrale Eingriffe außer Prostataresektion und komplexe Ureterorenoskopien oder bestimmte Eingriffe an den Harnorganen, mit äußerst schweren CC	2,122	-	15,0	4	0,294	31	0,069	0,091	-	-	0,9766
L20B	O	Transurethrale Eingriffe außer Prostataresektion und komplexe Ureterorenoskopien oder bestimmte Eingriffe an den Harnorganen, ohne äußerst schwere CC oder Alter < 16 Jahre oder Alter > 89 Jahre	0,758	-	3,0	1	0,183	7	0,076	0,082	-	-	0,7931
L20C	O	Transurethrale Eingriffe außer Prostataresektion und komplexe Ureterorenoskopien oder bestimmte Eingriffe an den Harnorganen, ohne äußerst schwere CC oder Alter > 15 Jahre oder Alter < 90 Jahre	0,581	-	3,2	1	0,135	7	0,067	0,073	-	-	0,7361
L33Z	O	Mehrzeitige komplexe OR-Prozeduren oder hochaufwendiges Implantat bei Krankheiten und Störungen der Harnorgane	6,955	-	32,1	10	0,319	50	0,191	0,107	-	-	1,2182
L36A	O	Intensivmedizinische Komplexbehandlung > 588 / 552 / 828 Aufwandspunkte bei Krankheiten und Störungen der Harnorgane	5,662	-	25,9	8	0,560	44	0,194	-	x	x	2,2665
L36B	O	Intensivmedizinische Komplexbehandlung > - / - / 552 Aufwandspunkte bei Krankheiten und Störungen der Harnorgane	4,988	-	22,4	6	0,624	38	0,136	-	x	x	2,1972
L37Z	O	Multiviszeraleingriff bei Krankheiten und Störungen der Harnorgane	4,077	-	17,6	5	0,318	30	0,076	0,103	-	-	1,0436
L38Z	O	Komplizierende Konstellation mit bestimmtem operativen Eingriff bei Krankheiten und Störungen der Harnorgane	5,659	-	26,1	8	0,427	44	0,145	0,141	-	-	1,2898
L40Z	A	Diagnostische Ureterorenoskopie	0,569	-	3,0	1	0,140	7	0,067	0,072	-	-	0,7645
L42A	A	Extrakorporale Stoßwellenlithotripsie (ESWL) bei Harnsteinen mit auxiliären Maßnahmen oder bei Para- / Tetraplegie	0,676	-	3,3	1	0,211	7	0,092	0,151	-	-	0,6541
L42B	A	Extrakorporale Stoßwellenlithotripsie (ESWL) bei Harnsteinen ohne auxiliäre Maßnahmen, außer bei Para- / Tetraplegie	0,548	-	2,9	1	0,198	6	0,109	0,116	-	-	0,7612

Fallpauschalen-Katalog und Pflegeerlöskatalog
Teil a) Bewertungsrelationen bei Versorgung durch Hauptabteilungen

DRG	Partition	Bezeichnung [6]	Bewertungsrelation bei Hauptabteilung	Bewertungsrelation bei Hauptabteilung und Beleghebamme	Mittlere Verweildauer [1]	Untere Grenzverweildauer: Erster Tag mit Abschlag [2], [5]	Untere Grenzverweildauer: Bewertungsrelation/Tag	Obere Grenzverweildauer: Erster Tag zus. Entgelt [3], [5]	Obere Grenzverweildauer: Bewertungsrelation/Tag	Externe Verlegung Abschlag/Tag (Bewertungsrelation)	Verlegungsfallpauschale	Ausnahme von Wiederaufnahme [4]	Pflegeerlös Bewertungsrelation/Tag
1	2	3	4	5	6	7	8	9	10	11	12	13	
L44Z	A	Geriatrische frührehabilitative Komplexbehandlung bei Krankheiten und Störungen der Harnorgane	1,514	-	21,3	-	-	33	0,051	0,066	-	-	0,8144
L60A	M	Niereninsuffizienz, mehr als ein Belegungstag, mit intensivmedizinischer Komplexbehandlung > 392 / 368 / - Aufwandspunkte oder mit Dialyse und akutem Nierenversagen und äußerst schweren CC oder mit Dialyse und komplizierenden Faktoren, Alter < 16 Jahre	2,777	-	21,9	6	0,366	40	0,092	0,114	-	x	1,4342
L60B	M	Niereninsuffizienz, mehr als ein Belegungstag, mit Dialyse und komplizierenden Faktoren oder äußerst schweren CC oder mit intensivmedizinischer Komplexbehandlung > 196 / 184 / - Aufwandspunkte, Alter > 15 Jahre	1,691	-	13,9	4	0,318	27	0,080	0,107	-	x	1,1528
L60C	M	Niereninsuffizienz, mehr als ein Belegungstag, mit Dialyse oder äußerst schweren CC oder Alter < 18 Jahre mit schweren CC, ohne intensivmedizinische Komplexbehandlung > 196 / 184 / - Aufwandspunkte	1,096	-	9,7	2	0,338	22	0,073	0,095	-	x	1,0618
L60D	M	Niereninsuffizienz, mehr als ein Belegungstag, ohne Dialyse, ohne äußerst schwere CC, Alter > 17 Jahre oder ohne schwere CC, ohne intensivmedizinische Komplexbehandlung > 196 / 184 / - Aufwandspunkte	0,630	-	6,7	1	0,300	15	0,062	0,078	-	x	0,8367
L62A	M	Neubildungen der Harnorgane mit äußerst schweren CC oder Alter < 16 Jahre mit schweren CC	1,618	-	15,0	4	0,300	30	0,071	0,090	-	x	1,0480
L62B	M	Neubildungen der Harnorgane ohne äußerst schwere CC oder Alter < 16 Jahre ohne schwere CC	0,773	-	3,7	1	0,411	8	0,202	0,134	-	x	2,0661
L62C	M	Neubildungen der Harnorgane ohne äußerst schwere CC, Alter > 15 Jahre	0,466	-	4,9	1	0,242	13	0,062	0,074	-	x	0,8973
L63A	M	Infektionen der Harnorgane mit bestimmter hochaufwendiger Behandlung oder mit äußerst schweren CC, mit Komplexbehandlung bei isolationspflichtigen Erregern	1,873	-	20,8	6	0,243	39	0,073	0,082	-	-	1,2193
L63B	M	Infektionen der Harnorgane ohne best. hochaufw. Beh., mit best. aufwendiger Beh. od. mit äußerst schw. CC, ohne Komplexbeh. bei isolationspfl. Erregern od. mit Komplexbeh. bei isolationspfl. Erregern od. bei TBC des Urogenitalsyst., ohne äußerst schw. CC	1,237	-	13,8	4	0,237	27	0,061	0,076	-	-	1,0811
L63C	M	Infektionen der Harnorgane ohne äußerst schwere CC, ohne Komplexbeh. bei isolationspflichtigen Erregern, ohne best. aufw. / hochaufw. Behandl., außer bei TBC des Urogenitalsyst., Alter < 3 Jahre oder best. schwere Infektionen oder best. mäßig aufw. Beh.	0,502	-	5,0	1	0,285	10	0,070	0,084	-	-	1,1943
L63D	M	Infektionen der Harnorgane oh. äuß. schwere CC, oh. best. mäßig aufwendige / aufwendige / hochaufw. Behandl., oh. Komplexbeh. b. isolationspfl. Erregern, oh. best. schw. Infektionen, Alter > 2 J. u. < 6 J. od. Alter < 18 J. mit schw. CC od. Alter > 89 J.	0,550	-	6,6	1	0,327	14	0,057	0,064	-	-	0,9751
L63E	M	Infektionen der Harnorgane ohne äußerst schwere CC, ohne best. mäßig aufw. / aufw. / hochaufw. Behandlung, ohne Komplexbeh. b. isolationspfl. Erregern, ohne best. schw. Infektionen, Alter > 5 und < 18 Jahre, ohne schwere CC od. Alter > 17 und < 90 Jahre	0,520	-	5,7	1	0,306	12	0,060	0,065	-	-	0,8018
L64A	M	Andere Erkrankungen der Harnorgane mit äußerst schweren oder schweren CC oder bestimmter Diagnose, mehr als ein Belegungstag oder Urethrozystoskopie, bei angeborener Fehlbildung oder BNB der Harnorgane oder Alter < 3 Jahre	0,748	-	6,1	1	0,340	15	0,083	0,072	-	-	1,2981
L64B	M	Andere Erkrankungen der Harnorgane mit äußerst schweren oder schweren CC oder bestimmter Diagnose, mehr als ein Belegungstag oder Urethrozystoskopie, außer bei angeborener Fehlbildung, außer bei BNB der Harnorgane, Alter > 2 Jahre	0,448	-	3,3	1	0,091	7	0,068	0,075	-	-	0,8089
L64C	M	Andere Erkrankungen der Harnorgane ohne äußerst schwere oder schwere CC, ohne bestimmte Diagnose oder ein Belegungstag, bestimmte Eingriffe am Ureter oder Retroperitonealfibrose oder Alter < 16 Jahre	0,371	-	2,5	1	0,100	5	0,075	0,076	-	-	0,8496
L64D	M	Andere Erkrankungen der Harnorgane ohne äußerst schwere oder schwere CC, ohne bestimmte Diagnose oder ein Belegungstag, ohne bestimmte Eingriffe am Ureter, Alter > 15 Jahre	0,282	-	2,6	1	0,095	5	0,074	0,077	-	-	0,7558
L68A	M	Andere mäßig schwere Erkrankungen der Harnorgane, Alter < 18 Jahre	0,509	-	4,1	1	0,253	10	0,081	0,091	-	-	1,1595
L68B	M	Andere mäßig schwere Erkrankungen der Harnorgane, Alter > 17 Jahre	0,391	-	4,5	1	0,188	11	0,065	0,061	-	-	0,7825
L69A	M	Andere schwere Erkrankungen der Harnorgane, mehr als ein Belegungstag, Alter < 16 Jahre	0,728	-	6,2	-	-	15	0,109	0,100	-	-	1,1851
L69B	M	Andere schwere Erkrankungen der Harnorgane, mehr als ein Belegungstag, Alter > 15 Jahre	0,773	-	7,9	2	0,245	17	0,065	0,081	-	-	0,6698
L70A	M	Krankheiten und Störungen der Harnorgane, ein Belegungstag, Alter < 6 Jahre	0,246	-	1,0	-	-	-	-	-	-	-	1,7547
L70B	M	Krankheiten und Störungen der Harnorgane, ein Belegungstag, Alter > 5 Jahre	0,211	-	1,0	-	-	-	-	-	-	-	1,1569
L71Z	M	Niereninsuffizienz, ein Belegungstag mit Dialyse	0,313	-	1,0	-	-	-	-	-	-	x	1,9618
L72Z	M	Thrombotische Mikroangiopathie oder hämolytisch-urämisches Syndrom	1,999	-	11,4	3	0,489	24	0,170	0,159	-	-	1,2442
L73Z	M	Harnblasenlähmung, mehr als ein Belegungstag	0,744	-	6,3	-	-	15	0,075	0,093	-	-	1,0471
L74Z	M	Bestimmte Krankheiten und Störungen der Harnorgane bei Para- / Tetraplegie	0,615	-	6,0	1	0,333	13	0,066	0,081	-	-	1,1312

Fallpauschalen-Katalog und Pflegeerlöskatalog
Teil a) Bewertungsrelationen bei Versorgung durch Hauptabteilungen

DRG	Partition	Bezeichnung [6]	Bewertungsrelation bei Hauptabteilung	Bewertungsrelation bei Hauptabteilung und Beleghebamme	Mittlere Verweildauer [1]	Untere Grenzverweildauer		Obere Grenzverweildauer		Externe Verlegung Abschlag/Tag (Bewertungsrelation)	Verlegungsfallpauschale	Ausnahme von Wiederaufnahme [4]	Pflegeerlös Bewertungsrelation/Tag
						Erster Tag mit Abschlag [2), 5)]	Bewertungsrelation/Tag	Erster Tag zus. Entgelt [3), 5)]	Bewertungsrelation/Tag				
1	2	3	4	5	6	7	8	9	10	11	12	13	
MDC 12 Krankheiten und Störungen der männlichen Geschlechtsorgane													
M01A	O	Große Eingriffe an den Beckenorganen beim Mann mit äußerst schweren CC	4,254	-	18,7	5	0,369	36	0,083	0,112	-	-	1,0759
M01B	O	Große Eingriffe an den Beckenorganen beim Mann ohne äußerst schwere CC oder bestimmte Eingriffe an den Beckenorganen beim Mann mit äußerst schweren CC	2,289	-	7,4	1	0,443	12	0,075	0,099	-	-	0,7498
M02A	O	Transurethrale Prostataresektion oder bestimmte andere Operationen an der Prostata mit äußerst schweren CC	2,284	-	16,5	4	0,306	32	0,065	0,088	-	-	0,9614
M02B	O	Transurethrale Prostataresektion oder bestimmte andere Operationen an der Prostata ohne äußerst schwere CC	0,773	-	4,3	1	0,262	9	0,060	0,072	-	-	0,7034
M03A	O	Komplexe Eingriffe am Penis, Alter < 6 Jahre oder aufwendige plastische Rekonstruktion des Penis, Alter < 18 Jahre oder totale Amputation des Penis oder partielle Amputation des Penis mit bestimmter Lymphadenektomie	1,539	-	7,0	1	0,330	15	0,094	0,082	-	-	1,2393
M03B	O	Mäßig komplexe Eingriffe am Penis, Alter < 18 Jahre, ohne aufwendige plastische Rekonstruktion des Penis, ohne totale Amputation des Penis, ohne partielle Amputation des Penis mit bestimmter Lymphadenektomie	1,170	-	4,6	1	0,250	10	0,098	0,081	-	-	1,3323
M03C	O	Eingriffe am Penis, Alter > 17 Jahre oder kleine Eingriffe an Urethra und Penis, Alter < 18 Jahre, ohne aufwendige plastische Rekonstruktion, ohne totale Amputation des Penis, ohne partielle Amputation mit bestimmter Lymphadenektomie	0,964	-	4,0	1	0,172	9	0,055	0,068	-	-	0,7207
M04A	O	Eingriffe am Hoden oder bestimmte Eingriffe an Urethra und Prostata bei bösartiger Neubildung mit äußerst schweren CC oder bei Fournier-Gangrän oder bestimmte radikale Prostatovesikulektomien oder bestimmte Lymphadenektomie	2,150	-	8,5	2	0,267	17	0,066	0,085	-	-	0,8098
M04B	O	Eingriffe am Hoden mit bestimmtem Eingriff bei Orchitis mit Abszess oder bösartiger Neubildung oder bestimmte Eingriffe am Hoden oder bestimmte Eingriffe an Urethra und Prostata bei bösartiger Neubildung	0,891	-	3,7	1	0,199	9	0,079	0,084	-	-	0,8001
M04C	O	Eingriffe am Hoden mit mäßig komplexem Eingriff, Alter < 3 Jahre oder mit schweren CC oder beidseitigem Hodenhochstand, Alter < 14 Jahre	0,768	-	2,2	1	0,161	4	0,073	0,072	-	-	1,4576
M04D	O	Eingriffe am Hoden ohne äußerst schwere CC, ohne bestimmten Eingriff, ohne mäßig komplexen Eingriff oder Alter > 2 Jahre, ohne schwere CC oder ohne beidseitigen Hodenhochstand oder Alter > 13 Jahre	0,633	-	2,7	1	0,136	6	0,062	0,065	-	-	0,8900
M05Z	O	Zirkumzision, andere Eingriffe am Penis oder großflächige Ablationen der Haut	0,532	-	3,3	1	0,129	8	0,063	0,034	-	-	0,9168
M06Z	O	Andere OR-Prozeduren an den männlichen Geschlechtsorganen oder Stanzbiopsie an der Prostata, ein Belegungstag	0,750	-	3,4	1	0,359	8	0,122	0,137	-	-	0,8959
M07Z	O	Brachytherapie bei Krankheiten und Störungen der männlichen Geschlechtsorgane, Implantation von > 10 Seeds	1,642	-	2,0	1	0,310	3	0,203	0,193	-	x	1,0512
M09A	O	OR-Prozeduren an den männlichen Geschlechtsorganen bei bösartiger Neubildung mit äußerst schweren CC oder bestimmte Eingriffe an den Beckenorganen beim Mann ohne äußerst schwere CC oder BNB des Penis	1,448	-	8,7	2	0,243	16	0,058	0,076	-	-	0,7176
M09B	O	OR-Prozeduren an den männlichen Geschlechtsorganen bei bösartiger Neubildung, ohne äußerst schwere CC, ohne BNB des Penis	0,947	-	4,4	1	0,613	10	0,066	0,100	-	-	0,7324
M10A	O	Strahlentherapie bei Krankheiten und Störungen der männlichen Geschlechtsorgane, mehr als ein Belegungstag, Bestrahlungen an mindestens 8 Tagen	3,268	-	23,9	7	0,389	42	0,130	0,124	-	x	0,7944
M10B	O	Radioligandentherapie mit Lutetium-177-PSMA-Liganden	1,577	-	2,4	1	0,787	5	0,469	0,469	-	-	1,3905
M10C	O	Strahlentherapie bei Krankheiten und Störungen der männlichen Geschlechtsorgane, mehr als ein Belegungstag, Bestrahlungen an weniger als 8 Tagen oder interstitielle Brachytherapie	0,978	-	4,9	1	0,062	15	0,091	0,109	-	x	0,8967
M11Z	O	Transurethrale Laserdestruktion und -resektion der Prostata	0,900	-	3,7	1	0,168	8	0,063	0,067	-	-	0,7885
M37Z	O	Große Eingriffe an Darm oder Harnblase bei Erkrankungen und Störungen der männlichen Geschlechtsorgane oder Eingriffe am Hoden bei Fournier-Gangrän mit äußerst schweren CC	3,492	-	19,6	6	0,259	38	0,067	0,087	-	-	1,0609
M38Z	O	Komplizierende Konstellation mit operativem Eingriff bei Krankheiten und Störungen der männlichen Geschlechtsorgane	4,424	-	16,9	5	0,520	35	0,159	0,171	-	-	1,2226
M60A	M	Bösartige Neubildungen der männlichen Geschlechtsorgane, mehr als ein Belegungstag, Alter < 11 Jahre oder mit äußerst schweren CC	1,543	-	14,9	4	0,284	30	0,070	0,091	-	x	1,0287
M60B	M	Bösartige Neubildungen der männlichen Geschlechtsorgane, ein Belegungstag oder Alter > 10 Jahre, ohne äußerst schwere CC	0,594	-	5,5	1	0,241	12	0,069	0,083	-	x	0,8641
M61Z	M	Benigne Prostatahyperplasie	0,440	-	3,6	1	0,042	8	0,069	0,057	-	-	0,7964

Fallpauschalen-Katalog und Pflegeerlöskatalog
Teil a) Bewertungsrelationen bei Versorgung durch Hauptabteilungen

DRG	Partition	Bezeichnung [6]	Bewertungsrelation bei Hauptabteilung	Bewertungsrelation bei Hauptabteilung und Beleghebamme	Mittlere Verweildauer [1]	Untere Grenzverweildauer		Obere Grenzverweildauer		Externe Verlegung Abschlag/Tag (Bewertungsrelation)	Verlegungsfallpauschale	Ausnahme von Wiederaufnahme [4]	Pflegeerlös Bewertungsrelation/Tag
						Erster Tag mit Abschlag [2), 5)]	Bewertungsrelation/Tag	Erster Tag zus. Entgelt [3), 5)]	Bewertungsrelation/Tag				
1	2	3	4	5	6	7	8	9	10	11	12	13	
M62Z	M	Infektion / Entzündung der männlichen Geschlechtsorgane	0,404	-	4,5	1	0,129	9	0,057	0,069	-	-	0,6903
M64Z	M	Andere Krankheiten der männlichen Geschlechtsorgane und Sterilisation beim Mann	0,356	-	3,1	1	0,160	7	0,069	0,074	-	-	0,8512
MDC 13 Krankheiten und Störungen der weiblichen Geschlechtsorgane													
N01A	O	Beckeneviszeration bei der Frau und komplexe Vulvektomie oder bestimmte Lymphadenektomie mit äußerst schweren CC, ohne komplexen Eingriff, ohne komplizierende Konstellation, mit Multiviszeraleingriff	5,971	-	19,8	6	0,430	36	0,275	0,143	-	-	1,2857
N01B	O	Beckeneviszeration bei der Frau und komplexe Vulvektomie oder bestimmte Lymphadenektomie mit äußerst schweren CC, ohne komplexen Eingriff, ohne komplizierende Konstellation, ohne Multiviszeraleingriff	4,966	-	17,7	5	0,445	33	0,099	0,142	-	-	1,1301
N01C	O	Beckeneviszeration bei der Frau und komplexe Vulvektomie oder bestimmte Lymphadenektomie mit schweren CC	3,456	-	13,3	3	0,439	24	0,092	0,123	-	-	1,0191
N01D	O	Beckeneviszeration bei der Frau und komplexe Vulvektomie oder bestimmte Lymphadenektomie ohne äußerst schwere oder schwere CC	2,605	-	8,4	2	0,354	16	0,088	0,121	-	-	0,9409
N02A	O	Eingriffe an Uterus und Adnexen oder bestimmten Hernien und große operative Eingriffe an Vagina, Zervix und Vulva bei bösartiger Neubildung oder bestimmte Eingriffe am Darm oder Rekonstruktion von Vagina und Vulva, mit äußerst schweren CC	4,194	-	20,4	6	0,361	38	0,081	0,118	-	-	1,1645
N02B	O	Eingriffe an Uterus und Adnexen oder bestimmten Hernien und große operative Eingriffe an Vagina, Zervix und Vulva bei BNB oder bestimmte Eingriffe am Darm oder Rekonstruktion von Vagina und Vulva, ohne äußerst schwere CC, mit komplexem Eingriff	2,659	-	11,0	3	0,287	22	0,076	0,097	-	-	0,9727
N02C	O	Eingriffe an Uterus und Adnexen od. best. Hernien und große operative Eingriffe an Vagina, Zervix und Vulva bei BNB od. best. Eingriffe am Darm od. Rekonstruktion von Vagina und Vulva, ohne äuß. schw. CC, ohne kompl. Eingriff, mit mäßig kompl. Eingriff	1,970	-	8,2	2	0,154	17	0,076	0,106	-	-	0,9170
N02D	O	Eingriffe an Uterus und Adnexen oder bestimmten Hernien und große operative Eingriffe an Vagina, Zervix und Vulva bei bösartiger Neubildung, ohne äußerst schwere CC, ohne komplexen Eingriff, ohne mäßig komplexen Eingriff	1,290	-	4,6	1	0,563	10	0,079	0,093	-	-	0,8377
N04Z	O	Hysterektomie außer bei bösartiger Neubildung, mit äußerst schweren oder schweren CC oder mit komplexem Eingriff	1,967	-	8,8	2	0,291	20	0,065	0,090	-	-	0,9548
N05A	O	Ovariektomien und komplexe Eingriffe an den Tubae uterinae außer bei bösartiger Neubildung, mit äußerst schweren oder schweren CC oder bestimmter Eingriff an der Harnblase	2,107	-	10,6	3	0,269	22	0,071	0,093	-	-	1,0562
N05B	O	Ovariektomien und komplexe Eingriffe an den Tubae uterinae außer bei bösartiger Neubildung, ohne äußerst schwere oder schwere CC oder anderer Eingriff an der Harnblase oder Adhäsiolyse, Alter > 15 Jahre	0,785	-	2,8	1	0,130	6	0,074	0,078	-	-	0,8354
N06Z	O	Komplexe rekonstruktive Eingriffe an den weiblichen Geschlechtsorganen oder bestimmte Embolisation an viszeralen u. anderen abdominalen Gefäßen auß. bei bösartiger Neubildung oder andere Hysterektomie auß. bei bösartiger Neubildung mit Beckenbodenplastik	1,099	-	4,2	1	0,103	8	0,069	0,085	-	-	0,8117
N07A	O	Andere Eingriffe an Uterus und Adnexen oder bestimmten Hernien außer bei bösartiger Neubildung, mit komplexer Diagnose oder bestimmte Eingriffe am Uterus oder kleine rekonstruktive Eingriffe an den weiblichen Geschlechtsorganen, mit bestimmtem Eingriff	0,861	-	3,3	1	0,177	7	0,068	0,075	-	-	0,8194
N07B	O	Andere Eingriffe an Uterus und Adnexen oder bestimmten Hernien außer bei bösartiger Neubildung, mit komplexer Diagnose oder bestimmte Eingriffe am Uterus oder kleine rekonstruktive Eingriffe an den weiblichen Geschlechtsorganen, ohne bestimmten Eingriff	0,659	-	3,4	1	0,158	7	0,063	0,070	-	-	0,7930
N08Z	O	Endoskopische Eingriffe an den weiblichen Geschlechtsorg. oder andere Eingriffe an Uterus und Adnexen oder best. Hernien auß. bei bösartiger Neubildung, ohne kompl. Diagnose oder andere kleine Eingriffe an den weiblichen Geschlechtsorg., Alter < 14 Jahre	0,961	-	4,0	1	0,366	9	0,068	0,077	-	-	0,8063
N09A	O	Brachytherapie bei Krankheiten und Störungen der weiblichen Geschlechtsorgane, ein Belegungstag	0,425	-	1,0	-	-	-	-	-	-	x	1,1278
N09B	O	Andere Eingriffe an Vagina, Zervix und Vulva, kleine Eingriffe an Blase, Uterus, Bauchwand und Peritoneum	0,585	-	3,1	1	0,161	7	0,074	0,080	-	-	1,0016
N10Z	O	Diagnostische Kürettage, Hysteroskopie, Sterilisation, Pertubation und kleine Eingriffe an Vagina und Vulva	0,521	-	2,8	1	0,157	6	0,079	0,080	-	-	1,0598
N11A	O	Andere OR-Prozeduren an den weiblichen Geschlechtsorganen mit bestimmtem Eingriff oder komplexer Diagnose mit äußerst schweren CC	2,734	-	18,3	5	0,335	36	0,077	0,104	-	-	1,0146
N11B	O	Andere OR-Prozeduren an den weiblichen Geschlechtsorganen, ohne bestimmten Eingriff, ohne komplexe Diagnose oder äußerst schwere CC	1,170	-	9,7	2	0,292	22	0,066	0,086	-	-	0,8356

Fallpauschalen-Katalog und Pflegeerlöskatalog
Teil a) Bewertungsrelationen bei Versorgung durch Hauptabteilungen

DRG	Partition	Bezeichnung [6]	Bewertungsrelation bei Hauptabteilung	Bewertungsrelation bei Hauptabteilung und Beleghebamme	Mittlere Verweildauer [1]	Untere Grenzverweildauer: Erster Tag mit Abschlag [2), 5)]	Untere Grenzverweildauer: Bewertungsrelation/Tag	Obere Grenzverweildauer: Erster Tag zus. Entgelt [3), 5)]	Obere Grenzverweildauer: Bewertungsrelation/Tag	Externe Verlegung Abschlag/Tag (Bewertungsrelation)	Verlegungsfallpauschale	Ausnahme von Wiederaufnahme [4]	Pflegeerlös Bewertungsrelation/Tag
1	2	3	4	5	6	7	8	9	10	11	12	13	
N13A	O	Große Eingriffe an Vagina, Zervix und Vulva auß. bei BNB od. kl. Eingriffe an Vagina/Douglasr. od. best. Eingr. an der Harnblase, Alter > 80 J. od. äuß. schw. od. schw. CC od. best. Fistelverschl. od. best. Embolis. an visz. und and. abd. Gefäßen bei BNB	1,534	-	9,2	2	0,303	22	0,069	0,089	-	-	0,9186
N13B	O	Große Eingriffe an Vagina, Zervix und Vulva außer bei BNB oder kleine Eingriffe an Vagina und Douglasraum oder best. Eingriff an der Harnblase, Alt. < 81 Jahre, oh. äußerst schwere oder schwere CC, oh. best. Fistelverschluss, mit aufwendigem Eingriff	0,840	-	3,6	1	0,289	8	0,071	0,080	-	-	0,8258
N13C	O	Große Eingriffe an Vagina, Zervix und Vulva außer bei BNB oder kleine Eingriffe an Vagina und Douglasraum oder bestimmter Eingriff an der Harnblase, Alter < 81 Jahre, ohne äuß. schw. od. schw. CC, oh. best. Fistelverschluss, ohne aufwendigen Eingriff	0,680	-	3,2	1	0,174	7	0,074	0,078	-	-	0,9461
N14Z	O	Best. Hysterektomie auß. bei BNB m. Beckenbodenpl. od. Brachytherapie b. Krankh./Stör. weibl. Geschlechtsorg., > 1 BT, m. äuß. schw. CC od. Ovariektomie u. kompl. Eingriffe an den Tubae uterinae auß. bei BNB, ohne äuß. schw. od. schw. CC, Alter < 16 J.	1,499	-	4,2	1	0,211	8	0,064	0,087	-	-	0,7908
N15Z	O	Strahlentherapie bei Krankheiten und Störungen der weiblichen Geschlechtsorgane, Bestrahlungen an mindestens 9 Tagen	3,325	-	23,8	7	0,401	42	0,142	0,129	-	x	0,7769
N16A	O	Strahlentherapie bei Krankheiten und Störungen der weiblichen Geschlechtsorgane, mehr als ein Belegungstag, Bestrahlungen an mindestens 5 Tagen	1,247	-	8,2	2	0,400	17	0,145	0,129	-	x	0,7510
N16B	O	Strahlentherapie bei Krankheiten und Störungen der weiblichen Geschlechtsorgane, mehr als ein Belegungstag, Bestrahlungen an weniger als 5 Tagen oder Brachytherapie	0,651	-	3,3	1	0,276	8	0,168	0,129	-	x	0,8500
N21A	O	Hysterektomie außer bei bösartiger Neubildung, ohne äuß. schw. oder schw. CC, ohne komplexen Eingriff, ohne Beckenbodenplastik oder subtotale und andere Hysterektomie bei bösartiger Neubildung oder komplexe Myomenukleation, mit aufwendigem Eingriff	1,174	-	3,9	1	0,205	8	0,070	0,073	-	-	0,8172
N21B	O	Hysterektomie außer bei bösartiger Neubildung, ohne äuß. schw. oder schw. CC, ohne komplexen Eingriff, ohne Beckenbodenplastik oder subtotale und andere Hysterektomie bei bösartiger Neubildung oder komplexe Myomenukleation, ohne aufwendigen Eingriff	1,025	-	3,2	1	0,276	6	0,072	0,078	-	-	0,8482
N23Z	O	Andere rekonstruktive Eingriffe an den weiblichen Geschlechtsorganen oder andere Myomenukleation	1,054	-	3,6	1	0,223	7	0,068	0,075	-	-	0,8664
N25Z	O	Andere Eingriffe an Uterus und Adnexen oder bestimmten Hernien außer bei bösartiger Neubildung, ohne komplexe Diagnose oder andere kleine Eingriffe an den weiblichen Geschlechtsorganen, Alter > 13 Jahre	0,730	-	2,7	1	0,197	6	0,075	0,078	-	-	0,9080
N33Z	O	Mehrzeitige komplexe OR-Prozeduren bei Krankheiten und Störungen der weiblichen Geschlechtsorgane	7,884	-	30,7	9	0,399	49	0,169	0,125	-	-	1,2538
N34Z	O	Große Eingriffe an Darm oder Harnblase bei Krankheiten und Störungen der weiblichen Geschlechtsorgane	4,262	-	15,7	4	0,385	29	0,089	0,114	-	-	1,1582
N38Z	O	Komplizierende Konstellation mit best. op. Eingriff bei Krankheiten u. Störungen der weibl. Geschlechtsorg. od. Beckenevisz. bei der Frau u. radikale Vulvektomie od. best. Lymphadenekt. mit äuß. schw. CC, mit kompl. Eingriff od. kompliz. Konstellation	6,978	-	26,6	8	0,426	45	0,175	0,140	-	-	1,2366
N60A	M	Bösartige Neubildung der weiblichen Geschlechtsorgane, mehr als ein Belegungstag, Alter < 19 Jahre oder äußerst schwere CC	1,529	-	14,3	4	0,282	29	0,070	0,092	-	x	1,0360
N60B	M	Bösartige Neubildung der weiblichen Geschlechtsorgane, ein Belegungstag oder Alter > 18 Jahre, ohne äußerst schwere CC	0,564	-	5,8	1	0,325	15	0,068	0,072	-	x	0,9592
N61Z	M	Infektion und Entzündung der weiblichen Geschlechtsorgane	0,359	-	4,0	1	0,114	8	0,059	0,068	-	-	0,7380
N62A	M	Menstruationsstörungen und andere Erkrankungen der weiblichen Geschlechtsorgane mit komplexer Diagnose oder Alter < 16 Jahre	0,368	-	3,2	1	0,153	7	0,071	0,079	-	-	0,9195
N62B	M	Menstruationsstörungen und andere Erkrankungen der weiblichen Geschlechtsorgane ohne komplexe Diagnose, Alter > 15 Jahre	0,269	-	2,5	1	0,111	5	0,076	0,072	-	-	0,8589

Fallpauschalen-Katalog und Pflegeerlöskatalog

Teil a) Bewertungsrelationen bei Versorgung durch Hauptabteilungen

DRG	Partition	Bezeichnung [6]	Bewertungsrelation bei Hauptabteilung	Bewertungsrelation bei Hauptabteilung und Beleghebamme	Mittlere Verweildauer [1]	Untere Grenzverweildauer: Erster Tag mit Abschlag [2), 5)]	Untere Grenzverweildauer: Bewertungsrelation/Tag	Obere Grenzverweildauer: Erster Tag zus. Entgelt [3), 5)]	Obere Grenzverweildauer: Bewertungsrelation/Tag	Externe Verlegung Abschlag/Tag (Bewertungsrelation)	Verlegungsfallpauschale	Ausnahme von Wiederaufnahme [4]	Pflegeerlös Bewertungsrelation/Tag
1	2	3	4	5	6	7	8	9	10	11	12	13	
MDC 14 Schwangerschaft, Geburt und Wochenbett													
O01A	O	Sekundäre Sectio caesarea mit mehreren komplizierenden Diagnosen, mit intrauteriner Therapie oder komplizierender Konstellation oder Sectio caesarea mit IntK > 196 / 184 / 184 Punkte	4,935	4,675	15,8	4	0,616	34	0,161	-	x	x	1,2151
O01B	O	Sectio caesarea, Schwangerschaftsd. bis 25 vollend. W. (SSW), m. mehr. kompliz. Diag., m. intraut. Ther. od. kompliz. Konstell. od. Mehrlingsschw. od. bis 33 SSW od. m. kompl. Diag., m. od. oh. kompliz. Diag. m. best. Eingriff b. Sectio od. äuß. schw. CC	2,423	2,166	16,3	4	0,271	34	0,083	0,079	-	x	0,7320
O01C	O	Sectio caesarea mit mehreren kompliz. Diag., Schwangerschaftsdauer 26 bis 33 SSW, oh. best. kompliz. Faktoren od. mit kompliz. Diag., bis 25 SSW od. mit Tamponade einer Blutung od. Thromboembolie in Gestationsperiode m. OR-Proz., oh. äuß. schw. CC	1,414	1,235	10,3	2	0,229	23	0,084	0,061	-	x	0,7000
O01D	O	Sekundäre Sectio caesarea m. mehrer. kompliz. Diagn., Schwangerschaftsdauer > 33 vollendete Wochen (SSW), oh. intraut. Ther., oh. kompliz. Konst., ohne Mehrlingsschw. od. bis 33 SSW od. m. kompl. Diag., mit od. ohne kompliz. Diag., oh. äuß. schw. CC	1,162	0,985	6,1	1	0,215	12	0,047	0,058	-	x	0,6806
O01E	O	Primäre Sectio caesarea ohne äuß. schwere CC, mit komplizierender oder komplexer Diagnose oder Schwangerschaftsdauer bis 33 vollendete Wochen (SSW) oder sekundäre Sectio caesarea, ohne komplexe Diagnose, Schwangerschaftsdauer > 33 vollendete Wochen	0,979	0,805	4,4	1	0,179	9	0,049	0,057	-	x	0,7111
O01F	O	Primäre Sectio caesarea ohne komplexe Diagnose, Schwangerschaftsdauer mehr als 33 vollendete Wochen (SSW)	0,781	0,685	3,3	1	0,137	6	0,053	0,058	-	x	0,7824
O02A	O	Vaginale Entbindung mit komplizierender OR-Prozedur, Schwangerschaftsdauer bis 33 vollendete Wochen oder mit intrauteriner Therapie oder komplizierende Konstellation oder bestimmtem Eingriff oder komplizierender Diagnose oder mit äußerst schweren CC	1,218	1,019	5,9	1	0,623	15	0,062	0,073	-	x	0,8517
O02B	O	Vaginale Entbindung mit komplizierender OR-Prozedur, Schwangerschaftsdauer mehr als 33 vollendete Wochen, ohne intrauterine Therapie, ohne komplizierende Konstellation, ohne bestimmten Eingriff, ohne komplizierende Diagnose, ohne äußerst schwere CC	0,839	0,645	3,6	1	0,247	7	0,053	0,059	-	x	0,7271
O03Z	O	Eingriffe bei Extrauteringravidität	0,701	0,700	2,6	1	0,145	5	0,076	0,078	-	x	0,8766
O04A	O	Stationäre Aufnahme nach Entbindung oder Abort mit OR-Prozedur oder bestimmtem Eingriff an der Mamma mit komplexem Eingriff	1,458	1,451	6,5	1	0,354	16	0,076	0,094	-	x	1,0365
O04B	O	Stationäre Aufnahme nach Entbindung oder Abort mit OR-Prozedur oder bestimmtem Eingriff an der Mamma, ohne komplexen Eingriff	0,629	0,617	4,0	1	0,233	9	0,065	0,074	-	x	0,8277
O04C	O	Stationäre Aufnahme nach Entbindung mit kleinem Eingriff an Uterus, Vagina, Perianalregion und Bauchwand oder Abort mit Dilatation und Kürettage, Aspirationskürettage oder Hysterotomie oder bestimmte Amnionpunktion	0,478	0,473	2,6	1	0,142	5	0,069	0,075	-	x	0,9101
O05A	O	Bestimmte OR-Prozeduren in der Schwangerschaft mit intrauterinem operativen Verschluss des offenen Rückens	2,536	2,499	7,3	1	0,338	13	0,065	0,082	-	x	0,7194
O05B	O	Cerclage und Muttermundverschluss oder komplexe OR-Prozedur oder bestimmte intrauterine Operation am Feten, mehr als ein Belegungstag	0,789	0,764	5,9	1	0,207	16	0,048	0,061	-	x	0,6625
O05C	O	Bestimmte OR-Prozeduren in der Schwangerschaft, ein Belegungstag oder ohne Cerclage, ohne Muttermundverschluss, ohne komplexe OR-Prozedur, ohne bestimmte intrauterine Operation am Feten, mit fetoskopischer Hochfrequenzablation von Gefäßen	0,731	0,707	4,3	1	0,272	10	0,062	0,051	-	x	0,7807
O05D	O	Bestimmte OR-Prozeduren in der Schwangerschaft, ein Belegungstag oder ohne Cerclage, Muttermundverschluss, komplexe OR-Prozedur und bestimmte intrauterine Operation am Feten, mit wenig aufwendigem Eingriff oder intrauterine Therapie des Feten	0,569	0,552	3,3	1	0,239	7	0,070	0,077	-	x	0,7503
O60A	M	Vaginale Entbindung mit mehreren komplizierenden Diagnosen, mindestens eine schwer oder Maßnahmen bei postpart. Blutung, bis 19 vollendete SSW oder mit komplizierender Prozedur oder schwere oder mäßig schwere kompliz. Diagnose bis 33 vollendete SSW	1,866	1,645	24,7	7	0,174	42	0,061	0,054	-	x	0,5800
O60B	M	Vaginale Entbindung mit mehr. kompliz. Diag., mind. eine schwer od. Maßn. bei postpart. Blutung, > 19 vollend. SSW, oh. kompliz. Proz. od. Thromboemb. während der Gestationsp. oh. OR-Proz. od. schwere od. mäßig schwere kompliz. Diag. bis 33 vollend. SSW	0,728	0,564	4,6	1	0,263	10	0,047	0,055	-	x	0,6664
O60C	M	Vaginale Entbindung mit schwerer oder mäßig schwerer komplizierender Diagnose oder Schwangerschaftsdauer bis 33 vollendete Wochen oder Alter < 18 Jahre	0,645	0,465	3,7	1	0,190	7	0,047	0,053	-	x	0,6479
O60D	M	Vaginale Entbindung ohne komplizierende Diagnose, Schwangerschaftsdauer mehr als 33 vollendete Wochen, Alter > 17 Jahre	0,542	0,389	3,0	1	0,181	6	0,051	0,055	-	x	0,6808
O61Z	M	Stationäre Aufnahme nach Entbindung oder Abort ohne OR-Prozedur, ohne bestimmten Eingriff an der Mamma	0,303	0,296	3,4	1	0,123	7	0,055	0,093	-	x	0,7280
O63Z	M	Abort ohne Dilatation und Kürettage, Aspirationskürettage oder Hysterotomie	0,275	0,266	2,5	1	0,111	5	0,070	0,049	-	x	0,8326

Fallpauschalen-Katalog und Pflegeerlöskatalog
Teil a) Bewertungsrelationen bei Versorgung durch Hauptabteilungen

DRG	Partition	Bezeichnung [6]	Bewertungsrelation bei Hauptabteilung	Bewertungsrelation bei Hauptabteilung und Beleghebamme	Mittlere Verweildauer [1]	Untere Grenzverweildauer: Erster Tag mit Abschlag [2], [5]	Untere Grenzverweildauer: Bewertungsrelation/Tag	Obere Grenzverweildauer: Erster Tag zus. Entgelt [3], [5]	Obere Grenzverweildauer: Bewertungsrelation/Tag	Externe Verlegung Abschlag/Tag (Bewertungsrelation)	Verlegungsfallpauschale	Ausnahme von Wiederaufnahme [4]	Pflegeerlös Bewertungsrelation/Tag
1	2	3	4	5	6	7	8	9	10	11	12	13	
O65A	M	Andere vorgeburtliche stationäre Aufnahme mit Komplexbehandlung bei isolationspflichtigen Erregern, COVID-19, Virus nachgewiesen	0,580	0,568	7,4	1	0,263	16	0,045	0,058	-	x	0,7235
O65B	M	Andere vorgeburtliche stationäre Aufnahme mit äußerst schweren oder schweren CC oder komplexer Diagnose oder komplizierendem Eingriff oder ein Belegungstag	0,389	0,354	3,5	1	0,220	8	0,053	0,060	-	x	0,7603
O65C	M	Andere vorgeburtliche stationäre Aufnahme ohne äußerst schwere oder schwere CC, ohne komplexe Diagnose, ohne komplizierenden Eingriff, mehr als ein Belegungstag	0,329	0,303	3,6	-	-	9	0,050	0,058	-	x	0,6490
MDC 15 Neugeborene													
P01Z	O	Neugeborenes, verstorben < 5 Tage nach Aufnahme mit signifikanter OR-Prozedur	2,199	-	2,9	-	-	-	-	-	x	x	5,5243
P02A	O	Kardiothorakale oder Gefäßeingriffe mit Beatmung > 480 Stunden oder bestimmte Eingriffe bei angeborenen Fehlbildungen mit Beatmung > 899 Stunden	21,503	-	56,1	18	0,852	74	0,338	-	x	x	4,0656
P02B	O	Kardiothorakale oder Gefäßeingriffe bei Neugeborenen, Beatmung > 180 und < 481 Stunden oder bestimmte Eingriffe bei angeborenen Fehlbildungen, Beatmung > 180 und < 900 Stunden oder Eingriff bei univentrikulärem Herzen, Beatmung < 481 Stunden	11,153	-	29,9	9	0,766	48	0,269	-	x	x	3,3639
P02C	O	Kardiothorakale oder Gefäßeingriffe bei Neugeborenen ohne Eingriff bei univentrikulärem Herzen oder bestimmte Eingriffe bei angeborenen Fehlbildungen, ohne Beatmung > 180 Stunden	7,040	-	17,8	5	0,719	30	0,273	0,229	-	x	2,8760
P03A	O	Aufnahmegewicht 1000 - 1499 g, mehrere schwere Probleme mit signifikanter OR-Prozedur oder mehrzeitige komplexe OR-Prozeduren, mit Beatmung > 479 Stunden oder mehrere schwere Probleme ohne signifikante OR-Prozedur mit Beatmung > 599 Stunden	12,670	-	60,4	19	0,623	78	0,216	-	x	x	3,5909
P03B	O	Aufnahmegewicht 1000 - 1499 g mit sig. OR-Prozedur oder Beat. > 120 Std., oh. Beat. > 599 Std. oder oh. mehrere schwere Probleme, oh. Beat. > 479 Std. oder oh. mehrere schwere Probleme oder oh. sig. OR-Prozedur oder oh. mehrzeitige komplexe OR-Prozedur	8,094	-	46,1	14	0,534	64	0,169	-	x	x	2,9399
P04A	O	Aufnahmegewicht 1500 - 1999 g, mehrere schwere Probleme mit sig. OR-Prozedur oder mehrz. kompl. OR-Prozeduren, mit Beatmung > 240 Std. oder mehrere schwere Probleme mit Beatmung > 320 Std. oder temporärer Verschluss eines Bauchwanddefektes	12,039	-	46,8	15	0,715	65	0,230	-	x	x	3,4349
P04B	O	Aufnahmegew. 1500 - 1999 g, sig. OR-Proz. od. Beat. > 120 Std., oh. meh. schw. Probl. od. oh. Beat. > 320 Std., oh. mehrz. kompl. OR-Proz. od. oh. Beat. > 240 Std., oh. sig. OR-Proz. od. oh. Beat. > 240 Std., oh. temp. Verschluss BW-Defekt	5,342	-	30,8	9	0,526	49	0,173	-	x	x	2,7559
P05A	O	Aufnahmegewicht 2000 - 2499 g mit sig. OR-Prozedur oder Beatmung > 95 Stunden, mit mehreren schweren Problemen oder temporärem Verschluss eines Bauchwanddefektes, mit Beatmung > 275 Stunden oder mit mehrzeitigen komplexen OR-Prozeduren	12,306	-	42,0	13	0,818	60	0,235	-	x	x	3,4496
P05B	O	Aufnahmegewicht 2000 - 2499 g mit signifikanter OR-Prozedur oder Beatmung > 95 Stunden, mit mehreren schweren Problemen oder temporärem Verschluss eines Bauchwanddefektes, ohne Beatmung > 275 Stunden, ohne mehrzeitige komplexe OR-Prozeduren	4,819	-	21,8	6	0,617	39	0,199	-	x	x	2,7660
P05C	O	Aufnahmegewicht 2000 - 2499 g mit signifikanter OR-Prozedur oder Beatmung > 95 Stunden, ohne mehrere schwere Probleme, ohne mehrzeitige komplexe OR-Prozeduren, ohne temporären Verschluss eines Bauchwanddefektes	3,298	-	19,6	6	0,444	35	0,173	0,147	-	x	2,7780
P06A	O	Neugeborenes, Aufnahmegewicht > 2499 g, sig. OR-Proz. oder Beatmung > 95 Std., best. mehrere schwere Probleme mit sig. OR-Proz. oder mit Beatmung > 120 Std. oder best. aufwendige OR-Proz., mit Beatmung > 240 Std. oder mehrz. kompl. OR-Proz. oder Dialyse	8,648	-	31,6	10	0,696	50	0,271	-	x	x	3,5193
P06B	O	Neugeborenes, Aufnahmegewicht > 2499 g, sig. OR-Proz. oder Beatmung > 95 Std., mehrere schwere Probleme mit sig. OR-Proz. od. mit Beatmung > 120 Std. od. best. aufwendige OR-Proz., oder mit Beatmung > 240 Std. oder mehrz. kompl. OR-Proz. oder Dialyse	4,175	-	17,0	5	0,580	33	0,205	-	x	x	2,8073
P06C	O	Neugeborenes, Aufnahmegewicht > 2499 g mit signifikanter OR-Prozedur oder Beatmung > 95 Stunden, ohne mehrere schwere Probleme oder ohne sig. OR-Prozedur oder ohne Beatmung > 120 Std., ohne bestimmte aufwendige OR-Prozeduren	2,590	-	11,7	3	0,572	23	0,191	-	x	x	2,8779
P60A	M	Neugeborenes, verstorben < 5 Tage nach Aufnahme ohne signifikante OR-Prozedur	0,435	-	1,4	-	-	-	-	-	x	x	3,1557
P60B	M	Neugeborenes, verlegt < 5 Tage nach Aufnahme ohne signifikante OR-Prozedur, zuverlegt oder Beatmung > 24 Stunden	0,405	-	1,8	-	-	-	-	-	x	x	2,9071
P60C	M	Neugeborenes, verlegt < 5 Tage nach Aufnahme ohne signifikante OR-Prozedur, nicht zuverlegt, ohne Beatmung > 24 Stunden (Mindestverweildauer 24 Stunden für das Krankenhaus, in dem die Geburt stattfindet)	0,196	-	1,9	-	-	-	-	-	x	x	1,0124
P61A	M	Neugeborenes, Aufnahmegewicht < 600 g mit signifikanter OR-Prozedur	32,963	-	128,3	42	0,723	146	0,275	0,240	-	x	4,0778
P61B	M	Neugeborenes, Aufnahmegewicht < 600 g ohne signifikante OR-Prozedur	21,239	-	90,6	29	0,704	109	0,242	0,228	-	x	3,9490
P61C	M	Neugeborenes, Aufnahmegewicht 600 - 749 g mit signifikanter OR-Prozedur	25,053	-	103,4	33	0,703	121	0,236	0,228	-	x	3,8735

Fallpauschalen-Katalog und Pflegeerlöskatalog
Teil a) Bewertungsrelationen bei Versorgung durch Hauptabteilungen

DRG	Partition	Bezeichnung [6]	Bewertungsrelation bei Hauptabteilung	Bewertungsrelation bei Hauptabteilung und Beleghebamme	Mittlere Verweildauer [1]	Untere Grenzverweildauer: Erster Tag mit Abschlag [2,5]	Untere Grenzverweildauer: Bewertungsrelation/Tag	Obere Grenzverweildauer: Erster Tag zus. Entgelt [3,5]	Obere Grenzverweildauer: Bewertungsrelation/Tag	Externe Verlegung Abschlag/Tag (Bewertungsrelation)	Verlegungsfallpauschale	Ausnahme von Wiederaufnahme [4]	Pflegeerlös Bewertungsrelation/Tag
1	2	3	4	5	6	7	8	9	10	11	12	13	
P61D	M	Neugeborenes, Aufnahmegewicht 600 - 749 g ohne signifikante OR-Prozedur	18,476	-	85,7	28	0,631	104	0,219	0,210	-	x	3,8899
P61E	M	Neugeborenes, Aufnahmegewicht < 750 g, verstorben < 29 Tage nach Aufnahme	3,978	-	11,6	-	-	24	0,329	-	x	x	5,4838
P62A	M	Aufnahmegewicht 750 - 999 g mit signifikanter OR-Prozedur	17,793	-	76,4	24	0,672	94	0,250	0,216	-	x	3,4905
P62B	M	Aufnahmegewicht 750 - 874 g ohne signifikante OR-Prozedur	14,224	-	70,9	23	0,588	89	0,215	0,195	-	x	3,3999
P62C	M	Aufnahmegewicht 875 - 999 g ohne signifikante OR-Prozedur	11,835	-	62,2	20	0,563	80	0,189	0,186	-	x	3,0915
P62D	M	Aufnahmegewicht 750 - 999 g, verstorben < 29 Tage nach Aufnahme	8,719	-	25,0	-	-	32	0,327	-	x	x	6,2323
P63Z	M	Aufnahmegewicht 1000 - 1249 g ohne signifikante OR-Prozedur, ohne Beatmung > 120 Stunden	5,442	-	37,2	11	0,453	55	0,151	0,141	-	x	2,2101
P64Z	M	Aufnahmegewicht 1250 - 1499 g ohne signifikante OR-Prozedur, ohne Beatmung > 120 Stunden	3,962	-	28,5	9	0,395	46	0,132	0,133	-	x	2,0957
P65A	M	Aufnahmegewicht 1500 - 1999 g ohne signifikante OR-Prozedur, ohne Beatmung > 120 Stunden, mit mehreren schweren Problemen oder Beatmung > 95 Stunden	3,963	-	27,6	8	0,441	43	0,150	0,138	-	x	2,2410
P65B	M	Aufnahmegewicht 1500 - 1999 g ohne signifikante OR-Prozedur, ohne Beatmung > 95 Stunden, mit schwerem Problem	3,040	-	22,7	7	0,379	38	0,132	0,127	-	x	2,0521
P65C	M	Aufnahmegewicht 1500 - 1999 g ohne signifikante OR-Prozedur, ohne Beatmung > 120 Stunden, mit anderem Problem	1,902	-	16,0	4	0,383	29	0,117	0,114	-	x	1,9163
P65D	M	Aufnahmegewicht 1500 - 1999 g ohne signifikante OR-Prozedur, ohne Beatmung > 120 Stunden, ohne Problem	0,944	-	8,8	2	0,309	19	0,070	0,099	-	x	1,7049
P66A	M	Neugeborenes ohne sign. OR-Prozedur, ohne Beatmung > 95 Std., Aufnahmegew. 2000 - 2499 g mit mehr. schw. Probl. oder Krampfanfall mit best. diag. Maßnahmen oder Beatmung > 48 Std. od. Aufnahmegew. > 2499 g, m. mehr. schw. Probl., m. Hypothermiebehandlung	2,630	-	16,3	4	0,533	31	0,150	0,152	-	x	2,3103
P66B	M	Aufnahmegewicht 2000 - 2499 g ohne signifikante OR-Prozedur, ohne Beatmung > 95 Stunden, mit schwerem Problem, ohne Krampfanfall mit bestimmten diagnostischen Maßnahmen, ohne Beatmung > 48 Stunden	1,727	-	12,8	3	0,433	26	0,132	0,122	-	x	2,0073
P66C	M	Aufnahmegewicht 2000 - 2499 g ohne signifikante OR-Prozedur, ohne Beatmung > 95 Stunden, mit anderem Problem	1,051	-	9,2	2	0,350	20	0,111	0,104	-	x	1,7797
P66D	M	Aufnahmegewicht 2000 - 2499 g ohne signifikante OR-Prozedur, ohne Beatmung > 95 Stunden, ohne Problem	0,233	-	3,4	1	0,107	7	0,049	0,053	-	x	0,8268
P67A	M	Neugeborenes, Aufnahmegewicht > 2499 g ohne signifikante OR-Prozedur, ohne Beatmung > 95 Stunden, mit mehreren schweren Problemen oder mit Hypothermiebehandlung oder Krampfanfall mit bestimmten diagnostischen Maßnahmen oder Beatmung > 24 Stunden	1,484	-	7,9	2	0,487	18	0,163	-	x	x	2,4565
P67B	M	Neugeborenes, Aufnahmegew. > 2499 g mit schw. Prob., oh. Hypothermiebeh., oh. Krampfanfall mit best. diag. Maßnah., oh. Beatmung > 24 Std. od. mit anderem Prob., mehr als ein Belegungstag, neugeb. Mehrling od. mit bestimmter aufwendiger Prozedur	0,686	-	5,3	1	0,419	11	0,124	0,110	-	x	1,8026
P67C	M	Neugeborenes, Aufnahmegew. > 2499 g oh. sig. OR-Proz., oh. Beatmung > 95 Std., ohne schw. Prob., anderes Problem und mehr als ein Belegungstag oder nicht signifikante OR-Prozedur, ohne Mehrling, ohne bestimmte aufwendige Prozeduren	0,440	-	4,2	1	0,219	9	0,074	0,082	-	x	1,4454
P67D	M	Neugeborenes, Aufnahmegewicht > 1999 g ohne OR-Prozedur, ohne Beatmung > 95 Stunden, ohne schweres Problem, ohne anderes Problem oder ein Belegungstag, mit bestimmter Prozedur oder best. Diagnose beim Neugeborenen oder neugeborener Mehrling	0,245	-	3,6	1	0,052	7	0,045	0,049	-	x	0,7419
P67E	M	Neugeborener Einling, Aufnahmegewicht > 2499 g ohne OR-Prozedur, ohne Beatmung > 95 Stunden, ohne schweres Problem, ohne anderes Problem oder ein Belegungstag, ohne bestimmte Prozedur ohne bestimmte Diagnosen beim Neugeborenen	0,169	-	2,8	1	0,080	5	0,043	0,043	-	x	0,6036
MDC 16 Krankheiten des Blutes, der blutbildenden Organe und des Immunsystems													
Q01Z	O	Eingriffe an der Milz	2,149	-	9,1	2	0,392	19	0,094	0,121	-	-	1,1826
Q02A	O	Verschiedene OR-Prozeduren bei Krankheiten des Blutes, der blutbildenden Organe und des Immunsystems mit äußerst schweren CC oder bestimmter hochaufwendiger Behandlung	3,545	-	23,8	7	0,328	42	0,077	0,105	-	-	1,0448
Q02B	O	Verschiedene OR-Prozeduren bei Krankheiten des Blutes, der blutbildenden Organe u. des Immunsystems oh. äußerst schwere CC, Alter < 6 J. od. best. Exzisionen u. Resektionen Mediastinum od. Thymus od. mit best. mäßig aufwendiger / aufwendiger Behandlung	1,574	-	5,7	1	0,348	13	0,120	0,103	-	-	1,2158
Q02C	O	Verschiedene OR-Prozeduren bei Krankheiten des Blutes, der blutbildenden Organe u. des Immunsystems oh. äußerst schwere CC, Alter > 5 Jahre, oh. bestimmte Exzisionen u. Resektionen Mediastinum od. Thymus, oh. best. aufwendige / hochaufwendige Behandlung	1,242	-	7,9	2	0,164	18	0,062	0,083	-	-	0,7364

Fallpauschalen-Katalog und Pflegeerlöskatalog
Teil a) Bewertungsrelationen bei Versorgung durch Hauptabteilungen

DRG	Partition	Bezeichnung [6]	Bewertungsrelation bei Hauptabteilung	Bewertungsrelation bei Hauptabteilung und Beleghebamme	Mittlere Verweildauer [1]	Untere Grenzverweildauer: Erster Tag mit Abschlag [2], [5]	Untere Grenzverweildauer: Bewertungsrelation/Tag	Obere Grenzverweildauer: Erster Tag zus. Entgelt [3], [5]	Obere Grenzverweildauer: Bewertungsrelation/Tag	Externe Verlegung Abschlag/Tag (Bewertungsrelation)	Verlegungsfallpauschale	Ausnahme von Wiederaufnahme [4]	Pflegeerlös Bewertungsrelation/Tag
1	2	3	4	5	6	7	8	9	10	11	12	13	
Q03A	O	Kleine Eingriffe bei Krankheiten des Blutes, der blutbildenden Organe und des Immunsystems, Alter < 10 Jahre	0,980	-	4,2	1	0,282	9	0,118	0,125	-	-	1,2235
Q03B	O	Kleine Eingriffe bei Krankheiten des Blutes, der blutbildenden Organe und des Immunsystems, Alter > 9 Jahre	0,728	-	3,4	1	0,255	8	0,086	0,095	-	-	0,7117
Q60A	M	Erkrankungen des retikuloendothelialen Systems, des Immunsystems und Gerinnungsstörungen mit komplexer Diagnose oder äußerst schweren oder schweren CC, mit bestimmter Milzverletzung oder Granulozytenstörung, Alter < 16 Jahre	1,163	-	6,9	1	0,556	15	0,160	0,140	-	-	1,5875
Q60B	M	Erkrankungen des retikuloendothelialen Systems, des Immunsystems und Gerinnungsstörungen mit kompl. Diagnose oder äußerst schweren oder schweren CC, oh. Granulozytenstörung, Alter < 1 Jahr oder Alter < 16 Jahre mit äußerst schweren CC	0,726	-	4,7	1	0,336	12	0,142	0,109	-	-	1,7996
Q60C	M	Erkrankungen des retikuloendothelialen Systems, des Immunsystems und Gerinnungsstörungen mit komplexer Diagnose oder äußerst schweren oder schweren CC, ohne Granulozytenstörung oder Alter > 15 Jahre oder ohne äußerst schwere CC	0,631	-	6,1	1	0,408	15	0,070	0,086	-	-	0,8033
Q60D	M	Erkrankungen des retikuloendothelialen Systems, des Immunsystems und Gerinnungsstörungen ohne komplexe Diagnose, ohne äußerst schwere oder schwere CC	0,446	-	4,0	1	0,236	9	0,072	0,081	-	-	0,8853
Q61A	M	Andere Erkrankungen der Erythrozyten mit äußerst schweren CC	1,505	-	15,1	4	0,271	30	0,063	0,083	-	-	0,9276
Q61B	M	Andere Erkrankungen der Erythrozyten, ohne äußerst schwere CC	0,617	-	5,1	1	0,367	11	0,067	0,080	-	-	0,7521
Q62Z	M	Andere Anämie	0,842	-	6,8	1	0,619	16	0,081	0,102	-	-	0,9905
Q63A	M	Aplastische Anämie, Alter < 16 Jahre oder bestimmte Anämie	1,336	-	9,0	2	0,417	20	0,154	0,126	-	-	1,4744
Q63B	M	Aplastische Anämie, Alter > 15 Jahre, ohne bestimmte Anämie	0,780	-	6,8	1	0,544	17	0,077	0,096	-	-	0,8586
MDC 17 Hämatologische und solide Neubildungen													
R01A	O	Lymphom und Leukämie mit großen OR-Prozeduren, mit äußerst schweren CC, mit komplexer OR-Prozedur	3,967	-	19,8	6	0,360	37	0,148	0,121	-	-	1,1841
R01B	O	Lymphom und Leukämie mit großen OR-Prozeduren, mit äußerst schweren CC, ohne komplexe OR-Prozedur oder ohne äußerst schwere CC, mit aufwendigem Eingriff an Wirbelsäule oder Gehirn	3,548	-	14,8	4	0,345	29	0,128	0,109	-	-	0,8183
R01C	O	Lymphom und Leukämie mit großen OR-Prozeduren, ohne äußerst schwere CC, mit komplexer OR-Prozedur, ohne aufwendigen Eingriff an Wirbelsäule oder Gehirn	2,496	-	11,0	3	0,368	25	0,122	0,123	-	-	0,9386
R01D	O	Lymphom und Leukämie mit großen OR-Prozeduren, ohne äußerst schwere CC, ohne komplexe OR-Prozedur	1,602	-	7,9	2	0,300	18	0,077	0,102	-	-	0,7387
R02Z	O	Große OR-Prozeduren mit äußerst schweren CC, mit komplexer OR-Prozedur bei hämatologischen und soliden Neubildungen	5,594	-	28,1	8	0,431	46	0,152	0,132	-	-	1,1791
R03Z	O	Lymphom und Leukämie mit bestimmter OR-Prozedur, mit äußerst schweren CC oder mit bestimmter OR-Prozedur mit schweren CC oder mit anderen OR-Prozeduren mit äußerst schweren CC, Alter < 16 Jahre	3,882	-	23,0	7	0,377	41	0,131	0,124	-	-	1,0386
R04A	O	Andere hämatologische und solide Neubildungen mit bestimmter OR-Prozedur, mit äußerst schweren oder schweren CC	2,465	-	15,5	4	0,355	32	0,079	0,107	-	-	0,8498
R04B	O	Andere hämatologische und solide Neubildungen mit anderer OR-Prozedur, mit äußerst schweren oder schweren CC	1,451	-	11,1	3	0,263	25	0,080	0,096	-	-	0,7309
R05Z	O	Strahlentherapie bei hämatologischen und soliden Neubildungen, Bestrahlungen an mindestens 9 Tagen oder bei akuter myeloischer Leukämie, Alter < 19 Jahre oder mit äußerst schweren CC	4,860	-	31,9	10	0,421	50	0,143	0,141	-	x	0,9047
R06Z	O	Strahlentherapie bei hämatologischen und soliden Neubildungen, Bestrahlungen an mindestens 9 Tagen oder bei akuter myeloischer Leukämie, Alter > 18 Jahre, ohne äußerst schwere CC	2,893	-	23,8	7	0,344	42	0,127	0,114	-	x	0,7701
R07A	O	Strahlentherapie bei hämatologischen und soliden Neubildungen, außer bei akuter myeloischer Leukämie, Alter < 19 Jahre oder mit äußerst schweren CC oder Bestrahlungen an mindestens 7 Tagen	1,971	-	13,7	4	0,383	27	0,140	0,131	-	x	0,8641
R07B	O	Strahlentherapie bei hämatologischen und soliden Neubildungen, außer bei akuter myeloischer Leukämie, Alter > 18 Jahre, ohne äußerst schwere CC, Bestrahlungen an weniger als 7 Tagen	0,815	-	6,0	1	0,401	16	0,140	0,120	-	x	0,7834
R11A	O	Lymphom und Leukämie mit bestimmter OR-Prozedur, mit schweren CC oder mit anderen OR-Prozeduren, mit äußerst schweren CC, Alter > 15 Jahre	2,715	-	17,8	5	0,362	33	0,086	0,115	-	-	0,8787
R11B	O	Lymphom und Leukämie mit bestimmter OR-Prozedur, ohne äußerst schwere oder schwere CC oder mit anderen OR-Prozeduren, mit schweren CC	1,274	-	5,9	1	0,636	16	0,085	0,117	-	-	0,7032
R11C	O	Lymphom und Leukämie mit anderen OR-Prozeduren ohne äußerst schwere oder schwere CC	0,809	-	3,9	1	0,306	9	0,099	0,111	-	-	0,7448

Fallpauschalen-Katalog und Pflegeerlöskatalog

Teil a) Bewertungsrelationen bei Versorgung durch Hauptabteilungen

DRG	Partition	Bezeichnung [6]	Bewertungsrelation bei Hauptabteilung	Bewertungsrelation bei Hauptabteilung und Beleghebamme	Mittlere Verweildauer [1]	Untere Grenzverweildauer: Erster Tag mit Abschlag [2,5]	Untere Grenzverweildauer: Bewertungsrelation/Tag	Obere Grenzverweildauer: Erster Tag zus. Entgelt [3,5]	Obere Grenzverweildauer: Bewertungsrelation/Tag	Externe Verlegung Abschlag/Tag (Bewertungsrelation)	Verlegungsfallpauschale	Ausnahme von Wiederaufnahme [4]	Pflegeerlös Bewertungsrelation/Tag
1	2	3	4	5	6	7	8	9	10	11	12	13	
R12A	O	Andere hämatologische und solide Neubildungen mit großen OR-Prozeduren, mit äußerst schweren CC oder komplexem Eingriff, ohne komplexe OR-Prozedur	3,492	-	15,2	4	0,366	30	0,146	0,112	-	-	1,1466
R12B	O	Andere hämatologische und solide Neubildungen mit großen OR-Prozeduren ohne äußerst schwere CC, ohne komplexen Eingriff, mit komplexer OR-Prozedur	1,949	-	7,1	1	0,451	15	0,162	0,103	-	-	0,8497
R12C	O	Andere hämatologische und solide Neubildungen mit großen OR-Prozeduren ohne äußerst schwere CC, ohne komplexen Eingriff, ohne komplexe OR-Prozedur	1,360	-	5,2	1	0,292	12	0,131	0,103	-	-	0,7916
R13A	O	Andere hämatologische und solide Neubildungen mit bestimmter OR-Prozedur, ohne äußerst schwere oder schwere CC, mit komplexer OR-Prozedur oder komplizierender Konstellation	1,215	-	5,0	1	0,293	11	0,145	0,094	-	-	0,7735
R13B	O	Andere hämatologische und solide Neubildungen mit bestimmter OR-Prozedur, ohne äußerst schwere oder schwere CC, ohne komplexe OR-Prozedur, ohne komplizierende Konstellation	1,000	-	4,4	1	0,450	10	0,123	0,088	-	-	0,7566
R14Z	O	Andere hämatologische und solide Neubildungen mit anderen OR-Prozeduren ohne äußerst schwere oder schwere CC oder Therapie mit offenen Nukliden bei hämatologischen und soliden Neubildungen, mehr als ein Belegungstag	0,741	-	3,2	1	0,294	7	0,101	0,109	-	x	0,7947
R16Z	O	Hochkomplexe Chemotherapie mit operativem Eingriff bei hämatologischen und soliden Neubildungen	4,364	-	23,3	7	0,449	41	0,185	0,148	-	-	1,1768
R60A	M	Akute myeloische Leukämie m. hochkomplexer Chemoth., Alter > 17 J. od. m. int. Chemoth. m. kompliz. Diagnose od. Dialyse od. Portimpl. od. intensivmed. Komplexbeh. > 392 / 368 / - P. od. schwerste CC od. best. kompl. Diagnostik bei Leuk., Alter < 16 J.	7,503	-	51,6	16	0,430	70	0,146	0,137	-	x	1,0022
R60B	M	Akute myeloische Leukämie mit intensiver Chemotherapie mit komplizierender Diagnose od. Dialyse od. Portimplantation od. intensivmed. Komplexbehandlung > 392 / 368 / - Aufwandspunkte od. schwerste CC od. best. kompl. Diagnostik bei Leuk., Alter > 15 J.	5,441	-	36,8	11	0,442	55	0,152	0,139	-	x	1,0588
R60C	M	Akute myel. Leukämie m. int. Chemo, äuß. schw. CC od. kompl. Diagnostik b. Leuk. od. Port od. m. mäß. kompl. Chemo m. best. kompliz. Fakt. od. m. äuß. schw. CC m. kompl. Diagnost. od. KomplBeh. isolat.pfl. Erreg. m. Dial. od. äuß. schw. od. schwerste CC	3,496	-	25,4	7	0,426	43	0,135	0,127	-	x	0,9826
R60D	M	Akute myeloische Leukämie mit intensiver Chemoth., ohne kompliz. Diagnose, ohne Dialyse, ohne Portimpl., oh. intensivmed. Komplexbeh. > 392 / 368 / - AufwP., oh. äuß. schwere CC, oh. kompl. Diagnostik b. Leukämie od. mit Dialyse od. äußerst schweren CC	1,835	-	12,4	3	0,448	28	0,139	0,135	-	x	1,0441
R60E	M	Akute myeloische Leukämie mit mäßig komplexer Chemoth., ohne komplizierende Diagnose, ohne Dialyse, ohne Portimpl., ohne äußerst schwere CC od. mit lokaler Chemoth. od. mit Komplexbeh. bei multiresistenten Erregern od. mit kompl. Diagnostik bei Leukämie	0,993	-	7,8	2	0,324	17	0,126	0,113	-	x	0,8117
R60F	M	Akute myeloische Leukämie ohne Chemotherapie, ohne Dialyse, ohne äußerst schwere CC, ohne Komplexbehandlung bei multiresistenten Erregern, ohne komplexe Diagnostik bei Leukämie	0,972	-	7,8	2	0,313	16	0,086	0,107	-	x	0,9401
R61A	M	Lymphom und nicht akute Leukämie mit Sepsis oder bestimmter komplizierender Konstellation oder mit Agranulozytose, intrakranieller Metastase oder Portimplantation, mit äuß. schw. CC, Alter > 15 Jahre, mit hochkompl. Chemotherapie oder schwersten CC	5,679	-	32,5	10	0,479	51	0,162	-	x	x	1,2400
R61B	M	Lymphom und nicht akute Leukämie mit Sepsis oder anderer kompliz. Konstell. oder mit kompl. Diagnose oder Portimpl., mit äuß. schw. CC, Alter > 15 Jahre od. mit äuß. schw. CC od. Tumorlyse-Syndrom, mit kompl. Diagnostik bei Leukämie od. mit schwersten CC	3,027	-	21,8	6	0,413	38	0,134	-	x	x	1,0156
R61C	M	Lymphom und nicht akute Leukämie ohne Sepsis, ohne komplizierende Konstellation, mit Agranulozytose oder Portimplantation oder Komplexbehandlung bei isolationspflichtigen Erregern oder komplexer Diagnostik bei Leukämie, Alter < 16 Jahre	2,732	-	12,2	3	0,580	25	0,190	0,176	-	x	1,8920
R61D	M	Lymphom u. nicht akute Leukämie m. Agranuloz., Portimpl., Komplbeh. bei isolationspfl. Erregern od. kompl. Diag. bei Leukämie, > 15 J., mit intens. Chemo od. < 18 J. od. m. äuß. schw. CC od. Blastenkrise, oh. kompl. Diag. bei Leukämie, oh. schwerste CC	1,874	-	14,4	4	0,353	29	0,123	0,114	-	x	0,9710
R61E	M	Lymph. u. nicht akute Leukämie mit best. kompliz. Faktoren, oh. äuß. schw. CC, Alt. > 17 J., oh. intensive Chemoth. od. kompl. Diag., kompliz. Proz., Alt. < 16 J. od. best. Lymph. mit best. Chemo. od. kompl. Diag., and. Komplbeh. b. isolat.pfl. Erregern	1,336	-	9,5	2	0,384	22	0,122	0,110	-	x	0,7658
R61F	M	Lymphom und nicht akute Leukämie ohne bestimmte kompliz. Faktoren, oh. äuß. schw. CC, mit kompl. Diagnose od. kompliz. Prozedur, Alter < 16 J. od. best. Lymphom mit best. Chemotherapie od. kompl. Diagnose od. andere Komplexbeh. b. isolationspfl. Erregern	1,093	-	8,2	2	0,354	18	0,129	0,115	-	x	1,0448
R61G	M	Lymphom und nicht akute Leukämie oh. best. kompliz. Faktoren, oh. äuß. schw. CC, Alter < 16 J. od. mit kompl. Diag. od. kompliz. Prozedur, Alter > 15 J., oh. best. Lymphom m. best. Chemoth., oh. kompl. Diagnose, oh. and. Komplbeh. b. isolat.pfl. Erregern	1,005	-	7,6	2	0,317	17	0,130	0,111	-	x	0,7749
R61H	M	Lymphom und nicht akute Leukämie ohne bestimmte komplizierende Faktoren, ohne äußerst schwere CC, ohne komplexe Diagnose, ohne komplizierende Prozedur, Alter > 15 Jahre	0,552	-	4,9	1	0,264	12	0,077	0,092	-	x	0,8343

Fallpauschalen-Katalog und Pflegeerlöskatalog
Teil a) Bewertungsrelationen bei Versorgung durch Hauptabteilungen

DRG	Partition	Bezeichnung [6]	Bewertungsrelation bei Hauptabteilung	Bewertungsrelation bei Hauptabteilung und Beleghebamme	Mittlere Verweildauer [1]	Untere Grenzverweildauer: Erster Tag mit Abschlag [2], [5]	Untere Grenzverweildauer: Bewertungsrelation/Tag	Obere Grenzverweildauer: Erster Tag zus. Entgelt [3], [5]	Obere Grenzverweildauer: Bewertungsrelation/Tag	Externe Verlegung Abschlag/Tag (Bewertungsrelation)	Verlegungsfallpauschale	Ausnahme von Wiederaufnahme [4]	Pflegeerlös Bewertungsrelation/Tag
1	2	3	4	5	6	7	8	9	10	11	12	13	
R62A	M	Andere hämatologische und solide Neubildungen mit kompliz. Diagnose oder Portimplantation oder mit Knochenaffektionen oder best. Metastasen oder äußerst schweren CC oder Dialyse oder Alter < 1 Jahr, mit komplexer Diagnose oder kompliz. Konstellation	1,702	-	12,4	3	0,338	28	0,111	0,096	-	x	0,9050
R62B	M	Andere hämatologische und solide Neubildungen ohne kompliz. Diagnose, ohne Portimplantation, mit Knochenaffektionen oder bestimmten Metastasen oder äußerst schweren CC oder Dialyse oder Alter < 1 Jahr, ohne komplexe Diagnose, ohne kompliz. Konstellation	0,999	-	9,3	2	0,310	22	0,072	0,093	-	x	0,8949
R62C	M	Andere hämatologische und solide Neubildungen ohne komplizierende Diagnose, ohne Portimplantation, ohne Knochenaffektionen, ohne bestimmte Metastasen, ohne äußerst schwere CC, ohne Dialyse, Alter > 0 Jahre	0,590	-	5,3	1	0,257	14	0,071	0,085	-	x	0,7995
R63A	M	Andere akute Leukämie oder bestimmtes Lymphom mit hochkomplexer Chemotherapie, Alter > 17 Jahre	7,957	-	57,7	18	0,410	76	0,143	0,131	-	x	0,8957
R63B	M	Andere akute Leukämie oder bestimmtes Lymphom mit Chemotherapie, mit Dialyse oder Sepsis oder mit Agranulozytose oder Portimplantation, Alter < 16 Jahre oder schwerste CC	5,870	-	26,3	8	0,586	44	0,203	0,191	-	x	1,7994
R63C	M	Andere akute Leukämie mit intensiver Chemotherapie, mit Dialyse oder Sepsis oder mit Agranulozytose oder Portimplantation, mit äußerst schweren CC oder mit komplizierender Konstellation oder Alter < 16 Jahre	6,508	-	38,7	12	0,479	57	0,163	0,157	-	x	1,2122
R63D	M	Andere akute Leukämie mit intens. Chemoth. mit Dialyse od. Sepsis od. mit Agranuloz. od. Portimpl. od. mit äuß. schw. CC od. mit kompliz. Konstell. od. mit mäßig komplexer Chemoth., mit Dialyse od. Sepsis od. mit Agranuloz. od. Portimpl., Alter < 16 J.	3,193	-	17,1	5	0,476	33	0,155	0,158	-	x	1,5093
R63E	M	Andere akute Leukämie mit mäßig komplexer Chemoth., mit Dialyse oder Sepsis oder Agranulozytose oder Portimplantat. oder mit lokaler Chemoth. oder best. Agranulozytose mit äuß. schw. CC, mit Dialyse oder Sepsis oder Portimplant. oder äuß. schw. CC	2,745	-	16,7	5	0,423	32	0,154	0,143	-	x	1,2604
R63F	M	Andere akute Leukämie ohne Dialyse, ohne Sepsis, ohne Agranulozytose, ohne Portimplantation, mit mäßig komplexer od. lokaler Chemoth., mit äußerst schweren CC oder ohne Chemoth. mit Dialyse od. Sepsis od. and. Agranulozyt. od. Portimpl. od. äuß. schw. CC	1,812	-	11,1	3	0,432	22	0,148	0,144	-	x	1,4744
R63G	M	Andere akute Leukämie mit intensiver Chemotherapie, ohne Dialyse, ohne Sepsis, ohne Agranulozytose, ohne Portimplantation, ohne äußerst schwere CC	1,122	-	6,4	1	0,652	15	0,140	0,162	-	x	1,2519
R63H	M	Andere akute Leukämie ohne Dialyse, ohne Sepsis, ohne Agranulozytose, ohne Portimplantation, ohne äußerst schwere CC	0,742	-	4,9	1	0,366	11	0,150	0,123	-	x	1,4702
R65Z	M	Hämatologische und solide Neubildungen, ein Belegungstag	0,255	-	1,0	-	-	-	-	-	-	x	1,3235
R66Z	M	Akute myeloische Leukämie oder andere akute Leukämie oder bestimmtes Lymphom mit hochkomplexer Chemotherapie, Alter < 18 Jahre	8,653	-	42,4	13	0,575	60	0,185	0,186	-	x	1,7295
R77Z	M	Komplexbehandlung bei isolationspflichtigen Erregern bei bestimmten hämatologischen und soliden Neubildungen	4,391	-	29,5	9	0,422	47	0,102	0,137	-	-	1,1820
MDC 18A HIV													
S01Z	O	HIV-Krankheit mit OR-Prozedur	2,182	-	12,4	3	0,444	28	0,142	0,131	-	x	0,8533
S60Z	M	HIV-Krankheit, ein Belegungstag	0,257	-	1,0	-	-	-	-	-	-	x	1,1253
S62Z	M	Bösartige Neubildung bei HIV-Krankheit	1,227	-	8,5	2	0,394	21	0,145	0,126	-	x	0,9312
S63A	M	Infektion bei HIV-Krankheit mit komplexer Diagnose und äußerst schweren CC oder mit komplizierender Konstellation	3,594	-	29,2	9	0,337	46	0,183	0,111	-	x	1,0835
S63B	M	Infektion bei HIV-Krankheit ohne komplexe Diagnose oder ohne äußerst schwere CC, ohne komplizierende Konstellation	1,277	-	11,8	3	0,303	26	0,107	0,092	-	x	0,8184
S65A	M	Andere Erkrankungen bei HIV-Krankheit oder andere HIV-Krankheit, mit äußerst schweren CC	2,966	-	25,9	8	0,312	44	0,118	0,106	-	x	0,9111
S65B	M	Andere Erkrankungen bei HIV-Krankheit oder andere HIV-Krankheit, ohne äußerst schwere CC	0,782	-	7,6	2	0,230	17	0,101	0,085	-	x	0,7089
MDC 18B Infektiöse und parasitäre Krankheiten													
T01A	O	OR-Prozedur bei infektiösen und parasitären Krankheiten mit bestimmter komplexer Prozedur oder komplizierender Konstellation, außer bei sonstiger Sepsis	4,950	-	26,7	8	0,370	45	0,156	-	x	-	1,2318
T01B	O	OR-Prozedur bei infektiösen und parasitären Krankheiten mit bestimmter komplexer Prozedur oder komplizierender Konstellation bei sonstiger Sepsis oder mit bestimmtem komplexen Eingriff oder mit äußerst schweren CC	4,009	-	26,4	8	0,319	44	0,077	0,105	-	-	1,1849
T01C	O	OR-Prozedur bei infektiösen und parasitären Krankheiten mit bestimmter komplexer Prozedur oder komplizierender Konstellation, ohne bestimmten komplexen Eingriff, ohne äußerst schwere CC	2,504	-	19,8	6	0,280	37	0,074	-	x	-	1,0233

Fallpauschalen-Katalog und Pflegeerlöskatalog

Teil a) Bewertungsrelationen bei Versorgung durch Hauptabteilungen

DRG	Partition	Bezeichnung [6]	Bewertungsrelation bei Hauptabteilung	Bewertungsrelation bei Hauptabteilung und Beleghebamme	Mittlere Verweildauer [1]	Untere Grenzverweildauer: Erster Tag mit Abschlag [2], [5]	Untere Grenzverweildauer: Bewertungsrelation/Tag	Obere Grenzverweildauer: Erster Tag zus. Entgelt [3], [5]	Obere Grenzverweildauer: Bewertungsrelation/Tag	Externe Verlegung Abschlag/Tag (Bewertungsrelation)	Verlegungsfallpauschale	Ausnahme von Wiederaufnahme [4]	Pflegeerlös Bewertungsrelation/Tag
1	2	3	4	5	6	7	8	9	10	11	12	13	
T01D	O	OR-Prozedur bei infektiösen und parasitären Krankheiten ohne bestimmte komplexe Prozedur, ohne komplizierende Konstellation, ohne bestimmten komplexen Eingriff, ohne äußerst schwere CC mit bestimmtem anderen Eingriff	1,788	-	14,1	4	0,226	29	0,056	0,076	-	-	0,7781
T01E	O	OR-Prozedur bei infektiösen und parasitären Krankheiten ohne bestimmte komplexe Prozedur, ohne komplizierende Konstellation, ohne bestimmten komplexen Eingriff, ohne äußerst schwere CC, ohne bestimmten anderen Eingriff	0,863	-	6,9	1	0,416	17	0,058	0,073	-	-	0,7473
T36Z	O	Intensivmedizinische Komplexbeh. > 588 / 552 / 552 Aufwandsp. bei infektiösen und parasitären Krankheiten oder OR-Prozedur bei inf. u. parasitären Krankh. mit best. komplexer Prozedur oder kompliz. Konstellation mit IntK > 392 / 368 / - Aufwandspunkte	5,223	-	21,1	6	0,688	39	0,229	-	x	x	2,6996
T44Z	A	Geriatrische frührehabilitative Komplexbehandlung bei infektiösen und parasitären Krankheiten	1,726	-	22,9	-	-	37	0,051	0,071	-	-	0,8296
T60A	M	Sepsis mit komplizierender Konstellation oder bei Zustand nach Organtransplantation, mit äußerst schweren CC oder intensivmedizinische Komplexbehandlung > 392 / 368 / - Aufwandspunkte	3,570	-	18,4	5	0,568	36	0,184	0,174	-	-	1,8313
T60B	M	Sepsis mit komplizierender Konstellation oder bei Z. n. Organtransplantation oder mit komplexer Diagnose oder äuß. schw. CC, Alter < 18 J. oder bei best. Para- / Tetraplegie oder mit best. ERCP od. mit schwersten CC oder mit IntK > 196 / 184 / 368 Punkte	2,939	-	17,2	5	0,457	34	0,160	0,151	-	-	1,6259
T60C	M	Sepsis mit komplizierender Konstellation oder bei Z. n. Organtransplantation oder mit kompl. Diagnose oder äuß. schweren CC, Alter > 17 Jahre, außer bei best. Para- / Tetraplegie, ohne best. ERCP, ohne schwerste CC oder mit IntK > 196 / 184 / 368 Punkte	1,903	-	14,2	4	0,356	29	0,091	0,117	-	-	1,3880
T60D	M	Sepsis mit anderer komplizierender Konstellation, außer bei Z. n. Organtransplantation, ohne komplexe Diagnose, ohne äußerst schwere CC, ohne intensivmedizinische Komplexbehandlung > 196 / 184 / 368 Aufwandspunkte oder Alter < 10 Jahre	1,144	-	10,6	3	0,286	22	0,086	0,090	-	-	1,3787
T60E	M	Sepsis ohne komplizierende Konstellation, außer bei Zustand nach Organtransplantation, ohne komplexe Diagnose, ohne äußerst schwere CC, Alter > 9 Jahre, ohne intensivmedizinische Komplexbehandlung > 196 / 184 / - Aufwandspunkte, mehr als ein Belegungstag	0,824	-	9,8	2	0,261	19	0,062	0,070	-	-	0,9354
T60F	M	Sepsis, verstorben < 5 Tage nach Aufnahme, ohne intensivmedizinische Komplexbehandlung > 196/ 184 / - Aufwandspunkte	0,464	-	1,6	-	-	-	-	-	x	-	2,0973
T60G	M	Sepsis ohne komplizierende Konstellation, außer bei Zustand nach Organtransplantation, ohne komplexe Diagnose, ohne äußerst schwere CC, Alter > 9 Jahre, ohne intensivmedizinische Komplexbehandlung > 196 / 184 / - Aufwandspunkte, ein Belegungstag	0,252	-	1,0	-	-	-	-	-	-	-	1,3094
T61Z	M	Postoperative und posttraumatische Infektionen	0,480	-	5,7	1	0,274	13	0,058	0,067	-	-	0,7161
T62A	M	Fieber unbekannter Ursache mit äußerst schweren oder schweren CC, Alter > 5 Jahre	0,901	-	7,1	1	0,527	16	0,071	0,113	-	-	0,9318
T62B	M	Fieber unbekannter Ursache ohne äußerst schwere oder schwere CC oder Alter < 6 Jahre	0,429	-	3,5	1	0,231	8	0,072	0,100	-	-	1,0282
T63A	M	Virale Erkrankung bei Zustand nach Organtransplantation oder mit intensivmedizinischer Komplexbehandlung > 196 / 184 / - Aufwandspunkte oder Alter < 14 Jahre mit komplexer Diagnose	1,482	-	8,6	2	0,455	21	0,135	0,159	-	-	1,2683
T63B	M	Schwere virale Erkrankung, außer bei Zustand nach Organtransplantation, ohne intensivmedizinische Komplexbehandlung > 196 / 184 / - Aufwandspunkte, Alter > 13 Jahre oder ohne komplexe Diagnose	0,958	-	8,3	2	0,314	17	0,065	0,098	-	-	0,8516
T63C	M	Mäßig schwere virale Erkrankung, außer bei Zustand nach Organtransplantation, ohne intensivmedizinische Komplexbehandlung > 196 / 184 / - Aufwandspunkte, Alter > 13 Jahre oder ohne komplexe Diagnose	0,467	-	4,3	1	0,243	9	0,069	0,077	-	-	0,8648
T63D	M	Andere virale Erkrankung, außer bei Zustand nach Organtransplantation ohne intensivmedizinische Komplexbehandlung > 196 / 184 / - Aufwandspunkte, Alter > 13 Jahre oder ohne komplexe Diagnose	0,364	-	3,1	1	0,170	7	0,075	0,085	-	-	0,9574
T64A	M	Andere infektiöse und parasitäre Krankheiten mit bestimmter komplexer Diagnose, Alter < 16 Jahre oder mit intensivmedizinischer Komplexbehandlung > 196 / 184 / - Aufwandspunkte	1,353	-	8,5	2	0,447	19	0,166	0,140	-	-	1,7929
T64B	M	Andere infektiöse und parasitäre Krankheiten mit komplexer Diagnose, Alter > 15 Jahre, mehr als ein Belegungstag, ohne intensivmedizinische Komplexbehandlung > 196 / 184 / - Aufwandspunkte	0,889	-	8,8	2	0,291	19	0,070	0,086	-	-	0,7995
T64C	M	Andere infektiöse und parasitäre Krankheiten mit komplexer Diagnose, Alter > 15 Jahre, ein Belegungstag oder ohne komplexe Diagnose, ohne intensivmedizinische Komplexbehandlung > 196 / 184 / - Aufwandspunkte	0,635	-	6,9	1	0,420	15	0,063	0,078	-	-	0,8433
T77Z	M	Komplexbehandlung bei isolationspflichtigen Erregern bei infektiösen und parasitären Krankheiten	1,385	-	15,7	-	-	29	0,067	0,077	-	-	1,1859

Fallpauschalen-Katalog und Pflegeerlöskatalog
Teil a) Bewertungsrelationen bei Versorgung durch Hauptabteilungen

DRG	Partition	Bezeichnung [6]	Bewertungsrelation bei Hauptabteilung	Bewertungsrelation bei Hauptabteilung und Beleghebamme	Mittlere Verweildauer [1]	Untere Grenzverweildauer: Erster Tag mit Abschlag [2, 5]	Untere Grenzverweildauer: Bewertungsrelation/Tag	Obere Grenzverweildauer: Erster Tag zus. Entgelt [3, 5]	Obere Grenzverweildauer: Bewertungsrelation/Tag	Externe Verlegung Abschlag/Tag (Bewertungsrelation)	Verlegungsfallpauschale	Ausnahme von Wiederaufnahme [4]	Pflegeerlös Bewertungsrelation/Tag
1	2	3	4	5	6	7	8	9	10	11	12	13	
MDC 19 Psychische Krankheiten und Störungen													
U40Z	A	Geriatrische frührehabilitative Komplexbehandlung bei psychischen Krankheiten und Störungen	1,248	-	18,9	-	-	29	0,048	0,061	-	-	0,6681
U42B	A	Multimodale Schmerztherapie bei psychischen Krankheiten und Störungen, Alter > 18 Jahre, mindestens 14 Behandlungstage	1,262	-	20,2	-	-	32	0,054	0,059	-	x	0,3259
U42C	A	Multimodale Schmerztherapie bei psychischen Krankheiten und Störungen, Alter > 18 Jahre, weniger als 14 Behandlungstage	0,886	-	9,9	-	-	15	0,062	0,081	-	x	0,5098
U60A	M	Psychiatrische Behandlung, ein Belegungstag, Alter < 16 Jahre	0,266	-	1,0	-	-	-	-	-	-	-	1,6122
U60B	M	Psychiatrische Behandlung, ein Belegungstag, Alter > 15 Jahre	0,188	-	1,0	-	-	-	-	-	-	-	1,0898
U61Z	M	Schizophrene, wahnhafte und akut psychotische Störungen	0,518	-	6,5	1	0,252	15	0,075	0,062	-	-	1,0217
U63Z	M	Schwere affektive Störungen	0,494	-	5,2	1	0,236	13	0,062	0,091	-	-	0,7218
U64Z	M	Angststörungen oder andere affektive und somatoforme Störungen	0,496	-	4,2	1	0,242	10	0,078	0,094	-	-	0,7005
U66Z	M	Ess-, Zwangs- und Persönlichkeitsstörungen und akute psychische Reaktionen oder psychische Störungen in der Kindheit	0,506	-	5,5	1	0,245	16	0,073	0,068	-	-	1,1037
MDC 20 Alkohol- und Drogengebrauch und alkohol- und drogeninduzierte psychische Störungen													
V40Z	A	Qualifizierter Entzug	0,766	-	11,3	3	0,190	16	0,047	0,066	-	-	0,5025
V60A	M	Alkoholintoxikation und Alkoholentzug oder Störungen durch Alkoholmissbrauch und Alkoholabhängigkeit mit bestimmten psychischen und Verhaltensstörungen durch Alkohol oder HIV-Krankheit	0,740	-	8,5	2	0,271	19	0,072	0,073	-	-	1,0886
V60B	M	Alkoholintoxikation und Alkoholentzug oder Störungen durch Alkoholmissbrauch und Alkoholabhängigkeit ohne bestimmte psychische und Verhaltensstörungen durch Alkohol, ohne HIV-Krankheit	0,360	-	4,2	1	0,222	9	0,063	0,071	-	-	0,7907
V61Z	M	Drogenintoxikation und -entzug	0,433	-	5,3	1	0,262	12	0,061	0,072	-	-	0,8293
V63Z	M	Störungen durch Opioidgebrauch und Opioidabhängigkeit	0,436	-	3,5	1	0,274	8	0,076	0,090	-	-	1,0451
V64Z	M	Störungen durch anderen Drogengebrauch und Medikamentenmissbrauch und andere Drogen- und Medikamentenabhängigkeit	0,415	-	2,6	1	0,253	5	0,105	0,109	-	-	1,3113
MDC 21A Polytrauma													
W01B	O	Polytrauma mit Beatmung > 72 Stunden oder komplexen Eingriffen oder IntK > 392 / 368 / 552 Aufwandspunkte, ohne Frührehabilitation, mit Beatmung > 263 Stunden oder mit komplexer Vakuumbehandlung oder mit IntK > 588 / 552 / - Aufwandspunkte	9,429	-	25,4	7	0,832	43	0,266	-	x	-	2,7129
W01C	O	Polytrauma mit Beatmung > 72 Stunden oder komplexen Eingriffen oder IntK > 392 / 368 / 552 Aufwandspunkte, ohne Frührehabilitation, ohne Beatmung > 263 Stunden, ohne komplexe Vakuumbehandlung, ohne IntK > 588 / 552 / - Aufwandspunkte	4,319	-	11,8	3	0,845	26	0,240	-	x	-	2,5596
W02A	O	Polytrauma mit anderen komplexen Eingriffen mit komplizierender Konstellation oder Eingriffen an mehreren Lokalisationen oder mit intensivmedizinischer Komplexbehandlung > 392 / 368 / - Aufwandspunkte	7,920	-	22,9	7	0,480	39	0,112	-	x	-	1,5900
W02B	O	Polytrauma mit anderen komplexen Eingriffen ohne komplizierende Konstellation, ohne Eingriffe an mehreren Lokalisationen, ohne intensivmedizinische Komplexbehandlung > 392 / 368 / - Aufwandspunkte	4,422	-	16,5	5	0,377	34	0,096	0,128	-	-	1,3665
W04A	O	Polytrauma mit anderen Eingriffen oder Beatmung > 24 Stunden, mit komplizierender Konstellation oder Eingriffen an mehreren Lokalisationen oder Alter < 6 Jahre	5,414	-	18,1	5	0,485	34	0,109	0,151	-	-	1,5198
W04B	O	Polytrauma mit anderen Eingriffen oder Beatmung > 24 Stunden, ohne komplizierende Konstellation, ohne Eingriffe an mehreren Lokalisationen, mit bestimmten anderen Eingriffen oder Beatmung mehr als 24 Stunden, Alter > 5 Jahre	3,156	-	14,2	4	0,382	28	0,093	0,125	-	-	1,2847
W04C	O	Polytrauma mit anderen Eingriffen oder Beatmung > 24 Stunden, ohne komplizierende Konstellation, ohne Eingriffe an mehreren Lokalisationen, ohne bestimmte andere Eingriffe, ohne Beatmung > 24 Stunden, Alter > 5 Jahre	2,352	-	14,0	4	0,319	28	0,079	0,106	-	-	1,1342
W36Z	O	Intensivmedizinische Komplexbehandlung > 784 / 828 / 828 Aufwandspunkte bei Polytrauma oder Polytrauma mit Beatmung oder Kraniotomie mit endovaskulärer Implantation von Stent-Prothesen an der Aorta	12,398	-	28,7	9	0,880	47	0,307	-	x	x	3,4609
W60Z	M	Polytrauma, verstorben < 5 Tage nach Aufnahme, ohne komplizierende Konstellationen, ohne Beatmung > 24 Stunden, ohne komplexe oder bestimmte andere Eingriffe	0,583	-	1,4	-	-	-	-	-	x	-	1,7292

Fallpauschalen-Katalog und Pflegeerlöskatalog
Teil a) Bewertungsrelationen bei Versorgung durch Hauptabteilungen

DRG	Partition	Bezeichnung [6]	Bewertungsrelation bei Hauptabteilung	Bewertungsrelation bei Hauptabteilung und Beleghebamme	Mittlere Verweildauer [1]	Untere Grenzverweildauer: Erster Tag mit Abschlag [2), 5)]	Untere Grenzverweildauer: Bewertungsrelation/Tag	Obere Grenzverweildauer: Erster Tag zus. Entgelt [3), 5)]	Obere Grenzverweildauer: Bewertungsrelation/Tag	Externe Verlegung Abschlag/Tag (Bewertungsrelation)	Verlegungsfallpauschale	Ausnahme von Wiederaufnahme [4]	Pflegeerlös Bewertungsrelation/Tag
1	2	3	4	5	6	7	8	9	10	11	12	13	
W61A	M	Polytrauma ohne signifikante Eingriffe mit komplizierender Diagnose oder mit intensivmedizinischer Komplexbehandlung > 196 / 184 / - Aufwandspunkte oder Alter < 12 Jahre	1,766	-	9,1	2	0,561	20	0,118	0,167	-	-	1,6395
W61B	M	Polytrauma ohne signifikante Eingriffe, ohne komplizierende Diagnose, ohne intensivmedizinische Komplexbehandlung > 196 / 184 / - Aufwandspunkte, Alter > 11 Jahre	1,223	-	9,1	2	0,378	21	0,091	0,104	-	-	1,0390
MDC 21B Verletzungen, Vergiftungen und toxische Wirkungen von Drogen und Medikamenten													
X01A	O	Rekonstruktive Operation bei Verletzungen mit komplizierender Konstellation oder freier Lappenplastik mit mikrovaskulärer Anastomosierung oder mit schweren Weichteilschäden oder komplexer OR-Prozedur oder best. komplexem Eingriff, mit äuß. schweren CC	4,504	-	27,7	8	0,284	46	0,065	-	x	-	0,9347
X01B	O	Rekonstruktive Operation bei Verletzungen ohne kompliz. Konstellation, ohne freie Lappenplastik mit mikrovask. Anastomosierung, mit schweren Weichteilschäden oder komplex. OR-Prozedur oder best. mäßig kompl. Eingriff oder äußerst schw. CC, mehr als 1 BT	1,857	-	14,0	4	0,207	28	0,053	-	x	-	0,6829
X01C	O	Rekonstr. Operation bei Verletzungen ohne kompliz. Konst., ohne freie Lappenplastik mit mikrovask. Anastomosierung, ohne schw. Weichteilschäden, ohne kompl. OR-Prozedur, ohne äuß. schw. CC, mit best. Nervennaht od. Hautplastik, > 1 BT od. Alter < 18 J.	1,041	-	4,6	1	0,200	12	0,061	0,071	-	-	0,7491
X01D	O	Rekonstr. Operation bei Verletzungen ohne kompliz. Konst., ohne freie Lappenplastik mit mikrovask. Anastomosierung, ohne schw. Weichteilschäden, ohne kompl. OR-Prozedur, ohne äuß. schw. CC, ohne best. Nervennaht oder Hautplastik oder 1 BT, Alter > 17 J.	0,770	-	4,0	1	0,183	10	0,058	0,071	-	-	0,7070
X04Z	O	Andere Eingriffe bei Verletzungen der unteren Extremität	1,047	-	6,6	1	0,270	17	0,059	0,077	-	-	0,7447
X05A	O	Andere Eingriffe bei Verletzungen der Hand, mit komplexem Eingriff	0,772	-	3,5	1	0,239	8	0,062	0,074	-	-	0,7165
X05B	O	Andere Eingriffe bei Verletzungen der Hand, ohne komplexen Eingriff	0,569	-	3,1	1	0,159	7	0,064	0,072	-	-	0,7629
X06A	O	Andere Eingriffe bei anderen Verletzungen mit äußerst schweren CC	2,855	-	15,0	4	0,384	30	0,092	0,119	-	-	1,3100
X06B	O	Andere Eingriffe bei anderen Verletzungen ohne äußerst schwere CC, mit komplexer OR-Prozedur oder Alter > 65 Jahre mit bestimmtem Eingriff oder mit schweren CC	1,291	-	7,8	2	0,240	17	0,065	0,082	-	-	0,8580
X06C	O	Andere Eingriffe bei anderen Verletzungen ohne äußerst schwere oder schwere CC, ohne komplexe OR-Prozedur, Alter < 66 Jahre oder ohne bestimmten Eingriff	0,720	-	4,3	1	0,265	10	0,059	0,074	-	-	0,7808
X07A	O	Replantation bei traumatischer Amputation, mit Replantation mehr als einer Zehe oder mehr als eines Fingers	5,725	-	15,8	4	0,302	34	0,095	0,089	-	-	0,7213
X07B	O	Replantation bei traumatischer Amputation, mit Replantation eines Fingers oder einer Zehe	2,446	-	8,3	2	0,246	17	0,063	0,083	-	-	0,7978
X33Z	O	Mehrzeitige komplexe OR-Prozeduren bei Verletzungen, Vergiftungen und toxischen Wirkungen von Drogen und Medikamenten	5,482	-	27,2	8	0,342	45	0,180	0,112	-	-	1,4902
X60A	M	Bestimmte Verletzungen	0,402	-	3,5	1	0,167	8	0,072	0,080	-	-	0,9441
X60B	M	Verletzungen und allergische Reaktionen ohne bestimmte Verletzungen	0,309	-	2,7	1	0,154	6	0,083	0,086	-	-	1,0968
X62Z	M	Vergiftungen / Toxische Wirkungen von Drogen, Medikamenten und anderen Substanzen oder Folgen einer medizinischen Behandlung oder bestimmte Erfrierungen und andere Traumata	0,429	-	3,8	1	0,240	9	0,069	0,077	-	-	0,9843
X64Z	M	Andere Krankheit verursacht durch Verletzung, Vergiftung oder toxische Wirkung	0,298	-	2,5	1	0,142	5	0,084	0,076	-	-	1,0748
MDC 22 Verbrennungen													
Y02A	O	Andere Verbrennungen mit Hauttransplantation oder anderen Eingriffen bei Sepsis oder mit kompliz. Konst., hochkomplexem Eingriff, vierzeitigen bestimmten OR-Prozeduren oder intensivmedizinischer Komplexbehandlung > 588 / 552 / 552 Aufwandspunkte	10,693	-	30,3	9	0,801	47	0,263	0,255	-	-	2,2784
Y02B	O	Andere Verbrenn. m. Haut-Tx. od. and. Eingr. auß. b. Sep., oh. kompliz. Konst., oh. hochkompl. Eingr., oh. vierz. best. OR-Proz., oh. IntK > 588 / 552 / 552 Aufwandsp., m. äuß. schw. CC, kompliz. Diagn., kompl. Proz., Dialyse od. Beatm. > 24 Std.	5,919	-	18,3	5	0,770	34	0,145	0,243	-	-	2,2507
Y02C	O	Andere Verbrenn. m. Haut-Tx. od. and. Eingr. oh. äuß. schw. CC, oh. kompliz. Diagn., oh. komplexe Proz., oh. Dialyse, oh. Beat. > 24 Std., oh. kompliz. Konst., oh. IntK > 588 / 552 / 552 Aufwandsp., oh. best. Spalthauttranspl., Alter < 18 J.	2,469	-	9,7	2	0,508	23	0,108	0,131	-	-	1,3586
Y02D	O	Andere Verbrenn. m. Hauttr. od. and. Eingr. oh. äuß. schw. CC, oh. kompliz. Diagn., oh. komplexe Proz., oh. Dialyse, oh. Beat. > 24 Std., oh. kompliz. Konst., oh. IntK > 588 / 552 / 552 Aufwandsp., oh. best. Spalthauttranspl., Alter > 17 J.	1,968	-	10,4	2	0,479	21	0,068	0,125	-	-	1,1159
Y03Z	O	Andere Verbrennungen mit anderen Eingriffen	0,871	-	4,5	1	0,527	11	0,074	0,108	-	-	1,3190
Y62Z	M	Andere Verbrennungen	0,410	-	4,1	-	-	10	0,062	0,084	-	-	1,0183
Y63Z	M	Verbrennungen, ein Belegungstag	0,183	-	1,0	-	-	-	-	-	-	-	1,3675

Fallpauschalen-Katalog und Pflegeerlöskatalog
Teil a) Bewertungsrelationen bei Versorgung durch Hauptabteilungen

DRG	Parti-tion	Bezeichnung [6]	Bewertungsrelation bei Hauptabteilung	Bewertungsrelation bei Hauptabteilung und Beleghebamme	Mittlere Verweil-dauer [1]	Untere Grenzverweildauer		Obere Grenzverweildauer		Externe Verlegung Abschlag/Tag (Bewertungsrelation)	Verlegungs-fallpauschale	Ausnahme von Wieder-aufnahme [4]	Pflegeerlös Bewertungs-relation/Tag
						Erster Tag mit Abschlag [2), 5)]	Bewertungs-relation/Tag	Erster Tag zus. Entgelt [3), 5)]	Bewertungs-relation/Tag				
1	2	3	4	5	6	7	8	9	10	11	12	13	
MDC 23 Faktoren, die den Gesundheitszustand beeinflussen, und andere Inanspruchnahme des Gesundheitswesens													
Z01A	O	OR-Prozeduren bei anderen Zuständen, die zur Inanspruchnahme des Gesundheitswesens führen mit komplexem Eingriff oder komplizierender Konstellation	2,160	-	10,0	2	0,499	23	0,079	0,123	-	-	1,1209
Z01B	O	OR-Prozeduren bei anderen Zuständen, die zur Inanspruchnahme des Gesundheitswesens führen ohne komplexen Eingriff, ohne komplizierende Konstellation, mit bestimmtem Eingriff	0,932	-	2,9	1	0,267	7	0,077	0,081	-	-	0,9150
Z01C	O	OR-Prozeduren bei anderen Zuständen, die zur Inanspruchnahme des Gesundheitswesens führen ohne komplexen Eingriff, ohne komplizierende Konstellation, ohne bestimmten Eingriff	0,492	-	4,2	1	0,204	10	0,064	0,072	-	-	0,7635
Z03Z	O	Nierenspende (Lebendspende)	2,413	-	7,6	2	0,315	12	0,120	0,106	-	-	1,2107
Z64A	M	Andere Faktoren, die den Gesundheitszustand beeinflussen, Nachbehandlung nach abgeschlossener Behandlung mit komplexer Radiojoddiagnostik	0,795	-	2,4	1	0,395	5	0,230	0,232	-	-	1,2066
Z64B	M	Andere Faktoren, die den Gesundheitszustand beeinflussen, Nachbehandlung nach abgeschlossener Behandlung mit bestimmter Radiojoddiagnostik, mit bestimmtem Kontakt-anlass	0,526	-	2,7	1	0,226	6	0,110	0,118	-	-	0,9675
Z64C	M	Andere Faktoren, die den Gesundheitszustand beeinflussen, Nachbehandlung nach abgeschlossener Behandlung ohne Radiojoddiagnostik, ohne bestimmten Kontaktanlass oder allergologische Provokationstestung bis 2 Belegungstage	0,290	-	2,5	1	0,096	5	0,076	0,080	-	-	0,9445
Z65Z	M	Beschwerden, Symptome, andere Anomalien und Nachbehandlung	0,459	-	4,2	1	0,265	10	0,071	0,082	-	-	0,8957
Z66Z	M	Vorbereitung zur Lebendspende	0,766	-	2,3	1	0,380	4	0,216	0,218	-	-	0,8530
MDC 24 Sonstige DRGs													
801A	O	Ausgedehnte OR-Proz. oh. Bezug zur Hauptdiagnose mit bestimmter kompl. Konst. oder Strahlenth. oder endovaskulärer Impl. von Stent-Proth. an der Aorta oder intensivmediz. Komplexbehandlung > 392 / 368 / - Aufwandsp. od. Alter < 18 J. mit kompl. Faktoren	4,883	-	24,8	7	0,494	43	0,159	0,151	-	x	1,5705
801B	O	Ausgedehnte OR-Prozedur ohne Bezug zur Hauptdiagnose mit hochkomplexer OR-Prozedur oder mit komplizierender Konstellation, Alter > 17 Jahre oder ohne komplizierende Faktoren oder mit komplexer OR-Prozedur oder schweren CC, Alter < 16 Jahre	3,440	-	22,2	6	0,333	40	0,076	0,097	-	x	1,0586
801C	O	Ausgedehnte OR-Prozedur ohne Bezug zur Hauptdiagnose mit komplexer OR-Prozedur oder anderem Eingriff an Kopf und Wirbelsäule oder mit neurologischer Komplexbehandlung des akuten Schlaganfalls oder bei Para- / Tetraplegie	2,786	-	17,9	5	0,302	34	0,073	0,097	-	x	0,9975
801D	O	Ausgedehnte OR-Prozedur ohne Bezug zur Hauptdiagnose mit bestimmter OR-Prozedur oder mit intensivmediz. Komplexbeh. > 196 / 184 / 368 Aufwandspunkte oder bestimmte nicht aus-gedehnte OR-Prozedur mit neurolog. Komplexbehandlung des akuten Schlaganfalls	2,484	-	17,6	5	0,288	33	0,069	0,089	-	x	0,9350
801E	O	Ausgedehnte OR-Prozedur ohne Bezug zur Hauptdiagnose ohne komplizierende Konstellation, ohne hochkomplexe, komplexe oder bestimmte OR-Prozedur	1,891	-	15,6	4	0,265	29	0,062	0,081	-	x	0,8277
802A	O	Bestimmte nicht ausgedehnte OR-Prozedur ohne Bezug zur Hauptdiagnose oder andere nicht ausgedehnte OR-Prozedur mit intensivmedizinischer Komplexbehandlung > 196 / 184 / 368 Auf-wandspunkte	2,223	-	16,2	4	0,354	31	0,076	0,103	-	x	0,9510
802B	O	Andere nicht ausgedehnte OR-Prozedur ohne Bezug zur Hauptdiagnose mit mäßig komplexer OR-Prozedur	1,967	-	17,0	5	0,264	32	0,066	0,089	-	x	0,7604
802C	O	Andere nicht ausgedehnte OR-Prozedur ohne Bezug zur Hauptdiagnose ohne mäßig komplexe OR-Prozedur	1,641	-	12,5	3	0,293	26	0,067	0,083	-	x	0,7946
802D	O	Wenig komplexe nicht ausgedehnte OR-Prozedur ohne Bezug zur Hauptdiagnose	1,001	-	7,2	1	0,565	19	0,063	0,079	-	x	0,8312
863Z	M	Neonatale Diagnose ohne Bezug zu Alter oder Gewicht	0,567	-	4,3	1	0,244	11	0,079	0,090	-	x	1,6971
Fehler-DRGs													
960Z	M	Nicht gruppierbar	-	-	-	-	-	-	-	-	-	-	-
961Z	M	Unzulässige Hauptdiagnose	-	-	-	-	-	-	-	-	-	-	-
962Z	M	Unzulässige Kodierung einer Sectio caesarea	-	-	-	-	-	-	-	-	-	-	-

Fallpauschalen-Katalog und Pflegeerlöskatalog
Teil b) Bewertungsrelationen bei Versorgung durch Belegabteilungen

DRG	Partition	Bezeichnung[6]	Bewertungsrelation bei Belegoperateur	Bewertungsrelation bei Belegoperateur und Beleganästhesist	Bewertungsrelation bei Belegoperateur und Beleghebamme	Bewertungsrelation bei Belegoperateur, -anästhesist und -hebamme	Mittlere Verweildauer[1]	Untere Grenzverweildauer: Erster Tag mit Abschlag[2), 5)]	Untere Grenzverweildauer: Bewertungsrelation/Tag	Obere Grenzverweildauer: Erster Tag zus. Entgelt[3), 5)]	Obere Grenzverweildauer: Bewertungsrelation/Tag	Externe Verlegung Abschlag/Tag (Bewertungsrelation)	Verlegungsfallpauschale	Ausnahme von Wiederaufnahme[4)]	Pflegeerlös Bewertungsrelation/Tag
1	2	3	4	5	6	7	8	9	10	11	12	13	14	15	16
Prä-MDC															
A13E	O	Beatmung > 95 Stunden, ohne komplexe OR-Prozedur, mit bestimmter OR-Prozedur oder komplizierender Konstellation oder mit intensivmedizinischer Komplexbehandlung > 588 / 552 / 552 Aufwandspunkte und < 1177 / 829 / 1105 Aufwandspunkte od. Alter < 16 Jahre	4,591	4,514	-	-	17,6	5	0,666	34	0,156	-	x	x	2,7332
A13F	O	Beatmung > 95 Stunden, ohne bestimmte OR-Prozedur, ohne komplizierende Konstellation, ohne intensivmed. Komplexbeh. > 588 / 552 / 552 Aufwandspunkte, Alter > 15 Jahre, mit komplexer Diagnose oder Prozedur od. intensivmed. Komplexbeh. > - / 368 / - Punkte	3,285	3,261	-	-	12,4	3	0,744	26	0,171	0,223	-	x	3,0347
A13G	O	Beatmung > 95 Stunden, mit bestimmter OR-Prozedur oder kompliz. Konstellation, mit äußerst schweren CC, verstorben oder verlegt < 9 Tage oder ohne best. OR-Proz., ohne kompliz. Konst., Alter > 15 J., ohne kompliz. Diagnose od. Prozedur, mit äuß. schw. CC	3,359	3,338	-	-	15,1	4	0,655	33	0,119	0,204	-	x	2,4384
A13H	O	Beatmung > 95 Stunden mit bestimmter OR-Prozedur oder kompliz. Konstellation, ohne äußerst schwere CC, verstorben oder verlegt < 9 Tage oder ohne best. OR-Proz., ohne kompliz. Konst., Alter > 15 J., ohne kompliz. Diagnose oder Proz., ohne äuß. schw. CC	2,411	2,402	-	-	11,0	3	0,584	24	0,148	0,191	-	x	2,7973
A15D	O	Knochenmarktransplantation / Stammzelltransfusion, autogen, bei Plasmozytom, ohne bestimmte Entnahme	3,317	3,317	-	-	19,3	5	0,360	28	0,150	-	x	x	1,1332
A42C	A	Stammzellentnahme bei Eigenspender ohne Chemotherapie, Alter > 15 Jahre, ohne schwerste CC, ohne Sepsis, ohne komplizierende Konstellation	0,711	0,711	-	-	4,4	1	0,281	10	0,128	0,117	-	x	0,8825
MDC 01 Krankheiten und Störungen des Nervensystems															
B04C	O	Eingriffe an den extrakraniellen Gefäßen, ohne mehrzeitige Eingriffe, ohne beidseitige Eingriffe, ohne äußerst schwere CC	1,110	1,025	-	-	5,8	1	0,233	11	0,066	-	x	-	0,9832
B05Z	O	Dekompression bei Karpaltunnelsyndrom oder kleine Eingriffe an den Nerven	0,379	0,332	-	-	2,4	1	0,096	5	0,049	0,046	-	-	0,8881
B07Z	O	Eingriffe an peripheren Nerven, Hirnnerven und anderen Teilen des Nervensystems mit äußerst schweren CC oder komplizierender Diagnose	4,134	4,131	-	-	15,0	4	0,497	31	0,090	0,151	-	-	1,2776
B09Z	O	Andere Eingriffe am Schädel	0,841	0,761	-	-	3,9	1	0,344	9	0,064	0,079	-	-	0,8375
B15Z	O	Strahlentherapie bei Krankheiten und Störungen des Nervensystems, Bestrahlungen an mindestens 8 Tagen	2,038	2,035	-	-	19,4	5	0,335	35	0,106	-	x	x	0,8269
B16A	O	Strahlentherapie bei Krankheiten und Störungen des Nervensystems, mehr als ein Belegungstag, Bestrahlungen an mindestens 5 Tagen	1,091	1,089	-	-	8,9	2	0,357	19	0,113	0,114	-	x	0,8265
B16B	O	Strahlentherapie bei Krankheiten und Störungen des Nervensystems, mehr als ein Belegungstag, Bestrahlungen an weniger als 5 Tagen	0,641	0,639	-	-	4,7	-	-	13	0,090	0,109	-	x	0,8987
B17D	O	Eingriffe an peripheren Nerven, Hirnnerven und anderen Teilen des Nervensystems oder Eingriff bei zerebraler Lähmung, Muskeldystrophie oder Neuropathie, mit mäßig komplexem Eingriff oder best. Eingriff und Alter < 19 J. oder schw. CC oder best. Diagnose	0,778	0,701	-	-	3,4	1	0,288	10	0,063	0,070	-	-	0,7693
B17E	O	Eingriffe an peripheren Nerven, Hirnnerven und anderen Teilen des Nervensystems oder Eingriff bei zerebraler Lähmung, Muskeldystrophie oder Neuropathie, ohne komplexe oder bestimmte Diagnose, ohne mäßig komplexen oder komplexen Eingriff	0,565	0,497	-	-	2,9	1	0,144	7	0,052	0,053	-	-	0,8389
B18B	O	Bestimmte Eingriffe an Wirbelsäule und Rückenmark bei Krankheiten und Störungen des Nervensystems außer bei bösartiger Neubildung oder Revision eines Ventrikelshuntes oder operative Eingriffe bei nicht akuter Para- / Tetraplegie	1,567	1,438	-	-	9,1	2	0,224	21	0,052	0,065	-	-	0,8892
B18C	O	Andere Eingriffe an Wirbelsäule und Rückenmark bei Krankheiten und Störungen des Nervensystems außer bei bösartiger Neubildung	1,192	1,092	-	-	5,3	1	0,226	12	0,060	0,073	-	-	1,1242
B18D	O	Mäßig komplexe Eingriffe an Wirbelsäule und Rückenmark bei Krankheiten und Störungen des Nervensystems außer bei bösartiger Neubildung	1,104	0,997	-	-	5,8	1	0,206	14	0,050	0,061	-	-	0,9538
B19C	O	Implantation, Revision und Entfernung von Neurostimulatoren und Neurostimulationselektroden bei Krankheiten und Störungen des Nervensystems ohne Implantation oder Wechsel von Neurostimulatoren und Elektrodensystemen	0,593	0,538	-	-	3,0	1	0,189	6	0,045	0,049	-	-	0,8305
B20B	O	Kraniotomie oder große WS-Operation mit kompl. Prozedur, mit kompliz. Faktoren, Alter > 15 Jahre, ohne best. intrakran. Blutung oder Alter < 1 J. mit interv. oder großem intrakran. oder best. Eingriff oder mit kompl. Diagnose od. bei bösart. Neubildung	2,211	2,048	-	-	9,9	2	0,366	19	0,158	-	x	-	1,1968

Fallpauschalen-Katalog und Pflegeerlöskatalog
Teil b) Bewertungsrelationen bei Versorgung durch Belegabteilungen

DRG	Partition	Bezeichnung [6]	Bewertungsrelation bei Belegoperateur	Bewertungsrelation bei Belegoperateur und Beleganästhesist	Bewertungsrelation bei Belegoperateur und Beleghebamme	Bewertungsrelation bei Belegoperateur, -anästhesist und -hebamme	Mittlere Verweildauer [1]	Untere Grenzverweildauer: Erster Tag mit Abschlag [2), 5)]	Untere Grenzverweildauer: Bewertungsrelation/Tag	Obere Grenzverweildauer: Erster Tag zus. Entgelt [3), 5)]	Obere Grenzverweildauer: Bewertungsrelation/Tag	Externe Verlegung Abschlag/Tag (Bewertungsrelation)	Verlegungsfallpauschale	Ausnahme von Wiederaufnahme [4]	Pflegeerlös Bewertungsrelation/Tag
1	2	3	4	5	6	7	8	9	10	11	12	13	14	15	16
B20C	O	Kraniotomie oder große WS-Operation, Alter < 3 Jahre oder interventioneller Eingriff oder Alter < 18 Jahre mit großem intrakraniellen Eingriff oder mit kompl. Diagnose oder best. Eingriff, Alter < 16 J. od. bei bösartiger Neubildung, Alter > 0 Jahre	1,669	1,568	-	-	6,1	1	0,564	14	0,178	-	x	-	1,2575
B20D	O	Kraniotomie oder große WS-OP mit komplexer Prozedur oder ohne komplexe Prozedur, Alter > 2 Jahre, mit komplexer Diagnose oder bestimmtem Eingriff oder mit bestimmter Prozedur oder bei bösartiger Neubildung oder Alter < 16 Jahre	1,569	1,470	-	-	6,9	1	0,545	17	0,125	-	x	-	1,2033
B20E	O	Kraniotomie oder große Wirbelsäulen-Operation ohne komplexe Prozedur, Alter > 2 Jahre, ohne komplexe Diagnose, ohne bestimmten Eingriff, ohne bestimmte Prozedur, außer bei bösartiger Neubildung, Alter > 15 Jahre	1,255	1,181	-	-	6,6	1	0,305	16	0,116	-	x	-	1,1501
B63Z	M	Demenz und andere chronische Störungen der Hirnfunktion	0,564	0,563	-	-	7,6	2	0,182	17	0,056	0,060	-	-	0,8521
B66D	M	Neubildungen des Nervensystems, ein Belegungstag oder ohne äußerst schwere CC, Alter > 15 Jahre	0,517	0,516	-	-	5,5	1	0,303	14	0,057	0,090	-	x	1,0357
B67B	M	Morbus Parkinson ohne äußerst schwere CC, ohne schwerste Beeinträchtigung	0,582	0,582	-	-	8,4	2	0,189	18	0,051	0,067	-	-	0,7714
B68D	M	Multiple Sklerose und zerebellare Ataxie, ein Belegungstag oder ohne äußerst schwere CC, Alter > 15 Jahre, ohne komplexe Diagnose	0,460	0,460	-	-	6,6	1	0,324	16	0,049	0,060	-	-	0,6637
B69D	M	Transitorische ischämische Attacke (TIA) und extrakranielle Gefäßverschlüsse ohne neurologische Komplexbehandlung des akuten Schlaganfalls, ohne andere neurologische Komplexbehandlung des akuten Schlaganfalls, ohne äußerst schwere CC	0,524	0,524	-	-	3,9	1	0,258	9	0,072	0,111	-	-	0,8327
B70E	M	Apoplexie ohne neurologische Komplexbehandlung des akuten Schlaganfalls, ohne andere neurol. Komplexbeh. des akuten Schlaganfalls, mehr als 72 Stunden, mit komplizierender Diagnose oder systemischer Thrombolyse oder Alter < 16 Jahre	0,981	0,980	-	-	8,0	2	0,321	18	0,085	0,107	-	-	1,2176
B70F	M	Apoplexie ohne neurologische Komplexbehandlung des akuten Schlaganfalls, ohne andere neurologische Komplexbehandlung des akuten Schlaganfalls, ohne komplizierende Diagnose, ohne systemische Thrombolyse, Alter < 15 Jahre	0,701	0,700	-	-	7,7	-	-	17	0,063	0,075	-	-	0,8966
B70G	M	Apoplexie mit neurologischer Komplexbehandlung des akuten Schlaganfalls oder mit anderer neurologischer Komplexbehandlung des akuten Schlaganfalls, verstorben < 4 Tage nach Aufnahme	0,713	0,711	-	-	2,5	-	-	-	-	-	x	-	2,3958
B70H	M	Apoplexie ohne neurologische Komplexbehandlung des akuten Schlaganfalls, ohne andere neurologische Komplexbehandlung des akuten Schlaganfalls, verstorben < 4 Tage nach Aufnahme	0,559	0,557	-	-	2,4	-	-	-	-	-	x	-	2,3831
B70I	M	Apoplexie, ein Belegungstag	0,277	0,277	-	-	1,0	-	-	-	-	-	-	-	1,3438
B71D	M	Erkrankungen an Hirnnerven und peripheren Nerven ohne komplexe Diagnose, ohne Komplexbehandlung der Hand, ohne äußerst schwere oder schwere CC oder ohne Komplexbehandlung der Hand oder mit kompl. Diagnose, ohne schw. CC oder außer bei Para- / Tetraplegie	0,442	0,442	-	-	5,3	1	0,226	11	0,058	0,070	-	-	0,6598
B76E	M	Anfälle, ein Belegungstag oder ohne komplexe Diagnostik und Therapie, ohne äußerst schwere oder schwere CC, ohne EEG, Alter > 5 Jahre, ohne komplexe Diagnose	0,427	0,426	-	-	3,8	1	0,228	8	0,078	0,089	-	-	1,0072
B77Z	M	Kopfschmerzen	0,365	0,365	-	-	3,1	1	0,169	7	0,080	0,087	-	-	0,7552
B78A	M	Intrakranielle Verletzung, Alter < 6 Jahre oder mit komplizierender Diagnose oder Intensivmedizinischer Komplexbehandlung > 196 / 184 / - Aufwandspunkte	0,719	0,714	-	-	6,0	1	0,413	15	0,082	0,101	-	-	1,3230
B78B	M	Intrakranielle Verletzung, Alter > 5 Jahre, ohne komplizierende Diagnose, ohne Intensivmedizinische Komplexbehandlung > 196 / 184 / - Aufwandspunkte	0,569	0,568	-	-	5,1	1	0,312	13	0,077	0,092	-	-	1,1514
B79Z	M	Schädelfrakturen, Somnolenz, Sopor oder andere Kopfverletzungen und bestimmte Fraktur	0,427	0,424	-	-	3,5	1	0,211	8	0,083	0,093	-	-	1,3069
B80Z	M	Andere Kopfverletzungen	0,234	0,233	-	-	2,2	1	0,079	4	0,068	0,071	-	-	1,0802
B81B	M	Andere Erkrankungen des Nervensystems ohne komplexe Diagnose, ohne bestimmte aufwendige / hochaufwendige Behandlung	0,506	0,504	-	-	5,5	1	0,258	12	0,060	0,077	-	-	0,7639
B82Z	M	Andere Erkrankungen an peripheren Nerven	0,279	0,279	-	-	3,3	1	0,116	7	0,061	0,066	-	-	0,6820
B85C	M	Degenerative Krankheiten des Nervensystems ohne hochkomplexe Diagnose, ohne äußerst schwere oder schwere CC oder ein Belegungstag, mit komplexer Diagnose, zerebrale Lähmungen oder Delirium, Alter > 1 Jahr	0,541	0,539	-	-	6,7	1	0,359	16	0,061	0,075	-	-	0,9281
B85D	M	Degenerative Krankheiten des Nervensystems ohne hochkomplexe Diagnose, ohne äußerst schwere oder schwere CC oder ein Belegungstag, ohne komplexe Diagnose	0,414	0,414	-	-	4,2	1	0,225	10	0,066	0,078	-	-	0,8644

Fallpauschalen-Katalog und Pflegeerlöskatalog
Teil b) Bewertungsrelationen bei Versorgung durch Belegabteilungen

DRG	Partition	Bezeichnung [6]	Bewertungsrelation bei Belegoperateur	Bewertungsrelation bei Belegoperateur und Beleganästhesist	Bewertungsrelation bei Belegoperateur und Beleghebamme	Bewertungsrelation bei Belegoperateur, -anästhesist und -hebamme	Mittlere Verweildauer [1]	Untere Grenzverweildauer: Erster Tag mit Abschlag [2), 5)]	Untere Grenzverweildauer: Bewertungsrelation/Tag	Obere Grenzverweildauer: Erster Tag zus. Entgelt [3), 5)]	Obere Grenzverweildauer: Bewertungsrelation/Tag	Externe Verlegung Abschlag/Tag (Bewertungsrelation)	Verlegungsfallpauschale	Ausnahme von Wiederaufnahme [4]	Pflegeerlös Bewertungsrelation/Tag
1	2	3	4	5	6	7	8	9	10	11	12	13	14	15	16
MDC 02 Krankheiten und Störungen des Auges															
C01A	O	Komplexer Eingriff bei penetrierenden Augenverletzungen oder bestimmte Orbitotomie	1,131	1,026	-	-	6,4	1	0,210	14	0,064	0,065	-	-	0,7594
C01B	O	Andere Eingriffe bei penetrierenden Augenverletzungen oder Amnionmembrantransplantation oder bestimmte Biopsie	0,599	0,568	-	-	5,1	1	0,309	12	0,044	0,053	-	-	0,7658
C03A	O	Eingriffe an Retina, Orbita und Augenlid oder Entfernung Augapfel mit komplexem Eingriff oder komplizierenden Faktoren oder mit bestimmtem Eingriff oder bei bösartiger Neubildung, Alter < 16 Jahre	0,686	0,618	-	-	4,3	1	0,116	11	0,037	0,040	-	-	0,7910
C03B	O	Eingriffe an Retina, Orbita und Augenlid oder Entfernung Augapfel ohne komplexen Eingriff, ohne komplizierende Faktoren, mit bestimmtem Eingriff oder bei bösartiger Neubildung, Alter > 15 Jahre	0,439	0,393	-	-	2,3	1	0,072	4	0,041	0,082	-	-	0,7166
C03C	O	Eingriffe an Retina, Orbita und Augenlid oder Entfernung Augapfel, ohne komplexen oder bestimmten Eingriff, außer bei bösartiger Neubildung	0,359	0,333	-	-	2,2	1	0,048	4	0,040	0,062	-	-	0,7276
C04A	O	Hornhauttransplantation mit extrakapsulärer Extraktion der Linse (ECCE) oder Amnionmembrantransplantation oder komplexem Eingriff oder komplexer Diagnose oder Pars-plana-Vitrektomie oder Alter < 16 Jahre	1,197	1,145	-	-	4,9	1	0,164	12	0,119	0,054	-	x	0,6862
C04B	O	Hornhauttransplantation ohne extrakapsuläre Extraktion der Linse (ECCE), ohne Amnionmembrantransplantation, ohne komplexen Eingriff, ohne komplexe Diagnose, ohne Pars-plana-Vitrektomie, Alter > 15 Jahre	0,931	0,903	-	-	4,2	1	0,120	10	0,114	0,055	-	x	0,7012
C05Z	O	Dakryozystorhinostomie	0,515	0,454	-	-	2,3	1	0,175	6	0,045	0,046	-	-	0,7534
C06Z	O	Komplexe Eingriffe bei Glaukom	0,377	0,346	-	-	3,8	1	0,090	7	0,033	0,038	-	-	0,6607
C07A	O	Andere Eingriffe bei Glaukom mit extrakapsulärer Extraktion der Linse (ECCE) oder komplexem Eingriff am Auge oder bestimmten Eingriffen bei Glaukom oder Alter < 6 Jahre	0,467	0,441	-	-	3,0	1	0,059	6	0,041	0,044	-	-	0,7419
C07B	O	Andere Eingriffe bei Glaukom ohne extrakapsuläre Extraktion der Linse (ECCE), ohne komplexen Eingriff am Auge, ohne bestimmte Eingriffe bei Glaukom, Alter > 5 Jahre	0,242	0,227	-	-	2,5	1	0,077	6	0,037	0,033	-	-	0,7088
C08A	O	Beidseitige extrakapsuläre Extraktion der Linse (ECCE) oder extrakapsuläre Extraktion der Linse oder bestimmte andere Eingriffe am Auge bei komplexer Diagnose oder Alter < 10 Jahre	0,467	0,427	-	-	3,7	1	0,173	8	0,040	0,046	-	-	0,7723
C08B	O	Extrakapsuläre Extraktion der Linse (ECCE) ohne komplexe Diagnose oder bestimmte Eingriffe am Auge, Alter > 9 Jahre	0,247	0,230	-	-	2,0	1	0,020	3	0,038	0,036	-	-	0,8586
C10A	O	Eingriffe an den Augenmuskeln mit erhöhtem Aufwand	0,551	0,484	-	-	2,2	1	0,103	4	0,049	0,057	-	-	1,2277
C10B	O	Eingriffe an den Augenmuskeln ohne erhöhten Aufwand, mit komplexem Eingriff oder Alter < 6 Jahre	0,487	0,431	-	-	2,2	1	0,097	4	0,067	0,052	-	-	1,2160
C10C	O	Eingriffe an den Augenmuskeln ohne erhöhten Aufwand, ohne komplexen Eingriff, Alter > 5 Jahre	0,436	0,383	-	-	2,2	1	0,063	4	0,049	0,050	-	-	1,0576
C12Z	O	Andere Rekonstruktionen der Augenlider	0,549	0,501	-	-	3,4	1	0,269	8	0,044	0,051	-	-	0,7197
C13Z	O	Eingriffe an Tränendrüse und Tränenwegen	0,387	0,355	-	-	2,9	1	0,114	6	0,046	0,050	-	-	0,8674
C14Z	O	Andere Eingriffe am Auge	0,270	0,251	-	-	2,7	1	0,075	6	0,037	0,040	-	-	0,7857
C15Z	O	Andere Eingriffe an der Retina	0,411	0,374	-	-	2,9	1	0,066	6	0,041	0,042	-	-	0,7685
C20A	O	Eingriffe an Kornea, Sklera und Konjunktiva, Eingriffe am Augenlid oder verschiedene Eingriffe an der Linse, Alter < 16 Jahre oder mit bestimmter Transplantation am Auge oder bei bösartiger Neubildung am Auge	0,553	0,505	-	-	3,0	1	0,221	7	0,068	0,059	-	-	1,0046
C20B	O	Eingriffe an Kornea, Sklera und Konjunktiva, Eingriffe am Augenlid oder verschiedene Eingriffe an der Linse, Alter > 15 Jahre, ohne bestimmte Transplantation am Auge außer bei bösartiger Neubildung am Auge	0,394	0,355	-	-	3,0	1	0,077	6	0,038	0,040	-	-	0,7975
C60Z	M	Akute und schwere Augeninfektionen	0,334	0,334	-	-	5,1	1	0,245	11	0,043	0,054	-	-	0,7155
C61Z	M	Neuro-ophthalmologische und vaskuläre Erkrankungen des Auges	0,419	0,417	-	-	3,9	1	0,224	9	0,071	0,084	-	-	0,6727
C62Z	M	Hyphäma und konservativ behandelte Augenverletzungen	0,223	0,223	-	-	3,5	1	0,095	7	0,049	0,042	-	-	0,7706
C63Z	M	Andere Erkrankungen des Auges oder Augenerkrankungen bei Diabetes mellitus	0,340	0,339	-	-	3,6	1	0,174	8	0,061	0,073	-	-	0,7510
C64Z	M	Glaukom, Katarakt und Erkrankungen des Augenlides	0,138	0,138	-	-	2,2	1	0,063	4	0,044	0,044	-	-	0,7434

Fallpauschalen-Katalog und Pflegeerlöskatalog
Teil b) Bewertungsrelationen bei Versorgung durch Belegabteilungen

DRG	Partition	Bezeichnung [6]	Bewertungsrelation bei Belegoperateur	Bewertungsrelation bei Belegoperateur und Beleganästhesist	Bewertungsrelation bei Belegoperateur und Beleghebamme	Bewertungsrelation bei Belegoperateur, -anästhesist und -hebamme	Mittlere Verweildauer [1]	Untere Grenzverweildauer: Erster Tag mit Abschlag [2), 5)]	Untere Grenzverweildauer: Bewertungsrelation/Tag	Obere Grenzverweildauer: Erster Tag zus. Entgelt [3), 5)]	Obere Grenzverweildauer: Bewertungsrelation/Tag	Externe Verlegung Abschlag/Tag (Bewertungsrelation)	Verlegungsfallpauschale	Ausnahme von Wiederaufnahme [4]	Pflegeerlös Bewertungsrelation/Tag
1	2	3	4	5	6	7	8	9	10	11	12	13	14	15	16
MDC 03 Krankheiten und Störungen des Ohres, der Nase, des Mundes und des Halses															
D01B	O	Kochleaimplantation, unilateral	5,885	5,778	-	-	4,1	1	0,237	8	0,113	0,093	-	-	0,7493
D02A	O	Komplexe Resektionen mit Rekonstruktionen an Kopf und Hals mit komplexem Eingriff oder mit Kombinationseingriff mit äußerst schweren CC	4,717	4,331	-	-	18,8	5	0,351	34	0,195	0,106	-	-	1,3451
D02B	O	Komplexe Resektionen mit Rekonstruktionen an Kopf und Hals ohne komplexen Eingriff, ohne Kombinationseingriff mit äußerst schweren CC	3,679	3,339	-	-	14,5	4	0,325	27	0,178	0,100	-	-	1,1643
D03A	O	Operative Korrektur einer Lippen-Kiefer-Gaumen-Spalte oder bestimmte plastische Rekonstruktion am Kopf mit Hartgaumenplastik oder bestimmte Knochentransplantation an Kiefer- und Gesichtsschädelknochen oder Alter < 2 Jahre	1,311	1,171	-	-	4,2	1	0,194	9	0,093	0,075	-	-	1,4909
D03B	O	Operative Korrektur einer Lippen-Kiefer-Gaumen-Spalte oder bestimmte plastische Rekonstruktion am Kopf ohne Hartgaumenplastik, ohne bestimmte Knochentransplantation an Kiefer- und Gesichtsschädelknochen, Alter > 1 Jahr	0,965	0,845	-	-	4,7	1	0,130	10	0,048	0,048	-	-	0,9355
D04A	O	Bignathe Osteotomie und komplexe Eingriffe am Kiefer oder Rekonstruktion der Trachea oder plastische Rekonstruktion der Ohrmuschel mit mikrovaskulärem Lappen, mit komplexem Eingriff	1,730	1,544	-	-	4,3	1	0,224	8	0,213	0,102	-	-	0,9726
D04B	O	Bignathe Osteotomie und komplexe Eingriffe am Kiefer oder Rekonstruktion der Trachea oder plastische Rekonstruktion der Ohrmuschel mit mikrovaskulärem Lappen, ohne komplexen Eingriff	1,318	1,190	-	-	5,4	1	0,245	10	0,185	0,082	-	-	0,9249
D05A	O	Komplexe Parotidektomie	1,079	0,947	-	-	3,2	1	0,146	7	0,064	0,070	-	-	0,7559
D05B	O	Komplexe Eingriffe an den Speicheldrüsen außer komplexe Parotidektomien	0,570	0,499	-	-	2,6	1	0,079	5	0,043	0,042	-	-	0,7778
D06A	O	Komplexe Eingriffe an Nasennebenhöhlen, Mastoid, Mittelohr, Speicheldrüsen, Rachen, Alter < 6 Jahre oder Alter > 15 Jahre mit komplexer Prozedur oder Diagnose, mit Resektion des Felsenbeins oder mit intrakraniellem Eingriff bei bösartiger Neubildung	1,165	1,052	-	-	6,0	1	0,242	13	0,057	0,069	-	-	1,2107
D06B	O	Andere Eingriffe an Nasennebenhöhlen, Mastoid, Mittelohr, Speicheldrüsen, Rachen, Alter > 5 Jahre und Alter < 16 Jahre oder Alter > 15 Jahre, mit komplexer Prozedur oder Diagnose, ohne Resektion am Felsenbein, ohne intrakraniellen Eingriff bei BNB	0,505	0,443	-	-	2,6	1	0,083	5	0,038	0,042	-	-	0,8374
D06C	O	Bestimmte Eingriffe an Nasennebenhöhlen, Mastoid, Mittelohr, Speicheldrüsen, Rachen, Alter > 15 Jahre, ohne komplexe Prozedur, ohne komplexe Diagnose, mit bestimmter Prozedur	0,414	0,364	-	-	2,6	1	0,135	5	0,034	0,035	-	-	0,7390
D08B	O	Eingriffe an Mundhöhle und Mund bei bösartiger Neubildung ohne äußerst schwere CC	0,613	0,565	-	-	4,1	1	0,247	9	0,107	0,068	-	-	0,8120
D12A	O	Andere aufwendige Eingriffe an Ohr, Nase, Mund und Hals mit komplexer Diagnose	1,070	0,978	-	-	5,2	1	0,258	14	0,073	0,106	-	-	0,9020
D12B	O	Andere Eingriffe an Ohr, Nase, Mund und Hals ohne komplexe Diagnose	0,419	0,374	-	-	3,0	1	0,096	6	0,032	0,039	-	-	0,7988
D13A	O	Kleine Eingriffe an Nase, Ohr, Mund und Hals mit komplizierender Diagnose oder bestimmtem Eingriff oder Alter < 16 Jahre mit äußerst schweren CC oder Alter < 1 Jahr	0,656	0,588	-	-	2,9	1	0,234	7	0,063	0,073	-	-	0,8910
D13B	O	Kleine Eingriffe an Nase, Ohr, Mund und Hals ohne komplizierende Diagnose, ohne bestimmten Eingriff, Alter > 15 Jahre oder ohne äußerst schwere CC, Alter > 0 Jahre	0,385	0,353	-	-	2,4	1	0,080	6	0,054	0,049	-	-	0,9600
D15A	O	Tracheostomie mit äußerst schweren CC oder mit radikaler zervikaler Lymphadenektomie oder Implantation einer Kiefergelenkendoprothese	2,714	2,513	-	-	17,4	5	0,239	33	0,061	-	x	-	1,1587
D15B	O	Tracheostomie ohne äußerst schwere CC, ohne radikale zervikale Lymphadenektomie	1,672	1,574	-	-	13,8	4	0,223	26	0,056	-	x	-	1,0571
D16Z	O	Materialentfernung an Kiefer und Gesicht	0,556	0,482	-	-	2,6	1	0,101	5	0,050	0,042	-	-	0,8056
D19Z	O	Strahlentherapie bei Krankheiten und Störungen des Ohres, der Nase, des Mundes und des Halses, Bestrahlungen an mindestens 9 Tagen	2,569	2,562	-	-	21,2	6	0,357	39	0,117	0,112	-	x	0,7497
D20A	O	Strahlentherapie bei Krankheiten und Störungen des Ohres, der Nase, des Mundes und des Halses, Bestrahlungen an mindestens 5 Tagen	1,027	1,025	-	-	7,4	-	-	15	0,134	0,118	-	x	0,7719
D20B	O	Strahlentherapie bei Krankheiten und Störungen des Ohres, der Nase, des Mundes und des Halses, Bestrahlungen an weniger als 5 Tagen	0,542	0,539	-	-	3,4	1	0,258	9	0,136	0,134	-	x	0,8149
D22A	O	Eingriffe an Mundhöhle und Mund, mit Mundboden- oder Vestibulumplastik, mit Eingriffen an Gaumen- und Rachenmandeln bei bösartiger Neubildung oder komplexe Eingriffe am Kopf	0,688	0,619	-	-	4,6	1	0,163	10	0,049	0,058	-	-	0,7460
D22B	O	Eingriffe an Mundhöhle und Mund oder Eingriffe an Hals und Kopf, ohne Mundboden- oder Vestibulumplastik, ohne Eingriffe an Gaumen- und Rachenmandeln bei bösartiger Neubildung, ohne komplexe Eingriffe am Kopf	0,340	0,294	-	-	2,7	1	0,074	7	0,035	0,036	-	-	0,8397

Fallpauschalen-Katalog und Pflegeerlöskatalog
Teil b) Bewertungsrelationen bei Versorgung durch Belegabteilungen

DRG	Partition	Bezeichnung [6]	Bewertungsrelation bei Belegoperateur	Bewertungsrelation bei Belegoperateur und Beleganästhesist	Bewertungsrelation bei Belegoperateur und Beleghebamme	Bewertungsrelation bei Belegoperateur, -anästhesist und -hebamme	Mittlere Verweildauer [1]	Untere Grenzverweildauer: Erster Tag mit Abschlag [2, 5]	Untere Grenzverweildauer: Bewertungsrelation/Tag	Obere Grenzverweildauer: Erster Tag zus. Entgelt [3, 5]	Obere Grenzverweildauer: Bewertungsrelation/Tag	Externe Verlegung Abschlag/Tag (Bewertungsrelation)	Verlegungs-fallpauschale	Ausnahme von Wiederaufnahme [4]	Pflegeerlös Bewertungsrelation/Tag
1	2	3	4	5	6	7	8	9	10	11	12	13	14	15	16
D24B	O	Komplexe Hautplastiken und große Eingriffe an Kopf und Hals ohne äußerst schwere CC, ohne Kombinationseingriff	1,754	1,572	-	-	6,8	1	0,346	15	0,071	0,089	-	-	0,8740
D25C	O	Mäßig komplexe Eingriffe an Kopf und Hals bei BNB oder mit Eingriff an den oberen Atemwegen, ohne Laryngektomie, ohne Exzision von Tumorgewebe, ohne äußerst schwere CC	1,312	1,180	-	-	6,1	1	0,268	14	0,138	0,076	-	-	0,8656
D25D	O	Mäßig komplexe Eingriffe an Kopf und Hals außer bei bösartiger Neubildung ohne äußerst schwere CC	0,517	0,462	-	-	4,2	1	0,117	10	0,037	0,043	-	-	0,8819
D28Z	O	Andere Eingriffe an Kopf und Hals mit komplexem Eingriff oder bei bösartiger Neubildung oder Rekonstruktion mit Gesichtsepithesen oder totale Auflagerungsplastik der Maxilla	0,587	0,519	-	-	2,6	1	0,078	6	0,100	-	x	-	0,8435
D29Z	O	Operationen am Kiefer und andere Eingriffe an Kopf und Hals außer bei bösartiger Neubildung	0,754	0,668	-	-	3,3	1	0,282	8	0,058	0,062	-	-	0,8093
D30A	O	Tonsillektomie außer bei BNB od. versch. Eingriffe Ohr, Nase, Mund, Hals oh. äuß. schw. CC, m. aufw. Eingr. od. Eingr. Mundh., Mund, Alter < 3 J. od. m. kompl. Diag. od. Alter < 16 J. m. äuß. schw. od. schw. CC od. m. Eingr. Ohr, Trachea m. äuß. schw. CC	0,463	0,410	-	-	2,6	1	0,057	5	0,037	0,038	-	-	0,8011
D30B	O	Tonsillektomie außer bei BNB oder verschiedene Eingriffe an Ohr, Nase, Mund und Hals, Alter > 15 oder ohne äußerst schwere oder schwere CC, Alter < 12 Jahre oder Alter > 11 Jahre bei BNB oder mit anderem Eingriff oder ohne Eingriff an Hals, Trachea	0,345	0,310	-	-	3,1	1	0,086	6	0,031	0,034	-	-	0,7636
D30C	O	Kleine Eingriffe an Ohr, Nase, Mund und Hals, Alter > 11 Jahre	0,279	0,260	-	-	2,4	1	0,007	5	0,052	0,054	-	-	0,8075
D35Z	O	Eingriffe an Nase, Nasennebenhöhlen bei bösartiger Neubildung	0,916	0,823	-	-	4,3	1	0,183	9	0,175	0,072	-	-	0,7554
D36Z	O	Sehr komplexe Eingriffe an den Nasennebenhöhlen	0,751	0,672	-	-	3,4	1	0,187	8	0,062	0,070	-	-	0,7895
D37A	O	Sehr komplexe Eingriffe an der Nase, Alter < 16 Jahre oder bei Gaumenspalte oder Spaltnase oder plastische Rekonstruktion der Nase mit Rippenknorpeltransplantation	1,219	1,053	-	-	3,7	1	0,131	7	0,055	0,056	-	-	0,7529
D37B	O	Sehr komplexe Eingriffe an der Nase, Alter > 15 Jahre, außer bei Gaumenspalte oder Spaltnase, ohne plastische Rekonstruktion der Nase mit Rippenknorpeltransplantation	0,484	0,421	-	-	2,2	1	0,084	4	0,036	0,073	-	-	0,8626
D38Z	O	Mäßig komplexe Eingriffe an Nase, Nasennebenhöhlen, Gesichtsschädelknochen	0,446	0,386	-	-	2,6	1	0,100	5	0,037	0,039	-	-	0,7044
D39Z	O	Andere Eingriffe an der Nase	0,370	0,334	-	-	2,5	1	0,092	6	0,050	0,056	-	-	0,8063
D40Z	A	Zahnextraktion und -wiederherstellung	0,442	0,402	-	-	2,6	1	0,085	5	0,053	0,055	-	-	1,0404
D60B	M	Bösartige Neubildungen an Ohr, Nase, Mund und Hals, ein Belegungstag oder ohne äußerst schwere oder schwere CC	0,473	0,448	-	-	3,9	1	0,173	9	0,061	0,071	-	x	0,9086
D61Z	M	Gleichgewichtsstörung, Hörverlust und Tinnitus	0,373	0,373	-	-	3,9	1	0,169	8	0,059	0,076	-	-	0,6853
D63B	M	Otitis media oder Infektionen der oberen Atemwege oder Blutung aus Nase und Rachen ohne äußerst schwere CC	0,184	0,182	-	-	3,4	1	0,088	7	0,041	0,042	-	-	1,0287
D64Z	M	Laryngotracheitis, Laryngospasmus und Epiglottitis	0,196	0,195	-	-	2,2	1	0,078	4	0,059	0,058	-	-	1,3908
D65Z	M	Andere Krankheiten an Ohr, Nase, Mund und Hals oder Verletzung und Deformität der Nase	0,318	0,304	-	-	3,1	1	0,088	7	0,053	0,083	-	-	0,8924
D67Z	M	Erkrankungen von Zähnen und Mundhöhle	0,339	0,326	-	-	3,7	1	0,103	8	0,054	0,059	-	-	0,9361
MDC 04 Krankheiten und Störungen der Atmungsorgane															
E02B	O	Andere OR-Prozeduren an den Atmungsorganen, Alter > 9 Jahre, mit mäßig aufwendigem Eingriff bei Krankheiten und Störungen der Atmungsorgane oder mehr als ein Belegungstag mit bestimmtem Eingriff an Larynx oder Trachea oder mit äußerst schweren CC	1,386	1,352	-	-	11,9	3	0,252	25	0,058	0,078	-	-	0,7938
E02C	O	Andere OR-Prozeduren an den Atmungsorganen, Alter > 9 J., mehr als 1 BT, ohne best. Eingr. an Larynx oder Trachea, ohne mäßig aufwend. Eingr., ohne äuß. schw. CC, mit best. endoskop. Lungenvolumenred. oder anderem mäßig kompl. Eingr. oder Alter < 18 J.	0,744	0,696	-	-	5,6	1	0,214	14	0,063	0,074	-	-	0,7560
E02D	O	Andere OR-Prozeduren an den Atmungsorganen, Alter > 17 Jahre, mehr als 1 BT, ohne bestimmten Eingriff an Larynx oder Trachea, ohne mäßig aufwendigen Eingriff, ohne äußerst schwere CC, ohne endoskop. Lungenvolumenred., ohne anderen mäßig kompl. Eingriff	0,781	0,768	-	-	5,6	-	-	14	0,072	0,086	-	-	0,6626
E02E	O	Andere OR-Prozeduren an den Atmungsorganen, Alter > 17 J., ohne best. Eingriff an Larynx oder Trachea, ohne mäßig aufwendigen Eingriff, ohne äußerst schwere CC, ohne endoskop. Lungenvolumenreduktion, ohne andere mäßig kompl. Eingriffe, ein Belegungstag	0,441	0,425	-	-	1,0	-	-	-	-	-	-	-	1,3415
E07Z	O	Aufwendige Eingriffe bei Schlafapnoesyndrom	0,559	0,492	-	-	3,4	1	0,110	7	0,045	0,050	-	-	0,6456

Fallpauschalen-Katalog und Pflegeerlöskatalog
Teil b) Bewertungsrelationen bei Versorgung durch Belegabteilungen

DRG	Partition	Bezeichnung [6]	Bewertungsrelation bei Belegoperateur	Bewertungsrelation bei Belegoperateur und Beleganästhesist	Bewertungsrelation bei Belegoperateur und Beleghebamme	Bewertungsrelation bei Belegoperateur, -anästhesist und -hebamme	Mittlere Verweildauer [1]	Untere Grenzverweildauer		Obere Grenzverweildauer		Externe Verlegung Abschlag/Tag (Bewertungsrelation)	Verlegungs-fallpauschale	Ausnahme von Wiederaufnahme [4]	Pflegeerlös Bewertungsrelation/Tag
								Erster Tag mit Abschlag [2), 5)]	Bewertungs-relation/Tag	Erster Tag zus. Entgelt [3), 5)]	Bewertungs-relation/Tag				
1	2	3	4	5	6	7	8	9	10	11	12	13	14	15	16
E08B	O	Strahlentherapie bei Krankheiten und Störungen der Atmungsorgane ohne operativen Eingriff oder Beatmung > 24 Stunden, mehr als ein Belegungstag, Bestrahlungen an mindestens 9 Tagen	2,679	2,670	-	-	22,5	7	0,320	41	0,116	-	x	x	0,7153
E08C	O	Strahlentherapie bei Krankheiten und Störungen der Atmungsorgane ohne operativen Eingriff od. Beatmung > 24 Stunden, mehr als ein Belegungstag, Bestrahlungen an mindestens 5 Tagen od. mindestens 10 Bestrahlungen od. zerebrale, stereotaktische Bestrahlung	1,342	1,339	-	-	12,9	3	0,324	27	0,107	0,091	-	x	0,8056
E08D	O	Strahlentherapie bei Krankheiten und Störungen der Atmungsorgane ohne operativen Eingr. oder Beatmung > 24 Stunden, mehr als ein Belegungstag, Bestrahlungen an weniger als 5 Tagen, weniger als 10 Bestrahlungen, ohne zerebrale, stereotaktische Bestrahlung	0,900	0,897	-	-	8,6	2	0,280	21	0,096	-	x	x	0,7648
E40C	A	Krankheiten und Störungen der Atmungsorgane mit Beatmung > 24 Stunden, mehr als 2 Belegungstage, mit komplexer Prozedur, ohne äußerst schwere CC, außer bei bestimmter Para- / Tetraplegie	1,471	1,466	-	-	9,2	2	0,516	21	0,086	0,149	-	x	2,0048
E63B	M	Schlafapnoesyndrom oder Polysomnographie oder kardiorespiratorische Polygraphie bis 2 Belegungstage, Alter > 17 Jahre, ohne bestimmte invasive kardiologische Diagnostik	0,118	0,118	-	-	2,1	1	0,031	4	0,040	0,039	-	-	0,7434
E64A	M	Respiratorische Insuffizienz, mehr als ein Belegungstag, mit äußerst schweren CC oder bestimmte Lungenembolie oder IntK > 196 / 184 / 184 Aufwandspunkte oder Komplexbehandlung bei isolationspflichtigen Erregern, Alter > 15 Jahre	0,804	0,803	-	-	7,6	2	0,260	17	0,068	0,091	-	-	1,0657
E64B	M	Respiratorische Insuffizienz, mehr als ein Belegungstag, mit IntK > 0 / 0 / - Aufwandspunkten, ohne IntK > 196 / 184 / 184 Aufwandspunkten, ohne äußerst schwere CC, Alter < 16 Jahre	0,853	0,852	-	-	6,0	-	-	14	0,138	0,119	-	-	1,5671
E64C	M	Respiratorische Insuffizienz, mehr als ein Belegungstag, ohne äußerst schwere CC, IntK < - / - / 185 Aufwandspunkten, Alter > 15 Jahre	0,465	0,465	-	-	5,4	-	-	12	0,059	0,070	-	-	0,8065
E64D	M	Respiratorische Insuffizienz, ein Belegungstag	0,194	0,194	-	-	1,0	-	-	-	-	-	-	-	1,2920
E65A	M	Chron.-obstr. Atemwegserkrankung od. best. Atemwegsinfekt. mit äuß. schw. CC od. best. hochaufw. Beh. od. kompliz. Fakt. od. Bronchitis u. Asthma bronch., > 1 BT, mit äuß. schw. od. schw. CC, Alter < 1 J., mit RS-V.-Infekt., mit IntK > 196 / 184 / - P.	1,160	1,159	-	-	17,8	5	0,187	29	0,047	0,060	-	-	1,0485
E65B	M	Chronisch-obstruktive Atemwegserkrankung oder best. Atemwegsinfektion ohne äußerst schwere CC, mit komplizierender Diagnose oder mit FEV1 < 35% und mehr als ein Belegungstag oder Alter < 1 J. oder mit best. mäßig aufwendiger /and. aufwendiger Behandlung	0,585	0,585	-	-	8,2	2	0,184	17	0,048	0,063	-	-	0,7616
E65C	M	Chronisch-obstruktive Atemwegserkrankung ohne äußerst schwere CC, ohne komplizierende Diagnose, ohne FEV1 < 35% oder ein Belegungstag oder Alter > 1 Jahr, ohne bestimmte mäßig aufwendige / andere aufwendige Behandlung	0,451	0,451	-	-	6,6	1	0,252	14	0,044	0,058	-	-	0,7200
E66A	M	Schweres Thoraxtrauma mit komplizierender Diagnose	0,477	0,475	-	-	5,4	1	0,225	12	0,060	0,089	-	-	0,8841
E66B	M	Schweres Thoraxtrauma ohne komplizierende Diagnose	0,349	0,347	-	-	4,2	1	0,135	10	0,053	0,079	-	-	0,8030
E69B	M	Bronchitis und Asthma bronchiale, mehr als 1 BT u. Alter > 55 J. od. mit äuß. schw. od. schw. CC, Alter > 0 J. od. 1 BT od. oh. äuß. schw. od. schw. CC, Alter < 1 J. od. flex. Bronchoskopie, Alter < 16 J. od. andere mäßig aufw. Beh., mit RS-Virus-Infekt.	0,424	0,422	-	-	6,6	1	0,276	13	0,044	0,055	-	-	0,8353
E69C	M	Bronchitis und Asthma bronchiale, ein Belegungstag oder ohne äuß. schw. oder schw. CC oder Alter < 56 Jahre oder Beschwerden und Symptome der Atmung oder Störungen der Atmung mit Ursache in der Neonatalperiode, ohne bestimmte aufw./hochaufw. Behandlung	0,295	0,294	-	-	3,7	1	0,122	7	0,057	0,064	-	-	1,0651
E70Z	M	Keuchhusten und akute Bronchiolitis	0,295	0,295	-	-	4,0	1	0,154	9	0,052	0,059	-	-	1,4763
E71A	M	Neubildungen der Atmungsorgane mit intensivmedizinischer Komplexbehandlung > 196 / 184 / - Aufwandspunkten oder mehr als ein Belegungstag mit äußerst schweren CC	1,244	1,239	-	-	14,7	4	0,232	30	0,056	0,077	-	x	0,9298
E71B	M	Neubildungen der Atmungsorgane, ein Belegungstag oder ohne äußerst schwere CC, mit Ösophagusprothese oder endoskopischer Stufenbiopsie oder endoskopischer Biopsie am Respirationstrakt mit Chemotherapie ohne int. Komplexbeh. > 196 / 184 / - Punkten	0,946	0,942	-	-	7,5	1	0,493	19	0,062	0,099	-	x	0,6415
E71C	M	Neubildungen der Atmungsorgane, ein Belegungstag oder ohne äußerst schwere CC, ohne Ösophagusproth., ohne Stufenbiop., ohne Chemotherapie od. ohne endoskop. Biop. am Respir.-Trakt, mit Bronchoskop. mit starrem Instr. oder perkut. Biop. am Respir.-Trakt	0,572	0,568	-	-	5,1	1	0,245	13	0,067	0,080	-	x	0,6639
E71D	M	Neubildungen der Atmungsorgane, ein Belegungstag od. ohne äußerst schwere CC, ohne Ösophagusproth., ohne Stufenbiopsie, ohne Chemoth. od. ohne endoskop. Biop. am Respir.-Trakt, ohne Bronchoskopie mit starrem Instr., ohne perkut. Biopsie am Respir.-Trakt	0,442	0,440	-	-	6,5	1	0,220	15	0,050	0,055	-	x	0,8600
E73B	M	Pleuraerguss ohne äußerst schwere CC	0,445	0,444	-	-	4,8	1	0,283	12	0,058	0,069	-	-	0,7464

Fallpauschalen-Katalog und Pflegeerlöskatalog

Teil b) Bewertungsrelationen bei Versorgung durch Belegabteilungen

DRG	Parti-tion	Bezeichnung [6]	Bewertungsrelation bei Belegoperateur	Bewertungsrelation bei Belegoperateur und Beleganästhesist	Bewertungsrelation bei Belegoperateur und Beleghebamme	Bewertungsrelation bei Belegoperateur, -anästhesist und -hebamme	Mittlere Verweil-dauer [1]	Untere Grenzverweildauer		Obere Grenzverweildauer		Externe Verlegung Abschlag/Tag (Bewertungsrelation)	Verlegungs-fallpauschale	Ausnahme von Wieder-aufnahme [4]	Pflegeerlös Bewertungs-relation/Tag
								Erster Tag mit Abschlag [2), 5)]	Bewertungs-relation/Tag	Erster Tag zus. Entgelt [3), 5)]	Bewertungs-relation/Tag				
1	2	3	4	5	6	7	8	9	10	11	12	13	14	15	16
E74Z	M	Interstitielle Lungenerkrankung	0,529	0,528	-	-	6,1	1	0,291	15	0,054	0,067	-	-	0,7316
E75C	M	Andere Krankheiten der Atmungsorgane ohne äußerst schwere CC, ohne best. andere Krankheiten der Atmungsorgane, ohne IntK > 196 / 184 / 368 P., ohne Komplexbeh. bei isolationspfl. Erregern oder Beschwerden und Symptome der Atmung mit komplexer Diagnose	0,409	0,406	-	-	5,2	1	0,190	11	0,052	0,062	-	-	0,9331
E76C	M	Tuberkulose bis 14 Belegungstag, Alter > 17 Jahre oder ohne äußerst schwere oder schwere CC oder Pneumothorax	0,583	0,580	-	-	6,3	1	0,358	14	0,061	0,075	-	-	0,9470
E77B	M	Bestimmte andere Infektionen und Entzündungen der Atmungsorgane mit bestimmter komplizierender Konstellation oder hochkomplexer Diagnose oder intensivmedizinischer Komplex-behandlung > 196 / - / - Aufwandspunkte	1,830	1,829	-	-	25,1	7	0,225	41	0,049	0,070	-	-	1,3656
E77C	M	Bestimmte andere Infektionen und Entzündungen der Atmungsorgane mit Komplexbehandlung bei isolationspflichtigen Erregern oder bestimmter hochaufwendiger Behandlung oder schwersten CC oder weiteren komplizierenden Faktoren	1,954	1,954	-	-	15,2	4	0,374	29	0,090	0,114	-	-	1,3687
E77D	M	Bestimmte andere Infektionen und Entzündungen der Atmungsorgane, Alter > 9 Jahre	1,006	1,006	-	-	11,4	3	0,242	23	0,060	0,078	-	-	0,9940
E79A	M	Infektionen und Entzündungen der Atmungsorgane mit komplexer Diagnose oder äußerst schweren CC, mehr als ein Belegungstag oder mit äußerst schweren CC mit bestimmten Infektionen oder Entzündungen	0,869	0,869	-	-	12,4	3	0,211	22	0,043	0,063	-	-	0,9965
E79B	M	Infektionen und Entzündungen der Atmungsorgane ohne komplexe Diagnose, ohne äußerst schwere CC oder ein Belegungstag, bei Para- / Tetraplegie oder mit bestimmter mäßig aufwendiger Behandlung oder mit bestimmter Pneumonie, mehr als ein Belegungstag	0,784	0,784	-	-	10,8	3	0,170	21	0,055	0,064	-	-	1,1084
E79C	M	Infektionen und Entzündungen der Atmungsorgane ohne komplexe Diagnose, ohne äußerst schwere CC oder ein Belegungstag, außer bei Para- / Tetraplegie, ohne bestimmte mäßig aufwendige Behandlung	0,482	0,481	-	-	7,0	1	0,276	14	0,046	0,058	-	-	0,9490
MDC 05 Krankheiten und Störungen des Kreislaufsystems															
F01C	O	Implantation Kardioverter / Defibrillator (AICD), Dreikammer-Stimulation oder Defibrillator oder intrakardialer Pulsgenerator, ohne komplizierende Faktoren oder Implantation eines Drucksensors in die Pulmonalarterie	2,539	2,510	-	-	4,5	1	0,427	14	0,057	0,072	-	-	0,8869
F01D	O	Implantation Kardioverter / Defibrillator (AICD), Zwei- oder Einkammer-Stim. mit äußerst schweren CC oder Einkammer-Stim. mit zusätzlichem Herz- oder Gefäßeingriff oder mit IntK > 392 / 368 / - AP oder best. Sondenentfernung oder Alter < 18 Jahre	3,286	3,253	-	-	13,3	3	0,339	27	0,067	0,095	-	-	1,1405
F01E	O	Implantation Kardioverter / Defibrillator (AICD), Zweikammer-Stimulation oder aufwendige Sondenentfernung, ohne Implantation eines Drucksensors in Pulmonalarterie, ohne Implantation eines intrakardialen Pulsgenerators, Alter > 17 Jahre	2,063	2,041	-	-	6,1	1	0,715	14	0,053	0,075	-	-	0,9108
F01F	O	Impl. Kardioverter / Defibrillator (AICD), Einkammer-Stimulation, ohne zusätzl. Herz- od. Gefäß-eingriff, ohne IntK > 392 / 368 / - P., ohne äuß. schw. CC, ohne aufw. Sondenentf., ohne Impl. Drucksens. in Pulmonalart., ohne Impl. Pulsgen., Alter > 17 J.	1,842	1,808	-	-	5,1	1	0,496	13	0,056	0,079	-	-	0,8534
F02A	O	Aggregatwechsel eines Kardioverters / Defibrillators (AICD), Zwei- oder Dreikammer-Stimulation	1,607	1,574	-	-	2,8	1	0,105	6	0,056	0,056	-	-	0,9379
F02B	O	Aggregatwechsel eines Kardioverters / Defibrillators (AICD), Einkammer-Stimulation	1,382	1,349	-	-	3,0	1	0,195	7	0,050	0,051	-	-	0,8894
F08B	O	Rekonstruktive Gefäßeingriffe ohne komplizierende Konstellationen, ohne komplexe Vakuum-behandlung, ohne komplexen Aorteneingriff, mit komplexem Eingriff mit Mehretagen- oder Aorten-eingriff oder Re-OP oder bestimmten Bypässen, mit äußerst schweren CC	4,790	4,473	-	-	23,9	7	0,302	42	0,072	0,098	-	-	1,1011
F08C	O	Rekonstruktive Gefäßeingriffe ohne kompl. Vakuumbeh., ohne kompl. Aorteneingriff, mit kompl. Eingriff ohne Mehretagen- od. Aorteneingriff, ohne Reop., ohne best. Bypass, mit äußerst schweren CC oder mit best. Aorteneingriff od. best. kompl. Konstellation	3,390	3,177	-	-	20,0	6	0,239	38	0,064	0,080	-	-	0,9975
F08D	O	Rekonstruktive Gefäßeingriffe ohne kompl. Konst., ohne kompl. Aorteneingriff, mit kompl. Eingr. mit Mehretagen- oder Aorteneingriff oder Reop. oder best. Byp., ohne äuß. schw. CC, ohne best. Aorteneingriff oder bestimmter Bypass mit äußerst schweren CC	2,328	2,143	-	-	12,2	3	0,251	25	0,055	0,076	-	-	0,8853
F08E	O	Rekonstruktive Gefäßeingriffe ohne kompl. Konst., ohne kompl. Vakuumbeh., ohne kompl. Aorteneingriff, mit komplex. Eingriff, ohne Mehretagen- oder Aorteneingriff, ohne Reop., ohne bestimmten Bypass, ohne äußerst schwere CC, ohne bestimmten Aorteneingriff	1,924	1,770	-	-	9,9	2	0,245	21	0,052	0,067	-	-	0,7794

Fallpauschalen-Katalog und Pflegeerlöskatalog

Teil b) Bewertungsrelationen bei Versorgung durch Belegabteilungen

DRG	Partition	Bezeichnung [6]	Bewertungsrelation bei Belegoperateur	Bewertungsrelation bei Belegoperateur und Beleganästhesist	Bewertungsrelation bei Belegoperateur und Beleghebamme	Bewertungsrelation bei Belegoperateur, -anästhesist und -hebamme	Mittlere Verweildauer [1]	Untere Grenzverweildauer: Erster Tag mit Abschlag [2), 5)]	Untere Grenzverweildauer: Bewertungsrelation/Tag	Obere Grenzverweildauer: Erster Tag zus. Entgelt [3), 5)]	Obere Grenzverweildauer: Bewertungsrelation/Tag	Externe Verlegung Abschlag/Tag (Bewertungsrelation)	Verlegungsfallpauschale	Ausnahme von Wiederaufnahme [4]	Pflegeerlös Bewertungsrelation/Tag
1	2	3	4	5	6	7	8	9	10	11	12	13	14	15	16
F08F	O	Rekonstruktive Gefäßeingriffe ohne komplizierende Konstellation, ohne komplexe Vakuumbehandlung, ohne komplexen Aorteneingriff, ohne komplexen Eingriff, ohne bestimmten Aorteneingriff, mit bestimmtem Eingriff	1,623	1,485	-	-	10,6	3	0,162	20	0,044	0,056	-	-	0,7071
F08G	O	Rekonstruktive Gefäßeingriffe ohne komplizierende Konstellation, ohne komplexe Vakuumbehandlung, ohne komplexen Aorteneingriff, ohne komplexen Eingriff, ohne bestimmten Aorteneingriff, ohne bestimmten Eingriff	1,452	1,325	-	-	8,6	2	0,150	15	0,045	0,056	-	-	0,7103
F12A	O	Implantation eines Herzschrittmachers, Dreikammersystem mit äuß. schw. CC oder ablativ. Maßnahmen oder PTCA oder mit aufwendiger Sondenentfernung mit kompliz. Faktoren oder mit Revision eines Herzschrittm. oder AICD ohne Aggregatw. mit kompliz. Faktoren	3,422	3,422	-	-	13,9	4	0,232	29	0,064	0,081	-	-	1,0086
F12B	O	Implantation eines Herzschrittmachers, Dreikammersystem ohne äußerst schwere CC, ohne ablative Maßnahme, ohne PTCA oder Implantation eines Herzschrittmachers ohne aufwendige Sondenentfernung mit komplizierenden Faktoren	1,807	1,784	-	-	5,4	1	0,549	13	0,053	0,068	-	-	0,8385
F12C	O	Implantation eines Herzschrittmachers, Zweikammersystem, mit komplexem Eingriff oder Alter < 16 Jahre	2,157	2,123	-	-	8,4	2	0,260	17	0,066	0,090	-	-	1,0860
F12D	O	Implantation eines Herzschrittmachers, Zweikammersystem, ohne komplexen Eingriff, Alter > 15 Jahre, mit äußerst schweren CC oder isolierter offen chirurgischer Sondenimplantation oder aufwendiger Sondenentfernung oder mäßig komplexer PTCA	1,970	1,938	-	-	12,0	3	0,285	26	0,069	0,088	-	-	1,1719
F12E	O	Implantation eines Herzschrittmachers, Einkammersystem oder Implantation eines Ereignisrekorders, Alter > 15 Jahre, mit invasiver kardiologischer Diagnostik bei bestimmten Eingriffen	1,295	1,287	-	-	8,6	2	0,190	18	0,051	0,061	-	-	0,8327
F12F	O	Impl. HSM, Zweikammersys., oh. äuß. schwere CC, oh. isol. offen chir. Sondenimpl., oh. aufw. Sondenentf., oh. mäßig kompl. PTCA od. Impl. HSM, Einkammersys. od. Impl. Ereignisrekorder, oh. invasive kardiol. Diagnostik bei best. Eingriffen, Alter > 15 J.	0,985	0,967	-	-	4,6	1	0,339	12	0,066	0,077	-	-	0,8967
F13C	O	Amputation bei Kreislauferkrankungen an oberer Extremität oder komplexe Amputation an unterer Extremität oder Revisionseingriff ohne äußerst schwere CC	1,388	1,327	-	-	13,6	4	0,207	27	0,048	0,071	-	-	0,6812
F13D	O	Amputation bei Kreislauferkrankungen an unterer Extremität ohne komplexe Amputationen, ohne äußerst schwere CC	0,759	0,714	-	-	9,7	2	0,177	20	0,038	0,050	-	-	0,7057
F14A	O	Komplexe oder mehrfache Gefäßeingriffe außer große rekonstruktive Eingriffe mit äußerst schweren CC	3,914	3,671	-	-	24,7	7	0,276	43	0,062	0,087	-	-	1,0027
F14B	O	Komplexe oder mehrfache Gefäßeingriffe außer große rekonstruktive Eingriffe, ohne äußerst schwere CC	1,797	1,667	-	-	10,7	3	0,199	24	0,051	0,068	-	-	0,7367
F17B	O	Wechsel eines Herzschrittmachers, Einkammer- oder Zweikammersystem, Alter > 15 Jahre	0,606	0,588	-	-	2,5	1	0,103	6	0,050	0,054	-	-	0,8812
F18C	O	Revision eines Herzschrittmachers oder Kardioverters / Defibrillators (AICD) ohne Aggregatwechsel, Alter > 15 Jahre, ohne äußerst schwere CC, ohne aufwendige Sondenentfernung, mit komplexem Eingriff, ohne intraluminale expandierende Extraktionshilfe	0,958	0,910	-	-	4,7	1	0,356	12	0,056	0,064	-	-	0,8986
F18D	O	Revision eines Herzschrittmachers oder Kardioverters / Defibrillators (AICD) ohne Aggregatwechsel, Alter > 15 Jahre, ohne äußerst schwere CC, ohne aufwendige Sondenentfernung, ohne komplexen Eingriff	0,595	0,568	-	-	3,5	1	0,312	8	0,061	0,068	-	-	0,8293
F19B	O	Andere transluminale Intervention an Herz, Aorta und Lungengefäßen ohne äußerst schwere CC oder Ablation über A. renalis oder komplexe koronare Lithoplastie	1,351	1,341	-	-	3,6	1	0,327	9	0,074	0,094	-	-	1,0825
F21C	O	Andere OR-Prozeduren bei Kreislauferkrankungen ohne komplexen Eingriff, mit mäßig komplexem Eingriff oder anderer komplizierender Konstellation oder IntK > 196 / 184 / 368 Punkte	1,543	1,451	-	-	17,3	5	0,163	34	0,039	0,057	-	-	0,7496
F21D	O	Andere OR-Prozeduren bei Kreislauferkrankungen ohne komplexen Eingriff, ohne komplizierende Konstellationen, ohne IntK > 196 / 184 / 368 Punkte, ohne mäßig komplexen Eingriff, mit bestimmtem anderen Eingriff	1,060	1,004	-	-	12,4	3	0,183	27	0,039	0,057	-	-	0,7610
F21E	O	Andere OR-Prozeduren bei Kreislauferkrankungen ohne komplexen Eingriff, ohne komplizierende Konstellationen, ohne IntK > 196 / 184 / 368 Punkte, ohne mäßig komplexen Eingriff, ohne bestimmten anderen Eingriff	0,702	0,688	-	-	9,1	2	0,204	20	0,046	0,060	-	-	0,6996
F24B	O	Perkutane Koronarangioplastie mit komplexer Diagnose und hochkomplexer Intervention oder mit bestimmten Rekanalisationsverfahren, Alter > 15 Jahre, ohne äußerst schwere CC	1,136	1,135	-	-	4,4	1	0,456	10	0,079	0,112	-	-	1,0458

Fallpauschalen-Katalog und Pflegeerlöskatalog

Teil b) Bewertungsrelationen bei Versorgung durch Belegabteilungen

DRG	Partition	Bezeichnung [6]	Bewertungsrelation bei Belegoperateur	Bewertungsrelation bei Belegoperateur und Beleganästhesist	Bewertungsrelation bei Belegoperateur und Beleghebamme	Bewertungsrelation bei Belegoperateur, -anästhesist und -hebamme	Mittlere Verweildauer [1]	Untere Grenzverweildauer: Erster Tag mit Abschlag [2], [5]	Untere Grenzverweildauer: Bewertungsrelation/Tag	Obere Grenzverweildauer: Erster Tag zus. Entgelt [3], [5]	Obere Grenzverweildauer: Bewertungsrelation/Tag	Externe Verlegung Abschlag/Tag (Bewertungsrelation)	Verlegungsfallpauschale	Ausnahme von Wiederaufnahme [4]	Pflegeerlös Bewertungsrelation/Tag
1	2	3	4	5	6	7	8	9	10	11	12	13	14	15	16
F27A	O	Verschiedene Eingriffe bei Diabetes mellitus mit Komplikationen, mit äußerst schweren CC oder Gefäßeingriff oder bestimmter Amputation oder komplexer Arthrodese des Fußes oder komplexem Hauteingriff oder Ringfixateur	1,839	1,724	-	-	20,2	6	0,167	38	0,038	0,055	-	-	0,7823
F27B	O	Verschiedene Eingriffe bei Diabetes mellitus mit Komplikationen, ohne äußerst schwere CC, ohne Gefäßeingriff, ohne bestimmte Amputation, ohne komplexe Arthrodese des Fußes, ohne komplexen Hauteingriff, ohne Ringfixateur, mit mäßig komplexem Eingriff	1,431	1,362	-	-	16,2	4	0,211	31	0,042	0,060	-	-	0,6641
F27C	O	Verschiedene Eingriffe bei Diabetes mellitus mit Komplikationen, ohne äußerst schwere CC, ohne Gefäßeingriff, ohne best. Amputation, ohne komplexe Arthrodese des Fußes, ohne Ringfixateur, ohne mäßig komplexen Eingriff, mit bestimmtem aufwendigen Eingriff	0,845	0,802	-	-	11,6	3	0,159	22	0,036	0,053	-	-	0,6734
F28A	O	Bestimmte Amputation bei Kreislauferkrankungen an unterer Extremität mit zusätzlichem Gefäßeingriff oder mit Hauttransplantation mit äußerst schweren oder schweren CC	3,003	2,808	-	-	24,0	7	0,214	42	0,050	0,069	-	-	0,8153
F28B	O	Bestimmte Amputation bei Kreislauferkrankungen an unterer Extremität ohne zusätzlichen Gefäßeingriff, ohne Hauttransplantation, mit äußerst schweren oder schweren CC	1,687	1,593	-	-	19,4	5	0,199	37	0,039	0,059	-	-	0,8306
F28C	O	Bestimmte Amputation bei Kreislauferkrankungen an unterer Extremität, ohne zusätzlichen Gefäßeingriff, ohne äußerst schwere oder schwere CC	1,342	1,260	-	-	15,2	4	0,183	30	0,042	0,057	-	-	0,8477
F39A	O	Unterbindung und Stripping von Venen mit beidseitigem Eingriff oder bestimmter Diagnose oder äußerst schweren oder schweren CC	0,482	0,455	-	-	4,1	1	0,040	11	0,047	0,023	-	-	0,7693
F39B	O	Unterbindung und Stripping von Venen ohne beidseitigen Eingriff, ohne bestimmte Diagnose, ohne äußerst schwere oder schwere CC	0,441	0,410	-	-	2,4	1	0,119	5	0,056	0,065	-	-	0,9875
F41B	A	Invasive kardiologische Diagnostik bei akutem Myokardinfarkt ohne äußerst schwere CC	0,614	0,614	-	-	4,0	1	0,254	10	0,073	0,087	-	-	0,9372
F43C	A	Beatmung > 24 Stunden bei Krankheiten und Störungen des Kreislaufsystems, Alter > 15 J., ohne intensivmed. Komplexbehandlung > 392 / 368 / 552 Aufwandspunkte, ohne komplizierende Konstellation, ohne best. OR-Prozedur, ohne best. Impl. herzunterst. System	1,851	1,847	-	-	10,6	3	0,424	24	0,112	0,145	-	x	2,0378
F49D	A	Invasive kardiologische Diagnostik außer bei akutem Myokardinfarkt, ohne äußerst schwere CC, ohne IntK > 196 / 184 / 368 Aufwandspunkte, Alter > 17 Jahre, mit schweren CC, mehr als ein Belegungstag	1,316	1,316	-	-	12,7	3	0,268	26	0,055	0,079	-	-	0,8829
F49E	A	Invasive kardiologische Diagnostik außer bei akutem Myokardinfarkt, ohne IntK > 196 / 184 / 368 Aufwandspunkte, Alter > 17 Jahre, ohne schwere CC bei BT > 1, mit kardialem Mapping oder best. andere kardiologische Diagnostik oder best. komplexer Diagnose	0,764	0,764	-	-	5,7	1	0,312	14	0,055	0,069	-	-	0,6976
F49F	A	Invasive kardiolog. Diagnostik außer bei akutem Myokardinfarkt, o. äußerst schwere CC, ohne IntK > 196 / 184 / 368 P., Alter > 17 J., o. kard. Mapping, o. best. and. kard. Diagnostik, o. schwere CC bei BT > 1, o. best. kompl. Diagnose, mit best. Eingr.	0,632	0,632	-	-	4,6	1	0,232	12	0,060	0,070	-	-	0,7392
F49G	A	Invasive kardiolog. Diagnostik außer bei akutem Myokardinfarkt, o. äußerst schwere CC, ohne IntK > 196 / 184 / 368 P., Alter > 17 J., o. kard. Mapping, o. best. and. kard. Diagnostik, o. schwere CC bei BT > 1, o. best. kompl. Diagnose, ohne best. Eingr.	0,415	0,415	-	-	2,9	1	0,163	7	0,057	0,061	-	-	0,7211
F50A	O	Ablative Maßnahmen bei Herzrhythmusstörungen mit hochkomplexer Ablation im linken Vorhof, Ventrikel oder Pulmonalvenen oder Implantation eines Ereignisrekorders oder Alter < 16 Jahre oder best. angeb. Herzfehler oder mit kompl. Ablation, Alter < 18 Jahre	1,754	1,745	-	-	2,6	1	0,225	7	0,071	0,073	-	-	0,9247
F50B	O	Ablative Maßnahmen bei Herzrhythmusstörungen ohne hochkomplexe Ablation im linken Vorhof, Ventrikel oder Pulmonalvenen, ohne Implantation eines Ereignisrekorders, ohne best. angeb. Herzfehler, mit komplexer Ablation, Alter > 17 Jahre	1,284	1,280	-	-	2,9	1	0,181	8	0,055	0,059	-	-	0,9337
F50C	O	Ablative Maßnahmen bei Herzrhythmusstörungen ohne hochkomplexe Ablation im linken Vorhof, Ventrikel oder Pulmonalvenen, ohne Implantation eines Ereignisrekorders, ohne best. angeb. Herzfehler, ohne komplexe Ablation, Alter > 15 Jahre	0,828	0,827	-	-	2,7	1	0,179	7	0,055	0,058	-	-	0,9223
F51B	O	Endovaskuläre Implantation von Stent-Prothesen an der Aorta, nicht thorakal, ohne bestimmte Aortenprothesenkombination	2,965	2,841	-	-	6,3	1	0,324	12	0,067	0,097	-	-	0,8715
F52A	O	Perkutane Koronarangioplastie mit komplexer Diagnose, mit äußerst schweren CC	2,372	2,367	-	-	17,2	5	0,298	32	0,072	0,094	-	-	1,2895
F52B	O	Perkutane Koronarangioplastie mit komplexer Diagnose, ohne äußerst schwere CC oder mit intrakoronarer Brachytherapie oder bestimmte Intervention	0,867	0,866	-	-	4,2	1	0,271	10	0,076	0,088	-	-	1,0172
F56A	O	Perkutane Koronarangioplastie mit bestimmter hochkomplexer Intervention, mit äußerst schweren CC	2,116	2,113	-	-	12,6	3	0,318	26	0,071	0,094	-	-	1,1953

Fallpauschalen-Katalog und Pflegeerlöskatalog
Teil b) Bewertungsrelationen bei Versorgung durch Belegabteilungen

DRG	Partition	Bezeichnung [6]	Bewertungsrelation bei Belegoperateur	Bewertungsrelation bei Belegoperateur und Beleganästhesist	Bewertungsrelation bei Belegoperateur und Beleghebamme	Bewertungsrelation bei Belegoperateur, -anästhesist und -hebamme	Mittlere Verweildauer [1]	Untere Grenzverweildauer: Erster Tag mit Abschlag [2], [5]	Untere Grenzverweildauer: Bewertungsrelation/Tag	Obere Grenzverweildauer: Erster Tag zus. Entgelt [3], [5]	Obere Grenzverweildauer: Bewertungsrelation/Tag	Externe Verlegung Abschlag/Tag (Bewertungsrelation)	Verlegungsfallpauschale	Ausnahme von Wiederaufnahme [4]	Pflegeerlös Bewertungsrelation/Tag
1	2	3	4	5	6	7	8	9	10	11	12	13	14	15	16
F56B	O	Perkutane Koronarangioplastie mit hochkomplexer Intervention, ohne bestimmte hochkomplexe Intervention oder ohne äußerst schwere CC oder Kryoplastie oder koronare Lithoplastie	0,826	0,826	-	-	2,8	1	0,247	7	0,063	0,066	-	-	0,8454
F58A	O	Perkutane Koronarangioplastie oder bestimmte kardiologische Diagnostik mit Gefäßeingriff, mit äußerst schweren CC	1,578	1,576	-	-	9,9	2	0,349	21	0,070	0,095	-	-	1,0690
F58B	O	Perkutane Koronarangioplastie oder bestimmte kardiologische Diagnostik mit Gefäßeingriff, ohne äußerst schwere CC	0,610	0,610	-	-	2,7	1	0,172	7	0,060	0,061	-	-	0,8262
F59A	O	Mäßig komplexe Gefäßeingriffe mit äußerst schweren CC	2,586	2,485	-	-	18,9	5	0,295	36	0,067	0,090	-	-	0,9702
F59B	O	Mäßig komplexe Gefäßeingriffe mit aufwendiger Gefäßintervention, ohne äußerst schwere CC	1,586	1,559	-	-	4,0	1	0,450	10	0,159	0,194	-	-	0,9092
F59C	O	Mäßig komplexe Gefäßeingriffe ohne äußerst schwere CC, ohne aufwendige Gefäßintervention, mit aufwendigem Eingriff oder Mehrfacheingriff oder bestimmter Diagnose oder Alter < 16 Jahre, mehr als ein Belegungstag	1,325	1,254	-	-	6,7	1	0,343	15	0,073	0,086	-	-	0,8135
F59D	O	Mäßig komplexe Gefäßeingriffe ohne äußerst schwere CC, ohne aufwendige Gefäßintervention, mit bestimmtem Eingriff oder anderem Mehrfacheingriff, Alter > 15 Jahre oder ein Belegungstag oder mit pAVK mit Gangrän, mehr als ein Belegungstag	0,952	0,903	-	-	4,5	1	0,156	13	0,080	0,093	-	-	0,7788
F59E	O	Mäßig komplexe Gefäßeingriffe ohne äußerst schwere CC, ohne aufwend. Gefäßinterv., mit best. anderen Eingriff oder best. Mehrfacheingriff oder PTA, mehr als ein Belegungstag, ohne aufwendigen oder bestimmten Eingr., Alter > 15 Jahre oder ein Belegungstag	0,749	0,726	-	-	3,2	1	0,169	9	0,097	0,108	-	-	0,7747
F59F	O	Mäßig komplexe Gefäßeingriffe ohne äußerst schwere CC, ohne aufwendige Gefäßintervention, ohne aufwendigen, bestimmten oder bestimmten anderen Eingriff, ohne Mehrfacheingriff, Alter > 15 Jahre oder ein Belegungstag	0,580	0,567	-	-	2,4	1	0,103	6	0,117	0,118	-	-	0,8325
F60B	M	Akuter Myokardinfarkt ohne invasive kardiologische Diagnostik ohne äußerst schwere CC	0,469	0,469	-	-	5,2	1	0,294	12	0,060	0,076	-	-	0,9053
F61B	M	Infektiöse Endokarditis ohne komplizierende Diagnose, ohne komplizierende Konstellation	1,782	1,779	-	-	25,8	8	0,188	44	0,045	0,063	-	-	0,7769
F62B	M	Herzinsuff. und Schock mit äuß. schw. CC, mit Dialyse oder kompliz. Diag. od. mit best. hochaufw. Beh. od. ohne kompliz. Konst., ohne best. hochaufw. Beh., mehr als 1 BT bei best. akuten Nierenvers. mit äuß. schw. CC od. Komplexbeh. des akut. Schlaganf.	1,478	1,474	-	-	16,6	5	0,233	32	0,055	0,082	-	-	1,0798
F62C	M	Herzinsuffizienz und Schock ohne äuß. schw. CC od. ohne Dialyse, ohne kompliz. Diagnose, ohne kompliz. Konst., ohne best. hochaufw. Beh., mehr als 1 Belegungstag, ohne best. akut. Nierenvers. od. ohne äuß. schw. CC. ohne Komplexbeh. des akut. Schlaganf.	0,503	0,503	-	-	7,7	2	0,162	17	0,045	0,057	-	-	0,7838
F62D	M	Herzinsuffizienz und Schock ohne äußerst schwere CC oder ohne Dialyse, ohne komplizierende Diagnose, ohne komplizierende Konstellation, ohne bestimmte hochaufwendige Behandlung, ein Belegungstag	0,179	0,178	-	-	1,0	-	-	-	-	-	-	-	1,2349
F63B	M	Venenthrombose ohne äußerst schwere CC	0,338	0,338	-	-	4,8	1	0,178	11	0,050	0,059	-	-	0,7100
F64Z	M	Hautulkus bei Kreislauferkrankungen	0,518	0,518	-	-	9,0	2	0,168	17	0,040	0,051	-	-	0,7092
F65B	M	Periphere Gefäßkrankheiten ohne komplexe Diagnose oder ohne äußerst schwere CC, ohne intensivmedizinische Komplexbehandlung > 196 / 184 / 184 Aufwandspunkte	0,465	0,462	-	-	6,9	1	0,206	15	0,045	0,057	-	-	0,7628
F66B	M	Koronararteriosklerose ohne äußerst schwere CC	0,317	0,317	-	-	3,6	1	0,164	9	0,059	0,067	-	-	0,6552
F67B	M	Hypertonie ohne komplizierende Diagnose, ohne äußerst schwere oder schwere CC, ohne bestimmte hochaufwendige / mäßig aufwendige / aufwendige Behandlung, Alter < 18 Jahre	0,321	0,320	-	-	3,2	1	0,105	7	0,066	0,068	-	-	1,0363
F67C	M	Hypertonie ohne komplizierende Diagnose, ohne äußerst schwere oder schwere CC, ohne bestimmte hochaufwendige / mäßig aufwendige / aufwendige Behandlung, Alter > 17 Jahre	0,284	0,284	-	-	3,5	1	0,147	8	0,054	0,061	-	-	0,6287
F68B	M	Angeborene Herzkrankheit ohne intensivmedizinische Komplexbehandlung > 196 / - / - Aufwandspunkte, Alter > 5 Jahre und Alter < 16 Jahre, ohne äußerst schwere oder schwere CC oder Alter > 15 Jahre	0,359	0,353	-	-	3,3	1	0,175	8	0,075	0,084	-	-	1,0711
F69B	M	Herzklappenerkrankungen ohne äußerst schwere oder schwere CC	0,355	0,355	-	-	4,7	1	0,208	12	0,050	0,060	-	-	0,6929
F70B	M	Schwere Arrhythmie und Herzstillstand ohne äußerst schwere CC	0,440	0,440	-	-	4,3	1	0,299	10	0,070	0,081	-	-	0,9640
F71A	M	Nicht schwere kardiale Arrhythmie und Erregungsleitungsstörungen mit äußerst schweren CC, mehr als ein Belegungstag oder mit kathetergestützter elektrophysiologischer Untersuchung des Herzens oder bestimmter hochaufwendiger Behandlung	0,987	0,986	-	-	12,4	3	0,236	25	0,052	0,072	-	-	0,9803

Fallpauschalen-Katalog und Pflegeerlöskatalog
Teil b) Bewertungsrelationen bei Versorgung durch Belegabteilungen

DRG	Partition	Bezeichnung[6)]	Bewertungsrelation bei Belegoperateur	Bewertungsrelation bei Belegoperateur und Beleganästhesist	Bewertungsrelation bei Belegoperateur und Beleghebamme	Bewertungsrelation bei Belegoperateur, -anästhesist und -hebamme	Mittlere Verweildauer[1)]	Untere Grenzverweildauer: Erster Tag mit Abschlag[2), 5)]	Untere Grenzverweildauer: Bewertungsrelation/Tag	Obere Grenzverweildauer: Erster Tag zus. Entgelt[3), 5)]	Obere Grenzverweildauer: Bewertungsrelation/Tag	Externe Verlegung Abschlag/Tag (Bewertungsrelation)	Verlegungsfallpauschale	Ausnahme von Wiederaufnahme[4)]	Pflegeerlös Bewertungsrelation/Tag
1	2	3	4	5	6	7	8	9	10	11	12	13	14	15	16
F71B	M	Nicht schwere kardiale Arrhythmie und Erregungsleitungsstörungen ohne äußerst schwere CC oder ein Belegungstag, ohne kathetergestützte elektrophysiologische Untersuchung des Herzens, ohne bestimmte hochaufwendige Behandlung	0,290	0,290	-	-	3,3	1	0,152	8	0,059	0,065	-	-	0,7747
F72B	M	Angina pectoris ohne äußerst schwere CC	0,276	0,276	-	-	2,8	1	0,119	7	0,056	0,077	-	-	0,6860
F73B	M	Synkope und Kollaps, Alter > 13 Jahre oder mehr als ein Belegungstag	0,339	0,339	-	-	3,5	1	0,181	9	0,064	0,074	-	-	0,7462
F74Z	M	Thoraxschmerz und sonstige und nicht näher bezeichnete Krankheiten des Kreislaufsystems	0,255	0,255	-	-	2,5	1	0,112	6	0,068	0,070	-	-	0,7239
F75C	M	Andere Krankheiten des Kreislaufsystems ohne äußerst schwere CC oder ein Belegungstag, Alter > 9 Jahre und Alter < 16 Jahre, ohne schwere CC oder Alter > 15	0,582	0,578	-	-	5,2	1	0,373	14	0,063	0,074	-	-	0,7842
F95A	O	Interventioneller Septumverschluss oder Verschluss einer paravalvulären Leckage mit einem kardialen Okkluder, Alter < 18 Jahre oder Vorhofohrverschluss	1,891	1,871	-	-	3,5	1	0,239	10	0,064	0,069	-	-	0,9296
F95B	O	Interventioneller Septumverschluss oder Verschluss einer paravalvulären Leckage mit einem kardialen Okkluder, Alter > 17 Jahre, ohne Vorhofohrverschluss	1,378	1,370	-	-	2,4	1	0,152	5	0,066	0,066	-	-	0,9681
MDC 06 Krankheiten und Störungen der Verdauungsorgane															
G02A	O	Bestimmte Eingriffe an den Verdauungsorganen bei angeb. Fehlbildung, Alter < 2 Jahre oder sehr komplexe Eingriffe an Dünn- und Dickdarm, Alter < 10 Jahre oder best. Eingriffe an Dünn- und Dickdarm mit kompliz. Diagnose, mit bestimmten kompliz. Faktoren	3,224	3,015	-	-	19,4	5	0,303	37	0,067	0,091	-	-	1,1582
G02B	O	Bestimmte komplexe Eingriffe an Dünn- und Dickdarm oder andere Eingriffe an den Verdauungsorganen bei angeb. Fehlbildung, Alter < 2 Jahre oder bestimmte Eingriffe an Dünn- und Dickdarm mit komplizierender Diagnose, ohne bestimmte komplizierende Faktoren	2,237	2,077	-	-	13,3	3	0,278	26	0,062	0,080	-	-	0,9107
G02C	O	Andere komplexe Eingriffe an Dünn- und Dickdarm oder andere Eingriffe an Dünn- und Dickdarm mit komplizierender Diagnose, ohne Eingriffe an den Verdauungsorganen bei angeborener Fehlbildung, Alter < 2 Jahre	1,895	1,756	-	-	11,8	3	0,246	23	0,058	0,073	-	-	0,9395
G04Z	O	Adhäsiolyse am Peritoneum, Alter < 4 Jahre od. mit äuß. schw. od. schw. CC oder kleine Eingriffe an Dünn- und Dickdarm oder best. Eingriffe an abd. Gefäßen mit äuß. schw. CC oder Implantation eines Antireflux-Stimulationssystems od. best. Gastrektomie	3,131	2,947	-	-	19,8	6	0,276	37	0,068	0,093	-	-	1,1302
G07A	O	Appendektomie oder laparoskopische Adhäsiolyse bei Peritonitis mit äuß. schw. od. schw. CC od. kl. Eingr. an Dünn- / Dickdarm od. an abdom. Gefäßen, oh. äuß. schw. CC od. best. Anorektoplastik, Alter < 10 Jahre od. mit best. Eingr. an abdominalen Gefäßen	1,593	1,504	-	-	8,4	2	0,330	18	0,082	0,105	-	-	1,4163
G07B	O	Appendekt. od. laparoskop. Adhäsiolyse bei Peritonitis mit äuß. schw. od. schw. CC od. kl. Eingr. an Dünn-/Dickdarm, oh. äuß. schw. CC od. best. Anorektopl., Alt. > 9 J. u. Alt. < 16 J. od. mit laparoskop. Adhäsiolyse od. Rektopexie od. best. Magenexz.	1,391	1,279	-	-	8,4	2	0,200	18	0,051	0,065	-	-	0,9343
G07C	O	Appendektomie bei Peritonitis mit äußerst schweren oder schweren CC oder kleine Eingriffe an Dünn- und Dickdarm ohne äußerst schwere CC oder bestimmte Anorektoplastik, Alter > 15 Jahre, ohne laparoskopische Adhäsiolyse, ohne Rektopexie	0,936	0,860	-	-	6,0	1	0,256	13	0,051	0,063	-	-	0,7516
G08B	O	Komplexe Rekonstruktion der Bauchwand, Alter > 0 Jahre, ohne äußerst schwere CC	0,826	0,739	-	-	3,6	1	0,357	9	0,046	0,052	-	-	0,7422
G09Z	O	Beidseitige Eingriffe bei Leisten- und Schenkelhernien, Alter > 55 Jahre oder komplexe Herniotomien oder Operation einer Hydrocele testis oder andere kleine Eingriffe an Dünn- und Dickdarm	0,692	0,610	-	-	2,4	1	0,118	6	0,052	0,067	-	-	0,9112
G11B	O	Pyloromyotomie oder Anoproktoplastik und Rekonstruktion von Anus und Sphinkter außer bei Analfissuren und Hämorrhoiden, Alter > 5 Jahre	0,417	0,396	-	-	4,2	1	0,114	10	0,036	0,056	-	-	0,7830
G12B	O	Andere OR-Prozeduren an den Verdauungsorganen mit mäßig komplexer OR-Prozedur, mehr als ein Belegungstag, Alter > 15 Jahre	1,432	1,341	-	-	13,1	3	0,220	28	0,048	0,063	-	-	0,8619
G12C	O	Andere OR-Prozeduren an den Verdauungsorganen mit wenig komplexer OR-Prozedur, mehr als ein Belegungstag	1,058	0,999	-	-	11,5	3	0,183	24	0,052	0,060	-	-	0,7997
G12D	O	Andere OR-Prozeduren an den Verdauungsorganen ohne komplexe OR-Prozedur, ein Belegungstag oder ohne mäßig komplexe OR-Prozedur, mit bestimmtem Eingriff oder Alter < 14 Jahre oder bei bösartiger Neubildung der Verdauungsorgane	0,928	0,891	-	-	9,1	2	0,218	20	0,053	0,068	-	-	0,7980
G12E	O	Andere OR-Prozeduren an den Verdauungsorganen ohne komplexe OR-Prozedur, ein Belegungstag oder ohne mäßig komplexe OR-Prozedur, ohne bestimmten Eingriff, Alter > 13 Jahre, außer bei bösartiger Neubildung der Verdauungsorgane	0,594	0,543	-	-	3,7	1	0,191	11	0,054	0,042	-	-	0,8434

Fallpauschalen-Katalog und Pflegeerlöskatalog
Teil b) Bewertungsrelationen bei Versorgung durch Belegabteilungen

DRG	Partition	Bezeichnung [6]	Bewertungsrelation bei Belegoperateur	Bewertungsrelation bei Belegoperateur und Beleganästhesist	Bewertungsrelation bei Belegoperateur und Beleghebamme	Bewertungsrelation bei Belegoperateur, -anästhesist und -hebamme	Mittlere Verweildauer [1]	Untere Grenzverweildauer: Erster Tag mit Abschlag [2], [5]	Untere Grenzverweildauer: Bewertungsrelation/Tag	Obere Grenzverweildauer: Erster Tag zus. Entgelt [3], [5]	Obere Grenzverweildauer: Bewertungsrelation/Tag	Externe Verlegung Abschlag/Tag (Bewertungsrelation)	Verlegungsfallpauschale	Ausnahme von Wiederaufnahme [4]	Pflegeerlös Bewertungsrelation/Tag
1	2	3	4	5	6	7	8	9	10	11	12	13	14	15	16
G13A	O	Implantation und Wechsel von Neurostimulatoren und Neurostimulationselektroden bei Krankheiten und Störungen der Verdauungsorgane ohne Implantation oder Wechsel eines permanenten Elektrodensystems	0,906	0,859	-	-	2,3	1	0,092	4	0,045	0,076	-	-	0,8381
G13B	O	Implantation und Wechsel von Neurostimulatoren und Neurostimulationselektroden bei Krankheiten und Störungen der Verdauungsorgane mit Implantation oder Wechsel eines permanenten Elektrodensystems	1,195	1,134	-	-	2,3	1	0,088	4	0,044	0,068	-	-	0,7839
G16B	O	Komplexe Rektumresektion od. andere Rektumres. mit best. Eingr. od. kompl. Diag. od. mehrz. Enterostomaanlage u. -rückverlagerung, ohne kompliz. Konstell. od. plast. Rekonstruktion m. myokut. Lappen od. IntK > 196/ 368/ - P. ohne endorekt. Vakuumtherapie	2,841	2,624	-	-	15,3	4	0,253	30	0,056	0,077	-	-	0,9306
G17A	O	Andere Rektumresektion ohne bestimmten Eingriff oder Implantation eines künstlichen Analsphinkters, bei bösartiger Neubildung oder Alter < 16 Jahre	2,517	2,330	-	-	10,1	2	0,359	21	0,064	0,095	-	-	0,8616
G17B	O	Andere Rektumresektion ohne bestimmten Eingriff oder Implantation eines künstlichen Analsphinkters, außer bei bösartiger Neubildung, Alter > 15 Jahre	2,032	1,871	-	-	10,5	2	0,258	21	0,052	0,068	-	-	0,8867
G18B	O	Bestimmte Eingriffe an Dünn- und Dickdarm oder Anlegen eines Enterostomas oder andere Eingriffe am Darm oder an abdominalen Gefäßen mit bestimmter sehr komplexer Prozedur oder Diagnose	2,022	1,882	-	-	11,2	3	0,263	24	0,061	0,086	-	-	0,9093
G18C	O	Bestimmte Eingriffe an Dünn- und Dickdarm oder Anlegen eines Enterostomas oder andere Eingriffe am Darm mit äußerst schweren CC, mit komplexem Eingriff	1,543	1,417	-	-	8,6	2	0,227	19	0,046	0,068	-	-	0,8259
G18D	O	Bestimmte Eingriffe an Dünn- und Dickdarm oder Anlegen eines Enterostomas oder andere Eingriffe am Darm mit äußerst schweren CC, ohne komplexen Eingriff	1,243	1,146	-	-	8,1	2	0,206	18	0,048	0,073	-	-	0,8839
G19B	O	Andere Eingriffe an Magen, Ösophagus und Duodenum außer bei angeborener Fehlbildung oder Alter > 1 Jahr, ohne komplizierende Konstellation, außer bei bösartiger Neubildung, Alter > 15 Jahre, mit komplexem Eingriff	1,657	1,541	-	-	10,1	2	0,259	22	0,055	0,074	-	-	0,9722
G19C	O	Andere Eingriffe an Magen, Ösophagus und Duodenum außer bei angeborener Fehlbildung oder Alter > 1 Jahr, ohne komplizierende Konstellation, außer bei bösartiger Neubildung, Alter > 15 Jahre, ohne komplexen Eingriff	1,093	0,988	-	-	4,6	1	0,176	11	0,054	0,066	-	-	0,8052
G21A	O	Komplexe Adhäsiolyse am Peritoneum, Alter > 3 J., ohne äußerst schw. oder schw. CC od. andere Eingriffe an Darm u. Enterostoma od. best. Eingriffe am Pharynx od. Verschluss Darmfistel m. äußerst schw. CC od. aufw. Eingriff am Darm oder Alter < 16 Jahre	1,223	1,118	-	-	7,0	1	0,288	15	0,057	0,073	-	-	0,8783
G21B	O	Andere Eingriffe an Darm und Enterostoma oder bestimmte Eingriffe am Pharynx oder Verschluss Darmfistel ohne äußerst schwere CC, ohne aufwendigen Eingriff am Darm, Alter > 15 Jahre	0,708	0,652	-	-	4,4	1	0,370	12	0,049	0,057	-	-	0,7507
G22B	O	Appendektomie oder laparoskopische Adhäsiolyse bei Peritonitis oder mit äußerst schweren oder schweren CC, Alter > 5 Jahre, außer bei bösartiger Neubildung, mit laparoskopischer Adhäsiolyse oder sekundärer Appendektomie oder Alter < 16 Jahre	1,017	0,931	-	-	6,6	1	0,239	14	0,054	0,068	-	-	1,0343
G22C	O	Appendektomie oder laparoskopische Adhäsiolyse bei Peritonitis oder mit äußerst schweren oder schweren CC, Alter > 15 Jahre, außer bei bösartiger Neubildung, ohne laparoskopische Adhäsiolyse, ohne sekundäre Appendektomie	0,801	0,735	-	-	5,2	1	0,179	10	0,049	0,058	-	-	0,7340
G23A	O	Appendektomie oder laparoskopische Adhäsiolyse außer bei Peritonitis oder Exzision erkranktes Gewebe Dickdarm ohne äußerst schwere oder schwere CC, Alter < 10 Jahre oder bei bösartiger Neubildung oder Endometriose am Darm	0,729	0,664	-	-	3,9	1	0,152	7	0,055	0,060	-	-	1,0726
G23B	O	Appendektomie oder laparoskopische Adhäsiolyse außer bei Peritonitis oder Exzision erkranktes Gewebe Dickdarm ohne äußerst schwere oder schwere CC, Alter > 9 Jahre, außer bei bösartiger Neubildung oder Endometriose am Darm	0,614	0,557	-	-	2,9	1	0,119	6	0,052	0,059	-	-	0,7752
G24A	O	Eingriffe bei Hernien mit plastischer Rekonstruktion der Bauchwand oder bestimmte partielle Resektion des Dickdarmes	0,840	0,748	-	-	4,0	1	0,121	9	0,051	0,038	-	-	0,7978
G24B	O	Eingriffe bei Hernien ohne plastische Rekonstruktion der Bauchwand, mit beidseitigem oder komplexem Eingriff oder Alter < 14 Jahre mit äußerst schweren oder schweren CC	0,668	0,590	-	-	2,6	1	0,193	6	0,049	0,051	-	-	0,7139
G24C	O	Eingriffe bei Hernien ohne plastische Rekonstruktion der Bauchwand, ohne beidseitigen Eingriff, ohne komplexen Eingriff, Alter > 13 Jahre oder ohne äußerst schwere oder schwere CC	0,424	0,375	-	-	2,3	1	0,046	4	0,036	0,077	-	-	0,8394
G26A	O	Andere Eingriffe am Anus oder Anoproktoplastik und Rekonstruktion von Anus und Sphinkter bei Analfissuren und Hämorrhoiden, Alter < 18 Jahre oder mit komplexer Diagnose oder mit kleinem Eingriff am Rektum	0,514	0,468	-	-	3,7	1	0,216	9	0,051	0,055	-	-	0,8633

Fallpauschalen-Katalog und Pflegeerlöskatalog
Teil b) Bewertungsrelationen bei Versorgung durch Belegabteilungen

DRG	Partition	Bezeichnung [6]	Bewertungsrelation bei Belegoperateur	Bewertungsrelation bei Belegoperateur und Beleganästhesist	Bewertungsrelation bei Belegoperateur und Beleghebamme	Bewertungsrelation bei Belegoperateur, -anästhesist und -hebamme	Mittlere Verweildauer [1]	Untere Grenzverweildauer: Erster Tag mit Abschlag [2], [5]	Untere Grenzverweildauer: Bewertungsrelation/Tag	Obere Grenzverweildauer: Erster Tag zus. Entgelt [3], [5]	Obere Grenzverweildauer: Bewertungsrelation/Tag	Externe Verlegung Abschlag/Tag (Bewertungsrelation)	Verlegungsfallpauschale	Ausnahme von Wiederaufnahme [4]	Pflegeerlös Bewertungsrelation/Tag
1	2	3	4	5	6	7	8	9	10	11	12	13	14	15	16
G26B	O	Andere Eingriffe am Anus oder Anoproktoplastik und Rekonstruktion von Anus und Sphinkter bei Analfissuren und Hämorrhoiden, Alter > 17 Jahre, ohne komplexe Diagnose, ohne kleinen Eingriff am Rektum	0,276	0,253	-	-	2,3	1	0,066	4	0,037	0,076	-	-	0,8304
G27B	O	Strahlentherapie bei Krankheiten und Störungen der Verdauungsorgane, Bestrahlungen an mindestens 8 Tagen, ohne äußerst schwere CC	2,094	2,090	-	-	21,1	6	0,288	38	0,085	0,092	-	x	0,7242
G29A	O	Strahlentherapie bei Krankheiten und Störungen der Verdauungsorgane, mehr als ein Belegungstag, Bestrahlungen an mindestens 5 Tagen	0,825	0,823	-	-	6,2	-	-	14	0,130	0,127	-	x	0,7624
G29B	O	Strahlentherapie bei Krankheiten und Störungen der Verdauungsorgane, mehr als ein Belegungstag, Bestrahlungen an weniger als 5 Tagen	0,561	0,560	-	-	4,3	-	-	12	0,134	0,112	-	x	0,8615
G46B	A	Komplexe therapeutische Gastroskopie mit schw. CC od. and. Gastroskopie mit äuß. schw. CC, bei schw. Krankh. der Verd.organe, Alter > 14 J., mehr als 1 BT od. best. Gastroskopie, Alter < 15 J. od. mit kompliz. Faktoren od. ERCP mit and. endoskop. Eingr.	1,388	1,384	-	-	13,7	4	0,227	28	0,059	0,078	-	-	0,9695
G46C	A	Verschiedenartige komplexe und andere Gastroskopie, ohne komplexe therapeutische Gastroskopie bei schw. Krankheiten der Verdauungsorgane und äuß. schw. oder schw. CC, ohne bestimmte Gastroskopie mit kompliz. Faktoren, mit anderem aufwendigen Eingriff	0,890	0,889	-	-	6,8	1	0,408	15	0,052	0,065	-	-	0,6615
G46D	A	Verschiedenartige komplexe und andere Gastroskopie, ohne komplexe therapeutische Gastroskopie bei schw. Krankheiten der Verdauungsorgane und äuß. schw. oder schw. CC, ohne bestimmte Gastroskopie mit kompliz. Faktoren, ohne anderen aufwendigen Eingriff	0,675	0,669	-	-	5,8	1	0,338	14	0,051	0,063	-	-	0,7956
G47B	A	Andere Gastroskopie oder bestimmte koloskopische Eingriffe, ohne bestimmte endoskopische Maßnahme am Dickdarm oder mehr als ein Belegungstag	0,565	0,562	-	-	5,0	1	0,277	12	0,055	0,068	-	-	0,7234
G48B	A	Koloskopie mit äußerst schweren oder schweren CC, komplizierendem Eingriff oder Alter < 15 Jahre oder mehrzeitige endoskopische Blutstillung, ohne schwere Darminfektion, außer bei bösartiger Neubildung od. best. Darminfektion od. ohne äußerst schwere CC	1,017	1,011	-	-	9,4	2	0,257	20	0,057	0,074	-	-	0,9008
G60A	M	Bösartige Neubildung der Verdauungsorgane, mehr als ein Belegungstag mit äußerst schweren CC oder bestimmte hochaufwendige Behandlung	1,057	1,051	-	-	13,0	3	0,242	26	0,052	0,070	-	x	0,9793
G60B	M	Bösartige Neubildung der Verdauungsorgane, ein Belegungstag oder ohne äußerst schwere CC, ohne bestimmte hochaufwendige Behandlung	0,338	0,336	-	-	4,6	1	0,113	11	0,052	0,049	-	x	0,8510
G64B	M	Entzündliche Darmerkrankung oder andere schwere Erkrankungen der Verdauungsorgane, ohne äußerst schwere CC, Alter > 15 Jahre oder ohne schwere CC	0,436	0,435	-	-	5,3	1	0,266	12	0,048	0,061	-	-	0,6577
G66Z	M	Abdominalschmerz oder mesenteriale Lymphadenitis, Alter > 55 Jahre und mit CC	0,463	0,462	-	-	5,9	1	0,264	14	0,048	0,067	-	-	0,7660
G67A	M	Ösophagitis, Gastroenteritis, gastrointestinale Blutung, Ulkuserkrankung und verschiedene Erkrankungen der Verdauungsorgane oder Obstruktion des Verdauungstraktes mit bestimmten komplizierenden Faktoren	0,495	0,493	-	-	5,4	1	0,254	13	0,049	0,074	-	-	0,8508
G67B	M	Ösophagitis, Gastroenteritis, gastrointestinale Blutung, Ulkuserkrankung und verschiedene Erkrankungen der Verdauungsorgane oder Obstruktion des Verdauungstraktes mit anderen komplizierenden Faktoren oder mit äußerst schweren CC	0,220	0,220	-	-	3,8	1	0,074	9	0,039	0,015	-	-	0,7253
G67C	M	Ösophagitis, Gastroenteritis, gastrointestinale Blutung, Ulkuserkrankung und verschiedene Erkrankungen der Verdauungsorgane ohne bestimmte oder andere komplizierende Faktoren, ohne äußerst schwere CC	0,166	0,166	-	-	3,3	1	0,058	8	0,033	0,035	-	-	0,8325
G70A	M	Andere schwere Erkrankungen der Verdauungsorgane ohne äußerst schwere CC, Alter < 18 Jahre oder mit komplexer Diagnose	0,600	0,594	-	-	6,7	1	0,294	15	0,083	0,072	-	-	0,9697
G70B	M	Andere schwere Erkrankungen der Verdauungsorgane ohne äußerst schwere CC, Alter > 17 Jahre, ohne komplexe Diagnose	0,485	0,484	-	-	5,4	1	0,270	13	0,050	0,073	-	-	0,7582
G71Z	M	Andere mäßig schwere Erkrankungen der Verdauungsorgane	0,357	0,355	-	-	2,8	1	0,126	8	0,056	0,059	-	-	0,7634
G72B	M	Andere leichte bis moderate Erkrankungen der Verdauungsorgane, Alter > 2 Jahre oder Abdominalschmerz oder mesenteriale Lymphadenitis, Alter > 2 Jahre und Alter < 56 Jahre oder ohne CC	0,242	0,242	-	-	2,6	1	0,094	5	0,059	0,061	-	-	0,8049
G73Z	M	Gastrointestinale Blutung oder Ulkuserkrankung mit äußerst schweren CC, mehr als ein Belegungstag	0,539	0,539	-	-	5,2	-	-	12	0,053	0,076	-	-	0,8541
G74Z	M	Hämorrhoiden oder andere wenig schwere Erkrankungen der Verdauungsorgane	0,296	0,295	-	-	2,8	1	0,131	7	0,054	0,057	-	-	0,7458

Fallpauschalen-Katalog und Pflegeerlöskatalog
Teil b) Bewertungsrelationen bei Versorgung durch Belegabteilungen

DRG	Parti-tion	Bezeichnung [6]	Bewertungsrelation bei Belegoperateur	Bewertungsrelation bei Belegoperateur und Beleganästhesist	Bewertungsrelation bei Belegoperateur und Beleghebamme	Bewertungsrelation bei Belegoperateur, -anästhesist und -hebamme	Mittlere Verweil-dauer [1]	Untere Grenzverweildauer: Erster Tag mit Abschlag [2], [5]	Untere Grenzverweildauer: Bewertungs-relation/Tag	Obere Grenzverweildauer: Erster Tag zus. Entgelt [3], [5]	Obere Grenzverweildauer: Bewertungs-relation/Tag	Externe Verlegung - Abschlag/Tag (Bewertungsrelation)	Verlegungs-fallpauschale	Ausnahme von Wieder-aufnahme [4]	Pflegeerlös Bewertungs-relation/Tag
1	2	3	4	5	6	7	8	9	10	11	12	13	14	15	16
MDC 07 Krankheiten und Störungen an hepatobiliärem System und Pankreas															
H05Z	O	Laparotomie und mäßig komplexe Eingriffe an Gallenblase und Gallenwegen	1,781	1,647	-	-	11,2	3	0,225	24	0,056	0,081	-	-	0,8673
H06C	O	Andere OR-Prozeduren an hepatobiliärem System und Pankreas ohne bestimmten Eingriff und komplexe Diagnose, Dialyse, komplexe OR-Prozedur oder komplizierende Konstellation	0,798	0,784	-	-	6,5	1	0,193	17	0,075	0,085	-	-	0,7537
H07B	O	Cholezystektomie und wenig komplexe Eingriffe an Gallenblase, Gallenwegen, Leber ohne sehr komplexe Diagnose, ohne komplizierende Konstellation	1,231	1,136	-	-	9,1	2	0,184	20	0,053	0,064	-	-	0,8544
H08B	O	Laparoskopische Cholezystektomie oder bestimmte Eingriffe an Leber und Bauchwand, Alter < 12 Jahre oder mit endoskopischer Steinentfernung oder mit bestimmter Diagnose	1,218	1,139	-	-	8,2	2	0,181	16	0,046	0,061	-	-	0,6807
H08C	O	Laparoskopische Cholezystektomie oder bestimmte Eingriffe an Leber und Bauchwand, Alter > 11 Jahre	0,634	0,567	-	-	3,0	1	0,151	7	0,053	0,056	-	-	0,7593
H12C	O	Verschiedene Eingriffe am hepatobiliären System oder Eingriffe an abdominalen oder pelvinen Gefäßen ohne äußerst schwere CC, ohne komplexen Eingriff	1,171	1,126	-	-	10,2	2	0,259	24	0,052	0,070	-	-	0,7390
H41C	A	Bestimmte ERCP mit schweren CC oder komplexem Eingriff oder Alter < 16 J. oder andere ERCP mit Radiofrequenzablation und endoskopischer Stentimplantation oder andere aufwendige ERCP oder bestimmter endoskopischer Eingriff mit bestimmter BNB	1,159	1,152	-	-	10,3	2	0,249	22	0,051	0,064	-	-	0,7481
H41D	A	Andere aufwendige ERCP oder bestimmter endoskopischer Eingriff oder andere ERCP mit bestimmter BNB oder bestimmter Pankreatitis	0,661	0,659	-	-	4,8	1	0,348	12	0,055	0,065	-	-	0,6840
H41E	A	Andere ERCP ohne bestimmte oder andere aufwendige ERCP, Alter > 15 Jahre	0,441	0,440	-	-	4,5	1	0,190	10	0,051	0,049	-	-	0,6964
H61A	M	Bösartige Neubildung an hepatobiliärem System und Pankreas, mehr als ein Belegungstag, mit komplexer Diagnose, mit äußerst schweren CC	0,988	0,985	-	-	12,7	3	0,229	26	0,050	0,067	-	x	0,9671
H61B	M	Bösartige Neubildung an hepatobiliärem System und Pankreas, Alter < 18 Jahre oder mehr als ein Belegungstag, mit komplexer Diagnose, mit Pfortaderthrombose	0,613	0,609	-	-	5,7	1	0,280	14	0,093	0,086	-	x	0,9050
H61C	M	Bösartige Neubildung an hepatobiliärem System und Pankreas, Alter > 17 Jahre	0,403	0,402	-	-	4,9	1	0,173	11	0,052	0,061	-	x	0,8233
H62B	M	Erkrankungen des Pankreas außer bösartige Neubildung, mit akuter Pankreatitis mit Organ-komplikation oder Leberzirrhose oder bestimmter nichtinfektiöser Hepatitis, Alter > 15 Jahre	0,538	0,538	-	-	6,8	1	0,347	16	0,047	0,067	-	-	0,7397
H62C	M	Erkrankungen des Pankreas außer bösartige Neubildung, ohne akute Pankreatitis mit Organ-komplikation, ohne Leberzirrhose, ohne bestimmte nichtinfektiöse Hepatitis, Alter > 15 Jahre	0,392	0,391	-	-	5,4	1	0,207	12	0,049	0,060	-	-	0,6929
H63B	M	Erkrankungen der Leber außer bösartige Neubildung, Leberzirrhose und bestimmte nichtinfektiöse Hepatitiden und best. Erkrankungen der Gallenwege, mehr als ein Belegungstag, mit kompl. Diagnose oder äuß. schw. o. schw. CC oder Leberbiopsie, Alter < 18 J.	0,812	0,810	-	-	8,5	2	0,239	18	0,059	0,076	-	-	0,7990
H63C	M	Erkrankungen der Leber außer bösartige Neubildung, Leberzirrhose und bestimmte nichtinfektiöse Hepatitiden und bestimmte Erkrankungen der Gallenwege, ein Belegungstag oder ohne komplexe Diagnose und ohne äußerst schwere oder schwere CC	0,423	0,422	-	-	5,2	1	0,232	11	0,054	0,066	-	-	0,6940
H64Z	M	Erkrankungen von Gallenblase und Gallenwegen	0,342	0,341	-	-	4,9	1	0,182	11	0,047	0,055	-	-	0,7315
MDC 08 Krankheiten und Störungen an Muskel-Skelett-System und Bindegewebe															
I01Z	O	Beidseitige Eingriffe oder mehrere große Eingriffe an Gelenken der unteren Extremität mit komplexer Diagnose	3,457	3,243	-	-	27,1	8	0,199	45	0,046	0,064	-	-	0,8132
I03A	O	Revision oder Ersatz des Hüftgelenkes mit kompl. Diagnose od. Arthrodese od. Alter < 16 Jahre oder beidseitige od. mehrere gr. Eingr. an Gelenken der unt. Extr. mit kompl. Eingriff, mit äuß. schw. CC oder mehrzeitigem Wechsel oder Eingr. an mehr. Lok.	4,574	4,316	-	-	36,8	11	0,220	55	0,051	0,071	-	-	1,0388
I03B	O	Revision oder Ersatz des Hüftgelenkes mit kompl. Diagnose od. Arthrodese od. Alter < 16 Jahre oder beidseitige od. mehrere gr. Eingr. an Gelenken der unt. Extr. mit kompl. Eingriff, ohne äuß. schw. CC, ohne mehrzeit. Wechsel, ohne Eingr. an mehr. Lok.	2,339	2,188	-	-	15,6	4	0,232	32	0,049	0,066	-	-	0,7746
I04Z	O	Implantation, Wechsel oder Entfernung einer Endoprothese am Kniegelenk mit komplizierender Diagnose oder Arthrodese oder Implantation einer Endoprothese nach vorheriger Explantation oder periprothetische Fraktur an der Schulter oder am Knie	2,378	2,235	-	-	14,4	4	0,207	28	0,051	0,068	-	-	0,8252
I05B	O	Implantation oder Wechsel einer inversen Endoprothese am Schultergelenk oder Implantation einer Sprunggelenkendoprothese	1,769	1,658	-	-	7,2	1	0,331	15	0,048	0,067	-	-	0,7932

Fallpauschalen-Katalog und Pflegeerlöskatalog
Teil b) Bewertungsrelationen bei Versorgung durch Belegabteilungen

DRG	Partition	Bezeichnung [6]	Bewertungsrelation bei Belegoperateur	Bewertungsrelation bei Belegoperateur und Beleganästhesist	Bewertungsrelation bei Belegoperateur und Beleghebamme	Bewertungsrelation bei Belegoperateur, -anästhesist und -hebamme	Mittlere Verweildauer [1]	Untere Grenzverweildauer: Erster Tag mit Abschlag [2), 5)]	Untere Grenzverweildauer: Bewertungsrelation/Tag	Obere Grenzverweildauer: Erster Tag zus. Entgelt [3), 5)]	Obere Grenzverweildauer: Bewertungsrelation/Tag	Externe Verlegung Abschlag/Tag (Bewertungsrelation)	Verlegungsfallpauschale	Ausnahme von Wiederaufnahme [4)]	Pflegeerlös Bewertungsrelation/Tag
1	2	3	4	5	6	7	8	9	10	11	12	13	14	15	16
I05C	O	Anderer großer Gelenkersatz ohne Implantation oder Wechsel einer inversen Endoprothese am Schultergelenk, ohne Implantation einer Sprunggelenkendoprothese	1,508	1,402	-	-	6,1	1	0,215	12	0,048	0,068	-	-	0,7668
I08D	O	Andere Eingriffe an Hüftgelenk und Femur mit komplexer Diagnose oder Prozedur oder äußerst schweren CC	2,061	1,920	-	-	14,5	4	0,219	29	0,054	0,071	-	-	0,9554
I08E	O	Andere Eingriffe an Hüftgelenk und Femur ohne komplexe Diagnose oder Prozedur, ohne äußerst schwere CC, mit bestimmten Eingriffen an Becken und Femur oder mit bestimmten komplizierenden Diagnosen	1,615	1,495	-	-	9,1	2	0,243	19	0,053	0,073	-	-	0,9082
I08F	O	Andere Eingriffe an Hüftgelenk und Femur ohne komplexe Diagnose oder Prozedur, ohne äußerst schwere CC, mehr als ein Belegungstag, mit bestimmten anderen Eingriffen an Hüftgelenk und Femur	1,158	1,076	-	-	7,4	1	0,361	17	0,053	0,075	-	-	0,8869
I08G	O	Andere Eingriffe an Hüftgelenk und Femur ohne komplexe Diagnose oder Prozedur, ohne äußerst schwere CC, mehr als ein Belegungstag, mit mäßig komplexem Eingriff	0,862	0,787	-	-	4,0	1	0,153	11	0,054	0,062	-	-	0,8026
I08H	O	Andere Eingriffe an Hüftgelenk und Femur, ein Belegungstag oder ohne mäßig komplexen Eingriff, mit bestimmtem anderen Eingriff oder Alter < 12 Jahre oder Eingriff an der unteren Extremität	0,709	0,635	-	-	2,6	1	0,075	7	0,053	0,056	-	-	0,9182
I08I	O	Andere Eingriffe an Hüftgelenk und Femur, ein Belegungstag oder ohne mäßig komplexen Eingriff, ohne bestimmten anderen Eingriff, Alter > 11 Jahre, ohne Eingriff an der unteren Extremität	0,630	0,570	-	-	2,6	1	0,094	5	0,051	0,056	-	-	0,9609
I09C	O	Bestimmte Eingriffe an der Wirbelsäule mit best. kompl. Faktoren, mit Wirbelkörperersatz oder komplexer Spondylodese oder andere mehrzeitige komplexe Eingriffe an der Wirbelsäule mit aufwendiger intensmed. Komplexbehandlung ab 185 Aufwandspunkten	3,874	3,632	-	-	17,8	5	0,270	32	0,061	0,087	-	-	1,0607
I09D	O	Bestimmte Eingriffe an der Wirbelsäule mit best. kompl. Faktoren, bei Frakturen der Halswirbelsäule oder sek. bösartiger Neub. des Knochens oder mit anderen mehrz. kompl. Eingriffen ohne aufwendige intensmed. Komplexbehandlung ab 185 Aufwandspunkten	3,593	3,389	-	-	21,4	6	0,256	39	0,059	0,080	-	-	0,9969
I09E	O	Bestimmte Eingriffe an der Wirbelsäule und best. komplizierende Faktoren oder best. Eingriffe an der WS mit best. anderen kompl. Faktoren und Eingriffe ZNS oder transpleuraler Zugang BWS oder best. langstreckige Spondylodese/Osteosynthese oder Diszitis	2,617	2,447	-	-	11,9	3	0,222	25	0,052	0,069	-	-	0,8249
I09F	O	Best. Eingriffe an der Wirbelsäule, best. kompliz. Faktoren od. Alter < 16 Jahre oder knöcherne Dekompression Spinalkanal / best. Osteosynthese > 3 Segm. oder Impl. eines Schrauben-Band-Systems oder Schrauben-Stab-Systems, 1 Segment bei Diszitis	2,154	2,008	-	-	9,1	2	0,227	20	0,052	0,073	-	-	0,7519
I09G	O	Bestimmte Eingriffe an der Wirbelsäule mit bestimmten anderen kompliz. Faktoren oder mit anderen kompl. Faktoren und Frakturen Halswirbelsäule oder BNB der Wirbelsäule mit Kyphoplastie, mit Radiofrequenzablation oder komplexer Eingriff an der Wirbelsäule	1,916	1,764	-	-	6,9	1	0,346	15	0,049	0,067	-	-	0,7497
I09H	O	Bestimmte Eingriffe an der Wirbelsäule mit bestimmten anderen kompliz. Faktoren oder mit anderen kompliz. Faktoren, ohne Frakturen HWS, ohne BNB der Wirbelsäule oder ohne Kyphoplastie od. ohne Radiofrequenzabl., ohne komplexen Eingriff an der Wirbelsäule	1,262	1,171	-	-	6,1	1	0,216	15	0,050	0,061	-	-	0,6987
I09I	O	Bestimmte Eingriffe an der Wirbelsäule ohne komplizierende Faktoren	1,035	0,972	-	-	6,6	1	0,232	16	0,050	0,061	-	-	0,6905
I10A	O	Andere Eingriffe an der Wirbelsäule mit bestimmtem Eingriff an Rückenmark, Spinalkanal, Wirbelsäule, Rumpf mit äußerst schweren CC	3,409	3,235	-	-	21,8	6	0,264	40	0,060	0,081	-	-	1,0323
I10B	O	Andere Eingriffe WS m. best. kompl. Eingriffen od. Para- / Tetrapl. od. Wirbelfraktur m. best. Eingriffen oh. äuß. schw. CC od. best. andere Operationen WS m. äuß. schw. CC u. > 1 BT od. mäßig kompl. Eingriffe u. Diszitis od. Exzision spin. Tumorgewebe	1,861	1,707	-	-	9,2	2	0,265	22	0,054	0,077	-	-	0,8031
I10C	O	Andere Eingriffe an der Wirbelsäule bei Bandscheibeninfektion oder mit bestimmtem Eingriff an der Wirbelsäule	1,210	1,088	-	-	5,0	1	0,187	12	0,048	0,072	-	-	0,7319
I10D	O	Andere Eingriffe an der Wirbelsäule mit komplexem Eingriff an der Wirbelsäule oder mit äußerst schweren oder schweren CC ohne Bandscheibeninfektion, ohne Diszitis, ohne bestimmten anderen Eingriff an der Wirbelsäule	0,671	0,639	-	-	3,4	1	0,103	6	0,043	0,047	-	-	0,7072
I10E	O	Andere Eingriffe an der Wirbelsäule mit mäßig komplexem Eingriff, mit bestimmtem kleinen Eingriff oder wenig komplexer Eingriff, mehr als 1 Belegungstag, Alter < 18 Jahre oder mit bestimmtem anderen kleinen Eingriff ohne äußerst schwere oder schwere CC	0,772	0,692	-	-	4,6	1	0,237	11	0,045	0,052	-	-	0,6568
I10F	O	Andere Eingriffe an der Wirbelsäule ohne mäßig komplexen Eingriff an der Wirbelsäule mit bestimmtem kleinen Eingriff oder wenig komplexer Eingriff, mehr als ein Belegungstag oder ohne bestimmten anderen kleinen Eingriff, Alter > 17 Jahre	0,661	0,595	-	-	4,8	1	0,213	10	0,042	0,051	-	-	0,6697

Fallpauschalen-Katalog und Pflegeerlöskatalog
Teil b) Bewertungsrelationen bei Versorgung durch Belegabteilungen

DRG	Partition	Bezeichnung [6]	Bewertungsrelation bei Belegoperateur	Bewertungsrelation bei Belegoperateur und Beleganästhesist	Bewertungsrelation bei Belegoperateur und Beleghebamme	Bewertungsrelation bei Belegoperateur, -anästhesist und -hebamme	Mittlere Verweildauer [1]	Untere Grenzverweildauer: Erster Tag mit Abschlag [2), 5)]	Untere Grenzverweildauer: Bewertungsrelation/Tag	Obere Grenzverweildauer: Erster Tag zus. Entgelt [3), 5)]	Obere Grenzverweildauer: Bewertungsrelation/Tag	Externe Verlegung Abschlag/Tag (Bewertungsrelation)	Verlegungsfallpauschale	Ausnahme von Wiederaufnahme [4)]	Pflegeerlös Bewertungsrelation/Tag
1	2	3	4	5	6	7	8	9	10	11	12	13	14	15	16
I10G	O	Andere Eingriffe an der Wirbelsäule ohne mäßig komplexen Eingriff an der Wirbelsäule, ohne bestimmten kleinen Eingriff, ohne wenig komplexen Eingriff oder ein Belegungstag, mit anderem kleinen Eingriff	0,546	0,531	-	-	4,5	1	0,150	13	0,062	0,065	-	-	0,6797
I10H	O	Andere Eingriffe an der Wirbelsäule ohne mäßig komplexen Eingriff, ohne bestimmten kleinen Eingriff, ohne anderen kleinen Eingriff	0,394	0,351	-	-	2,3	1	0,169	5	0,038	0,023	-	-	0,8643
I11Z	O	Eingriffe zur Verlängerung einer Extremität	1,837	1,718	-	-	5,8	1	0,249	12	0,048	0,074	-	-	0,7837
I12B	O	Knochen- und Gelenkinfektion / -entzündung mit verschiedenen Eingriffen am Muskel-Skelett-System und Bindegewebe mit schweren CC, mit Revision des Kniegelenkes, mit Einbringen oder Wechsel von Abstandshaltern oder Osteomyelitis, Alter < 16 Jahre	1,851	1,740	-	-	16,7	5	0,187	31	0,047	0,064	-	-	0,8301
I12C	O	Knochen- und Gelenkinfektion / -entzündung mit verschiedenen Eingriffen am Muskel-Skelett-System und Bindegewebe mit schweren CC, ohne Revision des Kniegelenkes, ohne Einbringen oder Wechsel von Abstandshaltern, ohne Osteomyelitis, Alter > 15 Jahre	1,057	0,974	-	-	9,0	2	0,187	21	0,045	0,058	-	-	0,6908
I13A	O	Bestimmte Eingriffe an den Extremitäten mit komplexem Mehrfacheingriff, mit komplizierendem Eingriff an der unteren Extremität oder aufwendiger Osteosynthese	2,378	2,179	-	-	15,2	4	0,193	28	0,043	0,061	-	-	0,7256
I13B	O	Bestimmte Eingriffe an den Extremitäten mit best. Mehrfacheingriff oder kompliz. Diagnose oder bei Endoprothese der oberen Extremität oder mit Fixateur ext., mit best. BNB od. mit Einbringen von Abstandshalt od. Alter < 18 J. mit äuß. schw. od. schw. CC	1,921	1,759	-	-	12,6	3	0,184	24	0,041	0,055	-	-	0,7255
I13C	O	Bestimmte Eingriffe an den Extremitäten mit best. Mehrfacheingr. od. kompliz Diag. od. bei Endopr. der oberen Extrem. od. m. Fix. ext., m. kompl. Eingr. od. schw. Weichteilsch., m. best. kompl. Osteot. od. BNB od. Alter < 18 J. m. äuß. schw. od. schw. CC	1,515	1,380	-	-	6,9	1	0,336	17	0,051	0,073	-	-	0,7429
I13D	O	Bestimmte Eingriffe an den Extremitäten mit bestimmtem anderen Mehrfacheingriff oder komplizierender Diagnose oder bei endoprothetischem Eingriff an der oberen Extremität od. mit Fixateur externe oder mit and. kompl. Eingr. od. bei sek. BNB Knochen/-mark	1,256	1,145	-	-	7,5	2	0,155	16	0,045	0,060	-	-	0,7165
I13E	O	Bestimmte Eingriffe an den Extremitäten od. bei Endoproth. am Knie m. kompl. Eingr. od. schw. Weichteilsch. od. Pseudarthrose od. best. Osteotom. od. best. Eingr. Knieproth. od. Epiphyseodese od. bei BNB od. Alter > 17 J. od. ohne äuß. schw. od. schw. CC	1,042	0,943	-	-	4,6	1	0,417	12	0,051	0,058	-	-	0,7356
I13F	O	Bestimmte Eingriffe an den Extremitäten mit bestimmtem anderen Eingriff an den Extremitäten oder bei bösartiger Neubildung oder kleiner Eingriff bei Knochen- und Gelenkinfektion oder Alter < 18 Jahre mit äußerst schweren oder schweren CC	0,780	0,705	-	-	3,6	1	0,247	9	0,049	0,055	-	-	0,7489
I13G	O	Bestimmte Eingriffe an den Extremitäten ohne bestimmten anderen Eingriff an den Extremitäten, außer bei bösartiger Neubildung, ohne kleinen Eingriff bei Knochen- und Gelenkinfektion oder Alter > 17 Jahre oder ohne äußerst schwere oder schwere CC	0,711	0,637	-	-	3,2	1	0,188	9	0,049	0,076	-	-	0,7590
I16A	O	Andere Eingriffe an der Schulter und bestimmte Eingriffe an der oberen Extremität mit bestimmtem Eingriff an Schulter, Oberarm und Ellenbogen	0,670	0,598	-	-	2,5	1	0,080	5	0,052	0,056	-	-	0,8409
I16B	O	Andere Eingriffe an der Schulter und bestimmte Eingriffe an der oberen Extremität ohne bestimmten Eingriff an Schulter, Oberarm und Ellenbogen, mit bestimmtem anderem Eingriff an Klavikula, Schulter und Ellenbogen	0,555	0,504	-	-	2,6	1	0,103	6	0,055	0,058	-	-	0,7921
I16C	O	Andere Eingriffe an der Schulter und bestimmte Eingriffe an der oberen Extremität ohne bestimmten Eingriff an Schulter, Oberarm und Ellenbogen, ohne bestimmten anderen Eingriff an Klavikula, Schulter und Oberarm	0,353	0,306	-	-	2,3	1	0,073	5	0,040	0,039	-	-	0,8507
I17A	O	Aufwendige Operationen am Gesichtsschädel oder Alter < 16 Jahre	1,369	1,226	-	-	6,5	1	0,241	14	0,053	0,066	-	-	0,8063
I17B	O	Operationen am Gesichtsschädel ohne aufwendige Operationen, Alter > 15 Jahre	0,765	0,691	-	-	4,3	1	0,169	9	0,062	0,073	-	-	0,7939
I18A	O	Wenig komplexe Eingriffe an Kniegelenk, Ellenbogengelenk und Unterarm, Alter < 16 Jahre oder mit mäßig komplexem Eingriff oder mit beidseitigem Eingriff am Kniegelenk	0,626	0,565	-	-	2,7	1	0,148	7	0,057	0,060	-	-	0,7984
I18B	O	Wenig komplexe Eingriffe an Kniegelenk, Ellenbogengelenk und Unterarm, Alter > 15 Jahre, ohne mäßig komplexen Eingriff, ohne beidseitigen Eingriff am Kniegelenk	0,502	0,450	-	-	2,8	1	0,101	7	0,046	0,053	-	-	0,8112
I19A	O	Implantation und Wechsel von Neurostimulatoren und Neurostimulationselektroden bei Krankheiten und Störungen an Muskel-Skelett-System und Bindegewebe ohne Implantation oder Wechsel eines permanenten Elektrodensystems	1,002	0,958	-	-	3,1	1	0,284	7	0,036	0,045	-	-	0,6969

Fallpauschalen-Katalog und Pflegeerlöskatalog
Teil b) Bewertungsrelationen bei Versorgung durch Belegabteilungen

DRG	Partition	Bezeichnung [6]	Bewertungsrelation bei Belegoperateur	Bewertungsrelation bei Belegoperateur und Beleganästhesist	Bewertungsrelation bei Belegoperateur und Beleghebamme	Bewertungsrelation bei Belegoperateur, -anästhesist und -hebamme	Mittlere Verweildauer [1]	Untere Grenzverweildauer: Erster Tag mit Abschlag [2], [5]	Untere Grenzverweildauer: Bewertungsrelation/Tag	Obere Grenzverweildauer: Erster Tag zus. Entgelt [3], [5]	Obere Grenzverweildauer: Bewertungsrelation/Tag	Externe Verlegung Abschlag/Tag (Bewertungsrelation)	Verlegungsfallpauschale	Ausnahme von Wiederaufnahme [4]	Pflegeerlös Bewertungsrelation/Tag
1	2	3	4	5	6	7	8	9	10	11	12	13	14	15	16
I19B	O	Implantation und Wechsel von Neurostimulatoren und Neurostimulationselektroden bei Krankheiten und Störungen an Muskel-Skelett-System und Bindegewebe mit Implantation oder Wechsel eines permanenten Elektrodensystems	1,272	1,215	-	-	3,0	1	0,065	7	0,042	0,069	-	-	0,7385
I20A	O	Eingriffe am Fuß mit mehreren hochkomplexen Eingriffen oder Teilwechsel Endoprothese des unteren Sprunggelenks, mit hochkomplexem Eingriff und komplexer Diagnose oder bestimmter Arthrodese	1,669	1,522	-	-	10,3	2	0,198	22	0,041	0,053	-	-	0,7130
I20B	O	Eingriffe am Fuß mit mehreren komplexen Eingriffen od. hochkompl. Eingriff od. Teilwechsel Endoprothese d. unteren Sprunggelenks od. bei Zerebralparese od. mit kompl. Eingriff und kompl. Diagnose od. mit Eingriff an Sehnen des Rückfußes, Alter < 12 Jahre	1,253	1,136	-	-	6,8	1	0,215	17	0,047	0,055	-	-	0,7088
I20C	O	Eingriffe am Fuß ohne mehrere komplexe Eingriffe, ohne hochkomplexen Eingriff, mit bestimmten komplizierenden Faktoren oder Alter > 11 Jahre	0,855	0,778	-	-	5,3	1	0,446	14	0,040	0,055	-	-	0,7094
I20D	O	Eingriffe am Fuß ohne bestimmte komplizierende Faktoren, mit Knochentransplantation oder schwerem Weichteilschaden oder bestimmtem Eingriff am Fuß oder Kalkaneusfraktur	0,557	0,486	-	-	2,8	1	0,070	6	0,037	0,038	-	-	0,7677
I20E	O	Andere Eingriffe am Fuß oder chronische Polyarthritis oder Diabetes Mellitus mit Komplikationen oder Alter < 16 Jahre	0,521	0,458	-	-	2,9	1	0,049	7	0,038	0,039	-	-	0,7992
I20F	O	Eingriffe am Fuß ohne komplexe Eingriffe oder komplizierende Faktoren, Alter > 15 Jahre	0,398	0,346	-	-	2,5	1	0,094	6	0,039	0,020	-	-	0,7772
I21Z	O	Lokale Exzision und Entfernung von Osteosynthesematerial an Hüftgelenk, Femur und Wirbelsäule oder komplexe Eingriffe an Ellenbogengelenk und Unterarm oder bestimmte Eingriffe an der Klavikula	0,680	0,607	-	-	2,7	1	0,112	6	0,046	0,056	-	-	0,8386
I23A	O	Andere kleine Eingriffe an Knochen und Weichteilen mit bestimmten kleinen Eingriffen am Knochen oder Revision mit Osteosynthese an der oberen Extremität oder Alter < 18 Jahre mit äußerst schweren oder schweren CC	0,670	0,593	-	-	3,5	1	0,134	8	0,044	0,049	-	-	0,8657
I23B	O	Andere kleine Eingriffe an Knochen und Weichteilen mit bestimmten kleinen Eigriffen an Knochen und Weichteilen, Alter > 17 Jahre oder ohne äußerst schwere oder schwere CC	0,538	0,480	-	-	2,4	1	0,193	6	0,049	0,101	-	-	0,8769
I23C	O	Andere kleine Eingriffe an Knochen und Weichteilen ohne bestimmte kleine Eingriffe an Knochen und Weichteilen, Alter > 17 Jahre oder ohne äußerst schwere oder schwere CC	0,426	0,372	-	-	2,6	1	0,062	5	0,048	0,029	-	-	0,8784
I24A	O	Arthroskopie oder andere Eingriffe an den Extremitäten oder Eingriffe am Weichteilgewebe oder Alter < 18 Jahre	0,500	0,446	-	-	2,5	1	0,121	6	0,056	0,059	-	-	0,9945
I24B	O	Arthroskopie oder andere Eingriffe an den Extremitäten oder Eingriffe am Weichteilgewebe ohne komplexen Eingriff, Alter > 17 Jahre	0,263	0,246	-	-	2,3	1	0,055	5	0,036	0,035	-	-	1,2313
I27B	O	Eingriffe am Weichteilgewebe oder kleinflächige Gewebe-Tx mit äußerst schweren CC oder bei BNB mit schweren CC oder mit kompliz. Faktoren, mit schweren CC oder bei BNB oder mit best. Eingr. am Weichteilgewebe, > 1 Belegungstag oder best. Eingriff	2,564	2,405	-	-	17,9	5	0,256	36	0,059	0,081	-	-	0,9862
I27C	O	Eingriffe am Weichteilgewebe oder kleinflächige Gewebetransplantationen mit schweren CC oder bei BNB oder mit bestimmtem Eingriff am Weichteilgewebe, mehr als ein Belegungstag oder bestimmter Eingriff ohne komplizierende Faktoren	1,094	1,006	-	-	7,8	2	0,191	18	0,052	0,066	-	-	0,8110
I27D	O	Bestimmte andere Eingriffe am Weichteilgewebe oder ein Belegungstag	0,624	0,550	-	-	3,4	1	0,093	9	0,041	0,044	-	-	0,7460
I27E	O	Bestimmte kleine Eingriffe am Weichteilgewebe oder ein Belegungstag	0,553	0,493	-	-	2,8	1	0,132	7	0,054	0,059	-	-	0,7845
I28C	O	Andere Eingriffe an Muskel-Skelett-System und Bindegewebe mit bestimmtem Eingriff an Knochen, Weichteilen oder Bindegewebe, mehr als ein Belegungstag oder Alter < 10 Jahre	1,293	1,236	-	-	10,2	2	0,308	23	0,057	0,082	-	-	0,7896
I28D	O	Andere Eingriffe an Muskel-Skelett-System und Bindegewebe mit mäßig komplexem Eingriff, mehr als ein Belegungstag, Alter > 9 Jahre	0,872	0,842	-	-	8,0	2	0,212	18	0,056	0,071	-	-	0,6609
I28E	O	Andere Eingriffe an Muskel-Skelett-System und Bindegewebe, ohne bestimmte, mäßig komplexe und komplexe Eingriffe, Alter > 9 Jahre oder ein Belegungstag	0,411	0,365	-	-	3,7	1	0,085	12	0,043	0,032	-	-	0,8191
I29A	O	Komplexe Eingriffe am Schultergelenk oder bestimmte Osteosynthesen an der Klavikula, bei komplizierender Diagnose oder Eingriff an mehreren Lokalisationen	1,038	0,929	-	-	3,5	1	0,326	9	0,053	0,059	-	-	0,7685
I29B	O	Komplexe Eingriffe am Schultergelenk oder best. Osteosynthesen an der Klavikula ohne kompliz. Diagnose, ohne Eingriff an mehreren Lokalisationen oder sonst. arthroskopische Rekonstruktion der Rotatorenmanschette mit bestimmten Eingriffen an der Schulter	0,721	0,633	-	-	2,3	1	0,061	4	0,039	0,037	-	-	0,8920

Fallpauschalen-Katalog und Pflegeerlöskatalog
Teil b) Bewertungsrelationen bei Versorgung durch Belegabteilungen

DRG	Parti-tion	Bezeichnung [6]	Bewertungsrelation bei Belegoperateur	Bewertungsrelation bei Belegoperateur und Beleganästhesist	Bewertungsrelation bei Belegoperateur und Beleghebamme	Bewertungsrelation bei Belegoperateur, -anästhesist und -hebamme	Mittlere Verweil-dauer [1]	Untere Grenzverweildauer: Erster Tag mit Abschlag [2), 5)]	Untere Grenzverweildauer: Bewertungs-relation/Tag	Obere Grenzverweildauer: Erster Tag zus. Entgelt [3), 5)]	Obere Grenzverweildauer: Bewertungs-relation/Tag	Externe Verlegung Abschlag/Tag (Bewertungsrelation)	Verlegungs-fallpauschale	Ausnahme von Wieder-aufnahme [4]	Pflegeerlös Bewertungs-relation/Tag
1	2	3	4	5	6	7	8	9	10	11	12	13	14	15	16
I29C	O	Sonstige arthroskopische Rekonstruktion der Rotatorenmanschette ohne bestimmte Eingriffe an der Schulter	0,610	0,547	-	-	2,5	1	0,108	5	0,041	0,020	-	-	0,8452
I30A	O	Arthroskopischer Eingriff am Hüftgelenk, Alter < 16 Jahre oder komplexe Eingriffe am Kniegelenk mit sehr komplexem Eingriff oder bestimmte komplexe Eingriffe am Kniegelenk, Alter < 18 Jahre, mit äußerst schweren oder schweren CC	1,090	0,983	-	-	4,5	1	0,169	11	0,051	0,060	-	-	0,6386
I30B	O	Arthroskopischer Eingriff am Hüftgelenk, Alter > 15 Jahre oder bestimmte komplexe Eingriffe am Kniegelenk, Alter > 17 Jahre oder ohne äußerst schwere oder schwere CC	0,756	0,671	-	-	2,4	1	0,071	4	0,042	0,042	-	-	0,8008
I30C	O	Komplexe Eingriffe am Kniegelenk ohne bestimmte komplexe Eingriffe am Kniegelenk, Alter > 17 Jahre oder ohne äußerst schwere oder schwere CC oder bestimmte arthroskopische Eingriffe am Hüftgelenk, Alter > 15 Jahre	0,591	0,528	-	-	2,7	1	0,148	7	0,051	0,054	-	-	0,7966
I31A	O	Mehrere komplexe Eingriffe an Ellenbogengelenk und Unterarm oder gelenkübergreifende Weichteildistraktion bei angeborenen Anomalien der Hand, mit aufwendigen Eingriffen am Unterarm	1,664	1,509	-	-	8,5	2	0,181	17	0,045	0,058	-	-	0,7139
I31B	O	Mehrere komplexe Eingriffe an Ellenbogengelenk und Unterarm oder gelenkübergreifende Weichteildistraktion bei angeborenen Anomalien der Hand oder bestimmte Eingriffe bei Mehrfragmentfraktur der Patella, mit bestimmten komplexen Eingriffen am Unterarm	1,116	1,007	-	-	4,6	1	0,358	12	0,050	0,059	-	-	0,7475
I31C	O	Mehrere komplexe Eingriffe an Ellenbogengelenk und Unterarm ohne gelenkübergreifende Weichteildistraktion bei angeborenen Anomalien der Hand, ohne bestimmte Eingriffe bei Mehrfragmentfraktur der Patella, ohne bestimmte komplexe Eingriffe am Unterarm	0,860	0,770	-	-	3,1	1	0,205	8	0,058	0,061	-	-	0,7396
I32C	O	Eingriffe an Handgelenk und Hand mit komplexem Eingriff oder bei angeborener Anomalie der Hand oder Pseudarthrose, Alter > 5 Jahre oder mit hochkomplexem Eingriff bei angeb. Fehlbildung der Hand, Alter < 16 Jahre oder mit best. Eingr. od. kompl. Diagnose	1,178	1,051	-	-	6,6	1	0,194	17	0,045	0,054	-	-	0,6795
I32D	O	Eingriffe an Handgelenk und Hand mit komplexem Eingriff, ohne komplexe Diagnose oder ohne sehr komplexen Eingriff oder mit komplexer Diagnose oder mit bestimmtem oder beidseitigem Eingriff	0,786	0,696	-	-	2,8	1	0,195	7	0,052	0,057	-	-	0,7831
I32E	O	Bestimmte mäßig komplexe Eingriffe an Handgelenk und Hand, mehr als ein Belegungstag oder Alter < 6 Jahre	0,591	0,519	-	-	2,4	1	0,181	6	0,053	0,054	-	-	0,7530
I32F	O	Eingriffe an Handgelenk und Hand ohne komplexe oder mäßig komplexe Eingriffe oder ohne bestimmtem mäßig komplexen Eingriff, Alter > 5 Jahre, ein Belegungstag	0,476	0,419	-	-	2,3	1	0,055	5	0,053	0,052	-	-	0,9209
I36Z	O	Beidseitige oder kombinierte Implantation oder Wechsel einer Endoprothese an Hüft-, Kniegelenk und/oder an der oberen Extremität	2,139	2,000	-	-	8,8	2	0,224	17	0,047	0,067	-	-	0,7984
I39Z	O	Strahlentherapie bei Krankheiten und Störungen an Muskel-Skelett-System und Bindegewebe, Bestrahlungen an mindestens 8 Tagen	2,162	2,157	-	-	19,2	5	0,358	34	0,104	-	x	x	0,7722
I42A	A	Multimodale Schmerztherapie bei Krankheiten und Störungen an Muskel-Skelett-System und Bindegewebe, mindestens 14 Tage	0,946	0,946	-	-	16,0	-	-	19	0,044	0,057	-	x	0,4215
I42B	A	Multimodale Schmerztherapie bei Krankheiten und Störungen an Muskel-Skelett-System und Bindegewebe, weniger als 14 Tage	0,662	0,662	-	-	8,7	-	-	14	0,047	0,066	-	x	0,4310
I43A	O	Implantation oder Wechsel bestimmter Endoprothesen am Knie- oder am Ellenbogengelenk oder Prothesenwechsel am Schulter- oder am Sprunggelenk oder Entfernung bestimmter Endoprothesen am Kniegelenk, mit äußerst schweren CC	4,442	4,189	-	-	29,1	9	0,208	47	0,052	0,069	-	-	0,9171
I43B	O	Implantation oder Wechsel bestimmter Endoprothesen am Knie- oder am Ellenbogengelenk oder Prothesenwechsel am Schulter- oder am Sprunggelenk oder Entfernung bestimmter Endoprothesen am Kniegelenk, ohne äußerst schwere CC	1,688	1,583	-	-	9,4	2	0,155	18	0,044	0,047	-	-	0,7497
I44A	O	Bestimmte Endoprotheseneingriffe am Kniegelenk mit äußerst schweren CC oder Implantation bestimmter schaftverankerten Prothese am Knie oder Korrektur einer Brustkorbdeformität	1,964	1,844	-	-	9,8	2	0,247	18	0,045	0,063	-	-	0,7078
I44B	O	Bestimmte Endoprotheseneingriffe am Kniegelenk ohne äußerst schwere CC, mit bestimmtem Wechsel von Endoprothesen oder Implantation einer patientenindividuell angefertigten Endoprothese am Kniegelenk oder Einbringen oder Wechsel von Abstandshaltern	1,705	1,600	-	-	10,5	2	0,251	21	0,048	0,066	-	-	0,7700
I44C	O	Bestimmte Endoprotheseneingriffe am Kniegelenk ohne äußerst schwere CC, ohne bestimmten Wechsel von Endoprothesen oder Prothesenkomponenten, ohne Impl. e. patientenindiv. angefertigten Endoprothese am Knie, ohne Einbringen od. Wechsel von Abstandshaltern	1,229	1,147	-	-	8,0	2	0,161	12	0,040	0,054	-	-	0,7440

Fallpauschalen-Katalog und Pflegeerlöskatalog
Teil b) Bewertungsrelationen bei Versorgung durch Belegabteilungen

DRG	Partition	Bezeichnung [5]	Bewertungsrelation bei Belegoperateur	Bewertungsrelation bei Belegoperateur und Beleganästhesist	Bewertungsrelation bei Belegoperateur und Beleghebamme	Bewertungsrelation bei Belegoperateur, -anästhesist und -hebamme	Mittlere Verweildauer [1]	Untere Grenzverweildauer		Obere Grenzverweildauer		Externe Verlegung Abschlag/Tag (Bewertungsrelation)	Verlegungsfallpauschale	Ausnahme von Wiederaufnahme [4]	Pflegeerlös Bewertungsrelation/Tag
								Erster Tag mit Abschlag [2], [5]	Bewertungsrelation/Tag	Erster Tag zus. Entgelt [3], [5]	Bewertungsrelation/Tag				
1	2	3	4	5	6	7	8	9	10	11	12	13	14	15	16
I44D	O	Bestimmte Endoprotheseneingriffe am Kniegelenk oder Einbringen einer Entlastungsfeder am Kniegelenk	1,162	1,091	-	-	7,1	1	0,214	12	0,042	0,053	-	-	0,7148
I44E	O	Andere Endoprotheseneingriffe am Kniegelenk	1,018	0,941	-	-	6,7	1	0,300	12	0,049	0,066	-	-	0,6941
I45A	O	Implantation und Ersatz einer Bandscheibenendoprothese, mehr als ein Segment	1,947	1,830	-	-	3,8	1	0,141	8	0,058	0,056	-	-	0,6410
I45B	O	Implantation und Ersatz einer Bandscheibenendoprothese, weniger als 2 Segmente	1,428	1,324	-	-	3,6	1	0,143	7	0,053	0,061	-	-	0,6422
I46B	O	Prothesenwechsel am Hüftgelenk ohne äußerst schwere CC, ohne Eingriff an mehreren Lokalisationen, mit periprothetischer Fraktur	2,601	2,450	-	-	17,6	5	0,218	33	0,051	0,071	-	-	0,9856
I46C	O	Prothesenwechsel am Hüftgelenk ohne äußerst schwere CC, ohne Eingriff an mehreren Lokalisationen, ohne periprothetische Fraktur	1,965	1,832	-	-	10,5	3	0,205	22	0,047	0,070	-	-	0,8052
I47A	O	Revision oder Ersatz des Hüftgelenkes ohne komplizierende Diagnose, ohne Arthrodese, ohne äußerst schwere CC, Alter > 15 Jahre, mit komplizierendem Eingriff	1,746	1,628	-	-	10,5	2	0,252	22	0,048	0,065	-	-	0,8346
I47B	O	Revision oder Ersatz des Hüftgelenkes ohne best. kompliz. Faktoren, mit kompl. Diagnose an Becken/Oberschenkel, mit best. endoproth. oder gelenkplast. Eingr. od. m. Impl. od. Wechsel Radiuskopfproth. od. m. kompl. Erstimpl. od. m. Entf. Osteosynthesemat.	1,401	1,309	-	-	8,7	2	0,214	18	0,049	0,067	-	-	0,8872
I47C	O	Revision oder Ersatz des Hüftgelenkes ohne best. kompliz. Faktoren, ohne komplexe Diagnose an Becken/OS, ohne best. endoproth. Eingriff, ohne gelenkpl. Eingriff am Hüftgelenk, ohne Impl. oder Wechsel einer Radiuskopfprothese, ohne Entf. Osteosynthesemat.	1,109	1,048	-	-	8,2	2	0,132	13	0,035	0,044	-	-	0,7511
I50A	O	Gewebe- / Haut-Transplantation außer an der Hand, ohne bestimmte komplizierende Faktoren, mit bestimmtem Eingriff oder bestimmter Vakuumbehandlung mit kontinuierlicher Sogbehandlung ab 8 Tagen	1,810	1,652	-	-	15,7	4	0,178	30	0,040	0,053	-	-	0,6638
I50B	O	Gewebe- / Haut-Transplantation außer an der Hand, ohne bestimmte komplizierende Faktoren, ohne bestimmten Eingriff, mit bestimmter Vakuumbehandlung oder Alter < 16 Jahre	1,096	0,995	-	-	10,0	2	0,184	20	0,038	0,050	-	-	0,6491
I50C	O	Gewebe- / Haut-Transplantation außer an der Hand, ohne bestimmte komplizierende Faktoren, ohne bestimmten Eingriff, ohne bestimmte Vakuumbehandlung, Alter > 15 Jahre	0,595	0,568	-	-	4,4	1	0,174	10	0,050	0,079	-	-	0,6307
I54A	O	Strahlentherapie bei Krankheiten und Störungen an Muskel-Skelett-System und Bindegewebe, bei bösartiger Neubildung, Bestrahlungen an mindestens 5 Tagen oder Alter < 18 Jahre	1,038	1,036	-	-	11,0	3	0,233	24	0,080	0,083	-	x	0,8348
I54B	O	Strahlentherapie bei Krankheiten und Störungen an Muskel-Skelett-System und Bindegewebe, bei bösartiger Neubildung, Bestrahlungen an weniger als 5 Tagen, Alter > 17 Jahre	0,706	0,704	-	-	5,9	1	0,347	16	0,121	0,102	-	x	0,8255
I59Z	O	Andere Eingriffe an den Extremitäten oder am Gesichtsschädel	0,536	0,462	-	-	2,2	1	0,061	4	0,043	0,035	-	-	0,9882
I64C	M	Osteomyelitis, Alter > 15 Jahre, ohne äußerst schwere oder schwere CC	0,492	0,489	-	-	8,1	2	0,154	17	0,045	0,056	-	-	0,6892
I65C	M	Bösartige Neubildung des Bindegewebes einschließlich pathologischer Fraktur, Alter > 16 Jahre, ohne äußerst schwere CC	0,489	0,486	-	-	5,0	1	0,244	12	0,063	0,078	-	x	0,8052
I66E	M	Amyloidose, bestimmte Vaskulitiden oder adulte Form des Morbus Still, Alter > 15 Jahre	0,597	0,597	-	-	6,4	1	0,146	15	0,062	0,076	-	-	0,6132
I66F	M	Frakturen an Becken und Schenkelhals oder bestimmte Systemkrankheiten des Bindegewebes	0,493	0,493	-	-	7,5	2	0,159	16	0,047	0,058	-	-	0,7356
I66G	M	Andere Erkrankungen des Bindegewebes, mehr als ein Belegungstag, ohne bestimmte Erkrankungen, ohne äußerst schwere CC, ohne intensivmed. Komplexbeh. > 196 / 184 / - Aufwandsp. od. multisystemisches Entzündungssyndrom bei COVID-19 od. Alter < 6 J., 1 BT	0,369	0,367	-	-	4,8	1	0,219	12	0,053	0,062	-	-	0,5830
I66H	M	Andere Erkrankungen des Bindegewebes oder Frakturen an Becken und Schenkelhals, Alter > 5 Jahre, ein Belegungstag	0,138	0,137	-	-	1,0	-	-	-	-	-	-	-	1,1268
I68B	M	Nicht operativ behandelte Erkrankungen und Verletzungen im Wirbelsäulenbereich, mehr als 1 BT, mit äuß. schw. oder schw. CC od. bei Para- / Tetraplegie, mit kompl. Diagn. oder ohne äuß. schw. oder schw. CC, ohne Para- / Tetraplegie bei Diszitis	1,036	1,034	-	-	14,2	4	0,203	28	0,048	0,067	-	-	0,8573
I68C	M	Nicht operativ behandelte Erkrankungen und Verletzungen WS, > 1 BT od. and. Femurfraktur, bei Para- / Tetraplegie od. mit äuß. schw. CC od. schw. CC od. Alter > 65 J., oh. kompl. Diagn. od. Kreuzbeinfraktur od. best. mäßig aufw., aufw. od. hochaufw. Beh.	0,614	0,613	-	-	8,9	2	0,200	19	0,047	0,061	-	-	0,7853
I68D	M	Nicht operativ behandelte Erkrankungen und Verletzungen WS, > 1 Belegungstag oder andere Femurfraktur, außer bei Diszitis oder infektiöser Spondylopathie, ohne Kreuzbeinfraktur, ohne best. mäßig aufw., aufw. od. hochaufw. Beh., mit Wirbelsäulenfraktur	0,482	0,481	-	-	6,5	1	0,236	14	0,050	0,072	-	-	0,7464

Fallpauschalen-Katalog und Pflegeerlöskatalog
Teil b) Bewertungsrelationen bei Versorgung durch Belegabteilungen

DRG	Partition	Bezeichnung [6]	Bewertungsrelation bei Belegoperateur	Bewertungsrelation bei Belegoperateur und Beleganästhesist	Bewertungsrelation bei Belegoperateur und Beleghebamme	Bewertungsrelation bei Belegoperateur, -anästhesist und -hebamme	Mittlere Verweildauer [1]	Untere Grenzverweildauer: Erster Tag mit Abschlag [2), 5)]	Untere Grenzverweildauer: Bewertungsrelation/Tag	Obere Grenzverweildauer: Erster Tag zus. Entgelt [3), 5)]	Obere Grenzverweildauer: Bewertungsrelation/Tag	Externe Verlegung Abschlag/Tag (Bewertungsrelation)	Verlegungsfallpauschale	Ausnahme von Wiederaufnahme [4]	Pflegeerlös Bewertungsrelation/Tag
1	2	3	4	5	6	7	8	9	10	11	12	13	14	15	16
I68E	M	Nicht operativ behandelte Erkrankungen und Verletzungen WS, > 1 Belegungstag oder andere Femurfraktur, außer bei Diszitis oder infektiöser Spondylopathie, ohne Kreuzbeinfraktur, ohne best. mäßig aufw., aufw. od. hochaufw. Beh., oh. Wirbelsäulenfraktur	0,261	0,261	-	-	5,8	1	0,126	11	0,034	0,033	-	-	0,6146
I68F	M	Nicht operativ behandelte Erkrankungen und Verletzungen im Wirbelsäulenbereich, ein Belegungstag oder Prellung am Oberschenkel	0,167	0,164	-	-	1,0	-	-	-	-	-	-	-	1,0068
I69A	M	Knochenkrankheiten und spezifische Arthropathie mit bestimmter Arthropathie oder Muskel- / Sehnenerkrankung bei Para- /Tetraplegie	0,477	0,477	-	-	7,5	1	0,311	16	0,045	0,057	-	-	0,5764
I69B	M	Knochenkrankheiten und spezifische Arthropathie ohne bestimmte Arthropathie, ohne Muskel- / Sehnenerkrankung bei Para- /Tetraplegie	0,348	0,347	-	-	4,7	1	0,235	12	0,049	0,059	-	-	0,6520
I71B	M	Muskel- und Sehnenerkrankungen außer bei Para- / Tetraplegie oder Verstauchung, Zerrung, Luxation an Hüftgelenk, Becken und Oberschenkel, ohne Zerebralparese, ohne Kontraktur	0,332	0,328	-	-	3,8	1	0,179	10	0,053	0,065	-	-	0,7096
I72Z	M	Entzündung von Sehnen, Muskeln und Schleimbeuteln mit äußerst schweren oder schweren CC oder Frakturen am Femurschaft	0,782	0,776	-	-	10,2	2	0,245	23	0,052	0,069	-	-	0,9580
I73Z	M	Nachbehandlung bei Erkrankungen des Bindegewebes	0,483	0,480	-	-	7,2	1	0,294	17	0,046	0,056	-	-	0,7620
I74B	M	Verletzungen an Unterarm, Handgelenk, Hand oder Fuß oder leichte bis moderate Verletzungen von Schulter, Arm, Ellenbogen, Knie, Bein und Sprunggelenk mit unspezifischen Arthropathien ohne äußerst schwere oder schwere CC	0,398	0,397	-	-	5,3	1	0,235	12	0,051	0,062	-	-	0,6704
I74C	M	Verletzungen an Unterarm, Handgelenk, Hand oder Fuß oder leichte bis moderate Verletzungen von Schulter, Arm, Ellenbogen, Knie, Bein und Sprunggelenk ohne äußerst schwere oder schwere CC, Alter < 10 Jahre	0,420	0,387	-	-	2,1	1	0,122	4	0,070	0,068	-	-	1,3276
I74D	M	Verletzungen an Unterarm, Handgelenk, Hand oder Fuß oder leichte bis moderate Verletzungen von Schulter, Arm, Ellenbogen, Knie, Bein und Sprunggelenk ohne äußerst schwere oder schwere CC, Alter > 9 Jahre	0,303	0,299	-	-	3,5	1	0,117	8	0,059	0,062	-	-	0,8045
I75B	M	Schwere Verletzungen von Schulter, Arm, Ellenbogen, Knie, Bein und Sprunggelenk ohne CC oder Entzündungen von Sehnen, Muskeln und Schleimbeuteln ohne äußerst schwere oder schwere CC	0,361	0,360	-	-	4,8	1	0,198	12	0,051	0,062	-	-	0,7476
I76B	M	Andere Erkrankungen des Bindegewebes ohne komplizierende Diagnose, ohne äußerst schwere CC, ohne septische Arthritis oder Alter > 15 Jahre	0,404	0,398	-	-	4,9	1	0,187	13	0,050	0,078	-	-	0,8213
I77Z	M	Mäßig schwere Verletzungen von Schulter, Arm, Ellenbogen, Knie, Bein und Sprunggelenk	0,340	0,339	-	-	4,4	1	0,170	11	0,053	0,062	-	-	0,7825
I79Z	M	Fibromyalgie	0,526	0,525	-	-	9,3	2	0,173	17	0,039	0,052	-	-	0,4351
MDC 09 Krankheiten und Störungen an Haut, Unterhaut und Mamma															
J01Z	O	Gewebetransplantation mit mikrovaskulärer Anastomosierung bei bösartiger Neubildung an Haut, Unterhaut und Mamma	2,151	1,901	-	-	7,0	1	0,264	12	0,053	0,067	-	-	0,9182
J02B	O	Hauttransplantation oder bestimmte Lappenplastik an der unteren Extr. bei Ulkus od. Infektion od. ausgedehnte Lymphadenekt. oder Gewebetransplant. mit mikrovask. Anastomose, mit äuß. schw. CC, oh. kompl. Eingr. od. oh. äuß. schw. CC, m. kompl. Eingr.	2,648	2,455	-	-	22,5	7	0,184	41	0,046	0,063	-	-	0,9422
J02C	O	Hauttransplantation oder bestimmte Lappenplastik an der unteren Extremität bei Ulkus oder Infektion oder ausgedehnte Lymphadenektomie, ohne äußerst schwere CC, ohne komplexen Eingriff	1,404	1,311	-	-	17,1	5	0,148	32	0,036	0,048	-	-	0,8320
J03Z	O	Eingriffe an der Haut der unteren Extremität bei Ulkus oder Infektion / Entzündung	0,689	0,654	-	-	8,9	2	0,165	19	0,036	0,050	-	-	0,7715
J04Z	O	Eingriffe an der Haut der unteren Extremität außer bei Ulkus oder Infektion / Entzündung	0,432	0,417	-	-	3,5	1	0,194	8	0,056	0,063	-	-	0,6706
J06Z	O	Mastektomie mit Prothesenimplantation und plastischer Operation bei bösartiger Neubildung oder komplexe Prothesenimplantation	1,284	1,172	-	-	4,9	1	0,256	10	0,075	0,083	-	-	0,7424
J07A	O	Best. Eingr. an der Mamma mit Lymphknotenex. oder PCCL >2 oder Impl. Hautexpander oder best. Eingr. an Ovar/Plexus brachialis oder Lymphknotenex. mit Hautransplantation oder Debridement, mit beidseitigem Eingr. oder best. Eingr. Ovar/Plexus brachialis	1,030	0,937	-	-	3,3	1	0,251	7	0,106	0,140	-	-	0,7296
J07B	O	Best. Eingr. an der Mamma mit Lymphknotenex. oder PCCL >2 oder Impl. Hautexpander oder best. Eingr. an Ovar/Plexus brachialis oder Lymphknotenex. mit Hautransplantation oder Debridement, ohne beidseitigen Eingr., ohne best. Eingr. Ovar/Plexus brachialis	0,789	0,722	-	-	3,1	1	0,173	7	0,095	0,103	-	-	0,8082
J08B	O	Bestimmte Hauttransplantation oder Debridement ohne Eingriff an Kopf und Hals, ohne bestimmten Eingriff an Haut und Unterhaut oder ohne äußerst schwere CC	0,867	0,806	-	-	7,6	2	0,183	17	0,045	0,057	-	-	0,6811

Fallpauschalen-Katalog und Pflegeerlöskatalog
Teil b) Bewertungsrelationen bei Versorgung durch Belegabteilungen

DRG	Partition	Bezeichnung [6]	Bewertungsrelation bei Belegoperateur	Bewertungsrelation bei Belegoperateur und Beleganästhesist	Bewertungsrelation bei Belegoperateur und Beleghebamme	Bewertungsrelation bei Belegoperateur, -anästhesist und -hebamme	Mittlere Verweildauer [1]	Untere Grenzverweildauer: Erster Tag mit Abschlag [2], [5]	Untere Grenzverweildauer: Bewertungsrelation/Tag	Obere Grenzverweildauer: Erster Tag zus. Entgelt [3], [5]	Obere Grenzverweildauer: Bewertungsrelation/Tag	Externe Verlegung Abschlag/Tag (Bewertungsrelation)	Verlegungsfallpauschale	Ausnahme von Wiederaufnahme [4]	Pflegeerlös Bewertungsrelation/Tag
1	2	3	4	5	6	7	8	9	10	11	12	13	14	15	16
J09A	O	Eingriffe bei Sinus pilonidalis und perianal, Alter < 16 Jahre	0,478	0,426	-	-	2,7	1	0,154	6	0,057	0,059	-	-	1,1534
J09B	O	Eingriffe bei Sinus pilonidalis und perianal, Alter > 15 Jahre	0,286	0,263	-	-	2,6	-	-	6	0,035	0,064	-	-	0,7785
J10A	O	Plastische Operationen an Haut, Unterhaut und Mamma mit äußerst schweren oder schweren CC oder mit komplexem Eingriff	0,799	0,758	-	-	5,9	1	0,224	13	0,047	0,065	-	-	0,6979
J10B	O	Plastische Operationen an Haut, Unterhaut und Mamma ohne äußerst schwere oder schwere CC, ohne komplexen Eingriff	0,421	0,396	-	-	3,1	1	0,085	8	0,048	0,055	-	-	0,6896
J11A	O	Andere Eingriffe an Haut, Unterhaut und Mamma mit komplexem Eingriff bei komplizierender Diagnose oder bei Para- / Tetraplegie oder selektive Embolisation bei Hämangiom	0,942	0,906	-	-	10,2	2	0,228	23	0,049	0,065	-	-	0,8368
J11B	O	Andere Eingriffe an Haut, Unterhaut und Mamma mit komplizierender Diagnose oder mit mäßig komplexer Prozedur oder Diagnose oder Alter < 18 Jahre mit äußerst schweren oder schweren CC oder mit bestimmtem Eingriff bei bösartiger Neubildung oder Pemphigoid	0,629	0,583	-	-	4,2	1	0,240	12	0,056	0,068	-	-	0,7999
J11C	O	And. Eingr. an Haut, Unterhaut u. Mamma oh. kompliz. Diag., oh. mäßig kompl. Proz. od. Diagn., Alter > 17 J. od. oh. äuß. schw. oder schw. CC, m. best. Eingr. od. m. Hidradenitis suppurativa od. bei BNB/Pemphigoid od. mit kl. Eingr. an d. Haut u. Weicht.	0,410	0,389	-	-	3,3	1	0,120	7	0,047	0,054	-	-	0,7189
J11D	O	And. Eingr. an Haut, Unterhaut u. Mamma oh. kompliz. Diag., oh. mäßig kompl. Proz. od. Diag., Alter > 17 J. od. oh. äuß. schw. od. schw. CC, oh. best. Eingr., oh. Hidradenitis suppurativa, auß. b. BNB od. Pemphigoid, oh. kl. Eingr. an d. Haut od. Weicht.	0,354	0,336	-	-	2,9	1	0,104	6	0,050	0,056	-	-	0,7729
J14Z	O	Plastische Rekonstruktion der Mamma bei BNB mit aufwend. Rekonstr. oder beidseit. Mastektomie bei BNB oder Strahlenther. mit operat. Proz. bei Krankh. und Störungen an Haut, Unterhaut und Mamma, mit beidseit. Prothesenimpl. oder Impl. eines Hautexpanders	1,603	1,471	-	-	5,9	1	0,284	11	0,067	0,083	-	-	0,7833
J16A	O	Beidseitige Mastektomie bei bösartiger Neubildung	1,198	1,096	-	-	5,2	1	0,310	11	0,082	0,098	-	-	0,7946
J16B	O	Strahlentherapie mit operativer Prozedur bei Krankheiten und Störungen an Haut, Unterhaut und Mamma	1,357	1,297	-	-	4,6	1	0,475	11	0,177	0,145	-	-	0,8302
J17Z	O	Strahlentherapie bei Krankheiten und Störungen an Haut, Unterhaut und Mamma, Bestrahlungen an mindestens 9 Tagen	2,733	2,724	-	-	24,5	7	0,331	43	0,109	0,104	-	x	0,8357
J18A	O	Strahlentherapie bei Krankheiten und Störungen an Haut, Unterhaut und Mamma, mehr als ein Belegungstag, Bestrahlungen an mindestens 5 Tagen	1,577	1,573	-	-	14,4	4	0,306	29	0,107	0,104	-	x	0,8916
J18B	O	Strahlentherapie bei Krankheiten und Störungen an Haut, Unterhaut und Mamma, mehr als ein Belegungstag, Bestrahlungen an weniger als 5 Tagen	0,969	0,965	-	-	9,3	2	0,311	21	0,100	0,090	-	x	0,8971
J21Z	O	Andere Hauttransplantation oder Debridement mit Lymphknotenexzision oder schweren CC	1,121	1,050	-	-	8,4	2	0,208	22	0,051	0,072	-	-	0,7413
J22Z	O	Andere Hauttransplantation oder Debridement ohne komplexen Eingriff, ohne komplexe Diagnose, ohne äußerst schwere oder schwere CC oder mit Weichteildeckung oder Mehrfachtumoren der Haut oder Erysipel	0,588	0,546	-	-	4,6	1	0,260	12	0,044	0,051	-	-	0,6586
J23Z	O	Große Eingriffe an der Mamma bei bösartiger Neubildung ohne komplexen Eingriff, ohne bestimmten Eingriff an den weiblichen Geschlechtsorganen bei bösartiger Neubildung	0,891	0,812	-	-	4,3	1	0,317	10	0,071	0,094	-	-	0,7811
J24A	O	Eingriffe an der Mamma außer bei bösartiger Neubildung mit ausgedehntem Eingriff, mit Prothesenimplantation oder bestimmter Mammareduktionsplastik oder beidseitiger Mastopexie	0,935	0,855	-	-	2,9	1	0,246	7	0,051	0,058	-	-	0,8623
J24B	O	Eingriffe an der Mamma außer bei bösartiger Neubildung mit ausgedehntem Eingriff, mit Prothesenimplantation, ohne bestimmte Mammareduktionsplastik, ohne beidseitige Mastopexie	0,792	0,705	-	-	3,1	1	0,261	7	0,065	0,070	-	-	0,7292
J24C	O	Eingriffe an der Mamma außer bei bösartiger Neubildung ohne ausgedehnten Eingriff, mit komplexem Eingriff	0,698	0,618	-	-	3,2	1	0,204	7	0,051	0,059	-	-	0,8237
J24D	O	Eingriffe an der Mamma außer bei bösartiger Neubildung ohne ausgedehnten Eingriff, ohne komplexen Eingriff	0,521	0,468	-	-	2,4	1	0,125	5	0,067	0,134	-	-	0,9749
J25Z	O	Kleine Eingriffe an der Mamma bei bösartiger Neubildung ohne äußerst schwere oder schwere CC	0,607	0,550	-	-	2,7	1	0,160	6	0,078	0,082	-	-	0,8296
J61A	M	Schwere Erkrankungen der Haut, mehr als ein BT, Alter > 17 Jahre oder mit kompl. Diagn., mit äuß. schw. CC od. Hautulkus bei Para-/Tetraplegie od. hochkompl. Diagn. od. Epid. bullosa, Alter < 10 Jahre oder mit schwerer Erkr. der Haut, mit aufw. Behandl.	0,939	0,939	-	-	12,7	3	0,231	26	0,076	0,068	-	-	1,1354
J61B	M	Schwere Erkrankungen der Haut, mehr als ein Belegungstag, Alter > 17 Jahre, ohne äußerst schwere CC, ohne hochkomplexe Diagnose, mit schwerer Erkrankung der Haut, ohne aufwendige Behandlung	0,567	0,567	-	-	8,1	2	0,185	17	0,048	0,061	-	-	0,6056

Fallpauschalen-Katalog und Pflegeerlöskatalog
Teil b) Bewertungsrelationen bei Versorgung durch Belegabteilungen

DRG	Partition	Bezeichnung [6]	Bewertungsrelation bei Belegoperateur	Bewertungsrelation bei Belegoperateur und Beleganästhesist	Bewertungsrelation bei Belegoperateur und Beleghebamme	Bewertungsrelation bei Belegoperateur, -anästhesist und -hebamme	Mittlere Verweildauer [1]	Untere Grenzverweildauer: Erster Tag mit Abschlag [2), 5)]	Untere Grenzverweildauer: Bewertungsrelation/Tag	Obere Grenzverweildauer: Erster Tag zus. Entgelt [3), 5)]	Obere Grenzverweildauer: Bewertungsrelation/Tag	Externe Verlegung Abschlag/Tag (Bewertungsrelation)	Verlegungsfallpauschale	Ausnahme von Wiederaufnahme [4]	Pflegeerlös Bewertungsrelation/Tag
1	2	3	4	5	6	7	8	9	10	11	12	13	14	15	16
J61C	M	Schwere Erkrankungen der Haut, mehr als ein Belegungstag, Alter < 18 Jahre, ohne hochkomplexe Diagnose oder mäßig schwere Hauterkrankungen, mehr als ein Belegungstag	0,370	0,369	-	-	6,0	-	-	13	0,045	0,055	-	-	0,6873
J62A	M	Bösartige Neubildungen der Mamma, mehr als ein Belegungstag, mit äußerst schweren CC	1,241	1,237	-	-	14,5	4	0,237	29	0,057	0,077	-	x	1,0186
J62B	M	Bösartige Neubildungen der Mamma, ein Belegungstag oder ohne äußerst schwere CC	0,496	0,495	-	-	5,9	1	0,297	15	0,056	0,068	-	x	0,9440
J64B	M	Bestimmte Infektion / Entzündung der Haut und Unterhaut oder Hautulkus ohne äußerst schwere CC oder Alter < 6 Jahre mit komplexer Diagnose	0,379	0,378	-	-	7,0	1	0,228	14	0,039	0,049	-	-	0,7105
J64C	M	Andere Infektion / Entzündung der Haut und Unterhaut oder Alter > 5 Jahre oder ohne komplexe Diagnose	0,319	0,312	-	-	5,0	1	0,098	11	0,043	0,053	-	-	0,7694
J65A	M	Verletzung der Haut, Unterhaut und Mamma, mehr als 1 Belegungstag	0,291	0,289	-	-	4,0	-	-	9	0,053	0,061	-	-	0,8375
J65B	M	Verletzung der Haut, Unterhaut und Mamma, ein Belegungstag	0,164	0,164	-	-	1,0	-	-	-	-	-	-	-	1,2371
J67A	M	Bestimmte Erkrankungen der Mamma außer bösartige Neubildung oder moderate Hauterkrankungen	0,384	0,380	-	-	5,8	1	0,172	12	0,044	0,052	-	-	0,7335
J67B	M	Andere Erkrankungen der Mamma außer bösartige Neubildung oder leichte Hauterkrankungen	0,250	0,248	-	-	3,9	1	0,015	9	0,045	0,051	-	-	0,8130
J68A	M	Erkrankungen der Haut, ein Belegungstag, mit komplexer Diagnose oder Alter < 16 Jahre mit anderer komplexer Diagnose	0,183	0,179	-	-	1,0	-	-	-	-	-	-	x	1,2422
J68B	M	Erkrankungen der Haut, ein Belegungstag, ohne komplexe Diagnose, Alter > 15 Jahre	0,146	0,143	-	-	1,0	-	-	-	-	-	-	-	1,0680
MDC 10 Endokrine, Ernährungs- und Stoffwechselkrankheiten															
K06B	O	Eingriffe an Schilddrüse, Nebenschilddrüse und Ductus thyreoglossus ohne IntK > 392 / 368 / - Punkte, bei BNB oder mit äuß. schw. oder schw. CC oder Eingr. an der Schilddrüse außer kl. Eingr., mit Thyreoidektomie durch Sternotomie oder Alter < 16 Jahre	0,958	0,841	-	-	3,2	1	0,143	8	0,065	0,072	-	-	0,8976
K06C	O	Eingriffe an Schilddrüse, Nebenschilddrüse u. Ductus thyreogl. ohne IntK > 392 / 368 / - P., auß. bei BNB, oh. äuß. schw. od. schw. CC, mit Eingr. an d. Schilddrüse auß. kl. Eingr., ohne Thyreoidektomie durch Sternotomie, Alter > 15 J. od. Alter < 18 J.	0,802	0,704	-	-	2,9	1	0,056	6	0,053	0,059	-	-	0,8190
K06D	O	Andere Eingriffe an Schilddrüse, Nebenschilddrüse und Ductus thyreoglossus ohne IntK > 392 / 368 / - Punkte, außer bei bösartiger Neubildung, ohne äußerst schwere oder schwere CC oder bestimmte Reduktionseingriffe an Haut und Unterhaut	0,680	0,600	-	-	2,6	1	0,050	5	0,056	0,061	-	-	0,8080
K06E	O	Kleine Eingriffe an Schilddrüse, Nebenschilddrüse und Ductus thyreoglossus ohne IntK > 392 / 368 / - Punkte, außer bei bösartiger Neubildung, ohne äußerst schwere oder schwere CC, ohne bestimmte Reduktionseingriffe an Haut und Unterhaut	0,637	0,561	-	-	2,6	1	0,138	5	0,058	0,063	-	-	0,7902
K07A	O	Andere Eingriffe bei Adipositas mit bestimmten größeren Eingriffen am Magen oder Darm	1,072	0,974	-	-	4,3	1	0,147	8	0,046	0,056	-	-	0,8525
K07B	O	Andere Eingriffe bei Adipositas ohne bestimmte größere Eingriffe am Magen oder Darm	0,828	0,757	-	-	3,1	1	0,117	6	0,046	0,057	-	-	0,9287
K09D	O	Andere Prozeduren bei endokrinen, Ernährungs- und Stoffwechselkrankheiten ohne mäßig komplexen Eingriff	0,717	0,649	-	-	4,4	1	0,269	13	0,051	0,060	-	-	0,8116
K14Z	O	Andere Eingriffe an der Nebenniere oder ausgedehnte Lymphadenektomie	1,315	1,180	-	-	4,7	1	0,229	11	0,066	0,084	-	-	0,8907
K15A	O	Strahlentherapie bei endokrinen, Ernährungs- und Stoffwechselkrankheiten, mehr als ein Belegungstag, mit hochkomplexer Radiojodtherapie	0,769	0,768	-	-	2,8	-	-	5	0,181	0,197	-	x	0,9742
K15B	O	Strahlentherapie bei endokrinen, Ernährungs- und Stoffwechselkrankheiten, mehr als ein Belegungstag, ohne hochkomplexe Radiojodtherapie	1,155	1,146	-	-	12,9	3	0,272	28	0,107	0,077	-	x	0,8538
K15C	O	Strahlentherapie bei endokrinen, Ernährungs- und Stoffwechselkrankheiten, mehr als ein Belegungstag, mit mäßig komplexer Radiojodtherapie bei bösartiger Neubildung oder mit bestimmter nuklearmedizinischer Therapie	0,620	0,620	-	-	3,2	-	-	6	0,181	0,143	-	x	0,9862
K15D	O	Strahlentherapie bei endokrinen, Ernährungs- und Stoffwechselkrankheiten, mehr als ein Belegungstag, mit mäßig komplexer Radiojodtherapie, außer bei bösartiger Neubildung, ohne bestimmte nuklearmedizinische Therapie	0,540	0,540	-	-	5,1	-	-	12	0,092	0,091	-	x	0,7836
K15E	O	Strahlentherapie bei endokrinen, Ernährungs- und Stoffwechselkrankheiten, mehr als ein Belegungstag, mit anderer Radiojodtherapie	0,370	0,370	-	-	3,2	-	-	7	0,113	0,085	-	x	0,9031
K60E	M	Diabetes mellitus mit schweren CC oder mit komplexer Diagnose, Alter > 15 Jahre, mehr als ein Belegungstag	0,615	0,615	-	-	7,4	1	0,397	15	0,052	0,072	-	-	0,6417

Fallpauschalen-Katalog und Pflegeerlöskatalog
Teil b) Bewertungsrelationen bei Versorgung durch Belegabteilungen

DRG	Partition	Bezeichnung [6]	Bewertungsrelation bei Belegoperateur	Bewertungsrelation bei Belegoperateur und Beleganästhesist	Bewertungsrelation bei Belegoperateur und Beleghebamme	Bewertungsrelation bei Belegoperateur, -anästhesist und -hebamme	Mittlere Verweildauer [1]	Untere Grenzverweildauer: Erster Tag mit Abschlag [2, 5]	Untere Grenzverweildauer: Bewertungsrelation/Tag	Obere Grenzverweildauer: Erster Tag zus. Entgelt [3, 5]	Obere Grenzverweildauer: Bewertungsrelation/Tag	Externe Verlegung Abschlag/Tag (Bewertungsrelation)	Verlegungsfallpauschale	Ausnahme von Wiederaufnahme [4]	Pflegeerlös Bewertungsrelation/Tag
1	2	3	4	5	6	7	8	9	10	11	12	13	14	15	16
K60F	M	Diabetes mellitus, Alter > 10 Jahre, ein Belegungstag oder ohne äußerst schwere oder schwere CC oder ohne komplexe Diagnose	0,422	0,422	-	-	5,5	1	0,286	13	0,048	0,064	-	-	0,6334
K62B	M	Verschiedene Stoffwechselerkrankungen bei Para- / Tetrapleg. oder mit kompliz. Diagnose oder endoskop. Einlage eines Magenballons oder Alter < 16 Jahre, ein Belegungstag od. ohne äußerst schwere CC od. ohne best. aufwendige / hochaufwendige Behandlung	0,468	0,466	-	-	6,6	1	0,268	15	0,051	0,064	-	-	1,0657
K62C	M	Verschiedene Stoffwechselerkrankungen außer bei Para- / Tetraplegie, ohne kompliz. Diagnose, ohne endoskopische Einlage eines Magenballons, ohne äußerst schwere CC oder ein Belegungstag, ohne best. aufwendige / hochaufwendige Behandlung, Alter > 15 Jahre	0,404	0,403	-	-	6,2	1	0,218	13	0,047	0,057	-	-	0,8810
K64C	M	Endokrinopathien mit komplexer Diagnose oder äußerst schweren CC, Alter > 5 Jahre oder mit bestimmter komplexer Diagnose oder mit invasiver endokrinologischer Diagnostik oder Alter < 18 Jahre bei bösartiger Neubildung oder Alter < 1 Jahr	0,584	0,582	-	-	5,5	1	0,385	15	0,072	0,087	-	x	0,9667
K64D	M	Endokrinopathien ohne komplexe Diagnose, ohne bestimmte Diagnose, ohne äußerst schwere CC, ohne invasive endokrinologische Diagnostik, Alter > 17 Jahre oder außer bei bösartiger Neubildung, Alter > 0 Jahre	0,408	0,408	-	-	4,8	1	0,210	11	0,047	0,078	-	x	0,7222
MDC 11 Krankheiten und Störungen der Harnorgane															
L02C	O	Operatives Einbringen eines Peritonealkatheters, Alter > 9 Jahre mit akuter Niereninsuffizienz oder mit chronischer Niereninsuffizienz mit Dialyse oder transurethrale Injektion bei Ostiuminsuffizienz	0,608	0,550	-	-	3,9	1	0,117	9	0,046	0,052	-	-	0,8656
L03Z	O	Bestimmte Nieren-, Ureter- und große Harnblaseneingriffe bei Neubildung, Alter < 19 Jahre oder mit äußerst schweren CC oder bestimmter Kombinationseingriff, ohne großen Eingriff am Darm	3,179	2,945	-	-	18,7	5	0,273	32	0,147	0,083	-	-	1,0535
L04A	O	Bestimmte komplexe Nieren-, Ureter- und große Harnblaseneingriffe außer bei Neubildung, ohne äußerst schwere CC, ohne Kombinationseingriff oder bestimmte Harnblaseneingriffe oder Alter < 16 Jahre	1,534	1,391	-	-	7,2	1	0,312	15	0,047	0,063	-	-	0,8646
L04B	O	Andere Nieren-, Ureter- und große Harnblaseneingriffe außer bei Neubildung, ohne äußerst schwere CC, ohne Kombinationseingriff, ohne bestimmte Harnblaseneingriffe oder Exzision und Resektion von retroperitonealem Gewebe, Alter > 15 Jahre	1,172	1,056	-	-	7,0	1	0,198	14	0,041	0,050	-	-	0,7357
L06A	O	Bestimmte kleine Eingriffe an den Harnorganen mit äußerst schweren CC	2,146	2,044	-	-	17,8	5	0,251	35	0,060	0,082	-	-	1,0491
L06B	O	Kleine Eingriffe an den Harnorganen ohne äußerst schwere CC oder ohne bestimmte Prozeduren oder Alter < 16 Jahre	0,586	0,539	-	-	5,7	1	0,186	13	0,038	0,036	-	-	0,7853
L06C	O	Andere kleine Eingriffe an den Harnorganen, Alter > 15 Jahre	0,501	0,461	-	-	2,9	1	0,117	7	0,053	0,056	-	-	0,8935
L07Z	O	Andere Nieren-, Ureter-, Prostata- und große Harnblaseneingriffe bei Neubildung, Alter < 19 Jahre oder mit äußerst schweren CC oder anderer Kombinationseingriff oder bestimmte Zystektomien, ohne großen Eingriff am Darm oder komplexe Harnblasenplastik	2,819	2,617	-	-	16,0	4	0,311	31	0,063	0,091	-	-	1,0483
L08Z	O	Komplexe Eingriffe an der Urethra oder Ureter	0,880	0,790	-	-	5,2	1	0,418	11	0,044	0,055	-	-	0,9136
L09D	O	Andere Eingriffe bei Erkrankungen der Harnorgane ohne Anlage eines Dialyseshunts bei akuter Niereninsuffizienz od. bei chronischer Niereninsuffizienz mit Dialyse, ohne Kalziphylaxie, ohne best. Laparotomie, mit best. anderen Eingriff od. Alter < 18 Jahre	1,182	1,109	-	-	8,1	2	0,224	19	0,059	0,067	-	-	0,7968
L09E	O	Andere Eingriffe bei Erkrankungen der Harnorgane ohne Anlage eines Dialyseshunts bei akuter Niereninsuffizienz oder bei chron. Niereninsuff. mit Dialyse, ohne Kalziphylaxie, ohne best. Laparotomie, ohne bestimmten anderen Eingriff, Alter > 17 Jahre	0,637	0,568	-	-	3,6	1	0,151	10	0,047	0,059	-	-	0,7776
L10Z	O	Blasenrekonstruktion und kontinenter Pouch bei Neubildung ohne Multiviszeraleingriff oder Nieren-, Ureter- und große Harnblaseneingriffe bei Neubildung, Alter < 19 Jahre oder mit äußerst schweren CC oder Kombinationseingriff, mit großem Eingriff am Darm	3,728	3,454	-	-	20,4	6	0,274	35	0,063	0,090	-	-	0,9407
L12A	O	Strahlentherapie bei Krankheiten und Störungen der Harnorgane, mehr als ein Belegungstag, Bestrahlungen an mindestens 9 Tagen	2,798	2,785	-	-	24,6	7	0,337	43	0,110	0,105	-	x	0,8592
L12B	O	Strahlentherapie bei Krankheiten und Störungen der Harnorgane, mehr als ein Belegungstag, Bestrahlungen an weniger als 9 Tagen	1,013	1,003	-	-	10,9	3	0,228	25	0,103	0,080	-	x	0,9110
L13A	O	Nieren-, Ureter- und große Harnblaseneingriffe bei Neubildung, Alter > 18 Jahre, ohne Kombinationseingriff, mit bestimmtem Eingriff mit CC oder mit komplexem Eingriff	1,869	1,701	-	-	10,6	3	0,197	19	0,050	0,067	-	-	0,8056
L13B	O	Nieren-, Ureter- und große Harnblaseneingriffe bei Neubildung, Alter > 18 Jahre, ohne Kombinationseingriff, ohne CC, ohne komplexen Eingriff, mit anderem Eingriff	1,526	1,387	-	-	7,8	2	0,185	13	0,049	0,064	-	-	0,7965

Fallpauschalen-Katalog und Pflegeerlöskatalog
Teil b) Bewertungsrelationen bei Versorgung durch Belegabteilungen

DRG	Partition	Bezeichnung [6]	Bewertungsrelation bei Belegoperateur	Bewertungsrelation bei Belegoperateur und Beleganästhesist	Bewertungsrelation bei Belegoperateur und Beleghebamme	Bewertungsrelation bei Belegoperateur, -anästhesist und -hebamme	Mittlere Verweildauer [1]	Untere Grenzverweildauer: Erster Tag mit Abschlag [2), 5)]	Untere Grenzverweildauer: Bewertungsrelation/Tag	Obere Grenzverweildauer: Erster Tag zus. Entgelt [3), 5)]	Obere Grenzverweildauer: Bewertungsrelation/Tag	Externe Verlegung Abschlag/Tag (Bewertungsrelation)	Verlegungsfallpauschale	Ausnahme von Wiederaufnahme [4]	Pflegeerlös Bewertungsrelation/Tag
1	2	3	4	5	6	7	8	9	10	11	12	13	14	15	16
L13C	O	Nieren-, Ureter- und große Harnblaseneingriffe bei Neubildung, Alter > 18 Jahre, ohne Kombinationseingriff, ohne äußerst schwere CC, ohne bestimmten Eingriff oder ohne CC, ohne komplexen Eingriff, ohne anderen Eingriff	0,631	0,573	-	-	2,9	1	0,169	6	0,058	0,067	-	-	0,7295
L17A	O	Andere Eingriffe an der Urethra außer bei Para- / Tetraplegie, kleine Eingriffe an den Harnorganen, mit bestimmten Eingriffen an der Urethra oder Alter < 16 Jahre	0,620	0,553	-	-	3,8	1	0,224	9	0,070	0,056	-	-	1,2204
L17B	O	Andere Eingriffe an der Urethra außer bei Para- / Tetraplegie, kleine Eingriffe an den Harnorganen, ohne bestimmte Eingriffe an der Urethra, Alter > 15 Jahre	0,289	0,270	-	-	2,7	1	0,075	5	0,038	0,040	-	-	0,7191
L18A	O	Komplexe transurethrale, perkutan-transrenale und andere retroperitoneale Eingriffe mit äußerst schweren CC	2,246	2,141	-	-	17,3	5	0,265	34	0,063	0,084	-	-	1,0490
L18B	O	Komplexe transurethrale, perkutan-transrenale / andere retroperitoneale Eingriffe oh. ESWL, oh. äußerst schwere CC od. best. Eingriffe Niere od. transurethrale Eingriffe auß. Prostatares. u. kompl. Ureterorenoskop., b. Para-/Tetrapl., m. äuß. schw. CC	0,820	0,742	-	-	4,5	1	0,455	10	0,049	0,074	-	-	0,7476
L19Z	O	Transurethrale Eingriffe außer Prostataresektion und komplexe Ureterorenoskopien mit extrakorporaler Stoßwellenlithotripsie (ESWL), ohne äußerst schwere CC oder perkutane Thermo- oder Kryoablation der Niere	0,895	0,837	-	-	3,5	1	0,275	8	0,109	0,121	-	-	0,7054
L20A	O	Transurethrale Eingriffe außer Prostataresektion und komplexe Ureterorenoskopien oder bestimmte Eingriffe an den Harnorganen, mit äußerst schweren CC	1,708	1,627	-	-	15,0	4	0,235	31	0,053	0,073	-	-	0,9766
L20B	O	Transurethrale Eingriffe außer Prostataresektion und komplexe Ureterorenoskopien oder bestimmte Eingriffe an den Harnorganen, ohne äußerst schwere CC oder Alter < 16 Jahre oder Alter > 89 Jahre	0,546	0,515	-	-	3,2	1	0,073	6	0,046	0,048	-	-	0,7931
L20C	O	Transurethrale Eingriffe außer Prostataresektion und komplexe Ureterorenoskopien oder bestimmte Eingriffe an den Harnorganen, ohne äußerst schwere CC oder Alter > 15 Jahre oder Alter < 90 Jahre	0,353	0,324	-	-	3,0	1	0,056	6	0,039	0,041	-	-	0,7225
L37Z	O	Multiviszeraleingriff bei Krankheiten und Störungen der Harnorgane	3,359	3,106	-	-	17,6	5	0,270	30	0,065	0,087	-	-	1,0436
L40Z	A	Diagnostische Ureterorenoskopie	0,475	0,437	-	-	3,3	1	0,102	8	0,050	0,054	-	-	0,7645
L42A	A	Extrakorporale Stoßwellenlithotripsie (ESWL) bei Harnsteinen mit auxiliären Maßnahmen oder bei Para- / Tetraplegie	0,549	0,515	-	-	3,3	1	0,162	7	0,087	0,096	-	-	0,6541
L42B	A	Extrakorporale Stoßwellenlithotripsie (ESWL) bei Harnsteinen ohne auxiliäre Maßnahmen, außer bei Para- / Tetraplegie	0,451	0,443	-	-	2,7	1	0,160	5	0,110	0,073	-	-	0,7612
L60B	M	Niereninsuffizienz, mehr als ein Belegungstag, mit Dialyse und komplizierenden Faktoren oder äußerst schweren CC oder mit intensivmedizinischer Komplexbehandlung > 196 / 184 / - Aufwandspunkte, Alter > 15 Jahre	1,432	1,423	-	-	13,9	4	0,270	27	0,067	0,097	-	x	1,1528
L60C	M	Niereninsuffizienz, mehr als ein Belegungstag, mit Dialyse oder äußerst schweren CC oder Alter < 18 Jahre mit schweren CC, ohne intensivmedizinische Komplexbehandlung > 196 / 184 / - Aufwandspunkte	0,912	0,905	-	-	9,7	2	0,306	22	0,059	0,082	-	x	1,0618
L60D	M	Niereninsuffizienz, mehr als ein Belegungstag, ohne Dialyse, ohne äußerst schwere CC, Alter > 17 Jahre oder ohne schwere CC, ohne intensivmedizinische Komplexbehandlung > 196 / 184 / - Aufwandspunkte	0,486	0,484	-	-	6,6	1	0,231	15	0,048	0,061	-	x	0,8367
L62C	M	Neubildungen der Harnorgane ohne äußerst schwere CC, Alter > 15 Jahre	0,347	0,345	-	-	4,2	1	0,184	12	0,053	0,062	-	x	0,8973
L63B	M	Infektionen der Harnorgane ohne best. hochaufw. Beh., mit best. aufwendiger Beh. od. mit äußerst schw. CC, ohne Komplexbeh. bei isolationspfl. Erregern od. mit Komplexbeh. bei isolationspfl. Erregern od. bei TBC des Urogenitalsyst., ohne äußerst schw. CC	0,996	0,992	-	-	13,8	4	0,190	27	0,050	0,060	-	-	1,0811
L63C	M	Infektionen der Harnorgane ohne äußerst schwere CC, ohne Komplexbeh. bei isolationspflichtigen Erregern, ohne best. aufw. / hochaufw. Behandl., außer bei TBC des Urogenitalsyst., Alter < 3 Jahre oder best. schwere Infektionen oder best. mäßig aufw. Beh.	0,366	0,365	-	-	5,0	1	0,207	10	0,050	0,068	-	-	1,1943
L63D	M	Infektionen der Harnorgane oh. äuß. schwere CC, oh. best. mäßig aufwendige / aufwendige / hochaufw. Behandl., oh. Komplexbeh. b. isolationspfl. Erregern, oh. best. schw. Infektionen, Alter > 2 J. u. < 6 J. od. Alter < 18 J. mit schw. CC od. Alter > 89 J.	0,375	0,374	-	-	6,1	1	0,208	13	0,046	0,050	-	-	0,9751
L63E	M	Infektionen der Harnorgane ohne äußerst schwere CC, ohne best. mäßig aufw. / aufw. / hochaufw. Behandlung, ohne Komplexbeh. b. isolationspfl. Erregern, ohne best. schw. Infektionen, Alter > 5 und < 18 Jahre, ohne schwere CC od. Alter > 17 und < 90 Jahre	0,239	0,237	-	-	4,1	1	0,122	8	0,042	0,046	-	-	0,8018

Fallpauschalen-Katalog und Pflegeerlöskatalog
Teil b) Bewertungsrelationen bei Versorgung durch Belegabteilungen

DRG	Partition	Bezeichnung [6]	Bewertungsrelation bei Belegoperateur	Bewertungsrelation bei Belegoperateur und Beleganästhesist	Bewertungsrelation bei Belegoperateur und Beleghebamme	Bewertungsrelation bei Belegoperateur, -anästhesist und -hebamme	Mittlere Verweildauer [1]	Untere Grenzverweildauer		Obere Grenzverweildauer		Externe Verlegung Abschlag/Tag (Bewertungsrelation)	Verlegungs-fallpauschale	Ausnahme von Wiederaufnahme [4]	Pflegeerlös Bewertungsrelation/Tag
								Erster Tag mit Abschlag [2), 5)]	Bewertungsrelation/Tag	Erster Tag zus. Entgelt [3), 5)]	Bewertungsrelation/Tag				
1	2	3	4	5	6	7	8	9	10	11	12	13	14	15	16
L64A	M	Andere Erkrankungen der Harnorgane mit äußerst schweren oder schweren CC oder bestimmter Diagnose, mehr als ein Belegungstag oder Urethrozystoskopie, bei angeborener Fehlbildung oder BNB der Harnorgane oder Alter < 3 Jahre	0,566	0,535	-	-	5,2	1	0,246	14	0,071	0,057	-	-	1,2981
L64B	M	Andere Erkrankungen der Harnorgane mit äußerst schweren oder schweren CC oder bestimmter Diagnose, mehr als ein Belegungstag oder Urethrozystoskopie, außer bei angeborener Fehlbildung, außer bei BNB der Harnorgane, Alter > 2 Jahre	0,268	0,254	-	-	3,0	1	0,069	6	0,041	0,045	-	-	0,7942
L64C	M	Andere Erkrankungen der Harnorgane ohne äußerst schwere oder schwere CC, ohne bestimmte Diagnose oder ein Belegungstag, bestimmte Eingriffe am Ureter oder Retroperitonealfibrose oder Alter < 16 Jahre	0,316	0,301	-	-	2,7	1	0,076	6	0,057	0,059	-	-	0,8496
L64D	M	Andere Erkrankungen der Harnorgane ohne äußerst schwere oder schwere CC, ohne bestimmte Diagnose oder ein Belegungstag, ohne bestimmte Eingriffe am Ureter, Alter > 15 Jahre	0,186	0,185	-	-	2,4	1	0,062	5	0,055	0,054	-	-	0,7558
L68B	M	Andere mäßig schwere Erkrankungen der Harnorgane, Alter > 17 Jahre	0,293	0,289	-	-	4,2	1	0,138	11	0,052	0,058	-	-	0,7825
L69B	M	Andere schwere Erkrankungen der Harnorgane, mehr als ein Belegungstag, Alter > 15 Jahre	0,618	0,615	-	-	7,9	2	0,195	17	0,052	0,066	-	-	0,6698
L70B	M	Krankheiten und Störungen der Harnorgane, ein Belegungstag, Alter > 5 Jahre	0,169	0,167	-	-	1,0	-	-	-	-	-	-	-	1,1569
L74Z	M	Bestimmte Krankheiten und Störungen der Harnorgane bei Para- / Tetraplegie	0,439	0,431	-	-	4,9	1	0,238	12	0,056	0,066	-	-	1,1312
MDC 12 Krankheiten und Störungen der männlichen Geschlechtsorgane															
M01B	O	Große Eingriffe an den Beckenorganen beim Mann ohne äußerst schwere CC oder bestimmte Eingriffe an den Beckenorganen beim Mann mit äußerst schweren CC	1,620	1,471	-	-	10,5	3	0,247	17	0,049	0,070	-	-	0,7498
M02A	O	Transurethrale Prostataresektion oder bestimmte andere Operationen an der Prostata mit äußerst schweren CC	1,750	1,646	-	-	16,5	4	0,219	32	0,053	0,066	-	-	0,9614
M02B	O	Transurethrale Prostataresektion oder bestimmte andere Operationen an der Prostata ohne äußerst schwere CC	0,476	0,444	-	-	4,4	1	0,114	9	0,035	0,044	-	-	0,6935
M03A	O	Komplexe Eingriffe am Penis, Alter < 6 Jahre oder aufwendige plastische Rekonstruktion des Penis, Alter < 18 Jahre oder totale Amputation des Penis oder partielle Amputation des Penis mit bestimmter Lymphadenektomie	1,082	0,958	-	-	7,0	1	0,203	15	0,057	0,050	-	-	1,2393
M03B	O	Mäßig komplexe Eingriffe am Penis, Alter < 18 Jahre, ohne aufwendige plastische Rekonstruktion des Penis, ohne totale Amputation des Penis, ohne partielle Amputation des Penis mit bestimmter Lymphadenektomie	0,804	0,702	-	-	4,6	1	0,368	10	0,062	0,041	-	-	1,3323
M03C	O	Eingriffe am Penis, Alter > 17 Jahre oder kleine Eingriffe an Urethra und Penis, Alter < 18 Jahre, ohne aufwendige plastische Rekonstruktion, ohne totale Amputation des Penis, ohne partielle Amputation mit bestimmter Lymphadenektomie	0,738	0,650	-	-	3,2	1	0,218	8	0,043	0,061	-	-	0,7207
M04A	O	Eingriffe am Hoden oder bestimmte Eingriffe an Urethra und Prostata bei bösartiger Neubildung mit äußerst schweren CC oder bei Fournier-Gangrän oder bestimmte radikale Prostatovesikulektomien oder bestimmte Lymphadenektomie	1,815	1,662	-	-	9,7	2	0,233	19	0,049	0,064	-	-	0,8098
M04B	O	Eingriffe am Hoden mit bestimmtem Eingriff bei Orchitis mit Abszess oder bösartiger Neubildung oder bestimmte Eingriffe am Hoden oder bestimmte Eingriffe an Urethra und Prostata bei bösartiger Neubildung	0,699	0,630	-	-	3,6	1	0,124	9	0,064	0,082	-	-	0,8001
M04C	O	Eingriffe am Hoden mit mäßig komplexem Eingriff, Alter < 3 Jahre oder mit schweren CC oder beidseitigem Hodenhochstand, Alter < 14 Jahre	0,585	0,499	-	-	2,2	1	0,119	4	0,048	0,049	-	-	1,4576
M04D	O	Eingriffe am Hoden ohne äußerst schwere CC, ohne bestimmten Eingriff, ohne mäßig komplexen Eingriff oder Alter > 2 Jahre, ohne schwere CC oder ohne beidseitigen Hodenhochstand oder Alter > 13 Jahre	0,361	0,315	-	-	2,3	1	0,060	4	0,039	0,078	-	-	0,7750
M05Z	O	Zirkumzision, andere Eingriffe am Penis oder großflächige Ablationen der Haut	0,440	0,395	-	-	3,4	1	0,098	8	0,047	0,030	-	-	0,9168
M06Z	O	Andere OR-Prozeduren an den männlichen Geschlechtsorganen oder Stanzbiopsie an der Prostata, ein Belegungstag	0,683	0,666	-	-	3,5	1	0,334	8	0,100	0,111	-	-	0,8959
M07Z	O	Brachytherapie bei Krankheiten und Störungen der männlichen Geschlechtsorgane, Implantation von > 10 Seeds	1,123	1,050	-	-	2,0	1	0,081	3	0,057	0,054	-	x	1,0512
M09A	O	OR-Prozeduren an den männlichen Geschlechtsorganen bei bösartiger Neubildung mit äußerst schweren CC oder bestimmte Eingriffe an den Beckenorganen beim Mann ohne äußerst schwere CC oder BNB des Penis	1,171	1,071	-	-	9,0	2	0,195	16	0,044	0,059	-	-	0,7176

Fallpauschalen-Katalog und Pflegeerlöskatalog
Teil b) Bewertungsrelationen bei Versorgung durch Belegabteilungen

DRG	Parti-tion	Bezeichnung [6]	Bewertungsrelation bei Belegoperateur	Bewertungsrelation bei Belegoperateur und Beleganästhesist	Bewertungsrelation bei Belegoperateur und Beleghebamme	Bewertungsrelation bei Belegoperateur, -anästhesist und -hebamme	Mittlere Verweil-dauer [1]	Untere Grenzverweildauer: Erster Tag mit Abschlag [2, 5]	Untere Grenzverweildauer: Bewertungs-relation/Tag	Obere Grenzverweildauer: Erster Tag zus. Entgelt [3, 5]	Obere Grenzverweildauer: Bewertungs-relation/Tag	Externe Verlegung Abschlag/Tag (Bewertungsrelation)	Verlegungs-fallpauschale	Ausnahme von Wieder-aufnahme [4]	Pflegeerlös Bewertungs-relation/Tag
1	2	3	4	5	6	7	8	9	10	11	12	13	14	15	16
M09B	O	OR-Prozeduren an den männlichen Geschlechtsorganen bei bösartiger Neubildung, ohne äußerst schwere CC, ohne BNB des Penis	0,726	0,658	-	-	4,5	1	0,491	10	0,051	0,060	-	-	0,7324
M10A	O	Strahlentherapie bei Krankheiten und Störungen der männlichen Geschlechtsorgane, mehr als ein Belegungstag, Bestrahlungen an mindestens 8 Tagen	2,764	2,749	-	-	23,9	7	0,330	42	0,111	0,106	-	x	0,7944
M10B	O	Radioligandentherapie mit Lutetium-177-PSMA-Liganden	1,487	1,487	-	-	2,4	1	0,743	5	0,435	0,436	-	-	1,3905
M10C	O	Strahlentherapie bei Krankheiten und Störungen der männlichen Geschlechtsorgane, mehr als ein Belegungstag, Bestrahlungen an weniger als 8 Tagen oder interstitielle Brachytherapie	0,963	0,922	-	-	4,9	1	0,157	15	0,078	0,088	-	x	0,8967
M11Z	O	Transurethrale Laserdestruktion und -resektion der Prostata	0,742	0,666	-	-	4,2	1	0,138	8	0,044	0,053	-	-	0,7885
M60A	M	Bösartige Neubildungen der männlichen Geschlechtsorgane, mehr als ein Belegungstag, Alter < 11 Jahre oder mit äußerst schweren CC	1,264	1,255	-	-	14,9	4	0,234	30	0,057	0,075	-	x	1,0287
M60B	M	Bösartige Neubildungen der männlichen Geschlechtsorgane, ein Belegungstag oder Alter > 10 Jahre, ohne äußerst schwere CC	0,310	0,298	-	-	3,3	1	0,060	7	0,040	0,064	-	x	0,8641
M61Z	M	Benigne Prostatahyperplasie	0,339	0,326	-	-	3,6	1	0,003	8	0,053	0,060	-	-	0,7964
M62Z	M	Infektion / Entzündung der männlichen Geschlechtsorgane	0,259	0,257	-	-	4,4	1	0,122	9	0,037	0,057	-	-	0,6903
M64Z	M	Andere Krankheiten der männlichen Geschlechtsorgane und Sterilisation beim Mann	0,277	0,269	-	-	3,3	1	0,119	7	0,051	0,054	-	-	0,8512
MDC 13 Krankheiten und Störungen der weiblichen Geschlechtsorgane															
N01D	O	Beckeneviszeration bei der Frau und komplexe Vulvektomie oder bestimmte Lymphadenektomie ohne äußerst schwere oder schwere CC	2,035	1,856	-	-	8,4	2	0,322	16	0,069	0,093	-	-	0,9409
N02B	O	Eingriffe an Uterus und Adnexen oder bestimmten Hernien und große operative Eingriffe an Vagina, Zervix und Vulva bei BNB oder bestimmte Eingriffe am Darm oder Rekonstruktion von Vagina und Vulva, ohne äußerst schwere CC, mit komplexem Eingriff	2,129	1,958	-	-	11,0	3	0,233	22	0,063	0,079	-	-	0,9727
N02C	O	Eingriffe an Uterus und Adnexen od. best. Hernien und große operative Eingriffe an Vagina, Zervix und Vulva bei BNB od. best. Eingriffe am Darm od. Rekonstruktion von Vagina und Vulva, ohne äuß. schw. CC, ohne kompl. Eingriff, mit mäßig kompl. Eingriff	1,461	1,328	-	-	6,6	1	0,329	15	0,068	0,089	-	-	0,9170
N02D	O	Eingriffe an Uterus und Adnexen oder bestimmten Hernien und große operative Eingriffe an Vagina, Zervix und Vulva bei bösartiger Neubildung, ohne äußerst schwere CC, ohne komplexen Eingriff, ohne mäßig komplexen Eingriff	0,981	0,883	-	-	4,0	1	0,430	10	0,064	0,073	-	-	0,8377
N04Z	O	Hysterektomie außer bei bösartiger Neubildung, mit äußerst schweren oder schweren CC oder mit komplexem Eingriff	1,496	1,365	-	-	8,8	2	0,192	20	0,056	0,062	-	-	0,9548
N05B	O	Ovariektomien und komplexe Eingriffe an den Tubae uterinae außer bei bösartiger Neubildung, ohne äußerst schwere oder schwere CC oder anderer Eingriff an der Harnblase oder Adhäsiolyse, Alter > 15 Jahre	0,619	0,552	-	-	2,8	1	0,084	6	0,051	0,056	-	-	0,8354
N06Z	O	Komplexe rekonstruktive Eingriffe an den weiblichen Geschlechtsorganen oder bestimmte Embolisation an viszeralen u. anderen abdominalen Gefäßen auß. bei bösartiger Neubildung oder andere Hysterektomie auß. bei bösartiger Neubildung mit Beckenbodenplastik	0,873	0,793	-	-	4,4	1	0,155	8	0,049	0,065	-	-	0,8117
N07A	O	Andere Eingriffe an Uterus und Adnexen oder bestimmten Hernien außer bei bösartiger Neubildung, mit komplexer Diagnose oder bestimmte Eingriffe am Uterus oder kleine rekonstruktive Eingriffe an den weiblichen Geschlechtsorganen, mit bestimmtem Eingriff	0,554	0,506	-	-	3,3	1	0,045	7	0,034	0,078	-	-	0,8194
N07B	O	Andere Eingriffe an Uterus und Adnexen oder bestimmten Hernien außer bei bösartiger Neubildung, mit komplexer Diagnose oder bestimmte Eingriffe am Uterus oder kleine rekonstruktive Eingriffe an den weiblichen Geschlechtsorganen, ohne bestimmten Eingriff	0,504	0,452	-	-	3,6	1	0,126	7	0,039	0,048	-	-	0,7930
N08Z	O	Endoskopische Eingriffe an den weiblichen Geschlechtsorg. oder andere Eingriffe an Uterus und Adnexen oder best. Hernien auß. bei bösartiger Neubildung, ohne kompl. Diagnose oder andere kleine Eingriffe an den weiblichen Geschlechtsorg., Alter < 14 Jahre	0,732	0,659	-	-	3,5	1	0,259	8	0,057	0,063	-	-	0,8063
N09B	O	Andere Eingriffe an Vagina, Zervix und Vulva, kleine Eingriffe an Blase, Uterus, Bauchwand und Peritoneum	0,465	0,423	-	-	2,9	1	0,129	7	0,059	0,062	-	-	1,0016
N10Z	O	Diagnostische Kürettage, Hysteroskopie, Sterilisation, Pertubation und kleine Eingriffe an Vagina und Vulva	0,415	0,378	-	-	2,6	1	0,125	6	0,064	0,064	-	-	1,0598
N11B	O	Andere OR-Prozeduren an den weiblichen Geschlechtsorganen, ohne bestimmten Eingriff, ohne komplexe Diagnose oder äußerst schwere CC	0,929	0,891	-	-	9,7	2	0,239	22	0,053	0,068	-	-	0,8356

Fallpauschalen-Katalog und Pflegeerlöskatalog
Teil b) Bewertungsrelationen bei Versorgung durch Belegabteilungen

DRG	Partition	Bezeichnung [6]	Bewertungsrelation bei Belegoperateur	Bewertungsrelation bei Belegoperateur und Beleganästhesist	Bewertungsrelation bei Belegoperateur und Beleghebamme	Bewertungsrelation bei Belegoperateur, -anästhesist und -hebamme	Mittlere Verweildauer [1]	Untere Grenzverweildauer: Erster Tag mit Abschlag [2), 5)]	Untere Grenzverweildauer: Bewertungsrelation/Tag	Obere Grenzverweildauer: Erster Tag zus. Entgelt [3), 5)]	Obere Grenzverweildauer: Bewertungsrelation/Tag	Externe Verlegung Abschlag/Tag (Bewertungsrelation)	Verlegungsfallpauschale	Ausnahme von Wiederaufnahme [4]	Pflegeerlös Bewertungsrelation/Tag
1	2	3	4	5	6	7	8	9	10	11	12	13	14	15	16
N13A	O	Große Eingriffe an Vagina, Zervix und Vulva auß. bei BNB od. kl. Eingriffe an Vagina/Douglasr. od. best. Eingr. an der Harnblase, Alter > 80 J. od. äuß. schw. od. schw. CC od. best. Fistelverschl. od. best. Embolis. an visz. und and. abd. Gefäßen bei BNB	1,054	0,974	-	-	9,2	2	0,203	22	0,051	0,057	-	-	0,9186
N13B	O	Große Eingriffe an Vagina, Zervix und Vulva außer bei BNB oder kleine Eingriffe an Vagina und Douglasraum oder best. Eingriff an der Harnblase, Alt. < 81 Jahre, oh. äußerst schwere oder schwere CC, oh. best. Fistelverschluss, mit aufwendigem Eingriff	0,699	0,636	-	-	4,3	1	0,275	9	0,051	0,059	-	-	0,8258
N13C	O	Große Eingriffe an Vagina, Zervix und Vulva außer bei BNB oder kleine Eingriffe an Vagina und Douglasraum oder bestimmter Eingriff an der Harnblase, Alter < 81 Jahre, ohne äuß. schw. od. schw. CC, oh. best. Fistelverschluss, ohne aufwendigen Eingriff	0,533	0,482	-	-	3,2	1	0,166	7	0,056	0,061	-	-	0,9461
N14Z	O	Best. Hysterektomie auß. bei BNB m. Beckenbodenpl. od. Brachytherapie b. Krankh./Stör. weibl. Geschlechtsorg., > 1 BT, m. äuß. schw. CC od. Ovariektomie u. kompl. Eingriffe an den Tubae uterinae auß. bei BNB, ohne äuß. schw. od. schw. CC, Alter < 16 J.	0,946	0,852	-	-	4,0	1	0,120	8	0,034	0,046	-	-	0,7908
N15Z	O	Strahlentherapie bei Krankheiten und Störungen der weiblichen Geschlechtsorgane, Bestrahlungen an mindestens 9 Tagen	2,628	2,617	-	-	23,8	7	0,312	42	0,107	0,102	-	x	0,7769
N16A	O	Strahlentherapie bei Krankheiten und Störungen der weiblichen Geschlechtsorgane, mehr als ein Belegungstag, Bestrahlungen an mindestens 5 Tagen	1,005	0,997	-	-	8,2	2	0,316	17	0,122	0,108	-	x	0,7510
N16B	O	Strahlentherapie bei Krankheiten und Störungen der weiblichen Geschlechtsorgane, mehr als ein Belegungstag, Bestrahlungen an weniger als 5 Tagen oder Brachytherapie	0,541	0,528	-	-	3,3	1	0,238	8	0,139	0,108	-	x	0,8500
N21A	O	Hysterektomie außer bei bösartiger Neubildung, ohne äuß. schw. oder schw. CC, ohne komplexen Eingriff, ohne Beckenbodenplastik oder subtotale und andere Hysterektomie bei bösartiger Neubildung oder komplexe Myomenukleation, mit aufwendigem Eingriff	0,751	0,679	-	-	4,1	1	0,132	8	0,032	0,065	-	-	0,8172
N21B	O	Hysterektomie außer bei bösartiger Neubildung, ohne äuß. schw. oder schw. CC, ohne komplexen Eingriff, ohne Beckenbodenplastik oder subtotale und andere Hysterektomie bei bösartiger Neubildung oder komplexe Myomenukleation, ohne aufwendigen Eingriff	0,806	0,720	-	-	3,4	1	0,234	6	0,047	0,080	-	-	0,8482
N23Z	O	Andere rekonstruktive Eingriffe an den weiblichen Geschlechtsorganen oder andere Myomenukleation	0,837	0,754	-	-	3,6	1	0,172	7	0,043	0,066	-	-	0,8664
N25Z	O	Andere Eingriffe an Uterus und Adnexen oder bestimmten Hernien außer bei bösartiger Neubildung, ohne komplexe Diagnose oder andere kleine Eingriffe an den weiblichen Geschlechtsorganen, Alter > 13 Jahre	0,463	0,414	-	-	2,6	1	0,071	6	0,040	0,044	-	-	0,9080
N60A	M	Bösartige Neubildung der weiblichen Geschlechtsorgane, mehr als ein Belegungstag, Alter < 19 Jahre oder äußerst schwere CC	1,240	1,233	-	-	14,3	4	0,231	29	0,057	0,076	-	x	1,0360
N60B	M	Bösartige Neubildung der weiblichen Geschlechtsorgane, ein Belegungstag oder Alter > 18 Jahre, ohne äußerst schwere CC	0,448	0,444	-	-	5,5	1	0,244	15	0,054	0,060	-	x	0,9592
N61Z	M	Infektion und Entzündung der weiblichen Geschlechtsorgane	0,271	0,267	-	-	4,2	1	0,073	9	0,046	0,052	-	-	0,7380
N62A	M	Menstruationsstörungen und andere Erkrankungen der weiblichen Geschlechtsorgane mit komplexer Diagnose oder Alter < 16 Jahre	0,291	0,285	-	-	3,2	1	0,122	7	0,052	0,058	-	-	0,9195
N62B	M	Menstruationsstörungen und andere Erkrankungen der weiblichen Geschlechtsorgane ohne komplexe Diagnose, Alter > 15 Jahre	0,205	0,204	-	-	2,5	1	0,080	5	0,057	0,056	-	-	0,8589
MDC 14 Schwangerschaft, Geburt und Wochenbett															
O01C	O	Sectio caesarea mit mehreren kompliz. Diag., Schwangerschaftsdauer 26 bis 33 SSW, oh. best. kompliz. Faktoren od. mit kompliz. Diag., bis 25 SSW od. mit Tamponade einer Blutung od. Thromboembolie in Gestationsperiode m. OR-Proz., oh. äuß. schw. CC	1,092	1,039	0,954	0,901	10,3	2	0,214	23	0,059	0,055	-	x	0,7000
O01D	O	Sekundäre Sectio caesarea m. mehrer. kompliz. Diagn., Schwangerschaftsdauer > 33 vollendete Wochen (SSW), oh. intraut. Ther., oh. kompliz. Konst., ohne Mehrlingsschw. od. bis 33 SSW od. m. kompl. Diag., mit od. ohne kompliz. Diag., oh. äuß. schw, CC	0,901	0,848	0,729	0,675	5,7	1	0,157	12	0,036	0,044	-	x	0,6806
O01E	O	Primäre Sectio caesarea ohne äuß. schwere CC, mit komplizierender oder komplexer Diagnose oder Schwangerschaftsdauer bis 33 vollendete Wochen (SSW) oder sekundäre Sectio caesarea, ohne komplexe Diagnose, Schwangerschaftsdauer > 33 vollendete Wochen	0,660	0,620	0,510	0,469	4,5	1	0,120	9	0,031	0,037	-	x	0,7111
O01F	O	Primäre Sectio caesarea ohne komplexe Diagnose, Schwangerschaftsdauer mehr als 33 vollendete Wochen (SSW)	0,578	0,533	0,498	0,453	3,6	1	0,105	7	0,031	0,049	-	x	0,7824

Fallpauschalen-Katalog und Pflegeerlöskatalog
Teil b) Bewertungsrelationen bei Versorgung durch Belegabteilungen

DRG	Partition	Bezeichnung [6]	Bewertungsrelation bei Belegoperateur	Bewertungsrelation bei Belegoperateur und Beleganästhesist	Bewertungsrelation bei Belegoperateur und Beleghebamme	Bewertungsrelation bei Belegoperateur, -anästhesist und -hebamme	Mittlere Verweildauer [1]	Untere Grenzverweildauer: Erster Tag mit Abschlag [2,5]	Untere Grenzverweildauer: Bewertungsrelation/Tag	Obere Grenzverweildauer: Erster Tag zus. Entgelt [3,5]	Obere Grenzverweildauer: Bewertungsrelation/Tag	Externe Verlegung Abschlag/Tag (Bewertungsrelation)	Verlegungsfallpauschale	Ausnahme von Wiederaufnahme [4]	Pflegeerlös Bewertungsrelation/Tag
1	2	3	4	5	6	7	8	9	10	11	12	13	14	15	16
O02A	O	Vaginale Entbindung mit komplizierender OR-Prozedur, Schwangerschaftsdauer bis 33 vollendete Wochen oder mit intrauteriner Therapie oder komplizierende Konstellation oder bestimmtem Eingriff oder komplizierender Diagnose oder mit äußerst schweren CC	0,892	0,848	0,738	0,693	5,9	1	0,436	15	0,050	0,051	-	x	0,8517
O02B	O	Vaginale Entbindung mit komplizierender OR-Prozedur, Schwangerschaftsdauer mehr als 33 vollendete Wochen, ohne intrauterine Therapie, ohne komplizierende Konstellation, ohne bestimmten Eingriff, ohne komplizierende Diagnose, ohne äußerst schwere CC	0,647	0,617	0,474	0,445	3,6	1	0,195	7	0,038	0,045	-	x	0,7271
O03Z	O	Eingriffe bei Extrauteringravidität	0,561	0,502	0,561	0,500	2,8	1	0,122	5	0,054	0,056	-	x	0,8766
O04A	O	Stationäre Aufnahme nach Entbindung oder Abort mit OR-Prozedur oder bestimmtem Eingriff an der Mamma mit komplexem Eingriff	1,200	1,106	1,193	1,100	6,5	1	0,297	16	0,064	0,080	-	x	1,0365
O04B	O	Stationäre Aufnahme nach Entbindung oder Abort mit OR-Prozedur oder bestimmtem Eingriff an der Mamma, ohne komplexen Eingriff	0,504	0,467	0,493	0,455	4,0	1	0,179	9	0,046	0,057	-	x	0,8277
O04C	O	Stationäre Aufnahme nach Entbindung mit kleinem Eingriff an Uterus, Vagina, Perianalregion und Bauchwand oder Abort mit Dilatation und Kürettage, Aspirationskürettage oder Hysterotomie oder bestimmte Amnionpunktion	0,367	0,336	0,362	0,330	2,6	1	0,103	5	0,054	0,058	-	x	0,9101
O05B	O	Cerclage und Muttermundverschluss oder komplexe OR-Prozedur oder bestimmte intrauterine Operation am Feten, mehr als ein Belegungstag	0,629	0,581	0,605	0,556	5,9	1	0,157	16	0,035	0,046	-	x	0,6625
O05C	O	Bestimmte OR-Prozeduren in der Schwangerschaft, ein Belegungstag oder ohne Cerclage, ohne Muttermundverschluss, ohne komplexe OR-Prozedur, ohne bestimmte intrauterine Operation am Feten, mit fetoskopischer Hochfrequenzablation von Gefäßen	0,569	0,521	0,543	0,496	4,3	1	0,222	10	0,046	0,050	-	x	0,7807
O05D	O	Bestimmte OR-Prozeduren in der Schwangerschaft, ein Belegungstag oder ohne Cerclage, Muttermundverschluss, komplexe OR-Prozedur und bestimmte intrauterine Operation am Feten, mit wenig aufwendigem Eingriff oder intrauterine Therapie des Feten	0,452	0,418	0,435	0,402	3,3	1	0,173	7	0,053	0,058	-	x	0,7503
O60B	M	Vaginale Entbindung mit mehr. kompliz. Diag., mind. eine schwer od. Maßn. bei postpart. Blutung, > 19 vollend. SSW, oh. kompliz. Proz. od. Thromboemb. während der Gestationsp. oh. OR-Proz. od. schwere od. mäßig schwere kompliz. Diag. bis 33 vollend. SSW	0,569	0,553	0,398	0,381	4,2	1	0,199	9	0,037	0,031	-	x	0,6664
O60C	M	Vaginale Entbindung mit schwerer oder mäßig schwerer komplizierender Diagnose oder Schwangerschaftsdauer bis 33 vollendete Wochen oder Alter < 18 Jahre	0,410	0,410	0,256	0,257	3,7	1	0,083	7	0,033	0,037	-	x	0,6479
O60D	M	Vaginale Entbindung ohne komplizierende Diagnose, Schwangerschaftsdauer mehr als 33 vollendete Wochen, Alter > 17 Jahre	0,359	0,359	0,228	0,228	3,0	1	0,033	6	0,033	0,037	-	x	0,6808
O61Z	M	Stationäre Aufnahme nach Entbindung oder Abort ohne OR-Prozedur, ohne bestimmten Eingriff an der Mamma	0,229	0,228	0,221	0,220	3,5	1	0,090	7	0,039	0,044	-	x	0,7280
O63Z	M	Abort ohne Dilatation und Kürettage, Aspirationskürettage oder Hysterotomie	0,191	0,190	0,186	0,185	2,5	1	0,070	5	0,052	0,045	-	x	0,8326
O65B	M	Andere vorgeburtliche stationäre Aufnahme mit äußerst schweren oder schweren CC oder komplexer Diagnose oder komplizierendem Eingriff oder ein Belegungstag	0,295	0,292	0,260	0,258	3,3	1	0,162	7	0,042	0,064	-	x	0,7603
O65C	M	Andere vorgeburtliche stationäre Aufnahme ohne äußerst schwere oder schwere CC, ohne komplexe Diagnose, ohne komplizierenden Eingriff, mehr als ein Belegungstag	0,188	0,188	0,187	0,188	3,8	-	-	9	0,034	0,038	-	x	0,6490
MDC 15 Neugeborene															
P60C	M	Neugeborenes, verlegt < 5 Tage nach Aufnahme ohne signifikante OR-Prozedur, nicht zuverlegt, ohne Beatmung > 24 Stunden (Mindestverweildauer 24 Stunden für das Krankenhaus, in dem die Geburt stattfindet)	0,149	0,149	-	-	1,8	-	-	-	-	-	x	x	1,0124
P66C	M	Aufnahmegewicht 2000 - 2499 g ohne signifikante OR-Prozedur, ohne Beatmung > 95 Stunden, mit anderem Problem	0,920	0,920	-	-	9,2	2	0,306	20	0,094	0,093	-	x	1,7797
P66D	M	Aufnahmegewicht 2000 - 2499 g ohne signifikante OR-Prozedur, ohne Beatmung > 95 Stunden, ohne Problem	0,163	0,163	-	-	3,7	1	0,072	7	0,030	0,034	-	x	0,8268
P67B	M	Neugeborenes, Aufnahmegew. > 2499 g mit schw. Prob., oh. Hypothermiebeh., oh. Krampfanfall mit best. diag. Maßnah., oh. Beatmung > 24 Std. od. mit anderem Prob., mehr als ein Belegungstag, neugeb. Mehrling od. mit bestimmter aufwendiger Prozedur	0,535	0,533	-	-	4,3	1	0,352	10	0,117	0,115	-	x	1,8026
P67C	M	Neugeborenes, Aufnahmegew. > 2499 g oh. sig. OR-Proz., oh. Beatmung > 95 Std., ohne schw. Prob., anderes Problem und mehr als ein Belegungstag oder nicht signifikante OR-Prozedur, ohne Mehrling, ohne bestimmte aufwendige Prozeduren	0,205	0,205	-	-	4,1	1	0,101	9	0,031	0,049	-	x	1,4454

Fallpauschalen-Katalog und Pflegeerlöskatalog
Teil b) Bewertungsrelationen bei Versorgung durch Belegabteilungen

DRG	Partition	Bezeichnung [6]	Bewertungsrelation bei Belegoperateur	Bewertungsrelation bei Belegoperateur und Beleganästhesist	Bewertungsrelation bei Belegoperateur und Beleghebamme	Bewertungsrelation bei Belegoperateur, -anästhesist und -hebamme	Mittlere Verweildauer [1]	Untere Grenzverweildauer		Obere Grenzverweildauer		Externe Verlegung Abschlag/Tag (Bewertungsrelation)	Verlegungsfallpauschale	Ausnahme von Wiederaufnahme [4]	Pflegeerlös Bewertungsrelation/Tag
								Erster Tag mit Abschlag [2), 5)]	Bewertungsrelation/Tag	Erster Tag zus. Entgelt [3), 5)]	Bewertungsrelation/Tag				
1	2	3	4	5	6	7	8	9	10	11	12	13	14	15	16
P67D	M	Neugeborenes, Aufnahmegewicht > 1999 g ohne OR-Prozedur, ohne Beatmung > 95 Stunden, ohne schweres Problem, ohne anderes Problem oder ein Belegungstag, mit bestimmter Prozedur oder best. Diagnose beim Neugeborenen oder neugeborener Mehrling	0,190	0,190	-	-	4,0	1	0,024	8	0,031	0,047	-	x	0,7419
P67E	M	Neugeborener Einling, Aufnahmegewicht > 2499 g ohne OR-Prozedur, ohne Beatmung > 95 Stunden, ohne schweres Problem, ohne anderes Problem oder ein Belegungstag, ohne bestimmte Prozedur ohne bestimmte Diagnosen beim Neugeborenen	0,119	0,119	-	-	3,0	1	0,047	5	0,024	0,027	-	x	0,6036
MDC 16 Krankheiten des Blutes, der blutbildenden Organe und des Immunsystems															
Q02B	O	Verschiedene OR-Prozeduren bei Krankheiten des Blutes, der blutbildenden Organe u. des Immunsystems oh. äußerst schwere CC, Alter < 6 J. od. best. Exzisionen u. Resektionen Mediastinum od. Thymus od. mit best. mäßig aufwendiger / aufwendiger Behandlung	1,561	1,561	-	-	5,7	1	0,373	13	0,124	0,106	-	-	1,2158
Q02C	O	Verschiedene OR-Prozeduren bei Krankheiten des Blutes, der blutbildenden Organe u. des Immunsystems oh. äußerst schwere CC, Alter > 5 Jahre, oh. bestimmte Exzisionen u. Resektionen Mediastinum od. Thymus, oh. best. aufwendige / hochaufwendige Behandlung	0,956	0,894	-	-	6,4	1	0,273	17	0,056	0,071	-	-	0,7364
Q03B	O	Kleine Eingriffe bei Krankheiten des Blutes, der blutbildenden Organe und des Immunsystems, Alter > 9 Jahre	0,554	0,512	-	-	2,7	1	0,212	7	0,073	0,077	-	-	0,7117
Q60C	M	Erkrankungen des retikuloendothelialen Systems, des Immunsystems und Gerinnungsstörungen mit komplexer Diagnose oder äußerst schweren oder schweren CC, ohne Granulozytenstörung oder Alter > 15 Jahre oder ohne äußerst schwere CC	0,526	0,524	-	-	6,8	1	0,312	15	0,055	0,062	-	-	0,8033
Q60D	M	Erkrankungen des retikuloendothelialen Systems, des Immunsystems und Gerinnungsstörungen ohne komplexe Diagnose, ohne äußerst schwere oder schwere CC	0,357	0,353	-	-	4,0	1	0,167	9	0,055	0,063	-	-	0,8853
Q61B	M	Andere Erkrankungen der Erythrozyten, ohne äußerst schwere CC	0,466	0,466	-	-	4,9	1	0,270	11	0,055	0,066	-	-	0,7521
Q62Z	M	Andere Anämie	0,693	0,692	-	-	6,8	1	0,470	16	0,068	0,084	-	-	0,9905
Q63B	M	Aplastische Anämie, Alter > 15 Jahre, ohne bestimmte Anämie	0,642	0,642	-	-	6,8	1	0,427	17	0,063	0,079	-	-	0,8586
MDC 17 Hämatologische und solide Neubildungen															
R01D	O	Lymphom und Leukämie mit großen OR-Prozeduren, ohne äußerst schwere CC, ohne komplexe OR-Prozedur	1,320	1,226	-	-	7,9	2	0,244	18	0,065	0,082	-	-	0,7387
R06Z	O	Strahlentherapie bei hämatologischen und soliden Neubildungen, Bestrahlungen an mindestens 9 Tagen oder bei akuter myeloischer Leukämie, Alter > 18 Jahre, ohne äußerst schwere CC	2,437	2,431	-	-	23,8	7	0,289	42	0,109	0,096	-	x	0,7701
R07B	O	Strahlentherapie bei hämatologischen und soliden Neubildungen, außer bei akuter myeloischer Leukämie, Alter > 18 Jahre, ohne äußerst schwere CC, Bestrahlungen an weniger als 7 Tagen	0,699	0,699	-	-	6,0	1	0,344	16	0,118	0,104	-	x	0,7834
R11B	O	Lymphom und Leukämie mit bestimmter OR-Prozedur, ohne äußerst schwere oder schwere CC oder mit anderen OR-Prozeduren, mit schweren CC	1,078	1,015	-	-	4,8	1	0,539	14	0,081	0,126	-	-	0,7032
R11C	O	Lymphom und Leukämie mit anderen OR-Prozeduren ohne äußerst schwere oder schwere CC	0,646	0,609	-	-	3,2	1	0,242	9	0,092	0,103	-	-	0,7448
R12B	O	Andere hämatologische und solide Neubildungen mit großen OR-Prozeduren ohne äußerst schwere CC, ohne komplexen Eingriff, mit komplexer OR-Prozedur	1,548	1,404	-	-	7,1	1	0,398	15	0,142	0,078	-	-	0,8497
R12C	O	Andere hämatologische und solide Neubildungen mit großen OR-Prozeduren ohne äußerst schwere CC, ohne komplexen Eingriff, ohne komplexe OR-Prozedur	1,077	0,976	-	-	5,2	1	0,237	12	0,110	0,078	-	-	0,7916
R13A	O	Andere hämatologische und solide Neubildungen mit bestimmter OR-Prozedur, ohne äußerst schwere oder schwere CC, mit komplexer OR-Prozedur oder komplizierender Konstellation	0,954	0,868	-	-	5,0	1	0,220	11	0,123	0,074	-	-	0,7735
R13B	O	Andere hämatologische und solide Neubildungen mit bestimmter OR-Prozedur, ohne äußerst schwere oder schwere CC, ohne komplexe OR-Prozedur, ohne komplizierende Konstellation	0,781	0,708	-	-	3,7	1	0,371	9	0,079	0,077	-	-	0,7566
R14Z	O	Andere hämatologische und solide Neubildungen mit anderen OR-Prozeduren ohne äußerst schwere oder schwere CC oder Therapie mit offenen Nukliden bei hämatologischen und soliden Neubildungen, mehr als ein Belegungstag	0,579	0,540	-	-	3,2	1	0,212	7	0,082	0,090	-	x	0,7947
R60E	M	Akute myeloische Leukämie mit mäßig komplexer Chemoth., ohne komplizierende Diagnose, ohne Dialyse, ohne Portimpl., ohne äußerst schwere CC od. mit lokaler Chemoth. od. mit Komplexbeh. bei multiresistenten Erregern od. mit kompl. Diagnostik bei Leukämie	0,825	0,824	-	-	7,8	2	0,272	17	0,106	0,094	-	x	0,8117
R60F	M	Akute myeloische Leukämie ohne Chemotherapie, ohne Dialyse, ohne äußerst schwere CC, ohne Komplexbehandlung bei multiresistenten Erregern, ohne komplexe Diagnostik bei Leukämie	0,777	0,776	-	-	7,8	2	0,256	16	0,071	0,086	-	x	0,9401

Fallpauschalen-Katalog und Pflegeerlöskatalog
Teil b) Bewertungsrelationen bei Versorgung durch Belegabteilungen

DRG	Partition	Bezeichnung [6]	Bewertungsrelation bei Belegoperateur	Bewertungsrelation bei Belegoperateur und Beleganästhesist	Bewertungsrelation bei Belegoperateur und Beleghebamme	Bewertungsrelation bei Belegoperateur, -anästhesist und -hebamme	Mittlere Verweildauer [1]	Untere Grenzverweildauer: Erster Tag mit Abschlag [2], [5]	Untere Grenzverweildauer: Bewertungsrelation/Tag	Obere Grenzverweildauer: Erster Tag zus. Entgelt [3], [5]	Obere Grenzverweildauer: Bewertungsrelation/Tag	Externe Verlegung Abschlag/Tag (Bewertungsrelation)	Verlegungsfallpauschale	Ausnahme von Wiederaufnahme [4]	Pflegeerlös Bewertungsrelation/Tag
1	2	3	4	5	6	7	8	9	10	11	12	13	14	15	16
R61B	M	Lymphom und nicht akute Leukämie mit Sepsis oder anderer kompliz. Konstell. oder mit kompl. Diagnose oder Portimpl., mit äuß. schw. CC, Alter > 15 Jahre od. mit äuß. schw. CC od. Tumorlyse-Syndrom, mit kompl. Diagnostik bei Leukämie od. mit schwersten CC	2,514	2,507	-	-	21,8	6	0,346	38	0,111	-	x	x	1,0156
R61C	M	Lymphom und nicht akute Leukämie ohne Sepsis, ohne komplizierende Konstellation, mit Agranulozytose oder Portimplantation oder Komplexbehandlung bei isolationspflichtigen Erregern oder komplexer Diagnostik bei Leukämie, Alter < 16 Jahre	2,311	2,248	-	-	12,2	3	0,492	25	0,160	0,149	-	x	1,8920
R61D	M	Lymphom u. nicht akute Leukämie m. Agranuloz., Portimpl., Komplbeh. bei isolationspfl. Erregern od. kompl. Diag. bei Leukämie, > 15 J., mit intens. Chemo od. < 18 J. od. m. äuß. schw. CC od. Blastenkrise, oh. kompl. Diag. bei Leukämie, oh. schwerste CC	1,560	1,555	-	-	14,4	4	0,297	29	0,108	0,097	-	x	0,9710
R61E	M	Lymph. u. nicht akute Leukämie mit best. kompliz. Faktoren, oh. äuß. schw. CC, Alt. > 17 J., oh. intensive Chemoth. od. kompl. Diag., kompliz. Proz., Alt. < 16 J. od. best. Lymph. mit best. Chemo. od. kompl. Diag., and. Komplbeh. b. isolat.pfl. Erregern	1,051	1,032	-	-	8,9	2	0,307	21	0,108	0,094	-	x	0,7658
R61F	M	Lymphom und nicht akute Leukämie ohne bestimmte kompliz. Faktoren, oh. äuß. schw. CC, mit kompl. Diagnose od. kompliz. Prozedur, Alter < 16 J. od. best. Lymphom mit best. Chemotherapie od. kompl. Diagnose od. andere Komplexbeh. b. isolationspfl. Erregern	0,894	0,892	-	-	8,2	2	0,293	18	0,107	0,097	-	x	1,0448
R61G	M	Lymphom und nicht akute Leukämie oh. best. kompliz. Faktoren, oh. äuß. schw. CC, Alter < 16 J. od. mit kompl. Diag. od. kompliz. Prozedur, Alter > 15 J., oh. best. Lymphom m. best. Chemoth., oh. kompl. Diagnose, oh. and. Komplbeh. b. isolat.pfl. Erregern	0,852	0,850	-	-	7,4	1	0,410	16	0,114	0,098	-	x	0,7749
R61H	M	Lymphom und nicht akute Leukämie ohne bestimmte komplizierende Faktoren, ohne äußerst schwere CC, ohne komplexe Diagnose, ohne komplizierende Prozedur, Alter > 15 Jahre	0,476	0,475	-	-	5,5	1	0,230	13	0,058	0,069	-	x	0,8343
R62B	M	Andere hämatologische und solide Neubildungen ohne kompliz. Diagnose, ohne Portimplantation, mit Knochenaffektionen oder bestimmten Metastasen oder äußerst schweren CC oder Dialyse oder Alter < 1 Jahr, ohne komplexe Diagnose, ohne kompliz. Konstellation	0,804	0,802	-	-	9,3	2	0,251	22	0,058	0,076	-	x	0,8949
R62C	M	Andere hämatologische und solide Neubildungen ohne komplizierende Diagnose, ohne Portimplantation, ohne Knochenaffektionen, ohne bestimmte Metastasen, ohne äußerst schwere CC, ohne Dialyse, Alter > 0 Jahre	0,443	0,439	-	-	5,1	1	0,191	13	0,059	0,056	-	x	0,7995
R65Z	M	Hämatologische und solide Neubildungen, ein Belegungstag	0,213	0,211	-	-	1,0	-	-	-	-	-	-	x	1,3235
MDC 18B Infektiöse und parasitäre Krankheiten															
T01C	O	OR-Prozedur bei infektiösen und parasitären Krankheiten mit bestimmter komplexer Prozedur oder komplizierender Konstellation, ohne bestimmten komplexen Eingriff, ohne äußerst schwere CC	2,388	2,302	-	-	19,8	6	0,259	37	0,064	-	x	-	1,0233
T01D	O	OR-Prozedur bei infektiösen und parasitären Krankheiten ohne bestimmte komplexe Prozedur, ohne komplizierende Konstellation, ohne bestimmten komplexen Eingriff, ohne äußerst schwere CC mit bestimmtem anderen Eingriff	1,394	1,298	-	-	13,2	3	0,208	28	0,046	0,058	-	-	0,7781
T01E	O	OR-Prozedur bei infektiösen und parasitären Krankheiten ohne bestimmte komplexe Prozedur, ohne komplizierende Konstellation, ohne bestimmten komplexen Eingriff, ohne äußerst schwere CC, ohne bestimmten anderen Eingriff	0,682	0,636	-	-	6,0	1	0,330	16	0,045	0,065	-	-	0,7473
T60E	M	Sepsis ohne komplizierende Konstellation, außer bei Zustand nach Organtransplantation, ohne komplexe Diagnose, ohne äußerst schwere CC, Alter > 9 Jahre, ohne intensivmedizinische Komplexbehandlung > 196 / 184 / - Aufwandspunkte, mehr als ein Belegungstag	0,675	0,672	-	-	10,0	2	0,212	20	0,051	0,052	-	-	0,9354
T60F	M	Sepsis, verstorben < 5 Tage nach Aufnahme, ohne intensivmedizinische Komplexbehandlung > 196/ 184 / - Aufwandspunkte	0,391	0,388	-	-	1,6	-	-	-	-	-	x	-	2,0973
T60G	M	Sepsis ohne komplizierende Konstellation, außer bei Zustand nach Organtransplantation, ohne komplexe Diagnose, ohne äußerst schwere CC, Alter > 9 Jahre, ohne intensivmedizinische Komplexbehandlung > 196 / 184 / - Aufwandspunkte, ein Belegungstag	0,247	0,246	-	-	1,0	-	-	-	-	-	-	-	1,3094
T61Z	M	Postoperative und posttraumatische Infektionen	0,377	0,372	-	-	5,4	1	0,220	13	0,045	0,060	-	-	0,7161
T62B	M	Fieber unbekannter Ursache ohne äußerst schwere oder schwere CC oder Alter < 6 Jahre	0,351	0,351	-	-	3,8	1	0,172	8	0,053	0,079	-	-	1,0282
T63C	M	Mäßig schwere virale Erkrankung, außer bei Zustand nach Organtransplantation, ohne intensivmedizinische Komplexbehandlung > 196 / 184 / - Aufwandspunkte, Alter > 13 Jahre oder ohne komplexe Diagnose	0,345	0,345	-	-	5,0	1	0,157	10	0,047	0,068	-	-	0,8648

Fallpauschalen-Katalog und Pflegeerlöskatalog
Teil b) Bewertungsrelationen bei Versorgung durch Belegabteilungen

DRG	Partition	Bezeichnung [6]	Bewertungsrelation bei Belegoperateur	Bewertungsrelation bei Belegoperateur und Beleganästhesist	Bewertungsrelation bei Belegoperateur und Beleghebamme	Bewertungsrelation bei Belegoperateur, -anästhesist und -hebamme	Mittlere Verweildauer [1]	Untere Grenzverweildauer: Erster Tag mit Abschlag [2], [5]	Untere Grenzverweildauer: Bewertungsrelation/Tag	Obere Grenzverweildauer: Erster Tag zus. Entgelt [3], [5]	Obere Grenzverweildauer: Bewertungsrelation/Tag	Externe Verlegung Abschlag/Tag (Bewertungsrelation)	Verlegungsfallpauschale	Ausnahme von Wiederaufnahme [4]	Pflegeerlös Bewertungsrelation/Tag
1	2	3	4	5	6	7	8	9	10	11	12	13	14	15	16
T63D	M	Andere virale Erkrankung, außer bei Zustand nach Organtransplantation ohne intensivmedizinische Komplexbehandlung > 196 / 184 / - Aufwandspunkte, Alter > 13 Jahre oder ohne komplexe Diagnose	0,292	0,292	-	-	3,5	1	0,127	7	0,055	0,065	-	-	0,9574
T64B	M	Andere infektiöse und parasitäre Krankheiten mit komplexer Diagnose, Alter > 15 Jahre, mehr als ein Belegungstag, ohne intensivmedizinische Komplexbehandlung > 196 / 184 / - Aufwandspunkte	0,655	0,653	-	-	8,8	2	0,214	19	0,055	0,064	-	-	0,7995
T64C	M	Andere infektiöse und parasitäre Krankheiten mit komplexer Diagnose, Alter > 15 Jahre, ein Belegungstag oder ohne komplexe Diagnose, ohne intensivmedizinische Komplexbehandlung > 196 / 184 / - Aufwandspunkte	0,509	0,508	-	-	7,0	1	0,315	15	0,049	0,061	-	-	0,8433
T77Z	M	Komplexbehandlung bei isolationspflichtigen Erregern bei infektiösen und parasitären Krankheiten	1,383	1,383	-	-	15,7	-	-	29	0,067	0,077	-	-	1,1859
MDC 19 Psychische Krankheiten und Störungen															
U60B	M	Psychiatrische Behandlung, ein Belegungstag, Alter > 15 Jahre	0,188	0,188	-	-	1,0	-	-	-	-	-	-	-	1,0898
U63Z	M	Schwere affektive Störungen	0,464	0,464	-	-	6,2	1	0,226	14	0,051	0,063	-	-	0,7218
U64Z	M	Angststörungen oder andere affektive und somatoforme Störungen	0,439	0,439	-	-	5,0	1	0,213	11	0,060	0,071	-	-	0,7005
U66Z	M	Ess-, Zwangs- und Persönlichkeitsstörungen und akute psychische Reaktionen oder psychische Störungen in der Kindheit	0,402	0,398	-	-	5,5	1	0,194	16	0,058	0,055	-	-	1,1037
MDC 20 Alkohol- und Drogengebrauch und alkohol- und drogeninduzierte psychische Störungen															
V60A	M	Alkoholintoxikation und Alkoholentzug oder Störungen durch Alkoholmissbrauch und Alkoholabhängigkeit mit bestimmten psychischen und Verhaltensstörungen durch Alkohol oder HIV-Krankheit	0,645	0,645	-	-	8,5	2	0,227	19	0,062	0,064	-	-	1,0886
V60B	M	Alkoholintoxikation und Alkoholentzug oder Störungen durch Alkoholmissbrauch und Alkoholabhängigkeit ohne bestimmte psychische und Verhaltensstörungen durch Alkohol, ohne HIV-Krankheit	0,321	0,321	-	-	5,0	1	0,178	10	0,047	0,056	-	-	0,7907
V64Z	M	Störungen durch anderen Drogengebrauch und Medikamentenmissbrauch und andere Drogen- und Medikamentenabhängigkeit	0,365	0,364	-	-	2,6	1	0,213	5	0,092	0,095	-	-	1,3113
MDC 21B Verletzungen, Vergiftungen und toxische Wirkungen von Drogen und Medikamenten															
X01B	O	Rekonstruktive Operation bei Verletzungen ohne kompliz. Konstellation, ohne freie Lappenplastik mit mikrovask. Anastomosierung, mit schweren Weichteilschäden oder komplex. OR-Prozedur oder best. mäßig kompl. Eingriff oder äußerst schw. CC, mehr als 1 BT	1,381	1,255	-	-	14,0	4	0,137	28	0,039	-	x	-	0,6829
X01C	O	Rekonstr. Operation bei Verletzungen ohne kompliz. Konst., ohne freie Lappenplastik mit mikrovask. Anastomosierung, ohne schw. Weichteilschäden, ohne kompl. OR-Prozedur, ohne äuß. schw. CC, mit best. Nervennaht od. Hautplastik, > 1 BT od. Alter < 18 J.	0,843	0,752	-	-	4,6	1	0,157	12	0,048	0,057	-	-	0,7491
X01D	O	Rekonstr. Operation bei Verletzungen ohne kompliz. Konst., ohne freie Lappenplastik mit mikrovask. Anastomosierung, ohne schw. Weichteilschäden, ohne kompl. OR-Prozedur, ohne äuß. schw. CC, ohne best. Nervennaht oder Hautplastik oder 1 BT, Alter > 17 J.	0,620	0,560	-	-	4,0	1	0,158	10	0,045	0,053	-	-	0,7070
X04Z	O	Andere Eingriffe bei Verletzungen der unteren Extremität	0,823	0,756	-	-	6,6	1	0,201	17	0,045	0,056	-	-	0,7447
X06B	O	Andere Eingriffe bei anderen Verletzungen ohne äußerst schwere CC, mit komplexer OR-Prozedur oder Alter > 65 Jahre mit bestimmtem Eingriff oder mit schweren CC	0,997	0,919	-	-	6,4	1	0,313	16	0,052	0,070	-	-	0,8580
X06C	O	Andere Eingriffe bei anderen Verletzungen ohne äußerst schwere oder schwere CC, ohne komplexe OR-Prozedur, Alter < 66 Jahre oder ohne bestimmten Eingriff	0,562	0,511	-	-	3,9	1	0,204	10	0,047	0,075	-	-	0,7808
X60A	M	Bestimmte Verletzungen	0,334	0,321	-	-	3,5	1	0,112	8	0,056	0,062	-	-	0,9441
X60B	M	Verletzungen und allergische Reaktionen ohne bestimmte Verletzungen	0,262	0,260	-	-	2,7	1	0,114	6	0,065	0,068	-	-	1,0968
X62Z	M	Vergiftungen / Toxische Wirkungen von Drogen, Medikamenten und anderen Substanzen oder Folgen einer medizinischen Behandlung oder bestimmte Erfrierungen und andere Traumata	0,333	0,328	-	-	3,6	1	0,180	9	0,058	0,056	-	-	0,9843
X64Z	M	Andere Krankheit verursacht durch Verletzung, Vergiftung oder toxische Wirkung	0,238	0,237	-	-	2,5	1	0,104	5	0,068	0,060	-	-	1,0748
MDC 22 Verbrennungen															
Y03Z	O	Andere Verbrennungen mit anderen Eingriffen	0,605	0,569	-	-	4,5	1	0,335	11	0,059	0,068	-	-	1,3190

Fallpauschalen-Katalog und Pflegeerlöskatalog
Teil b) Bewertungsrelationen bei Versorgung durch Belegabteilungen

DRG	Parti-tion	Bezeichnung [6]	Bewertungsrelation bei Belegoperateur	Bewertungsrelation bei Belegoperateur und Beleganästhesist	Bewertungsrelation bei Belegoperateur und Beleghebamme	Bewertungsrelation bei Belegoperateur, -anästhesist und -hebamme	Mittlere Verweil-dauer [1]	Untere Grenzverweildauer: Erster Tag mit Abschlag [2), 5)]	Untere Grenzverweildauer: Bewertungs-relation/Tag	Obere Grenzverweildauer: Erster Tag zus. Entgelt [3), 5)]	Obere Grenzverweildauer: Bewertungs-relation/Tag	Externe Verlegung Abschlag/Tag (Bewertungsrelation)	Verlegungs-fallpauschale	Ausnahme von Wieder-aufnahme [4]	Pflegeerlös Bewertungs-relation/Tag
1	2	3	4	5	6	7	8	9	10	11	12	13	14	15	16
MDC 23 Faktoren, die den Gesundheitszustand beeinflussen, und andere Inanspruchnahme des Gesundheitswesens															
Z01B	O	OR-Prozeduren bei anderen Zuständen, die zur Inanspruchnahme des Gesundheitswesens führen ohne komplexen Eingriff, ohne komplizierende Konstellation, mit bestimmtem Eingriff	0,743	0,664	-	-	2,9	1	0,182	7	0,060	0,063	-	-	0,9150
Z01C	O	OR-Prozeduren bei anderen Zuständen, die zur Inanspruchnahme des Gesundheitswesens führen ohne komplexen Eingriff, ohne komplizierende Konstellation, ohne bestimmten Eingriff	0,390	0,378	-	-	4,2	1	0,152	10	0,050	0,056	-	-	0,7635
Z64A	M	Andere Faktoren, die den Gesundheitszustand beeinflussen, Nachbehandlung nach abgeschlossener Behandlung mit komplexer Radiojoddiagnostik	0,686	0,686	-	-	2,0	1	0,342	4	0,214	0,210	-	-	1,2066
Z64B	M	Andere Faktoren, die den Gesundheitszustand beeinflussen, Nachbehandlung nach abgeschlossener Behandlung mit bestimmter Radiojoddiagnostik, mit bestimmtem Kontaktanlass	0,452	0,447	-	-	2,7	1	0,150	6	0,097	0,101	-	-	0,9675
Z64C	M	Andere Faktoren, die den Gesundheitszustand beeinflussen, Nachbehandlung nach abgeschlossener Behandlung ohne Radiojoddiagnostik, ohne bestimmten Kontaktanlass oder allergologische Provokationstestung bis 2 Belegungstage	0,220	0,219	-	-	2,4	1	0,070	5	0,060	0,115	-	-	0,9445
Z65Z	M	Beschwerden, Symptome, andere Anomalien und Nachbehandlung	0,361	0,360	-	-	4,2	1	0,196	10	0,057	0,065	-	-	0,8957
MDC 24 Sonstige DRGs															
801B	O	Ausgedehnte OR-Prozedur ohne Bezug zur Hauptdiagnose mit hochkomplexer OR-Prozedur oder mit komplizierender Konstellation, Alter > 17 Jahre oder ohne komplizierende Faktoren oder mit komplexer OR-Prozedur oder schweren CC, Alter < 16 Jahre	2,841	2,730	-	-	22,2	6	0,287	40	0,064	0,088	-	x	1,0586
801C	O	Ausgedehnte OR-Prozedur ohne Bezug zur Hauptdiagnose mit komplexer OR-Prozedur oder anderem Eingriff an Kopf und Wirbelsäule oder mit neurologischer Komplexbehandlung des akuten Schlaganfalls oder bei Para- / Tetraplegie	2,295	2,195	-	-	17,9	5	0,256	34	0,056	0,082	-	x	0,9975
801D	O	Ausgedehnte OR-Prozedur ohne Bezug zur Hauptdiagnose mit bestimmter OR-Prozedur oder mit intensivmediz. Komplexbeh. > 196 / 184 / 368 Aufwandspunkte oder bestimmte nicht ausgedehnte OR-Prozedur mit neurolog. Komplexbehandlung des akuten Schlaganfalls	2,016	1,943	-	-	17,6	5	0,226	33	0,057	0,074	-	x	0,9350
801E	O	Ausgedehnte OR-Prozedur ohne Bezug zur Hauptdiagnose ohne komplizierende Konstellation, ohne hochkomplexe, komplexe oder bestimmte OR-Prozedur	1,535	1,495	-	-	15,6	4	0,211	29	0,051	0,064	-	x	0,8277
802A	O	Bestimmte nicht ausgedehnte OR-Prozedur ohne Bezug zur Hauptdiagnose oder andere nicht ausgedehnte OR-Prozedur mit intensivmedizinischer Komplexbehandlung > 196 / 184 / 368 Aufwandspunkte	1,873	1,822	-	-	16,2	4	0,298	31	0,064	0,086	-	x	0,9510
802B	O	Andere nicht ausgedehnte OR-Prozedur ohne Bezug zur Hauptdiagnose mit mäßig komplexer OR-Prozedur	1,571	1,535	-	-	17,0	5	0,206	32	0,053	0,070	-	x	0,7604
802C	O	Andere nicht ausgedehnte OR-Prozedur ohne Bezug zur Hauptdiagnose ohne mäßig komplexe OR-Prozedur	1,289	1,229	-	-	12,5	3	0,217	26	0,050	0,066	-	x	0,7946
802D	O	Wenig komplexe nicht ausgedehnte OR-Prozedur ohne Bezug zur Hauptdiagnose	0,695	0,645	-	-	7,2	1	0,333	19	0,048	0,048	-	x	0,8312
Fehler-DRGs															
960Z	M	Nicht gruppierbar	-	-	-	-	-	-	-	-	-	-	-	-	-
961Z	M	Unzulässige Hauptdiagnose	-	-	-	-	-	-	-	-	-	-	-	-	-
962Z	M	Unzulässige Kodierung einer Sectio caesarea	-	-	-	-	-	-	-	-	-	-	-	-	-

Fallpauschalen-Katalog und Pflegeerlöskatalog
Teil c) Bewertungsrelationen bei teilstationärer Versorgung

DRG	Partition	Bezeichnung	Bewertungsrelation	Mittlere Verweildauer [1]	Untere Grenzverweildauer: Erster Tag mit Abschlag [2), 5)]	Untere Grenzverweildauer: Bewertungsrelation pro Tag	Obere Grenzverweildauer: Erster Tag mit zusätzlichem Entgelt [3), 5)]	Obere Grenzverweildauer: Bewertungsrelation pro Tag	Pflegeerlös Bewertungsrelation pro Tag
1	2	3	4	5	6	7	8	9	10
MDC 11 Krankheiten und Störungen der Harnorgane									
L90B	M	Niereninsuffizienz, teilstationär, Alter > 14 Jahre mit Peritonealdialyse	0,058	1,0	-	-	-	-	0,5979
L90C	M	Niereninsuffizienz, teilstationär, Alter > 14 Jahre ohne Peritonealdialyse	0,050	1,0	-	-	-	-	0,5496

Fallpauschalen-Katalog und Pflegeerlöskatalog

Teil d) Bewertungsrelationen mit gezielter Absenkung in Abhängigkeit der Median-Fallzahl bei Versorgung durch Hauptabteilungen

DRG	Partition	Bezeichnung [6]	Bewertungsrelation bei Hauptabteilung	Bewertungsrelation bei Hauptabteilung und Beleghebamme	Mittlere Verweildauer [1]	Untere Grenzverweildauer		Obere Grenzverweildauer		Externe Verlegung Abschlag pro Tag (Bewertungsrelation)	Verlegungsfallpauschale	Ausnahme von Wiederaufnahme [4]	Median-Fallzahl	Pflegeerlös Bewertungsrelation pro Tag
						Erster Tag mit Abschlag [2), 5)]	Bewertungsrelation/Tag	Erster Tag zus. Entgelt [3), 5)]	Bewertungsrelation/Tag					
1	2	3	4	5	6	7	8	9	10	11	12	13	14	15
MDC 08 Krankheiten und Störungen an Muskel-Skelett-System und Bindegewebe														
I68D	M	Nicht operativ behandelte Erkrankungen und Verletzungen WS, > 1 Belegungstag oder andere Femurfraktur, außer bei Diszitis oder infektiöser Spondylopathie, ohne Kreuzbeinfraktur, ohne best. mäßig aufw., aufw. od. hochaufw. Beh., mit Wirbelsäulenfraktur	0,535	-	5,5	1	0,264	13	0,071	0,086	-	-	26	0,7464
I68E	M	Nicht operativ behandelte Erkrankungen und Verletzungen WS, > 1 Belegungstag oder andere Femurfraktur, außer bei Diszitis oder infektiöser Spondylopathie, ohne Kreuzbeinfraktur, ohne best. mäßig aufw., aufw. od. hochaufw. Beh., oh. Wirbelsäulenfraktur	0,378	-	4,7	1	0,179	11	0,066	0,071	-	-	92	0,6146
I68F	M	Nicht operativ behandelte Erkrankungen und Verletzungen im Wirbelsäulenbereich, ein Belegungstag oder Prellung am Oberschenkel	0,173	-	1,0	-	-	-	-	-	-	-	31	1,0068

Fallpauschalen-Katalog und Pflegeerlöskatalog

Teil e) Bewertungsrelationen mit gezielter Absenkung in Abhängigkeit der Median-Fallzahl bei Versorgung durch Belegabteilungen

DRG	Partition	Bezeichnung [6]	Bewertungsrelation bei Belegoperateur	Bewertungsrelation bei Belegoperateur und Beleganästhesist	Bewertungsrelation bei Belegoperateur und Beleghebamme	Bewertungsrelation bei Belegoperateur, -anästhesist und -hebamme	Mittlere Verweildauer [1]	Untere Grenzverweildauer: Erster Tag mit Abschlag [2), 5)]	Untere Grenzverweildauer: Bewertungsrelation/Tag	Obere Grenzverweildauer: Erster Tag zus. Entgelt [3), 5)]	Obere Grenzverweildauer: Bewertungsrelation/Tag	Externe Verlegung Abschlag/Tag (Bewertungsrelation)	Verlegungsfallpauschale	Ausnahme von Wiederaufnahme [4]	Median-Fallzahl	Pflegeerlös Bewertungsrelation/Tag
1	2	3	4	5	6	7	8	9	10	11	12	13	14	15	16	17
MDC 08 Krankheiten und Störungen an Muskel-Skelett-System und Bindegewebe																
I68D	M	Nicht operativ behandelte Erkrankungen und Verletzungen WS, > 1 Belegungstag oder andere Femurfraktur, außer bei Diszitis oder infektiöser Spondylopathie, ohne Kreuzbeinfraktur, ohne best. mäßig aufw., aufw. od. hochaufw. Beh., mit Wirbelsäulenfraktur	0,423	0,422	-	-	6,5	1	0,224	14	0,050	0,072	-	-	26	0,7464
I68E	M	Nicht operativ behandelte Erkrankungen und Verletzungen WS, > 1 Belegungstag oder andere Femurfraktur, außer bei Diszitis oder infektiöser Spondylopathie, ohne Kreuzbeinfraktur, ohne best. mäßig aufw., aufw. od. hochaufw. Beh., oh. Wirbelsäulenfraktur	0,230	0,230	-	-	5,8	1	0,120	11	0,034	0,033	-	-	92	0,6146
I68F	M	Nicht operativ behandelte Erkrankungen und Verletzungen im Wirbelsäulenbereich, ein Belegungstag oder Prellung am Oberschenkel	0,146	0,144	-	-	1,0	-	-	-	-	-	-	-	31	1,0068

Zusatzentgelte-Katalog [1)]
- Liste -

ZE	Bezeichnung	Betrag
1	2	3
ZE01.01 [2)]	Hämodialyse, intermittierend, Alter > 14 Jahre	163,91 €
ZE01.02 [2)]	Hämodialyse, intermittierend, Alter < 15 Jahre	356,58 €
ZE02 [2)]	Hämodiafiltration, intermittierend	168,90 €
ZE09	Vollimplantierbare Medikamentenpumpe mit programmierbarem variablen Tagesprofil	8.734,93 €
ZE10	Künstlicher Blasenschließmuskel	2.800,26 €
ZE11	Wirbelkörperersatz	siehe Anlage 5
ZE30 [3)]	Gabe von Prothrombinkomplex, parenteral	siehe Anlage 5
ZE36	Plasmapherese	siehe Anlage 5
ZE37	Extrakorporale Photopherese	1.266,30 €
ZE47	Gabe von Antithrombin III, parenteral	siehe Anlage 5
ZE50	Gabe von Cetuximab, parenteral	siehe Anlage 5
ZE51	Gabe von Human-Immunglobulin, spezifisch gegen Hepatitis-B-surface-Antigen, parenteral	siehe Anlage 5
ZE52	Gabe von Liposomalem Doxorubicin, parenteral	siehe Anlage 5
ZE56	Vollimplantierbare Medikamentenpumpe mit konstanter Flussrate	4.151,14 €
ZE58	Hydraulische Penisprothesen	5.752,95 €
ZE60	Palliativmedizinische Komplexbehandlung	siehe Anlage 5
ZE61	Lipoprotein-Apherese	1.017,16 €
ZE62 [2)]	Hämofiltration, intermittierend	226,34 €
ZE64	Gabe von Human-Immunglobulin, spezifisch gegen Zytomegalie-Virus, parenteral	siehe Anlage 5
ZE67	Gabe von Human-Immunglobulin, spezifisch gegen Varicella-Zoster-Virus, parenteral	siehe Anlage 5
ZE70	Gabe von C1-Esteraseinhibitor, parenteral	siehe Anlage 5
ZE72	Gabe von Pegyliertem liposomalen Doxorubicin, parenteral	siehe Anlage 5
ZE78	Gabe von Temozolomid, oral	siehe Anlage 5
ZE93	Gabe von Human-Immunglobulin, polyvalent, parenteral	siehe Anlage 5
ZE96	Gabe von Carmustin, Implantat, intrathekal	siehe Anlage 5
ZE98	Gabe von Palivizumab, parenteral	siehe Anlage 5
ZE100	Implantation eines endobronchialen Klappensystems	siehe Anlage 5
ZE101	Medikamente-freisetzende Koronarstents	siehe Anlage 5
ZE105	Selektive Embolisation mit Metallspiralen (Coils) an Kopf, Hals (intra- und extrakraniell) und spinalen Gefäßen oder mit großlumigem Gefäßverschlusskörper	siehe Anlage 5
ZE106	Selektive Embolisation mit Metallspiralen (Coils), andere Lokalisationen	siehe Anlage 5
ZE107	Gabe von Erythrozytenkonzentraten	siehe Anlage 5
ZE108	Gabe von patientenbezogenen Thrombozytenkonzentraten	siehe Anlage 5
ZE110	Gabe von Liposomalem Amphotericin B, parenteral	siehe Anlage 5
ZE116	Gabe von Panitumumab, parenteral	siehe Anlage 5
ZE119 [2)]	Hämofiltration, kontinuierlich	siehe Anlage 5
ZE120 [2)]	Hämodialyse, kontinuierlich, venovenös, pumpengetrieben (CVVHD)	siehe Anlage 5
ZE121 [2)]	Hämodiafiltration, kontinuierlich	siehe Anlage 5
ZE122 [2)]	Peritonealdialyse, intermittierend, maschinell unterstützt (IPD)	196,71 €
ZE123 [2)]	Peritonealdialyse, kontinuierlich, nicht maschinell unterstützt (CAPD)	siehe Anlage 5
ZE125	Implantation oder Wechsel eines interspinösen Spreizers	siehe Anlage 5
ZE126	Autogene / Autologe matrixinduzierte Chondrozytentransplantation	4.300,94 €
ZE132	Implantation eines Wachstumsstents	siehe Anlage 5
ZE135	Gabe von Vinflunin, parenteral	siehe Anlage 5
ZE136	Medikamente-freisetzende Ballons an Koronargefäßen	siehe Anlage 5
ZE137	Medikamente-freisetzende Ballons an anderen Gefäßen	siehe Anlage 5
ZE138	Neurostimulatoren zur Rückenmarkstimulation oder zur Stimulation des peripheren Nervensystems, Einkanalstimulator, mit Sondenimplantation	7.873,47 €
ZE139	Neurostimulatoren zur Rückenmarkstimulation oder zur Stimulation des peripheren Nervensystems, Einkanalstimulator, ohne Sondenimplantation	5.408,53 €
ZE140	Neurostimulatoren zur Rückenmarkstimulation oder zur Stimulation des peripheren Nervensystems, Mehrkanalstimulator, nicht wiederaufladbar, mit Sondenimplantation	12.245,45 €

Zusatzentgelte-Katalog [1)]
- Liste -

ZE	Bezeichnung	Betrag
1	2	3
ZE141	Neurostimulatoren zur Rückenmarkstimulation oder zur Stimulation des peripheren Nervensystems, Mehrkanalstimulator, nicht wiederaufladbar, ohne Sondenimplantation	9.976,34 €
ZE144	Gabe von Romiplostim, parenteral	siehe Anlage 5
ZE145	Spezialisierte stationäre palliativmedizinische Komplexbehandlung	siehe Anlage 5
ZE146	Gabe von Thrombozytenkonzentraten	siehe Anlage 5
ZE147	Gabe von Apherese-Thrombozytenkonzentraten	siehe Anlage 5
ZE151	Gabe von Abatacept, intravenös	siehe Anlage 5
ZE152	Perkutan-transluminale Fremdkörperentfernung und Thrombektomie an intrakraniellen Gefäßen unter Verwendung eines Stentretriever	siehe Anlage 5
ZE153	Zügeloperation mit alloplastischem Material, adjustierbar	176,73 €
ZE156	Gabe von Decitabin, parenteral	siehe Anlage 5
ZE158	Vagusnervstimulationssysteme, mit Sondenimplantation	13.484,97 €
ZE159	Vagusnervstimulationssysteme, ohne Sondenimplantation	10.603,10 €
ZE161	Radiofrequenzablation Ösophagus	1.474,43 €
ZE162 [4)]	Erhöhter Pflegeaufwand bei pflegebedürftigen Patienten (DRG-Tabelle 1)	28,76 €
ZE163 [5)]	Erhöhter Pflegeaufwand bei pflegebedürftigen Patienten (DRG-Tabelle 2)	57,08 €
ZE164	Gabe von pathogeninaktivierten Thrombozytenkonzentraten	siehe Anlage 5
ZE165	Gabe von pathogeninaktivierten Apherese-Thrombozytenkonzentraten	siehe Anlage 5
ZE168	Gabe von Ipilimumab, parenteral	siehe Anlage 5
ZE169	Adjustierbare Harnkontinenztherapien	2.559,99 €
ZE170	Suspensionsoperation bei Harninkontinenz des Mannes	1.407,78 €
ZE171	Gabe von Pembrolizumab, parenteral	siehe Anlage 5
ZE172	Gabe von Atezolizumab, parenteral	siehe Anlage 5
ZE173	Gabe von Ocrelizumab, parenteral	siehe Anlage 5
ZE174	Gabe von Venetoclax, oral	siehe Anlage 5
ZE175	Perkutan-transluminale Fremdkörperentfernung und Thrombektomie an intrakraniellen Gefäßen unter Verwendung eines Thrombektomie-Aspirationskatheters	siehe Anlage 5

Fußnoten:

1) Die jeweiligen Definitionen (OPS-Kodes und OPS-Texte) sowie die fehlenden differenzierten €-Beträge sind in Anlage 5 aufgeführt.

2) Eine zusätzliche Abrechnung ist im Zusammenhang mit einer Fallpauschale der Basis-DRG L60 oder L71 oder der DRG L90B oder L90C und dem nach Anlage 3b krankenhausindividuell zu vereinbarenden Entgelt L90A nicht möglich.

3) Bei der Behandlung von Blutern mit Blutgerinnungsfaktoren erfolgt die Abrechnung der Gabe von Prothrombinkomplex über das ZE2024-97 nach Anlage 4 bzw. 6, die gleichzeitige Abrechnung des ZE30 ist ausgeschlossen.

4) Das Zusatzentgelt ist ab einer Mindestverweildauer von 5 Belegungstagen und nur in Verbindung mit einer der in Anlage 8 Tabelle 1 genannten DRG-Fallpauschale abrechenbar.

5) Das Zusatzentgelt ist ab einer Mindestverweildauer von 5 Belegungstagen und nur in Verbindung mit einer der in Anlage 8 Tabelle 2 genannten DRG-Fallpauschale abrechenbar.

Nicht mit dem Fallpauschalen-Katalog vergütete vollstationäre Leistungen und Pflegeerlöskatalog

Für die nachfolgend aufgeführten Leistungen sind krankenhausindividuelle Entgelte nach Paragraf 6 Absatz 1 Satz 1 Krankenhausentgeltgesetz zu vereinbaren, soweit diese als Krankenhausleistung erbracht werden dürfen.

Nach Paragraf 7 Absatz 4 ist für diese Fallpauschalen die nach Paragraf 6 Absatz 1 Krankenhausentgeltgesetz bisher krankenhausindividuell vereinbarte Entgelthöhe bis zum Beginn des Wirksamwerdens der neuen Budgetvereinbarung weiter zu erheben.

DRG	Parti-tion	Bezeichnung [6)]	Pflegeerlös Bewertungs-relation/Tag
1	2	3	4
Prä-MDC			
A04A	O	Knochenmarktransplantation / Stammzelltransfusion, allogen, mit zweiter Knochenmarktransplantation / Stammzelltransfusion im selben Aufenthalt	1,0000
A15A	O	Knochenmarktransplantation / Stammzelltransfusion, autogen, mit zweiter Knochenmarktransplantation / Stammzelltransfusion im selben Aufenthalt	1,0000
A16A	O	Transplantation von Darm oder Pankreas	1,0000
A16B	O	Injektion von Pankreasgewebe	1,0000
A22Z	O	Korrektureingriff bei Doppelfehlbildung	1,0000
A43Z	A	Frührehabilitation bei Wachkoma und Locked-in-Syndrom	1,0000
MDC 01 Krankheiten und Störungen des Nervensystems			
B11Z	O	Frührehabilitation mit bestimmter OR-Prozedur	1,4997
B13Z	O	Epilepsiechirurgie mit invasivem präoperativen Video-EEG	0,9937
B43Z	A	Frührehabilitation bei Krankheiten und Störungen des Nervensystems, mehr als 27 Tage	1,3999
B46Z	A	Sozial- und neuropädiatrische und pädiatrisch-psychosomatische Therapie bei Krankheiten und Störungen des Nervensystems	1,0443
B49Z	A	Multimodale Komplexbehandlung bei Morbus Parkinson	0,6118
B61B	M	Bestimmte akute Erkrankungen und Verletzungen des Rückenmarks ohne komplexen Eingriff oder mehr als 13 Belegungstage oder nicht wegverlegt	1,4777
B76A	M	Anfälle, mehr als ein Belegungstag, mit komplexer Diagnostik und Therapie	1,0652
MDC 03 Krankheiten und Störungen des Ohres, der Nase, des Mundes und des Halses			
D01A	O	Kochleaimplantation, bilateral	1,0334
D23Z	O	Implantation eines aktiven mechanischen Hörimplantates	0,7708
MDC 04 Krankheiten und Störungen der Atmungsorgane			
E37Z	O	Längerer stationärer Aufenthalt vor Transplantation bei hoher Dringlichkeitsstufe bei Krankheiten und Störungen der Atmungsorgane	1,0000
E41Z	A	Frührehabilitation bei Krankheiten und Störungen der Atmungsorgane	0,9918
E76A	M	Tuberkulose, mehr als 14 Belegungstage	0,6811
MDC 05 Krankheiten und Störungen des Kreislaufsystems			
F29Z	O	Frührehabilitation bei Krankheiten und Störungen des Kreislaufsystems, mit bestimmter OR-Prozedur, außer kardiothorakale Eingriffe	1,0000
F37Z	O	Längerer stationärer Aufenthalt vor Transplantation bei hoher Dringlichkeitsstufe bei Krankheiten und Störungen des Kreislaufsystems	1,0000
F45Z	A	Frührehabilitation bei Krankheiten und Störungen des Kreislaufsystems	0,9174
F96Z	O	Stammzelltransfusion bei Krankheiten und Störungen des Kreislaufsystems	1,0000
MDC 06 Krankheiten und Störungen der Verdauungsorgane			
G51Z	A	Frührehabilitation bei Krankheiten und Störungen der Verdauungsorgane	0,9650
MDC 07 Krankheiten und Störungen an hepatobiliärem System und Pankreas			
H37Z	O	Längerer stationärer Aufenthalt vor Transplantation bei hoher Dringlichkeitsstufe bei Krankheiten und Störungen an hepatobiliärem System und Pankreas	1,0000
MDC 08 Krankheiten und Störungen an Muskel-Skelett-System und Bindegewebe			
I40Z	A	Frührehabilitation bei Krankheiten und Störungen an Muskel-Skelett-System und Bindegewebe	0,6956
I96Z	O	Frührehabilitation mit bestimmter OR-Prozedur bei Krankheiten und Störungen an Muskel-Skelett-System und Bindegewebe, mehr als 20 Tage	0,8648
MDC 10 Endokrine, Ernährungs- und Stoffwechselkrankheiten			
K01Z	O	Verschiedene Eingriffe bei Diabetes mellitus mit Komplikationen, mit Frührehabilitation oder geriatrischer frührehabilitativer Komplexbehandlung	1,0000
K43Z	A	Frührehabilitation bei endokrinen, Ernährungs- und Stoffwechselkrankheiten	1,0000

Nicht mit dem Fallpauschalen-Katalog vergütete vollstationäre Leistungen und Pflegeerlöskatalog

Für die nachfolgend aufgeführten Leistungen sind krankenhausindividuelle Entgelte nach Paragraf 6 Absatz 1 Satz 1 Krankenhausentgeltgesetz zu vereinbaren, soweit diese als Krankenhausleistung erbracht werden dürfen.

Nach Paragraf 7 Absatz 4 ist für diese Fallpauschalen die nach Paragraf 6 Absatz 1 Krankenhausentgeltgesetz bisher krankenhausindividuell vereinbarte Entgelthöhe bis zum Beginn des Wirksamwerdens der neuen Budgetvereinbarung weiter zu erheben.

DRG	Partition	Bezeichnung [6)]	Pflegeerlös Bewertungs-relation/Tag
1	2	3	4
MDC 19 Psychische Krankheiten und Störungen			
U01Z	O	Genitalorganumwandelnde Operation	0,7670
U41Z	A	Sozial- und neuropädiatrische und pädiatrisch-psychosomatische Therapie bei psychischen Krankheiten und Störungen	0,9743
U42A	A	Multimodale Schmerztherapie bei psychischen Krankheiten und Störungen, Alter < 19 Jahre	1,1257
U43Z	A	Psychosomatische Therapie, Alter < 18 Jahre	0,9450
MDC 21A Polytrauma			
W01A	O	Polytrauma mit Beatmung > 72 Stunden oder komplexen Eingriffen oder intensivmedizinische Komplexbehandlung > 392 / 368 / 552 Aufwandspunkte, mit Frührehabilitation	1,0000
W05Z	O	Frührehabilitation bei Polytrauma mit OR-Prozedur	1,0096
W40Z	A	Frührehabilitation bei Polytrauma	1,1791
MDC 22 Verbrennungen			
Y01Z	O	Operative Eingriffe bei schweren Verbrennungen oder Beatmung > 95 Stunden bei Verbrennungen oder intensivmedizinische Komplexbehandlung > 1176 / 1104 / 1104 Aufwandspunkte bei Verbrennungen	4,3682
Y61Z	M	Schwere Verbrennungen	1,0000
MDC 23 Faktoren, die den Gesundheitszustand beeinflussen, und andere Inanspruchnahme des Gesundheitswesens			
Z02Z	O	Leberspende (Lebendspende)	1,1183
Z04Z	O	Lungenspende (Lebendspende)	1,0000
Z41Z	A	Knochenmarkentnahme bei Eigenspender	1,0000
Z42Z	A	Stammzellentnahme bei Fremdspender	0,9735
Z43Z	A	Knochenmarkentnahme bei Fremdspender	1,5740

Nicht mit dem Fallpauschalen-Katalog vergütete teilstationäre Leistungen und Pflegeerlöskatalog

Für die nachfolgend aufgeführten Leistungen sind krankenhausindividuelle Entgelte nach Paragraf 6 Absatz 1 Satz 1 Krankenhausentgeltgesetz zu vereinbaren, soweit diese als Krankenhausleistung erbracht werden dürfen.

Nach Paragraf 7 Absatz 4 ist für diese Fallpauschalen die nach Paragraf 6 Absatz 1 Krankenhausentgeltgesetz bisher krankenhausindividuell vereinbarte Entgelthöhe bis zum Beginn des Wirksamwerdens der neuen Budgetvereinbarung weiter zu erheben.

DRG	Parti-tion	Bezeichnung	Pflegeerlös Bewertungs-relation/Tag
1	2	3	4
Prä-MDC			
A90A	A	Teilstationäre geriatrische Komplexbehandlung, umfassende Behandlung	0,2730
A90B	A	Teilstationäre geriatrische Komplexbehandlung, Basisbehandlung	0,2730
MDC 11 Krankheiten und Störungen der Harnorgane			
L90A	M	Niereninsuffizienz, teilstationär, Alter < 15 Jahre	0,5000
MDC 25 Teilstationäre pädiatrische Diagnostik und Behandlung			
740Z	A	Bestimmte radiologische Diagnostik in Sedierung oder Anästhesie, Alter < 18 Jahre, teilstationär	0,5000
741Z	A	Bestimmte endoskopische Diagnostik in Sedierung oder Anästhesie, Alter < 18 Jahre, teilstationär	0,5000
742Z	A	Knochenmark-Biopsie oder Liquordiagnostik in Sedierung oder Anästhesie, Alter < 18 Jahre, teilstationär	0,5000
743Z	A	Bougierung und Dilatation des Ösophagus in Sedierung oder Anästhesie, Alter < 18 Jahre, teilstationär	0,5000
744Z	A	Dilatation des Anus in Sedierung oder Anästhesie, Alter < 18 Jahre, teilstationär	0,5000
745Z	A	Dilatation der Vagina in Sedierung oder Anästhesie, Alter < 18 Jahre, teilstationär	0,5000
746Z	A	Augenuntersuchung in Sedierung oder Anästhesie, Alter < 18 Jahre, teilstationär	0,5000
747Z	A	Testung oder Nachprogrammierung kardialer Systeme, Alter < 18 Jahre, teilstationär	0,5000
748Z	A	Bestimmte Behandlung ohne Sedierung oder Anästhesie, Alter < 18 Jahre, teilstationär	0,5000
749Z	A	Beobachtung bei Vergiftung, Alter < 10 Jahre, teilstationär	0,5000

Pflegeerlöskatalog für Hybrid-DRGs

DRG	Partition	Bezeichnung	Pflegeerlös Bewertungsrelation/Tag
1	2	3	4
MDC 06 Krankheiten und Störungen der Verdauungsorgane			
G09N	O	Hybrid-DRG der DRG G09Z	1,3473
G24M	O	Hybrid-DRG der DRG G24C	1,2685
G24N	O	Hybrid-DRG der DRG G24B	1,3855
MDC 08 Krankheiten und Störungen an Muskel-Skelett-System und Bindegewebe			
I20M	O	Hybrid-DRG der DRG I20F	1,2780
I20N	O	Hybrid-DRG der DRG I20E	1,4064
MDC 09 Krankheiten und Störungen an Haut, Unterhaut und Mamma			
J09N	O	Hybrid-DRG der DRG J09B	1,1653
MDC 11 Krankheiten und Störungen der Harnorgane			
L17N	O	Hybrid-DRG der DRG L17B	1,1228
L20M	O	Hybrid-DRG der DRG L20C	1,1576
L20N	O	Hybrid-DRG der DRG L20B	1,1644
MDC 13 Krankheiten und Störungen der weiblichen Geschlechtsorgane			
N05N	O	Hybrid-DRG der DRG N05B	1,5296
N07N	O	Hybrid-DRG der DRG N07A	1,4498
N25N	O	Hybrid-DRG der DRG N25Z	1,4826

Zusatzentgelte-Katalog [1)]
- Liste -

Für die nachfolgend aufgeführten Leistungen sind krankenhausindividuelle Entgelte nach Paragraf 6 Absatz 1 Satz 1 des Krankenhausentgeltgesetzes zu vereinbaren, soweit diese als Krankenhausleistungen erbracht werden dürfen.

Zusatzentgelt	Bezeichnung
1	2
ZE2024-01 [4)]	Beckenimplantate
ZE2024-02 [4)]	Links- und rechtsventrikuläre Herzassistenzsysteme („Kunstherz“)
ZE2024-03 [4)]	ECMO und PECLA
ZE2024-04 [4)]	Individuell nach CAD gefertigte Rekonstruktionsimplantate im Gesichts- und Schädelbereich
ZE2024-05 [4)]	Distraktion am Gesichtsschädel
ZE2024-07 [4)]	Andere implantierbare Medikamentenpumpen
ZE2024-08 [3), 4)]	Sonstige Dialyse
ZE2024-09 [4)]	Hämoperfusion [Vollblut-Adsorption]
ZE2024-10 [4)]	Leberersatztherapie
ZE2024-13 [4)]	Adsorption zur Entfernung von Immunglobulinen und/oder Immunkomplexen
ZE2024-15 [4)]	Zellapherese
ZE2024-16 [4)]	Isolierte Extremitätenperfusion
ZE2024-17 [4)]	Retransplantation von Organen während desselben stationären Aufenthaltes
ZE2024-18 [4)]	Zwerchfellschrittmacher
ZE2024-22 [4)]	IABP
ZE2024-24 [4)]	Andere Penisprothesen
ZE2024-25 [4)]	Modulare Endoprothesen
ZE2024-26 [4)]	Anthroposophisch-medizinische Komplexbehandlung
ZE2024-33 [2), 4)]	Gabe von Sargramostim, parenteral
ZE2024-34 [4)]	Gabe von Granulozytenkonzentraten
ZE2024-35 [4)]	Fremdbezug von hämatopoetischen Stammzellen
ZE2024-36 [4)]	Versorgung von Schwerstbehinderten
ZE2024-40 [4)]	Naturheilkundliche Komplexbehandlung
ZE2024-41 [4), 5)]	Multimodal-nichtoperative Komplexbehandlung des Bewegungssystems
ZE2024-44 [4)]	Stammzellboost nach erfolgter Transplantation von hämatopoetischen Stammzellen, nach In-vitro-Aufbereitung
ZE2024-45 [4)]	Komplexe Diagnostik bei hämatologischen und onkologischen Erkrankungen bei Kindern und Jugendlichen
ZE2024-46 [2), 4)]	Gabe von Anti-Human-T-Lymphozyten-Immunglobulin, parenteral
ZE2024-49 [4)]	Hypertherme intraperitoneale Chemotherapie (HIPEC) in Kombination mit Peritonektomie und ggf. mit Multiviszeralresektion oder hypertherme intrathorakale Chemotherapie (HITOC) in Kombination mit Pleurektomie und ggf. mit Tumorreduktion
ZE2024-50 [4), 6)]	Implantation einer (Hybrid)-Prothese an der Aorta
ZE2024-54 [4)]	Selbstexpandierende Prothesen am Gastrointestinaltrakt
ZE2024-56 [4)]	Gabe von Bosentan, oral
ZE2024-57 [4)]	Gabe von Jod-131-MIBG (Metajodobenzylguanidin), parenteral
ZE2024-58 [4)]	Gabe von Alpha-1-Proteinaseninhibitor human, parenteral
ZE2024-61 [4)]	Neurostimulatoren zur Hirn- oder Rückenmarkstimulation oder zur Stimulation des peripheren Nervensystems, Mehrkanalstimulator, wiederaufladbar
ZE2024-62 [4)]	Mikroaxial-Blutpumpe
ZE2024-63 [4)]	Gabe von Dibotermin alfa, Implantation am Knochen
ZE2024-65 [4)]	Selektive intravaskuläre Radionuklidtherapie [SIRT] mit Yttrium-90- oder Rhenium-188- oder Holmium-166-markierten Mikrosphären
ZE2024-66 [4)]	Enzymersatztherapie bei lysosomalen Speicherkrankheiten
ZE2024-67 [4)]	Implantation einer Stent-Prothese an der Aorta, perkutan-transluminal
ZE2024-69 [4)]	Gabe von Hämin, parenteral
ZE2024-71 [4)]	Radiorezeptortherapie mit DOTA-konjugierten Somatostatinanaloga
ZE2024-72 [4)]	Distraktionsmarknagel, motorisiert
ZE2024-74 [4)]	Gabe von Sunitinib, oral
ZE2024-75 [4)]	Gabe von Sorafenib, oral

Zusatzentgelte-Katalog [1)]
- Liste -

Für die nachfolgend aufgeführten Leistungen sind krankenhausindividuelle Entgelte nach Paragraf 6 Absatz 1 Satz 1 des Krankenhausentgeltgesetzes zu vereinbaren, soweit diese als Krankenhausleistungen erbracht werden dürfen.

Zusatzentgelt	Bezeichnung
1	2
ZE2024-77 [4)]	Gabe von Lenalidomid, oral
ZE2024-79 [4)]	Gabe von Nelarabin, parenteral
ZE2024-80 [2), 4)]	Gabe von Amphotericin-B-Lipidkomplex, parenteral
ZE2024-82 [3), 4)]	Peritonealdialyse, kontinuierlich, maschinell unterstützt (APD)
ZE2024-84 [4)]	Gabe von Ambrisentan, oral
ZE2024-85 [4)]	Gabe von Temsirolimus, parenteral
ZE2024-86 [4)]	Andere Neurostimulatoren und Neuroprothesen
ZE2024-88 [4)]	Komplexe neuropädiatrische Diagnostik mit weiteren Maßnahmen
ZE2024-91 [4)]	Gabe von Dasatinib, oral
ZE2024-97 [4), 7)]	Behandlung von Blutern mit Blutgerinnungsfaktoren
ZE2024-99 [4)]	Fremdbezug von Donor-Lymphozyten
ZE2024-101 [4)]	Gabe von Mifamurtid, parenteral
ZE2024-103 [4)]	Gabe von Rituximab, subkutan
ZE2024-104 [4)]	Gabe von Trastuzumab, subkutan
ZE2024-106 [4)]	Gabe von Abatacept, subkutan
ZE2024-107 [4)]	Medikamente-freisetzende bioresorbierbare Koronarstents
ZE2024-108 [4)]	Implantation einer Irisprothese
ZE2024-109 [3), 4)]	Dialyse mit High-Cut-off-Dialysemembran
ZE2024-110 [4)]	Gabe von Tocilizumab, subkutan
ZE2024-111 [4)]	Gabe von Paclitaxel, als an Albumin gebundene Nanopartikel, parenteral
ZE2024-112 [4)]	Gabe von Abirateron, oral
ZE2024-113 [4)]	Gabe von Cabazitaxel, parenteral
ZE2024-115 [4)]	Molekulares Monitoring der Resttumorlast [MRD]: Molekulargenetische Identifikation und Herstellung von patientenspezifischen Markern
ZE2024-116 [4)]	Molekulares Monitoring der Resttumorlast [MRD]: Patientenspezifische molekulargenetische Quantifizierung
ZE2024-117 [4)]	Chemosaturations-Therapie mittels perkutaner Leberperfusion
ZE2024-118 [4)]	Neurostimulatoren zur Hirnstimulation, Einkanalstimulator
ZE2024-119 [4)]	Distraktionsmarknagel, nicht motorisiert
ZE2024-120 [4)]	Gabe von Pemetrexed, parenteral
ZE2024-121 [4)]	Gabe von Etanercept, parenteral
ZE2024-122 [4)]	Gabe von Imatinib, oral
ZE2024-123 [4)]	Gabe von Caspofungin, parenteral
ZE2024-124 [4)]	Gabe von Voriconazol, oral
ZE2024-125 [4)]	Gabe von Voriconazol, parenteral
ZE2024-127 [4)]	Gabe von L-Asparaginase aus Erwinia chrysanthemi [Erwinase], parenteral
ZE2024-128 [4)]	Gabe von nicht pegylierter Asparaginase, parenteral
ZE2024-129 [4)]	Gabe von pegylierter Asparaginase, parenteral
ZE2024-130 [4)]	Gabe von Belimumab, parenteral
ZE2024-131 [4)]	Gabe von Defibrotid, parenteral
ZE2024-132 [4)]	Gabe von Thiotepa, parenteral
ZE2024-133 [4)]	Spezialisierte palliativmedizinische Komplexbehandlung durch einen internen Palliativdienst
ZE2024-134 [4)]	Spezialisierte palliativmedizinische Komplexbehandlung durch einen externen Palliativdienst
ZE2024-135 [4)]	Basisdiagnostik bei unklarem Symptomkomplex bei Neugeborenen und Säuglingen mit weiteren Maßnahmen
ZE2024-136 [4)]	Einlegen von endobronchialen Nitinolspiralen
ZE2024-137 [4), 7), 8)]	Gabe von rekombinantem aktiviertem Faktor VII
ZE2024-138 [4), 7), 9)]	Gabe von Fibrinogenkonzentrat
ZE2024-139 [4), 7), 10)]	Gabe von Blutgerinnungsfaktoren
ZE2024-140 [4)]	Gabe von Brentuximab vedotin, parenteral

Zusatzentgelte-Katalog [1)]
- Liste -

Für die nachfolgend aufgeführten Leistungen sind krankenhausindividuelle Entgelte nach Paragraf 6 Absatz 1 Satz 1 des Krankenhausentgeltgesetzes zu vereinbaren, soweit diese als Krankenhausleistungen erbracht werden dürfen.

Zusatzentgelt	Bezeichnung
1	2
ZE2024-141 [4)]	Gabe von Enzalutamid, oral
ZE2024-142 [4)]	Gabe von Aflibercept, intravenös
ZE2024-143 [4)]	Gabe von Eltrombopag, oral
ZE2024-144 [4)]	Gabe von Obinutuzumab, parenteral
ZE2024-145 [4)]	Gabe von Ibrutinib, oral
ZE2024-146 [4)]	Gabe von Ramucirumab, parenteral
ZE2024-147 [4)]	Gabe von Bortezomib, parenteral
ZE2024-148 [4)]	Gabe von Adalimumab, parenteral
ZE2024-149 [4)]	Gabe von Infliximab, parenteral
ZE2024-150 [4)]	Gabe von Busulfan, parenteral
ZE2024-151 [4)]	Gabe von Rituximab, intravenös
ZE2024-152 [4)]	Mehrdimensionale pädiatrische Diagnostik
ZE2024-153 [4)]	Gabe von Trastuzumab, intravenös
ZE2024-154 [4)]	Gabe von Anidulafungin, parenteral
ZE2024-156 [4)]	Gabe von Posaconazol, parenteral
ZE2024-157 [4)]	Gabe von Pixantron, parenteral
ZE2024-158 [4)]	Gabe von Pertuzumab, parenteral
ZE2024-159 [4)]	Gabe von Blinatumomab, parenteral
ZE2024-161 [4)]	Gabe von Nivolumab, parenteral
ZE2024-162 [4)]	Gabe von Carfilzomib, parenteral
ZE2024-163 [4)]	Gabe von Macitentan, oral
ZE2024-164 [4)]	Gabe von Riociguat, oral
ZE2024-165 [4)]	Gabe von Nusinersen, intrathekal
ZE2024-166 [4)]	Gabe von Isavuconazol, parenteral
ZE2024-167 [4)]	Gabe von Isavuconazol, oral
ZE2024-169 [4)]	Gabe von Liposomalem Irinotecan, parenteral
ZE2024-170 [4)]	Gabe von Bevacizumab, parenteral
ZE2024-171 [4)]	Gabe von Clofarabin, parenteral
ZE2024-172 [4)]	Gabe von Posaconazol, oral, Suspension
ZE2024-173 [4)]	Gabe von Posaconazol, oral, Tabletten
ZE2024-175 [4), 11)]	Gabe von Filgrastim, parenteral
ZE2024-176 [4), 11)]	Gabe von Lenograstim, parenteral
ZE2024-177 [4), 11)]	Gabe von Pegfilgrastim, parenteral
ZE2024-178 [4), 11)]	Gabe von Lipegfilgrastim, parenteral
ZE2024-180 [4)]	Gabe von Azacytidin, parenteral
ZE2024-182 [4)]	Gabe von Vedolizumab, parenteral
ZE2024-183 [4)]	Gabe von Elotuzumab, parenteral
ZE2024-187 [4)]	Neurostimulatoren zur Hypoglossusnerv-Stimulation
ZE2024-188 [4)]	Patientenindividuell hergestellte Stent-Prothesen an der Aorta, ohne Öffnung
ZE2024-189 [4)]	Stent-Prothesen an der Aorta, mit Öffnung
ZE2024-190 [4)]	Längerfristige Beatmungsentwöhnung
ZE2024-191 [4)]	Gabe von Dinutuximab beta, parenteral
ZE2024-192 [4)]	Gabe von Midostaurin, oral
ZE2024-193 [4)]	Gabe von Onasemnogen abeparvovec, parenteral
ZE2024-194 [4)]	Gabe von Ustekinumab, intravenös
ZE2024-195 [4)]	Gabe von Ustekinumab, subkutan
ZE2024-196 [4)]	Gabe von Micafungin, parenteral
ZE2024-198 [4)]	Molekulares Monitoring der Resttumorlast [MRD]: Molekulargenetische Identifikation von krankheitsspezifischen Markern

Zusatzentgelte-Katalog [1)]
- Liste -

Für die nachfolgend aufgeführten Leistungen sind krankenhausindividuelle Entgelte nach Paragraf 6 Absatz 1 Satz 1 des Krankenhausentgeltgesetzes zu vereinbaren, soweit diese als Krankenhausleistungen erbracht werden dürfen.

Zusatzentgelt	Bezeichnung
1	2
ZE2024-199 [4)]	Molekulares Monitoring der Resttumorlast [MRD]: Krankheitsspezifische molekulargenetische Quantifizierung
ZE2024-200 [4)]	Gabe von Daratumumab, intravenös
ZE2024-201 [4)]	Gabe von Daratumumab, subkutan
ZE2024-202 [12)]	Gabe von Aldesleukin, parenteral
ZE2024-203 [4)]	Gabe von Durvalumab, parenteral
ZE2024-204 [4)]	Gabe von Gemtuzumab ozogamicin, parenteral
ZE2024-205 [4)]	Gabe von Polatuzumab vedotin, parenteral
ZE2024-206 [13)]	Gabe von Natalizumab, parenteral
ZE2024-207 [14)]	Gabe von Itraconazol, parenteral
ZE2024-208 [15)]	Gabe von Trabectedin, parenteral
ZE2024-209 [16)]	Gabe von Plerixafor, parenteral
ZE2024-210 [17)]	Gabe von Eculizumab, parenteral
ZE2024-211 [18)]	Gabe von Tocilizumab, intravenös
ZE2024-212 [4)]	Gabe von Idarucizumab, parenteral
ZE2024-213 [4)]	Gabe von Andexanet alfa, parenteral
ZE2024-214 [4)]	Gabe von Letermovir, oral
ZE2024-215 [4)]	Gabe von Letermovir, parenteral
ZE2024-216 [4)]	Gabe von Avelumab, parenteral
ZE2024-217 [4)]	Gabe von Apalutamid, oral
ZE2024-218 [4)]	Gabe von Cemiplimab, parenteral
ZE2024-219 [4), 19)]	Gabe von rekombinantem aktiviertem Faktor VII bei postpartaler Blutung
ZE2024-220 [4), 20)]	Zusatzaufwand bei Behandlung mit Gabe von CAR-T-Zellen

Fußnoten:

1) Die jeweiligen Definitionen (OPS-Kodes und OPS-Texte) sind in Anlage 6 aufgeführt.

2) Das Zulassungsrecht bleibt von der Katalogaufnahme unberührt. Die Kostenträger entscheiden im Einzelfall, ob die Kosten dieser Medikamente übernommen werden.

3) Eine zusätzliche Abrechnung ist im Zusammenhang mit einer Fallpauschale der Basis-DRG L60 oder L71 oder der DRG L90B oder L90C und dem nach Anlage 3b krankenhausindividuell zu vereinbarenden Entgelt L90A nicht möglich.

4) Nach Paragraf 5 Abs. 2 Satz 3 FPV 2024 ist für diese Zusatzentgelte das bisher krankenhausindividuell vereinbarte Entgelt der Höhe nach bis zum Beginn des Wirksamwerdens der neuen Budgetvereinbarung weiter zu erheben. Dies gilt auch, sofern eine Anpassung der entsprechenden OPS-Kodes erfolgt sein sollte.

5) Die Bewertung des Zusatzentgeltes mittels einer Differenzkostenbetrachtung hat in Abhängigkeit der abzurechnenden DRG-Fallpauschalen zu erfolgen.

6) Die Bewertung des Zusatzentgeltes mittels einer Differenzkostenbetrachtung hat in Abhängigkeit der abzurechnenden DRG-Fallpauschalen und ggf. weiterer abrechenbarer Zusatzentgelte für Stent-Prothesen an der Aorta zu erfolgen.

7) Die jeweils zugehörigen ICD-Kodes und -Texte sind in Anlage 7 aufgeführt.

8) Für das Jahr 2024 gilt ein Schwellenwert in der Höhe von 20.000 € für den im Rahmen der Behandlung des Patienten für Blutgerinnungsfaktoren angefallenen Betrag. Ab Überschreitung dieses Schwellenwertes ist der gesamte für die Behandlung des Patienten mit Blutgerinnungsfaktoren angefallene Betrag abzurechnen.

9) Für das Jahr 2024 gilt ein Schwellenwert in der Höhe von 2.500 € für den im Rahmen der Behandlung des Patienten für Blutgerinnungsfaktoren angefallenen Betrag. Ab Überschreitung dieses Schwellenwertes ist der gesamte für die Behandlung des Patienten mit Blutgerinnungsfaktoren angefallene Betrag abzurechnen.

10) Für das Jahr 2024 gilt ein Schwellenwert in der Höhe von 6.000 € für die Summe der im Rahmen der Behandlung des Patienten für Blutgerinnungsfaktoren angefallenen Beträge. Ab Überschreitung dieses Schwellenwertes ist der gesamte für die Behandlung des Patienten mit Blutgerinnungsfaktoren angefallene Betrag abzurechnen.

11) Bei der Vereinbarung der Entgelthöhen für die Zusatzentgelte für Granulozyten-Kolonie-stimulierende Faktoren wird in analoger Umsetzung der bisherigen Bewertung empfohlen, die Verhandlung zu den Entgelthöhen auf Basis der krankenhausindividuellen Kostensituation zu führen und bei der finalen Vereinbarung die Entgelthöhe der Zusatzentgelte für Pegfilgrastim (ZE2024-177) bzw. Lipegfilgrastim (ZE2024-178) um einen Betrag zu reduzieren, der in etwa dem dreifachen Wert der Kosten einer typischen Tagesdosis Filgrastim (ZE2024-175) bzw. Lenograstim (ZE2024-176) entspricht.

Fußnoten (Fortsetzung):

12) Nach Paragraf 5 Abs. 2 Satz 3 FPV 2024 ist für dieses Zusatzentgelt das bisher krankenhausindividuell vereinbarte Entgelt der Höhe nach bis zum Beginn des Wirksamwerdens der Budgetvereinbarung 2024 weiter zu erheben. Bei fehlender Budgetvereinbarung 2023 ist für dieses Zusatzentgelt das bewertete Zusatzentgelt ZE48 in Höhe von 70 Prozent der im DRG-Katalog 2022 bewerteten Höhe bis zum Beginn des Wirksamwerdens der Budgetvereinbarung 2023 weiter zu erheben. Dies gilt auch, sofern eine Anpassung der entsprechenden OPS-Kodes erfolgt sein sollte.

13) Nach Paragraf 5 Abs. 2 Satz 3 FPV 2024 ist für dieses Zusatzentgelt das bisherige bewertete Zusatzentgelt ZE97 aus 2023 bis zum Beginn des Wirksamwerdens der neuen Budgetvereinbarung der Höhe nach weiter zu erheben. Dies gilt auch, sofern eine Anpassung der entsprechenden OPS-Kodes erfolgt sein sollte.

14) Nach Paragraf 5 Abs. 2 Satz 3 FPV 2024 ist für dieses Zusatzentgelt das bisherige bewertete Zusatzentgelt ZE113 aus 2023 bis zum Beginn des Wirksamwerdens der neuen Budgetvereinbarung der Höhe nach weiter zu erheben. Dies gilt auch, sofern eine Anpassung der entsprechenden OPS-Kodes erfolgt sein sollte.

15) Nach Paragraf 5 Abs. 2 Satz 3 FPV 2024 ist für dieses Zusatzentgelt das bisherige bewertete Zusatzentgelt ZE117 aus 2023 bis zum Beginn des Wirksamwerdens der neuen Budgetvereinbarung der Höhe nach weiter zu erheben. Dies gilt auch, sofern eine Anpassung der entsprechenden OPS-Kodes erfolgt sein sollte.

16) Nach Paragraf 5 Abs. 2 Satz 3 FPV 2024 ist für dieses Zusatzentgelt das bisherige bewertete Zusatzentgelt ZE143 aus 2023 bis zum Beginn des Wirksamwerdens der neuen Budgetvereinbarung der Höhe nach weiter zu erheben. Dies gilt auch, sofern eine Anpassung der entsprechenden OPS-Kodes erfolgt sein sollte.

17) Nach Paragraf 5 Abs. 2 Satz 3 FPV 2024 ist für dieses Zusatzentgelt das bisherige bewertete Zusatzentgelt ZE154 aus 2023 bis zum Beginn des Wirksamwerdens der neuen Budgetvereinbarung der Höhe nach weiter zu erheben. Dies gilt auch, sofern eine Anpassung der entsprechenden OPS-Kodes erfolgt sein sollte.

18) Nach Paragraf 5 Abs. 2 Satz 3 FPV 2024 ist für dieses Zusatzentgelt das bisherige bewertete Zusatzentgelt ZE157 aus 2023 bis zum Beginn des Wirksamwerdens der neuen Budgetvereinbarung der Höhe nach weiter zu erheben. Dies gilt auch, sofern eine Anpassung der entsprechenden OPS-Kodes erfolgt sein sollte.

19) Das Zusatzentgelt kann ausschließlich bei postpartaler Blutung (ICD Kode O72.-) abgerechnet werden. Bei Vorliegen einer dauerhaften Gerinnungsstörung ist ggf. das Zusatzentgelt ZE2024-97 abzurechnen.

20) Die Bewertung des Zusatzentgeltes erfolgt mittels einer Differenzkostenbetrachtung in Abhängigkeit der abzurechnenden DRG-Fallpauschalen. Die Kosten des CAR-T-Produkts selbst sind nicht zu berücksichtigen.

Zusatzentgelte-Katalog
- Definition und differenzierte Beträge -

ZE	Bezeichnung	ZE_D	OPS Version 2024		Betrag
			OPS-Kode	OPS-Text	
1	2	3	4	5	6
ZE01.01 [1)]	Hämodialyse, intermittierend, Alter > 14 Jahre		8-854.2	Hämodialyse: Intermittierend, Antikoagulation mit Heparin oder ohne Antikoagulation	siehe Anlage 2
			8-854.3	Hämodialyse: Intermittierend, Antikoagulation mit sonstigen Substanzen	
			8-854.4	Hämodialyse: Verlängert intermittierend, Antikoagulation mit Heparin oder ohne Antikoagulation	
			8-854.5	Hämodialyse: Verlängert intermittierend, Antikoagulation mit sonstigen Substanzen	
ZE01.02 [1)]	Hämodialyse, intermittierend, Alter < 15 Jahre		8-854.2	Hämodialyse: Intermittierend, Antikoagulation mit Heparin oder ohne Antikoagulation	siehe Anlage 2
			8-854.3	Hämodialyse: Intermittierend, Antikoagulation mit sonstigen Substanzen	
			8-854.4	Hämodialyse: Verlängert intermittierend, Antikoagulation mit Heparin oder ohne Antikoagulation	
			8-854.5	Hämodialyse: Verlängert intermittierend, Antikoagulation mit sonstigen Substanzen	
ZE02 [1)]	Hämodiafiltration, intermittierend		8-855.3	Hämodiafiltration: Intermittierend, Antikoagulation mit Heparin oder ohne Antikoagulation	siehe Anlage 2
			8-855.4	Hämodiafiltration: Intermittierend, Antikoagulation mit sonstigen Substanzen	
			8-855.5	Hämodiafiltration: Verlängert intermittierend, Antikoagulation mit Heparin oder ohne Antikoagulation	
			8-855.6	Hämodiafiltration: Verlängert intermittierend, Antikoagulation mit sonstigen Substanzen	
ZE09	Vollimplantierbare Medikamentenpumpe mit programmierbarem variablen Tagesprofil		5-028.11	Funktionelle Eingriffe an Schädel, Gehirn und Hirnhäuten: Implantation oder Wechsel einer Medikamentenpumpe zur intraventrikulären Infusion: Vollimplantierbare Medikamentenpumpe mit programmierbarem variablen Tagesprofil	siehe Anlage 2
			5-038.41	Operationen am spinalen Liquorsystem: Implantation oder Wechsel einer Medikamentenpumpe zur intrathekalen und/oder epiduralen Infusion: Vollimplantierbare Medikamentenpumpe mit programmierbarem variablen Tagesprofil	
ZE10	Künstlicher Blasenschließmuskel		5-597.0*	Eingriffe bei artifiziellem Harnblasensphinkter: Implantation	siehe Anlage 2
			5-597.30	Eingriffe bei artifiziellem Harnblasensphinkter: Wechsel: Vollständig, bulbär, 1 Cuff	
			5-597.31	Eingriffe bei artifiziellem Harnblasensphinkter: Wechsel: Vollständig, bulbär, 2 Cuffs	
			5-597.32	Eingriffe bei artifiziellem Harnblasensphinkter: Wechsel: Vollständig, am Blasenhals	
ZE11	Wirbelkörperersatz			Wirbelkörperersatz: Wirbelkörperersatz durch Implantat	
		ZE11.01	5-837.00	1 Wirbelkörper	935,79 €
		ZE11.02	5-837.01	2 Wirbelkörper	1.577,63 €
		ZE11.03	5-837.02	3 Wirbelkörper	2.219,47 €
		ZE11.04	5-837.04	4 Wirbelkörper	2.861,31 €
		ZE11.05	5-837.05	5 oder mehr Wirbelkörper	3.503,15 €

Zusatzentgelte-Katalog
- Definition und differenzierte Beträge -

ZE	Bezeichnung	ZE$_D$	OPS Version 2024		Betrag
			OPS-Kode	OPS-Text	
1	2	3	4	5	6
ZE30 [8)]	Gabe von Prothrombinkomplex, parenteral			Transfusion von Plasma und anderen Plasmabestandteilen und gentechnisch hergestellten Plasmaproteinen: Prothrombinkomplex	
		ZE30.02	8-812.53	3.500 IE bis unter 4.500 IE	846,95 €
		ZE30.03	8-812.54	4.500 IE bis unter 5.500 IE	1.077,35 €
		ZE30.04	8-812.55	5.500 IE bis unter 6.500 IE	1.300,25 €
		ZE30.05	8-812.56	6.500 IE bis unter 7.500 IE	1.521,75 €
		ZE30.06	8-812.57	7.500 IE bis unter 8.500 IE	1.746,05 €
		ZE30.07	8-812.58	8.500 IE bis unter 9.500 IE	1.968,45 €
		ZE30.08	8-812.59	9.500 IE bis unter 10.500 IE	2.191,85 €
		ZE30.09	8-812.5a	10.500 IE bis unter 15.500 IE	2.711,95 €
		ZE30.10	8-812.5b	15.500 IE bis unter 20.500 IE	3.826,45 €
		ZE30.11	8-812.5c	20.500 IE bis unter 25.500 IE	4.940,95 €
		ZE30.12	8-812.5d	25.500 IE bis unter 30.500 IE	6.055,45 €
		ZE30.13		Siehe weitere Differenzierung ZE30.14 bis ZE30.23	
		ZE30.14	8-812.5f	30.500 IE bis unter 40.500 IE	7.355,70 €
		ZE30.15	8-812.5g	40.500 IE bis unter 50.500 IE	9.584,70 €
		ZE30.16	8-812.5h	50.500 IE bis unter 60.500 IE	11.813,70 €
		ZE30.17	8-812.5j	60.500 IE bis unter 80.500 IE	14.599,95 €
		ZE30.18	8-812.5k	80.500 IE bis unter 100.500 IE	19.057,95 €
		ZE30.19	8-812.5m	100.500 IE bis unter 120.500 IE	23.515,95 €
		ZE30.20	8-812.5n	120.500 IE bis unter 140.500 IE	27.973,95 €
		ZE30.21	8-812.5p	140.500 IE bis unter 160.500 IE	32.431,95 €
		ZE30.22	8-812.5q	160.500 IE bis unter 200.500 IE	38.004,45 €
		ZE30.23	8-812.5r	200.500 IE oder mehr	46.920,45 €
ZE36	Plasmapherese			Therapeutische Plasmapherese	
		ZE36.01	8-820.00	1 Plasmapherese	1.123,95 €
			8-820.10	1 Plasmapherese	
			8-820.20	1 Plasmapherese	
			8-826.*0	1 Doppelfiltrationsplasmapherese	
		ZE36.02	8-820.01	2 Plasmapheresen	2.247,90 €
			8-820.11	2 Plasmapheresen	
			8-820.21	2 Plasmapheresen	
			8-826.*1	2 Doppelfiltrationsplasmapheresen	
		ZE36.03	8-820.02	3 Plasmapheresen	3.371,85 €
			8-820.12	3 Plasmapheresen	
			8-820.22	3 Plasmapheresen	
			8-826.*2	3 Doppelfiltrationsplasmapheresen	
		ZE36.04	8-820.03	4 Plasmapheresen	4.495,80 €
			8-820.13	4 Plasmapheresen	
			8-820.23	4 Plasmapheresen	
			8-826.*3	4 Doppelfiltrationsplasmapheresen	
		ZE36.05	8-820.04	5 Plasmapheresen	5.619,75 €
			8-820.14	5 Plasmapheresen	
			8-820.24	5 Plasmapheresen	
			8-826.*4	5 Doppelfiltrationsplasmapheresen	
		ZE36.06	8-820.08	6 Plasmapheresen	6.743,70 €
			8-820.18	6 Plasmapheresen	
			8-820.25	6 Plasmapheresen	
			8-826.*5	6 Doppelfiltrationsplasmapheresen	
		ZE36.07	8-820.09	7 Plasmapheresen	7.867,65 €
			8-820.19	7 Plasmapheresen	
			8-820.26	7 Plasmapheresen	
			8-826.*6	7 Doppelfiltrationsplasmapheresen	
		ZE36.08	8-820.0a	8 Plasmapheresen	8.991,60 €
			8-820.1a	8 Plasmapheresen	
			8-820.27	8 Plasmapheresen	
			8-826.*7	8 Doppelfiltrationsplasmapheresen	

Zusatzentgelte-Katalog
- Definition und differenzierte Beträge -

ZE	Bezeichnung	ZE_D	OPS Version 2024		Betrag
			OPS-Kode	OPS-Text	
1	2	3	4	5	6
		ZE36.09	8-820.0b	9 Plasmapheresen	10.115,55 €
			8-820.1b	9 Plasmapheresen	
			8-820.28	9 Plasmapheresen	
			8-826.*8	9 Doppelfiltrationsplasmapheresen	
		ZE36.10	8-820.0c	10 Plasmapheresen	11.239,50 €
			8-820.1c	10 Plasmapheresen	
			8-820.29	10 Plasmapheresen	
			8-826.*9	10 Doppelfiltrationsplasmapheresen	
		ZE36.11	8-820.0d	11 Plasmapheresen	12.363,45 €
			8-820.1d	11 Plasmapheresen	
			8-820.2a	11 Plasmapheresen	
			8-826.*a	11 Doppelfiltrationsplasmapheresen	
		ZE36.12	8-820.0e	12 Plasmapheresen	13.487,40 €
			8-820.1e	12 Plasmapheresen	
			8-820.2b	12 Plasmapheresen	
			8-826.*b	12 Doppelfiltrationsplasmapheresen	
		ZE36.13	8-820.0f	13 Plasmapheresen	14.611,35 €
			8-820.1f	13 Plasmapheresen	
			8-820.2c	13 Plasmapheresen	
			8-826.*c	13 Doppelfiltrationsplasmapheresen	
		ZE36.14	8-820.0g	14 Plasmapheresen	15.735,30 €
			8-820.1g	14 Plasmapheresen	
			8-820.2d	14 Plasmapheresen	
			8-826.*d	14 Doppelfiltrationsplasmapheresen	
		ZE36.15	8-820.0h	15 Plasmapheresen	16.859,25 €
			8-820.1h	15 Plasmapheresen	
			8-820.2e	15 Plasmapheresen	
			8-826.*e	15 Doppelfiltrationsplasmapheresen	
		ZE36.16	8-820.0j	16 bis 17 Plasmapheresen	18.545,18 €
			8-820.1j	16 bis 17 Plasmapheresen	
			8-820.2f	16 bis 17 Plasmapheresen	
			8-826.*f	16 bis 17 Doppelfiltrationsplasmapheresen	
		ZE36.17	8-820.0k	18 bis 19 Plasmapheresen	20.793,08 €
			8-820.1k	18 bis 19 Plasmapheresen	
			8-820.2g	18 bis 19 Plasmapheresen	
			8-826.*g	18 bis 19 Doppelfiltrationsplasmapheresen	
		ZE36.18	8-820.0m	20 bis 21 Plasmapheresen	23.040,98 €
			8-820.1m	20 bis 21 Plasmapheresen	
			8-820.2h	20 bis 21 Plasmapheresen	
			8-826.*h	20 bis 21 Doppelfiltrationsplasmapheresen	
		ZE36.19	8-820.0n	22 bis 23 Plasmapheresen	25.288,88 €
			8-820.1n	22 bis 23 Plasmapheresen	
			8-820.2j	22 bis 23 Plasmapheresen	
			8-826.*j	22 bis 23 Doppelfiltrationsplasmapheresen	
		ZE36.20	8-820.0p	24 bis 25 Plasmapheresen	27.536,78 €
			8-820.1p	24 bis 25 Plasmapheresen	
			8-820.2k	24 bis 25 Plasmapheresen	
			8-826.*k	24 bis 25 Doppelfiltrationsplasmapheresen	
		ZE36.21	8-820.0q	26 bis 28 Plasmapheresen	30.346,65 €
			8-820.1q	26 bis 28 Plasmapheresen	
			8-820.2m	26 bis 28 Plasmapheresen	
			8-826.*m	26 bis 28 Doppelfiltrationsplasmapheresen	
		ZE36.22	8-820.0r	29 bis 31 Plasmapheresen	33.718,50 €
			8-820.1r	29 bis 31 Plasmapheresen	
			8-820.2n	29 bis 31 Plasmapheresen	
			8-826.*n	29 bis 31 Doppelfiltrationsplasmapheresen	

Zusatzentgelte-Katalog
- Definition und differenzierte Beträge -

ZE	Bezeichnung	ZE_D	OPS Version 2024		Betrag
			OPS-Kode	OPS-Text	
1	2	3	4	5	6
		ZE36.23	8-820.0s	32 bis 34 Plasmapheresen	37.090,35 €
			8-820.1s	32 bis 34 Plasmapheresen	
			8-820.2p	32 bis 34 Plasmapheresen	
			8-826.*p	32 bis 34 Doppelfiltrationsplasmapheresen	
		ZE36.24	8-820.0t	35 bis 39 Plasmapheresen	41.586,15 €
			8-820.1t	35 bis 39 Plasmapheresen	
			8-820.2q	35 bis 39 Plasmapheresen	
			8-826.*q	35 bis 39 Doppelfiltrationsplasmapheresen	
		ZE36.25	8-820.0u	40 bis 44 Plasmapheresen	47.205,90 €
			8-820.1u	40 bis 44 Plasmapheresen	
			8-820.2r	40 bis 44 Plasmapheresen	
			8-826.*r	40 bis 44 Doppelfiltrationsplasmapheresen	
		ZE36.26	8-820.0v	45 bis 49 Plasmapheresen	52.825,65 €
			8-820.1v	45 bis 49 Plasmapheresen	
			8-820.2s	45 bis 49 Plasmapheresen	
			8-826.*s	45 bis 49 Doppelfiltrationsplasmapheresen	
		ZE36.27	8-820.0w	50 oder mehr Plasmapheresen	58.445,40 €
			8-820.1w	50 oder mehr Plasmapheresen	
			8-820.2t	50 oder mehr Plasmapheresen	
			8-826.*t	50 oder mehr Doppelfiltrationsplasmapheresen	
ZE37	Extrakorporale Photopherese		8-824	Photopherese	siehe Anlage 2
ZE47	Gabe von Antithrombin III, parenteral			Transfusion von Plasmabestandteilen und gentechnisch hergestellten Plasmaproteinen: Antithrombin III	
		ZE47.01[6)]	8-810.g1	2.000 IE bis unter 3.500 IE	147,00 €
		ZE47.02[6)]	8-810.g2	3.500 IE bis unter 5.000 IE	235,20 €
		ZE47.03[6)]	8-810.g3	5.000 IE bis unter 7.000 IE	333,20 €
		ZE47.04	8-810.g4	7.000 IE bis unter 10.000 IE	470,40 €
		ZE47.05	8-810.g5	10.000 IE bis unter 15.000 IE	686,00 €
		ZE47.06	8-810.g6	15.000 IE bis unter 20.000 IE	980,00 €
		ZE47.07	8-810.g7	20.000 IE bis unter 25.000 IE	1.274,00 €
		ZE47.08	8-810.g8	25.000 IE bis unter 30.000 IE	1.568,00 €
		ZE47.09	8-810.ga	30.000 IE bis unter 40.000 IE	1.960,00 €
		ZE47.10	8-810.gb	40.000 IE bis unter 50.000 IE	2.548,00 €
		ZE47.11	8-810.gc	50.000 IE bis unter 60.000 IE	3.136,00 €
		ZE47.12	8-810.gd	60.000 IE bis unter 70.000 IE	3.724,00 €
		ZE47.13	8-810.ge	70.000 IE bis unter 90.000 IE	4.508,00 €
		ZE47.14	8-810.gf	90.000 IE bis unter 110.000 IE	5.684,00 €
		ZE47.15	8-810.gg	110.000 IE bis unter 130.000 IE	6.860,00 €
		ZE47.16	8-810.gh	130.000 IE bis unter 150.000 IE	8.036,00 €
		ZE47.17	8-810.gj	150.000 IE oder mehr	9.212,00 €
ZE50	Gabe von Cetuximab, parenteral			Applikation von Medikamenten, Liste 1: Cetuximab, parenteral	
		ZE50.01	6-001.a0	250 mg bis unter 350 mg	774,78 €
		ZE50.02	6-001.a1	350 mg bis unter 450 mg	1.048,23 €
		ZE50.03	6-001.a2	450 mg bis unter 550 mg	1.321,68 €
		ZE50.04	6-001.a3	550 mg bis unter 650 mg	1.595,13 €
		ZE50.05	6-001.a4	650 mg bis unter 750 mg	1.868,58 €
		ZE50.06	6-001.a5	750 mg bis unter 850 mg	2.142,03 €
		ZE50.07	6-001.a6	850 mg bis unter 1.050 mg	2.506,63 €
		ZE50.08	6-001.a7	1.050 mg bis unter 1.250 mg	3.053,53 €
		ZE50.09	6-001.a8	1.250 mg bis unter 1.450 mg	3.600,43 €
		ZE50.10	6-001.a9	1.450 mg bis unter 1.650 mg	4.147,33 €
		ZE50.11	6-001.aa	1.650 mg bis unter 1.850 mg	4.694,23 €
		ZE50.12	6-001.ab	1.850 mg bis unter 2.150 mg	5.332,28 €
		ZE50.13	6-001.ac	2.150 mg bis unter 2.450 mg	6.152,63 €
		ZE50.14	6-001.ad	2.450 mg bis unter 2.750 mg	6.972,98 €

Zusatzentgelte-Katalog
- Definition und differenzierte Beträge -

ZE	Bezeichnung	ZE_D	OPS Version 2024		Betrag
			OPS-Kode	OPS-Text	
1	2	3	4	5	6
		ZE50.15	6-001.ae	2.750 mg bis unter 3.050 mg	7.793,33 €
		ZE50.16	6-001.af	3.050 mg bis unter 3.350 mg	8.613,68 €
		ZE50.17		Siehe weitere Differenzierung ZE50.18 bis ZE50.20	
		ZE50.18	6-001.ah	3.350 mg bis unter 3.950 mg	9.707,48 €
		ZE50.19	6-001.aj	3.950 mg bis unter 4.550 mg	11.348,18 €
		ZE50.20	6-001.ak	4.550 mg oder mehr	12.988,88 €
ZE51	Gabe von Human-Immunglobulin, spezifisch gegen Hepatitis-B-surface-Antigen, parenteral			Transfusion von Plasmabestandteilen und gentechnisch hergestellten Plasmaproteinen: Human-Immunglobulin, spezifisch gegen Hepatitis-B-surface-Antigen [HBsAg]	
		ZE51.01	8-810.q0	2.000 IE bis unter 4.000 IE	1.821,20 €
		ZE51.02	8-810.q1	4.000 IE bis unter 6.000 IE	3.642,40 €
		ZE51.03	8-810.q2	6.000 IE bis unter 8.000 IE	5.463,60 €
		ZE51.04	8-810.q3	8.000 IE bis unter 10.000 IE	7.284,80 €
		ZE51.05	8-810.q4	10.000 IE bis unter 12.000 IE	9.106,00 €
		ZE51.06	8-810.q5	12.000 IE bis unter 14.000 IE	10.927,20 €
		ZE51.07	8-810.q6	14.000 IE bis unter 16.000 IE	12.748,40 €
		ZE51.08	8-810.q7	16.000 IE bis unter 18.000 IE	14.569,60 €
		ZE51.09	8-810.q8	18.000 IE bis unter 20.000 IE	16.390,80 €
		ZE51.10	8-810.q9	20.000 IE bis unter 22.000 IE	18.212,00 €
		ZE51.11	8-810.qa	22.000 IE bis unter 24.000 IE	20.033,20 €
		ZE51.12	8-810.qb	24.000 IE bis unter 28.000 IE	21.854,40 €
		ZE51.13	8-810.qc	28.000 IE bis unter 32.000 IE	25.496,80 €
		ZE51.14	8-810.qd	32.000 IE bis unter 36.000 IE	29.139,20 €
		ZE51.15	8-810.qe	36.000 IE bis unter 40.000 IE	32.781,60 €
		ZE51.16	8-810.qf	40.000 IE bis unter 46.000 IE	36.424,00 €
		ZE51.17	8-810.qg	46.000 IE bis unter 52.000 IE	41.887,60 €
		ZE51.18	8-810.qh	52.000 IE bis unter 58.000 IE	47.351,20 €
		ZE51.19	8-810.qj	58.000 IE bis unter 64.000 IE	52.814,80 €
		ZE51.20		Siehe weitere Differenzierung ZE51.21 bis ZE51.25	
		ZE51.21	8-810.qm	64.000 IE bis unter 76.000 IE	58.278,40 €
		ZE51.22	8-810.qn	76.000 IE bis unter 88.000 IE	69.205,60 €
		ZE51.23	8-810.qp	88.000 IE bis unter 100.000 IE	80.132,80 €
		ZE51.24	8-810.qq	100.000 IE bis unter 112.000 IE	91.060,00 €
		ZE51.25	8-810.qr	112.000 IE oder mehr	101.987,20 €
ZE52	Gabe von Liposomalem Doxorubicin, parenteral			Applikation von Medikamenten, Liste 1: Liposomales Doxorubicin, parenteral	
		ZE52.01[6)]	6-001.b0	10 mg bis unter 20 mg	321,67 €
		ZE52.02[6)]	6-001.b1	20 mg bis unter 30 mg	562,92 €
		ZE52.03	6-001.b2	30 mg bis unter 40 mg	804,18 €
		ZE52.04	6-001.b3	40 mg bis unter 50 mg	1.038,84 €
		ZE52.05	6-001.b4	50 mg bis unter 60 mg	1.286,68 €
		ZE52.06	6-001.b5	60 mg bis unter 70 mg	1.527,94 €
		ZE52.07	6-001.b6	70 mg bis unter 80 mg	1.769,19 €
		ZE52.08	6-001.b7	80 mg bis unter 90 mg	2.010,44 €
		ZE52.09	6-001.b8	90 mg bis unter 100 mg	2.251,69 €
		ZE52.10	6-001.b9	100 mg bis unter 110 mg	2.492,95 €
		ZE52.11	6-001.ba	110 mg bis unter 120 mg	2.734,20 €
		ZE52.12	6-001.bb	120 mg bis unter 140 mg	3.055,87 €
		ZE52.13	6-001.bc	140 mg bis unter 160 mg	3.538,38 €
		ZE52.14	6-001.bd	160 mg bis unter 180 mg	4.020,88 €
		ZE52.15	6-001.be	180 mg bis unter 200 mg	4.503,39 €
		ZE52.16	6-001.bf	200 mg bis unter 220 mg	4.985,90 €
		ZE52.17	6-001.bg	220 mg bis unter 240 mg	5.468,40 €
		ZE52.18	6-001.bh	240 mg bis unter 260 mg	5.950,91 €
		ZE52.19	6-001.bj	260 mg bis unter 280 mg	6.433,41 €
		ZE52.20	6-001.bk	280 mg bis unter 300 mg	6.915,92 €

Zusatzentgelte-Katalog
- Definition und differenzierte Beträge -

ZE	Bezeichnung	ZE_D	OPS Version 2024		Betrag
			OPS-Kode	OPS-Text	
1	2	3	4	5	6
		ZE52.21	6-001.bm	300 mg bis unter 320 mg	7.398,43 €
		ZE52.22		Siehe weitere Differenzierung ZE52.23 bis ZE52.30	
		ZE52.23	6-001.bp	320 mg bis unter 360 mg	8.041,77 €
		ZE52.24	6-001.bq	360 mg bis unter 400 mg	9.006,78 €
		ZE52.25	6-001.br	400 mg bis unter 440 mg	9.971,79 €
		ZE52.26	6-001.bs	440 mg bis unter 480 mg	10.936,80 €
		ZE52.27	6-001.bt	480 mg bis unter 520 mg	11.901,81 €
		ZE52.28	6-001.bu	520 mg bis unter 560 mg	12.866,83 €
		ZE52.29	6-001.bv	560 mg bis unter 600 mg	13.831,84 €
		ZE52.30	6-001.bw	600 mg oder mehr	14.796,85 €
ZE56	Vollimplantierbare Medikamentenpumpe mit konstanter Flussrate		5-028.10	Funktionelle Eingriffe an Schädel, Gehirn und Hirnhäuten: Implantation oder Wechsel einer Medikamentenpumpe zur intraventrikulären Infusion: Vollimplantierbare Medikamentenpumpe mit konstanter Flussrate	siehe Anlage 2
			5-038.40	Operationen am spinalen Liquorsystem: Implantation oder Wechsel einer Medikamentenpumpe zur intrathekalen und/oder epiduralen Infusion: Vollimplantierbare Medikamentenpumpe mit konstanter Flussrate	
ZE58	Hydraulische Penisprothesen		5-649.51	Andere Operationen am Penis: Implantation einer Penisprothese: Hydraulische Prothese	siehe Anlage 2
			5-649.a1	Andere Operationen am Penis: Wechsel einer semirigiden Penisprothese: In eine hydraulische Prothese	
			5-649.b1	Andere Operationen am Penis: Wechsel einer hydraulischen Penisprothese: Vollständig, in eine hydraulische Prothese	
ZE60	Palliativmedizinische Komplexbehandlung	ZE60.01	8-982.1	Palliativmedizinische Komplexbehandlung: Mindestens 7 bis höchstens 13 Behandlungstage	1.367,99 €
		ZE60.02	8-982.2	Palliativmedizinische Komplexbehandlung: Mindestens 14 bis höchstens 20 Behandlungstage	1.367,99 €
		ZE60.03	8-982.3	Palliativmedizinische Komplexbehandlung: Mindestens 21 Behandlungstage	1.502,41 €
ZE61	Lipoprotein-Apherese		8-822	Lipoprotein-Apherese	siehe Anlage 2
ZE62 [1)]	Hämofiltration, intermittierend		8-853.3	Hämofiltration: Intermittierend, Antikoagulation mit Heparin oder ohne Antikoagulation	siehe Anlage 2
			8-853.4	Hämofiltration: Intermittierend, Antikoagulation mit sonstigen Substanzen	
			8-853.5	Hämofiltration: Verlängert intermittierend, Antikoagulation mit Heparin oder ohne Antikoagulation	
			8-853.6	Hämofiltration: Verlängert intermittierend, Antikoagulation mit sonstigen Substanzen	
ZE64	Gabe von Human-Immunglobulin, spezifisch gegen Zytomegalie-Virus, parenteral			Transfusion von Plasmabestandteilen und gentechnisch hergestellten Plasmaproteinen: Human-Immunglobulin, spezifisch gegen Zytomegalie-Virus [CMV]	
		ZE64.01 [4)]	8-810.s0	1,0 g bis unter 2,0 g	371,17 €
		ZE64.02 [4)]	8-810.s1	2,0 g bis unter 3,0 g	649,54 €
		ZE64.03 [4)]	8-810.s2	3,0 g bis unter 5,0 g	1.020,71 €
		ZE64.04	8-810.s3	5,0 g bis unter 7,5 g	1.391,88 €
		ZE64.05	8-810.s4	7,5 g bis unter 10,0 g	2.087,82 €
		ZE64.06	8-810.s5	10,0 g bis unter 12,5 g	2.783,76 €
		ZE64.07	8-810.s6	12,5 g bis unter 15,0 g	3.479,70 €
		ZE64.08	8-810.s7	15,0 g bis unter 20,0 g	4.175,63 €
		ZE64.09	8-810.s8	20,0 g bis unter 25,0 g	5.567,51 €

Zusatzentgelte-Katalog
- Definition und differenzierte Beträge -

ZE	Bezeichnung	ZE_D	OPS Version 2024		Betrag
			OPS-Kode	OPS-Text	
1	2	3	4	5	6
		ZE64.10	8-810.s9	25,0 g bis unter 30,0 g	6.959,39 €
		ZE64.11	8-810.sa	30,0 g bis unter 35,0 g	8.351,27 €
		ZE64.12	8-810.sb	35,0 g bis unter 40,0 g	9.743,15 €
		ZE64.13	8-810.sc	40,0 g bis unter 45,0 g	11.135,02 €
		ZE64.14	8-810.sd	45,0 g bis unter 50,0 g	12.526,90 €
		ZE64.15		Siehe weitere Differenzierung ZE64.16 bis ZE64.24	
		ZE64.16	8-810.sf	50,0 g bis unter 60,0 g	13.918,78 €
		ZE64.17	8-810.sg	60,0 g bis unter 70,0 g	16.702,54 €
		ZE64.18	8-810.sh	70,0 g bis unter 80,0 g	19.486,29 €
		ZE64.19	8-810.sj	80,0 g bis unter 90,0 g	22.270,05 €
		ZE64.20	8-810.sk	90,0 g bis unter 100,0 g	25.053,80 €
		ZE64.21	8-810.sm	100,0 g bis unter 120,0 g	27.837,56 €
		ZE64.22	8-810.sn	120,0 g bis unter 140,0 g	33.405,07 €
		ZE64.23	8-810.sp	140,0 g bis unter 160,0 g	38.972,58 €
		ZE64.24	8-810.sq	160,0 g oder mehr	44.540,10 €
ZE67	Gabe von Human-Immunglobulin, spezifisch gegen Varicella-Zoster-Virus, parenteral			Transfusion von Plasmabestandteilen und gentechnisch hergestellten Plasmaproteinen: Human-Immunglobulin, spezifisch gegen Varicella-Zoster-Virus [VZV]	
		ZE67.01[6)]	8-810.t0	250 IE bis unter 500 IE	369,60 €
		ZE67.02[6)]	8-810.t1	500 IE bis unter 750 IE	646,80 €
		ZE67.03[6)]	8-810.t2	750 IE bis unter 1.000 IE	924,00 €
		ZE67.04	8-810.t3	1.000 IE bis unter 1.500 IE	1.108,80 €
		ZE67.05	8-810.t4	1.500 IE bis unter 2.000 IE	1.663,20 €
		ZE67.06	8-810.t5	2.000 IE bis unter 2.500 IE	2.217,60 €
		ZE67.07	8-810.t6	2.500 IE bis unter 3.000 IE	2.772,00 €
		ZE67.08	8-810.t7	3.000 IE bis unter 3.500 IE	3.326,40 €
		ZE67.09	8-810.t8	3.500 IE bis unter 4.000 IE	3.880,80 €
		ZE67.10	8-810.t9	4.000 IE bis unter 5.000 IE	4.435,20 €
		ZE67.11	8-810.ta	5.000 IE bis unter 6.000 IE	5.544,00 €
		ZE67.12	8-810.tb	6.000 IE bis unter 7.000 IE	6.652,80 €
		ZE67.13	8-810.tc	7.000 IE bis unter 8.000 IE	7.761,60 €
		ZE67.14	8-810.td	8.000 IE oder mehr	8.870,40 €
ZE70	Gabe von C1-Esteraseinhibitor, parenteral			Transfusion von Plasmabestandteilen und gentechnisch hergestellten Plasmaproteinen: C1-Esteraseinhibitor	
		ZE70.01	8-810.h3	500 Einheiten bis unter 1.000 Einheiten	802,60 €
		ZE70.02	8-810.h4	1.000 Einheiten bis unter 1.500 Einheiten	1.605,20 €
		ZE70.03	8-810.h5	1.500 Einheiten bis unter 2.000 Einheiten	2.407,80 €
		ZE70.04	8-810.h6	2.000 Einheiten bis unter 2.500 Einheiten	3.210,40 €
		ZE70.05	8-810.h7	2.500 Einheiten bis unter 3.000 Einheiten	4.013,00 €
		ZE70.06	8-810.h8	3.000 Einheiten bis unter 4.000 Einheiten	5.216,90 €
		ZE70.07	8-810.h9	4.000 Einheiten bis unter 5.000 Einheiten	6.822,10 €
		ZE70.08	8-810.ha	5.000 Einheiten bis unter 6.000 Einheiten	8.427,30 €
		ZE70.09	8-810.hb	6.000 Einheiten bis unter 7.000 Einheiten	10.032,50 €
		ZE70.10	8-810.hc	7.000 Einheiten bis unter 9.000 Einheiten	12.306,53 €
		ZE70.11	8-810.hd	9.000 Einheiten bis unter 11.000 Einheiten	15.516,93 €
		ZE70.12	8-810.he	11.000 oder mehr Einheiten	18.727,33 €
ZE72	Gabe von Pegyliertem liposomalen Doxorubicin, parenteral			Applikation von Medikamenten, Liste 2: Pegyliertes liposomales Doxorubicin, parenteral	
		ZE72.01[6)]	6-002.80	10 mg bis unter 20 mg	384,63 €
		ZE72.02[6)]	6-002.81	20 mg bis unter 30 mg	673,09 €
		ZE72.03	6-002.82	30 mg bis unter 40 mg	961,56 €
		ZE72.04	6-002.83	40 mg bis unter 50 mg	1.250,03 €
		ZE72.05	6-002.84	50 mg bis unter 60 mg	1.538,50 €
		ZE72.06	6-002.85	60 mg bis unter 70 mg	1.826,97 €
		ZE72.07	6-002.86	70 mg bis unter 80 mg	2.115,44 €
		ZE72.08	6-002.87	80 mg bis unter 90 mg	2.403,91 €

Zusatzentgelte-Katalog
- Definition und differenzierte Beträge -

ZE	Bezeichnung	ZE$_D$	OPS Version 2024		Betrag
			OPS-Kode	OPS-Text	
1	2	3	4	5	6
		ZE72.09	6-002.88	90 mg bis unter 100 mg	2.692,38 €
		ZE72.10	6-002.89	100 mg bis unter 110 mg	2.980,85 €
		ZE72.11	6-002.8a	110 mg bis unter 120 mg	3.269,32 €
		ZE72.12	6-002.8b	120 mg bis unter 140 mg	3.653,94 €
		ZE72.13	6-002.8c	140 mg bis unter 160 mg	4.230,88 €
		ZE72.14	6-002.8d	160 mg bis unter 180 mg	4.807,82 €
		ZE72.15	6-002.8e	180 mg bis unter 200 mg	5.384,75 €
		ZE72.16	6-002.8f	200 mg bis unter 220 mg	5.961,69 €
		ZE72.17	6-002.8g	220 mg bis unter 240 mg	6.538,63 €
		ZE72.18		Siehe weitere Differenzierung ZE72.19 bis ZE72.30	
		ZE72.19	6-002.8j	240 mg bis unter 260 mg	7.115,57 €
		ZE72.20	6-002.8k	260 mg bis unter 280 mg	7.692,51 €
		ZE72.21	6-002.8m	280 mg bis unter 300 mg	8.269,44 €
		ZE72.22	6-002.8n	300 mg bis unter 320 mg	8.846,38 €
		ZE72.23	6-002.8p	320 mg bis unter 360 mg	9.615,63 €
		ZE72.24	6-002.8q	360 mg bis unter 400 mg	10.769,51 €
		ZE72.25	6-002.8r	400 mg bis unter 440 mg	11.923,39 €
		ZE72.26	6-002.8s	440 mg bis unter 480 mg	13.077,26 €
		ZE72.27	6-002.8t	480 mg bis unter 520 mg	14.231,14 €
		ZE72.28	6-002.8u	520 mg bis unter 560 mg	15.385,01 €
		ZE72.29	6-002.8v	560 mg bis unter 600 mg	16.538,89 €
		ZE72.30	6-002.8w	600 mg oder mehr	17.692,77 €
ZE78	Gabe von Temozolomid, oral			Applikation von Medikamenten, Liste 2: Temozolomid, oral	
		ZE78.01[4)]	6-002.e0	200 mg bis unter 350 mg	29,95 €
		ZE78.02[4)]	6-002.e1	350 mg bis unter 500 mg	47,92 €
		ZE78.03[4)]	6-002.e2	500 mg bis unter 750 mg	69,88 €
		ZE78.04[4)]	6-002.e3	750 mg bis unter 1.000 mg	99,83 €
		ZE78.05	6-002.e4	1.000 mg bis unter 1.250 mg	129,78 €
		ZE78.06	6-002.e5	1.250 mg bis unter 1.500 mg	159,73 €
		ZE78.07	6-002.e6	1.500 mg bis unter 1.750 mg	189,17 €
		ZE78.08	6-002.e7	1.750 mg bis unter 2.000 mg	219,63 €
		ZE78.09	6-002.e8	2.000 mg bis unter 2.250 mg	249,58 €
		ZE78.10	6-002.e9	2.250 mg bis unter 2.500 mg	279,53 €
		ZE78.11	6-002.ea	2.500 mg bis unter 2.750 mg	309,48 €
		ZE78.12	6-002.eb	2.750 mg bis unter 3.000 mg	339,43 €
		ZE78.13	6-002.ec	3.000 mg bis unter 3.500 mg	379,37 €
		ZE78.14	6-002.ed	3.500 mg bis unter 4.000 mg	439,27 €
		ZE78.15	6-002.ee	4.000 mg bis unter 4.500 mg	499,17 €
		ZE78.16	6-002.ef	4.500 mg bis unter 5.000 mg	559,07 €
		ZE78.17	6-002.eg	5.000 mg bis unter 5.500 mg	618,97 €
		ZE78.18	6-002.eh	5.500 mg bis unter 6.000 mg	678,87 €
		ZE78.19	6-002.ej	6.000 mg bis unter 7.000 mg	758,73 €
		ZE78.20	6-002.ek	7.000 mg oder mehr	878,53 €
ZE93	Gabe von Human-Immunglobulin, polyvalent, parenteral			Transfusion von Plasmabestandteilen und gentechnisch hergestellten Plasmaproteinen: Human-Immunglobulin, polyvalent	
		ZE93.01[6)]	8-810.w0	2,5 g bis unter 5 g	201,31 €
		ZE93.02[6)]	8-810.w1	5 g bis unter 10 g	402,62 €
		ZE93.03	8-810.w2	10 g bis unter 15 g	621,45 €
		ZE93.04	8-810.w3	15 g bis unter 25 g	1.107,21 €
		ZE93.05	8-810.w4	25 g bis unter 35 g	1.711,15 €
		ZE93.06	8-810.w5	35 g bis unter 45 g	2.315,08 €
		ZE93.07	8-810.w6	45 g bis unter 55 g	2.919,02 €
		ZE93.08	8-810.w7	55 g bis unter 65 g	3.522,95 €
		ZE93.09	8-810.w8	65 g bis unter 75 g	4.126,89 €
		ZE93.10	8-810.w9	75 g bis unter 85 g	4.730,82 €
		ZE93.11	8-810.wa	85 g bis unter 105 g	5.536,07 €

Zusatzentgelte-Katalog
- Definition und differenzierte Beträge -

ZE	Bezeichnung	ZE_D	OPS Version 2024		Betrag
			OPS-Kode	OPS-Text	
1	2	3	4	5	6
		ZE93.12	8-810.wb	105 g bis unter 125 g	6.743,94 €
		ZE93.13	8-810.wc	125 g bis unter 145 g	7.951,81 €
		ZE93.14	8-810.wd	145 g bis unter 165 g	9.159,68 €
		ZE93.15	8-810.we	165 g bis unter 185 g	10.367,55 €
		ZE93.16	8-810.wf	185 g bis unter 205 g	11.575,42 €
		ZE93.17	8-810.wg	205 g bis unter 225 g	12.783,29 €
		ZE93.18	8-810.wh	225 g bis unter 245 g	13.991,16 €
		ZE93.19	8-810.wj	245 g bis unter 285 g	15.601,65 €
		ZE93.20	8-810.wk	285 g bis unter 325 g	18.017,39 €
		ZE93.21	8-810.wm	325 g bis unter 365 g	20.433,13 €
		ZE93.22	8-810.wn	365 g bis unter 445 g	23.654,12 €
		ZE93.23	8-810.wp	445 g bis unter 525 g	29.290,85 €
		ZE93.24	8-810.wq	525 g bis unter 605 g	34.122,33 €
		ZE93.25	8-810.wr	605 g bis unter 685 g	38.953,81 €
		ZE93.26	8-810.ws	685 g bis unter 765 g	43.785,29 €
		ZE93.27	8-810.wt	765 g bis unter 845 g	48.616,77 €
		ZE93.28	8-810.wu	845 g oder mehr	53.448,25 €
ZE96	Gabe von Carmustin, Implantat, intrathekal			Applikation von Medikamenten, Liste 3: Carmustin, Implantat, intrathekal	
		ZE96.01	6-003.30	4 Implantate bis unter 7 Implantate	7.798,35 €
		ZE96.02	6-003.31	7 Implantate bis unter 10 Implantate	12.477,35 €
		ZE96.03	6-003.32	10 oder mehr Implantate	17.156,36 €
ZE98	Gabe von Palivizumab, parenteral			Applikation von Medikamenten, Liste 4: Palivizumab, parenteral	
		ZE98.01[3)]	6-004.00	15 mg bis unter 30 mg	254,48 €
		ZE98.02[3)]	6-004.01	30 mg bis unter 45 mg	445,34 €
		ZE98.03[3)]	6-004.02	45 mg bis unter 60 mg	636,20 €
		ZE98.04[3)]	6-004.03	60 mg bis unter 75 mg	827,06 €
		ZE98.05[3)]	6-004.04	75 mg bis unter 90 mg	1.017,92 €
		ZE98.06[3)]	6-004.05	90 mg bis unter 120 mg	1.272,40 €
		ZE98.07[3)]	6-004.06	120 mg bis unter 150 mg	1.654,12 €
		ZE98.08[3)]	6-004.07	150 mg bis unter 180 mg	2.035,84 €
		ZE98.09[3)]	6-004.08	180 mg bis unter 240 mg	2.544,80 €
		ZE98.10[3)]	6-004.09	240 mg bis unter 300 mg	3.308,24 €
		ZE98.11[3)]	6-004.0a	300 mg bis unter 360 mg	4.071,68 €
		ZE98.12[3)]	6-004.0b	360 mg bis unter 420 mg	4.835,12 €
		ZE98.13[3)]	6-004.0c	420 mg bis unter 480 mg	5.598,56 €
		ZE98.14[3)]	6-004.0d	480 mg bis unter 540 mg	6.362,00 €
		ZE98.15[3)]	6-004.0e	540 mg bis unter 600 mg	7.125,44 €
		ZE98.16[3)]	6-004.0f	600 mg oder mehr	7.888,88 €
ZE100	Implantation eines endobronchialen Klappensystems			Implantation oder Wechsel eines endobronchialen Klappensystems, endoskopisch	
		ZE100.01	5-339.50	1 Ventil	1.391,79 €
		ZE100.02	5-339.51	2 Ventile	2.783,58 €
		ZE100.03	5-339.52	3 Ventile	4.175,37 €
		ZE100.04	5-339.53	4 Ventile	5.567,16 €
		ZE100.05		Siehe weitere Differenzierung ZE100.06 bis ZE100.09	
		ZE100.06	5-339.55	5 Ventile	6.958,95 €
		ZE100.07	5-339.56	6 Ventile	8.350,74 €
		ZE100.08	5-339.57	7 Ventile	9.742,53 €
		ZE100.09	5-339.58	8 oder mehr Ventile	11.134,32 €

Zusatzentgelte-Katalog
- Definition und differenzierte Beträge -

ZE	Bezeichnung	ZE_D	OPS Version 2024		Betrag
			OPS-Kode	OPS-Text	
1	2	3	4	5	6
ZE101	Medikamente-freisetzende Koronarstents	ZE101.01	8-837.m0	Perkutan-transluminale Gefäßintervention an Herz und Koronargefäßen: Einlegen eines medikamentefreisetzenden Stents: Ein Stent in eine Koronararterie	39,89 €
			8-83d.20	Andere perkutan-transluminale Gefäßintervention an Herz und Koronargefäßen: Einlegen eines medikamentefreisetzenden selbstexpandierenden Stents: Ein selbstexpandierender Stent in eine Koronararterie	
		ZE101.02	8-837.m1	Perkutan-transluminale Gefäßintervention an Herz und Koronargefäßen: Einlegen eines medikamentefreisetzenden Stents: 2 Stents in eine Koronararterie	79,78 €
			8-837.m2	Perkutan-transluminale Gefäßintervention an Herz und Koronargefäßen: Einlegen eines medikamentefreisetzenden Stents: 2 Stents in mehrere Koronararterien	
			8-83d.21	Andere perkutan-transluminale Gefäßintervention an Herz und Koronargefäßen: Einlegen eines medikamentefreisetzenden selbstexpandierenden Stents: 2 selbstexpandierende Stents in eine Koronararterie	
			8-83d.22	Andere perkutan-transluminale Gefäßintervention an Herz und Koronargefäßen: Einlegen eines medikamentefreisetzenden selbstexpandierenden Stents: 2 selbstexpandierende Stents in mehrere Koronararterien	
		ZE101.03	8-837.m3	Perkutan-transluminale Gefäßintervention an Herz und Koronargefäßen: Einlegen eines medikamentefreisetzenden Stents: 3 Stents in eine Koronararterie	119,67 €
			8-837.m4	Perkutan-transluminale Gefäßintervention an Herz und Koronargefäßen: Einlegen eines medikamentefreisetzenden Stents: 3 Stents in mehrere Koronararterien	
			8-83d.23	Andere perkutan-transluminale Gefäßintervention an Herz und Koronargefäßen: Einlegen eines medikamentefreisetzenden selbstexpandierenden Stents: 3 selbstexpandierende Stents in eine Koronararterie	
			8-83d.24	Andere perkutan-transluminale Gefäßintervention an Herz und Koronargefäßen: Einlegen eines medikamentefreisetzenden selbstexpandierenden Stents: 3 selbstexpandierende Stents in mehrere Koronararterien	

Zusatzentgelte-Katalog
- Definition und differenzierte Beträge -

ZE	Bezeichnung	ZE$_D$	OPS Version 2024		Betrag
			OPS-Kode	OPS-Text	
1	2	3	4	5	6
		ZE101.04	8-837.m5	Perkutan-transluminale Gefäßintervention an Herz und Koronargefäßen: Einlegen eines medikamentefreisetzenden Stents: 4 Stents in eine Koronararterie	159,56 €
			8-837.m6	Perkutan-transluminale Gefäßintervention an Herz und Koronargefäßen: Einlegen eines medikamentefreisetzenden Stents: 4 Stents in mehrere Koronararterien	
			8-83d.25	Andere perkutan-transluminale Gefäßintervention an Herz und Koronargefäßen: Einlegen eines medikamentefreisetzenden selbstexpandierenden Stents: 4 selbstexpandierende Stents in eine Koronararterie	
			8-83d.26	Andere perkutan-transluminale Gefäßintervention an Herz und Koronargefäßen: Einlegen eines medikamentefreisetzenden selbstexpandierenden Stents: 4 selbstexpandierende Stents in mehrere Koronararterien	
		ZE101.05	8-837.m7	Perkutan-transluminale Gefäßintervention an Herz und Koronargefäßen: Einlegen eines medikamentefreisetzenden Stents: 5 Stents in eine Koronararterie	199,45 €
			8-837.m8	Perkutan-transluminale Gefäßintervention an Herz und Koronargefäßen: Einlegen eines medikamentefreisetzenden Stents: 5 Stents in mehrere Koronararterien	
			8-83d.27	Andere perkutan-transluminale Gefäßintervention an Herz und Koronargefäßen: Einlegen eines medikamentefreisetzenden selbstexpandierenden Stents: 5 selbstexpandierende Stents in eine Koronararterie	
			8-83d.28	Andere perkutan-transluminale Gefäßintervention an Herz und Koronargefäßen: Einlegen eines medikamentefreisetzenden selbstexpandierenden Stents: 5 selbstexpandierende Stents in mehrere Koronararterien	
		ZE101.06	8-837.m9	Perkutan-transluminale Gefäßintervention an Herz und Koronargefäßen: Einlegen eines medikamentefreisetzenden Stents: Mindestens 6 Stents in eine Koronararterie	239,34 €
			8-837.ma	Perkutan-transluminale Gefäßintervention an Herz und Koronargefäßen: Einlegen eines medikamentefreisetzenden Stents: Mindestens 6 Stents in mehrere Koronararterien	
			8-83d.29	Andere perkutan-transluminale Gefäßintervention an Herz und Koronargefäßen: Einlegen eines medikamentefreisetzenden selbstexpandierenden Stents: Mindestens 6 selbstexpandierende Stents in eine Koronararterie	
			8-83d.2a	Andere perkutan-transluminale Gefäßintervention an Herz und Koronargefäßen: Einlegen eines medikamentefreisetzenden selbstexpandierenden Stents: Mindestens 6 selbstexpandierende Stents in mehrere Koronararterien	

Zusatzentgelte-Katalog
- Definition und differenzierte Beträge -

ZE	Bezeichnung	ZE$_D$	OPS Version 2024		Betrag
			OPS-Kode	OPS-Text	
1	2	3	4	5	6
ZE105 [2), 7)]	Selektive Embolisation mit Metallspiralen (Coils) an Kopf, Hals (intra- und extrakraniell) und spinalen Gefäßen oder mit großlumigem Gefäßverschlusskörper		8-836.m0	(Perkutan-)transluminale Gefäßintervention: Selektive Embolisation mit Metallspiralen: Gefäße intrakraniell	
			8-836.m1	(Perkutan-)transluminale Gefäßintervention: Selektive Embolisation mit Metallspiralen: Gefäße Kopf extrakraniell und Hals	
			8-836.mf	(Perkutan-)transluminale Gefäßintervention: Selektive Embolisation mit Metallspiralen: Gefäße spinal	
			8-83b.34	Zusatzinformationen zu Materialien: Art der Metall- oder Mikrospiralen zur selektiven Embolisation: Nicht gecoverter großlumiger Gefäßverschlusskörper [Vascular Plug]	
			8-83b.35	Zusatzinformationen zu Materialien: Art der Metall- oder Mikrospiralen zur selektiven Embolisation: Großvolumige Metallspiralen [Volumencoils]	
			8-83b.38	Zusatzinformationen zu Materialien: Art der Metall- oder Mikrospiralen zur selektiven Embolisation: Gecoverter großlumiger Gefäßverschlusskörper [Vascular Plug]	
		ZE105.01	8-836.n1	1 Metallspirale	215,51 €
		ZE105.02	8-836.n2	2 Metallspiralen	431,02 €
		ZE105.03	8-836.n3	3 Metallspiralen	646,53 €
		ZE105.04	8-836.n4	4 Metallspiralen	862,04 €
		ZE105.05	8-836.n5	5 Metallspiralen	1.077,55 €
		ZE105.06	8-836.n6	6 Metallspiralen	1.293,06 €
		ZE105.07	8-836.n7	7 Metallspiralen	1.508,57 €
		ZE105.08	8-836.n8	8 Metallspiralen	1.724,08 €
		ZE105.09	8-836.n9	9 Metallspiralen	1.939,59 €
		ZE105.10	8-836.na	10 Metallspiralen	2.155,10 €
		ZE105.11	8-836.nb	11 Metallspiralen	2.370,61 €
		ZE105.12	8-836.nc	12 Metallspiralen	2.586,12 €
		ZE105.13	8-836.nd	13 Metallspiralen	2.801,63 €
		ZE105.14	8-836.ne	14 Metallspiralen	3.017,14 €
		ZE105.15	8-836.nf	15 Metallspiralen	3.232,65 €
		ZE105.16	8-836.ng	16 Metallspiralen	3.448,16 €
		ZE105.17	8-836.nh	17 Metallspiralen	3.663,67 €
		ZE105.18	8-836.nj	18 Metallspiralen	3.879,18 €
		ZE105.19	8-836.nk	19 Metallspiralen	4.094,69 €
		ZE105.20	8-836.nm	20 Metallspiralen	4.310,20 €
		ZE105.21		Siehe weitere Differenzierung ZE105.22 bis ZE105.29	
		ZE105.22	8-836.np	21 Metallspiralen	4.525,71 €
		ZE105.23	8-836.nq	22 Metallspiralen	4.741,22 €
		ZE105.24	8-836.nr	23 Metallspiralen	4.956,73 €
		ZE105.25	8-836.ns	24 Metallspiralen	5.172,24 €
		ZE105.26	8-836.nt	25 Metallspiralen	5.387,75 €
		ZE105.27	8-836.nu	26 Metallspiralen	5.603,26 €
		ZE105.28	8-836.nv	27 Metallspiralen	5.818,77 €
		ZE105.29		Siehe weitere Differenzierung ZE105.30 bis ZE105.45	
		ZE105.30	8-83c.j0	28 Metallspiralen	6.034,28 €
		ZE105.31	8-83c.j1	29 bis 31 Metallspiralen	6.465,30 €
		ZE105.32	8-83c.j2	32 bis 34 Metallspiralen	7.111,83 €
		ZE105.33	8-83c.j3	35 bis 37 Metallspiralen	7.758,36 €
		ZE105.34	8-83c.j4	38 bis 40 Metallspiralen	8.404,89 €
		ZE105.35	8-83c.j5	41 bis 45 Metallspiralen	9.266,93 €
		ZE105.36	8-83c.j6	46 bis 50 Metallspiralen	10.344,48 €
		ZE105.37	8-83c.j7	51 bis 55 Metallspiralen	11.422,03 €

Zusatzentgelte-Katalog
- Definition und differenzierte Beträge -

ZE	Bezeichnung	ZE$_D$	OPS Version 2024		Betrag
			OPS-Kode	OPS-Text	
1	2	3	4	5	6
		ZE105.38	8-83c.j8	56 bis 60 Metallspiralen	12.499,58 €
		ZE105.39	8-83c.j9	61 bis 65 Metallspiralen	13.577,13 €
		ZE105.40	8-83c.ja	66 bis 70 Metallspiralen	14.654,68 €
		ZE105.41	8-83c.jb	71 bis 80 Metallspiralen	15.947,74 €
		ZE105.42	8-83c.jc	81 bis 90 Metallspiralen	18.102,84 €
		ZE105.43	8-83c.jd	91 bis 120 Metallspiralen	21.551,00 €
		ZE105.44	8-83c.je	121 bis 150 Metallspiralen	28.231,81 €
		ZE105.45	8-83c.jf	151 oder mehr Metallspiralen	32.542,01 €
ZE106 [2), 7)]	Selektive Embolisation mit Metallspiralen (Coils), andere Lokalisationen		8-836.m2	(Perkutan-)transluminale Gefäßintervention: Selektive Embolisation mit Metallspiralen: Gefäße Schulter und Oberarm	
			8-836.m3	(Perkutan-)transluminale Gefäßintervention: Selektive Embolisation mit Metallspiralen: Gefäße Unterarm	
			8-836.m4	(Perkutan-)transluminale Gefäßintervention: Selektive Embolisation mit Metallspiralen: Aorta	
			8-836.m5	(Perkutan-)transluminale Gefäßintervention: Selektive Embolisation mit Metallspiralen: Aortenisthmus	
			8-836.m6	(Perkutan-)transluminale Gefäßintervention: Selektive Embolisation mit Metallspiralen: Ductus arteriosus apertus	
			8-836.m7	(Perkutan-)transluminale Gefäßintervention: Selektive Embolisation mit Metallspiralen: V. cava	
			8-836.m8	(Perkutan-)transluminale Gefäßintervention: Selektive Embolisation mit Metallspiralen: Andere Gefäße thorakal	
			8-836.ma	(Perkutan-)transluminale Gefäßintervention: Selektive Embolisation mit Metallspiralen: Gefäße viszeral	
			8-836.mc	(Perkutan-)transluminale Gefäßintervention: Selektive Embolisation mit Metallspiralen: Gefäße Unterschenkel	
			8-836.md	(Perkutan-)transluminale Gefäßintervention: Selektive Embolisation mit Metallspiralen: Gefäßmalformationen	
			8-836.me	(Perkutan-)transluminale Gefäßintervention: Selektive Embolisation mit Metallspiralen: Künstliche Gefäße	
			8-836.mg	(Perkutan-)transluminale Gefäßintervention: Selektive Embolisation mit Metallspiralen: V. portae	
			8-836.mh	(Perkutan-)transluminale Gefäßintervention: Selektive Embolisation mit Metallspiralen: Andere Arterien abdominal und pelvin	
			8-836.mj	(Perkutan-)transluminale Gefäßintervention: Selektive Embolisation mit Metallspiralen: Andere Venen abdominal und pelvin	
			8-836.mk	(Perkutan-)transluminale Gefäßintervention: Selektive Embolisation mit Metallspiralen: Arterien Oberschenkel	
			8-836.mm	(Perkutan-)transluminale Gefäßintervention: Selektive Embolisation mit Metallspiralen: Venen Oberschenkel	
			8-836.mx	(Perkutan-)transluminale Gefäßintervention: Selektive Embolisation mit Metallspiralen: Sonstige	

Zusatzentgelte-Katalog
- Definition und differenzierte Beträge -

ZE	Bezeichnung	ZE_D	OPS Version 2024		Betrag
			OPS-Kode	OPS-Text	
1	2	3	4	5	6
			8-838.90	(Perkutan-)transluminale Gefäßintervention an Gefäßen des Lungenkreislaufes: Selektive Embolisation mit Partikeln oder Metallspiralen: Pulmonalarterie	
			8-838.91	(Perkutan-)transluminale Gefäßintervention an Gefäßen des Lungenkreislaufes: Selektive Embolisation mit Partikeln oder Metallspiralen: Pulmonalvene	
			8-838.92	(Perkutan-)transluminale Gefäßintervention an Gefäßen des Lungenkreislaufes: Selektive Embolisation mit Partikeln oder Metallspiralen: Aortopulmonale Kollateralgefäße (MAPCA)	
			8-838.93	(Perkutan-)transluminale Gefäßintervention an Gefäßen des Lungenkreislaufes: Selektive Embolisation mit Partikeln oder Metallspiralen: Gefäßmalformationen	
			8-838.94	(Perkutan-)transluminale Gefäßintervention an Gefäßen des Lungenkreislaufes: Selektive Embolisation mit Partikeln oder Metallspiralen: Künstliche aortopulmonale Shunts	
			8-838.95	(Perkutan-)transluminale Gefäßintervention an Gefäßen des Lungenkreislaufes: Selektive Embolisation mit Partikeln oder Metallspiralen: Künstliche Gefäße	
			8-838.9x	(Perkutan-)transluminale Gefäßintervention an Gefäßen des Lungenkreislaufes: Selektive Embolisation mit Partikeln oder Metallspiralen: Sonstige	
		ZE106.01	8-836.n1	1 Metallspirale	48,67 €
		ZE106.02	8-836.n2	2 Metallspiralen	97,34 €
		ZE106.03	8-836.n3	3 Metallspiralen	146,01 €
		ZE106.04	8-836.n4	4 Metallspiralen	194,68 €
		ZE106.05	8-836.n5	5 Metallspiralen	243,35 €
		ZE106.06	8-836.n6	6 Metallspiralen	292,02 €
		ZE106.07	8-836.n7	7 Metallspiralen	340,69 €
		ZE106.08	8-836.n8	8 Metallspiralen	389,36 €
		ZE106.09	8-836.n9	9 Metallspiralen	438,03 €
		ZE106.10	8-836.na	10 Metallspiralen	486,70 €
		ZE106.11	8-836.nb	11 Metallspiralen	535,37 €
		ZE106.12	8-836.nc	12 Metallspiralen	584,04 €
		ZE106.13	8-836.nd	13 Metallspiralen	632,71 €
		ZE106.14	8-836.ne	14 Metallspiralen	681,38 €
		ZE106.15	8-836.nf	15 Metallspiralen	730,05 €
		ZE106.16	8-836.ng	16 Metallspiralen	778,72 €
		ZE106.17	8-836.nh	17 Metallspiralen	827,39 €
		ZE106.18	8-836.nj	18 Metallspiralen	876,06 €
		ZE106.19	8-836.nk	19 Metallspiralen	924,73 €
		ZE106.20	8-836.nm	20 Metallspiralen	973,40 €
		ZE106.21		Siehe weitere Differenzierung ZE106.22 bis ZE106.29	
		ZE106.22	8-836.np	21 Metallspiralen	1.022,07 €
		ZE106.23	8-836.nq	22 Metallspiralen	1.070,74 €
		ZE106.24	8-836.nr	23 Metallspiralen	1.119,41 €
		ZE106.25	8-836.ns	24 Metallspiralen	1.168,08 €
		ZE106.26	8-836.nt	25 Metallspiralen	1.216,75 €
		ZE106.27	8-836.nu	26 Metallspiralen	1.265,42 €
		ZE106.28	8-836.nv	27 Metallspiralen	1.314,09 €

Zusatzentgelte-Katalog
- Definition und differenzierte Beträge -

ZE	Bezeichnung	ZE_D	OPS Version 2024		Betrag
			OPS-Kode	OPS-Text	
1	2	3	4	5	6
		ZE106.29		Siehe weitere Differenzierung ZE106.30 bis ZE106.45	
		ZE106.30	8-83c.j0	28 Metallspiralen	1.362,76 €
		ZE106.31	8-83c.j1	29 bis 31 Metallspiralen	1.460,10 €
		ZE106.32	8-83c.j2	32 bis 34 Metallspiralen	1.606,11 €
		ZE106.33	8-83c.j3	35 bis 37 Metallspiralen	1.752,12 €
		ZE106.34	8-83c.j4	38 bis 40 Metallspiralen	1.898,13 €
		ZE106.35	8-83c.j5	41 bis 45 Metallspiralen	2.092,81 €
		ZE106.36	8-83c.j6	46 bis 50 Metallspiralen	2.336,16 €
		ZE106.37	8-83c.j7	51 bis 55 Metallspiralen	2.579,51 €
		ZE106.38	8-83c.j8	56 bis 60 Metallspiralen	2.822,86 €
		ZE106.39	8-83c.j9	61 bis 65 Metallspiralen	3.066,21 €
		ZE106.40	8-83c.ja	66 bis 70 Metallspiralen	3.309,56 €
		ZE106.41	8-83c.jb	71 bis 80 Metallspiralen	3.601,58 €
		ZE106.42	8-83c.jc	81 bis 90 Metallspiralen	4.088,28 €
		ZE106.43	8-83c.jd	91 bis 120 Metallspiralen	4.867,00 €
		ZE106.44	8-83c.je	121 bis 150 Metallspiralen	6.375,77 €
		ZE106.45	8-83c.jf	151 oder mehr Metallspiralen	7.349,17 €
ZE107	Gabe von Erythrozytenkonzentraten			Transfusion von Vollblut, Erythrozytenkonzentrat und Thrombozytenkonzentrat: Erythrozytenkonzentrat	
		ZE107.01[6)]	8-800.c1	6 TE bis unter 11 TE	708,13 €
		ZE107.02[6)]	8-800.c2	11 TE bis unter 16 TE	1.169,95 €
		ZE107.03	8-800.c3	16 TE bis unter 24 TE	1.724,14 €
		ZE107.04	8-800.c4	24 TE bis unter 32 TE	2.463,06 €
		ZE107.05	8-800.c5	32 TE bis unter 40 TE	3.201,97 €
		ZE107.06	8-800.c6	40 TE bis unter 48 TE	3.940,89 €
		ZE107.07	8-800.c7	48 TE bis unter 56 TE	4.679,81 €
		ZE107.08	8-800.c8	56 TE bis unter 64 TE	5.418,72 €
		ZE107.09	8-800.c9	64 TE bis unter 72 TE	6.157,64 €
		ZE107.10	8-800.ca	72 TE bis unter 80 TE	6.896,56 €
		ZE107.11	8-800.cb	80 TE bis unter 88 TE	7.635,47 €
		ZE107.12	8-800.cc	88 TE bis unter 104 TE	8.620,70 €
		ZE107.13	8-800.cd	104 TE bis unter 120 TE	10.098,53 €
		ZE107.14	8-800.ce	120 TE bis unter 136 TE	11.576,36 €
		ZE107.15	8-800.cf	136 TE bis unter 152 TE	13.054,20 €
		ZE107.16	8-800.cg	152 TE bis unter 168 TE	14.532,03 €
		ZE107.17	8-800.ch	168 TE bis unter 184 TE	16.009,86 €
		ZE107.18	8-800.cj	184 TE bis unter 200 TE	17.487,70 €
		ZE107.19	8-800.ck	200 TE bis unter 216 TE	18.965,53 €
		ZE107.20	8-800.cm	216 TE bis unter 232 TE	20.443,36 €
		ZE107.21	8-800.cn	232 TE bis unter 248 TE	21.921,20 €
		ZE107.22	8-800.cp	248 TE bis unter 264 TE	23.399,03 €
		ZE107.23	8-800.cq	264 TE bis unter 280 TE	24.876,87 €
		ZE107.24	8-800.cr	280 TE oder mehr	26.354,70 €
ZE108	Gabe von patientenbezogenen Thrombozyten-konzentraten			Transfusion von Vollblut, Erythrozytenkonzentrat und Thrombozytenkonzentrat: Patientenbezogene Thrombozytenkonzentrate	
		ZE108.01	8-800.60	1 patientenbezogenes Thrombozytenkonzentrat	417,29 €
			8-800.p0	1 pathogeninaktiviertes patientenbezogenes Thrombozytenkonzentrat	
		ZE108.02	8-800.61	2 patientenbezogene Thrombozytenkonzentrate	834,59 €
			8-800.p1	2 pathogeninaktivierte patientenbezogene Thrombozytenkonzentrate	
		ZE108.03	8-800.62	3 bis unter 5 patientenbezogene Thrombozytenkonzentrate	1.460,53 €
			8-800.p2	3 bis unter 5 pathogeninaktivierte patientenbezogene Thrombozytenkonzentrate	

Zusatzentgelte-Katalog
- Definition und differenzierte Beträge -

ZE	Bezeichnung	ZE_D	OPS Version 2024		Betrag
			OPS-Kode	OPS-Text	
1	2	3	4	5	6
		ZE108.04	8-800.63	5 bis unter 7 patientenbezogene Thrombozytenkonzentrate	2.278,42 €
			8-800.p3	5 bis unter 7 pathogeninaktivierte patientenbezogene Thrombozytenkonzentrate	
		ZE108.05	8-800.64	7 bis unter 9 patientenbezogene Thrombozytenkonzentrate	3.083,80 €
			8-800.p4	7 bis unter 9 pathogeninaktivierte patientenbezogene Thrombozytenkonzentrate	
		ZE108.06	8-800.65	9 bis unter 11 patientenbezogene Thrombozytenkonzentrate	3.964,28 €
			8-800.p5	9 bis unter 11 pathogeninaktivierte patientenbezogene Thrombozytenkonzentrate	
		ZE108.07	8-800.66	11 bis unter 13 patientenbezogene Thrombozytenkonzentrate	4.798,87 €
			8-800.p6	11 bis unter 13 pathogeninaktivierte patientenbezogene Thrombozytenkonzentrate	
		ZE108.08	8-800.67	13 bis unter 15 patientenbezogene Thrombozytenkonzentrate	5.633,46 €
			8-800.p7	13 bis unter 15 pathogeninaktivierte patientenbezogene Thrombozytenkonzentrate	
		ZE108.09	8-800.68	15 bis unter 17 patientenbezogene Thrombozytenkonzentrate	6.468,04 €
			8-800.p8	15 bis unter 17 pathogeninaktivierte patientenbezogene Thrombozytenkonzentrate	
		ZE108.10	8-800.69	17 bis unter 19 patientenbezogene Thrombozytenkonzentrate	7.302,63 €
			8-800.p9	17 bis unter 19 pathogeninaktivierte patientenbezogene Thrombozytenkonzentrate	
		ZE108.11	8-800.6a	19 bis unter 23 patientenbezogene Thrombozytenkonzentrate	8.345,86 €
			8-800.pa	19 bis unter 23 pathogeninaktivierte patientenbezogene Thrombozytenkonzentrate	
		ZE108.12	8-800.6b	23 bis unter 27 patientenbezogene Thrombozytenkonzentrate	10.015,03 €
			8-800.pb	23 bis unter 27 pathogeninaktivierte patientenbezogene Thrombozytenkonzentrate	
		ZE108.13	8-800.6c	27 bis unter 31 patientenbezogene Thrombozytenkonzentrate	11.684,21 €
			8-800.pc	27 bis unter 31 pathogeninaktivierte patientenbezogene Thrombozytenkonzentrate	
		ZE108.14	8-800.6d	31 bis unter 35 patientenbezogene Thrombozytenkonzentrate	13.353,38 €
			8-800.pd	31 bis unter 35 pathogeninaktivierte patientenbezogene Thrombozytenkonzentrate	
		ZE108.15	8-800.6e	35 bis unter 39 patientenbezogene Thrombozytenkonzentrate	15.022,55 €
			8-800.pe	35 bis unter 39 pathogeninaktivierte patientenbezogene Thrombozytenkonzentrate	
		ZE108.16	8-800.6g	39 bis unter 43 patientenbezogene Thrombozytenkonzentrate	16.691,72 €
			8-800.pf	39 bis unter 43 pathogeninaktivierte patientenbezogene Thrombozytenkonzentrate	
		ZE108.17	8-800.6h	43 bis unter 47 patientenbezogene Thrombozytenkonzentrate	18.360,90 €
			8-800.pg	43 bis unter 47 pathogeninaktivierte patientenbezogene Thrombozytenkonzentrate	

Zusatzentgelte-Katalog
- Definition und differenzierte Beträge -

ZE	Bezeichnung	ZE_D	OPS Version 2024		Betrag
			OPS-Kode	OPS-Text	
1	2	3	4	5	6
		ZE108.18	8-800.6j	47 bis unter 51 patientenbezogene Thrombozytenkonzentrate	20.030,07 €
			8-800.ph	47 bis unter 51 pathogeninaktivierte patientenbezogene Thrombozytenkonzentrate	
		ZE108.19	8-800.6k	51 bis unter 55 patientenbezogene Thrombozytenkonzentrate	21.699,24 €
			8-800.pj	51 bis unter 55 pathogeninaktivierte patientenbezogene Thrombozytenkonzentrate	
		ZE108.20	8-800.6m	55 bis unter 59 patientenbezogene Thrombozytenkonzentrate	23.368,41 €
			8-800.pk	55 bis unter 59 pathogeninaktivierte patientenbezogene Thrombozytenkonzentrate	
		ZE108.21	8-800.6n	59 bis unter 63 patientenbezogene Thrombozytenkonzentrate	25.037,59 €
			8-800.pm	59 bis unter 63 pathogeninaktivierte patientenbezogene Thrombozytenkonzentrate	
		ZE108.22	8-800.6p	63 bis unter 67 patientenbezogene Thrombozytenkonzentrate	26.706,76 €
			8-800.pn	63 bis unter 67 pathogeninaktivierte patientenbezogene Thrombozytenkonzentrate	
		ZE108.23	8-800.6q	67 bis unter 71 patientenbezogene Thrombozytenkonzentrate	28.375,93 €
			8-800.pp	67 bis unter 71 pathogeninaktivierte patientenbezogene Thrombozytenkonzentrate	
		ZE108.24		Siehe weitere Differenzierung ZE108.25 bis ZE108.30	
		ZE108.25	8-800.6s	71 bis unter 79 patientenbezogene Thrombozytenkonzentrate	30.462,40 €
			8-800.pq	71 bis unter 79 pathogeninaktivierte patientenbezogene Thrombozytenkonzentrate	
		ZE108.26	8-800.6t	79 bis unter 87 patientenbezogene Thrombozytenkonzentrate	33.800,74 €
			8-800.pr	79 bis unter 87 pathogeninaktivierte patientenbezogene Thrombozytenkonzentrate	
		ZE108.27	8-800.6u	87 bis unter 95 patientenbezogene Thrombozytenkonzentrate	37.139,09 €
			8-800.ps	87 bis unter 95 pathogeninaktivierte patientenbezogene Thrombozytenkonzentrate	
		ZE108.28	8-800.6v	95 bis unter 103 patientenbezogene Thrombozytenkonzentrate	40.477,43 €
			8-800.pt	95 bis unter 103 pathogeninaktivierte patientenbezogene Thrombozytenkonzentrate	
		ZE108.29	8-800.6w	103 bis unter 111 patientenbezogene Thrombozytenkonzentrate	43.815,78 €
			8-800.pu	103 bis unter 111 pathogeninaktivierte patientenbezogene Thrombozytenkonzentrate	
		ZE108.30	8-800.6z	111 oder mehr patientenbezogene Thrombozytenkonzentrate	47.154,12 €
			8-800.pv	111 oder mehr pathogeninaktivierte patientenbezogene Thrombozytenkonzentrate	
ZE110	Gabe von Liposomalem Amphotericin B, parenteral			Applikation von Medikamenten, Liste 2: Liposomales Amphotericin B, parenteral	
		ZE110.01[6)]	6-002.q0	100 mg bis unter 175 mg	241,63 €
		ZE110.02[6)]	6-002.q1	175 mg bis unter 250 mg	386,60 €
		ZE110.03	6-002.q2	250 mg bis unter 350 mg	547,68 €
		ZE110.04	6-002.q3	350 mg bis unter 450 mg	740,98 €
		ZE110.05	6-002.q4	450 mg bis unter 550 mg	934,28 €

Zusatzentgelte-Katalog
- Definition und differenzierte Beträge -

ZE	Bezeichnung	ZE$_D$	OPS Version 2024		Betrag
			OPS-Kode	OPS-Text	
1	2	3	4	5	6
		ZE110.06	6-002.q5	550 mg bis unter 650 mg	1.127,58 €
		ZE110.07	6-002.q6	650 mg bis unter 750 mg	1.320,88 €
		ZE110.08	6-002.q7	750 mg bis unter 850 mg	1.514,18 €
		ZE110.09	6-002.q8	850 mg bis unter 950 mg	1.707,48 €
		ZE110.10	6-002.q9	950 mg bis unter 1.150 mg	1.965,22 €
		ZE110.11	6-002.qa	1.150 mg bis unter 1.350 mg	2.351,82 €
		ZE110.12	6-002.qb	1.350 mg bis unter 1.550 mg	2.738,42 €
		ZE110.13	6-002.qc	1.550 mg bis unter 1.750 mg	3.125,02 €
		ZE110.14	6-002.qd	1.750 mg bis unter 1.950 mg	3.511,62 €
		ZE110.15	6-002.qe	1.950 mg bis unter 2.150 mg	3.898,22 €
		ZE110.16	6-002.qf	2.150 mg bis unter 3.150 mg	4.800,28 €
		ZE110.17	6-002.qg	3.150 mg bis unter 4.150 mg	6.733,28 €
		ZE110.18	6-002.qh	4.150 mg bis unter 5.150 mg	8.666,28 €
		ZE110.19	6-002.qj	5.150 mg bis unter 6.150 mg	10.599,28 €
		ZE110.20	6-002.qk	6.150 mg bis unter 8.650 mg	13.498,78 €
		ZE110.21	6-002.qm	8.650 mg bis unter 11.150 mg	18.331,28 €
		ZE110.22	6-002.qn	11.150 mg bis unter 13.650 mg	23.163,78 €
		ZE110.23	6-002.qp	13.650 mg bis unter 18.650 mg	29.607,12 €
		ZE110.24	6-002.qq	18.650 mg bis unter 23.650 mg	39.272,12 €
		ZE110.25	6-002.qr	23.650 mg bis unter 28.650 mg	48.937,12 €
		ZE110.26	6-002.qs	28.650 mg bis unter 33.650 mg	58.602,12 €
		ZE110.27	6-002.qt	33.650 mg bis unter 38.650 mg	68.267,12 €
		ZE110.28	6-002.qu	38.650 mg bis unter 43.650 mg	77.932,12 €
		ZE110.29	6-002.qv	43.650 mg oder mehr	87.597,12 €
ZE116	Gabe von Panitumumab, parenteral			Applikation von Medikamenten, Liste 4: Panitumumab, parenteral	
		ZE116.01	6-004.70	180 mg bis unter 300 mg	1.307,11 €
		ZE116.02	6-004.71	300 mg bis unter 420 mg	2.020,08 €
		ZE116.03	6-004.72	420 mg bis unter 540 mg	2.733,04 €
		ZE116.04	6-004.73	540 mg bis unter 660 mg	3.446,01 €
		ZE116.05	6-004.74	660 mg bis unter 780 mg	4.150,96 €
		ZE116.06	6-004.75	780 mg bis unter 900 mg	4.871,95 €
		ZE116.07	6-004.76	900 mg bis unter 1.020 mg	5.584,92 €
		ZE116.08	6-004.77	1.020 mg bis unter 1.260 mg	6.535,54 €
		ZE116.09	6-004.78	1.260 mg bis unter 1.500 mg	7.961,48 €
		ZE116.10	6-004.79	1.500 mg bis unter 1.740 mg	9.387,41 €
		ZE116.11	6-004.7a	1.740 mg bis unter 1.980 mg	10.813,35 €
		ZE116.12	6-004.7b	1.980 mg bis unter 2.220 mg	12.239,28 €
		ZE116.13	6-004.7c	2.220 mg bis unter 2.460 mg	13.665,22 €
		ZE116.14		Siehe weitere Differenzierung ZE116.15 bis ZE116.26	
		ZE116.15	6-004.7e	2.460 mg bis unter 2.700 mg	15.091,16 €
		ZE116.16	6-004.7f	2.700 mg bis unter 3.180 mg	16.992,40 €
		ZE116.17	6-004.7g	3.180 mg bis unter 3.660 mg	19.844,28 €
		ZE116.18	6-004.7h	3.660 mg bis unter 4.140 mg	22.696,15 €
		ZE116.19	6-004.7j	4.140 mg bis unter 4.620 mg	25.548,02 €
		ZE116.20	6-004.7k	4.620 mg bis unter 5.100 mg	28.399,89 €
		ZE116.21	6-004.7m	5.100 mg bis unter 5.580 mg	31.251,76 €
		ZE116.22	6-004.7n	5.580 mg bis unter 6.060 mg	34.103,64 €
		ZE116.23	6-004.7p	6.060 mg bis unter 6.540 mg	36.955,51 €
		ZE116.24	6-004.7q	6.540 mg bis unter 7.020 mg	39.807,38 €
		ZE116.25	6-004.7r	7.020 mg bis unter 7.500 mg	42.659,25 €
		ZE116.26	6-004.7s	7.500 mg oder mehr	45.511,12 €

Zusatzentgelte-Katalog
- Definition und differenzierte Beträge -

ZE	Bezeichnung	ZE_D	OPS Version 2024		Betrag
			OPS-Kode	OPS-Text	
1	2	3	4	5	6
ZE119 [1)]	Hämofiltration, kontinuierlich			Hämofiltration: Kontinuierlich	
		ZE119.01	8-853.13	Arteriovenös (CAVH): Bis 24 Stunden	320,63 €
			8-853.70	Venovenös, pumpengetrieben (CVVH), Antikoagulation mit Heparin oder ohne Antikoagulation: Bis 24 Stunden	
			8-853.80	Venovenös, pumpengetrieben (CVVH), Antikoagulation mit sonstigen Substanzen: Bis 24 Stunden	
		ZE119.02	8-853.14	Arteriovenös (CAVH): Mehr als 24 bis 72 Stunden	801,58 €
			8-853.71	Venovenös, pumpengetrieben (CVVH), Antikoagulation mit Heparin oder ohne Antikoagulation: Mehr als 24 bis 72 Stunden	
			8-853.81	Venovenös, pumpengetrieben (CVVH), Antikoagulation mit sonstigen Substanzen: Mehr als 24 bis 72 Stunden	
		ZE119.03	8-853.15	Arteriovenös (CAVH): Mehr als 72 bis 144 Stunden	1.603,15 €
			8-853.72	Venovenös, pumpengetrieben (CVVH), Antikoagulation mit Heparin oder ohne Antikoagulation: Mehr als 72 bis 144 Stunden	
			8-853.82	Venovenös, pumpengetrieben (CVVH), Antikoagulation mit sonstigen Substanzen: Mehr als 72 bis 144 Stunden	
		ZE119.04	8-853.16	Arteriovenös (CAVH): Mehr als 144 bis 264 Stunden	2.885,67 €
			8-853.73	Venovenös, pumpengetrieben (CVVH), Antikoagulation mit Heparin oder ohne Antikoagulation: Mehr als 144 bis 264 Stunden	
			8-853.83	Venovenös, pumpengetrieben (CVVH), Antikoagulation mit sonstigen Substanzen: Mehr als 144 bis 264 Stunden	
		ZE119.05	8-853.17	Arteriovenös (CAVH): Mehr als 264 bis 432 Stunden	4.809,45 €
			8-853.74	Venovenös, pumpengetrieben (CVVH), Antikoagulation mit Heparin oder ohne Antikoagulation: Mehr als 264 bis 432 Stunden	
			8-853.84	Venovenös, pumpengetrieben (CVVH), Antikoagulation mit sonstigen Substanzen: Mehr als 264 bis 432 Stunden	
		ZE119.06	8-853.19	Arteriovenös (CAVH): Mehr als 432 bis 600 Stunden	7.053,86 €
			8-853.76	Venovenös, pumpengetrieben (CVVH), Antikoagulation mit Heparin oder ohne Antikoagulation: Mehr als 432 bis 600 Stunden	
			8-853.86	Venovenös, pumpengetrieben (CVVH), Antikoagulation mit sonstigen Substanzen: Mehr als 432 bis 600 Stunden	
		ZE119.07	8-853.1a	Arteriovenös (CAVH): Mehr als 600 bis 960 Stunden	10.580,79 €
			8-853.77	Venovenös, pumpengetrieben (CVVH), Antikoagulation mit Heparin oder ohne Antikoagulation: Mehr als 600 bis 960 Stunden	
			8-853.87	Venovenös, pumpengetrieben (CVVH), Antikoagulation mit sonstigen Substanzen: Mehr als 600 bis 960 Stunden	

Zusatzentgelte-Katalog
- Definition und differenzierte Beträge -

ZE	Bezeichnung	ZE_D	OPS Version 2024		Betrag
			OPS-Kode	OPS-Text	
1	2	3	4	5	6
		ZE119.08	8-853.1b	Arteriovenös (CAVH): Mehr als 960 bis 1.320	15.390,24 €
			8-853.78	Venovenös, pumpengetrieben (CVVH), Antikoagulation mit Heparin oder ohne Antikoagulation: Mehr als 960 bis 1.320 Stunden	
			8-853.88	Venovenös, pumpengetrieben (CVVH), Antikoagulation mit sonstigen Substanzen: Mehr als 960 bis 1.320 Stunden	
		ZE119.09	8-853.1c	Arteriovenös (CAVH): Mehr als 1.320 bis 1.680 Stunden	20.199,69 €
			8-853.79	Venovenös, pumpengetrieben (CVVH), Antikoagulation mit Heparin oder ohne Antikoagulation: Mehr als 1.320 bis 1.680 Stunden	
			8-853.89	Venovenös, pumpengetrieben (CVVH), Antikoagulation mit sonstigen Substanzen: Mehr als 1.320 bis 1.680 Stunden	
		ZE119.10	8-853.1d	Arteriovenös (CAVH): Mehr als 1.680 bis 2.040 Stunden	25.009,14 €
			8-853.7a	Venovenös, pumpengetrieben (CVVH), Antikoagulation mit Heparin oder ohne Antikoagulation: Mehr als 1.680 bis 2.040 Stunden	
			8-853.8a	Venovenös, pumpengetrieben (CVVH), Antikoagulation mit sonstigen Substanzen: Mehr als 1.680 bis 2.040 Stunden	
		ZE119.11	8-853.1e	Arteriovenös (CAVH): Mehr als 2.040 bis 2.400 Stunden	29.818,59 €
			8-853.7b	Venovenös, pumpengetrieben (CVVH), Antikoagulation mit Heparin oder ohne Antikoagulation: Mehr als 2.040 bis 2.400 Stunden	
			8-853.8b	Venovenös, pumpengetrieben (CVVH), Antikoagulation mit sonstigen Substanzen: Mehr als 2.040 bis 2.400 Stunden	
		ZE119.12	8-853.1f	Arteriovenös (CAVH): Mehr als 2.400 Stunden	34.628,04 €
			8-853.7c	Venovenös, pumpengetrieben (CVVH), Antikoagulation mit Heparin oder ohne Antikoagulation: Mehr als 2.400 Stunden	
			8-853.8c	Venovenös, pumpengetrieben (CVVH), Antikoagulation mit sonstigen Substanzen: Mehr als	
ZE120 [1)]	Hämodialyse, kontinuierlich, venovenös, pumpengetrieben (CVVHD)			Hämodialyse: Kontinuierlich, venovenös, pumpengetrieben	
		ZE120.01	8-854.60	Antikoagulation mit Heparin oder ohne Antikoagulation: Bis 24 Stunden	276,06 €
			8-854.70	Antikoagulation mit sonstigen Substanzen: Bis 24 Stunden	
		ZE120.02	8-854.61	Antikoagulation mit Heparin oder ohne Antikoagulation: Mehr als 24 bis 72 Stunden	662,54 €
			8-854.71	Antikoagulation mit sonstigen Substanzen: Mehr als 24 bis 72 Stunden	
		ZE120.03	8-854.62	Antikoagulation mit Heparin oder ohne Antikoagulation: Mehr als 72 bis 144 Stunden	1.352,69 €
			8-854.72	Antikoagulation mit sonstigen Substanzen: Mehr als 72 bis 144 Stunden	
		ZE120.04	8-854.63	Antikoagulation mit Heparin oder ohne Antikoagulation: Mehr als 144 bis 264 Stunden	2.429,33 €
			8-854.73	Antikoagulation mit sonstigen Substanzen: Mehr als 144 bis 264 Stunden	

Zusatzentgelte-Katalog
- Definition und differenzierte Beträge -

ZE	Bezeichnung	ZE_D	OPS Version 2024		Betrag
			OPS-Kode	OPS-Text	
1	2	3	4	5	6
		ZE120.05	8-854.64	Antikoagulation mit Heparin oder ohne Antikoagulation: Mehr als 264 bis 432 Stunden	4.030,48 €
			8-854.74	Antikoagulation mit sonstigen Substanzen: Mehr als 264 bis 432 Stunden	
		ZE120.06	8-854.66	Antikoagulation mit Heparin oder ohne Antikoagulation: Mehr als 432 bis 600 Stunden	6.045,71 €
			8-854.76	Antikoagulation mit sonstigen Substanzen: Mehr als 432 bis 600 Stunden	
		ZE120.07	8-854.67	Antikoagulation mit Heparin oder ohne Antikoagulation: Mehr als 600 bis 960 Stunden	9.109,98 €
			8-854.77	Antikoagulation mit sonstigen Substanzen: Mehr als 600 bis 960 Stunden	
		ZE120.08	8-854.68	Antikoagulation mit Heparin oder ohne Antikoagulation: Mehr als 960 bis 1.320 Stunden	13.250,88 €
			8-854.78	Antikoagulation mit sonstigen Substanzen: Mehr als 960 bis 1.320 Stunden	
		ZE120.09	8-854.69	Antikoagulation mit Heparin oder ohne Antikoagulation: Mehr als 1.320 bis 1.680 Stunden	17.391,78 €
			8-854.79	Antikoagulation mit sonstigen Substanzen: Mehr als 1.320 bis 1.680 Stunden	
		ZE120.10	8-854.6a	Antikoagulation mit Heparin oder ohne Antikoagulation: Mehr als 1.680 bis 2.040 Stunden	21.532,68 €
			8-854.7a	Antikoagulation mit sonstigen Substanzen: Mehr als 1.680 bis 2.040 Stunden	
		ZE120.11	8-854.6b	Antikoagulation mit Heparin oder ohne Antikoagulation: Mehr als 2.040 bis 2.400 Stunden	25.673,58 €
			8-854.7b	Antikoagulation mit sonstigen Substanzen: Mehr als 2.040 bis 2.400 Stunden	
		ZE120.12	8-854.6c	Antikoagulation mit Heparin oder ohne Antikoagulation: Mehr als 2.400 Stunden	29.814,48 €
			8-854.7c	Antikoagulation mit sonstigen Substanzen: Mehr als 2.400 Stunden	
ZE121 [1)]	Hämodiafiltration, kontinuierlich			Hämodiafiltration: Kontinuierlich	
		ZE121.01	8-855.13	Arteriovenös (CAVHDF): Bis 24 Stunden	295,74 €
			8-855.70	Venovenös, pumpengetrieben (CVVHDF), Antikoagulation mit Heparin oder ohne Antikoagulation: Bis 24 Stunden	
			8-855.80	Venovenös, pumpengetrieben (CVVHDF), Antikoagulation mit sonstigen Substanzen: Bis 24 Stunden	
		ZE121.02	8-855.14	Arteriovenös (CAVHDF): Mehr als 24 bis 72 Stunden	739,35 €
			8-855.71	Venovenös, pumpengetrieben (CVVHDF), Antikoagulation mit Heparin oder ohne Antikoagulation: Mehr als 24 bis 72 Stunden	
			8-855.81	Venovenös, pumpengetrieben (CVVHDF), Antikoagulation mit sonstigen Substanzen: Mehr als 24 bis 72 Stunden	
		ZE121.03	8-855.15	Arteriovenös (CAVHDF): Mehr als 72 bis 144	1.419,55 €
			8-855.72	Venovenös, pumpengetrieben (CVVHDF), Antikoagulation mit Heparin oder ohne Antikoagulation: Mehr als 72 bis 144 Stunden	
			8-855.82	Venovenös, pumpengetrieben (CVVHDF), Antikoagulation mit sonstigen Substanzen: Mehr als 72 bis 144 Stunden	

Zusatzentgelte-Katalog
- Definition und differenzierte Beträge -

ZE	Bezeichnung	ZE_D	OPS Version 2024		Betrag
			OPS-Kode	OPS-Text	
1	2	3	4	5	6
		ZE121.04	8-855.16	Arteriovenös (CAVHDF): Mehr als 144 bis 264 Stunden	2.572,94 €
			8-855.73	Venovenös, pumpengetrieben (CVVHDF), Antikoagulation mit Heparin oder ohne Antikoagulation: Mehr als 144 bis 264 Stunden	
			8-855.83	Venovenös, pumpengetrieben (CVVHDF), Antikoagulation mit sonstigen Substanzen: Mehr als 144 bis 264 Stunden	
		ZE121.05	8-855.17	Arteriovenös (CAVHDF): Mehr als 264 bis 432 Stunden	4.436,10 €
			8-855.74	Venovenös, pumpengetrieben (CVVHDF), Antikoagulation mit Heparin oder ohne Antikoagulation: Mehr als 264 bis 432 Stunden	
			8-855.84	Venovenös, pumpengetrieben (CVVHDF), Antikoagulation mit sonstigen Substanzen: Mehr als 264 bis 432 Stunden	
		ZE121.06	8-855.19	Arteriovenös (CAVHDF): Mehr als 432 bis 600 Stunden	6.506,28 €
			8-855.76	Venovenös, pumpengetrieben (CVVHDF), Antikoagulation mit Heparin oder ohne Antikoagulation: Mehr als 432 bis 600 Stunden	
			8-855.86	Venovenös, pumpengetrieben (CVVHDF), Antikoagulation mit sonstigen Substanzen: Mehr als 432 bis 600 Stunden	
		ZE121.07	8-855.1a	Arteriovenös (CAVHDF): Mehr als 600 bis 960 Stunden	9.759,42 €
			8-855.77	Venovenös, pumpengetrieben (CVVHDF), Antikoagulation mit Heparin oder ohne Antikoagulation: Mehr als 600 bis 960 Stunden	
			8-855.87	Venovenös, pumpengetrieben (CVVHDF), Antikoagulation mit sonstigen Substanzen: Mehr als 600 bis 960 Stunden	
		ZE121.08	8-855.1b	Arteriovenös (CAVHDF): Mehr als 960 bis 1.320 Stunden	14.195,52 €
			8-855.78	Venovenös, pumpengetrieben (CVVHDF), Antikoagulation mit Heparin oder ohne Antikoagulation: Mehr als 960 bis 1.320 Stunden	
			8-855.88	Venovenös, pumpengetrieben (CVVHDF), Antikoagulation mit sonstigen Substanzen: Mehr als 960 bis 1.320 Stunden	
		ZE121.09	8-855.1c	Arteriovenös (CAVHDF): Mehr als 1.320 bis 1.680 Stunden	18.631,62 €
			8-855.79	Venovenös, pumpengetrieben (CVVHDF), Antikoagulation mit Heparin oder ohne Antikoagulation: Mehr als 1.320 bis 1.680 Stunden	
			8-855.89	Venovenös, pumpengetrieben (CVVHDF), Antikoagulation mit sonstigen Substanzen: Mehr als 1.320 bis 1.680 Stunden	
		ZE121.10	8-855.1d	Arteriovenös (CAVHDF): Mehr als 1.680 bis 2.040 Stunden	23.067,72 €
			8-855.7a	Venovenös, pumpengetrieben (CVVHDF), Antikoagulation mit Heparin oder ohne Antikoagulation: Mehr als 1.680 bis 2.040 Stunden	
			8-855.8a	Venovenös, pumpengetrieben (CVVHDF), Antikoagulation mit sonstigen Substanzen: Mehr als 1.680 bis 2.040 Stunden	

Zusatzentgelte-Katalog
- Definition und differenzierte Beträge -

ZE	Bezeichnung	ZE_D	OPS Version 2024		Betrag
			OPS-Kode	OPS-Text	
1	2	3	4	5	6
		ZE121.11	8-855.1e	Arteriovenös (CAVHDF): Mehr als 2.040 bis 2.400 Stunden	27.503,82 €
			8-855.7b	Venovenös, pumpengetrieben (CVVHDF), Antikoagulation mit Heparin oder ohne Antikoagulation: Mehr als 2.040 bis 2.400 Stunden	
			8-855.8b	Venovenös, pumpengetrieben (CVVHDF), Antikoagulation mit sonstigen Substanzen: Mehr als 2.040 bis 2.400 Stunden	
		ZE121.12	8-855.1f	Arteriovenös (CAVHDF): Mehr als 2.400 Stunden	31.939,92 €
			8-855.7c	Venovenös, pumpengetrieben (CVVHDF), Antikoagulation mit Heparin oder ohne Antikoagulation: Mehr als 2.400 Stunden	
			8-855.8c	Venovenös, pumpengetrieben (CVVHDF), Antikoagulation mit sonstigen Substanzen: Mehr als 2.400 Stunden	
ZE122 [1)]	Peritonealdialyse, intermittierend, maschinell unterstützt (IPD)		8-857.0	Peritonealdialyse: Intermittierend, maschinell unterstützt (IPD)	siehe Anlage 2
ZE123 [1)]	Peritonealdialyse, kontinuierlich, nicht maschinell unterstützt (CAPD)			Peritonealdialyse: Kontinuierlich, nicht maschinell unterstützt (CAPD)	
		ZE123.01	8-857.10	Bis 24 Stunden	154,30 €
		ZE123.02	8-857.11	Mehr als 24 bis 72 Stunden	370,32 €
		ZE123.03	8-857.12	Mehr als 72 bis 144 Stunden	771,50 €
		ZE123.04	8-857.13	Mehr als 144 bis 264 Stunden	1.373,27 €
		ZE123.05	8-857.14	Mehr als 264 bis 432 Stunden	2.314,50 €
		ZE123.06	8-857.16	Mehr als 432 bis 600 Stunden	3.394,60 €
		ZE123.07	8-857.17	Mehr als 600 bis 960 Stunden	5.091,90 €
		ZE123.08	8-857.18	Mehr als 960 bis 1.320 Stunden	7.406,40 €
		ZE123.09	8-857.19	Mehr als 1.320 bis 1.680 Stunden	9.720,90 €
		ZE123.10	8-857.1a	Mehr als 1.680 bis 2.040 Stunden	12.035,40 €
		ZE123.11	8-857.1b	Mehr als 2.040 bis 2.400 Stunden	14.349,90 €
		ZE123.12	8-857.1c	Mehr als 2.400 Stunden	16.664,40 €
ZE125	Implantation oder Wechsel eines interspinösen Spreizers	ZE125.01	5-839.b0	Andere Operationen an der Wirbelsäule: Implantation eines interspinösen Spreizers: 1 Segment	182,28 €
			5-839.c0	Andere Operationen an der Wirbelsäule: Wechsel eines interspinösen Spreizers: 1 Segment	
		ZE125.02	5-839.b2	Andere Operationen an der Wirbelsäule: Implantation eines interspinösen Spreizers: 2 Segmente	364,56 €
			5-839.c2	Andere Operationen an der Wirbelsäule: Wechsel eines interspinösen Spreizers: 2 Segmente	
		ZE125.03	5-839.b3	Andere Operationen an der Wirbelsäule: Implantation eines interspinösen Spreizers: 3 oder mehr Segmente	546,84 €
			5-839.c3	Andere Operationen an der Wirbelsäule: Wechsel eines interspinösen Spreizers: 3 oder mehr Segmente	
ZE126	Autogene / Autologe matrixinduzierte Chondrozyten-transplantation		5-801.k*	Offen chirurgische Operation am Gelenkknorpel und an den Menisken: Autogene matrixinduzierte Chondrozytentransplantation	siehe Anlage 2
			5-812.h*	Arthroskopische Operation am Gelenkknorpel und an den Menisken: Autogene matrixinduzierte Chondrozytentransplantation	

Zusatzentgelte-Katalog
- Definition und differenzierte Beträge -

ZE	Bezeichnung	ZE_D	OPS Version 2024		Betrag
			OPS-Kode	OPS-Text	
1	2	3	4	5	6
ZE132	Implantation eines Wachstumsstents	ZE132.01	8-838.k*	(Perkutan-)transluminale Gefäßintervention an Gefäßen des Lungenkreislaufes: Einlegen eines ungecoverten Wachstumsstents	1.331,30 €
			8-838.m*	(Perkutan-)transluminale Gefäßintervention an Gefäßen des Lungenkreislaufes: Einlegen eines gecoverten Wachstumsstents	
			8-845.0*	(Perkutan-)transluminale Implantation von ungecoverten Cheatham-Platinum-Stents [CP-Stent]: Ein Stent	
			8-846.0*	(Perkutan-)transluminale Implantation von gecoverten Cheatham-Platinum-Stents [CP-Stent]: Ein Stent	
			8-847	(Perkutan-)transluminale Implantation eines Wachstumsstents	
		ZE132.02	8-845.1*	(Perkutan-)transluminale Implantation von ungecoverten Cheatham-Platinum-Stents [CP-Stent]: Zwei oder mehr Stents	2.662,60 €
			8-846.1*	(Perkutan-)transluminale Implantation von gecoverten Cheatham-Platinum-Stents [CP-Stent]: Zwei oder mehr Stents	
ZE135	Gabe von Vinflunin, parenteral			Applikation von Medikamenten, Liste 5: Vinflunin, parenteral	
		ZE135.01	6-005.b0	100 mg bis unter 200 mg	792,99 €
		ZE135.02	6-005.b1	200 mg bis unter 300 mg	1.387,73 €
		ZE135.03	6-005.b2	300 mg bis unter 400 mg	1.982,47 €
		ZE135.04	6-005.b3	400 mg bis unter 500 mg	2.577,21 €
		ZE135.05	6-005.b4	500 mg bis unter 600 mg	3.171,95 €
		ZE135.06	6-005.b5	600 mg bis unter 700 mg	3.766,69 €
		ZE135.07	6-005.b6	700 mg bis unter 800 mg	4.361,43 €
		ZE135.08	6-005.b7	800 mg bis unter 900 mg	4.956,17 €
		ZE135.09	6-005.b8	900 mg bis unter 1.000 mg	5.550,91 €
		ZE135.10	6-005.b9	1.000 mg bis unter 1.200 mg	6.343,89 €
		ZE135.11	6-005.ba	1.200 mg bis unter 1.400 mg	7.533,37 €
		ZE135.12	6-005.bb	1.400 mg bis unter 1.600 mg	8.722,85 €
		ZE135.13	6-005.bc	1.600 mg bis unter 1.800 mg	9.912,33 €
		ZE135.14	6-005.bd	1.800 mg bis unter 2.000 mg	11.101,81 €
		ZE135.15	6-005.be	2.000 mg bis unter 2.200 mg	12.291,29 €
		ZE135.16	6-005.bf	2.200 mg bis unter 2.400 mg	13.480,77 €
		ZE135.17	6-005.bg	2.400 mg bis unter 2.600 mg	14.670,25 €
		ZE135.18	6-005.bh	2.600 mg bis unter 2.800 mg	15.859,73 €
		ZE135.19	6-005.bj	2.800 mg oder mehr	17.049,21 €
ZE136 [2)]	Medikamente-freisetzende Ballons an Koronargefäßen		8-837.00	Perkutan-transluminale Gefäßintervention an Herz und Koronargefäßen: Ballon-Angioplastie: Eine Koronararterie	
			8-837.01	Perkutan-transluminale Gefäßintervention an Herz und Koronargefäßen: Ballon-Angioplastie: Mehrere Koronararterien	
		ZE136.01	8-83b.b6	Zusatzinformationen zu Materialien: Art der verwendeten Ballons: Ein medikamentefreisetzender Ballon an Koronargefäßen	190,39 €
		ZE136.02	8-83b.b7	Zusatzinformationen zu Materialien: Art der verwendeten Ballons: Zwei medikamente-freisetzende Ballons an Koronargefäßen	613,10 €

Zusatzentgelte-Katalog
- Definition und differenzierte Beträge -

ZE	Bezeichnung	ZE_D	OPS Version 2024		Betrag
			OPS-Kode	OPS-Text	
1	2	3	4	5	6
		ZE136.03	8-83b.b8	Zusatzinformationen zu Materialien: Art der verwendeten Ballons: Drei medikamente-freisetzende Ballons an Koronargefäßen	1.035,81 €
		ZE136.04	8-83b.b9	Zusatzinformationen zu Materialien: Art der verwendeten Ballons: Vier oder mehr medika-mentefreisetzende Ballons an Koronargefäßen	1.458,52 €
ZE137 [2)]	Medikamente-freisetzende Ballons an anderen Gefäßen		8-836.02	(Perkutan-)transluminale Gefäßintervention: Ballon-Angioplastie: Gefäße Schulter und Oberarm	
			8-836.03	(Perkutan-)transluminale Gefäßintervention: Ballon-Angioplastie: Gefäße Unterarm	
			8-836.08	(Perkutan-)transluminale Gefäßintervention: Ballon-Angioplastie: Andere Gefäße thorakal	
			8-836.0a	(Perkutan-)transluminale Gefäßintervention: Ballon-Angioplastie: Gefäße viszeral	
			8-836.0c	(Perkutan-)transluminale Gefäßintervention: Ballon-Angioplastie: Gefäße Unterschenkel	
			8-836.0e	(Perkutan-)transluminale Gefäßintervention: Ballon-Angioplastie: Künstliche Gefäße	
			8-836.0q	(Perkutan-)transluminale Gefäßintervention: Ballon-Angioplastie: Andere Arterien abdominal und pelvin	
			8-836.0r	(Perkutan-)transluminale Gefäßintervention: Ballon-Angioplastie: Andere Venen abdominal und pelvin	
			8-836.0s	(Perkutan-)transluminale Gefäßintervention: Ballon-Angioplastie: Arterien Oberschenkel	
			8-836.0t	(Perkutan-)transluminale Gefäßintervention: Ballon-Angioplastie: Venen Oberschenkel	
		ZE137.01	8-83b.ba	Zusatzinformationen zu Materialien: Art der verwendeten Ballons: Ein medikamente-freisetzender Ballon an anderen Gefäßen	103,43 €
		ZE137.02	8-83b.bb	Zusatzinformationen zu Materialien: Art der verwendeten Ballons: Zwei medikamente-freisetzende Ballons an anderen Gefäßen	518,85 €
		ZE137.03	8-83b.bc	Zusatzinformationen zu Materialien: Art der verwendeten Ballons: Drei medikamente-freisetzende Ballons an anderen Gefäßen	934,27 €
		ZE137.04	8-83b.bd	Zusatzinformationen zu Materialien: Art der verwendeten Ballons: Vier oder mehr medikamentefreisetzende Ballons an anderen Gefäßen	1.349,69 €
ZE138	Neurostimulatoren zur Rückenmarkstimulation oder zur Stimulation des peripheren Nervensystems, Einkanalstimulator, mit Sondenimplantation		5-039.e0	Implantation oder Wechsel eines Neurostimulators zur epiduralen Rückenmarkstimulation mit Implantation oder Wechsel einer Neurostimulationselektrode: Einkanalstimulator, vollimplantierbar, nicht wiederaufladbar	siehe Anlage 2
			5-039.k0	Implantation oder Wechsel eines Neurostimulators zur Stimulation von Spinalganglien mit Implantation oder Wechsel einer Neurostimulationselektrode: Einkanalstimulator, vollimplantierbar, nicht wiederaufladbar	
			5-059.c0	Implantation oder Wechsel eines Neurostimulators zur Stimulation des peripheren Nervensystems mit Implantation oder Wechsel einer Neurostimulationselektrode: Einkanalstimulator, vollimplantierbar, nicht wiederaufladbar	

Zusatzentgelte-Katalog
- Definition und differenzierte Beträge -

ZE	Bezeichnung	ZE_D	OPS Version 2024		Betrag
			OPS-Kode	OPS-Text	
1	2	3	4	5	6
ZE139	Neurostimulatoren zur Rückenmarkstimulation oder zur Stimulation des peripheren Nervensystems, Einkanalstimulator, ohne Sondenimplantation		5-039.f0	Wechsel eines Neurostimulators zur epiduralen Rückenmarkstimulation ohne Wechsel einer Neurostimulationselektrode: Einkanalstimulator, vollimplantierbar, nicht wiederaufladbar	siehe Anlage 2
			5-039.m0	Wechsel eines Neurostimulators zur Stimulation von Spinalganglien ohne Wechsel einer Neurostimulationselektrode: Einkanalstimulator, vollimplantierbar, nicht wiederaufladbar	
			5-039.n0	Implantation eines Neurostimulators zur epiduralen Rückenmarkstimulation ohne Implantation einer Neurostimulationselektrode: Einkanalstimulator, vollimplantierbar, nicht wiederaufladbar	
			5-039.q0	Implantation eines Neurostimulators zur Stimulation von Spinalganglien ohne Implantation einer Neurostimulationselektrode: Einkanalstimulator, vollimplantierbar, nicht wiederaufladbar	
			5-059.d0	Wechsel eines Neurostimulators zur Stimulation des peripheren Nervensystems ohne Wechsel einer Neurostimulationselektrode: Einkanalstimulator, vollimplantierbar, nicht wiederaufladbar	
			5-059.g0	Implantation eines Neurostimulators zur Stimulation des peripheren Nervensystems ohne Implantation einer Neurostimulationselektrode: Einkanal-stimulator, vollimplantierbar, nicht wiederaufladbar	
ZE140	Neurostimulatoren zur Rückenmarkstimulation oder zur Stimulation des peripheren Nervensystems, Mehrkanalstimulator, nicht wiederaufladbar, mit Sondenimplantation		5-039.e1	Implantation oder Wechsel eines Neurostimulators zur epiduralen Rückenmarkstimulation mit Implantation oder Wechsel einer Neurostimulationselektrode: Mehrkanalstimulator, vollimplantierbar, nicht wiederaufladbar	siehe Anlage 2
			5-039.k1	Implantation oder Wechsel eines Neurostimulators zur Stimulation von Spinalganglien mit Implantation oder Wechsel einer Neurostimulationselektrode: Mehrkanalstimulator, vollimplantierbar, nicht wiederaufladbar	
			5-059.c1	Implantation oder Wechsel eines Neurostimulators zur Stimulation des peripheren Nervensystems mit Implantation oder Wechsel einer Neurostimulationselektrode: Mehrkanalstimulator, vollimplantierbar, nicht wiederaufladbar	
ZE141	Neurostimulatoren zur Rückenmarkstimulation oder zur Stimulation des peripheren Nervensystems, Mehrkanalstimulator, nicht wiederaufladbar, ohne Sondenimplantation		5-039.f1	Wechsel eines Neurostimulators zur epiduralen Rückenmarkstimulation ohne Wechsel einer Neurostimulationselektrode: Mehrkanalstimulator, vollimplantierbar, nicht wiederaufladbar	siehe Anlage 2
			5-039.m1	Wechsel eines Neurostimulators zur Stimulation von Spinalganglien ohne Wechsel einer Neurostimulationselektrode: Mehrkanalstimulator, vollimplantierbar, nicht wiederaufladbar	
			5-039.n1	Implantation eines Neurostimulators zur epiduralen Rückenmarkstimulation ohne Implantation einer Neurostimulationselektrode: Mehrkanalstimulator, vollimplantierbar, nicht wiederaufladbar	
			5-039.q1	Implantation eines Neurostimulators zur Stimulation von Spinalganglien ohne Implantation einer Neurostimulationselektrode: Mehrkanalstimulator, vollimplantierbar, nicht wiederaufladbar	

Zusatzentgelte-Katalog
- Definition und differenzierte Beträge -

ZE	Bezeichnung	ZE$_D$	OPS Version 2024		Betrag
			OPS-Kode	OPS-Text	
1	2	3	4	5	6
			5-059.d1	Wechsel eines Neurostimulators zur Stimulation des peripheren Nervensystems ohne Wechsel einer Neurostimulationselektrode: Mehrkanalstimulator, vollimplantierbar, nicht wiederaufladbar	
			5-059.g1	Implantation eines Neurostimulators zur Stimulation des peripheren Nervensystems ohne Implantation einer Neurostimulationselektrode: Mehrkanal-stimulator, vollimplantierbar, nicht wiederaufladbar	
ZE144	Gabe von Romiplostim, parenteral			Applikation von Medikamenten, Liste 5: Romiplostim, parenteral	
		ZE144.01[6)]	6-005.90	100 µg bis unter 200 µg	414,28 €
		ZE144.02	6-005.91	200 µg bis unter 300 µg	724,99 €
		ZE144.03	6-005.92	300 µg bis unter 400 µg	1.035,70 €
		ZE144.04	6-005.93	400 µg bis unter 500 µg	1.346,41 €
		ZE144.05	6-005.94	500 µg bis unter 600 µg	1.572,10 €
		ZE144.06	6-005.95	600 µg bis unter 700 µg	1.967,83 €
		ZE144.07	6-005.96	700 µg bis unter 800 µg	2.278,54 €
		ZE144.08	6-005.97	800 µg bis unter 900 µg	2.589,25 €
		ZE144.09	6-005.98	900 µg bis unter 1.000 µg	2.899,96 €
		ZE144.10	6-005.99	1.000 µg bis unter 1.200 µg	3.195,99 €
		ZE144.11	6-005.9a	1.200 µg bis unter 1.400 µg	3.935,66 €
		ZE144.12	6-005.9b	1.400 µg bis unter 1.600 µg	4.557,08 €
		ZE144.13	6-005.9c	1.600 µg bis unter 1.800 µg	5.178,50 €
		ZE144.14	6-005.9d	1.800 µg bis unter 2.000 µg	5.799,92 €
		ZE144.15	6-005.9e	2.000 µg bis unter 2.400 µg	6.628,48 €
		ZE144.16	6-005.9f	2.400 µg bis unter 2.800 µg	7.871,32 €
		ZE144.17	6-005.9g	2.800 µg bis unter 3.200 µg	9.114,16 €
		ZE144.18	6-005.9h	3.200 µg bis unter 3.600 µg	10.357,00 €
		ZE144.19	6-005.9j	3.600 µg bis unter 4.000 µg	11.599,84 €
		ZE144.20	6-005.9k	4.000 µg bis unter 4.400 µg	12.842,68 €
		ZE144.21	6-005.9m	4.400 µg bis unter 4.800 µg	14.085,52 €
		ZE144.22	6-005.9n	4.800 µg bis unter 5.200 µg	15.328,36 €
		ZE144.23	6-005.9p	5.200 µg bis unter 5.600 µg	16.571,20 €
		ZE144.24	6-005.9q	5.600 µg oder mehr	17.814,04 €
ZE145	Spezialisierte stationäre palliativmedizinische Komplexbehandlung	ZE145.01	8-98e.1	Spezialisierte stationäre palliativmedizinische Komplexbehandlung: Mindestens 7 bis höchstens 13 Behandlungstage	1.367,99 €
		ZE145.02	8-98e.2	Spezialisierte stationäre palliativmedizinische Komplexbehandlung: Mindestens 14 bis höchstens 20 Behandlungstage	1.367,99 €
		ZE145.03	8-98e.3	Spezialisierte stationäre palliativmedizinische Komplexbehandlung: Mindestens 21 Behandlungstage	2.176,86 €
ZE146	Gabe von Thrombozyten-konzentraten			Transfusion von Vollblut, Erythrozytenkonzentrat und Thrombozytenkonzentrat: Thrombozytenkonzentrat	
		ZE146.01[6)]	8-800.g1	2 Thrombozytenkonzentrate	610,44 €
		ZE146.02[6)]	8-800.g2	3 Thrombozytenkonzentrate	915,66 €
		ZE146.03	8-800.g3	4 Thrombozytenkonzentrate	1.220,87 €
		ZE146.04	8-800.g4	5 Thrombozytenkonzentrate	1.526,09 €
		ZE146.05	8-800.g5	6 bis unter 8 Thrombozytenkonzentrate	1.938,14 €
		ZE146.06	8-800.g6	8 bis unter 10 Thrombozytenkonzentrate	2.572,99 €
		ZE146.07	8-800.g7	10 bis unter 12 Thrombozytenkonzentrate	3.189,53 €
		ZE146.08	8-800.g8	12 bis unter 14 Thrombozytenkonzentrate	3.796,92 €
		ZE146.09	8-800.g9	14 bis unter 16 Thrombozytenkonzentrate	4.404,30 €
		ZE146.10	8-800.ga	16 bis unter 18 Thrombozytenkonzentrate	5.017,79 €
		ZE146.11	8-800.gb	18 bis unter 20 Thrombozytenkonzentrate	5.643,49 €
		ZE146.12	8-800.gc	20 bis unter 24 Thrombozytenkonzentrate	6.409,59 €

Zusatzentgelte-Katalog
- Definition und differenzierte Beträge -

ZE	Bezeichnung	ZE_D	OPS Version 2024		Betrag
			OPS-Kode	OPS-Text	
1	2	3	4	5	6
		ZE146.13	8-800.gd	24 bis unter 28 Thrombozytenkonzentrate	7.630,47 €
		ZE146.14	8-800.ge	28 bis unter 32 Thrombozytenkonzentrate	8.851,34 €
		ZE146.15	8-800.gf	32 bis unter 36 Thrombozytenkonzentrate	10.072,21 €
		ZE146.16	8-800.gg	36 bis unter 40 Thrombozytenkonzentrate	11.293,09 €
		ZE146.17	8-800.gh	40 bis unter 46 Thrombozytenkonzentrate	12.666,57 €
		ZE146.18	8-800.gj	46 bis unter 52 Thrombozytenkonzentrate	14.497,88 €
		ZE146.19	8-800.gk	52 bis unter 58 Thrombozytenkonzentrate	16.329,20 €
		ZE146.20	8-800.gm	58 bis unter 64 Thrombozytenkonzentrate	18.160,51 €
		ZE146.21	8-800.gn	64 bis unter 70 Thrombozytenkonzentrate	19.991,82 €
		ZE146.22	8-800.gp	70 bis unter 78 Thrombozytenkonzentrate	21.975,74 €
		ZE146.23	8-800.gq	78 bis unter 86 Thrombozytenkonzentrate	24.417,49 €
		ZE146.24	8-800.gr	86 bis unter 94 Thrombozytenkonzentrate	26.859,24 €
		ZE146.25	8-800.gs	94 bis unter 102 Thrombozytenkonzentrate	29.300,99 €
		ZE146.26	8-800.gt	102 bis unter 110 Thrombozytenkonzentrate	31.742,73 €
		ZE146.27	8-800.gu	110 bis unter 118 Thrombozytenkonzentrate	34.184,48 €
		ZE146.28	8-800.gv	118 bis unter 126 Thrombozytenkonzentrate	36.626,23 €
		ZE146.29		Siehe weitere Differenzierung ZE146.30 bis ZE146.46	
		ZE146.30	8-800.gz	126 bis unter 134 Thrombozytenkonzentrate	39.067,98 €
		ZE146.31	8-800.m0	134 bis unter 146 Thrombozytenkonzentrate	41.814,95 €
		ZE146.32	8-800.m1	146 bis unter 158 Thrombozytenkonzentrate	45.477,57 €
		ZE146.33	8-800.m2	158 bis unter 170 Thrombozytenkonzentrate	49.140,19 €
		ZE146.34	8-800.m3	170 bis unter 182 Thrombozytenkonzentrate	52.802,82 €
		ZE146.35	8-800.m4	182 bis unter 194 Thrombozytenkonzentrate	56.465,44 €
		ZE146.36	8-800.m5	194 bis unter 210 Thrombozytenkonzentrate	60.433,28 €
		ZE146.37	8-800.m6	210 bis unter 226 Thrombozytenkonzentrate	65.316,78 €
		ZE146.38	8-800.m7	226 bis unter 242 Thrombozytenkonzentrate	70.200,28 €
		ZE146.39	8-800.m8	242 bis unter 258 Thrombozytenkonzentrate	75.083,78 €
		ZE146.40	8-800.m9	258 bis unter 274 Thrombozytenkonzentrate	79.967,27 €
		ZE146.41	8-800.ma	274 bis unter 294 Thrombozytenkonzentrate	85.155,99 €
		ZE146.42	8-800.mb	294 bis unter 314 Thrombozytenkonzentrate	91.260,36 €
		ZE146.43	8-800.mc	314 bis unter 334 Thrombozytenkonzentrate	97.364,73 €
		ZE146.44	8-800.md	334 bis unter 354 Thrombozytenkonzentrate	103.469,11 €
		ZE146.45	8-800.me	354 bis unter 374 Thrombozytenkonzentrate	109.573,48 €
		ZE146.46	8-800.mf	374 oder mehr Thrombozytenkonzentrate	115.677,85 €
ZE147	Gabe von Apherese-Thrombozyten-konzentraten			Transfusion von Vollblut, Erythrozytenkonzentrat und Thrombozytenkonzentrat: Apherese-Thrombozytenkonzentrat	
		ZE147.01[6)]	8-800.f0	1 Apherese-Thrombozytenkonzentrat	358,32 €
		ZE147.02	8-800.f1	2 Apherese-Thrombozytenkonzentrate	716,65 €
		ZE147.03	8-800.f2	3 Apherese-Thrombozytenkonzentrate	1.074,97 €
		ZE147.04	8-800.f3	4 Apherese-Thrombozytenkonzentrate	1.433,30 €
		ZE147.05	8-800.f4	5 Apherese-Thrombozytenkonzentrate	1.791,62 €
		ZE147.06	8-800.f5	6 bis unter 8 Apherese-Thrombozytenkonzentrate	2.307,61 €
		ZE147.07	8-800.f6	8 bis unter 10 Apherese-Thrombozytenkonzentrate	3.042,18 €
		ZE147.08	8-800.f7	10 bis unter 12 Apherese-Thrombozytenkonzentrate	3.762,41 €
		ZE147.09	8-800.f8	12 bis unter 14 Apherese-Thrombozytenkonzentrate	4.475,47 €
		ZE147.10	8-800.f9	14 bis unter 16 Apherese-Thrombozytenkonzentrate	5.195,71 €
		ZE147.11	8-800.fa	16 bis unter 18 Apherese-Thrombozytenkonzentrate	5.883,69 €
		ZE147.12	8-800.fb	18 bis unter 20 Apherese-Thrombozytenkonzentrate	6.629,01 €
		ZE147.13	8-800.fc	20 bis unter 24 Apherese-Thrombozytenkonzentrate	7.524,82 €
		ZE147.14	8-800.fd	24 bis unter 28 Apherese-Thrombozytenkonzentrate	8.958,12 €
		ZE147.15	8-800.fe	28 bis unter 32 Apherese-Thrombozytenkonzentrate	10.391,41 €
		ZE147.16	8-800.ff	32 bis unter 36 Apherese-Thrombozytenkonzentrate	11.824,71 €
		ZE147.17	8-800.fg	36 bis unter 40 Apherese-Thrombozytenkonzentrate	13.258,01 €
		ZE147.18	8-800.fh	40 bis unter 46 Apherese-Thrombozytenkonzentrate	14.870,47 €
		ZE147.19	8-800.fj	46 bis unter 52 Apherese-Thrombozytenkonzentrate	17.020,42 €
		ZE147.20	8-800.fk	52 bis unter 58 Apherese-Thrombozytenkonzentrate	19.170,37 €

Zusatzentgelte-Katalog
- Definition und differenzierte Beträge -

ZE	Bezeichnung	ZE_D	OPS Version 2024		Betrag
			OPS-Kode	OPS-Text	
1	2	3	4	5	6
		ZE147.21	8-800.fm	58 bis unter 64 Apherese-Thrombozytenkonzentrate	21.320,31 €
		ZE147.22	8-800.fn	64 bis unter 70 Apherese-Thrombozytenkonzentrate	23.470,26 €
		ZE147.23	8-800.fp	70 bis unter 78 Apherese-Thrombozytenkonzentrate	25.799,37 €
		ZE147.24	8-800.fq	78 bis unter 86 Apherese-Thrombozytenkonzentrate	28.665,97 €
		ZE147.25	8-800.fr	86 bis unter 94 Apherese-Thrombozytenkonzentrate	31.532,56 €
		ZE147.26	8-800.fs	94 bis unter 102 Apherese-Thrombozytenkonzentrate	34.399,16 €
		ZE147.27	8-800.ft	102 bis unter 110 Apherese-Thrombozytenkonzentrate	37.265,76 €
		ZE147.28	8-800.fu	110 bis unter 118 Apherese-Thrombozytenkonzentrate	40.132,36 €
		ZE147.29	8-800.fv	118 bis unter 126 Apherese-Thrombozytenkonzentrate	42.998,95 €
		ZE147.30		Siehe weitere Differenzierung ZE147.31 bis ZE147.47	
		ZE147.31	8-800.fz	126 bis unter 134 Apherese-Thrombozytenkonzentrate	45.865,55 €
		ZE147.32	8-800.k0	134 bis unter 146 Apherese-Thrombozytenkonzentrate	49.090,47 €
		ZE147.33	8-800.k1	146 bis unter 158 Apherese-Thrombozytenkonzentrate	53.390,37 €
		ZE147.34	8-800.k2	158 bis unter 170 Apherese-Thrombozytenkonzentrate	57.690,26 €
		ZE147.35	8-800.k3	170 bis unter 182 Apherese-Thrombozytenkonzentrate	61.990,16 €
		ZE147.36	8-800.k4	182 bis unter 194 Apherese-Thrombozytenkonzentrate	66.290,05 €
		ZE147.37	8-800.k5	194 bis unter 210 Apherese-Thrombozytenkonzentrate	70.948,27 €
		ZE147.38	8-800.k6	210 bis unter 226 Apherese-Thrombozytenkonzentrate	76.681,46 €
		ZE147.39	8-800.k7	226 bis unter 242 Apherese-Thrombozytenkonzentrate	82.414,66 €
		ZE147.40	8-800.k8	242 bis unter 258 Apherese-Thrombozytenkonzentrate	88.147,85 €
		ZE147.41	8-800.k9	258 bis unter 274 Apherese-Thrombozytenkonzentrate	93.881,05 €
		ZE147.42	8-800.ka	274 bis unter 294 Apherese-Thrombozytenkonzentrate	99.972,56 €
		ZE147.43	8-800.kb	294 bis unter 314 Apherese-Thrombozytenkonzentrate	107.139,06 €
		ZE147.44	8-800.kc	314 bis unter 334 Apherese-Thrombozytenkonzentrate	114.305,55 €
		ZE147.45	8-800.kd	334 bis unter 354 Apherese-Thrombozytenkonzentrate	121.472,04 €
		ZE147.46	8-800.ke	354 bis unter 374 Apherese-Thrombozytenkonzentrate	128.638,53 €
		ZE147.47	8-800.kf	374 oder mehr Apherese-Thrombozytenkonzentrate	135.805,02 €
ZE151	Gabe von Abatacept, intravenös			Applikation von Medikamenten, Liste 3: Abatacept, intravenös	
		ZE151.01[6)]	6-003.s0	125 mg bis unter 250 mg	319,43 €
		ZE151.02[6)]	6-003.s1	250 mg bis unter 500 mg	638,87 €
		ZE151.03	6-003.s2	500 mg bis unter 750 mg	958,30 €
		ZE151.04	6-003.s3	750 mg bis unter 1.000 mg	1.437,45 €
		ZE151.05	6-003.s4	1.000 mg bis unter 1.250 mg	1.916,60 €
		ZE151.06	6-003.s5	1.250 mg bis unter 1.500 mg	2.395,75 €
		ZE151.07	6-003.s6	1.500 mg bis unter 1.750 mg	2.874,90 €
		ZE151.08	6-003.s7	1.750 mg bis unter 2.000 mg	3.354,05 €

Zusatzentgelte-Katalog
- Definition und differenzierte Beträge -

ZE	Bezeichnung	ZE_D	OPS Version 2024		Betrag
			OPS-Kode	OPS-Text	
1	2	3	4	5	6
		ZE151.09	6-003.s8	2.000 mg bis unter 2.250 mg	3.833,20 €
		ZE151.10	6-003.s9	2.250 mg bis unter 2.500 mg	4.312,35 €
		ZE151.11	6-003.sa	2.500 mg bis unter 2.750 mg	4.791,50 €
		ZE151.12	6-003.sb	2.750 mg bis unter 3.000 mg	5.270,65 €
		ZE151.13	6-003.sc	3.000 mg oder mehr	5.749,80 €
ZE152 [2)]	Perkutan-transluminale Fremdkörperentfernung und Thrombektomie an intrakraniellen Gefäßen unter Verwendung eines Stentretriever		8-836.60	(Perkutan-)transluminale Gefäßintervention: Fremdkörperentfernung: Gefäße intrakraniell	
			8-836.80	(Perkutan-)transluminale Gefäßintervention: Thrombektomie: Gefäße intrakraniell	
		ZE152.01	8-83b.84	Zusatzinformationen zu Materialien: Verwendung eines Instruments zur Thrombektomie oder Fremdkörperentfernung: 1 Stentretriever	1.384,92 €
			8-83b.8a	Zusatzinformationen zu Materialien: Verwendung eines Instruments zur Thrombektomie oder Fremdkörperentfernung: 1 Multizonen-Stentretriever	
		ZE152.02	8-83b.85	Zusatzinformationen zu Materialien: Verwendung eines Instruments zur Thrombektomie oder Fremdkörperentfernung: 2 Stentretriever	2.769,84 €
			8-83b.8b	Zusatzinformationen zu Materialien: Verwendung eines Instruments zur Thrombektomie oder Fremdkörperentfernung: 2 Multizonen-Stentretriever	
		ZE152.03	8-83b.86	Zusatzinformationen zu Materialien: Verwendung eines Instruments zur Thrombektomie oder Fremdkörperentfernung: 3 oder mehr Stentretriever	4.154,76 €
			8-83b.8c	Zusatzinformationen zu Materialien: Verwendung eines Instruments zur Thrombektomie oder Fremdkörperentfernung: 3 oder mehr Multizonen-Stentretriever	
ZE153	Zügeloperation mit alloplastischem Material, adjustierbar		5-594.31	Suprapubische (urethrovesikale) Zügeloperation [Schlingenoperation]: Mit alloplastischem Material: Adjustierbar	siehe Anlage 2
ZE156	Gabe von Decitabin, parenteral			Applikation von Medikamenten, Liste 4: Decitabin, parenteral	
		ZE156.01	6-004.40	30 mg bis unter 60 mg	923,34 €
		ZE156.02	6-004.41	60 mg bis unter 90 mg	1.615,85 €
		ZE156.03	6-004.42	90 mg bis unter 120 mg	2.308,36 €
		ZE156.04	6-004.43	120 mg bis unter 150 mg	3.000,87 €
		ZE156.05	6-004.44	150 mg bis unter 180 mg	3.693,38 €
		ZE156.06	6-004.45	180 mg bis unter 210 mg	4.385,88 €
		ZE156.07	6-004.46	210 mg bis unter 240 mg	4.982,60 €
		ZE156.08	6-004.47	240 mg bis unter 270 mg	5.770,90 €
		ZE156.09	6-004.48	270 mg bis unter 300 mg	6.463,41 €
		ZE156.10	6-004.49	300 mg bis unter 330 mg	7.155,92 €
		ZE156.11	6-004.4a	330 mg bis unter 360 mg	7.848,42 €
		ZE156.12	6-004.4b	360 mg bis unter 390 mg	8.540,93 €
		ZE156.13	6-004.4c	390 mg bis unter 420 mg	9.233,44 €
		ZE156.14	6-004.4d	420 mg bis unter 450 mg	9.925,95 €
		ZE156.15	6-004.4e	450 mg bis unter 480 mg	10.618,46 €
		ZE156.16	6-004.4f	480 mg bis unter 510 mg	11.310,96 €
		ZE156.17	6-004.4g	510 mg oder mehr	12.003,47 €
ZE158	Vagusnervstimulations-systeme, mit Sondenimplantation		5-059.c8	Implantation oder Wechsel eines Neurostimulators zur Stimulation des peripheren Nervensystems mit Implantation oder Wechsel einer Neurostimulationselektrode:	siehe Anlage 2

Zusatzentgelte-Katalog
- Definition und differenzierte Beträge -

ZE	Bezeichnung	ZE_D	OPS Version 2024		Betrag
			OPS-Kode	OPS-Text	
1	2	3	4	5	6
ZE159	Vagusnervstimulationssysteme, ohne Sondenimplantation		5-059.d8	Wechsel eines Neurostimulators zur Stimulation des peripheren Nervensystems ohne Wechsel einer Neurostimulationselektrode: Vagusnervstimulationssystem	siehe Anlage 2
ZE161	Radiofrequenzablation Ösophagus		5-422.55	Lokale Exzision und Destruktion von erkranktem Gewebe des Ösophagus: Destruktion, endoskopisch: Radiofrequenzablation	siehe Anlage 2
ZE162 [9)]	Erhöhter Pflegeaufwand bei pflegebedürftigen Patienten (DRG-Tabelle 1)			Pflegebedürftigkeit im Sinne § 14 SGB XI und Pflegegrad gemäß § 15 SGB XI	
			9-984.8	Pflegebedürftig nach Pflegegrad 3	siehe Anlage 2
			9-984.9	Pflegebedürftig nach Pflegegrad 4	siehe Anlage 2
			9-984.a	Pflegebedürftig nach Pflegegrad 5	siehe Anlage 2
ZE163 [10)]	Erhöhter Pflegeaufwand bei pflegebedürftigen Patienten (DRG-Tabelle 2)			Pflegebedürftigkeit im Sinne § 14 SGB XI und Pflegegrad gemäß § 15 SGB XI	
			9-984.8	Pflegebedürftig nach Pflegegrad 3	siehe Anlage 2
			9-984.9	Pflegebedürftig nach Pflegegrad 4	siehe Anlage 2
			9-984.a	Pflegebedürftig nach Pflegegrad 5	siehe Anlage 2
ZE164	Gabe von pathogeninaktivierten Thrombozytenkonzentraten			Transfusion von Vollblut, Erythrozytenkonzentrat und Thrombozytenkonzentrat: Pathogeninaktiviertes Thrombozytenkonzentrat	
		ZE164.01[6)]	8-800.h1	2 pathogeninaktivierte Thrombozytenkonzentrate	738,98 €
		ZE164.02[6)]	8-800.h2	3 pathogeninaktivierte Thrombozytenkonzentrate	1.108,46 €
		ZE164.03	8-800.h3	4 pathogeninaktivierte Thrombozytenkonzentrate	1.477,95 €
		ZE164.04	8-800.h4	5 pathogeninaktivierte Thrombozytenkonzentrate	1.847,44 €
		ZE164.05	8-800.h5	6 bis unter 8 pathogeninaktivierte Thrombozytenkonzentrate	2.401,67 €
		ZE164.06	8-800.h6	8 bis unter 10 pathogeninaktivierte Thrombozytenkonzentrate	3.140,65 €
		ZE164.07	8-800.h7	10 bis unter 12 pathogeninaktivierte Thrombozytenkonzentrate	3.879,63 €
		ZE164.08	8-800.h8	12 bis unter 14 pathogeninaktivierte Thrombozytenkonzentrate	4.618,60 €
		ZE164.09	8-800.h9	14 bis unter 16 pathogeninaktivierte Thrombozytenkonzentrate	5.357,58 €
		ZE164.10	8-800.ha	16 bis unter 18 pathogeninaktivierte Thrombozytenkonzentrate	6.096,56 €
		ZE164.11	8-800.hb	18 bis unter 20 pathogeninaktivierte Thrombozytenkonzentrate	6.835,53 €
		ZE164.12	8-800.hc	20 bis unter 24 pathogeninaktivierte Thrombozytenkonzentrate	7.759,25 €
		ZE164.13	8-800.hd	24 bis unter 28 pathogeninaktivierte Thrombozytenkonzentrate	9.237,21 €
		ZE164.14	8-800.he	28 bis unter 32 pathogeninaktivierte Thrombozytenkonzentrate	10.715,16 €
		ZE164.15	8-800.hf	32 bis unter 36 pathogeninaktivierte Thrombozytenkonzentrate	12.193,11 €
		ZE164.16	8-800.hg	36 bis unter 40 pathogeninaktivierte Thrombozytenkonzentrate	13.671,07 €
		ZE164.17	8-800.hh	40 bis unter 46 pathogeninaktivierte Thrombozytenkonzentrate	15.333,76 €
		ZE164.18	8-800.hj	46 bis unter 52 pathogeninaktivierte Thrombozytenkonzentrate	17.550,69 €
		ZE164.19	8-800.hk	52 bis unter 58 pathogeninaktivierte Thrombozytenkonzentrate	19.767,62 €
		ZE164.20	8-800.hm	58 bis unter 64 pathogeninaktivierte Thrombozytenkonzentrate	21.984,55 €

Zusatzentgelte-Katalog
- Definition und differenzierte Beträge -

ZE	Bezeichnung	ZE$_D$	OPS Version 2024		Betrag
			OPS-Kode	OPS-Text	
1	2	3	4	5	6
		ZE164.21	8-800.hn	64 bis unter 70 pathogeninaktivierte Thrombozytenkonzentrate	24.201,48 €
		ZE164.22	8-800.hp	70 bis unter 78 pathogeninaktivierte Thrombozytenkonzentrate	26.603,16 €
		ZE164.23	8-800.hq	78 bis unter 86 pathogeninaktivierte Thrombozytenkonzentrate	29.559,06 €
		ZE164.24	8-800.hr	86 bis unter 94 pathogeninaktivierte Thrombozytenkonzentrate	32.514,97 €
		ZE164.25	8-800.hs	94 bis unter 102 pathogeninaktivierte Thrombozytenkonzentrate	35.470,88 €
		ZE164.26	8-800.ht	102 bis unter 110 pathogeninaktivierte Thrombozytenkonzentrate	38.426,78 €
		ZE164.27	8-800.hu	110 bis unter 118 pathogeninaktivierte Thrombozytenkonzentrate	41.382,69 €
		ZE164.28	8-800.hv	118 bis unter 126 pathogeninaktivierte Thrombozytenkonzentrate	44.338,60 €
		ZE164.29	8-800.hz	126 bis unter 134 pathogeninaktivierte Thrombozytenkonzentrate	47.294,50 €
		ZE164.30	8-800.n0	134 bis unter 146 pathogeninaktivierte Thrombozytenkonzentrate	50.619,90 €
		ZE164.31	8-800.n1	146 bis unter 158 pathogeninaktivierte Thrombozytenkonzentrate	55.053,76 €
		ZE164.32	8-800.n2	158 bis unter 170 pathogeninaktivierte Thrombozytenkonzentrate	59.487,62 €
		ZE164.33	8-800.n3	170 bis unter 182 pathogeninaktivierte Thrombozytenkonzentrate	63.921,48 €
		ZE164.34	8-800.n4	182 bis unter 194 pathogeninaktivierte Thrombozytenkonzentrate	68.355,34 €
		ZE164.35	8-800.n5	194 bis unter 210 pathogeninaktivierte Thrombozytenkonzentrate	73.158,68 €
		ZE164.36	8-800.n6	210 bis unter 226 pathogeninaktivierte Thrombozytenkonzentrate	79.070,50 €
		ZE164.37	8-800.n7	226 bis unter 242 pathogeninaktivierte Thrombozytenkonzentrate	84.982,31 €
		ZE164.38	8-800.n8	242 bis unter 258 pathogeninaktivierte Thrombozytenkonzentrate	90.894,12 €
		ZE164.39	8-800.n9	258 bis unter 274 pathogeninaktivierte Thrombozytenkonzentrate	96.805,93 €
		ZE164.40	8-800.na	274 bis unter 294 pathogeninaktivierte Thrombozytenkonzentrate	103.087,24 €
		ZE164.41	8-800.nb	294 bis unter 314 pathogeninaktivierte Thrombozytenkonzentrate	110.477,00 €
		ZE164.42	8-800.nc	314 bis unter 334 pathogeninaktivierte Thrombozytenkonzentrate	117.866,77 €
		ZE164.43	8-800.nd	334 bis unter 354 pathogeninaktivierte Thrombozytenkonzentrate	125.256,53 €
		ZE164.44	8-800.ne	354 bis unter 374 pathogeninaktivierte Thrombozytenkonzentrate	132.646,30 €
		ZE164.45	8-800.nf	374 oder mehr pathogeninaktivierte Thrombozytenkonzentrate	140.036,07 €

Zusatzentgelte-Katalog
- Definition und differenzierte Beträge -

ZE	Bezeichnung	ZE_D	OPS Version 2024		Betrag
			OPS-Kode	OPS-Text	
1	2	3	4	5	6
ZE165	Gabe von pathogeninaktivierten Apherese-Thrombozyten-konzentraten			Transfusion von Vollblut, Erythrozytenkonzentrat und Thrombozytenkonzentrat: Pathogeninaktiviertes Apherese-Thrombozytenkonzentrat	
		ZE165.01[6)]	8-800.d0	1 pathogeninaktiviertes Apherese-Thrombozytenkonzentrat	427,12 €
		ZE165.02	8-800.d1	2 pathogeninaktivierte Apherese-Thrombozytenkonzentrate	854,25 €
		ZE165.03	8-800.d2	3 pathogeninaktivierte Apherese-Thrombozytenkonzentrate	1.281,37 €
		ZE165.04	8-800.d3	4 pathogeninaktivierte Apherese-Thrombozytenkonzentrate	1.708,50 €
		ZE165.05	8-800.d4	5 pathogeninaktivierte Apherese-Thrombozytenkonzentrate	2.135,62 €
		ZE165.06	8-800.d5	6 bis unter 8 pathogeninaktivierte Apherese-Thrombozytenkonzentrate	2.776,31 €
		ZE165.07	8-800.d6	8 bis unter 10 pathogeninaktivierte Apherese-Thrombozytenkonzentrate	3.630,55 €
		ZE165.08	8-800.d7	10 bis unter 12 pathogeninaktivierte Apherese-Thrombozytenkonzentrate	4.484,80 €
		ZE165.09	8-800.d8	12 bis unter 14 pathogeninaktivierte Apherese-Thrombozytenkonzentrate	5.339,05 €
		ZE165.10	8-800.d9	14 bis unter 16 pathogeninaktivierte Apherese-Thrombozytenkonzentrate	6.193,30 €
		ZE165.11	8-800.da	16 bis unter 18 pathogeninaktivierte Apherese-Thrombozytenkonzentrate	7.047,55 €
		ZE165.12	8-800.db	18 bis unter 20 pathogeninaktivierte Apherese-Thrombozytenkonzentrate	7.901,79 €
		ZE165.13	8-800.dc	20 bis unter 24 pathogeninaktivierte Apherese-Thrombozytenkonzentrate	8.969,60 €
		ZE165.14	8-800.dd	24 bis unter 28 pathogeninaktivierte Apherese-Thrombozytenkonzentrate	10.678,10 €
		ZE165.15	8-800.de	28 bis unter 32 pathogeninaktivierte Apherese-Thrombozytenkonzentrate	12.386,60 €
		ZE165.16	8-800.df	32 bis unter 36 pathogeninaktivierte Apherese-Thrombozytenkonzentrate	14.095,09 €
		ZE165.17	8-800.dg	36 bis unter 40 pathogeninaktivierte Apherese-Thrombozytenkonzentrate	15.803,59 €
		ZE165.18	8-800.dh	40 bis unter 46 pathogeninaktivierte Apherese-Thrombozytenkonzentrate	17.725,65 €
		ZE165.19	8-800.dj	46 bis unter 52 pathogeninaktivierte Apherese-Thrombozytenkonzentrate	20.288,39 €
		ZE165.20	8-800.dk	52 bis unter 58 pathogeninaktivierte Apherese-Thrombozytenkonzentrate	22.851,13 €
		ZE165.21	8-800.dm	58 bis unter 64 pathogeninaktivierte Apherese-Thrombozytenkonzentrate	25.413,88 €
		ZE165.22	8-800.dn	64 bis unter 70 pathogeninaktivierte Apherese-Thrombozytenkonzentrate	27.976,62 €
		ZE165.23	8-800.dp	70 bis unter 78 pathogeninaktivierte Apherese-Thrombozytenkonzentrate	30.752,93 €
		ZE165.24	8-800.dq	78 bis unter 86 pathogeninaktivierte Apherese-Thrombozytenkonzentrate	34.169,92 €
		ZE165.25	8-800.dr	86 bis unter 94 pathogeninaktivierte Apherese-Thrombozytenkonzentrate	37.586,91 €
		ZE165.26	8-800.ds	94 bis unter 102 pathogeninaktivierte Apherese-Thrombozytenkonzentrate	41.003,90 €

Zusatzentgelte-Katalog
- Definition und differenzierte Beträge -

ZE	Bezeichnung	ZE_D	OPS Version 2024		Betrag
			OPS-Kode	OPS-Text	
1	2	3	4	5	6
		ZE165.27	8-800.dt	102 bis unter 110 pathogeninaktivierte Apherese-Thrombozytenkonzentrate	44.420,90 €
		ZE165.28	8-800.du	110 bis unter 118 pathogeninaktivierte Apherese-Thrombozytenkonzentrate	47.837,89 €
		ZE165.29	8-800.dv	118 bis unter 126 pathogeninaktivierte Apherese-Thrombozytenkonzentrate	51.254,88 €
		ZE165.30	8-800.dz	126 bis unter 134 pathogeninaktivierte Apherese-Thrombozytenkonzentrate	54.671,87 €
		ZE165.31	8-800.j0	134 bis unter 146 pathogeninaktivierte Apherese-Thrombozytenkonzentrate	58.515,99 €
		ZE165.32	8-800.j1	146 bis unter 158 pathogeninaktivierte Apherese-Thrombozytenkonzentrate	63.641,48 €
		ZE165.33	8-800.j2	158 bis unter 170 pathogeninaktivierte Apherese-Thrombozytenkonzentrate	68.766,96 €
		ZE165.34	8-800.j3	170 bis unter 182 pathogeninaktivierte Apherese-Thrombozytenkonzentrate	73.892,45 €
		ZE165.35	8-800.j4	182 bis unter 194 pathogeninaktivierte Apherese-Thrombozytenkonzentrate	79.017,94 €
		ZE165.36	8-800.j5	194 bis unter 210 pathogeninaktivierte Apherese-Thrombozytenkonzentrate	84.570,55 €
		ZE165.37	8-800.j6	210 bis unter 226 pathogeninaktivierte Apherese-Thrombozytenkonzentrate	91.404,54 €
		ZE165.38	8-800.j7	226 bis unter 242 pathogeninaktivierte Apherese-Thrombozytenkonzentrate	98.238,52 €
		ZE165.39	8-800.j8	242 bis unter 258 pathogeninaktivierte Apherese-Thrombozytenkonzentrate	105.072,50 €
		ZE165.40	8-800.j9	258 bis unter 274 pathogeninaktivierte Apherese-Thrombozytenkonzentrate	111.906,49 €
		ZE165.41	8-800.ja	274 bis unter 294 pathogeninaktivierte Apherese-Thrombozytenkonzentrate	119.167,60 €
		ZE165.42	8-800.jb	294 bis unter 314 pathogeninaktivierte Apherese-Thrombozytenkonzentrate	127.710,08 €
		ZE165.43	8-800.jc	314 bis unter 334 pathogeninaktivierte Apherese-Thrombozytenkonzentrate	136.252,56 €
		ZE165.44	8-800.jd	334 bis unter 354 pathogeninaktivierte Apherese-Thrombozytenkonzentrate	144.795,04 €
		ZE165.45	8-800.je	354 bis unter 374 pathogeninaktivierte Apherese-Thrombozytenkonzentrate	153.337,52 €
		ZE165.46	8-800.jf	374 oder mehr pathogeninaktivierte Apherese-Thrombozytenkonzentrate	161.880,00 €
ZE168	Gabe von Ipilimumab, parenteral			Applikation von Medikamenten, Liste 6: Ipilimumab, parenteral	
		ZE168.01[6)]	6-006.j0	20 mg bis unter 30 mg	1.534,93 €
		ZE168.02	6-006.j1	30 mg bis unter 40 mg	2.192,75 €
		ZE168.03	6-006.j2	40 mg bis unter 50 mg	2.850,58 €
		ZE168.04	6-006.j3	50 mg bis unter 60 mg	3.508,41 €
		ZE168.05	6-006.j4	60 mg bis unter 70 mg	4.166,23 €
		ZE168.06	6-006.j5	70 mg bis unter 80 mg	4.824,06 €
		ZE168.07	6-006.j6	80 mg bis unter 90 mg	5.481,88 €
		ZE168.08	6-006.j7	90 mg bis unter 100 mg	6.094,10 €
		ZE168.09	6-006.j8	100 mg bis unter 120 mg	6.948,62 €
		ZE168.10	6-006.j9	120 mg bis unter 140 mg	8.332,46 €
		ZE168.11	6-006.ja	140 mg bis unter 160 mg	9.648,11 €
		ZE168.12	6-006.jb	160 mg bis unter 180 mg	10.963,77 €
		ZE168.13	6-006.jc	180 mg bis unter 200 mg	12.279,42 €
		ZE168.14	6-006.jd	200 mg bis unter 220 mg	13.595,07 €
		ZE168.15	6-006.je	220 mg bis unter 240 mg	14.910,72 €

Zusatzentgelte-Katalog
- Definition und differenzierte Beträge -

ZE	Bezeichnung	ZE_D	OPS Version 2024		Betrag
			OPS-Kode	OPS-Text	
1	2	3	4	5	6
		ZE168.16	6-006.jf	240 mg bis unter 260 mg	16.226,37 €
		ZE168.17	6-006.jg	260 mg bis unter 300 mg	17.980,58 €
		ZE168.18	6-006.jh	300 mg bis unter 340 mg	20.611,88 €
		ZE168.19	6-006.jj	340 mg bis unter 380 mg	23.243,19 €
		ZE168.20	6-006.jk	380 mg bis unter 420 mg	25.756,52 €
		ZE168.21	6-006.jm	420 mg bis unter 460 mg	28.505,79 €
		ZE168.22	6-006.jn	460 mg bis unter 540 mg	32.014,20 €
		ZE168.23	6-006.jp	540 mg bis unter 620 mg	37.276,81 €
		ZE168.24	6-006.jq	620 mg bis unter 700 mg	42.539,41 €
		ZE168.25	6-006.jr	700 mg bis unter 860 mg	49.556,23 €
		ZE168.26	6-006.js	860 mg bis unter 1.020 mg	60.081,44 €
		ZE168.27	6-006.jt	1.020 mg bis unter 1.180 mg	70.606,66 €
		ZE168.28	6-006.ju	1.180 mg bis unter 1.340 mg	81.131,87 €
		ZE168.29	6-006.jv	1.340 mg bis unter 1.500 mg	91.657,09 €
		ZE168.30	6-006.jw	1.500 mg oder mehr	102.182,31 €
ZE169	Adjustierbare Harnkontinenztherapien		5-596.73	Andere Harninkontinenzoperationen: Adjustierbare Kontinenztherapie: Wechsel des Ballons	siehe Anlage 2
			5-596.74	Andere Harninkontinenzoperationen: Adjustierbare Kontinenztherapie: Implantation unter den Harnblasenhals	
			5-596.75	Andere Harninkontinenzoperationen: Adjustierbare Kontinenztherapie: Implantation in die Region der bulbären Harnröhre	
ZE170	Suspensionsoperation bei Harninkontinenz des Mannes		5-598.0	Suspensionsoperation [Zügeloperation] bei Harninkontinenz des Mannes: Mit alloplastischem Material	siehe Anlage 2
ZE171	Gabe von Pembrolizumab, parenteral			Applikation von Medikamenten, Liste 9: Pembrolizumab, parenteral	
		ZE171.01[6)]	6-009.p0	20 mg bis unter 40 mg	743,57 €
		ZE171.02[6)]	6-009.p1	40 mg bis unter 60 mg	1.301,24 €
		ZE171.03[6)]	6-009.p2	60 mg bis unter 80 mg	1.858,91 €
		ZE171.04	6-009.p3	80 mg bis unter 100 mg	2.416,59 €
		ZE171.05	6-009.p4	100 mg bis unter 150 mg	2.788,37 €
		ZE171.06	6-009.p5	150 mg bis unter 200 mg	4.182,56 €
		ZE171.07	6-009.p6	200 mg bis unter 300 mg	5.576,74 €
		ZE171.08	6-009.p7	300 mg bis unter 400 mg	8.365,11 €
		ZE171.09	6-009.p8	400 mg bis unter 600 mg	11.153,48 €
		ZE171.10	6-009.p9	600 mg bis unter 800 mg	16.730,22 €
		ZE171.11	6-009.pa	800 mg bis unter 1.000 mg	22.306,96 €
		ZE171.12	6-009.pb	1.000 mg bis unter 1.200 mg	27.883,70 €
		ZE171.13	6-009.pc	1.200 mg bis unter 1.400 mg	33.460,44 €
		ZE171.14	6-009.pd	1.400 mg bis unter 1.600 mg	39.037,18 €
		ZE171.15	6-009.pe	1.600 mg bis unter 1.800 mg	44.613,92 €
		ZE171.16	6-009.pf	1.800 mg bis unter 2.000 mg	50.190,66 €
		ZE171.17	6-009.pg	2.000 mg bis unter 2.200 mg	55.767,40 €
		ZE171.18	6-009.ph	2.200 mg bis unter 2.400 mg	61.344,14 €
		ZE171.19	6-009.pj	2.400 mg bis unter 2.600 mg	66.920,88 €
		ZE171.20	6-009.pk	2.600 mg oder mehr	72.497,62 €
ZE172	Gabe von Atezolizumab, parenteral			Applikation von Medikamenten, Liste 10: Atezolizumab, parenteral	
		ZE172.01	6-00a.10	840 mg bis unter 1.200 mg	2.692,54 €
		ZE172.02	6-00a.11	1.200 mg bis unter 1.680 mg	3.846,48 €
		ZE172.03	6-00a.12	1.680 mg bis unter 2.400 mg	5.385,07 €
		ZE172.04	6-00a.13	2.400 mg bis unter 2.520 mg	7.692,96 €
		ZE172.05	6-00a.14	2.520 mg bis unter 3.360 mg	8.077,61 €
		ZE172.06	6-00a.15	3.360 mg bis unter 3.600 mg	10.770,14 €
		ZE172.07	6-00a.16	3.600 mg bis unter 4.200 mg	11.539,44 €

Zusatzentgelte-Katalog
- Definition und differenzierte Beträge -

ZE	Bezeichnung	ZE_D	OPS Version 2024		Betrag
			OPS-Kode	OPS-Text	
1	2	3	4	5	6
		ZE172.08	6-00a.17	4.200 mg bis unter 4.800 mg	13.462,68 €
		ZE172.09	6-00a.18	4.800 mg bis unter 5.040 mg	15.385,92 €
		ZE172.10	6-00a.19	5.040 mg bis unter 5.880 mg	16.155,22 €
		ZE172.11	6-00a.1a	5.880 mg bis unter 6.000 mg	18.847,75 €
		ZE172.12	6-00a.1b	6.000 mg bis unter 6.720 mg	19.232,40 €
		ZE172.13	6-00a.1c	6.720 mg bis unter 7.200 mg	21.540,29 €
		ZE172.14	6-00a.1d	7.200 mg bis unter 7.560 mg	23.078,88 €
		ZE172.15	6-00a.1e	7.560 mg bis unter 8.400 mg	24.232,82 €
		ZE172.16	6-00a.1f	8.400 mg bis unter 9.600 mg	26.925,36 €
		ZE172.17	6-00a.1g	9.600 mg bis unter 10.800 mg	30.771,84 €
		ZE172.18	6-00a.1h	10.800 mg bis unter 12.000 mg	34.618,32 €
		ZE172.19	6-00a.1j	12.000 mg bis unter 13.200 mg	38.464,80 €
		ZE172.20	6-00a.1k	13.200 mg oder mehr	42.311,28 €
ZE173	Gabe von Ocrelizumab, parenteral			Applikation von Medikamenten, Liste 10: Ocrelizumab, parenteral	
		ZE173.01	6-00a.e0	300 mg bis unter 600 mg	5.794,89 €
		ZE173.02	6-00a.e1	600 mg bis unter 900 mg	11.589,78 €
		ZE173.03	6-00a.e2	900 mg bis unter 1.200 mg	17.384,67 €
		ZE173.04	6-00a.e3	1.200 mg bis unter 1.500 mg	23.179,56 €
		ZE173.05	6-00a.e4	1.500 mg bis unter 1.800 mg	28.974,45 €
		ZE173.06	6-00a.e5	1.800 mg oder mehr	34.769,34 €
ZE174	Gabe von Venetoclax, oral			Applikation von Medikamenten, Liste 10: Venetoclax, oral	
		ZE174.01[6)]	6-00a.k0	250 mg bis unter 500 mg	188,82 €
		ZE174.02[6)]	6-00a.k1	500 mg bis unter 750 mg	314,69 €
		ZE174.03[6)]	6-00a.k2	750 mg bis unter 1.000 mg	440,57 €
		ZE174.04	6-00a.k3	1.000 mg bis unter 1.500 mg	607,62 €
		ZE174.05	6-00a.k4	1.500 mg bis unter 2.000 mg	868,64 €
		ZE174.06	6-00a.k5	2.000 mg bis unter 2.500 mg	1.115,70 €
		ZE174.07	6-00a.k6	2.500 mg bis unter 3.000 mg	1.372,59 €
		ZE174.08	6-00a.k7	3.000 mg bis unter 4.000 mg	1.728,38 €
		ZE174.09	6-00a.k8	4.000 mg bis unter 5.000 mg	2.226,91 €
		ZE174.10	6-00a.k9	5.000 mg bis unter 6.000 mg	2.722,19 €
		ZE174.11	6-00a.ka	6.000 mg bis unter 7.000 mg	3.272,75 €
		ZE174.12	6-00a.kb	7.000 mg bis unter 9.000 mg	3.991,24 €
		ZE174.13	6-00a.kc	9.000 mg bis unter 11.000 mg	5.035,00 €
		ZE174.14	6-00a.kd	11.000 mg bis unter 13.000 mg	6.042,00 €
		ZE174.15	6-00a.ke	13.000 mg bis unter 15.000 mg	7.049,00 €
		ZE174.16	6-00a.kf	15.000 mg bis unter 19.000 mg	8.559,50 €
		ZE174.17	6-00a.kg	19.000 mg bis unter 23.000 mg	10.573,50 €
		ZE174.18	6-00a.kh	23.000 mg bis unter 27.000 mg	12.587,50 €
		ZE174.19	6-00a.kj	27.000 mg bis unter 31.000 mg	14.601,50 €
		ZE174.20	6-00a.kk	31.000 mg oder mehr	16.615,50 €
ZE175 [2)]	Perkutan-transluminale Fremdkörperentfernung und Thrombektomie an intrakraniellen Gefäßen unter Verwendung eines Thrombektomie-Aspirationskatheters		8-836.60	(Perkutan-)transluminale Gefäßintervention: Fremdkörperentfernung: Gefäße intrakraniell	
			8-836.80	(Perkutan-)transluminale Gefäßintervention: Thrombektomie: Gefäße intrakraniell	
		ZE175.01	8-83b.87	1 Thrombektomie-Aspirationskatheter	1.137,64 €
		ZE175.02	8-83b.88	2 Thrombektomie-Aspirationskatheter	2.275,28 €
		ZE175.03	8-83b.89	3 oder mehr Thrombektomie-Aspirationskatheter	3.412,92 €

Fußnoten:

*) Gilt für alle entsprechenden 5-Steller oder 6-Steller des angegebenen OPS-Kodes.

1) Eine zusätzliche Abrechnung ist im Zusammenhang mit einer Fallpauschale der Basis-DRG L60 oder L71 oder der DRG L90B oder L90C und dem nach Anlage 3b krankenhausindividuell zu vereinbarenden Entgelt L90A nicht möglich.

2) Nur abrechenbar in Kombination mit einem der grau hinterlegten OPS-Kodes.

3) Dieses Zusatzentgelt ist nur abrechenbar für Patienten mit einem Alter < 3 Jahre.

Zusatzentgelte-Katalog
- Definition und differenzierte Beträge -

Fußnoten (Fortsetzung):

4) Dieses Zusatzentgelt ist nur abrechenbar für Patienten mit einem Alter < 5 Jahre.

5) Dieses Zusatzentgelt ist nur abrechenbar für Patienten mit einem Alter < 10 Jahre.

6) Dieses Zusatzentgelt ist nur abrechenbar für Patienten mit einem Alter < 15 Jahre.

7) Für eine Prozedur "(Perkutan-)transluminale Gefäßintervention: Selektive Embolisation mit Metallspiralen" in Kombination mit den Prozeduren 8-83b.34, 8-83b.35 und 8-83b.38 ist lokalisationsunabhängig ausschließlich das ZE105 abrechenbar.

8) Bei der Behandlung von Blutern mit Blutgerinnungsfaktoren erfolgt die Abrechnung der Gabe von Prothrombinkomplex über das ZE2024-97 nach Anlage 4 bzw. 6, die gleichzeitige Abrechnung des ZE30 ist ausgeschlossen.

9) Das Zusatzentgelt ist ab einer Mindestverweildauer von 5 Belegungstagen und nur in Verbindung mit einer der in Anlage 8 Tabelle 1 genannten DRG-Fallpauschale abrechenbar.

10) Das Zusatzentgelt ist ab einer Mindestverweildauer von 5 Belegungstagen und nur in Verbindung mit einer der in Anlage 8 Tabelle 2 genannten DRG-Fallpauschale abrechenbar.

Zusatzentgelte-Katalog
- Definition -

ZE [1]	Bezeichnung	OPS Version 2024	
		OPS-Kode	OPS-Text
1	2	3	4
ZE2024-01 [4]	Beckenimplantate	5-785.2d	Implantation von alloplastischem Knochenersatz: Keramischer Knochenersatz: Becken
		5-785.3d	Implantation von alloplastischem Knochenersatz: Keramischer Knochenersatz, resorbierbar: Becken
		5-785.4d	Implantation von alloplastischem Knochenersatz: Metallischer Knochenersatz: Becken
		5-785.5d	Implantation von alloplastischem Knochenersatz: Keramischer Knochenersatz, resorbierbar mit Antibiotikumzusatz: Becken
ZE2024-02 [4]	Links- und rechtsventrikuläre Herzassistenzsysteme („Kunstherz“)	5-376.20	Implantation und Entfernung eines herzunterstützenden Systems, offen chirurgisch: Extrakorporale Pumpe (z.B. Kreiselpumpe oder Zentrifugalpumpe), univentrikulär: Implantation, mit Sternotomie
		5-376.22	Implantation und Entfernung eines herzunterstützenden Systems, offen chirurgisch: Extrakorporale Pumpe (z.B. Kreiselpumpe oder Zentrifugalpumpe), univentrikulär: Isolierter Pumpenwechsel, nicht offen chirurgisch
		5-376.23	Implantation und Entfernung eines herzunterstützenden Systems, offen chirurgisch: Extrakorporale Pumpe (z.B. Kreiselpumpe oder Zentrifugalpumpe), univentrikulär: Implantation, transapikal
		5-376.30	Implantation und Entfernung eines herzunterstützenden Systems, offen chirurgisch: Extrakorporale Pumpe (z.B. Kreiselpumpe oder Zentrifugalpumpe), biventrikulär: Implantation
		5-376.33	Implantation und Entfernung eines herzunterstützenden Systems, offen chirurgisch: Extrakorporale Pumpe (z.B. Kreiselpumpe oder Zentrifugalpumpe), biventrikulär: Isolierter Pumpenwechsel einer Pumpe, nicht offen chirurgisch
		5-376.34	Implantation und Entfernung eines herzunterstützenden Systems, offen chirurgisch: Extrakorporale Pumpe (z.B. Kreiselpumpe oder Zentrifugalpumpe), biventrikulär: Isolierter Pumpenwechsel beider Pumpen, nicht offen chirurgisch
		5-376.40	Implantation und Entfernung eines herzunterstützenden Systems, offen chirurgisch: Intrakorporale Pumpe, univentrikulär: Implantation
		5-376.50	Implantation und Entfernung eines herzunterstützenden Systems, offen chirurgisch: Intrakorporale Pumpe, biventrikulär: Implantation
		5-376.60	Implantation und Entfernung eines herzunterstützenden Systems, offen chirurgisch: Kunstherz (totaler Herzersatz): Implantation
		5-376.70	Implantation und Entfernung eines herzunterstützenden Systems, offen chirurgisch: Parakorporale Pumpe, univentrikulär: Implantation
		5-376.72	Implantation und Entfernung eines herzunterstützenden Systems, offen chirurgisch: Parakorporale Pumpe, univentrikulär: Isolierter Pumpenwechsel, nicht offen chirurgisch
		5-376.80	Implantation und Entfernung eines herzunterstützenden Systems, offen chirurgisch: Parakorporale Pumpe, biventrikulär: Implantation

Zusatzentgelte-Katalog
- Definition -

ZE [1]	Bezeichnung	OPS Version 2024	
		OPS-Kode	OPS-Text
1	2	3	4
		5-376.83	Implantation und Entfernung eines herzunterstützenden Systems, offen chirurgisch: Parakorporale Pumpe, biventrikulär: Isolierter Pumpenwechsel einer Pumpe, nicht offen chirurgisch
		5-376.84	Implantation und Entfernung eines herzunterstützenden Systems, offen chirurgisch: Parakorporale Pumpe, biventrikulär: Isolierter Pumpenwechsel beider Pumpen, nicht offen chirurgisch
ZE2024-03 [4]	ECMO und PECLA	8-852.0*	Extrakorporaler Gasaustausch ohne und mit Herzunterstützung und Prä-ECMO-Therapie: Veno-venöse extrakorporale Membranoxygenation (ECMO) ohne Herzunterstützung
		8-852.2*	Extrakorporaler Gasaustausch ohne und mit Herzunterstützung und Prä-ECMO-Therapie: Extrakorporale Lungenunterstützung, pumpenlos (PECLA)
		8-852.3*	Extrakorporaler Gasaustausch ohne und mit Herzunterstützung und Prä-ECMO-Therapie: Anwendung einer minimalisierten Herz-Lungen-Maschine
ZE2024-04 [4]	Individuell nach CAD gefertigte Rekonstruktionsimplantate im Gesichts- und Schädelbereich	5-020.65	Kranioplastik: Rekonstruktion des Gesichtsschädels ohne Beteiligung des Hirnschädels bis zu 2 Regionen mit computerassistiert vorgefertigtem Implantat [CAD-Implantat]
		5-020.66	Kranioplastik: Rekonstruktion des Gesichtsschädels ohne Beteiligung des Hirnschädels ab 3 Regionen mit computerassistiert vorgefertigtem Implantat [CAD-Implantat]
		5-020.67	Kranioplastik: Rekonstruktion des Hirnschädels mit Beteiligung von Orbita, Temporalregion oder frontalem Sinus (bis zu 2 Regionen) mit computerassistiert vorgefertigtem Implantat [CAD-Implantat]
		5-020.68	Kranioplastik: Rekonstruktion des Hirnschädels mit Beteiligung multipler Regionen des Gesichtsschädels (ab 3 Regionen) mit computerassistiert vorgefertigtem Implantat [CAD-Implantat]
		5-020.6b	Kranioplastik: Rekonstruktion des Gesichtsschädels ohne Beteiligung des Hirnschädels bis zu 2 Regionen mit computerassistiert vorgefertigtem Implantat, mit nicht resorbierbarem, mikroporösem Material mit fibrovaskulärer Integration
		5-020.6c	Kranioplastik: Rekonstruktion des Gesichtsschädels ohne Beteiligung des Hirnschädels ab 3 Regionen mit computerassistiert vorgefertigtem Implantat, mit nicht resorbierbarem, mikroporösem Material mit fibrovaskulärer Integration
		5-020.6d	Kranioplastik: Rekonstruktion des Hirnschädels mit Beteiligung von Orbita, Temporalregion oder frontalem Sinus (bis zu 2 Regionen) mit computerassistiert vorgefertigtem Implantat, mit nicht resorbierbarem, mikroporösem Material mit fibrovaskulärer Integration
		5-020.6e	Kranioplastik: Rekonstruktion des Hirnschädels mit Beteiligung multipler Regionen des Gesichtsschädels (ab 3 Regionen) mit computerassistiert vorgefertigtem Implantat, mit nicht resorbierbarem, mikroporösem Material mit fibrovaskulärer Integration
		5-020.71	Kranioplastik: Rekonstruktion des Hirnschädels ohne Beteiligung des Gesichtsschädels, mit alloplastischem Material: Mit computerassistiert vorgefertigtem Implantat [CAD-Implantat], einfacher Defekt

Zusatzentgelte-Katalog
- Definition -

ZE [1)]	Bezeichnung	OPS Version 2024	
		OPS-Kode	OPS-Text
1	2	3	4
		5-020.72	Kranioplastik: Rekonstruktion des Hirnschädels ohne Beteiligung des Gesichtsschädels, mit alloplastischem Material: Mit computerassistiert vorgefertigtem Implantat [CAD-Implantat], großer oder komplexer Defekt
		5-020.74	Kranioplastik: Rekonstruktion des Hirnschädels ohne Beteiligung des Gesichtsschädels, mit alloplastischem Material: Mit computerassistiert vorgefertigtem Implantat [CAD-Implantat], einfacher Defekt, mit nicht resorbierbarem, mikroporösem Material mit fibrovaskulärer Integration
		5-020.75	Kranioplastik: Rekonstruktion des Hirnschädels ohne Beteiligung des Gesichtsschädels, mit alloplastischem Material: Mit computerassistiert vorgefertigtem Implantat [CAD-Implantat], großer oder komplexer Defekt, mit nicht resorbierbarem, mikroporösem Material mit fibrovaskulärer Integration
		5-774.71	Plastische Rekonstruktion und Augmentation der Maxilla: Durch alloplastische Implantate: Mit computerassistiert vorgefertigtem Implantat [CAD-Implantat], einfacher Defekt
		5-774.72	Plastische Rekonstruktion und Augmentation der Maxilla: Durch alloplastische Implantate: Mit computerassistiert vorgefertigtem Implantat [CAD-Implantat], großer oder komplexer Defekt
		5-775.71	Plastische Rekonstruktion und Augmentation der Mandibula: Durch alloplastische Implantate: Mit computerassistiert vorgefertigtem Implantat [CAD-Implantat], einfacher Defekt
		5-775.72	Plastische Rekonstruktion und Augmentation der Mandibula: Durch alloplastische Implantate: Mit computerassistiert vorgefertigtem Implantat [CAD-Implantat], großer oder komplexer Defekt
ZE2024-05 [4)]	Distraktion am Gesichtsschädel	5-776.6	Osteotomie zur Verlagerung des Untergesichtes: Verlagerung des Unterkiefers durch Distraktion mit Kontinuitätsdurchtrennung im aufsteigenden Mandibulaast
		5-776.7	Osteotomie zur Verlagerung des Untergesichtes: Verlagerung der Mandibula durch Distraktion nach Osteotomie im horizontalen Mandibulaast
		5-776.9	Osteotomie zur Verlagerung des Untergesichtes: Verlagerung des Alveolarfortsatzes durch horizontale Distraktion nach
		5-777.*1	Osteotomie zur Verlagerung des Mittelgesichtes: Mit Distraktion
ZE2024-07 [4)]	Andere implantierbare Medikamentenpumpen	5-028.1x	Funktionelle Eingriffe an Schädel, Gehirn und Hirnhäuten: Implantation oder Wechsel einer Medikamentenpumpe zur intraventrikulären Infusion: Sonstige
		5-038.4x	Operationen am spinalen Liquorsystem: Implantation oder Wechsel einer Medikamentenpumpe zur intrathekalen und/oder epiduralen Infusion: Sonstige
ZE2024-08 [3), 4)]	Sonstige Dialyse	8-853.x	Hämofiltration: Sonstige
		8-853.y	Hämofiltration: N.n.bez.
		8-854.x	Hämodialyse: Sonstige
		8-854.y	Hämodialyse: N.n.bez.
		8-855.x	Hämodiafiltration: Sonstige
		8-855.y	Hämodiafiltration: N.n.bez.
		8-857.x	Peritonealdialyse: Sonstige
		8-857.y	Peritonealdialyse: N.n.bez.
ZE2024-09 [4)]	Hämoperfusion [Vollblut-Adsorption]	8-821.30	Hämoperfusion [Vollblut-Adsorption]: Selektiv, zur Entfernung hydrophober Substanzen (niedrig- und/oder mittelmolekular)
		8-821.31	Hämoperfusion [Vollblut-Adsorption]: Selektiv, zur Entfernung sonstiger Substanzen
		8-821.32	Hämoperfusion [Vollblut-Adsorption]: Spezifisch

Zusatzentgelte-Katalog
- Definition -

ZE [1]	Bezeichnung	OPS Version 2024	
		OPS-Kode	OPS-Text
1	2	3	4
ZE2024-10 [4]	Leberersatztherapie	8-858.0	Extrakorporale Leberersatztherapie [Leberdialyse]: Ohne individualisierte pH-Steuerung zum Azidoseausgleich
		8-858.1	Extrakorporale Leberersatztherapie [Leberdialyse]: Mit individualisierter pH-Steuerung zum Azidoseausgleich
ZE2024-13 [4]	Adsorption zur Entfernung von Immunglobulinen und/oder Immunkomplexen	8-821.40	Adsorption zur Entfernung von Immunglobulinen und/oder Immunkomplexen: Mit nicht wiederverwendbarem und nicht regenerierbarem Adsorber
		8-821.41	Adsorption zur Entfernung von Immunglobulinen und/oder Immunkomplexen: Mit nicht wiederverwendbarem und regenerierbarem Adsorber
		8-821.42	Adsorption zur Entfernung von Immunglobulinen und/oder Immunkomplexen: Mit wiederverwendbarem und regenerierbarem Adsorber, Erstanwendung
		8-821.43	Adsorption zur Entfernung von Immunglobulinen und/oder Immunkomplexen: Mit wiederverwendbarem und regenerierbarem Adsorber, weitere Anwendung
ZE2024-15 [4]	Zellapherese	8-823	Zellapherese
		8-825.*	Spezielle Zellaphereseverfahren
ZE2024-16 [4]	Isolierte Extremitätenperfusion	8-859	Isolierte Extremitätenperfusion
ZE2024-17 [4]	Retransplantation von Organen während desselben stationären Aufenthaltes	5-125.5	Hornhaut-Retransplantation während desselben stationären Aufenthaltes
		5-335.3*	Lungentransplantation: Retransplantation während desselben stationären Aufenthaltes
		5-375.3	Herz-Retransplantation während desselben stationären Aufenthaltes
		5-375.4	Herz-Lungen-Retransplantation (En-bloc) während desselben stationären Aufenthaltes
		5-467.9*	Dünndarm-Retransplantation während desselben stationären Aufenthaltes
		5-504.3	Lebertransplantation: Retransplantation, komplett (gesamtes Organ) während desselben stationären Aufenthaltes
		5-504.4	Lebertransplantation: Retransplantation, partiell (Split-Leber) während desselben stationären Aufenthaltes
		5-504.5	Lebertransplantation: Retransplantation, auxiliär (linker Leberlappen zusätzlich zum vorhandenen Organ) während desselben stationären Aufenthaltes
		5-528.3	Retransplantation von Pankreasgewebe während desselben stationären Aufenthaltes
		5-528.4	Retransplantation eines Pankreassegmentes während desselben stationären Aufenthaltes
		5-528.5	Retransplantation des Pankreas (gesamtes Organ) während desselben stationären Aufenthaltes
		5-555.6	Nierentransplantation: Retransplantation, allogen, Lebendspender während desselben stationären Aufenthaltes
		5-555.7	Nierentransplantation: Retransplantation, allogen, Leichenniere während desselben stationären Aufenthaltes
		5-555.8	Nierentransplantation: Retransplantation, En-bloc-Transplantat während desselben stationären Aufenthaltes
ZE2024-18 [4]	Zwerchfellschrittmacher	5-347.6*	Operationen am Zwerchfell: Implantation oder Wechsel eines Zwerchfellschrittmachers
ZE2024-22 [4]	IABP	5-376.00	Implantation und Entfernung eines herzunterstützenden Systems, offen chirurgisch: Intraaortale Ballonpumpe:
		8-839.0	Andere therapeutische Katheterisierung und Kanüleneinlage in Herz und Blutgefäße: Perkutane Einführung einer intraaortalen Ballonpumpe

Zusatzentgelte-Katalog
- Definition -

ZE [1]	Bezeichnung	OPS Version 2024	
		OPS-Kode	OPS-Text
1	2	3	4
ZE2024-24 [4]	Andere Penisprothesen	5-649.50	Andere Operationen am Penis: Implantation einer Penisprothese: Semirigide Prothese
		5-649.5x	Andere Operationen am Penis: Implantation einer Penisprothese: Sonstige
		5-649.a0	Andere Operationen am Penis: Wechsel einer semirigiden Penisprothese: In eine semirigide Prothese
		5-649.ax	Andere Operationen am Penis: Wechsel einer semirigiden Penisprothese: Sonstige
		5-649.b0	Andere Operationen am Penis: Wechsel einer hydraulischen Penisprothese: Vollständig, in eine semirigide Prothese
		5-649.b2	Andere Operationen am Penis: Wechsel einer hydraulischen Penisprothese: Isolierter Pumpenwechsel
		5-649.b3	Andere Operationen am Penis: Wechsel einer hydraulischen Penisprothese: Isolierter Reservoirwechsel [Ballon]
		5-649.b4	Andere Operationen am Penis: Wechsel einer hydraulischen Penisprothese: Isolierter Wechsel des Schwellkörperimplantates [Zylinder]
		5-649.bx	Andere Operationen am Penis: Wechsel einer hydraulischen Penisprothese: Sonstige
ZE2024-25 [4]	Modulare Endoprothesen	5-829.k*	Andere gelenkplastische Eingriffe: Implantation einer modularen Endoprothese oder (Teil-)Wechsel in eine modulare Endoprothese bei knöcherner Defektsituation und ggf. Knochen(teil)ersatz
		5-829.m	Andere gelenkplastische Eingriffe: Implantation von oder (Teil-)Wechsel in ein patientenindividuell hergestelltes Implantat bei knöcherner Defektsituation oder angeborener oder erworbener Deformität
ZE2024-26 [4]	Anthroposophisch-medizinische Komplexbehandlung	8-975.3	Anthroposophisch-medizinische Komplexbehandlung
ZE2024-33 [2), 4)]	Gabe von Sargramostim,	6-001.4*	Applikation von Medikamenten, Liste 1: Sargramostim,
ZE2024-34 [4]	Gabe von Granulozytenkonzentraten	8-802.6*	Transfusion von Leukozyten: Granulozyten
ZE2024-35 [4]	Fremdbezug von hämatopoetischen Stammzellen		Fremdbezug von hämatopoetischen Stammzellen über Spenderdateien bei nicht-verwandten Spendern oder Bezug von hämatopoetischen Stammzellen von außerhalb Deutschlands bei Familienspendern
ZE2024-36 [4]	Versorgung von Schwerstbehinderten		Zusatzentgelt für Krankenhäuser, bei denen insbesondere wegen einer räumlichen Nähe zu entsprechenden Einrichtungen oder einer Spezialisierung eine Häufung von schwerstbehinderten Patienten auftritt. Vergütung des mit den DRG-Fallpauschalen nicht abgedeckten, wesentlichen zusätzlichen Aufwands, insbesondere im Pflegedienst
ZE2024-40 [4]	Naturheilkundliche Komplexbehandlung	8-975.23	Naturheilkundliche Komplexbehandlung: Mindestens 14 bis höchstens 20 Behandlungstage und weniger als 2.520 Behandlungsminuten oder mindestens 10 bis höchstens 13 Behandlungstage und mindestens 1.680 Behandlungsminuten
		8-975.24	Naturheilkundliche Komplexbehandlung: Mindestens 21 Behandlungstage oder mindestens 14 Behandlungstage und mindestens 2.520 Behandlungsminuten
ZE2024-41 [4), 5)]	Multimodal-nichtoperative Komplexbehandlung des Bewegungssystems	8-977	Multimodal-nichtoperative Komplexbehandlung des Bewegungssystems
ZE2024-44 [4]	Stammzellboost nach erfolgter Transplantation von hämatopoetischen Stammzellen, nach In-vitro-Aufbereitung	8-805.62	Transfusion von peripher gewonnenen hämatopoetischen Stammzellen: Stammzellboost nach erfolgter Transplantation von hämatopoetischen Stammzellen: Nach In-vitro-Aufbereitung

Zusatzentgelte-Katalog
- Definition -

ZE [1]	Bezeichnung	OPS Version 2024	
		OPS-Kode	OPS-Text
1	2	3	4
ZE2024-45 [4]	Komplexe Diagnostik bei hämatologischen und onkologischen Erkrankungen bei Kindern und Jugendlichen	1-940	Komplexe Diagnostik bei hämatologischen und onkologischen Erkrankungen bei Kindern und Jugendlichen
ZE2024-46 [2], [4]	Gabe von Anti-Human-T-Lymphozyten-Immunglobulin, parenteral	8-812.3	Transfusion von Plasma und anderen Plasmabestandteilen und gentechnisch hergestellten Plasmaproteinen: Anti-Human-T-Lymphozyten-Immunglobulin vom Kaninchen, parenteral
		8-812.4	Transfusion von Plasma und anderen Plasmabestandteilen und gentechnisch hergestellten Plasmaproteinen: Anti-Human-T-Lymphozyten-Immunglobulin vom Pferd, parenteral
ZE2024-49 [4]	Hypertherme intraperitoneale Chemotherapie (HIPEC) in Kombination mit Peritonektomie und ggf. mit Multiviszeralresektion oder hypertherme intrathorakale Chemotherapie (HITOC) in Kombination mit Pleurektomie		
ZE2024-50 [4], [8]	Implantation einer (Hybrid)-Prothese an der Aorta	5-384.8	Resektion und Ersatz (Interposition) an der Aorta: Aorta ascendens, Aortenbogen oder Aorta descendens mit Hybridprothese
		5-38a.a	Endovaskuläre Implantation von Stent-Prothesen: Bei Hybridverfahren an Aorta ascendens, Aortenbogen oder Aorta thoracica
		5-38a.b	Endovaskuläre Implantation von Stent-Prothesen: Bei Hybridverfahren an der Aorta thoracoabdominalis
ZE2024-54 [4]	Selbstexpandierende Prothesen am Gastrointestinaltrakt	5-429.j0	Andere Operationen am Ösophagus: Maßnahmen bei selbstexpandierender Prothese: Einlegen oder Wechsel, offen chirurgisch, eine Prothese ohne Antirefluxventil
		5-429.j1	Andere Operationen am Ösophagus: Maßnahmen bei selbstexpandierender Prothese: Einlegen oder Wechsel, endoskopisch, eine Prothese ohne Antirefluxventil
		5-429.j3	Andere Operationen am Ösophagus: Maßnahmen bei selbstexpandierender Prothese: Einlegen oder Wechsel, offen chirurgisch, zwei Prothesen ohne Antirefluxventil
		5-429.j4	Andere Operationen am Ösophagus: Maßnahmen bei selbstexpandierender Prothese: Einlegen oder Wechsel, endoskopisch, zwei Prothesen ohne Antirefluxventil
		5-429.j9	Andere Operationen am Ösophagus: Maßnahmen bei selbstexpandierender Prothese: Einlegen oder Wechsel, offen chirurgisch, mehr als zwei Prothesen ohne Antirefluxventil
		5-429.ja	Andere Operationen am Ösophagus: Maßnahmen bei selbstexpandierender Prothese: Einlegen oder Wechsel, endoskopisch, mehr als zwei Prothesen ohne Antirefluxventil
		5-429.jb	Andere Operationen am Ösophagus: Maßnahmen bei selbstexpandierender Prothese: Einlegen oder Wechsel, offen chirurgisch, eine Prothese mit Antirefluxventil
		5-429.jc	Andere Operationen am Ösophagus: Maßnahmen bei selbstexpandierender Prothese: Einlegen oder Wechsel, endoskopisch, eine Prothese mit Antirefluxventil
		5-429.jd	Andere Operationen am Ösophagus: Maßnahmen bei selbstexpandierender Prothese: Einlegen oder Wechsel, offen chirurgisch, zwei Prothesen, eine davon mit Antirefluxventil
		5-429.je	Andere Operationen am Ösophagus: Maßnahmen bei selbstexpandierender Prothese: Einlegen oder Wechsel, endoskopisch, zwei Prothesen, eine davon mit Antirefluxventil

Zusatzentgelte-Katalog
- Definition -

ZE [1]	Bezeichnung	OPS Version 2024	
		OPS-Kode	OPS-Text
1	2	3	4
		5-429.je	Andere Operationen am Ösophagus: Maßnahmen bei selbstexpandierender Prothese: Einlegen oder Wechsel, endoskopisch, zwei Prothesen, eine davon mit Antirefluxventil
		5-429.jf	Andere Operationen am Ösophagus: Maßnahmen bei selbstexpandierender Prothese: Einlegen oder Wechsel, offen chirurgisch, mehr als zwei Prothesen, eine davon mit Antirefluxventil
		5-429.jg	Andere Operationen am Ösophagus: Maßnahmen bei selbstexpandierender Prothese: Einlegen oder Wechsel, endoskopisch, mehr als zwei Prothesen, eine davon mit Antirefluxventil
		5-449.h*	Andere Operationen am Magen: Einlegen oder Wechsel einer selbstexpandierenden Prothese
		5-469.k*	Andere Operationen am Darm: Einlegen oder Wechsel einer selbstexpandierenden Prothese
		5-489.g0	Andere Operation am Rektum: Einlegen oder Wechsel einer Prothese, endoskopisch: Selbstexpandierend
		5-513.m*	Endoskopische Operationen an den Gallengängen: Einlegen oder Wechsel von selbstexpandierenden ungecoverten Stents
		5-513.n*	Endoskopische Operationen an den Gallengängen: Einlegen oder Wechsel von selbstexpandierenden gecoverten Stent-Prothesen
		5-517.**	Einlegen oder Wechseln von selbstexpandierenden Stents und Stent-Prothesen in die Gallengänge
		5-526.e0	Endoskopische Operationen am Pankreasgang: Einlegen einer Prothese: Selbstexpandierend
		5-526.f0	Endoskopische Operationen am Pankreasgang: Wechsel einer Prothese: Selbstexpandierend
		5-529.g*	Andere Operationen am Pankreas und am Pankreasgang: Einlegen einer selbstexpandierenden Prothese
		5-529.j*	Andere Operationen am Pankreas und am Pankreasgang: Wechsel einer selbstexpandierenden Prothese
		5-529.n4	Andere Operationen am Pankreas und am Pankreasgang: Transgastrale Drainage einer Pankreaszyste: Endoskopisch mit Einlegen eines selbstexpandierenden Stents
		5-529.p2	Andere Operationen am Pankreas und am Pankreasgang: Endoskopische transgastrale Entfernung von Pankreas-nekrosen: Mit Einlegen eines selbstexpandierenden Stents
		5-529.r3	Andere Operationen am Pankreas und am Pankreasgang: Transduodenale Drainage einer Pankreaszyste: Endoskopisch mit Einlegen eines selbstexpandierenden Stents
		5-529.s2	Andere Operationen am Pankreas und am Pankreasgang: Endoskopische transduodenale Entfernung von Pankreasnekrosen: Mit Einlegen eines selbstexpandierenden Stents
ZE2024-56 [4]	Gabe von Bosentan, oral	6-002.f*	Applikation von Medikamenten, Liste 2: Bosentan, oral
ZE2024-57 [4]	Gabe von Jod-131-MIBG (Metajodobenzylguanidin), parenteral	6-002.g*	Applikation von Medikamenten, Liste 2: Jod-131-Metajodobenzylguanidin (MIBG), parenteral
ZE2024-58 [4]	Gabe von Alpha-1-Proteinaseninhibitor human, parenteral	8-812.0*	Transfusion von Plasma und anderen Plasmabestandteilen und gentechnisch hergestellten Plasmaproteinen: Alpha-1-Proteinaseninhibitor human, parenteral

Zusatzentgelte-Katalog
- Definition -

ZE [1]	Bezeichnung	OPS Version 2024	
		OPS-Kode	OPS-Text
1	2	3	4
ZE2024-61 [4]	Neurostimulatoren zur Hirn- oder Rückenmarkstimulation oder zur Stimulation des peripheren Nervensystems, Mehrkanalstimulator, wiederaufladbar	5-028.92	Implantation oder Wechsel eines Neurostimulators zur Hirnstimulation mit Implantation oder Wechsel einer Neurostimulationselektrode: Mehrkanalstimulator, vollimplantierbar, mit wiederaufladbarem Akkumulator
		5-028.a2	Funktionelle Eingriffe an Schädel, Gehirn und Hirnhäuten: Wechsel eines Neurostimulators zur Hirnstimulation ohne Wechsel einer Neurostimulationselektrode: Mehrkanalstimulator, vollimplantierbar, mit wiederaufladbarem Akkumulator
		5-028.c2	Funktionelle Eingriffe an Schädel, Gehirn und Hirnhäuten: Implantation eines Neurostimulators zur Hirnstimulation ohne Implantation einer Neurostimulationselektrode: Mehrkanalstimulator, vollimplantierbar, mit wiederaufladbarem Akkumulator
		5-039.e2	Implantation oder Wechsel eines Neurostimulators zur epiduralen Rückenmarkstimulation mit Implantation oder Wechsel einer Neurostimulationselektrode: Mehrkanalstimulator, vollimplantierbar, mit wiederaufladbarem Akkumulator
		5-039.f2	Wechsel eines Neurostimulators zur epiduralen Rückenmarkstimulation ohne Wechsel einer Neurostimulationselektrode: Mehrkanalstimulator, vollimplantierbar, mit wiederaufladbarem Akkumulator
		5-039.n2	Implantation eines Neurostimulators zur epiduralen Rückenmarkstimulation ohne Implantation einer Neurostimulationselektrode: Mehrkanalstimulator, vollimplantierbar, mit wiederaufladbarem Akkumulator
		5-059.cc	Implantation oder Wechsel eines Neurostimulators zur Stimulation des peripheren Nervensystems mit Implantation oder Wechsel einer Neurostimulationselektrode: Mehrkanalstimulator, vollimplantierbar, mit wiederaufladbarem Akkumulator
		5-059.cd	Implantation oder Wechsel eines Neurostimulators zur Stimulation des peripheren Nervensystems mit Implantation oder Wechsel einer Neurostimulationselektrode: Mehrkanalstimulator, vollimplantierbar, mit elektromagnetischer Energieübertragung, induktiv
		5-059.dc	Wechsel eines Neurostimulators zur Stimulation des peripheren Nervensystems ohne Wechsel einer Neurostimulationselektrode: Mehrkanalstimulator, vollimplantierbar, mit wiederaufladbarem Akkumulator
		5-059.dd	Wechsel eines Neurostimulators zur Stimulation des peripheren Nervensystems ohne Wechsel einer Neurostimulationselektrode: Mehrkanalstimulator, vollimplantierbar, mit elektromagnetischer Energieübertragung, induktiv
		5-059.g3	Implantation eines Neurostimulators zur Stimulation des peripheren Nervensystems ohne Implantation einer Neurostimulationselektrode: Mehrkanalstimulator, vollimplantierbar, mit wiederaufladbarem Akkumulator
		5-059.g4	Implantation eines Neurostimulators zur Stimulation des peripheren Nervensystems ohne Implantation einer Neurostimulationselektrode: Mehrkanalstimulator, vollimplantierbar, mit elektromagnetischer Energieübertragung, induktiv

Zusatzentgelte-Katalog
- Definition -

ZE [1)]	Bezeichnung	OPS Version 2024	
		OPS-Kode	OPS-Text
1	2	3	4
ZE2024-62 [4)]	Mikroaxial-Blutpumpe	8-839.46	Andere therapeutische Katheterisierung und Kanüleneinlage in Herz und Blutgefäße: Implantation oder Entfernung einer transvasal platzierten axialen Pumpe zur Kreislaufunterstützung: Implantation einer linksventrikulären axialen Pumpe
		8-839.47	Andere therapeutische Katheterisierung und Kanüleneinlage in Herz und Blutgefäße: Implantation oder Entfernung einer transvasal platzierten axialen Pumpe zur Kreislaufunterstützung: Implantation einer rechtsventrikulären axialen Pumpe
ZE2024-63 [4)]	Gabe von Dibotermin alfa, Implantation am Knochen	6-003.4*	Applikation von Medikamenten, Liste 3: Dibotermin alfa, Implantation am Knochen
ZE2024-65 [4)]	Selektive intravaskuläre Radionuklidtherapie [SIRT] mit Yttrium-90- oder Rhenium-188- oder Holmium-166-markierten Mikrosphären	8-530.a5	Therapie mit offenen Radionukliden: Intraarterielle Therapie mit offenen Radionukliden: Selektive intravaskuläre Radionuklidtherapie [SIRT] mit Yttrium-90-markierten Mikrosphären
		8-530.a6	Therapie mit offenen Radionukliden: Intraarterielle Therapie mit offenen Radionukliden: Selektive intravaskuläre Radionuklidtherapie [SIRT] mit Rhenium-188-markierten Mikrosphären
		8-530.a8	Therapie mit offenen Radionukliden: Intraarterielle Therapie mit offenen Radionukliden: Selektive intravaskuläre Radionuklidtherapie [SIRT] mit Holmium-166-markierten Mikrosphären
ZE2024-66 [4)]	Enzymersatztherapie bei lysosomalen	6-003.7	Applikation von Medikamenten, Liste 3: Enzymersatztherapie bei lysosomalen Speicherkrankheiten
ZE2024-67 [4)]	Implantation einer Stent-Prothese an der Aorta, perkutan-transluminal	8-840.*4	(Perkutan-)transluminale Implantation von nicht medikamentefreisetzenden Stents: Aorta
		8-841.*4	(Perkutan-)transluminale Implantation von medikamentefreisetzenden Stents: Aorta
		8-843.*4	(Perkutan-)transluminale Implantation von bioresorbierbaren Stents: Aorta
		8-849.*4	(Perkutan-)transluminale Implantation von anderen ungecoverten großlumigen Stents: Aorta
		8-84a.*4	(Perkutan-)transluminale Implantation von anderen gecoverten großlumigen Stents: Aorta
		8-84b.*4	(Perkutan-)transluminale Implantation von Stents zur Strömungslaminierung bei Aneurysmen: Aorta
ZE2024-69 [4)]	Gabe von Hämin, parenteral	6-004.1*	Applikation von Medikamenten, Liste 4: Hämin, parenteral
ZE2024-71 [4)]	Radiorezeptortherapie mit DOTA-konjugierten Somatostatinanaloga	8-530.61	Therapie mit offenen Radionukliden: Intravenöse Therapie mit radioaktiven rezeptorgerichteten Substanzen: Radiorezeptortherapie mit Chelator-konjugierten Somatostatinanaloga aus patientenindividueller Eigenherstellung
		8-530.62	Therapie mit offenen Radionukliden: Intravenöse Therapie mit radioaktiven rezeptorgerichteten Substanzen: Radiorezeptortherapie mit Chelator-konjugierten Somatostatinanaloga aus nicht patientenindividueller Herstellung
		8-530.a0	Therapie mit offenen Radionukliden: Intraarterielle Therapie mit offenen Radionukliden: Intraarterielle Radiorezeptortherapie mit DOTA-konjugierten Somatostatinanaloga
ZE2024-72 [4)]	Distraktionsmarknagel, motorisiert	5-786.j1	Osteosyntheseverfahren: Durch internes Verlängerungs- oder Knochentransportsystem: Motorisiert
		5-78a.j1	Revision von Osteosynthesematerial mit Reosteosynthese: Durch internes Verlängerungs- oder Knochentransportsystem: Motorisiert
ZE2024-74 [4)]	Gabe von Sunitinib, oral	6-003.a*	Applikation von Medikamenten, Liste 3: Sunitinib, oral

Zusatzentgelte-Katalog
- Definition -

ZE [1]	Bezeichnung	OPS Version 2024	
		OPS-Kode	OPS-Text
1	2	3	4
ZE2024-75 [4]	Gabe von Sorafenib, oral	6-003.b*	Applikation von Medikamenten, Liste 3: Sorafenib, oral
ZE2024-77 [4]	Gabe von Lenalidomid, oral	6-003.g*	Applikation von Medikamenten, Liste 3: Lenalidomid, oral
ZE2024-79 [4]	Gabe von Nelarabin, parenteral	6-003.e*	Applikation von Medikamenten, Liste 3: Nelarabin, parenteral
ZE2024-80 [2), 4)]	Gabe von Amphotericin-B-Lipidkomplex, parenteral	6-003.1*	Applikation von Medikamenten, Liste 3: Amphotericin-B-Lipidkomplex, parenteral
ZE2024-82 [3), 4)]	Peritonealdialyse, kontinuierlich, maschinell unterstützt (APD)	8-857.2*	Peritonealdialyse: Kontinuierlich, maschinell unterstützt (APD), mit Zusatzgeräten
ZE2024-84 [4]	Gabe von Ambrisentan, oral	6-004.2*	Applikation von Medikamenten, Liste 4: Ambrisentan, oral
ZE2024-85 [4]	Gabe von Temsirolimus, parenteral	6-004.e*	Applikation von Medikamenten, Liste 4: Temsirolimus, parenteral
ZE2024-86 [4]	Andere Neurostimulatoren und Neuroprothesen	5-029.4	Andere Operationen an Schädel, Gehirn und Hirnhäuten: Implantation oder Wechsel einer Neuroprothese
		5-039.g	Andere Operationen an Rückenmark und Rückenmarkstrukturen: Implantation oder Wechsel eines Neurostimulators zur Vorderwurzelstimulation mit Implantation oder Wechsel einer subduralen Elektrode
		5-039.h	Andere Operationen an Rückenmark und Rückenmarkstrukturen: Wechsel eines Neurostimulators zur Vorderwurzelstimulation ohne Wechsel einer subduralen Elektrode
		5-039.p	Andere Operationen an Rückenmark und Rückenmarkstrukturen: Implantation eines Neurostimulators zur Vorderwurzelstimulation ohne Implantation einer subduralen Elektrode
		5-059.5*	Andere Operationen an Nerven und Ganglien: Implantation einer peripheren Neuroprothese
		5-059.c4	Implantation oder Wechsel eines Neurostimulators zur Stimulation des peripheren Nervensystems mit Implantation oder Wechsel einer Neurostimulationselektrode: Kardiales Vagusnervstimulationssystem
		5-059.c6	Implantation oder Wechsel eines Neurostimulators zur Stimulation des peripheren Nervensystems mit Implantation oder Wechsel einer Neurostimulationselektrode: System zur Barorezeptoraktivierung
		5-059.cb	Implantation oder Wechsel eines Neurostimulators zur Stimulation des peripheren Nervensystems mit Implantation oder Wechsel einer Neurostimulationselektrode: System zur Phrenikusnerv-Stimulation
		5-059.d4	Wechsel eines Neurostimulators zur Stimulation des peripheren Nervensystems ohne Wechsel einer Neurostimulationselektrode: Kardiales Vagusnervstimulationssystem
		5-059.d6	Wechsel eines Neurostimulators zur Stimulation des peripheren Nervensystems ohne Wechsel einer Neurostimulationselektrode: System zur Barorezeptoraktivierung
		5-059.db	Wechsel eines Neurostimulators zur Stimulation des peripheren Nervensystems ohne Wechsel einer Neurostimulationselektrode: System zur Phrenikusnerv-Stimulation
ZE2024-88 [4]	Komplexe neuropädiatrische Diagnostik mit weiteren Maßnahmen	1-942.1	Komplexe neuropädiatrische Diagnostik: Mit neurometabolischer Labordiagnostik und/oder infektiologischer/autoimmunentzündlicher Labordiagnostik
		1-942.2	Komplexe neuropädiatrische Diagnostik: Mit erweiterter genetischer Diagnostik
		1-942.3	Komplexe neuropädiatrische Diagnostik: Mit neurometabolischer Labordiagnostik und/oder infektiologischer/autoimmunentzündlicher Labordiagnostik und erweiterter genetischer Diagnostik
ZE2024-91 [4]	Gabe von Dasatinib, oral	6-004.3*	Applikation von Medikamenten, Liste 4: Dasatinib, oral

Zusatzentgelte-Katalog
- Definition -

ZE [1)]	Bezeichnung	OPS Version 2024	
		OPS-Kode	OPS-Text
1	2	3	4
ZE2024-97 [4), 6)]	Behandlung von Blutern mit Blutgerinnungsfaktoren	8-810.6*	Transfusion von Plasmabestandteilen und gentechnisch hergestellten Plasmaproteinen: Rekombinanter aktivierter Faktor VII
		8-810.7*	Transfusion von Plasmabestandteilen und gentechnisch hergestellten Plasmaproteinen: Plasmatischer Faktor VII
		8-810.8*	Transfusion von Plasmabestandteilen und gentechnisch hergestellten Plasmaproteinen: Rekombinanter Faktor VIII
		8-810.9*	Transfusion von Plasmabestandteilen und gentechnisch hergestellten Plasmaproteinen: Plasmatischer Faktor VIII
		8-810.a*	Transfusion von Plasmabestandteilen und gentechnisch hergestellten Plasmaproteinen: Rekombinanter Faktor IX
		8-810.b*	Transfusion von Plasmabestandteilen und gentechnisch hergestellten Plasmaproteinen: Plasmatischer Faktor IX
		8-810.c*	Transfusion von Plasmabestandteilen und gentechnisch hergestellten Plasmaproteinen: FEIBA - Prothrombinkomplex mit Faktor-VIII-Inhibitor-Bypass-Aktivität
		8-810.d*	Transfusion von Plasmabestandteilen und gentechnisch hergestellten Plasmaproteinen: Von-Willebrand-Faktor
		8-810.e*	Transfusion von Plasmabestandteilen und gentechnisch hergestellten Plasmaproteinen: Faktor XIII
		8-810.j*	Transfusion von Plasmabestandteilen und gentechnisch hergestellten Plasmaproteinen: Fibrinogenkonzentrat
		8-812.5*	Transfusion von Plasma und anderen Plasmabestandteilen und gentechnisch hergestellten Plasmaproteinen: Prothrombinkomplex 7)
		8-812.9*	Transfusion von Plasma und anderen Plasmabestandteilen und gentechnisch hergestellten Plasmaproteinen: Humanes Protein C, parenteral
		8-812.a*	Transfusion von Plasma und anderen Plasmabestandteilen und gentechnisch hergestellten Plasmaproteinen: Plasmatischer Faktor X
ZE2024-99 [4)]	Fremdbezug von Donor-Lymphozyten		Fremdbezug von Donor-Lymphozyten über Spenderdateien bei nicht-verwandten Spendern oder Bezug von Donor-Lymphozyten von außerhalb Deutschlands bei Familienspendern
ZE2024-101 [4)]	Gabe von Mifamurtid, parenteral	6-005.g*	Applikation von Medikamenten, Liste 5: Mifamurtid, parenteral
ZE2024-103 [4)]	Gabe von Rituximab, subkutan	6-001.j*	Applikation von Medikamenten, Liste 1: Rituximab, subkutan
ZE2024-104 [4)]	Gabe von Trastuzumab, subkutan	6-001.m*	Applikation von Medikamenten, Liste 1: Trastuzumab, subkutan
ZE2024-106 [4)]	Gabe von Abatacept, subkutan	6-003.t*	Applikation von Medikamenten, Liste 3: Abatacept, subkutan
ZE2024-107 [4)]	Medikamente-freisetzende bioresorbierbare Koronarstents	8-83d.0*	Andere perkutan-transluminale Gefäßintervention an Herz und Koronargefäßen: Einlegen eines medikamentefreisetzenden bioresorbierbaren Stents
ZE2024-108 [4)]	Implantation einer Irisprothese	5-137.6	Andere Operationen an der Iris: Operation mit Implantation eines künstlichen Irisdiaphragmas
ZE2024-109 [3), 4)]	Dialyse mit High-Cut-off-Dialysemembran	8-854.8	Hämodialyse: Verlängert intermittierend, zur Elimination von Proteinen mit einer Molekularmasse bis 60.000
ZE2024-110 [4)]	Gabe von Tocilizumab, subkutan	6-005.n*	Applikation von Medikamenten, Liste 5: Tocilizumab, subkutan
ZE2024-111 [4)]	Gabe von Paclitaxel, als an Albumin gebundene Nanopartikel, parenteral	6-005.d*	Applikation von Medikamenten, Liste 5: Paclitaxel, als an Albumin gebundene Nanopartikel, parenteral
ZE2024-112 [4)]	Gabe von Abirateron, oral	6-006.2*	Applikation von Medikamenten, Liste 6: Abirateron, oral
ZE2024-113 [4)]	Gabe von Cabazitaxel, parenteral	6-006.1*	Applikation von Medikamenten, Liste 6: Cabazitaxel, parenteral

Zusatzentgelte-Katalog
- Definition -

ZE [1)]	Bezeichnung	OPS Version 2024	
		OPS-Kode	OPS-Text
1	2	3	4
ZE2024-115 [4)]	Molekulares Monitoring der Resttumorlast [MRD]: Molekulargenetische Identifikation und Herstellung von patientenspezifischen Markern	1-991.0	Molekulares Monitoring der Resttumorlast [MRD]: Molekulargenetische Identifikation und Herstellung von patientenspezifischen Markern für die Bestimmung der Resttumorlast (Minimal Residual Disease [MRD])
ZE2024-116 [4)]	Molekulares Monitoring der Resttumorlast [MRD]: Patientenspezifische molekulargenetische Quantifizierung	1-991.1	Molekulares Monitoring der Resttumorlast [MRD]: Patientenspezifische molekulargenetische Quantifizierung der Resttumorlast [MRD-Monitoring]
ZE2024-117 [4)]	Chemosaturations-Therapie mittels perkutaner Leberperfusion	8-549.01	Perkutane geschlossene Organperfusion mit Chemotherapeutika: Leber: Mit externem Blutfilter
ZE2024-118 [4)]	Neurostimulatoren zur Hirnstimulation, Einkanalstimulator	5-028.90	Implantation oder Wechsel eines Neurostimulators zur Hirnstimulation mit Implantation oder Wechsel einer Neurostimulationselektrode: Einkanalstimulator, vollimplantierbar, nicht wiederaufladbar
		5-028.a0	Wechsel eines Neurostimulators zur Hirnstimulation ohne Wechsel einer Neurostimulationselektrode: Einkanalstimulator, vollimplantierbar, nicht wiederaufladbar
		5-028.c0	Implantation eines Neurostimulators zur Hirnstimulation ohne Implantation einer Neurostimulationselektrode: Einkanalstimulator, vollimplantierbar, nicht wiederaufladbar
ZE2024-119 [4)]	Distraktionsmarknagel, nicht motorisiert	5-786.j0	Osteosyntheseverfahren: Durch internes Verlängerungs- oder Knochentransportsystem: Nicht motorisiert
		5-78a.j0	Revision von Osteosynthesematerial mit Reosteosynthese: Durch internes Verlängerungs- oder Knochentransportsystem: Nicht motorisiert
ZE2024-120 [4)]	Gabe von Pemetrexed, parenteral	6-001.c*	Applikation von Medikamenten, Liste 1: Pemetrexed, parenteral
ZE2024-121 [4)]	Gabe von Etanercept, parenteral	6-002.b*	Applikation von Medikamenten, Liste 2: Etanercept, parenteral
ZE2024-122 [4)]	Gabe von Imatinib, oral	6-001.g*	Applikation von Medikamenten, Liste 1: Imatinib, oral
ZE2024-123 [4)]	Gabe von Caspofungin, parenteral	6-002.p*	Applikation von Medikamenten, Liste 2: Caspofungin, parenteral
ZE2024-124 [4)]	Gabe von Voriconazol, oral	6-002.5*	Applikation von Medikamenten, Liste 2: Voriconazol, oral
ZE2024-125 [4)]	Gabe von Voriconazol, parenteral	6-002.r*	Applikation von Medikamenten, Liste 2: Voriconazol, parenteral
ZE2024-127 [4)]	Gabe von L-Asparaginase aus Erwinia chrysanthemi [Erwinase], parenteral	6-003.r*	Applikation von Medikamenten, Liste 3: L-Asparaginase aus Erwinia chrysanthemi [Erwinase], parenteral
ZE2024-128 [4)]	Gabe von nicht pegylierter Asparaginase, parenteral	6-003.n*	Applikation von Medikamenten, Liste 3: Nicht pegylierte Asparaginase, parenteral
ZE2024-129 [4)]	Gabe von pegylierter Asparaginase, parenteral	6-003.p*	Applikation von Medikamenten, Liste 3: Pegylierte Asparaginase, parenteral
ZE2024-130 [4)]	Gabe von Belimumab, parenteral	6-006.6*	Applikation von Medikamenten, Liste 6: Belimumab, parenteral
ZE2024-131 [4)]	Gabe von Defibrotid, parenteral	6-005.k*	Applikation von Medikamenten, Liste 5: Defibrotid, parenteral
ZE2024-132 [4)]	Gabe von Thiotepa, parenteral	6-007.n*	Applikation von Medikamenten, Liste 7: Thiotepa, parenteral
ZE2024-133 [4)]	Spezialisierte palliativmedizinische Komplexbehandlung durch einen internen Palliativdienst	8-98h.0*	Spezialisierte palliativmedizinische Komplexbehandlung durch einen Palliativdienst: Durch einen internen Palliativdienst

Zusatzentgelte-Katalog
- Definition -

ZE [1]	Bezeichnung	OPS Version 2024	
		OPS-Kode	OPS-Text
1	2	3	4
ZE2024-134 [4]	Spezialisierte palliativmedizinische Komplexbehandlung durch einen externen Palliativdienst	8-98h.1*	Spezialisierte palliativmedizinische Komplexbehandlung durch einen Palliativdienst: Durch einen externen Palliativdienst
ZE2024-135 [4]	Basisdiagnostik bei unklarem Symptomkomplex bei Neugeborenen und Säuglingen		Basisdiagnostik bei unklarem Symptomkomplex bei Neugeborenen und Säuglingen
		1-944.10	Mit erweiterter molekulargenetischer Diagnostik
		1-944.20	Mit Chromosomenanalyse (Zytogenetische Diagnostik)
		1-944.30	Mit erweiterter molekulargenetischer Diagnostik und Chromosomenanalyse (Zytogenetische Diagnostik)
ZE2024-136 [4]	Einlegen von endobronchialen Nitinolspiralen	5-339.8*	Andere Operationen an Lunge und Bronchien: Einlegen von endobronchialen Nitinolspiralen, bronchoskopisch
ZE2024-137 [4), 6), 9]	Gabe von rekombinantem aktiviertem Faktor VII	8-810.6*	Transfusion von Plasmabestandteilen und gentechnisch hergestellten Plasmaproteinen: Rekombinanter aktivierter Faktor VII
ZE2024-138 [4), 6), 10]	Gabe von Fibrinogenkonzentrat	8-810.j*	Transfusion von Plasmabestandteilen und gentechnisch hergestellten Plasmaproteinen: Fibrinogenkonzentrat
ZE2024-139 [4), 6), 11]	Gabe von Blutgerinnungsfaktoren	8-810.7*	Transfusion von Plasmabestandteilen und gentechnisch hergestellten Plasmaproteinen: Plasmatischer Faktor VII
		8-810.8*	Transfusion von Plasmabestandteilen und gentechnisch hergestellten Plasmaproteinen: Rekombinanter Faktor VIII
		8-810.9*	Transfusion von Plasmabestandteilen und gentechnisch hergestellten Plasmaproteinen: Plasmatischer Faktor VIII
		8-810.a*	Transfusion von Plasmabestandteilen und gentechnisch hergestellten Plasmaproteinen: Rekombinanter Faktor IX
		8-810.b*	Transfusion von Plasmabestandteilen und gentechnisch hergestellten Plasmaproteinen: Plasmatischer Faktor IX
		8-810.c*	Transfusion von Plasmabestandteilen und gentechnisch hergestellten Plasmaproteinen: FEIBA - Prothrombinkomplex mit Faktor-VIII-Inhibitor-Bypass-Aktivität
		8-810.d*	Transfusion von Plasmabestandteilen und gentechnisch hergestellten Plasmaproteinen: Von-Willebrand-Faktor
		8-810.e*	Transfusion von Plasmabestandteilen und gentechnisch hergestellten Plasmaproteinen: Faktor XIII
		8-812.9*	Transfusion von Plasma und anderen Plasmabestandteilen und gentechnisch hergestellten Plasmaproteinen: Humanes Protein C, parenteral
		8-812.a*	Transfusion von Plasma und anderen Plasmabestandteilen und gentechnisch hergestellten Plasmaproteinen: Plasmatischer Faktor X
ZE2024-140 [4]	Gabe von Brentuximab vedotin, parenteral	6-006.b*	Applikation von Medikamenten, Liste 6: Brentuximab vedotin, parenteral
ZE2024-141 [4]	Gabe von Enzalutamid, oral	6-007.6*	Applikation von Medikamenten, Liste 7: Enzalutamid, oral
ZE2024-142 [4]	Gabe von Aflibercept, intravenös	6-007.3*	Applikation von Medikamenten, Liste 7: Aflibercept, intravenös
ZE2024-143 [4]	Gabe von Eltrombopag, oral	6-006.0*	Applikation von Medikamenten, Liste 6: Eltrombopag, oral
ZE2024-144 [4]	Gabe von Obinutuzumab, parenteral	6-007.j*	Applikation von Medikamenten, Liste 7: Obinutuzumab, parenteral
ZE2024-145 [4]	Gabe von Ibrutinib, oral	6-007.e*	Applikation von Medikamenten, Liste 7: Ibrutinib, oral
ZE2024-146 [4]	Gabe von Ramucirumab, parenteral	6-007.m*	Applikation von Medikamenten, Liste 7: Ramucirumab, parenteral
ZE2024-147 [4]	Gabe von Bortezomib, parenteral	6-001.9*	Applikation von Medikamenten, Liste 1: Bortezomib, parenteral
ZE2024-148 [4]	Gabe von Adalimumab, parenteral	6-001.d*	Applikation von Medikamenten, Liste 1: Adalimumab, parenteral
ZE2024-149 [4]	Gabe von Infliximab, parenteral	6-001.e*	Applikation von Medikamenten, Liste 1: Infliximab, parenteral
ZE2024-150 [4]	Gabe von Busulfan, parenteral	6-002.d*	Applikation von Medikamenten, Liste 2: Busulfan, parenteral

Zusatzentgelte-Katalog
- Definition -

ZE [1]	Bezeichnung	OPS Version 2024	
		OPS-Kode	OPS-Text
1	2	3	4
ZE2024-151 [4]	Gabe von Rituximab, intravenös	6-001.h*	Applikation von Medikamenten, Liste 1: Rituximab, intravenös
ZE2024-152 [4]	Mehrdimensionale pädiatrische Diagnostik	1-945.*	Diagnostik bei Verdacht auf Gefährdung von Kindeswohl und Kindergesundheit
ZE2024-153 [4]	Gabe von Trastuzumab, intravenös	6-001.k*	Applikation von Medikamenten, Liste 1: Trastuzumab, intravenös
ZE2024-154 [4]	Gabe von Anidulafungin, parenteral	6-003.k*	Applikation von Medikamenten, Liste 3: Anidulafungin, parenteral
ZE2024-156 [4]	Gabe von Posaconazol, parenteral	6-007.k*	Applikation von Medikamenten, Liste 7: Posaconazol, parenteral
ZE2024-157 [4]	Gabe von Pixantron, parenteral	6-006.e*	Applikation von Medikamenten, Liste 6: Pixantron, parenteral
ZE2024-158 [4]	Gabe von Pertuzumab, parenteral	6-007.9*	Applikation von Medikamenten, Liste 7: Pertuzumab, parenteral
ZE2024-159 [4]	Gabe von Blinatumomab, parenteral	6-008.7*	Applikation von Medikamenten, Liste 8: Blinatumomab, parenteral
ZE2024-161 [4]	Gabe von Nivolumab, parenteral	6-008.m*	Applikation von Medikamenten, Liste 8: Nivolumab, parenteral
ZE2024-162 [4]	Gabe von Carfilzomib, parenteral	6-008.9*	Applikation von Medikamenten, Liste 8: Carfilzomib, parenteral
ZE2024-163 [4]	Gabe von Macitentan, oral	6-007.h*	Applikation von Medikamenten, Liste 7: Macitentan, oral
ZE2024-164 [4]	Gabe von Riociguat, oral	6-008.0*	Applikation von Medikamenten, Liste 8: Riociguat, oral
ZE2024-165 [4]	Gabe von Nusinersen, intrathekal	6-00a.d	Applikation von Medikamenten, Liste 10: Nusinersen, intrathekal
ZE2024-166 [4]	Gabe von Isavuconazol, parenteral	6-008.g*	Applikation von Medikamenten, Liste 8: Isavuconazol, parenteral
ZE2024-167 [4]	Gabe von Isavuconazol, oral	6-008.h*	Applikation von Medikamenten, Liste 8: Isavuconazol, oral
ZE2024-169 [4]	Gabe von Liposomalem Irinotecan, parenteral	6-009.e*	Applikation von Medikamenten, Liste 9: Liposomales Irinotecan, parenteral
ZE2024-170 [4]	Gabe von Bevacizumab, parenteral	6-002.9*	Applikation von Medikamenten, Liste 2: Bevacizumab, parenteral
ZE2024-171 [4]	Gabe von Clofarabin, parenteral	6-003.j*	Applikation von Medikamenten, Liste 3: Clofarabin, parenteral
ZE2024-172 [4]	Gabe von Posaconazol, oral, Suspension	6-007.0*	Applikation von Medikamenten, Liste 7: Posaconazol, oral, Suspension
ZE2024-173 [4]	Gabe von Posaconazol, oral, Tabletten	6-007.p*	Applikation von Medikamenten, Liste 7: Posaconazol, oral, Tabletten
ZE2024-175 [4], [13]	Gabe von Filgrastim, parenteral	6-002.1*	Applikation von Medikamenten, Liste 2: Filgrastim, parenteral
ZE2024-176 [4], [13]	Gabe von Lenograstim, parenteral	6-002.2*	Applikation von Medikamenten, Liste 2: Lenograstim, parenteral
ZE2024-177 [4], [13]	Gabe von Pegfilgrastim, parenteral	6-002.7*	Applikation von Medikamenten, Liste 2: Pegfilgrastim, parenteral
ZE2024-178 [4], [13]	Gabe von Lipegfilgrastim, parenteral	6-007.7*	Applikation von Medikamenten, Liste 7: Lipegfilgrastim, parenteral
ZE2024-180 [4]	Gabe von Azacytidin, parenteral	6-005.0*	Applikation von Medikamenten, Liste 5: Azacytidin, parenteral
ZE2024-182 [4]	Gabe von Vedolizumab, parenteral	6-008.5*	Applikation von Medikamenten, Liste 8: Vedolizumab, parenteral
ZE2024-183 [4]	Gabe von Elotuzumab, parenteral	6-009.d*	Applikation von Medikamenten, Liste 9: Elotuzumab, parenteral

Zusatzentgelte-Katalog
- Definition -

ZE [1)]	Bezeichnung	OPS Version 2024	
		OPS-Kode	OPS-Text
1	2	3	4
ZE2024-187 [4)]	Neurostimulatoren zur Hypoglossusnerv-Stimulation	5-059.c7	Andere Operationen an Nerven und Ganglien: Implantation oder Wechsel eines Neurostimulators zur Stimulation des peripheren Nervensystems mit Implantation oder Wechsel einer Neurostimulationselektrode: System zur Hypoglossusnerv-Stimulation
		5-059.d7	Andere Operationen an Nerven und Ganglien: Wechsel eines Neurostimulators zur Stimulation des peripheren Nervensystems ohne Wechsel einer Neurostimulationselektrode: System zur Hypoglossusnerv-
ZE2024-188 [4), 12)]	Patientenindividuell hergestellte Stent-Prothesen an der Aorta, ohne Öffnung	5-38a.70	Endovaskuläre Implantation von Stent-Prothesen: Aorta thoracica: Stent-Prothese, ohne Öffnung
		5-38a.80	Endovaskuläre Implantation von Stent-Prothesen: Aorta thoracoabdominalis: Stent-Prothese, ohne Öffnung
		5-38a.c0	Endovaskuläre Implantation von Stent-Prothesen: Aorta abdominalis: Stent-Prothese, ohne Öffnung
		5-38a.w0	Endovaskuläre Implantation von Stent-Prothesen: Patientenindividuell hergestellte Stent-Prothesen: Ohne Öffnung
ZE2024-189 [4)]	Stent-Prothesen an der Aorta, mit Öffnung	5-38a.7b	Endovaskuläre Implantation von Stent-Prothesen: Aorta thoracica: Stent-Prothese, mit 1 Öffnung
		5-38a.7c	Endovaskuläre Implantation von Stent-Prothesen: Aorta thoracica: Stent-Prothese, mit 2 Öffnungen
		5-38a.7d	Endovaskuläre Implantation von Stent-Prothesen: Aorta thoracica: Stent-Prothese, mit 3 oder mehr Öffnungen
		5-38a.8c	Endovaskuläre Implantation von Stent-Prothesen: Aorta thoracoabdominalis: Stent-Prothese, mit 1 Öffnung
		5-38a.8d	Endovaskuläre Implantation von Stent-Prothesen: Aorta thoracoabdominalis: Stent-Prothese, mit 2 Öffnungen
		5-38a.8e	Endovaskuläre Implantation von Stent-Prothesen: Aorta thoracoabdominalis: Stent-Prothese, mit 3 Öffnungen
		5-38a.8f	Endovaskuläre Implantation von Stent-Prothesen: Aorta thoracoabdominalis: Stent-Prothese, mit 4 oder mehr Öffnungen
		5-38a.c1	Endovaskuläre Implantation von Stent-Prothesen: Aorta abdominalis: Stent-Prothese, mit 1 Öffnung
		5-38a.c2	Endovaskuläre Implantation von Stent-Prothesen: Aorta abdominalis: Stent-Prothese, mit 2 Öffnungen
		5-38a.c3	Endovaskuläre Implantation von Stent-Prothesen: Aorta abdominalis: Stent-Prothese, mit 3 oder mehr Öffnungen
ZE2024-190 [4)]	Längerfristige Beatmungsentwöhnung	8-718.8*	Prolongierte Beatmungsentwöhnung auf spezialisierter intensivmedizinischer Beatmungsentwöhnungs-Einheit
		8-718.9*	Prolongierte Beatmungsentwöhnung auf spezialisierter nicht intensivmedizinischer Beatmungsentwöhnungs-Einheit
ZE2024-191 [4)]	Gabe von Dinutuximab beta, parenteral	6-009.b*	Applikation von Medikamenten, Liste 9: Dinutuximab beta, parenteral
ZE2024-192 [4)]	Gabe von Midostaurin, oral	6-00a.b*	Applikation von Medikamenten, Liste 10: Midostaurin, oral
ZE2024-193 [4)]	Gabe von Onasemnogen abeparvovec, parenteral	6-00d.0	Applikation von Medikamenten, Liste 13: Onasemnogen abeparvovec, parenteral
ZE2024-194 [4)]	Gabe von Ustekinumab, intravenös	6-005.p*	Applikation von Medikamenten, Liste 5: Ustekinumab, intravenös
ZE2024-195 [4)]	Gabe von Ustekinumab, subkutan	6-005.q*	Applikation von Medikamenten, Liste 5: Ustekinumab, subkutan
ZE2024-196 [4)]	Gabe von Micafungin, parenteral	6-004.5*	Applikation von Medikamenten, Liste 4: Micafungin, parenteral
ZE2024-198 [4)]	Molekulares Monitoring der Resttumorlast [MRD]: Molekulargenetische Identifikation von krankheitsspezifischen Markern	1-991.2	Molekulares Monitoring der Resttumorlast [MRD]: Molekulargenetische Identifikation von krankheitsspezifischen Markern für die Bestimmung der Resttumorlast (Minimal Residual Disease [MRD])

Zusatzentgelte-Katalog
- Definition -

ZE [1]	Bezeichnung	OPS Version 2024	
		OPS-Kode	OPS-Text
1	2	3	4
ZE2024-199 [4]	Molekulares Monitoring der Resttumorlast [MRD]: Krankheitsspezifische molekulargenetische Quantifizierung	1-991.3	Molekulares Monitoring der Resttumorlast [MRD]: Krankheitsspezifische molekulargenetische Quantifizierung der Resttumorlast [MRD-Monitoring]
ZE2024-200 [4]	Gabe von Daratumumab, intravenös	6-009.q*	Applikation von Medikamenten, Liste 9: Daratumumab, intravenös
ZE2024-201 [4]	Gabe von Daratumumab, subkutan	6-009.r*	Applikation von Medikamenten, Liste 9: Daratumumab, subkutan
ZE2024-202 [14]	Gabe von Aldesleukin, parenteral	6-001.8*	Applikation von Medikamenten, Liste 1: Aldesleukin, parenteral
ZE2024-203 [4]	Gabe von Durvalumab, parenteral	6-00b.7*	Applikation von Medikamenten, Liste 11: Durvalumab, parenteral
ZE2024-204 [4]	Gabe von Gemtuzumab ozogamicin, parenteral	6-00b.a*	Applikation von Medikamenten, Liste 11: Gemtuzumab ozogamicin, parenteral
ZE2024-205 [4]	Gabe von Polatuzumab vedotin, parenteral	6-00c.c*	Applikation von Medikamenten, Liste 12: Polatuzumab vedotin, parenteral
ZE2024-206 [15]	Gabe von Natalizumab, parenteral	6-003.f*	Applikation von Medikamenten, Liste 3: Natalizumab, parenteral
ZE2024-207 [16]	Gabe von Itraconazol, parenteral	6-002.c*	Applikation von Medikamenten, Liste 2: Itraconazol, parenteral
ZE2024-208 [17]	Gabe von Trabectedin, parenteral	6-004.a*	Applikation von Medikamenten, Liste 4: Trabectedin, parenteral
ZE2024-209 [18]	Gabe von Plerixafor, parenteral	6-005.e*	Applikation von Medikamenten, Liste 5: Plerixafor, parenteral
ZE2024-210 [19]	Gabe von Eculizumab, parenteral	6-003.h*	Applikation von Medikamenten, Liste 3: Eculizumab, parenteral
ZE2024-211 [20]	Gabe von Tocilizumab, intravenös	6-005.m*	Applikation von Medikamenten, Liste 5: Tocilizumab, intravenös
ZE2024-212 [4]	Gabe von Idarucizumab, parenteral	6-008.f	Applikation von Medikamenten, Liste 8: Idarucizumab, parenteral
ZE2024-213 [4]	Gabe von Andexanet alfa, parenteral	6-00c.0	Applikation von Medikamenten, Liste 12: Andexanet alfa, parenteral
ZE2024-214 [4]	Gabe von Letermovir, oral	6-00b.c*	Applikation von Medikamenten, Liste 11: Letermovir, oral
ZE2024-215 [4]	Gabe von Letermovir, parenteral	6-00b.d*	Applikation von Medikamenten, Liste 11: Letermovir, parenteral
ZE2024-216 [4]	Gabe von Avelumab, parenteral	6-00a.2*	Applikation von Medikamenten, Liste 10: Avelumab, parenteral
ZE2024-217 [4]	Gabe von Apalutamid, oral	6-00c.1*	Applikation von Medikamenten, Liste 12: Apalutamid, oral
ZE2024-218 [4]	Gabe von Cemiplimab, parenteral	6-00c.3*	Applikation von Medikamenten, Liste 12: Cemiplimab, parenteral

Zusatzentgelte-Katalog
- Definition -

ZE [1)]	Bezeichnung	OPS Version 2024	
		OPS-Kode	OPS-Text
1	2	3	4
ZE2024-219 [4), 21)]	Gabe von rekombinantem aktiviertem Faktor VII bei postpartaler Blutung		Transfusion von Plasmabestandteilen und gentechnisch hergestellten Plasmaproteinen: Rekombinanter aktivierter Faktor VII
		8-810.67	200 kIE bis unter 300 kIE
		8-810.68	300 kIE bis unter 400 kIE
		8-810.69	400 kIE bis unter 500 kIE
		8-810.6a	500 kIE bis unter 1.000 kIE
		8-810.6b	1.000 kIE bis unter 1.500 kIE
		8-810.6c	1.500 kIE bis unter 2.000 kIE
		8-810.6d	2.000 kIE bis unter 2.500 kIE
		8-810.6e	2.500 kIE bis unter 3.000 kIE
		8-810.6f	3.000 kIE bis unter 4.000 kIE
		8-810.6g	4.000 kIE bis unter 5.000 kIE
		8-810.6h	5.000 kIE bis unter 6.000 kIE
		8-810.6j	6.000 kIE bis unter 7.000 kIE
		8-810.6k	7.000 kIE bis unter 8.000 kIE
		8-810.6m	8.000 kIE bis unter 9.000 kIE
		8-810.6n	9.000 kIE bis unter 10.000 kIE
		8-810.6p	10.000 kIE bis unter 15.000 kIE
		8-810.6q	15.000 kIE bis unter 20.000 kIE
		8-810.6r	20.000 kIE bis unter 25.000 kIE
		8-810.6s	25.000 kIE bis unter 30.000 kIE
		8-810.6u	30.000 kIE bis unter 40.000 kIE
		8-810.6v	40.000 kIE bis unter 50.000 kIE
		8-810.6w	50.000 kIE bis unter 70.000 kIE
		8-810.6z	70.000 kIE oder mehr
ZE2024-220 [4), 22)]	Zusatzaufwand bei Behandlung mit Gabe von CAR-T-Zellen		Mehraufwand bei der Behandlung während des stationären Aufenthalts, in dem die CAR-T-Zellen appliziert werden.

Fußnoten:

*) Gilt für alle entsprechenden 5-Steller oder 6-Steller des angegebenen OPS-Kodes.

1) Weitere Untergliederungen der Entgelte sind analog der Zusatzentgelte der Anlage 5 durch Anfügen einer laufenden Nummer zu kennzeichnen.

2) Das Zulassungsrecht bleibt von der Katalogaufnahme unberührt. Die Kostenträger entscheiden im Einzelfall, ob die Kosten dieser Medikamente übernommen werden.

3) Eine zusätzliche Abrechnung ist im Zusammenhang mit einer Fallpauschale der Basis-DRG L60 oder L71 oder der DRG L90B oder L90C und dem nach Anlage 3b krankenhausindividuell zu vereinbarenden Entgelt L90A nicht möglich.

4) Nach Paragraf 5 Abs. 2 Satz 3 FPV 2024 ist für diese Zusatzentgelte das bisher krankenhausindividuell vereinbarte Entgelt der Höhe nach bis zum Beginn des Wirksamwerdens der neuen Budgetvereinbarung weiter zu erheben. Dies gilt auch, sofern eine Anpassung der entsprechenden OPS-Kodes erfolgt sein sollte.

5) Die Bewertung des Zusatzentgeltes mittels einer Differenzkostenbetrachtung hat in Abhängigkeit der abzurechnenden DRG-Fallpauschalen zu erfolgen.

6) Die jeweils zugehörigen ICD-Kodes und -Texte sind in Anlage 7 aufgeführt.

7) Bei der Behandlung von Blutern mit Blutgerinnungsfaktoren erfolgt die Abrechnung der Gabe von Prothrombinkomplex über das ZE2024-97 nach Anlage 4 bzw. 6, die gleichzeitige Abrechnung des ZE30 ist ausgeschlossen.

8) Die Bewertung des Zusatzentgeltes mittels einer Differenzkostenbetrachtung hat in Abhängigkeit der abzurechnenden DRG-Fallpauschalen und ggf.weiterer abrechenbarer Zusatzentgelte für Stent-Prothesen an der Aorta zu erfolgen.

9) Für das Jahr 2024 gilt ein Schwellenwert in der Höhe von 20.000 € für den im Rahmen der Behandlung des Patienten für Blutgerinnungsfaktoren angefallenen Betrag. Ab Überschreitung dieses Schwellenwertes ist der gesamte für die Behandlung des Patienten mit Blutgerinnungsfaktoren angefallene Betrag abzurechnen.

10) Für das Jahr 2024 gilt ein Schwellenwert in der Höhe von 2.500 € für den im Rahmen der Behandlung des Patienten für Blutgerinnungsfaktoren angefallenen Betrag. Ab Überschreitung dieses Schwellenwertes ist der gesamte für die Behandlung des Patienten mit Blutgerinnungsfaktoren angefallene Betrag abzurechnen.

Zusatzentgelte-Katalog
- Definition -

Fußnoten (Fortsetzung):

11) Für das Jahr 2024 gilt ein Schwellenwert in der Höhe von 6.000 € für die Summe der im Rahmen der Behandlung des Patienten für Blutgerinnungsfaktoren angefallenen Beträge. Ab Überschreitung dieses Schwellenwertes ist der gesamte für die Behandlung des Patienten mit Blutgerinnungsfaktoren angefallene Betrag abzurechnen.

12) Nur abrechenbar in Kombination mit einem der grau hinterlegten OPS-Kodes.

13) Bei der Vereinbarung der Entgelthöhen für die Zusatzentgelte für Granulozyten-Kolonie-stimulierende Faktoren wird in analoger Umsetzung der bisherigen Bewertung empfohlen, die Verhandlung zu den Entgelthöhen auf Basis der krankenhausindividuellen Kostensituation zu führen und bei der finalen Vereinbarung die Entgelthöhe der Zusatzentgelte für Pegfilgrastim (ZE2024-177) bzw. Lipegfilgrastim (ZE2024-178) um einen Betrag zu reduzieren, der in etwa dem dreifachen Wert der Kosten einer typischen Tagesdosis Filgrastim (ZE2024-175) bzw. Lenograstim (ZE2024-176) entspricht.

14) Nach Paragraf 5 Abs. 2 Satz 3 FPV 2024 ist für dieses Zusatzentgelt das bisher krankenhausindividuell vereinbarte Entgelt der Höhe nach bis zum Beginn des Wirksamwerdens der Budgetvereinbarung 2024 weiter zu erheben. Bei fehlender Budgetvereinbarung 2023 ist für dieses Zusatzentgelt das bewertete Zusatzentgelt ZE48 in Höhe von 70 Prozent der im DRG-Katalog 2022 bewerteten Höhe bis zum Beginn des Wirksamwerdens der Budgetvereinbarung 2023 weiter zu erheben. Dies gilt auch, sofern eine Anpassung der entsprechenden OPS-Kodes erfolgt sein sollte.

15) Nach Paragraf 5 Abs. 2 Satz 3 FPV 2024 ist für dieses Zusatzentgelt das bisherige bewertete Zusatzentgelt ZE97 aus 2023 bis zum Beginn des Wirksamwerdens der neuen Budgetvereinbarung der Höhe nach weiter zu erheben. Dies gilt auch, sofern eine Anpassung der entsprechenden OPS-Kodes erfolgt sein sollte.

16) Nach Paragraf 5 Abs. 2 Satz 3 FPV 2024 ist für dieses Zusatzentgelt das bisherige bewertete Zusatzentgelt ZE113 aus 2023 bis zum Beginn des Wirksamwerdens der neuen Budgetvereinbarung der Höhe nach weiter zu erheben. Dies gilt auch, sofern eine Anpassung der entsprechenden OPS-Kodes erfolgt sein sollte.

17) Nach Paragraf 5 Abs. 2 Satz 3 FPV 2024 ist für dieses Zusatzentgelt das bisherige bewertete Zusatzentgelt ZE117 aus 2023 bis zum Beginn des Wirksamwerdens der neuen Budgetvereinbarung der Höhe nach weiter zu erheben. Dies gilt auch, sofern eine Anpassung der entsprechenden OPS-Kodes erfolgt sein sollte.

18) Nach Paragraf 5 Abs. 2 Satz 3 FPV 2024 ist für dieses Zusatzentgelt das bisherige bewertete Zusatzentgelt ZE143 aus 2023 bis zum Beginn des Wirksamwerdens der neuen Budgetvereinbarung der Höhe nach weiter zu erheben. Dies gilt auch, sofern eine Anpassung der entsprechenden OPS-Kodes erfolgt sein sollte.

19) Nach Paragraf 5 Abs. 2 Satz 3 FPV 2024 ist für dieses Zusatzentgelt das bisherige bewertete Zusatzentgelt ZE154 aus 2023 bis zum Beginn des Wirksamwerdens der neuen Budgetvereinbarung der Höhe nach weiter zu erheben. Dies gilt auch, sofern eine Anpassung der entsprechenden OPS-Kodes erfolgt sein sollte.

20) Nach Paragraf 5 Abs. 2 Satz 3 FPV 2024 ist für dieses Zusatzentgelt das bisherige bewertete Zusatzentgelt ZE157 aus 2023 bis zum Beginn des Wirksamwerdens der neuen Budgetvereinbarung der Höhe nach weiter zu erheben. Dies gilt auch, sofern eine Anpassung der entsprechenden OPS-Kodes erfolgt sein sollte.

21) Das Zusatzentgelt kann ausschließlich bei postpartaler Blutung (ICD Kode O72.-) abgerechnet werden. Bei Vorliegen einer dauerhaften Gerinnungsstörung ist ggf. das Zusatzentgelt ZE2024-97 abzurechnen.

22) Die Bewertung des Zusatzentgeltes erfolgt mittels einer Differenzkostenbetrachtung in Abhängigkeit der abzurechnenden DRG-Fallpauschalen. Die Kosten des CAR-T-Produkts selbst sind nicht zu berücksichtigen.

Zusatzentgelte-Katalog
- Blutgerinnungsstörungen -

ICD-Kodes, die dem extrabudgetären ZE2024-97 „Behandlung von Blutern mit Blutgerinnungsfaktoren" zuzuordnen sind. [1)]

ZE	Bezeichnung	ICD Version 2024	
		ICD-Kode	ICD-Text
1	2	3	4
ZE2024-97	Behandlung von Blutern mit Blutgerinnungsfaktoren	D66	Hereditärer Faktor-VIII-Mangel
		D67	Hereditärer Faktor-IX-Mangel
		D68.00	Hereditäres Willebrand-Jürgens-Syndrom
		D68.1	Hereditärer Faktor-XI-Mangel
		D68.20	Hereditärer Faktor-I-Mangel
		D68.21	Hereditärer Faktor-II-Mangel
		D68.22	Hereditärer Faktor-V-Mangel
		D68.23	Hereditärer Faktor-VII-Mangel
		D68.24	Hereditärer Faktor-X-Mangel
		D68.25	Hereditärer Faktor-XII-Mangel
		D68.26	Hereditärer Faktor-XIII-Mangel
		D68.28	Hereditärer Mangel an sonstigen Gerinnungsfaktoren
		D68.31	Hämorrhagische Diathese durch Vermehrung von Antikörpern gegen Faktor VIII
		D68.32	Hämorrhagische Diathese durch Vermehrung von Antikörpern gegen sonstige Gerinnungsfaktoren
		D69.40	Sonstige primäre Thrombozytopenie, als transfusionsrefraktär bezeichnet
		D69.41	Sonstige primäre Thrombozytopenie, nicht als transfusionsrefraktär bezeichnet
		D82.0	Wiskott-Aldrich-Syndrom
		M31.1	Thrombotische Mikroangiopathie
		P61.0	Transitorische Thrombozytopenie beim Neugeborenen

ICD-Kodes, die den intrabudgetären ZE2024-137 "Gabe von rekombinantem aktiviertem Faktor VII", ZE2024-138 " Gabe von Fibrinogenkonzentrat" oder ZE2024-139 "Gabe von Blutgerinnungsfaktoren" zuzuordnen sind. [1)]

ZE	Bezeichnung	ICD Version 2024	
		ICD-Kode	ICD-Text
1	2	3	4
ZE2024-137 / ZE2024-138 / ZE2024-139	Gabe von rekombinantem aktiviertem Faktor VII / Gabe von Fibrinogenkonzentrat / Gabe von Blutgerinnungsfaktoren	D65.9	Defibrinationssyndrom, nicht näher bezeichnet
		D68.33	Hämorrhagische Diathese durch Cumarine (Vitamin-K-Antagonisten)
		D68.34	Hämorrhagische Diathese durch Heparine
		D68.35	Hämorrhagische Diathese durch sonstige Antikoagulanzien
		D68.9	Koagulopathie, nicht näher bezeichnet
		D69.0	Purpura anaphylactoides
		D69.2	Sonstige nichtthrombozytopenische Purpura
		D69.3	Idiopathische thrombozytopenische Purpura
		D69.52	Heparin-induzierte Thrombozytopenie Typ I
		D69.53	Heparin-induzierte Thrombozytopenie Typ II
		D69.57	Sonstige sekundäre Thrombozytopenien, als transfusionsrefraktär bezeichnet
		D69.58	Sonstige sekundäre Thrombozytopenien, nicht als transfusionsrefraktär bezeichnet
		D69.59	Sekundäre Thrombozytopenie, nicht näher bezeichnet
		D69.60	Thrombozytopenie, nicht näher bezeichnet, als transfusionsrefraktär bezeichnet
		D69.61	Thrombozytopenie, nicht näher bezeichnet, nicht als transfusionsrefraktär bezeichnet
		D69.80	Hämorrhagische Diathese durch Thrombozytenaggregationshemmer
		D69.9	Hämorrhagische Diathese, nicht näher bezeichnet

Zusatzentgelte-Katalog
- Blutgerinnungsstörungen -

Zu differenzierende ICD-Kodes:
Dauerhaft erworbene Blutgerinnungsstörungen (zu kennzeichnen mit dem ICD-Kode U69.11!) sind dem extrabudgetären ZE2024-97 zuzuordnen. [1)]
Temporäre Blutgerinnungsstörungen (zu kennzeichnen mit dem ICD-Kode U69.12!) sind den intrabudgetären ZE2024-137, ZE2024-138 oder ZE2024-139 zuzuordnen. [1)]

ZE	Bezeichnung	ICD Version 2024	
		ICD-Kode	ICD-Text
1	2	3	4
ZE2024-97 / ZE2024-137 / ZE2024-138 / ZE2024-139		D65.0	Erworbene Afibrinogenämie
		D65.1	Disseminierte intravasale Gerinnung [DIG, DIC]
		D65.2	Erworbene Fibrinolyseblutung
		D68.01	Erworbenes Willebrand-Jürgens-Syndrom
		D68.09	Willebrand-Jürgens-Syndrom, nicht näher bezeichnet
		D68.38	Sonstige hämorrhagische Diathese durch sonstige und nicht näher bezeichnete Antikörper
		D68.4 [2)]	Erworbener Mangel an Gerinnungsfaktoren
		D68.8	Sonstige näher bezeichnete Koagulopathien
		D69.1	Qualitative Thrombozytendefekte
		D69.88	Sonstige näher bezeichnete hämorrhagische Diathesen
		P53	Hämorrhagische Krankheit beim Fetus und Neugeborenen
		P60	Disseminierte intravasale Gerinnung beim Fetus und Neugeborenen

Fußnoten:

1) Die Abrechnung des ZE2024-97 bzw. ZE2024-137, ZE2024-138 oder ZE2024-139 ist möglich, sofern einer der ICD-Kodes aus der jeweiligen Definition der Anlage 7 und einer der OPS-Kodes aus der jeweiligen Definition der Anlage 6 vorliegt. Die ergänzende Auflistung von ICD-Kodes bei diesen Zusatzentgelten erfolgt nur aufgrund des extrabudgetären Status des ZE2024-97.

2) Blutgerinnungsstörungen, die nur durch eine Lebertransplantation heilbar wären, sind dem ZE2024-97 zuzuordnen.

Ergänzende Informationen zur Abrechnung von bewerteten Zusatzentgelten aus dem Zusatzentgelte-Katalog (Anlage 2 bzw. Anlage 5)

Tabelle 1: Liste der DRG Fallpauschalen, für die das Zusatzentgelt ZE162 abgerechnet werden darf.

801B, 802C, 863Z, A01A, A02Z, A03A, A04B, A06B, A06C, A07C, A07D, A07E, A07F, A09B, A09E, A09F, A11B, A11C, A11D, A13A, A13E, A13F, A13G, A13H, A15C, A18Z, A42C, A60B, A60C, A61B, A61C, A62Z, A66Z, A69Z, B02A, B02C, B02E, B04B, B04C, B05Z, B17A, B17D, B17E, B18C, B18D, B19A, B19B, B19C, B20A, B20B, B20C, B20D, B20E, B21A, B21B, B36B, B39A, B39B, B44B, B44C, B45Z, B63Z, B66A, B66D, B68B, B68C, B68D, B69A, B69B, B69C, B69D, B70B, B70D, B70E, B70F, B71A, B71D, B72A, B73Z, B75Z, B76D, B76E, B77Z, B78A, B78B, B80Z, B81B, B82Z, B85D, B86Z, C01B, C03A, C03B, C03C, C04A, C04B, C05Z, C06Z, C07A, C07B, C08A, C08B, C10A, C10B, C10C, C12Z, C13Z, C15Z, C16Z, C20B, C61Z, C63Z, C64Z, D01B, D02A, D04A, D04B, D05A, D05B, D06A, D06B, D06C, D08B, D12A, D12B, D16Z, D20A, D20B, D22A, D22B, D24B, D25C, D25D, D28Z, D29Z, D30A, D30B, D30C, D33Z, D35Z, D36Z, D37A, D37B, D38Z, D40Z, D60B, D61Z, D63A, D63B, D65Z, D67Z, E01B, E02C, E02D, E03Z, E06B, E06C, E06D, E07Z, E08C, E08D, E36Z, E40B, E40C, E60B, E63A, E63B, E64B, E65B, E65C, E66A, E66B, E69B, E69C, E71C, E71D, E73B, E74Z, E75A, E75B, E76C, E77D, E78Z, E79B, E79C, F01C, F01D, F01F, F02A, F03C, F03E, F05Z, F06A, F06D, F06E, F07B, F07C, F08A, F08F, F09C, F12B, F12F, F17B, F18B, F18C, F18D, F19B, F20Z, F21E, F24B, F27C, F39A, F39B, F41A, F41B, F43A, F43C, F49B, F49D, F49E, F49F, F49G, F50A, F50C, F51B, F52A, F52B, F56A, F56B, F58A, F58B, F59B, F59C, F59D, F59E, F59F, F60B, F62C, F63B, F64Z, F65B, F66B, F67C, F68A, F68B, F69B, F70A, F70B, F71B, F72B, F73B, F74Z, F75A, F75B, F75C, F95B, F98A, F98B, F98C, G01Z, G02A, G03A, G07A, G07C, G08B, G10Z, G11A, G12A, G12D, G12E, G13A, G13B, G17B, G18C, G19A, G19B, G19C, G21A, G21B, G22A, G22C, G23B, G24B, G24C, G26A, G26B, G27A, G29A, G29B, G40A, G46C, G46D, G47B, G48A, G60A, G60B, G64B, G67B, G67C, G70B, G71Z, G72A, G72B, G74Z, H05Z, H06B, H06C, H07B, H08A, H08B, H08C, H09B, H12B, H15Z, H16B, H38B, H40B, H41D, H41E, H44Z, H61B, H61C, H62C, H63A, H63B, I02A, I04Z, I05A, I05B, I06A, I06B, I08C, I08D, I08E, I08F, I08I, I09A, I09C, I09F, I09G, I09H, I09I, I10C, I10D, I10E, I10F, I10G, I10H, I11Z, I12A, I12C, I13C, I13D, I13E, I13F, I13G, I14Z, I15A, I16A, I16B, I18A, I20A, I20B, I20C, I20E, I21Z, I23B, I23C, I24A, I27B, I27C, I27D, I27E, I28B, I28D, I28E, I29B, I29C, I30A, I30B, I30C, I31B, I31C, I32B, I32C, I32E, I32F, I33Z, I36Z, I39Z, I42A, I42B, I43B, I44A, I44B, I44C, I45A, I45B, I46C, I47B, I47C, I50C, I54B, I59Z, I64C, I65C, I66F, I66G, I68A, I68C, I68D, I68E, I71B, I72Z, I74A, I74C, I74D, I75A, I75B, I76B, I77Z, I79Z, I97Z, J04Z, J07A, J07B, J09A, J10A, J10B, J11B, J11C, J11D, J12Z, J14Z, J16B, J18B, J22Z, J23Z, J24D, J25Z, J26Z, J44Z, J61A, J62B, J64C, J65A, K03B, K04Z, K06E, K07A, K07B, K09B, K09D, K14Z, K15A, K15C, K33Z, K38Z, K44Z, K60D, K60F, K62A, K62B, K62C, K64C, K77Z, L04A, L06B, L06C, L07Z, L09C, L09D, L11Z, L13A, L13B, L16A, L16B, L16C, L17A, L17B, L18B, L19Z, L20B, L20C, L36B, L40Z, L42B, L60D, L62A, L62C, L63C, L63D, L64A, L64B, L64C, L64D, L68B, L69A, L69B, L74Z, M01A, M01B, M02B, M03A, M04B, M04C, M04D, M05Z, M06Z, M07Z, M09A, M09B, M10A, M10B, M10C, M11Z, M38Z, M60B, M61Z, M62Z, N01A, N02C, N02D, N05B, N06Z, N07A, N07B, N08Z, N09B, N10Z, N11B, N13A, N13C, N15Z, N16A, N21A, N23Z, N33Z, N34Z, N60B, N61Z, N62A, O01A, O01B, O01C, O01D, O01F, O02A, O02B, O03Z, O04A, O04B, O04C, O05A, O05B, O05C, O05D, O60A, O60B, O60C, O60D, O61Z, O63Z, O65A, O65B, P02A, P02B, P02C, P03A, P03B, P04A, P04B, P05A, P05B, P05C, P06A, P06B, P06C, P60B, P60C, P61A, P61B, P61C, P61D, P61E, P62A, P62C, P62D, P63Z, P64Z, P65A, P65B, P65C, P65D, P66A, P66B, P66C, P66D, P67A, P67B, P67C, P67D, P67E, Q01Z, Q02B, Q02C, Q03A, Q60A, Q60C, Q61B, Q63B, R01A, R01C, R04B, R06Z, R07B, R11B, R12B, R13A, R13B, R14Z, R60E, R61D, R61H, R62A, R62B, R62C, R63A, R63D, R66Z, S01Z, S62Z, S63A, S65A, T01C, T01E, T36Z, T60B, T60C, T61Z, T62A, T62B, T63C, T63D, U42C, U63Z, U64Z, V60A, V60B, V61Z, V63Z, W01B, W04B, W04C, W61B, X01A, X01B, X01C, X05A, X05B, X06B, X06C, X07A, X07B, X60A, X60B, X62Z, X64Z, Y03Z, Y62Z, Z01B, Z01C, Z64A, Z64B, Z64C, Z65Z, Z66Z

Tabelle 2: Liste der DRG Fallpauschalen, für die das Zusatzentgelt ZE163 abgerechnet werden darf.

801A, 801C, 801D, 801E, 802B, 802D, A01B, A04D, A04E, A06A, A09A, A11G, A13B, A13D, A15B, A15D, A17A, A36A, A42A, A60A, A63Z, A64Z, B01A, B01B, B02B, B02D, B03Z, B04A, B12Z, B15Z, B16A, B17B, B17C, B18A, B18B, B36A, B39C, B42A, B42B, B44A, B47A, B48Z, B60A, B66C, B67B, B70A, B70C, B71B, B71C, B72B, B74Z, B76B, B76C, B79Z, B81A, B84Z, B85A, B85B, B85C, C01A, C60Z, C65Z, D02B, D08A, D09Z, D15A, D15B, D19Z, D24A, D25A, D25B, D60A, E01A, E02A, E02B, E05A, E05C, E06A, E08B, E40A, E42B, E60A, E64A, E64C, E65A, E71A, E75C, E77B, E77C, E79A, F03A, F03B, F03D, F06B, F07A, F08B, F08C, F08D, F08E, F09A, F09B, F12A, F12C, F12D, F12E, F13A, F13B, F13C, F13D, F14A, F14B, F15Z, F19A, F21A, F21C, F21D, F27A, F27B, F28A, F28B, F28C, F30Z, F36A, F36B, F36C, F42Z, F48Z, F49A, F49C, F59A, F61A, F61B, F62A, F62B, F63A, F65A, F67A, F71A, F72A, F77A, F77B, G02B, G02C, G03B, G04Z, G08A, G11B, G12B, G12C, G14Z, G15Z, G16A, G16B, G17A, G18A, G18B, G18D, G27B, G33Z, G35Z, G36A, G36B, G36C, G40B, G46A, G46B, G48B, G50Z, G52Z, G64A, G66Z, G67A, G70A, G73Z, G77A, G77B, H01B, H02A, H02B, H06A, H09A, H12A, H12C, H16A, H29Z, H36A, H36B, H40A, H41A, H41B, H41C, H60Z, H61A, H62A, H62B, H63C, H64Z, H77Z, H78Z, I01Z, I02B, I02C, I02D, I03A, I03B, I06C, I07A, I08B, I09B, I09D, I09E, I10A, I10B, I12B, I13A, I13B, I17A, I17B, I22A, I22B, I26A, I27A, I32A, I34Z, I41Z, I43A, I46B, I47A, I50A, I50B, I54A, I64B, I65A, I66B, I66E, I68B, I69A, I69B, I71A, I73Z, I74B, I87A, I95A, I95B, I98Z, J02A, J02B, J02C, J03Z, J08A, J08B, J11A, J17Z, J21Z, J24A, J35Z, J61B, J61C, J62A, J64A, J64B, J67A, J67B, J77Z, K03A, K06A, K09A, K09C, K15B, K15E, K25Z, K60C, K60E, K63B, K64A, K64D, L02A, L03Z, L08Z, L09A, L09B, L10Z, L12B, L18A, L20A, L36A, L37Z, L38Z, L44Z, L60A, L60B, L60C, L62B, L63B, L63E, L73Z, M02A, M04A, M37Z, M60A, N01B, N01D, N02A, N02B, N04Z, N05A, N14Z, N16B, N38Z, Q60B, Q61A, Q62Z, Q63A, R01B, R01D, R02Z, R03Z, R04A, R05Z, R07A, R11A, R12C, R16Z, R60A, R60B, R60C, R60D, R61A, R61B, R61C, R61F, R61G, R63C, R63E, R63F, R63G, R63H, S63B, T01A, T01B, T01D, T44Z, T60E, T63B, T64B, T64C, T77Z, U40Z, U61Z, V64Z, W02A, W02B, X06A, X33Z, Y02A, Y02B, Y02C, Y02D, Z01A

Klarstellungen der Vertragsparteien nach § 17b Absatz 2 Satz 1 KHG zur Fallpauschalenvereinbarung 2024 (FPV 2024)

1. **Fallzählung bei Fallpauschalen für teilstationäre Leistungen**
Bei der Abrechnung von tagesbezogenen teilstationären Fallpauschalen wird gemäß § 9 Absatz 1 Satz 4 für jeden Patienten, der wegen derselben Erkrankung regelmäßig oder mehrfach behandelt wird, je Quartal ein Fall gezählt. Dagegen ist zur sachgerechten Ermittlung der Summe der effektiven Bewertungsrelationen im Abschnitt E1 als Fallzahl (Anzahl der DRG) in Spalte 2 die Anzahl der einzeln berechenbaren tagesbezogenen Fallpauschalen auszuweisen. Dadurch ergeben sich bzgl. der mit teilstationären Fallpauschalen abgegoltenen Leistungen unterschiedliche Fallzahlen.

2. **Anwendung der Beurlaubungsregelung**
Die Vorgaben zur Beurlaubung finden keine Anwendung bei onkologischen Behandlungszyklen, bei denen eine medizinisch sinnvolle Vorgehensweise mit mehreren geplanten Aufenthalten zu Grunde liegt. Es handelt sich in diesen Fällen um einzelne abgeschlossene Behandlungen, die durch eine reguläre Entlassung beendet werden.

3. **Abrechnung teilstationärer Leistungen in Verbindung mit Fallzusammenführungen**
Werden zwischen zwei vollstationären Krankenhausaufenthalten, die gemäß § 2 Absatz 4 zu einem Fall zusammenzuführen sind, teilstationäre Leistungen erbracht, so ist für die Anwendung von § 6 Absatz 2 Satz 1 die mittlere Verweildauer der Fallpauschale zu Grunde zu legen, die sich aus der DRG-Fallpauschale des zusammengefassten Falls gemäß § 2 Absatz 4 ergibt.

4. **Hinweise zur Erläuterung der Regelung nach § 3 Absatz 3 Sätze 2 bis 4 FPV 2024 „Kombinierte Fallzusammenführung“ (siehe Anlage 1)**

5. **Eingruppierung und Fallzählung bei tagesbezogenen Entgelten für die teilstationäre geriatrische Komplexbehandlung (A90A und A90B)**
Zur Ermittlung von tagesbezogenen Entgelten für die unbewerteten teilstationären Leistungen A90A Teilstationäre geriatrische Komplexbehandlung, umfassende Behandlung und A90B Teilstationäre geriatrische Komplexbehandlung, Basisbehandlung aus Anlage 3b sind die teilstationären Behandlungstage jeweils einzeln einzugruppieren. Werden für einen Patienten, der wegen derselben Erkrankung regelmäßig oder mehrfach behandelt wird, in einem Quartal sowohl tagesbezogene Entgelte für die A90A als auch für die A90B abgerechnet, wird insgesamt nur ein Fall im Sinne von § 9 Absatz 2 Nummer 2 Buchstabe b FPV 2024 gezählt.

6. **Abrechnung von Neugeborenen-Fallpauschalen**
Die besonderen Vorschriften zur Abrechnung von Fallpauschalen für Neugeborene nach § 1 Absatz 5 finden nur Anwendung, sofern die Geburt Bestandteil des Krankenhausaufenthalts ist. Liegt hingegen eine (Wieder-)Aufnahme oder Rückverlegung des Neugeborenen vor, sind die besonderen Vorschriften nach § 1 Absatz 5 nicht zu berücksichtigen.

7. **Fristenberechnung bei Wiederaufnahmen und Rückverlegungen**
Die jeweils nach § 2 Absatz 1 bis 3 maßgebliche Frist (obere Grenzverweildauer bzw. 30 Kalendertage) für Fallzusammenführungen bei Wiederaufnahmen beginnt mit dem Tag der Aufnahme, d. h. der Aufnahmetag wird bei der Fristberechnung mit einbezogen. Gleiches gilt für den Tag der Entlassung bei der Regelung zur Rückverlegung nach § 3 Absatz 3 Satz 1.

8. **Explizite Ein-Belegungstag-DRGs:**
Als explizite Ein-Belegungstag-DRGs im Sinne des § 6 Absatz 2 Satz 5 gelten:
A60D, B60B, B70I, E02E, E64D, F62D, F73A, G47A, I66H, I68F, J65B, J68A, J68B, K63C, L70A, L70B, L71Z, N09A, R65Z, S60Z, T60G, U60A, U60B, Y63Z.

9. **Abrechnung des Zuschlags für Begleitpersonen bei gesunder Mutter und krankheitsbedingt behandlungsbedürftigem Neugeborenen gemäß § 1 Absatz 5 Satz 9:**
Erfolgt ein Verbleib der gesunden Mutter aufgrund des krankheitsbedingt behandlungsbedürftigen Neugeborenen, so ist der gemäß § 1 Absatz 5 Satz 9 abrechenbare Zuschlag für Begleitpersonen auf der Rechnung des Neugeborenen auszuweisen. In diesem Fall ist bei Mehrlingen die Mitaufnahme eines oder mehrerer neugeborener Geschwisterkinder mit dem Zuschlag für Begleitpersonen abrechenbar und auf der Rechnung des krankheitsbedingt behandlungsbedürftigen Neugeborenen gesondert auszuweisen.

10. **Fallzusammenführung bei Aufenthalten mit nur einem Belegungstag**
Sind zwei Aufenthalte an unterschiedlichen Tagen mit einem jeweils nur eintägigen Aufenthalt (das heißt die Entlassung fällt auf den gleichen Tag wie die Aufnahme oder den Folgetag) zusammenzuführen, so ist für den zusammengeführten Aufenthalt eine Verweildauer von 2 Belegungstagen zu zählen. Abweichend hiervon ergibt sich bei der Zusammenführung von zwei Fällen, deren Aufnahmen auf den gleichen Kalendertag fallen, eine Verweildauer von einem Belegungstag.

11. **Behandlung in einer Haupt- und Belegabteilung an einem Tag**
§ 1 Absatz 4 Satz 1 Nummer 2 gilt entsprechend, wenn bei einer Gesamtbehandlungsdauer von einem Belegungstag die Behandlung sowohl in der Haupt- als auch in der Belegabteilung erfolgt.

12. **Stationäre Voruntersuchung bei möglichen Lebendspendern**
Stationär notwendige Voruntersuchungen bei möglichen Lebendspendern, die im Hinblick auf die Transplantation bei einem Transplantatempfänger durchgeführt werden, sind auch dann mit der DRG Z66Z abrechenbar, wenn es tatsächlich zu einer Lebendspende kommt. Die Vorgaben des § 2 bleiben davon unberührt.

13. **Abrechnung von gesunden Neugeborenen bei behandlungsbedürftiger Mutter**
Wird ein gesundes Neugeborenes aufgrund einer behandlungsbedürftigen Mutter in einem Krankenhaus, in dem die Geburt nicht stattgefunden hat, mit aufgenommen, so ist für das Neugeborene im aufnehmenden Krankenhaus ein eigenständiger Fall zu bilden, der über eine gesonderte Fallpauschale abzurechnen ist.

14. **Abrechnung von sonstigen Entgelten nach § 8 Absatz 5**
Die Regelungen des § 8 Absatz 5 kommen erst mit Beginn des Wirksamwerdens der neuen Budgetvereinbarung für den Vereinbarungszeitraum 2020 zur Anwendung. Bis dahin sind die Entgelte in der bisher vereinbarten Höhe weiter zu erheben.

15. **Verlegungen in bzw. aus Einrichtungen nach § 22 Absatz 1 KHG**
Einrichtungen nach § 22 Absatz 1 KHG gelten als Krankenhäuser im Sinne der Vorgaben des § 3 „Abschläge bei Verlegung“.

16. **Eingruppierung und Fallzählung bei tagesbezogenen Entgelten für teilstationäre pädiatrische Diagnostik und Behandlung (MDC25)**
Zur Ermittlung von tagesbezogenen Entgelten für die unbewerteten teilstationären pädiatrischen Leistungen der MDC 25 Teilstationäre pädiatrische Diagnostik und Behandlung aus Anlage 3b sind die teilstationären Behandlungstage jeweils einzeln einzugruppieren und abzurechnen. Werden für einen Patienten, der wegen derselben Erkrankung regelmäßig oder mehrfach behandelt wird, in einem Quartal mehrere tagesbezogene teilstationäre Entgelte der MDC 25 abgerechnet, wird in diesem Quartal insgesamt nur ein Fall im Sinne von § 9 Absatz 2 Nummer 2 Buchstabe b FPV 2024 gezählt.

17. **DRG 748Z: Bestimmte Behandlung ohne Sedierung oder Anästhesie, Alter < 18 Jahre, teilstationär**
Je Quartal werden summierbare Gaben von Medikamenten oder andere nur einmal pro Aufenthalt anzugebende OPS, die ein Zusatzentgelt auslösen, ausschließlich am ersten Aufenthalt des Quartals als summierter OPS angegeben und abgerechnet. Die Aufenthalte der DRG 748Z eines Quartals werden erst nach dem letzten Aufenthalt im Quartal abgerechnet. Alle Zusatzentgelte im Rahmen der DRG 748Z werden ausschließlich mit dem ersten Aufenthalt des Quartals abgerechnet.

Hinweise zur Erläuterung der Regelung nach § 3 Abs. 3 Sätze 2 bis 4 FPV 2024 „Kombinierte Fallzusammenführungen“

Vorbemerkung:
Die in dieser Anlage zur Erläuterung der Regelung nach § 3 Abs. 3 Sätze 2 bis 4 aufgeführten Fallkonstellationen sind nicht als abschließend zu sehen.

Fallkonstellation 1: Erst Rückverlegung nach § 3 Abs. 3 Satz 1, dann Wiederaufnahme innerhalb Prüffrist

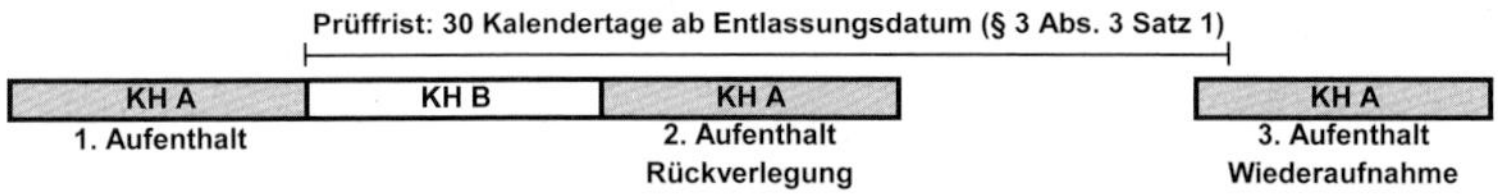

Alle drei Aufenthalte werden zusammengefasst, da sowohl eine Rückverlegung im Sinne von § 3 Abs. 3 Satz 1 (1. und 2. Aufenthalt) als auch eine Wiederaufnahme (3. Aufenthalt) innerhalb der Prüffrist der Rückverlegung („Prüffrist des ersten Falles, der die Fallzusammenführung auslöst“) vorliegt. Weitere Voraussetzung für die Einbeziehung des 3. Aufenthalts ist die Erfüllung des entsprechenden Kriteriums aus § 2 Abs. 1 (Basis-DRG), Abs. 2 (Partitionswechsel innerhalb der MDC) oder Abs. 3 (Komplikationen). Für eine Fallzusammenführung ist die DRG-Fallpauschale des 3. Aufenthalts gegenüber der DRG-Fallpauschale, die sich aus der Zusammenfassung der beiden vorherigen Aufenthalte ergibt, zu prüfen.

Fallkonstellation 2: Erst Wiederaufnahme nach § 2 Abs. 1 oder 3, dann Rückverlegung innerhalb Prüffrist

Alle drei Aufenthalte werden zusammengefasst, da sowohl eine Wiederaufnahme im Sinne von § 2 Abs. 1 oder Abs. 3 (1. und 2. Aufenthalt) als auch eine Rückverlegung (3. Aufenthalt) innerhalb der Prüffrist der Wiederaufnahme („Prüffrist des ersten Falles, der die Fallzusammenführung auslöst“) vorliegt. Die in diesem Zusammenhang maßgebliche obere Grenzverweildauer ergibt sich aus der Eingruppierung des 1. Aufenthalts in eine DRG-Fallpauschale. Bei der Ermittlung zusätzlich abrechenbarer Belegungstage nach § 1 Abs. 2 ist die obere Grenzverweildauer maßgeblich, die sich aus der Zusammenführung aller drei Aufenthalte ergibt.

Fallkonstellation 3: Erst Wiederaufnahme nach § 2 Abs. 2, dann Rückverlegung innerhalb Prüffrist

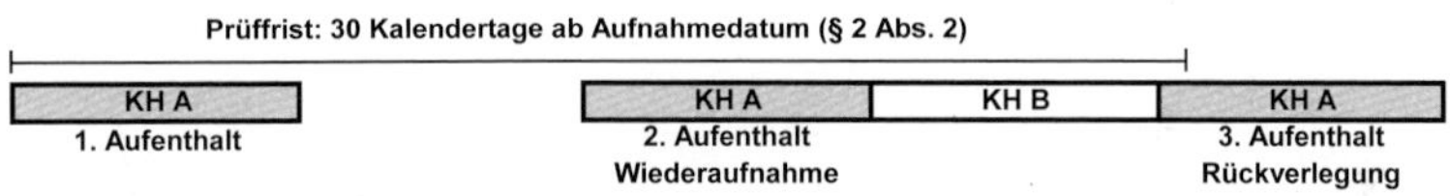

Alle drei Aufenthalte werden zusammengefasst, da sowohl eine Wiederaufnahme im Sinne von § 2 Abs. 2 (1. und 2. Aufenthalt) als auch eine Rückverlegung (3. Aufenthalt) innerhalb der Prüffrist der Wiederaufnahme („Prüffrist des ersten Falles, der die Fallzusammenführung auslöst“) vorliegt.

Fallkonstellation 4: Erst Rückverlegung nach § 3 Abs. 3 Satz 1, dann Wiederaufnahme außerhalb Prüffrist

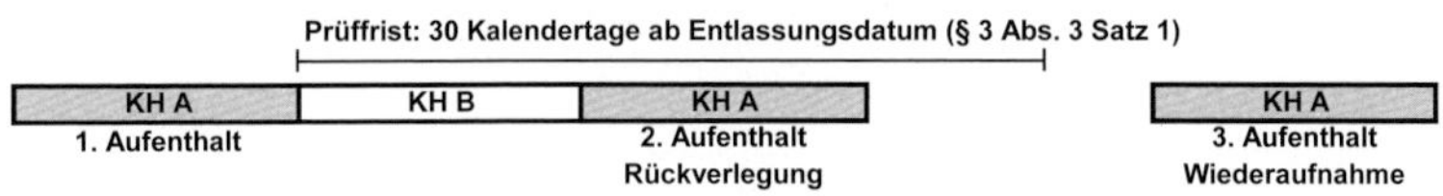

Die ersten beiden Aufenthalte werden lediglich zusammengefasst, da aufgrund der chronologischen Prüfung zunächst eine Rückverlegung im Sinne von § 3 Abs. 3 Satz 1 (1. und 2. Aufenthalt) vorliegt und die Wiederaufnahme (3. Aufenthalt) außerhalb der Prüffrist der Rückverlegung („Prüffrist des ersten Falles, der die Fallzusammenführung auslöst“) erfolgt.

Fallkonstellation 5: Erst Wiederaufnahme nach § 2 Abs. 1 oder Abs. 3, dann Rückverlegung außerhalb Prüffrist

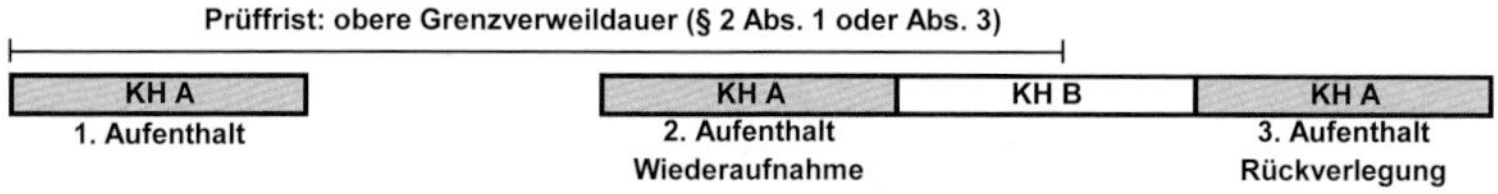

Die ersten beiden Aufenthalte werden lediglich zusammengefasst, da aufgrund der chronologischen Prüfung zunächst eine Wiederaufnahme im Sinne von § 2 Abs. 1 oder Abs. 3 (1. und 2. Aufenthalt) vorliegt und die Rückverlegung (3. Aufenthalt) außerhalb der Prüffrist der Wiederaufnahme („Prüffrist des ersten Falles, der die Fallzusammenführung auslöst") erfolgt.

Fallkonstellation 6: Erst Wiederaufnahme nach § 2 Abs. 2, dann Rückverlegung außerhalb Prüffrist

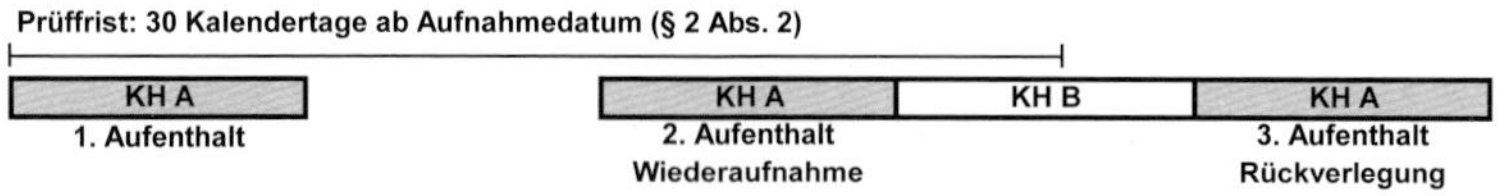

Die ersten beiden Aufenthalte werden lediglich zusammengefasst, da aufgrund der chronologischen Prüfung zunächst eine Wiederaufnahme im Sinne von § 2 Abs. 2 (1. und 2. Aufenthalt) vorliegt und die Rückverlegung (3. Aufenthalt) außerhalb der Prüffrist der Wiederaufnahme („Prüffrist des ersten Falles, der die Fallzusammenführung auslöst") erfolgt.

Fallkonstellation 7: Erst Rückverlegung nach § 3 Abs. 3 Satz 1, dann Wiederaufnahme innerhalb Prüffrist

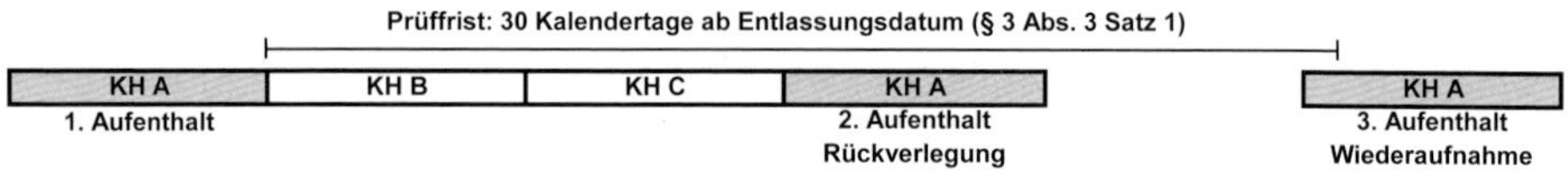

Alle drei Aufenthalte werden zusammengefasst, da sowohl eine Rückverlegung im Sinne von § 3 Abs. 3 Satz 1 (1. und 2. Aufenthalt) als auch eine Wiederaufnahme (3. Aufenthalt) innerhalb der Prüffrist der Rückverlegung („Prüffrist des ersten Falles, der die Fallzusammenführung auslöst") vorliegt. Weitere Voraussetzung für die Einbeziehung des 3. Aufenthalts ist die Erfüllung des entsprechenden Kriteriums aus § 2 Abs. 1 (Basis-DRG), Abs. 2 (Partitionswechsel innerhalb der MDC) oder Abs. 3 (Komplikationen). Für eine Fallzusammenführung ist die DRG-Fallpauschale des 3. Aufenthalts gegenüber der DRG-Fallpauschale, die sich aus der Zusammenfassung der beiden vorherigen Aufenthalte ergibt, zu prüfen.

Fallkonstellation 8: Erst Wiederaufnahme nach § 2 Abs. 1 oder 3, dann Rückverlegung innerhalb Prüffrist

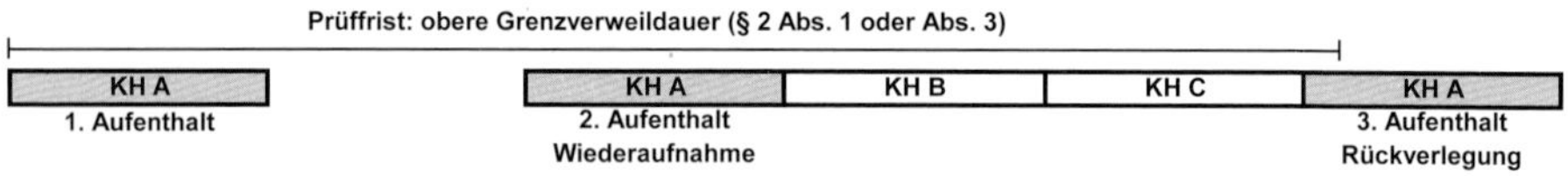

Alle drei Aufenthalte werden zusammengefasst, da sowohl eine Wiederaufnahme im Sinne von § 2 Abs. 1 oder 3 (1. und 2. Aufenthalt) als auch eine Rückverlegung (3. Aufenthalt) innerhalb der Prüffrist der Wiederaufnahme („Prüffrist des ersten Falles, der die Fallzusammenführung auslöst") vorliegt. Die in diesem Zusammenhang maßgebliche obere Grenzverweildauer ergibt sich aus der Eingruppierung des 1. Aufenthalts in eine DRG-Fallpauschale. Bei der Ermittlung zusätzlich abrechenbarer Belegungstage nach § 1 Abs. 2 ist die obere Grenzverweildauer maßgeblich, die sich aus der Zusammenführung aller drei Aufenthalte ergibt.

Fallkonstellation 9: Erst Wiederaufnahme nach § 2 Abs. 2, dann Rückverlegung innerhalb Prüffrist

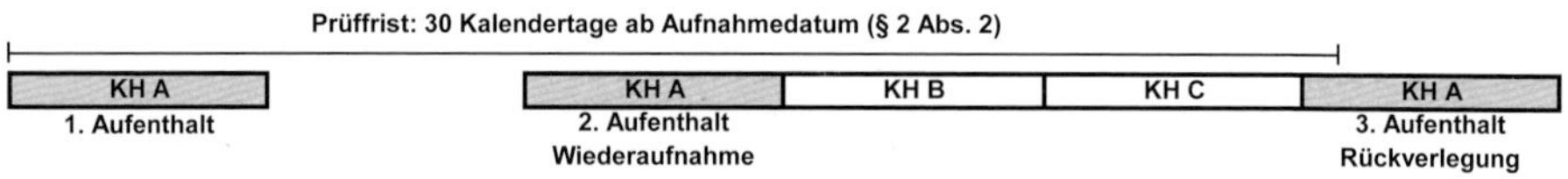

Alle drei Aufenthalte werden zusammengefasst, da sowohl eine Wiederaufnahme im Sinne von § 2 Abs. 2 (1. und 2. Aufenthalt) als auch eine Rückverlegung (3. Aufenthalt) innerhalb der Prüffrist der Wiederaufnahme („Prüffrist des ersten Falles, der die Fallzusammenführung auslöst") vorliegt.

Fallkonstellation 10: Wiederaufnahme mit in Spalte 13 des Fallpauschalenkatalogs für Hauptabteilungen bzw. Spalte 15 des Fallpauschalenkatalogs für Belegabteilungen gekennzeichneter Fallpauschale mit anschließender Rückverlegung

Die ersten beiden Aufenthalte werden nicht zusammengefasst, da eine der beiden bzw. beide aus einer Einzelfallgruppierung resultierenden Fallpauschalen in Spalte 13 des Fallpauschalenkatalogs für Hauptabteilungen bzw. 15 des Fallpauschalenkatalogs für Belegabteilungen gekennzeichnet ist bzw. sind, lediglich der 2. und 3. Aufenthalt werden aufgrund der Rückverlegung (§ 3 Abs. 3 Satz 1) zusammengefasst.

Fallkonstellation 11: Rückverlegung mit anschließender Wiederaufnahme bei in Spalte 13 des Fallpauschalenkatalogs für Hauptabteilungen bzw. Spalte 15 des Fallpauschalenkatalogs für Belegabteilungen gekennzeichneter Fallpauschale

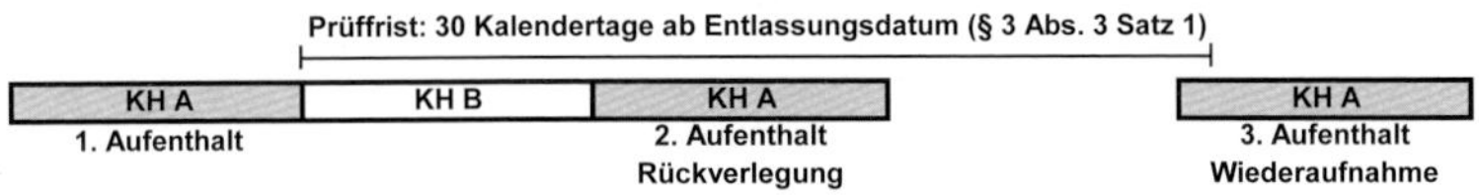

Die ersten beiden Aufenthalte werden aufgrund der Rückverlegung (§ 3 Abs. 3 Satz 1) zusammengefasst, der dritte Aufenthalt ist gesondert abzurechnen, da die zuvor abgerechnete oder die sich aus der Einzelfallgruppierung des 3. Aufenthalts ergebende Fallpauschale in Spalte 13 des Fallpauschalenkatalogs für Hauptabteilungen bzw. Spalte 15 des Fallpauschalenkatalogs für Belegabteilungen gekennzeichnet ist.

DEUTSCHE KODIERRICHTLINIEN

Allgemeine und Spezielle Kodierrichtlinien für die Verschlüsselung von Krankheiten und Prozeduren

Version 2024

Deutsche Krankenhausgesellschaft (DKG)
GKV-Spitzenverband
Verband der privaten Krankenversicherung (PKV)
Institut für das Entgeltsystem im Krankenhaus (InEK GmbH)

EINLEITUNG
zu den Deutschen Kodierrichtlinien, Version 2024

Die Selbstverwaltungspartner (Deutsche Krankenhausgesellschaft, der GKV-Spitzenverband und der Verband der privaten Krankenversicherung) und das Institut für das Entgeltsystem im Krankenhaus (InEK GmbH) haben sich auf die Deutschen Kodierrichtlinien (DKR) für das Jahr 2024 unter Beteiligung von Bundesärztekammer und Deutschem Pflegerat verständigt. In den ersten Jahren der Überarbeitung stand primär eine zügige Verschlankung der komplexen Kodierrichtlinien im Vordergrund. Im Revisionsverfahren für die Version 2024 wurde eine weitere Konsolidierung im Sinne von Klarstellungen vorgenommen. Hinweise an die Selbstverwaltungspartner und das InEK wurden beraten und, sofern möglich, im Konsens in den DKR umgesetzt. Zudem wurden, wie in jedem Jahr, Anpassungen an die ICD-10-GM und den OPS in den Versionen 2024 sowie redaktionelle Änderungen vorgenommen.

Entscheidungen des Schlichtungsausschusses auf Bundesebene zur Klärung strittiger Kodier- und Abrechnungsfragen nach § 19 KHG (Krankenhausfinanzierungsgesetz) werden entweder in den bereits bestehenden Kodierrichtlinien oder in dem erstmals für die Version 2021 aufgenommenen Anhang C zitiert. Für das Jahr 2024 gilt dies für alle vom Schlichtungsausschuss getroffenen Entscheidungen, die bis zum 06.09.2023 veröffentlicht wurden, entsprechend.

Es kann bei Redaktionsschluss nicht ausgeschlossen werden, dass sich im Nachgang noch weitere Änderungen aus der Verabschiedung des G-DRG-Systems, der ICD-10-GM oder des OPS jeweils in den Versionen 2024 ergeben. Gegebenenfalls nachträglich notwendige Änderungen der DKR werden gesondert bekannt gegeben.

In gewohnter Weise werden zur besseren Übersichtlichkeit die erfolgten Änderungen am Rand durch Markierungen (senkrechte Balken) gekennzeichnet. Kodierrichtlinien, in denen Inhalte des Regelwerkes für die Version 2024 eine Modifizierung oder Ergänzung erfahren haben, werden in der fortlaufenden Nummerierung der DKR mit dem Buchstaben „w“ gekennzeichnet. Darüber hinaus werden die wesentlichen Änderungen im Vergleich zur Vorversion im Anhang B zu den Kodierrichtlinien zusammenfassend dargestellt.

Danksagung

Die Deutsche Krankenhausgesellschaft, der GKV-Spitzenverband, der Verband der privaten Krankenversicherungen und das Institut für das Entgeltsystem im Krankenhaus (InEK GmbH) danken ganz herzlich Herrn Dr. Albrecht Zaiß, der die Überarbeitung der Deutschen Kodierrichtlinien unterstützt hat, sowie den Mitarbeitern des BfArM für die fachliche Begleitung.

Darüber hinaus danken wir allen Anwendern und Fachgesellschaften, die auch im Rahmen des Verfahrens zur Einbindung des medizinischen, wissenschaftlichen und weiteren Sachverstandes die Weiterentwicklung der Deutschen Kodierrichtlinien unterstützt haben.

Berlin, 2023

EINLEITUNG
zu den Deutschen Kodierrichtlinien, Version 2002

Im Rahmen des GKV Gesundheitsreformgesetzes 2000 vom 22.12.1999 wurde die Einführung eines durchgängig leistungsorientierten und pauschalierenden Entgeltsystems für die Vergütung von Krankenhausleistungen im § 17b des Krankenhausfinanzierungsgesetzes (KHG) geregelt. Am 27.06.2000 haben die Deutsche Krankenhausgesellschaft (DKG), die Spitzenverbände der Krankenkassen (GKV) und der Verband der privaten Krankenversicherung (PKV) – als zuständige Vertragspartner für die Einführung und Pflege des neuen Entgeltsystems – vereinbart, die australischen AR-DRGs (Australian Refined Diagnosis Related Groups) in der Version 4.1 als Grundlage für die Entwicklung eines deutschen DRG-Systems zu verwenden.

Da die Leistungsbeschreibung der DRGs neben anderen Kriterien im Wesentlichen über die Diagnosen- und Prozedurenklassifikationen erfolgt, müssen diese in der Lage sein, das vollständige Krankheits- und Leistungsspektrum in deutschen Krankenhäusern abzubilden. Aus diesem Grunde hat das Deutsche Institut für Medizinische Dokumentation und Information (DIMDI) im Auftrag des Bundesministeriums für Gesundheit (BMG) die amtlichen Klassifikationen überarbeitet und erstmals in ihrer neuen Fassung am 15.11.2000 bekannt gegeben. Mit Wirkung zum 01.01.2001 ist die neue Internationale Klassifikation der Krankheiten, 10. Revision, SGB-V-Ausgabe, Version 2.0 und der Operationenschlüssel nach § 301 SGB V, Version 2.0 anzuwenden. Am 16.08.2001 wurde der erneut überarbeitete Operationenschlüssel in der Version 2.1 durch das DIMDI bekannt gegeben. Dieser ist mit Wirkung zum 01.01.2002 anzuwenden.

Um die gesetzlich vorgegebene leistungsgerechte Vergütung der Krankenhäuser zu ermöglichen, ist es unerlässlich, dass vergleichbare Krankenhausfälle auch derselben DRG zugeordnet werden. Diese Forderung kann jedoch nur dann erfüllt werden, wenn Diagnosen- und Prozedurenklassifikationen in einheitlicher Weise angewendet werden. Kodierrichtlinien regeln und unterstützen diesen Prozess, um möglichst auch in schwierigen Fällen eine eindeutige Verschlüsselung zu ermöglichen.

Die Deutsche Krankenhausgesellschaft, die Spitzenverbände der Krankenkassen und der Verband der privaten Krankenversicherung haben daher in Anlehnung an bestehende australische Kodierregeln (ICD-10-AM, Australian Coding Standards, 1st Edition) die erste Gesamtfassung der „Allgemeinen und Speziellen Kodierrichtlinien“ erstellt. Diese sind bei der Verschlüsselung von Krankenhausfällen zu beachten. Sie beziehen sich auf die Verwendung der ICD-10-SGB-V, Version 2.0 und des OPS-301, Version 2.0 bis zum 31.12.2001 bzw. OPS-301 Version 2.1 ab dem 01.01.2002.

Die vollständigen Kodierrichtlinien gliedern sich in folgende Teile:

- Allgemeine Kodierrichtlinien
  - Allgemeine Kodierrichtlinien für Krankheiten
  - Allgemeine Kodierrichtlinien für Prozeduren
- Spezielle Kodierrichtlinien

Der erste Teil enthält allgemeine Richtlinien zur Kodierung von Diagnosen und Prozeduren. Es werden Begriffe wie Haupt- und Nebendiagnose definiert und Hinweise zur Verschlüsselung von Prozeduren gegeben. In den Speziellen Kodierrichtlinien werden besondere Fallkonstellationen beschrieben, die entweder der konkreten Festlegung dienen oder bei denen aus Gründen der DRG-Logik von den Allgemeinen Kodierrichtlinien abgewichen werden muss.

Für den Fall, dass zwischen den Hinweisen zur Benutzung der ICD-10 (Band 2 der WHO-Ausgabe) bzw. des OPS-301 und den Kodierrichtlinien Widersprüche bestehen, haben die Kodierrichtlinien Vorrang.

Die Kodierrichtlinien sind ein Regelwerk, das primär die Abrechnung mit DRGs unterstützt. Weiterhin tragen sie dazu bei, die notwendige Kodierqualität in den Krankenhäusern zu erzielen und gleiche Krankenhausfälle identisch zu verschlüsseln. Hierdurch gewinnt das Krankenhaus eine Grundlage für internes Management und Qualitätssicherung.

Die Berücksichtigung ausführlicher Kodierrichtlinien in deutschen Krankenhäusern ist neu und bedeutet für die dort tätigen Mitarbeiter eine erhebliche Umstellung. Für die Handhabung der Kodierrichtlinien ist eine entsprechende Schulung der Anwender in der Auswahl relevanter Informationen aus klinischen Krankenakten sowie den Grundregeln zur Benutzung des ICD-10-SGB-V und des OPS-301 erforderlich. Darüber hinaus muss die Anwendung der Kodierrichtlinien selbst erlernt werden. Insbesondere in denjenigen klinischen Bereichen, in denen bisher die Kodierung der Prozeduren eine untergeordnete Rolle spielte (z.B. konservativ medizinische Bereiche), muss das Krankenhauspersonal neben den Kodierrichtlinien auch intensiv in der Handhabung der amtlichen Klassifikationen geschult werden. Dabei sind die Hinweise für die Benutzung der Prozedurenkodes im OPS-301 von besonderer Bedeutung, weil an vielen Stellen die Kodierung zu Abrechnungszwecken eingeschränkt bzw. die Verwendung näher erläutert wird.

Die Kodierrichtlinien werden regelmäßig überarbeitet, um den medizinischen Fortschritt, Ergänzungen der klinischen Klassifikationen, Aktualisierungen des deutschen DRG-Systems und Kodiererfahrungen aus der klinischen Praxis zu berücksichtigen. Die Vertragspartner haben die Allgemeinen Kodierrichtlinien bereits im April 2001 zur Verfügung gestellt, weil die Bekanntgabe der neuen amtlichen Klassifikationen mit Wirkung zum 01.01.2001 durch das BMG mit einem erheblichen Schulungsbedarf zur Kodierung in Krankenhäusern einherging. Die herausgegebenen Allgemeinen Kodierrichtlinien sollten diese Maßnahmen sinnvoll unterstützen, sowie die Krankenhäuser bereits frühzeitig auf die Änderungen im Umgang mit den neuen Entgelten vorbereiten. In einem zweiten Schritt wurden nun die Speziellen Kodierrichtlinien fertig gestellt. Auch vor ihrer verbindlichen Einführung ist eine Übergangsfrist vorgesehen, die die Schulung und Umsetzung der Richtlinien in den Krankenhäusern ermöglichen soll.

Die australische Regierung hat ihre Kodierrichtlinien für die Anpassung in Deutschland zur Verfügung gestellt. Von der sprachlichen Übersetzung abgesehen, wurden Änderungen für Deutschland insbesondere immer dann vorgenommen, wenn die Erläuterungen in dem Regelwerk sich explizit auf die australischen Klassifikationssysteme bezogen – die sich von den deutschen unterscheiden – oder wenn unterschiedliche Versorgungs- oder Vergütungsstrukturen dies erforderten. Bei der Bearbeitung der Speziellen Kodierrichtlinien wurden darüber hinaus umfangreiche medizinische Erläuterungen gestrichen, da diese ausschließlich eine Unterstützung der in Australien für die Kodierung eingesetzten Berufsgruppe der Clinical Coder darstellen. Die Anpassung der Kodierrichtlinien für die Verschlüsselung von Prozeduren gestaltete sich auf Grund der strukturellen Unterschiede zwischen der deutschen und der australischen Prozedurenklassifikation äußerst schwierig.

Grundprinzip bei der Überarbeitung war, die Inhalte der Richtlinien insgesamt möglichst eng an die australischen Regeln anzulehnen, um zeitnah eine erste Fassung vorlegen zu können. Insofern sind diese Kodierrichtlinien lediglich als eine erste Grundlage anzusehen. Es ist davon auszugehen, dass mit der Entwicklung eigener deutscher DRGs die Kodierrichtlinien eine zunehmende Anpassung insbesondere bei den Speziellen Kodierrichtlinien erfahren werden.

Die Verantwortung für die Dokumentation von Diagnosen und Prozeduren, insbesondere der Hauptdiagnose, liegt beim behandelnden Arzt, unabhängig davon ob er selbst oder eine von ihm beauftragte Person die Verschlüsselung vornimmt.

Danksagung

Die Deutsche Krankenhausgesellschaft, die Spitzenverbände der Krankenkassen und der Verband der privaten Krankenversicherung danken für die Bereitstellung der Kodierrichtlinien der australischen Regierung, dem Commonwealth Department of Health and Aged Care (Canberra), dem National Centre for Classification in Health (Sydney), Faculty of Health Sciences, University of Sydney sowie allen an der Entwicklung der australischen Kodierregeln beteiligten Organisationen und Gremien. Darüber hinaus möchten sie sich ganz herzlich bei Herrn Dr. Zaiß, Universität Freiburg, und seinen Mitarbeitern bedanken, die die Selbstverwaltung bei der Anpassung der australischen Kodierregeln an deutsche Verhältnisse maßgeblich unterstützt haben. Außerdem wurde die Erstellung der Kodierrichtlinien dankenswerter Weise von Mitarbeitern des DIMDI fachlich begleitet.

Düsseldorf/Siegburg, 2001

INHALTSVERZEICHNIS

ABKÜRZUNGSVERZEICHNIS

Abkürzung	Bezeichnung
a.n.k.	anderenorts nicht klassifiziert
ABL	Abelson Murine Leukemia
Abs.	Absatz
AIDS	Acquired Immune(o) Deficiency Syndrome
AML	Akute myeloische Leukämie
AR-DRG	Australian Refined Diagnosis Related Group
AV	arteriovenös
B-BEP	Beatmungsstatus/Beatmungsentwöhnungspotential
BCG	Bacillus Calmette-Guérin
BCR	Breakpoint cluster region
bds.	beidseits (beidseitig)
BEP	Beatmungsentwöhnungspotential
BfArM	Bundesinstitut für Arzneimittel und Medizinprodukte (ehemals DIMDI, s. unten)
BGA	Blutgasanalyse
BGBl.	Bundesgesetzblatt
BPflV	Bundespflegesatzverordnung
BMG	Bundesministerium für Gesundheit
BRCA1	Breast Cancer 1 (Brustkrebsgen 1)
bzw.	beziehungsweise
Ca	Karzinom
CAD	Computer Aided Design
CAM	Computer Aided Manufacturing
CML	Chronisch myeloische Leukämie
CO2	Kohlenstoffdioxid
COVID-19	Coronavirus-Krankheit-2019 (coronavirus disease 2019)
CPAP	Kontinuierlicher positiver Atemwegsdruck
CT	Computertomographie
CTG	Cardiotokographie
CVVH	Kontinuierliche veno-venöse Hämofiltration (continous veno-venous hemofiltration)
d.h.	das heißt
dl	Deziliter
DIC	Disseminated Intravascular Coagulation
DIG	Disseminierte intravasale Gerinnung
DIMDI	Deutsches Institut für Medizinische Dokumentation und Information
DKG	Deutsche Krankenhausgesellschaft
DKR	Deutsche Kodierrichtlinie
DRG	Diagnosis Related Group
dto.	dito (gleichfalls)
ECLS	Extracorporeal Live Support
ECMO	Extracorporale Membranoxygenation (extracorporeal membrane oxygenation)
EDV	Elektronische Datenverarbeitung
EKG	Elektrokardiogramm

Abkürzung	Bezeichnung
ERCP	Endoskopisch retrograde Cholangiopankreatikographie
etc.	et cetera
Exkl.	Exklusiva
ff.	und folgende
FiO2	inspiratorische Sauerstofffraktion
FUFOX	5-FU, Folinsäure und Oxaliplatin
G-DRG	German Diagnosis Related Group
GERD	Gastroösophageale Refluxkrankheit
GFR	Glomeruläre Filtrationsrate
ggf.	gegebenenfalls
GI	gastrointestinal
GKV	Gesetzliche Krankenversicherung
GVHD	Graft-versus-host-Krankheit (Graft versus host Disease)
h	hora (Stunde)
HELLP	Haemolyses Elivated Liver enzyme levels Low Platelet count
HFNC	High flow nasal cannula
Hg	Quecksilber (lat. hydrargyrum*)*
HHFNC	Humidified high flow nasal cannula
HIE	Hypoxisch-ischämische Enzephalopathie
Hinw.	Hinweis
HIT	Heparininduzierte Thrombozytopenie
HIV	Humanes Immundefizienz-Virus
HLM	Herz-Lungen-Maschine
i. d. R.	in der Regel
ICD	Internationale Klassifikation der Krankheiten
ICD-10	Internationale Statistische Klassifikation der Krankheiten und verwandter Gesundheitsprobleme, 10. Revision
ICD-10-GM	Internationale Statistische Klassifikation der Krankheiten und verwandter Gesundheitsprobleme, 10. Revision, German Modification
ICPM	International Classification of Procedures in Medicine
InEK	Institut für das Entgeltsystem im Krankenhaus GmbH
Inkl.	Inklusiva
INR	International Normalized Ratio
i.V.m.	in Verbindung mit
KDE	Kodierempfehlung
KHEntgG	Krankenhausentgeltgesetz
KHG	Krankenhausfinanzierungsgesetz
KOF	Körperoberfläche
l	Liter
LMNL	Lower Motor Neuron Lesion
M.	Morbus
mbar	Millibar
mg	Milligramm
ml	Milliliter
min	Minute
mm	Millimeter
mmol	Millimol
MRSA	Methicillin resistenter Staphylococcus aureus

Abkürzung	Bezeichnung
MRT	Magnetresonanztomographie
NIV	Noninvasive ventilation (nichtinvasive Beatmung)
n.n.bez.	nicht näher bezeichnet
o.Ä.	oder Ähnliche
o.g.	oben genannten
o.n.A.	ohne nähere Angabe
O2	Sauerstoff
OGVD	Obere Grenzverweildauer
OPS	Operationen- und Prozedurenschlüssel
PaO2	arterieller Sauerstoffpartialdruck
pCO2	Kohlenstoffdioxidpartialdruck
pg	Pikogramm
pH	Potential des Wasserstoffs
pO2	Sauerstoffpartialdruck
PKV	Verband der privaten Krankenversicherung
RPGN	Rapid-progressive Glomerulonephritis (rapidly progressive Glomerulonephritis)
RTW	Rettungswagen
S.	Seite
s.	siehe
s.a.	siehe auch
s.o.	siehe oben
SAB	Schlichtungsausschuss auf Bundesebene (nach § 19 KHG)
SAPS	Simplified Acute Physiology Score
SARS-CoV-2	Schweres akutes respiratorisches Syndrom Coronavirus-2 (severe acute respiratory syndrom coronavirus 2)
SGB V	Sozialgesetzbuch V
SIB	Simultan integrierter Boost
SIRS	Systemisches inflammatorisches Response-Syndrom
sO2	Sauerstoffsättigung
SOFA	Sequential Organ Failure Assessment
SpO2	pulsoxymetrisch gemessene Sauerstoffsättigung
SSW	Schwangerschaftswoche
TAPP	transabdominal präperitoneal
u.a.	unter anderem
V.a.	Verdacht auf
WHO	Weltgesundheitsorganisation (World Health Organisation)
z.B.	zum Beispiel
Z.n.	Zustand nach

REDAKTIONELLE HINWEISE

I. Allgemeine Hinweise

Die Deutschen Kodierrichtlinien (DKR) sind nach folgenden Regeln gekennzeichnet:

1. Alle Kodierrichtlinien haben eine feste 4-stellige Kennzeichnung, z.B. D001, gefolgt von einem kleinen Buchstaben zur Kennzeichnung der jeweiligen Version. Alle Kodierrichtlinien der Version 2002 haben das Kennzeichen „a". Kodierrichtlinien mit inhaltlichen Änderungen sind in der Version 2003 mit „b", in Version 2004 mit „c" usw. fortlaufend gekennzeichnet. Kodierrichtlinien mit inhaltlichen Änderungen in der Version 2024 tragen entsprechend den kleinen Buchstaben „w" am Ende. Die 4-stellige Grundnummer ändert sich nicht. Bei Verweisen auf einzelne Kodierrichtlinien im Text wurde auf die Kennzeichnung der Version mit Kleinbuchstaben verzichtet.
2. Die Allgemeinen Kodierrichtlinien für Krankheiten beginnen mit „D" gefolgt von einer 3-stelligen Zahl.
3. Die Allgemeinen Kodierrichtlinien für Prozeduren beginnen mit „P" gefolgt von einer 3-stelligen Zahl.
4. Die Speziellen Kodierrichtlinien beginnen mit der 2-stelligen Kapitelnummer gefolgt von einer 2-stelligen Zahl.

In vielen Kodierrichtlinien werden Beispiele und/oder Listen mit ICD-10-GM- bzw. OPS-Kodes aufgeführt. Diese Beispiele bzw. Listen stellen jedoch keine abschließende Aufzählung bzw. Ausdifferenzierung aller zutreffenden Kodes dar. Um die genauen Kodes zu finden, sind in den jeweiligen Klassifikationen die Querverweise mit Inklusiva, Exklusiva sowie die Hinweise zu beachten.

II. Schlüsselnummern (Kodes)

In den Deutschen Kodierrichtlinien wird auf Schlüsselnummern (Kodes) aus der ICD-10-GM und dem OPS verwiesen. Diese Kodes sind **in unterschiedlicher Schreibweise** aufgeführt.

Die Kodierrichtlinien enthalten sowohl Kodieranweisungen, die sich auf einzelne (terminale) Schlüsselnummern beziehen, als auch auf hierarchisch übergeordnete Schlüsselnummern.

Zum Teil wird in den Kodierrichtlinien ausdrücklich darauf hingewiesen, dass eine Kategorie Subkategorien/-klassen besitzt, wobei diese näher beschrieben werden. An anderen Stellen wird durch Formulierungen wie „…ist mit einem Kode aus/einem Kode der Kategorie… zu verschlüsseln" auf die Existenz von Subkategorien hingewiesen. In diesen Fällen gelten die betreffenden Kodieranweisungen für alle terminalen Kodes, die unter der angegebenen Kategorie klassifiziert sind.

Zur medizinischen Dokumentation ist immer der Kode für die spezifische Erkrankung bzw. Prozedur in der höchsten Differenziertheit (bis zur letzten Stelle des Kodes) zu verschlüsseln.

Die folgenden Tabellen präsentieren typische Beispielkodes.

Darstellung der Kodes in den Deutschen Kodierrichtlinien

1. ICD-10-GM

Beispielkode	Text (*kursiv*)	Die Kodierregel bezieht sich auf:
E10–E14	*Diabetes mellitus*	die Gruppe mit allen Subkategorien.
E10–E14, 4. Stelle „.5"	*Diabetes mellitus mit peripheren vaskulären Komplikationen*	die 4. Stellen einer Gruppe (hier 4. Stelle „.5"), einschließlich aller darunter klassifizierten Kodes.
E10–E14, 5. Stelle „1"	*Diabetes mellitus, als entgleist bezeichnet*	eine ausgewählte 5. Stelle bei den 4-Stellern „.2 - .6 sowie .8 und .9" (hier 5. Stelle „1").
E11.–	*Diabetes mellitus, Typ 2*	den Dreisteller mit allen darunter klassifizierten Kodes.
E11.5-	*Diabetes mellitus, Typ 2 mit peripheren vaskulären Komplikationen*	die Kategorie (Viersteller) mit allen darunter klassifizierten Kodes.
E11.x0	*Diabetes mellitus, Typ 2, nicht als entgleist bezeichnet*	die 5. Stelle eines Dreistellers (hier 5. Stelle „0").
I20.0	*Instabile Angina pectoris*	genau diesen Kode (endständiger Kode).
M23.2-	*Meniskusschädigung durch alten Riss oder alte Verletzung*	die Kategorie (Viersteller) mit allen darunter klassifizierten Kodes.
M23.2-[0-9]	*Meniskusschädigung durch alten Riss oder alte Verletzung*	die 5. Stellen eines Vierstellers; Teilweise werden die 5. Stellen in Listen für mehrere Kodes zusammengefasst. [0-9] weist in diesem Fall darauf hin, welche 5. Stellen sinnvoll zu kombinieren sind.
M23.2-[1,2]	*Meniskusschädigung durch alten Riss oder alte Verletzung*	zwei ausgewählte Fünfsteller (5. Stelle „1" und 5. Stelle „2"), die in Kombination mit dem angegeben Viersteller plausibel sind.

2. OPS

Beispielkode	**Text (*kursiv*)**	**Die Kodierregel bezieht sich auf:**
5-42	*Operationen am Ösophagus*	den Dreisteller und mit allen darunter klassifizierten endständigen Kodes (hier die Viersteller 5-420 bis 5-429 mit allen 5. und 6. Stellen).
5-420	*Inzision des Ösophagus*	den Viersteller und alle darunter klassifizierten endständigen Kodes mit 5. und 6. Stellen.
5-420.0	*Ösophagomyotomie*	den Fünfsteller und alle darunter klassifizierten endständigen Kodes.
5-420.00	*Ösophagomyotomie, offen chirurgisch abdominal*	genau diesen Kode (endständiger Kode).
5-420.0, .1, .2	*Inzision des Ösophagus*	drei bestimmte unter dem Viersteller (hier 5-420) klassifizierte Fünfsteller und Sechssteller.

III. Fallbeispiele

Die Deutschen Kodierrichtlinien enthalten Kodieranweisungen und passende Fallbeispiele, die zu ihrer Veranschaulichung dienen. In den Beispielen folgen der Beschreibung eines klinischen Falles die zu verwendenden Schlüsselnummern und die dazu gehörigen, kursiv gedruckten Texte der entsprechenden Klassifikation (ICD-10-GM bzw. OPS).

Während die ICD-Texte in der Regel originalgetreu aus der Klassifikation übernommen wurden, wurden die Texte für die OPS-Kodes teilweise geglättet, um redundante Informationen zu vermeiden und um dadurch sehr lange und unübersichtliche Texte zu kürzen. Sinngemäß enthalten diese jedoch in jedem Falle die volle Information des jeweiligen OPS-Kodes.

Viele Beispiele bilden die vollständige Kodierung eines stationären Falles mit sämtlichen anzugebenden Diagnosen- und Prozedurenkodes ab.

In anderen Fällen sind nur die Kodes aufgeführt, die im Zusammenhang mit der jeweiligen Kodierrichtlinie stehen; so können z.B. die Diagnosekodes in Beispielen fehlen, die die Kodierung bestimmter Prozeduren veranschaulichen, oder die Prozeduren fehlen in Beispielen, die die Zuweisung von Diagnosekodes demonstrieren.

In den Beispielen, in denen ICD-Kodes für „nicht näher bezeichnete“ Diagnosen verwendet wurden, sind die im Beispieltext angegebenen Diagnosen nach den Regeln der ICD-10-GM korrekt verschlüsselt.

Bei den Diagnosenangaben wurde mit Ausnahme von Beispiel 2 in DKR D011 *Doppelkodierung* (Seite 26) und bei den Prozedurenangaben mit Ausnahme von Beispiel 4 in DKR P005 *Multiple Prozeduren/Prozeduren, unterschieden auf der Basis von Größe, Zeit oder Anzahl/Bilaterale Prozeduren* (Seite 56) und Beispiel 1 und 2 in DKR D011 *Doppelkodierung* auf die Angabe der Seitenlokalisationen verzichtet und die ICD-Kodes bzw. OPS-Kodes ohne die Zusatzkennzeichen (R=rechts, L=links, B=beidseitig) angegeben.

Die Darstellung der Beispiele für Mehrfachkodierung entspricht den Regeln der DKR D012 *Mehrfachkodierung* (Seite 26), d.h. zum Beispiel, dass primäre Kodes des Kreuz-Stern-Systems immer mit einem Kreuz, sekundäre Kodes des Kreuz-Stern-Systems immer mit einem Stern gekennzeichnet sind.

Mit einem Ausrufezeichen gekennzeichnete sekundäre Schlüsselnummern sind zum Teil optional, in anderen Fällen obligatorisch anzugeben. Optional anzugebende ICD-Schlüsselnummern sind in den Beispielen durch einen dunkleren Hintergrund gekennzeichnet.

Die notwendige Aufbereitung der Daten gemäß Datenübermittlungsvereinbarung nach § 301 SGB V wird ebenfalls in der DKR D012 *Mehrfachkodierung* (Seite 26) anhand von Beispielen veranschaulicht. Die in der Datenübermittlungsvereinbarung geregelte Datenstruktur sieht sowohl für die Hauptdiagnose als auch für jede Nebendiagnose jeweils ein Datenfeld Primärdiagnose und Sekundärdiagnose vor. Das Datenfeld Sekundärdiagnose ist für den jeweiligen Sekundär-Diagnoseschlüssel (Kodes mit „*" oder „!") vorgesehen.

Die zertifizierten Grouper werten nur die Diagnose aus dem Feld „Primärdiagnose der Hauptdiagnose" als Hauptdiagnose. Alle anderen Diagnosen werden vom Grouper als Nebendiagnosen gewertet.

Es wird darauf hingewiesen, dass in der Darstellung der Beispiele der Kodierrichtlinien eine Unterscheidung nach Primär-Diagnoseschlüssel und Sekundär-Diagnoseschlüssel sowie eine Wiederholung von gleichen Kodes nicht vorgenommen wurde (s.a. Seite 26). Die Kodierrichtlinien regeln ausschließlich die Übertragung von Diagnosen und Prozeduren in die dafür vorgesehenen Kodes. EDV-technische Details werden hier nicht geregelt.

ALLGEMEINE KODIERRICHTLINIEN

ALLGEMEINE KODIERRICHTLINIEN FÜR KRANKHEITEN

Diese Kodierrichtlinien beziehen sich auf:

ICD-10-GM Systematisches Verzeichnis Version 2024 und

ICD-10-GM Alphabetisches Verzeichnis Version 2024

Die Deutschen Kodierrichtlinien beziehen sich aus Gründen der Übersichtlichkeit zumeist auf einen durchgängigen stationären Aufenthalt. Gleichwohl muss ein stationärer Aufenthalt nicht zwingend einem Abrechnungsfall gemäß Abrechnungsbestimmungen entsprechen. Bei einer Zusammenführung mehrerer Krankenhausaufenthalte zu einem Abrechnungsfall bzw. bei der Einbeziehung vor- oder nachstationärer Leistungen nach den geltenden Abrechnungsbestimmungen, sind sämtliche Diagnosen und Prozeduren auf den gesamten Abrechnungsfall zu beziehen. Das hat gegebenenfalls zur Folge, dass mehrere Prozeduren unter Addition der jeweiligen Mengenangaben zu einer Prozedur zusammenzuführen sind.

D001a Allgemeine Kodierrichtlinien

Die Auflistung der Diagnosen bzw. Prozeduren liegt in der Verantwortung des behandelnden Arztes. Obwohl Untersuchungsbefunde entscheidende Punkte im Kodierungsprozess sind, gibt es einige Krankheiten, die nicht immer durch Untersuchungsbefunde bestätigt werden. Zum Beispiel wird Morbus Crohn nicht immer durch eine Biopsie bestätigt.

Der behandelnde Arzt ist verantwortlich für

- die Bestätigung von Diagnosen, die verzeichnet sind, bei denen sich aber kein unterstützender Nachweis in der Krankenakte findet,

  und

- die Klärung von Diskrepanzen zwischen Untersuchungsbefunden und klinischer Dokumentation.

Die Bedeutung einer konsistenten, vollständigen Dokumentation in der Krankenakte kann nicht häufig genug betont werden. Ohne diese Art der Dokumentation ist die Anwendung aller Kodierrichtlinien eine schwierige, wenn nicht unmögliche Aufgabe.

Sich anbahnende oder drohende Krankheit

Wenn eine drohende oder sich anbahnende Krankheit in der Krankenakte dokumentiert, aber während des Krankenhausaufenthaltes nicht aufgetreten ist, muss in den ICD-10-Verzeichnissen (s.a. DKR D013 *Im Systematischen Verzeichnis verwendete formale Vereinbarungen* (Seite 36) und DKR D014 *Im Alphabetischen Verzeichnis verwendete formale Vereinbarungen* (Seite 40)) festgestellt werden, ob die Krankheit dort als sich „anbahnend" oder „drohend" unter dem Hauptbegriff oder eingerückten Unterbegriff aufgeführt ist. Wenn in den ICD-10-Verzeichnissen solch ein Eintrag existiert, dann ist die dort angegebene Schlüsselnummer zuzuordnen. Wenn solch ein Eintrag nicht existiert, dann wird die Krankheit, die als sich „anbahnend" oder „drohend" beschrieben wurde, nicht kodiert.

Beispiel 1

Ein Patient wird mit sich anbahnender Gangrän des Beins aufgenommen, die während des Krankenhausaufenthaltes aufgrund sofortiger Behandlung nicht auftritt.

Einen Eintrag „Gangrän, sich anbahnend oder drohend" gibt es in den ICD-10-Verzeichnissen nicht, und folglich ist dieser Fall anhand der zugrunde liegenden Krankheit zu kodieren, z.B. als Atherosklerose der Extremitätenarterien mit Ulzeration.

I70.24 ***Atherosklerose der Extremitätenarterien, Becken-Bein-Typ, mit Ulzeration***

Für wenige Diagnosen, die als „drohend" bezeichnet werden können, gibt die ICD-10 eine Kodierung vor, oder es finden sich entsprechende Hinweise in den ICD-10-Verzeichnissen. Für die Diagnose „Drohender Abort" zum Beispiel gibt es O20.0 *Drohender Abort*. Die Diagnose „drohender Infarkt" ist eingeschlossen in I20.0 *Instabile Angina pectoris*.

D002u Hauptdiagnose

Die Hauptdiagnose wird definiert als:

„Die Diagnose, die nach Analyse als diejenige festgestellt wurde, die hauptsächlich für die Veranlassung des stationären Krankenhausaufenthaltes des Patienten verantwortlich ist."

Der Begriff „nach Analyse" bezeichnet die Evaluation der Befunde am Ende des stationären Aufenthaltes, um diejenige Krankheit festzustellen, die hauptsächlich verantwortlich für die Veranlassung des stationären Krankenhausaufenthaltes war. Die dabei evaluierten Befunde können Informationen enthalten, die aus der medizinischen und pflegerischen Anamnese, einer psychiatrischen Untersuchung, Konsultationen von Spezialisten, einer körperlicher Untersuchung, diagnostischen Tests oder Prozeduren, chirurgischen Eingriffen und pathologischen oder radiologischen Untersuchungen gewonnen wurden. Für die Abrechnung relevante Befunde, die nach der Entlassung eingehen, sind für die Kodierung heranzuziehen.

Die nach Analyse festgestellte Hauptdiagnose muss nicht der Aufnahmediagnose oder Einweisungsdiagnose entsprechen.

Anmerkung 1: Es ist nicht auszuschließen, dass diese Definition der Hauptdiagnose vereinzelt im DRG-System keine adäquate Abbildung der Krankenhausleistung erlaubt. Im Rahmen der Entwicklung und Pflege des Entgeltsystems werden solche Fälle verfolgt und auf ggf. notwendige Maßnahmen geprüft.

Beispiel 1

Ein Patient litt am Morgen unter starkem Thoraxschmerz, wurde nach der Untersuchung durch den Notarzt per RTW zum Krankenhaus transportiert und dort in der Notambulanz untersucht. Anschließend wurde der Patient mit Verdacht auf Herzinfarkt auf die kardiologische Station aufgenommen. Im weiteren Verlauf bestätigte sich der Herzinfarkt.

Während des stationären Aufenthaltes wurden bis zur Entlassung folgende Diagnosen gestellt:

- Diabetes mellitus
- Koronarsklerose
- Myokardinfarkt

Entscheidend für die Auswahl der Hauptdiagnose sind die Umstände der Aufnahme. Somit ist der Myokardinfarkt die Hauptdiagnose, weil dieser die Aufnahme hauptsächlich veranlasste.

Bei der Festlegung der Hauptdiagnose haben die vorliegenden Kodierrichtlinien Vorrang vor allen anderen Richtlinien. Die Hinweise zur Verschlüsselung mit den ICD-10-Verzeichnissen müssen beachtet werden (s.a. DKR D013 *Im Systematischen Verzeichnis verwendete formale Vereinbarungen* (Seite 36) und DKR D014 *Im Alphabetischen Verzeichnis verwendete formale Vereinbarungen* (Seite 40)).

Zuweisung der zugrunde liegenden Krankheit als Hauptdiagnose

Wenn sich ein Patient mit einem Symptom vorstellt und die zugrunde liegende Krankheit zum Zeitpunkt der Aufnahme bekannt ist und behandelt wird bzw. während des Krankenhausaufenthaltes diagnostiziert wird, so ist die zugrunde liegende Krankheit als Hauptdiagnose zu kodieren. Zur Kodierung von Symptomen als Nebendiagnose siehe DKR D003 *Nebendiagnosen.*

Beispiel 2

Ein Patient wird zur Behandlung zunehmend starker Kopfschmerzen aufgenommen, die durch einen drei Monate vorher diagnostizierten Hirntumor hervorgerufen werden. Der Patient wird wegen Progression des Hirntumors operiert.

Hauptdiagnose:	Hirntumor
Nebendiagnose(n):	keine

Beispiel 3

Ein Patient wird mit akuten rechtseitigen Schmerzen im Unterbauch, Fieber und Unwohlsein stationär aufgenommen. Unter der klinischen Diagnose akute Appendizitis erfolgt eine Appendektomie.

Hauptdiagnose:	Akute Appendizitis
Nebendiagnose(n):	keine

Entscheidung des Schlichtungsausschusses zu der KDE 296, veröffentlicht am 15.10.2020

Frage: Aufnahme bei akuter Verschlechterung der Nierenfunktion. Aufgrund eines akuten Nierenversagens (Nierenbiopsie RPGN – rapide progressive Glomerulonephritis) Durchführung von Hämodialysen. Als Grunderkrankung wird ein M. Wegener diagnostiziert (Erstdiagnose), eine Plasmapherese und Endoxan®-Stoß-Therapie erfolgen. Die Patientin bleibt dialysepflichtig. Was ist Hauptdiagnose?

Entscheidung: In dem beschriebenen Fall (KDE-296), beim dem der Patient wegen einer akuten Verschlechterung der Nierenfunktion aufgenommen und aufgrund eines akuten Nierenversagens hämodialysiert wurde, eine Nierenbiopsie eine RPGN – rapide progressive Glomerulonephritis – zeigte und als zugrunde liegende Erkrankung ein M. Wegener (Granulomatose mit Polyangiitis) erstmals diagnostiziert und eine Plasmapherese und Endoxan®-Stoß-Therapie erfolgte, ist für die Auswahl der Hauptdiagnose der Abschnitt *„Zuweisung der zugrunde liegenden Krankheit als Hauptdiagnose*“ der DKR D002 *Hauptdiagnose* anzuwenden.

Demnach gilt:

„Zuweisung der zugrunde liegenden Krankheit als Hauptdiagnose
Wenn sich ein Patient mit einem Symptom vorstellt und die zugrunde liegende Krankheit zum Zeitpunkt der Aufnahme bekannt ist und behandelt wird bzw. während des Krankenhausaufenthaltes diagnostiziert wird, so ist die zugrunde liegende Krankheit als Hauptdiagnose zu kodieren.“

Demnach ist die Granulomatose mit Polyangiitis (Wegener-Granulomatose) mit Nierenbeteiligung mit den beiden Kodes M31.3† *Wegener-Granulomatose* und N08.5* *Glomeruläre Krankheiten bei Systemkrankheiten des Bindegewebes* als Hauptdiagnose zu kodieren.

Zuweisung eines Symptoms als Hauptdiagnose

Wenn sich ein Patient mit einem Symptom vorstellt und die zugrunde liegende Krankheit zum Zeitpunkt der Aufnahme bekannt ist, jedoch nur das Symptom behandelt wird, ist das Symptom als Hauptdiagnose und die zugrunde liegende Krankheit als Nebendiagnose zu kodieren.

Beispiel 4

Ein Patient wird mit Aszites bei bekannter Leberzirrhose stationär aufgenommen. Es wird **nur** der Aszites durch eine Punktion behandelt.

Hauptdiagnose:	Aszites
Nebendiagnose(n):	Leberzirrhose

Anmerkung: Für weitere Informationen bezüglich der Auswahl der Hauptdiagnose in besonderen Fällen sind die folgenden allgemeinen Regeln und die Regeln der spezifischen Kapitel zu benutzen. Insbesondere für Aufnahmen zur Dialyse (s.a. DKR 1401 *Dialyse* (Seite 143)) gibt es eine spezielle Kodierrichtlinie für die Auswahl der Hauptdiagnose.

Schlüsselnummern für Symptome, Befunde und ungenau bezeichnete Zustände

Schlüsselnummern für Symptome, Befunde und ungenau bezeichnete Zustände aus Kapitel XVIII *Symptome und abnorme klinische und Laborbefunde, die anderenorts nicht klassifiziert sind* sind nicht als Hauptdiagnose zu verwenden, sobald eine die Symptomatik, etc. erklärende definitive Diagnose ermittelt wurde.

Die Anmerkungen zu Beginn von Kapitel XVIII in der ICD-10-GM helfen bei der Bestimmung, wann Schlüsselnummern aus den Kategorien R00–R99 dennoch angegeben werden.

Zwei oder mehr Diagnosen, die gleichermaßen der Definition der Hauptdiagnose entsprechen

Wenn zwei oder mehrere Diagnosen in Bezug zu Aufnahme, Untersuchungsbefunden und/oder der durchgeführten Therapie gleichermaßen die Kriterien für die Hauptdiagnose erfüllen und ICD-10-Verzeichnisse und Kodierrichtlinien keine Verschlüsselungsanweisungen geben, muss vom behandelnden Arzt entschieden werden, welche Diagnose am besten der Hauptdiagnose-Definition entspricht. Nur in diesem Fall ist vom behandelnden Arzt diejenige auszuwählen, die für Untersuchung und/oder Behandlung die meisten Ressourcen verbraucht hat. Hierbei ist es unerheblich, ob die Krankheiten verwandt sind oder nicht.

Entscheidung des Schlichtungsausschusses zu der KDE 39, veröffentlicht am 06.10.2020

Frage: Ein Patient wird vom Notarzt wegen Tachyarrhythmia absoluta bei neu aufgetretenem Vorhofflimmern eingewiesen. Unter Monitorkontrolle wird diese medikamentös behandelt und eine kardiologische Diagnostik durchgeführt. Im Routinelabor wird am Aufnahmetag eine Hyperthyreose festgestellt und die Behandlung mit Thyreostatika begonnen. Was ist Hauptdiagnose bzw. Nebendiagnose und warum?

Entscheidung: In dem beschriebenen Fall (KDE-39), bei dem der Patient wegen einer Tachyarrhythmia absoluta bei neu aufgetretenem Vorhofflimmern notfallmäßig eingewiesen, medikamentös behandelt und kardiologisch abgeklärt wurde und zudem im Routinelabor am Aufnahmetag eine Hyperthyreose festgestellt und mit Thyreostatika behandelt wurde, ist für die Auswahl der Hauptdiagnose der Abschnitt „*Zwei oder mehr Diagnosen, die gleichermaßen der Definition der Hauptdiagnose entsprechen*“ aus der DKR D002 *Hauptdiagnose* anzuwenden.

Demnach gilt:

„Zwei oder mehr Diagnosen, die gleichermaßen der Definition der Hauptdiagnose entsprechen

Wenn zwei oder mehrere Diagnosen in Bezug zu Aufnahme, Untersuchungsbefunden und/oder der durchgeführten Therapie gleichermaßen die Kriterien für die Hauptdiagnose erfüllen und ICD-10-Verzeichnisse und Kodierrichtlinien keine Verschlüsselungsanweisungen geben, muss vom behandelnden Arzt entschieden werden, welche Diagnose am besten der Hauptdiagnose-Definition entspricht. Nur in diesem Fall ist vom behandelnden Arzt diejenige auszuwählen, die für Untersuchung und/oder Behandlung die meisten Ressourcen verbraucht hat. Hierbei ist es unerheblich, ob die Krankheiten verwandt sind oder nicht.“

Die Hauptdiagnose ist danach abhängig vom Ressourcenverbrauch zu kodieren, welcher sich jedoch an Hand der hier zum Sachverhalt vorliegenden Informationen allein nicht abschließend sicher bestimmen lässt.

Entscheidung des Schlichtungsausschusses zu der KDE 150, veröffentlicht am 21.07.2020

Frage: Ein 32-jähiger Patient sucht aufgrund linksseitiger Flankenschmerzen eine urologische Klinik auf. Bei der Aufnahmeuntersuchung stellt der Urologe, neben einer leichtgradigen Mikrohämaturie und einer sonographisch nachweisbaren linksseitigen Nierenektasie, eine tastbare, druckschmerzhafte Resistenz in der rechten Leiste fest. Verdacht auf Leistenhoden. Nach wenigen Stunden (Schmerzmedikation) ist der Patient bezüglich der Nierenkolik beschwerdefrei. Nach Durchführung eines Ausscheidungsurogramms (kein Aufstau des Nierenbeckens, kein Konkrementnachweis) wird die Verdachtsdiagnose eines spontanen Steinabgangs ausgesprochen. Aufgrund einer möglichen Entartungsgefahr wird der Leistenhoden im Rahmen des stationären Aufenthaltes operativ entfernt. Was ist Hauptdiagnose, Q53.1 *Nondescensus testis, einseitig* oder N20.1 *Ureterstein*?

Entscheidung: In dem vorliegenden Fall ist für die Kodierung der Hauptdiagnose die nachfolgende Regel aus der DKR D002 Hauptdiagnose, Abschnitt *„Zwei oder mehr Diagnosen, die gleichermaßen der Definition der Hauptdiagnose entsprechen*“ anzuwenden.

„Wenn zwei oder mehrere Diagnosen in Bezug zu Aufnahme, Untersuchungsbefunden und/oder der durchgeführten Therapie gleichermaßen die Kriterien für die Hauptdiagnose erfüllen und ICD-10-Verzeichnisse und Kodierrichtlinien keine Verschlüsselungsanweisungen geben, muss vom behandelnden Arzt entschieden werden, welche Diagnose am besten der Hauptdiagnose-Definition entspricht. Nur in diesem Fall ist vom behandelnden Arzt diejenige auszuwählen, die für Untersuchung und/oder Behandlung die meisten Ressourcen verbraucht hat. Hierbei ist es unerheblich, ob die Krankheiten verwandt sind oder nicht.“

Die Hauptdiagnose ist danach abhängig vom Ressourcenverbrauch zu kodieren, welcher sich jedoch an Hand der hier zum Sachverhalt vorliegenden Informationen allein nicht bestimmen lässt.

Entscheidung des Schlichtungsausschusses zu der KDE 294, veröffentlicht am 06.10.2020

Frage: Ein Patient wurde wegen einer ambulant bereits diagnostizierten Becken-Beinvenenthrombose ins Krankenhaus aufgenommen und heparinisiert. Die weitere Diagnostik ergab u.a. eine Paraproteinämie, aus der das Vorliegen eines Plasmozytoms abgeleitet wurde. Es erfolgte daraufhin eine Chemotherapie. Was ist als Hauptdiagnose, was als Nebendiagnose anzugeben?

Entscheidung: In dem beschriebenen Fall (KDE-294), bei dem der Patient wegen einer ambulant bereits diagnostizierten Becken-Beinvenenthrombose ins Krankenhaus aufgenommen sowie heparinisiert wurde und die weitere Diagnostik u. a. eine Paraproteinämie bei Plasmozytom ergab, die mittels Chemotherapie behandelt wurde, richtet sich die Auswahl der Hauptdiagnose nach dem Abschnitt „*Zwei oder mehr Diagnosen, die gleichermaßen der Definition der Hauptdiagnose entsprechen*“ der DKR D002 *Hauptdiagnose*.

Demnach gilt:

„Zwei oder mehr Diagnosen, die gleichermaßen der Definition der Hauptdiagnose entsprechen

Wenn zwei oder mehrere Diagnosen in Bezug zu Aufnahme, Untersuchungsbefunden und/oder der durchgeführten Therapie gleichermaßen die Kriterien für die Hauptdiagnose erfüllen und ICD-10-Verzeichnisse und Kodierrichtlinien keine Verschlüsselungsanweisungen geben, muss vom behandelnden Arzt entschieden werden, welche Diagnose am besten der Hauptdiagnose-Definition entspricht. Nur in diesem Fall ist vom behandelnden Arzt diejenige auszuwählen, die für Untersuchung und/oder Behandlung die meisten Ressourcen verbraucht hat. Hierbei ist es unerheblich, ob die Krankheiten verwandt sind oder nicht.“

Die Hauptdiagnose ist danach abhängig vom Ressourcenverbrauch zu kodieren, welcher sich jedoch an Hand der hier zum Sachverhalt vorliegenden Informationen allein nicht abschließend sicher bestimmen lässt.

Entscheidung des Schlichtungsausschusses zu der KDE 541, veröffentlicht am 15.10.2020

Frage: Aufnahme wegen starker Überwässerung und Hyperkaliämie bei bekannter terminaler Nierenkrankheit mit Dialysepflichtigkeit. Es erfolgt eine Nierenersatztherapie (CVVH) mit Flüssigkeitsentzug und Ausgleich der Elektrolyte. Bei akuter respiratorischer Insuffizienz erfolgt noch am Aufnahmetag die Intubation und invasive Beatmung. Im Verlauf Tracheotomie. Multiple Komplikationen (Pneumonie, Sepsis, Multiorganversagen), intensivmedizinische und antibiotische Therapie. Beatmung bis zum Tod der Patientin nach 28 Behandlungstagen. Was ist die Hauptdiagnose?

Entscheidung: In dem beschriebenen Fall (KDE-541), bei dem die Patientin wegen starker Überwässerung und Hyperkaliämie bei bekannter terminaler Nierenkrankheit mit Dialysepflichtigkeit aufgenommen wird, eine Nierenersatztherapie (CVVH) mit Flüssigkeitsentzug und Ausgleich der Elektrolyte bei akuter respiratorischer Insuffizienz erfolgt und noch am Aufnahmetag die Intubation und invasive Beatmung begonnen und im Verlauf die Patientin tracheotomiert wird, multiple Komplikationen (Pneumonie, Sepsis, Multiorganversagen) auftreten, intensivmedizinische und antibiotische Therapie und Beatmung bis zum Tod der Patientin nach 28 Behandlungstagen erfolgen, ist für die Auswahl der Hauptdiagnose der Abschnitt „*Zwei oder mehr Diagnosen, die gleichermaßen der Definition der Hauptdiagnose entsprechen*" der DKR D002 *Hauptdiagnose* anzuwenden.

Demnach gilt:

„*Zwei oder mehr Diagnosen, die gleichermaßen der Definition der Hauptdiagnose entsprechen*

Wenn zwei oder mehrere Diagnosen in Bezug zu Aufnahme, Untersuchungsbefunden und/oder der durchgeführten Therapie gleichermaßen die Kriterien für die Hauptdiagnose erfüllen und ICD 10-Verzeichnisse und Kodierrichtlinien keine Verschlüsselungsanweisungen geben, muss vom behandelnden Arzt entschieden werden, welche Diagnose am besten der Hauptdiagnose-Definition entspricht. Nur in diesem Fall ist vom behandelnden Arzt diejenige auszuwählen, die für Untersuchung und/oder Behandlung die meisten Ressourcen verbraucht hat. Hierbei ist es unerheblich, ob die Krankheiten verwandt sind oder nicht."

Die Hauptdiagnose ist danach abhängig vom Ressourcenverbrauch zu kodieren, welcher sich jedoch an Hand der hier zum Sachverhalt vorliegenden Informationen allein nicht abschließend sicher bestimmen lässt.

Schlüsselnummern aus Z03.0 bis Z03.9
Ärztliche Beobachtung und Beurteilung von Verdachtsfällen, Verdacht ausgeschlossen

Schlüsselnummern aus Z03.0 bis Z03.9 werden **ausschließlich dann** als **Hauptdiagnose** für die Abklärung des Gesundheitszustandes des Patienten zugeordnet, wenn es Hinweise auf die Existenz eines abnormen Zustandes, auf die Folge eines Unfalls oder eines anderen Ereignisses mit typischerweise nachfolgenden Gesundheitsproblemen gibt und sich der Krankheitsverdacht **nicht** bestätigt und eine Behandlung derzeit **nicht** erforderlich ist.

Beispiel 5

Ein Kleinkind wird von der Mutter mit einer leeren Tablettenschachtel gefunden. Der Verbleib des Inhaltes ist unklar. Bei dem Kind bestehen keine Symptome, es wird aber zur Beobachtung wegen des Verdachtes einer Medikamenteningestion stationär aufgenommen. Im Verlauf zeigte sich kein Anhalt für eine Tabletteningestion.

Hauptdiagnose:	Z03.6	*Beobachtung bei Verdacht auf toxische Wirkung von aufgenommenen Substanzen*
Nebendiagnose(n):		keine

Können für die Hauptdiagnose spezifischere Schlüsselnummern angegeben werden, haben diese Vorrang vor einer Schlüsselnummer aus der Kategorie Z03.– *Ärztliche Beobachtung und Beurteilung von Verdachtsfällen, Verdacht ausgeschlossen*. Wenn ein Symptom, das mit der Verdachtsdiagnose im Zusammenhang steht, vorliegt, wird die Symptom-Schlüsselnummer als Hauptdiagnose zugewiesen, nicht ein Kode aus der Kategorie Z03.– *Ärztliche Beobachtung und Beurteilung von Verdachtsfällen, Verdacht ausgeschlossen* (s.a. DKR D008 *Verdachtsdiagnosen* (Seite 22)).

Wenn zwei oder mehrere Befunde/Symptome bei der Beobachtung des Verdachtsfalles für die Hauptdiagnose in Frage kommen, so ist vom behandelnden Arzt diejenige auszuwählen, die die meisten Ressourcen verbraucht hat.

Interne Verlegungen zwischen Abteilungen nach BPflV und KHEntgG

Bei Krankenhaus-internen Verlegungen von Patienten zwischen Abteilungen, die nach Bundespflegesatzverordnung (BPflV) abrechnen (z.B. Psychiatrie), und Abteilungen, die nach Krankenhausentgeltgesetz (KHEntgG) abrechnen, sind folgende Regeln zu beachten:

- Jede Abteilung dokumentiert und kodiert nach den für sie gültigen Regeln.
- Wird ein Patient **erstmalig** intern in eine Abteilung nach KHEntgG verlegt, so ist die Hauptdiagnosendefinition auf die Symptome/Diagnosen anzuwenden, die hauptsächlich für die Veranlassung des Aufenthaltes in dieser Abteilung verantwortlich sind (siehe Beispiel 6).
- Wird ein Patient mehrfach intern zwischen Abteilungen nach KHEntgG und BPflV verlegt, so gilt für die Auswahl der Hauptdiagnose aus den Diagnosen der Abteilungen nach KHEntgG die analoge Regelung wie sie für Rückverlegungen aus anderen Krankenhäusern (siehe unten) gilt.

Beispiel 6

Ein Patient wird wegen einer Schizophrenie in die Psychiatrie aufgenommen. Während des stationären Verlaufs entwickelt der Patient ein akutes Abdomen. Nach Verlegung in die Chirurgie findet sich dort als Ursache für die Symptomatik eine akute Cholezystitis. Die Schizophrenie wird weiterbehandelt.

Psychiatrie (BPflV)

Hauptdiagnose:	Schizophrenie
Nebendiagnose(n):	Akutes Abdomen

Chirurgie (KHEntgG)

Hauptdiagnose:	Akute Cholezystitis
Nebendiagnose(n):	Schizophrenie

Wiederaufnahme in dasselbe Krankenhaus

In allen Fällen einer Zusammenfassung von Falldaten zu einem Fall und einer Neueinstufung in eine Fallpauschale ist folgendes zu beachten:

- Sofern beide Aufenthalte gemäß Abrechnungsbestimmungen (Näheres siehe dort) mittels einer Fallpauschale (DRG) abgerechnet werden, werden die Symptome/Diagnosen und Prozeduren beider Aufenthalte zusammen betrachtet. Auf diese Symptome/Diagnosen ist die Hauptdiagnosendefinition anzuwenden.

Rückverlegungen aus anderen Krankenhäusern

Bei Rückverlegungen aus anderen Krankenhäusern (z.B. KH A → KH B → KH A) ist folgendes zu beachten:

- Sofern beide Aufenthalte in KH A gemäß Abrechnungsbestimmungen (Näheres siehe dort) mittels einer Fallpauschale (DRG) abgerechnet werden, werden die Symptome/ Diagnosen und Prozeduren beider Aufenthalte zusammen betrachtet. Auf diese Symptome/Diagnosen ist die Hauptdiagnosendefinition anzuwenden.

Beispiel 7

Ein Patient mit atherosklerotischer Herzkrankheit wird mit instabiler Angina pectoris in Krankenhaus A aufgenommen. Zur weiteren Diagnostik und Therapie wird er in das Krankenhaus B verlegt. Bei den dortigen Untersuchungen findet sich ein Herzinfarkt. Der Patient wird anschließend durch eine Koronarbypassanlage versorgt. In stabilem Zustand wird er in das Krankenhaus A rückverlegt.

Krankenhaus A: 1. Aufenthalt

Hauptdiagnose:	Instabile Angina pectoris
Nebendiagnose(n):	Atherosklerotische Herzkrankheit

Krankenhaus B:

Hauptdiagnose:	Myokardinfarkt
Nebendiagnose(n):	Atherosklerotische Herzkrankheit

Krankenhaus A: 2. Aufenthalt

Hauptdiagnose:	Myokardinfarkt
Nebendiagnose(n):	Atherosklerotische Herzkrankheit
	Vorhandensein eines aortokoronaren Bypasses

Nach Rückverlegung des Patienten werden im Krankenhaus A die Diagnosen aus dem 1. und 2. Aufenthalt betrachtet, um die Haupt- und Nebendiagnosen zu bestimmen. Gemäß DKR 0901 *Ischämische Herzkrankheit* wird eine instabile Angina pectoris bei Vorliegen eines Herzinfarktes nicht kodiert.

Krankenhaus A: Gesamtaufenthalt

Hauptdiagnose:	Myokardinfarkt
Nebendiagnose(n):	Atherosklerotische Herzkrankheit
	Vorhandensein eines aortokoronaren Bypasses

D003u Nebendiagnosen

Die Nebendiagnose ist definiert als:

„Eine Krankheit oder Beschwerde, die entweder gleichzeitig mit der Hauptdiagnose besteht oder sich während des Krankenhausaufenthaltes entwickelt."

Für Kodierungszwecke müssen Nebendiagnosen als Krankheiten interpretiert werden, die das Patientenmanagement in der Weise beeinflussen, dass irgendeiner der folgenden Faktoren erforderlich ist:

- therapeutische Maßnahmen
- diagnostische Maßnahmen
- erhöhter Betreuungs-, Pflege- und/oder Überwachungsaufwand

Bei Patienten, bei denen einer dieser erbrachten Faktoren auf mehrere Diagnosen (entweder Hauptdiagnose und Nebendiagnose(n) oder mehrere Nebendiagnosen) ausgerichtet ist, können alle betroffenen Diagnosen kodiert werden. Somit ist es unerheblich, ob die therapeutische(n)/diagnostische(n) Maßnahme(n) bzw. der erhöhte Betreuungs-, Pflege- und/oder Überwachungsaufwand auch in Bezug auf die Hauptdiagnose geboten waren.

Beispiel 1

Ein Patient wird für die Nebendiagnosen koronare Herzkrankheit, arterieller Hypertonus und Herzinsuffizienz mit einem Betablocker behandelt.

Nebendiagnose(n):	Koronare Herzkrankheit
	Arterieller Hypertonus
	Herzinsuffizienz

Krankheiten, die z.B. durch den Anästhesisten während der präoperativen Beurteilung dokumentiert wurden, werden nur kodiert, wenn sie den oben genannten Kriterien entsprechen. Sofern eine Begleitkrankheit das Standardvorgehen für eine spezielle Prozedur beeinflusst, wird diese Krankheit als Nebendiagnose kodiert.

Anamnestische Diagnosen, die das Patientenmanagement gemäß obiger Definition nicht beeinflusst haben, wie z.B. eine ausgeheilte Pneumonie vor 6 Monaten oder ein abgeheiltes Ulkus, werden nicht kodiert.

Beispiel 2

Eine Patientin wird zur Behandlung einer chronischen myeloischen Leukämie (CML) stationär aufgenommen. In der Anamnese gibt sie eine Knieoperation vor 10 Jahren wegen eines Außenmeniskusschadens an. Danach war sie beschwerdefrei. Eine bekannte koronare Herzkrankheit wird medikamentös weiterbehandelt. Die sonografische Untersuchung der abdominellen Lymphknoten zeigt auch ein bekanntes Uterusmyom, das keine weitere Diagnostik und Behandlung erfordert. Während des stationären Aufenthaltes kommt es zu einer depressiven Reaktion mit Therapie durch Antidepressiva. Wegen anhaltender Lumbalgien wird die Patientin krankengymnastisch betreut.

Hauptdiagnose:	Chronisch myeloische Leukämie (CML)
Nebendiagnose(n):	Depressive Reaktion
	Lumbalgien
	Koronare Herzkrankheit

Die Nebendiagnosen erfüllen die obige Definition (Ressourcenverbrauch) und sind deshalb zu dokumentieren.

Die sonstigen Diagnosen (Uterus myomatosus, Z.n. OP nach Außenmeniskusschaden) erfüllen diese Definition nicht und werden deshalb für das DRG-System nicht dokumentiert. Sie sind jedoch für die medizinische Dokumentation und die ärztliche Kommunikation von Bedeutung.

Beispiel 3

Ein Patient, der wegen einer Pneumonie stationär aufgenommen wird, hat zusätzlich einen Diabetes mellitus. Das Pflegepersonal prüft täglich den Blutzucker, und der Patient bekommt eine Diabetes-Diät.

Hauptdiagnose:	Pneumonie
Nebendiagnose(n):	Diabetes mellitus

Beispiel 4

Ein 60 Jahre alter Patient mit Varikose wird zur Behandlung von Ulzera am Unterschenkel aufgenommen. Aufgrund einer früheren Unterschenkelamputation benötigt der Patient zusätzliche Unterstützung durch das Pflegepersonal.

Hauptdiagnose:	Variköse Ulzera am Bein
Nebendiagnose(n):	Unterschenkelamputation in der Eigenanamnese

Beispiel 5

Eine adipöse, ältere Patientin wird wegen Cholezystolithiasis zur Cholezystektomie aufgenommen. Postoperativ erleidet sie eine Lungenembolie.

Hauptdiagnose:	Cholezystolithiasis
Nebendiagnose(n):	Lungenembolie Adipositas

Entscheidung des Schlichtungsausschusses zu der KDE 400, veröffentlicht am 25.11.2020

Frage: Ein Neugeborenes wird wegen persistierendem Ikterus ins Krankenhaus aufgenommen. Bei der Sonographie erfolgt auch eine Beurteilung der ableitenden Harnwege. Dabei wird ein bekannter Megaureter bestätigt. Während des Aufenthaltes erfolgen diesbezüglich keine weiteren diagnostischen oder therapeutischen Maßnahmen. Kann hier der ICD-Kode Q62.2 *Angeborener Megaureter* als Nebendiagnose angegeben werden?

Entscheidung: Wenn ein Neugeborenes wegen persistierendem Ikterus in ein Krankenhaus aufgenommen wird und eine sonographische Beurteilung der ableitenden Harnwege bei bekanntem Megaureter erfolgt, anschließend in Bezug auf den Megaureter aber keine weiteren diagnostischen oder therapeutischen Maßnahmen während des stationären Aufenthaltes erfolgen, ist der Kode Q62.2 *Angeborener Megaureter* gemäß DKR D003 *Nebendiagnosen* als Nebendiagnose anzugeben.

Entscheidung des Schlichtungsausschusses zu der KDE 556, veröffentlicht am 25.11.2020

Frage: Wiederaufnahme eines Patienten wegen einer Wundheilungsstörung im Bereich des Rückens nach knöcherner Dekompression bei schwerer Spinalkanalstenose bei Achondroplasie. Aktuell erfolgt eine Wundrevision und Verschluss eines Liquorlecks. Ist Q77.4 *Achondroplasie* als Nebendiagnose zu kodieren?

Entscheidung: In dem vorliegenden Fall (KDE 556) der Aufnahme eines Patienten wegen einer Wundheilungsstörung im Bereich des Rückens nach vorheriger knöcherner Dekompression bei schwerer Spinalkanalstenose bei Achondroplasie, bei dem aktuell eine Wundrevision und Verschluss eines Liquorlecks erfolgt, ist weder die Wundheilungsstörung noch das Liquorleck eine spezifische Manifestation der Achondroplasie. Die Kodierung der Achondroplasie richtet sich daher nach DKR D003 *Nebendiagnosen*.

Die Nebendiagnose ist danach abhängig vom Aufwand zu kodieren, welcher sich jedoch an Hand der hier zum Sachverhalt vorliegenden Informationen allein nicht abschließend sicher bestimmen lässt.

Symptome als Nebendiagnose

Für Symptome gelten die Regelungen zur Kodierung von Nebendiagnosen entsprechend.

Beispiel 6

Ein Patient wird zur Behandlung einer fortgeschrittenen alkoholischen Leberzirrhose stationär aufgenommen. Es besteht ein ausgeprägter Aszites, der Auswirkungen u. a. auf die Atmung sowie auf die Nierenfunktion hat. Er wird u. a. mittels Entlastungspunktionen behandelt.

Hauptdiagnose:	Alkoholische Leberzirrhose
Nebendiagnose(n):	Aszites

Reihenfolge der Nebendiagnosen

Es gibt keine Kodierrichtlinie, die die Reihenfolge der Nebendiagnosen regelt. Jedoch sollten die bedeutenderen Nebendiagnosen, insbesondere Komplikationen und Komorbiditäten, zuerst angegeben werden, da die Anzahl der zur Verfügung stehenden Schlüsselnummer-Felder begrenzt ist. Wird zur Verschlüsselung einer Diagnose mehr als ein Kode benötigt (z.B. Kreuz-Stern-System), so ist für die Reihenfolge DKR D012 *Mehrfachkodierung* (Seite 26) zu beachten.

Abnorme Befunde

Abnorme Labor-, Röntgen-, Pathologie- und andere diagnostische Befunde werden nicht kodiert, es sei denn, sie haben eine klinische Bedeutung im Sinne einer therapeutischen Konsequenz oder einer weiterführenden Diagnostik (nicht allein Kontrolle der abnormen Werte).

Beispiel 7

Ein Patient wird wegen einer Pneumonie stationär aufgenommen. Im Labortest wird eine leicht erhöhte Gamma-GT, die ausschließlich kontrolliert wird und keine weiteren diagnostischen oder therapeutischen Maßnahmen nach sich zieht, gefunden.

Hauptdiagnose:	Pneumonie

Anmerkung: Die erhöhte Gamma-GT erfüllt nicht die Definition einer Nebendiagnose und wird deshalb für das DRG-System nicht dokumentiert. Sie ist jedoch für die medizinische Dokumentation und die ärztliche Kommunikation von Bedeutung.

D004u Syndrome

Wenn es für ein Syndrom in den ICD-10-Verzeichnissen einen spezifischen Kode gibt, so ist er für dieses Syndrom zu verwenden. Grundsätzlich ist dabei die Definition der Hauptdiagnose zu beachten, so dass bei einer im Vordergrund stehenden spezifischen Manifestation des Syndroms (z.B. Herzfehler) die Kodierung des Behandlungsanlasses zur Hauptdiagnose wird (siehe DKR D002 *Hauptdiagnose* (Seite 4)).

Beispiel 1

Ein dysmorphes Kind wird zur Syndromabklärung stationär aufgenommen. Die Untersuchungen bestätigen die Diagnose Trisomie 21, meiotische Non-disjunction (Down-Syndrom).

Hauptdiagnose:	Q90.0	*Trisomie 21, meiotische Non-disjunction*

Beispiel 2

Ein Kind mit Trisomie 21, meiotische Non-disjunction (Down-Syndrom) wird wegen eines angeborenen Ventrikelseptumdefektes zur Herz-Operation aufgenommen.

Hauptdiagnose:	Q21.0	*Ventrikelseptumdefekt*
Nebendiagnose(n):	Q90.0	*Trisomie 21, meiotische Non-disjunction*

Entscheidung des Schlichtungsausschusses zu der KDE 535, veröffentlicht am 25.11.2020

Frage: Stationäre Behandlung eines fünf Monate alten Säuglings wegen einer länger bestehenden Otitis media mit purulenter Otorrhoe und Nachweis von Pseudomonas aeruginosa. Es erfolgt eine intravenöse Antibiotikatherapie. Anamnestisch ist ein Down-Syndrom bekannt, ein Herzfehler liegt nicht vor. Trinkverhalten und Nahrungsaufnahme sind altersentsprechend unauffällig. In Bezug auf das bekannte Down-Syndrom entsteht kein Aufwand. Ist ein Kode aus Q90.- *Down-Syndrom* als Nebendiagnose zu kodieren?

Entscheidung: Erfolgt wie in dem vorliegendem Fall (KDE-535), eine stationäre Behandlung eines fünf Monate alten Säuglings mit Down-Syndrom wegen einer länger bestehenden Otitis media mit purulenter Otorrhoe und Nachweis von Pseudomonas aeruginosa, die mit einer intravenösen Antibiotikatherapie behandelt wird, ist gemäß DKR D004 *Syndrome* der zutreffende Kode aus Q90.- *Down-Syndrom* als Nebendiagnose zu kodieren. Die Otitis media stellt eine spezifische Manifestation des Down-Syndroms dar.

Sehen die ICD-10-Verzeichnisse keine spezifische Schlüsselnummer für das Syndrom vor, so sind die einzelnen Manifestationen zu verschlüsseln.

Sobald zwei Manifestationen der Definition der Hauptdiagnose entsprechen, ist bei der Kodierung nach DKR D002 *Hauptdiagnose* Absatz „*Zwei oder mehr Diagnosen, die gleichermaßen der Definition der Hauptdiagnose entsprechen*" (Seite 7) zu verfahren.

Bei angeborenem Syndrom ist eine zusätzliche Schlüsselnummer aus der Kategorie Q87.– *Sonstige näher bezeichnete angeborene Fehlbildungssyndrome mit Beteiligung mehrerer Systeme* als Nebendiagnose zu den bereits kodierten benannten Manifestationen zu kodieren. Die Zusatzschlüsselnummer dient als Hinweis, dass dies ein Syndrom ist, dem keine spezifische Schlüsselnummer der ICD-10-GM zugewiesen ist.

Beispiel 3

Ein Kind mit Galloway-Mowat-Syndrom (Symptomenkombination aus Mikrozephalie, Hiatushernie und Nephrose, autosomal-rezessiv vererbt) wird zur Nierenbiopsie aufgenommen. Histologisch finden sich fokale und segmentale glomeruläre Läsionen.

Hauptdiagnose:	N04.1	*Nephrotisches Syndrom, fokale und segmentale glomeruläre Läsionen*
Nebendiagnose(n):	Q40.1	*Angeborene Hiatushernie*
	Q02	*Mikrozephalie*
	Q87.8	*Sonstige näher bezeichnete angeborene Fehlbildungssyndrome, anderenorts nicht klassifiziert*
Prozedur:	1-463.0	*Perkutane (Nadel-)Biopsie an Harnorganen und männlichen Genitalorganen, Niere*

D005d Folgezustände und geplante Folgeeingriffe

Folgezustände oder Spätfolgen einer Krankheit sind **aktuelle** Krankheitszustände, die durch eine frühere Krankheit hervorgerufen wurden.

Es gibt keine allgemeine zeitliche Beschränkung für die Verwendung der Schlüsselnummern für Folgezustände. Der Folgezustand kann schon im Frühstadium des Krankheitsprozesses offenbar werden, z.B. neurologische Defizite als Folge eines Hirninfarktes, oder er zeigt sich Jahre später, z.B. die chronische Niereninsuffizienz als Folge einer früheren Nierentuberkulose.

Die Kodierung der Folgezustände von Krankheiten erfordert zwei Schlüsselnummern:

- eine für den aktuellen Rest-/Folgezustand und
- eine Schlüsselnummer („Folgen von ...“), die ausdrückt, dass dieser Zustand Folge einer früheren Krankheit ist.

Der Restzustand oder die Art der Folgezustände werden an erster Stelle angegeben, gefolgt von der Schlüsselnummer „Folgen von ...“.

Beispiel 1

Einseitige Erblindung aufgrund eines früheren Trachoms

H54.4	*Blindheit und hochgradige Sehbehinderung, monokular*
B94.0	*Folgezustände des Trachoms*

Beispiel 2

Monoplegie des Oberarms aufgrund einer früheren akuten Poliomyelitis

G83.2	*Monoparese und Monoplegie einer oberen Extremität*
B91	*Folgezustände der Poliomyelitis*

Beispiel 3

Spastische Hemiplegie aufgrund einer früheren Hirnembolie

G81.1	*Spastische Hemiparese und Hemiplegie*
I69.4	*Folgen eines Schlaganfalls, nicht als Blutung oder Infarkt bezeichnet*

Beispiel 4

Ein Patient wird zur Behandlung einer Fehlstellung, die Folge einer abgeheilten Radiusfraktur ist, stationär aufgenommen.

Hauptdiagnose:	M84.03	*Frakturheilung in Fehlstellung, Unterarm*
Nebendiagnose(n):	T92.1	*Folgen einer Fraktur des Armes*

Wird ein Patient dagegen beispielsweise zu einer Sehnenoperation bei einem vor zwei Wochen stattgefundenen Sehnenriss im Fingerbereich aufgenommen, ist dies **nicht** als „Folgeerscheinung" zu kodieren, da der Riss immer noch behandelt wird.

Spezifische Schlüsselnummern für die Ursachen von Spätfolgen sind:

B90.–	*Folgezustände der Tuberkulose*
B91	*Folgezustände der Poliomyelitis*
B92	*Folgezustände der Lepra*
B94.–	*Folgezustände sonstiger und nicht näher bezeichneter infektiöser und parasitärer Krankheiten*
E64.–	*Folgen von Mangelernährung oder sonstigen alimentären Mangelzuständen*
E68	*Folgen der Überernährung*
G09	*Folgen entzündlicher Krankheiten des Zentralnervensystems*
I69.–	*Folgen einer zerebrovaskulären Krankheit*
O94	*Folgen von Komplikationen während Schwangerschaft, Geburt und Wochenbett*
T90–T98	*Folgen von Verletzungen, Vergiftungen und sonstigen Auswirkungen äußerer Ursachen*

Behandlung einer akuten Verletzung/Verbrennung und geplanter Folgeeingriff

Für die initiale und nachfolgende Behandlung einer aktuellen Verletzung/Verbrennung ist der Kode für die Verletzung/Verbrennung (weiterhin) als Hauptdiagnose zu verwenden.

Auch bei einer Aufnahme zu einer zweiten oder weiteren Operation nach einem Ersteingriff, die zum Zeitpunkt des Ersteingriffs im Rahmen der Gesamtbehandlung bereits als Folgeeingriff geplant war, wird die ursprüngliche Krankheit als Hauptdiagnose kodiert. Das gilt auch dann, wenn die ursprüngliche Krankheit nicht mehr vorhanden ist (siehe Beispiel 5 und 6).

Beispiel 5

Ein Patient wird zur geplanten Rückverlagerung eines Kolostomas, das bei einer früheren Operation wegen einer Sigmadivertikulitis angelegt wurde, stationär aufgenommen. Die Sigmadivertikulitis ist inzwischen abgeheilt.

Hauptdiagnose:	Sigmadivertikulitis
Nebendiagnose(n):	Versorgung eines Kolostomas

Metallentfernungen und andere **weitere Behandlungen** einer Verletzung (z.B. Entfernung eines orthopädischen Nagels) sind zu unterscheiden von der Behandlung einer Folgeerscheinung der ursprünglichen Verletzung (siehe Beispiel 4). Diese Fälle sind mit dem passenden Kode für die ursprüngliche Verletzung als Hauptdiagnose gefolgt von einem zutreffenden Kode aus Kapitel XXI (z.B. Z47.0 *Entfernung einer Metallplatte oder einer anderen inneren Fixationsvorrichtung*) als Nebendiagnose zu verschlüsseln, der zusammen mit dem entsprechenden Kode für die Prozedur den Bedarf einer weiteren Behandlung anzeigt.

Beispiel 6

Ein Patient wird zur Metallentfernung ein Jahr nach einer distalen Radiusfraktur (mit Luxation des Ulnakopfes), die mit einer Platte versorgt wurde, stationär aufgenommen.

Hauptdiagnose:	S52.31	*Fraktur des distalen Radiusschaftes mit Luxation des Ulnakopfes*
Nebendiagnose(n):	Z47.0	*Entfernung einer Metallplatte oder einer anderen inneren Fixationsvorrichtung*
Prozedur(en):	5-787.35	*Entfernung von Osteosynthesematerial, Platte, Radiusschaft*

D006e Akute und chronische Krankheiten

Leidet ein Patient gleichzeitig an der chronischen und akuten Form derselben Krankheit, wie z.B. akute Exazerbation einer chronischen Krankheit, so wird nur dann die akute Form der Krankheit als Hauptdiagnose und die chronische Form als Nebendiagnose kodiert, wenn es für die akute und chronische Form dieser Krankheit unterschiedliche Schlüsselnummern gibt.

Beispiel 1

Ein Patient wird wegen akuten Schubs bei chronischer idiopathischer Pankreatitis ohne Organkomplikationen aufgenommen.

Hauptdiagnose:	K85.00	*Idiopathische akute Pankreatitis ohne Angabe einer Organkomplikation*
Nebendiagnose(n):	K86.18	*Sonstige chronische Pankreatitis*

Ausnahmen: Dieses Kriterium darf nicht verwendet werden, wenn:

a) die ICD-10-GM für die Kombination eine eigene Schlüsselnummer vorsieht, z.B.:

J44.1- ***Chronische*** *obstruktive Lungenkrankheit mit* ***akuter*** *Exazerbation, nicht näher bezeichnet*

b) die ICD-10-GM eine gegenteilige Anweisung gibt, z.B.:

C92.0- ***Akute*** *myeloblastische Leukämie [AML]*
Exkl.: ***Akute*** *Exazerbation einer* ***chronischen*** *myeloischen Leukämie* (C92.1-)

C92.1- *Chronische myeloische Leukämie [CML], BCR/ABL-positiv*

Hier wird nur C92.1- und der Remissionsstatus an fünfter Stelle kodiert.

c) die ICD-10-GM darauf hinweist, dass nur eine Schlüsselnummer erforderlich ist. Zum Beispiel weist bei der Kodierung von „akuter Schub bei chronischer mesenterialer Lymphadenitis" das Alphabetische Verzeichnis darauf hin, dass die **akute** Krankheit nicht getrennt kodiert werden muss, da sie in runden Klammern nach dem Hauptbegriff aufgeführt ist (d.h. als nicht wesentlicher Modifizierer):

Mesenteriale Lymphadenitis (akut) (chronisch) I88.0

D007f Aufnahme zur Operation/Prozedur, nicht durchgeführt

Wenn ein Patient für eine Operation/Prozedur stationär aufgenommen wurde, die aus irgendeinem Grund nicht durchgeführt und der Patient entlassen wurde, ist wie folgt zu kodieren:

a) Wenn die Operation/Prozedur aus technischen Gründen nicht ausgeführt wurde:

Beispiel 1

Ein Patient wurde aufgenommen zwecks Insertion von Paukenröhrchen bei Seromukotympanon. Die Operation wurde aus technischen Gründen verschoben.

Hauptdiagnose:	H65.3	*Chronische muköse Otitis media*
Nebendiagnose(n):	Z53	*Personen, die Einrichtungen des Gesundheitswesens wegen spezifischer Maßnahmen aufgesucht haben, die aber nicht durchgeführt wurden*

b) Wenn die Operation/Prozedur auf Grund einer Krankheit oder einer Komplikation, die nach Aufnahme aufgetreten ist, nicht ausgeführt wurde:

Beispiel 2

Ein Patient mit Tonsillitis wurde zur Tonsillektomie aufgenommen. Die Operation wurde aufgrund einer akuten Sinusitis frontalis verschoben.

Hauptdiagnose:	J35.0	*Chronische Tonsillitis*
Nebendiagnose(n):	Z53	*Personen, die Einrichtungen des Gesundheitswesens wegen spezifischer Maßnahmen aufgesucht haben, die aber nicht durchgeführt wurden*
	J01.1	*Akute Sinusitis frontalis*

D008b Verdachtsdiagnosen

Verdachtsdiagnosen im Sinne dieser Kodierrichtlinie sind Diagnosen, die **am Ende eines stationären Aufenthaltes** weder sicher bestätigt noch sicher ausgeschlossen sind.

Verdachtsdiagnosen werden unterschiedlich kodiert, abhängig davon, ob der Patient nach Hause entlassen oder in ein anderes Krankenhaus verlegt wurde.

Entlassung nach Hause

Wenn Untersuchungen vorgenommen, aber **keine** Behandlung in Bezug auf die Verdachtsdiagnose eingeleitet wurde, ist/sind das/die **Symptom/e** zu kodieren (siehe Beispiel 1 und DKR D002 *Hauptdiagnose* (Seite 4)).

Beispiel 1

Ein Kind wurde wegen rechtseitigen Schmerzen im Unterbauch mit Verdacht auf Appendizitis aufgenommen. Die Untersuchungen während des stationären Aufenthaltes haben die Diagnose einer Appendizitis nicht bestätigt. Eine spezifische Behandlung der Appendizitis wurde nicht durchgeführt.

Hauptdiagnose:	R10.3	*Schmerzen mit Lokalisation in anderen Teilen des Unterbauches*

Wenn eine **Behandlung** eingeleitet wurde und die Untersuchungsergebnisse nicht eindeutig waren, ist die **Verdachtsdiagnose** zu kodieren.

Beispiel 2

Ein Patient wurde mit Verdacht auf Meningitis wegen starken Kopfschmerzen aufgenommen. Die Untersuchungen während des stationären Aufenthaltes haben die Diagnose einer Meningitis weder bestätigt noch sicher ausgeschlossen. Eine spezifische Behandlung der Meningitis wurde jedoch eingeleitet.

Hauptdiagnose:	G03.9	*Meningitis, nicht näher bezeichnet*

Verlegung in ein anderes Krankenhaus

Wenn ein Patient mit einer Verdachtsdiagnose verlegt wird, ist vom verlegenden Krankenhaus die Verdachtsdiagnose-Schlüsselnummer zu kodieren.

Von dem verlegenden Krankenhaus dürfen zur Kodierung nur die zum Zeitpunkt der Verlegung erhältlichen Informationen verwendet werden. Spätere Informationen aus dem Krankenhaus, in welches der Patient verlegt wurde, dürfen die Kodierungsentscheidung nachträglich nicht beeinflussen.

Wird beispielsweise ein Patient mit der Verdachtsdiagnose Meningitis verlegt und der Fall vom verlegenden Krankenhaus als Meningitis kodiert, so ist die Schlüsselnummer für Meningitis vom verlegenden Krankenhaus nachträglich nicht zu ändern. Dies gilt auch dann, wenn vom zweitbehandelnden Krankenhaus der Entlassungsbericht zugesandt wird und sich daraus ergibt, dass der Patient laut Untersuchung keine Meningitis hatte.

D009a „Sonstige" und „nicht näher bezeichnete" Schlüsselnummern

Die Resteklasse „Sonstige ..." ist dann bei der Kodierung zu verwenden, wenn eine genau bezeichnete Krankheit vorliegt, für die es aber in der ICD-10 keine eigene Klasse gibt.

Die Resteklasse „Nicht näher bezeichnete ..." ist dann zu verwenden, wenn eine Krankheit nur mit ihrem Oberbegriff, wie z.B. Katarakt, beschrieben ist und/oder eine weitere Differenzierung nach den Klassifikationskriterien der ICD-10 an entsprechender Stelle nicht möglich ist (siehe Beispiel 3).

„Sonstige" und „nicht näher bezeichnete" Schlüsselnummern bzw. „Resteklassen" haben im Allgemeinen eine spezifische Kennzeichnung.

Auf der **vierstelligen Ebene** ist die Zuordnung in der Regel wie folgt:

„.0 – .7“ spezifische Krankheiten (im Kapitel XIX *„Verletzungen und Vergiftungen”* wird „.7” häufig für „multiple Verletzungen” verwendet)

„.8“ spezifische Krankheiten, die unter „.0 – .7“ nicht klassifiziert sind (oder „sonstige”)

„.9“ „nicht näher bezeichnet”

Beispiel 1	**Vierstellige Subkategorie**	
	Unterteilung der Schlüsselnummern	
L50.–	*Urtikaria*	Kategorie
L50.0	*Allergische Urtikaria*	Spezifische Subkategorie
L50.1	*Idiopathische Urtikaria*	Spezifische Subkategorie
L50.2	*Urtikaria durch Kälte oder Wärme*	Spezifische Subkategorie
L50.3	*Urticaria factitia*	Spezifische Subkategorie
L50.4	*Urticaria mechanica*	Spezifische Subkategorie
L50.5	*Cholinergische Urtikaria*	Spezifische Subkategorie
L50.6	*Kontakturtikaria*	Spezifische Subkategorie
L50.8	*sonstige Urtikaria* *Urtikaria:* • *chronisch* • *rezidivierend periodisch*	anderenorts nicht klassifizierte Urtikaria
L50.9	*Urtikaria, nicht näher bezeichnet*	unspezifische Subkategorie

Gelegentlich werden die zwei **Resteklassen** „.8” und „.9” in einer Schlüsselnummer kombiniert und beinhalten sowohl „sonstige” als auch „nicht näher bezeichnete” Zustände.

Auf der **fünfstelligen Ebene** ist die Zuordnung nicht einheitlich.

Die Resteklassen dürfen nicht verwendet werden, um Diagnosen „aufzufangen”, die **scheinbar** nicht anderenorts klassifiziert sind. Die ICD-10-Verzeichnisse sind zu verwenden, um die korrekte Schlüsselnummer-Zuordnung zu bestimmen (s.a. DKR D013 *Im Systematischen Verzeichnis verwendete formale Vereinbarungen* (Seite 36) und DKR D014 *Im Alphabetischen Verzeichnis verwendete formale Vereinbarungen* (Seite 40)).

Wenn eine Bezeichnung benutzt wird, die nicht in den ICD-10-Verzeichnissen auffindbar ist, sind darin verfügbare alternative Bezeichnungen zu prüfen. Sofern keine andere Beschreibung zur Verfügung steht, ist für die Verschlüsselung eine der folgenden Strategien anzuwenden:

Beispiel 2

Diagnose:	Leukoplakie am Augenlid	
Kode:	H02.8	*Sonstige näher bezeichnete Affektionen des Augenlides*

Es gibt im Alphabetischen Verzeichnis unter Leukoplakie keinen Unterbegriff „Augenlid". Deshalb muss unter dem Begriff „Krankheit" nachgeschlagen werden. Dort findet man:

Krankheit
- Auge, Augen- H57.9
- - Lid- H02.9
- - - näher bez. a.n.k. H02.8

Da die Leukoplakie eine „näher bezeichnete Krankheit" ist und im Alphabetischen Verzeichnis ein entsprechender Hinweis angegeben ist, ist H02.8 die korrekte Schlüsselnummer.

Beispiel 3

Diagnose:	37 Jahre alter Mann mit subluxierter Katarakt	
Kode:	H26.9	*Katarakt, nicht näher bezeichnet*

Im Alphabetischen Verzeichnis gibt es unter Katarakt keinen Unterbegriff „subluxiert" und keinen Untereintrag „- näher bez. a.n.k.". Deshalb ist H26.9 die korrekte Schlüsselnummer.

D010a Kombinations-Schlüsselnummern

Eine einzelne Schlüsselnummer, die zur Klassifikation von zwei Diagnosen oder einer Diagnose mit einer Manifestation oder einer mit ihr zusammenhängenden Komplikation verwendet wird, wird als Kombinations-Schlüsselnummer bezeichnet. Kombinations-Schlüsselnummern werden durch Überprüfung der Einträge von eingerückten Begriffen im Alphabetischen Verzeichnis ermittelt und durch Nachlesen der Ein- und Ausschlusshinweise im Systematischen Verzeichnis der ICD-10-GM bestimmt (siehe DKR D013 *Im Systematischen Verzeichnis verwendete formale Vereinbarungen* (Seite 36) und DKR D014 *Im Alphabetischen Verzeichnis verwendete formale Vereinbarungen* (Seite 40)).

Die Kombinations-Schlüsselnummer ist nur dann zu verwenden, wenn diese Schlüsselnummer die betreffende diagnostische Information vollständig wiedergibt und wenn das Alphabetische Verzeichnis eine entsprechende Anweisung gibt.

Mehrfachkodierungen (siehe DKR D012 *Mehrfachkodierung* (Seite 26)) dürfen nicht verwendet werden, wenn die Klassifikation eine Kombinations-Schlüsselnummer bereitstellt, die eindeutig alle in der Diagnose dokumentierten Elemente umfasst.

Beispiel 1

Arteriosklerose der Extremitäten mit Gangrän

Richtig:	**I70.25**	***Atherosklerose der Extremitätenarterien, Becken-Bein-Typ, mit Gangrän***
Falsch:	I70.29	*Sonstige und nicht näher bezeichnete Atherosklerose der Extremitätenarterien*
	R02.8	*Sonstige und nicht näher bezeichnete Gangrän, anderenorts nicht klassifiziert*

D011d Doppelkodierung

Manifestiert sich eine Krankheit an zwei oder mehreren Lokalisationen, so gelten für die Diagnosenkodierung folgende Regeln:

1. Dieselbe Schlüsselnummer für die Diagnose wird nur einmal angegeben.
2. Gibt es in der ICD eine eigene Schlüsselnummer für eine doppelseitige Erkrankung, so ist diese zu verwenden (siehe Beispiel 1).
3. Fehlen in der ICD Angaben zur Lokalisation, so kann das Zusatzkennzeichen „B" für „beidseitig" hinter der Schlüsselnummer angegeben werden (siehe Beispiel 2).

Beispiel 1

Ein Patient mit **doppelseitiger** Hernia inguinalis, ohne Einklemmung und ohne Gangrän, wird aufgenommen. Es wird in einer Sitzung ein laparoskopischer transperitonealer Verschluss beider Hernien durchgeführt.

Hauptdiagnose:	K40.20	***Doppelseitige** Hernia inguinalis, ohne Einklemmung und ohne Gangrän, nicht als Rezidivhernie bezeichnet.*
Prozedur(en):	5-530.31 **B**	*Verschluss einer Hernia inguinalis mit alloplastischem, allogenem oder xenogenem Material, laparoskopisch transperitoneal [TAPP], **beidseitig***

Beispiel 2

Ein Patient mit beidseitiger Radius-Fraktur (Colles) wird aufgenommen. Es wird in einer Sitzung eine geschlossene Reposition der Radius-Frakturen mit Spickung **beidseitig** durchgeführt.

Hauptdiagnose:	S52.51 **B**	*Distale Fraktur des Radius, Extensionsfraktur, Colles-Fraktur, **beidseitig***
Prozedur(en):	5-790.16 **B**	*Geschlossene Reposition einer Fraktur oder Epiphysenlösung mit Osteosynthese, durch Draht oder Zuggurtung/Cerclage, Radius distal, **beidseitig***

Zur bilateralen und mehrfachen Kodierung s.a. DKR D012 *Mehrfachkodierung* (Seite 26).

D012v Mehrfachkodierung

Anmerkung: Erläuterungen, die mit den entsprechenden Abschnitten aus dem Regelwerk für die WHO-Ausgabe der ICD-10 (Band II) identisch sind, sind am Ende mit „(WHO)" gekennzeichnet.

Mehrfachkodierung ist in den folgenden Fällen erforderlich:

1. Ätiologie- und Manifestationsverschlüsselung: „Kreuz - Stern - System"

Schlüsselnummern für Ätiologie (zugrunde liegende Ursache) werden durch das Kreuz-Symbol (†) und Manifestations-Schlüsselnummern durch das Stern-Symbol (*) gekennzeichnet. Zu kodieren ist **in derselben Reihenfolge, in der sie im Alphabetischen Verzeichnis oder im Systematischen Verzeichnis der ICD-10-GM erscheinen**, d.h. die Ätiologie-Schlüsselnummer, gefolgt von der Manifestations-Schlüsselnummer.

Diese Reihenfolge für die Ätiologie-/Manifestationsverschlüsselung gilt nur für das Kreuz-/Stern-System. Die Hauptdiagnosenregelung der DKR D002 erfährt somit außerhalb der Kreuz-/Stern-Systematik in Bezug auf die Reihenfolge von Ätiologie-/Manifestationskodes keine Einschränkung.

Beispiel 1

Diagnose: Bursitis durch Gonokokken

ICD-10-GM Alphabetisches Verzeichnis:	**Bursitis** durch Gonokokken A54.4† M73.09*	
ICD-10-GM Systematisches Verzeichnis:	**A54.4†**	***Gonokokkeninfektion des Muskel-Skelett-Systems*** *Gonokokken:* *Bursitis (M73.0-*)*
	M73.0-*	***Bursitis gonorrhoica (A54.4†)***

Rubriken, die Diagnosebezeichnungen mit einer Kreuz-Kennung enthalten, treten in unterschiedlichen Formen auf (WHO):

a) Das Symbol (†) und die zugehörige Sternschlüsselnummer erscheinen beide in der Rubriküberschrift. Sämtliche in dieser Rubrik zu klassifizierenden Bezeichnungen unterliegen der Doppelklassifizierung und haben alle dieselbe Sternschlüsselnummer, zum Beispiel:

Beispiel 2

A17.0† ***Tuberkulöse Meningitis (G01*)***
Tuberkulöse Leptomeningitis
Tuberkulose der Meningen (zerebral) (spinal)

b) In der Rubriküberschrift erscheint das Symbol (†), aber nicht die zugehörige Sternschlüsselnummer. Sämtliche in dieser Rubrik zu klassifizierenden Bezeichnungen unterliegen der Doppelklassifizierung, haben jedoch unterschiedliche Sternschlüsselnummern (die bei jeder Bezeichnung aufgeführt sind), zum Beispiel:

Beispiel 3

A18.0† ***Tuberkulose der Knochen und Gelenke***
Tuberkulös:
- *Arthritis (M01.1-*)*
- *Knochennekrose (M90.0-*)*
- *Mastoiditis (H75.0*)*
- *Osteomyelitis (M90.0-*)*
- *Ostitis (M90.0-*)*
- *Synovitis (M68.0-*)*
- *Tenosynovitis (M68.0-*)*

Tuberkulose:
- *Hüfte (M01.15*)*
- *Knie (M01.16*)*
- *Wirbelsäule (M49.0-*)*

c) In der Rubriküberschrift erscheinen weder das Symbol (†) noch die zugehörige Sternschlüsselnummer. Die Rubrik als Ganzes unterliegt nicht der Doppelklassifizierung, jedoch können einzelne darunter aufgeführte Bezeichnungen doppelt klassifiziert werden. In diesen Fällen sind die Bezeichnungen mit dem Symbol (†) und ihrer Sternschlüsselnummer gekennzeichnet, zum Beispiel:

Beispiel 4

A54.8 ***Sonstige Gonokokkeninfektionen***
durch Gonokokken:
- *Peritonitis† (K67.1*)*
- *Pneumonie† (J17.0*)*
- *Sepsis*
- *Hautläsionen*

d) Wenn bei der Verschlüsselung der Diagnose die ICD-10-Verzeichnisse auf einen Stern-Kode (Manifestation) führen, dann muss anschließend die Ätiologie geklärt werden. Dazu sind in der Systematik und im Alphabetischen Verzeichnis für viele Schlüsselnummern Hinweise aufgenommen worden (siehe Beispiel 5). Dabei können auch Schlüsselnummern zur Kodierung der Ätiologie benutzt werden, die in der ICD-Systematik keine Kreuz-Kodes sind. Auch sie werden in diesem Fall mit einem Kreuz (†) gekennzeichnet.

Beispiel 5

G63.3* ***Polyneuropathie bei sonstigen endokrinen und Stoffwechselkrankheiten (E00–E07†, E15–E16†, E20–E34†, E70–E89†)***
Hier findet sich in der Systematik ein Hinweis auf mögliche Schlüsselnummern zur Kodierung der Ätiologie, und zwar mit einem † gekennzeichnet, obwohl diese Schlüsselnummern, wie z.B. E05.0 *Hyperthyreose mit diffuser Struma*, in der Systematik nicht als Kreuzkode definiert sind.

e) An anderer Stelle (siehe Beispiel 6) fehlen Hinweise auf mögliche Schlüsselnummern zur Kodierung der Ätiologie. Hier ist dann vom behandelnden Arzt die zugrunde liegende Krankheit zu bestimmen.

Beispiel 6

J91* ***Pleuraerguss bei anderenorts klassifizierten Krankheiten***
Hier findet sich kein Hinweis auf entsprechende Kreuzkodes. Jede Schlüsselnummer, die die Ätiologie des Pleuraergusses kodiert, kann verwendet werden, wie z.B. I50.1- *Linksherzinsuffizienz,* und wird mit einem Kreuz (†) gekennzeichnet.

2. Hinweise zur Doppelklassifizierung

Für bestimmte Situationen ist eine andere Form der Doppelklassifizierung als die des Kreuz-Stern-Systems anwendbar, um den Gesundheitszustand einer Person vollständig zu beschreiben. Der Hinweis im Systematischen Verzeichnis „Soll ... angegeben werden, ist eine zusätzliche Schlüsselnummer zu benutzen“, kennzeichnet viele solcher Situationen (WHO).

Hier sind aufzuzählen:

- Lokale Infektionen bei Zuständen, die den Kapiteln der „Organkrankheiten" zuzuordnen sind. Schlüsselnummern des Kapitels I zur Identifizierung des Infektionserregers werden hinzugefügt, sofern dieser im Rubriktitel nicht enthalten ist. Am Ende von Kapitel I steht für diesen Zweck die Kategoriengruppe B95!–B98! zur Verfügung (siehe Tabelle 2 (Seite 32)).
- Neubildungen mit funktioneller Aktivität. Eine geeignete Schlüsselnummer aus Kapitel IV kann zur Kennzeichnung der funktionellen Aktivität einer Neubildung der jeweiligen Schlüsselnummer aus Kapitel II hinzugefügt werden.
- Morphologie von Neubildungen. Obwohl die ICD-O nicht Bestandteil der Hauptklassifikation ICD ist, kann sie zur Kennzeichnung der Morphologie (Histologie) von Tumoren zusätzlich einer Schlüsselnummer von Kapitel II hinzugefügt werden.
- Ergänzungen für Zustände, die Kapitel V, F00–F09 (Organische, einschließlich symptomatischer psychischer Störungen) betreffen. Die zugrunde liegende Krankheit, Verletzung oder andere Hirnschädigung kann durch Hinzufügen einer Schlüsselnummer aus einem anderen Kapitel angegeben werden.
- Zwei Schlüsselnummern zur Beschreibung einer Verletzung, einer Vergiftung oder einer sonstigen Nebenwirkung. Zu einer Schlüsselnummer aus Kapitel XIX, die die Art der Verletzung beschreibt, kann auch eine Schlüsselnummer aus Kapitel XX für die Ursache zusätzlich angegeben werden.

Anmerkung: Sowohl die Kodes für die Morphologie von Neubildungen als auch die Kodes aus Kapitel XX sind für die DRG-Gruppierung nicht relevant.

Reihenfolge von Diagnoseschlüsseln bei Mehrfachkodierung

ICD-Kodes **ohne Kennzeichen** oder **mit einem Kreuz** (Ätiologie, „†") als Kennzeichen werden im Folgenden als **Primär-Diagnoseschlüssel** bezeichnet, da diese alleine verwendet werden dürfen.

ICD-Kodes **mit einem Stern** (Manifestation, „*") oder **mit einem Ausrufezeichen** (Sonstiges, „!") als Kennzeichen werden im Folgenden als **Sekundär-Diagnoseschlüssel** bezeichnet, da sie nie alleine verwendet werden dürfen, sondern nur in Kombination mit einem Primär-Kode.

Für die Reihenfolge der ICD-Kodes bei Mehrfachverschlüsselung mit Primär- und Sekundär-Diagnoseschlüssel gelten folgende Regeln:

- Primär-Diagnoseschlüssel vor Sekundär-Diagnoseschlüssel
- Ein Primär-Diagnoseschlüssel gilt für alle folgenden Sekundär-Diagnoseschlüssel bis zum Auftreten eines neuen Primär-Diagnoseschlüssels.
- Ein Sekundär-Diagnoseschlüssel darf nie einem Sekundär-Diagnoseschlüssel zugeordnet werden. (D.h. ein Ausrufezeichenkode darf nie einem Sternkode zugeordnet werden und umgekehrt.)

Kreuz-Stern-System

In den Kodierrichtlinien, insbesondere in den Beispielen, sind die Diagnoseschlüssel gemäß obiger Regeln angeordnet.

Beispiel 7 (aus DKR 0401 *Diabetes mellitus*)

Ein Patient mit Diabetes Typ 1 mit peripheren vaskulären Komplikationen in Form einer Atherosklerose der Extremitätenarterien mit Ruheschmerz wird zur Bypass-Operation aufgenommen. Zusätzlich besteht eine Retinopathie mit erheblicher Einschränkung des Sehvermögens.

Hauptdiagnose:	E10.50†	*Diabetes mellitus, Typ 1 mit peripheren vaskulären Komplikationen, nicht als entgleist bezeichnet*
Nebendiagnose(n):	I79.2*	*Periphere Angiopathie bei anderenorts klassifizierten Krankheiten*
	I70.23	*Atherosklerose der Extremitätenarterien, Becken-Bein-Typ, mit Ruheschmerz*
	E10.30†	*Diabetes mellitus, Typ 1 mit Augenkomplikationen, nicht als entgleist bezeichnet*
	H36.0*	*Retinopathia diabetica*

Hinweis: Der Kode I70.23 *Atherosklerose der Extremitätenarterien, Becken-Bein-Typ, mit Ruheschmerz* dient in diesem Beispiel zur näheren Spezifizierung der durch das Kreuz-Stern-System beschriebenen Diagnose. Er ist nicht als Hauptdiagnose anzugeben.

Das Beispiel 7 ist gemäß Datenübermittlungsvereinbarung nach § 301 SGB V für die Entlassungsanzeige in der Segmentgruppe SG 1 (ETL-NDG) wie folgt aufzubereiten (siehe auch *Redaktionelle Hinweise* (Seite XV)):

Diagnosen	**Primär-Diagnoseschlüssel** (Primär-Diagnose)	**Sekundär-Diagnoseschlüssel** (Sekundär-Diagnose)
Hauptdiagnose	E10.50†	I79.2*
Nebendiagnose	I70.23	
Nebendiagnose	E10.30†	H36.0*

Beispiel 8 (aus DKR 0401 *Diabetes mellitus*)

Ein Patient mit Diabetes Typ 1 mit multiplen Komplikationen in Form einer Atherosklerose der Extremitätenarterien, einer Retinopathie und einer Nephropathie wird wegen einer schweren Entgleisung der Stoffwechsellage aufgenommen.

Hauptdiagnose:	E10.73†	*Diabetes mellitus, Typ 1 mit multiplen Komplikationen, mit sonstigen multiplen Komplikationen, als entgleist bezeichnet*
Nebendiagnose(n):	I79.2*	*Periphere Angiopathie bei anderenorts klassifizierten Krankheiten*
	H36.0*	*Retinopathia diabetica*
	N08.3*	*Glomeruläre Krankheiten bei Diabetes mellitus*

Anmerkung: Der Kode E10.73 ist mit einem „†“ zu kennzeichnen, da er die Ätiologie der nachfolgenden Stern-Kodes (Manifestationen) kodiert. Gemäß den Regeln ist der „Ätiologiekode“ stets vor den „Manifestationskodes“ anzugeben. Gilt ein Ätiologiekode für mehrere Manifestationen, wie in diesem Beispiel, so gilt er für alle folgenden Stern-Kodes (Manifestationen) bis zum Auftreten eines neuen Kreuz-Kodes oder eines Kodes ohne Kennzeichen. Somit ist mit E10.73† die Ätiologie der Manifestationen I79.2*, H36.0* und N08.3* kodiert.

Das Beispiel 8 ist gemäß Datenübermittlungsvereinbarung nach § 301 SGB V für die Entlassungsanzeige in der Segmentgruppe SG 1 (ETL-NDG) wie folgt aufzubereiten (siehe auch *Redaktionelle Hinweise* (Seite XV)):

Diagnosen	**Primär-Diagnoseschlüssel** (Primär-Diagnose)	**Sekundär-Diagnoseschlüssel** (Sekundär-Diagnose)
Hauptdiagnose	E10.73†	I79.2*
Nebendiagnose	E10.73†	H36.0*
Nebendiagnose	E10.73†	N08.3*

Ausrufezeichenkodes

Sowohl in der ICD-10-GM als auch in der Datenübermittlungsvereinbarung nach § 301 SGB V werden die Ausrufezeichenkodes (z.B. S31.83!) als „optionale“ Schlüsselnummern bezeichnet. Mit einem Ausrufezeichen gekennzeichnete sekundäre Schlüsselnummern sind zum Teil optional, in anderen Fällen obligatorisch anzugeben.

Einen Überblick über die mit Ausrufezeichen gekennzeichneten ICD-Kodes/Kategorien bieten Tabelle 1 und 2.

Die in Tabelle 1 aufgeführten Ausrufezeichenkodes können angegeben werden, wenn dies aus klinischer Sicht sinnvoll ist.

Tabelle 1: **Optional anzugebende** mit einem Ausrufezeichen gekennzeichnete Kategorien/Kodes:

U98.–!	*Nicht belegte Schlüsselnummern U98.–!*
U99.–!	*Belegte und nicht belegte Schlüsselnummern U99.–!* (außer U99.0!)
V, W, X, Y	Alle Schlüsselnummern aus **Kapitel XX** (Äußere Ursachen von Morbidität und Mortalität)
Z33!	*Schwangerschaftsfeststellung als Nebenbefund*
Z50.–!	*Rehabilitationsmaßnahmen*
Z54.–!	*Rekonvaleszenz*

Beispiel 9

Eine Patientin wird mit Mittelhandfraktur aufgenommen. Nebenbefundlich wird eine Schwangerschaft in der 6. Schwangerschaftswoche festgestellt und überwacht.

Hauptdiagnose:	S62.32	*Fraktur eines sonstigen Mittelhandknochens, Schaft*
Nebendiagnose(n):	Z33!	*Schwangerschaftsfeststellung als Nebenbefund*
	O09.1!	*Schwangerschaftsdauer 5 bis 13 vollendete Wochen*
	Z34	*Überwachung einer normalen Schwangerschaft*

Alle Ausrufezeichenkodes, die in Tabelle 2 aufgeführt sind, sind obligat anzugeben.

Tabelle 2: Mit einem Ausrufezeichen gekennzeichnete Kategorien/Kodes, die **obligatorisch** anzugeben sind **(nicht optional)**:

B95.–!	*Streptokokken und Staphylokokken als Ursache von Krankheiten, die in anderen Kapiteln klassifiziert sind*
B96.–!	*Sonstige näher bezeichnete Bakterien als Ursache von Krankheiten, die in anderen Kapiteln klassifiziert sind*
B97.–!	*Viren als Ursache von Krankheiten, die in anderen Kapiteln klassifiziert sind*
B98.–!	*Sonstige näher bezeichnete infektiöse Erreger als Ursache von Krankheiten, die in anderen Kapiteln klassifiziert sind*
C94.8!	*Blastenkrise bei chronischer myeloischer Leukämie [CML]*
C95.8!	*Leukämie, refraktär auf Standard-Induktionstherapie*
C97!	*Bösartige Neubildungen als Primärtumoren an mehreren Lokalisationen*
G82.6-!	*Funktionale Höhe der Schädigung des Rückenmarkes*

../.. (wird fortgesetzt)

../.. (Fortsetzung)

I50.02!	*Rechtsherzinsuffizienz ohne Beschwerden*
I50.03!	*Rechtsherzinsuffizienz mit Beschwerden bei stärkerer Belastung*
I50.04!	*Rechtsherzinsuffizienz mit Beschwerden bei leichterer Belastung*
I50.05!	*Rechtsherzinsuffizienz mit Beschwerden in Ruhe*

Hinweis: Bei einer globalen Herzinsuffizienz kommen die Schlüsselnummern I50.02!–I50.05! nicht zur Anwendung. Es ist in diesem Fall die Schlüsselnummer I50.01 in Kombination mit einer Schlüsselnummer aus I50.1- zur Angabe des Stadiums der Herzinsuffizienz anzugeben.

I67.80!	*Vasospasmen bei Subarachnoidalblutung*
K72.7-!	*Hepatische Enzephalopathie und Coma hepaticum*
K74.7-!	*Klinische Stadien der Leberzirrhose*
L40.7-!	*Schweregrad der Psoriasis*
N39.47!	*Rezidivinkontinenz*
O09.–!	*Schwangerschaftsdauer*
R65.–!	*Systemisches inflammatorisches Response-Syndrom [SIRS]*
S06.7-!	*Bewusstlosigkeit bei Schädel-Hirn-Trauma*
S14.7-! S24.7-! S34.7-!	*Funktionale Höhe einer Verletzung des zervikalen/thorakalen/lumbosakralen Rückenmarkes*
S01.83! S21.83! S31.83!	*Offene Wunde (jeder Teil des Kopfes/Thorax/Abdomens, der Lumbosakralgegend und des Beckens) mit Verbindung zu einer intrakraniellen/intrathorakalen/intraabdominellen Verletzung*
Sx1.84!	*Weichteilschaden I. Grades bei geschlossener Fraktur oder Luxation (nach Lokalisation)*
Sx1.85!	*Weichteilschaden II. Grades bei geschlossener Fraktur oder Luxation (nach Lokalisation)*
Sx1.86!	*Weichteilschaden III. Grades bei geschlossener Fraktur oder Luxation (nach Lokalisation)*
Sx1.87!	*Weichteilschaden I. Grades bei offener Fraktur oder Luxation (nach Lokalisation)*
Sx1.88!	*Weichteilschaden II. Grades bei offener Fraktur oder Luxation (nach Lokalisation)*
Sx1.89!	*Weichteilschaden III. Grades bei offener Fraktur oder Luxation (nach Lokalisation)*
T31.–!	*Verbrennungen, klassifiziert nach dem Ausmaß der betroffenen Körperoberfläche*
T32.–!	*Verätzungen, klassifiziert nach dem Ausmaß der betroffenen Körperoberfläche*
U07.0!	*Gesundheitsstörung im Zusammenhang mit dem Gebrauch von E-Zigaretten [Vaporizer]*
U07.1!	*COVID-19, Virus nachgewiesen*
U07.2!	*COVID-19, Virus nicht nachgewiesen*
U09.9!	*Post-COVID-19-Zustand, nicht näher bezeichnet*

../.. (wird fortgesetzt)

../.. (Fortsetzung)

U12.9!	*Unerwünschte Nebenwirkungen bei der Anwendung von COVID-19-Impfstoffen, nicht näher bezeichnet*
U60.–!	*Klinische Kategorien der HIV-Krankheit*
U61.–!	*Anzahl der T-Helferzellen bei HIV-Krankheit*
U62.–!	*Zytogenetische und molekulargenetische Differenzierungen bei Neubildungen*
U63.–!	*Psychische und Verhaltensstörungen bei Demenz*
U69.0-!	*Sekundäre Schlüsselnummern zur Spezifizierung des zeitlichen Bezugs einer anderenorts klassifizierten Pneumonie zur stationären Krankenhausaufnahme*

Hinweis: Die Schlüsselnummern sind nur von Krankenhäusern, die zur externen Qualitätssicherung nach § 137 SGB V verpflichtet sind, und nur für vollstationär behandelte, erwachsene Personen (18 Jahre und älter) anzugeben.

U69.10!	*Anderenorts klassifizierte Krankheit, für die der Verdacht besteht, dass sie Folge einer medizinisch nicht indizierten ästhetischen Operation, einer Tätowierung oder eines Piercings ist*
U69.11!	*Dauerhaft erworbene Blutgerinnungsstörung*
U69.12!	*Temporäre Blutgerinnungsstörung*
U69.13!	*Herz-Kreislauf-Stillstand vor Aufnahme in das Krankenhaus*
U69.20!	*Influenza A/H1N1 Pandemie 2009 [Schweinegrippe]*
U69.21!	*Influenza A/H5N1 Epidemie [Vogelgrippe]*
U69.40!	*Rekurrente Infektion mit Clostridium difficile*
U69.5-!	*Sekundäre Schlüsselnummern zur Angabe mehrerer Regionen bei sekundärer und nicht näher bezeichneter bösartiger Neubildung der Lymphknoten*
U69.6!	*Sekundäre Schlüsselnummer zur Spezifizierung eines Hustens als chronisch idiopathisch und chronisch refraktär*
U69.7-!	*Sekundäre Schlüsselnummern zur Angabe des Schweregrades einer Hypoglykämie, des Vorliegens einer Hypoglykämiewahrnehmungsstörung oder einer Insulinresistenz*
U69.8-!	*Sekundäre Schlüsselnummern zur Spezifizierung des zeitlichen Bezugs einer Sepsis und eines septischen Schocks zur stationären Krankenhausaufnahme*
U80.–!	*Grampositive Erreger mit bestimmten Antibiotikaresistenzen, die besondere therapeutische oder hygienische Maßnahmen erfordern*
U81.–!	*Gramnegative Erreger mit bestimmten Antibiotikaresistenzen, die besondere therapeutische oder hygienische Maßnahmen erfordern*
U82.–!	*Mykobakterien mit Resistenz gegen Antituberkulotika (Erstrangmedikamente)*
U83.–!	*Humanpathogene Pilze mit Resistenz gegen Antimykotika*
U84!	*Herpesviren mit Resistenz gegen Virustatika*
U85!	*Humanes Immundefizienz-Virus mit Resistenz gegen Virustatika oder Proteinaseinhibitoren*
U99.0!	*Spezielle Verfahren zur Untersuchung auf SARS-CoV-2*
Z37.–!	*Resultat der Entbindung*

Entscheidung des Schlichtungsausschusses zu dem Antrag S20220008 „Klärung Erregerkodierung bei Infektion/ Sekundärinfektion einer offenen Wunde (z.B. Hautulkus)", veröffentlicht am 17.08.2022

Entscheidung: Bei offenen Wunden mit klaren Zeichen einer Infektion (z.B. Rötung, Schwellung Überwärmung) wird zusätzlich zu einem geeigneten Kode für die Infektion (z.B. L08.8) ein Kode aus B95.-! *Streptokokken und Staphylokokken als Ursache von Krankheiten, die in anderen Kapiteln klassifiziert sind*, B96.-! *Sonstige näher bezeichnete Bakterien als Ursache von Krankheiten, die in anderen Kapiteln klassifiziert sind* oder B98.-! *Sonstige näher bezeichnete infektiöse Erreger als Ursache von Krankheiten, die in anderen Kapiteln klassifiziert sind* angegeben, sofern entsprechende Bakterien nachgewiesen werden und diese einen zusätzlichen Aufwand im Sinne der DKR D003 begründen.

Im Falle einer chronischen offenen Wunde ohne klare Zeichen einer Infektion kann eine nachgewiesene pathologische Besiedlung (nachgewiesen durch ein anerkanntes Scoring-Instrument zum Infektionsrisiko) mit Bakterien über die Kombination eines geeigneten Kodes für die Wunde (z.B. L89.- *Dekubitalgeschwür und Druckzone*) und der Kodes B95.-!, B96.-!, B98.-! kodiert werden, falls eine diesbezüglich resistenzgerechte Arzneimitteltherapie erfolgt. In diesem Fall ist der Terminus „als Ursache von Krankheiten" zu den Kodes B95.-!, B96.-! und B98.-! sowohl als primärursächliche Kausalität als auch im Sinne einer sekundär aggravierenden bzw. krankheitsunterhaltenden Ursache zu werten.

Es kann vorkommen, dass ein Ausrufezeichenkode unter klinischen Aspekten mehreren Primär-Diagnoseschlüsseln zugeordnet werden kann (siehe Beispiel 10). In diesem Fall ist es notwendig, den Sekundär-Diagnoseschlüssel einmal anzugeben und ihn ans Ende der Liste der zutreffenden Primär-Diagnoseschlüssel zu stellen.

Beispiel 10 (aus DKR 1905 *Offene Wunden/Verletzungen*)

Ein Patient wird mit vollständiger Zerreißung des Nierenparenchyms, Milzriss mit Parenchymbeteiligung und kleinen Risswunden an mehreren Dünndarmabschnitten sowie Heraustreten von Eingeweiden durch die Bauchwand aufgenommen.

Hauptdiagnose:	S37.03	*Komplette Ruptur des Nierenparenchyms*
Nebendiagnose(n):	S36.03	*Rissverletzung der Milz mit Beteiligung des Parenchyms*
	S36.49	*Verletzung des Dünndarmes, sonstiger und mehrere Teile des Dünndarmes*
	S31.83!	*Offene Wunde (jeder Teil des Abdomens, der Lumbosakralgegend und des Beckens) mit Verbindung zu einer intraabdominalen Verletzung*

Das Beispiel 10 ist gemäß Datenübermittlungsvereinbarung nach § 301 SGB V für die Entlassungsanzeige in der Segmentgruppe SG 1 (ETL-NDG) wie folgt aufzubereiten (siehe auch *Redaktionelle Hinweise* (Seite XV)):

Diagnosen	**Primär-Diagnoseschlüssel** (Primär-Diagnose)	**Sekundär-Diagnoseschlüssel** (Sekundär-Diagnose)
Hauptdiagnose	S37.03	S31.83!
Nebendiagnose	S36.03	S31.83!
Nebendiagnose	S36.49	S31.83!

D013c Im Systematischen Verzeichnis verwendete formale Vereinbarungen

Einige formale Vereinbarungen der ICD-10-GM sind für die Kodierung und für die Interpretation verschlüsselter Daten wichtig. Die hier dargestellten formalen Vereinbarungen orientieren sich an den entsprechenden Abschnitten des Regelwerks für die WHO-Ausgabe der ICD-10 (Band II). Identische Textpassagen sind deshalb durch „(WHO)“ gekennzeichnet.

Inklusiva (WHO)

Innerhalb der 3- und 4-stelligen Rubriken ist gewöhnlich eine Reihe anderer Diagnosebezeichnungen aufgeführt. Sie heißen Inklusiva [Einschlussbezeichnungen, „Inkl.“] und sind ergänzend zum Titel als Beispiele für diagnostische Feststellungen angegeben, die in dieser Rubrik zu klassifizieren sind. Sie können sich auf verschiedenartige Zustände beziehen oder Synonyme sein. Sie stellen keine Untergliederung der Rubrik dar (siehe Beispiel 1: K31.0 *Akute Magendilatation*).

Inklusiva sind vorrangig als Hinweis auf den Inhalt der Rubrik aufgeführt. Viele der Angaben beziehen sich auf wichtige oder geläufige Bezeichnungen, die der Rubrik angehören. Andere sind als Krankheitszustand oder als Lokalisation Grenzfälle, die die inhaltliche Grenze zwischen den einzelnen Subkategorien kennzeichnen sollen. Die Liste der Inklusiva ist keineswegs erschöpfend; alternative Diagnosebezeichnungen sind im Alphabetischen Teil aufgeführt. Bei der Verschlüsselung einer vorgegebenen Diagnose sollte als erstes dort nachgeschlagen werden.

Beispiel 1

K31.–	***Sonstige Krankheiten des Magens und des Duodenums*** *Inkl.: Funktionelle Magenkrankheiten* *Exkl.: Divertikel des Duodenums (K57.0–K57.1)* *Gastrointestinale Blutung (K92.0–K92.2)*
K31.0	***Akute Magendilatation*** *Akute Distension des Magens*
K31.1-	***Pylorusstenose beim Erwachsenen*** *Exkl.: Angeborene oder infantile Pylorusstenose (Q40.0)*
K31.10	***Hypertrophische Pylorusstenose beim Erwachsenen***
K31.11	***Entzündliche Pylorusstenose beim Erwachsenen***
K31.12	***Pylorusstenose beim Erwachsenen durch Kompression und Infiltration*** *Pylorusstenose beim Erwachsenen durch Neubildungen am Magen, Duodenum und Pankreas*
K31.18	***Sonstige und nicht näher bezeichnete Magenausgangsstenose beim Erwachsenen*** *Pylorusstenose o.n.A.*

Allgemeine diagnostische Beschreibungen, die für eine Reihe von Kategorien oder für sämtliche Subkategorien einer 3-stelligen Kategorie gelten, sind jeweils im Anschluss an eine Kapitel-, Gruppen- oder Kategorienüberschrift aufgeführt und durch „Inkl.:” gekennzeichnet (siehe Beispiel 1: K31.– *Sonstige Krankheiten des Magens und des Duodenums*).

Exklusiva (WHO)

Bestimmte Rubriken enthalten Angaben über Krankheitszustände, die durch „Exkl.:“ gekennzeichnet sind. Dabei handelt es sich um Bezeichnungen, die – selbst wenn der Titel der Rubrik vermuten lässt, dass sie an dieser Stelle zu klassifizieren wären – tatsächlich an anderer Stelle klassifiziert sind. Ein solches Beispiel ist die Kategorie A46 *„Erysipel [Wundrose]“*, in der das postpartale oder puerperale Erysipel ausgeschlossen ist. Bei den Exklusiva steht in Klammern die Schlüsselnummer derjenigen Kategorie oder Subkategorie, der die Ausschlussbezeichnung zuzuordnen ist (siehe Beispiel 1: K31.1- *Pylorusstenose beim Erwachsenen*).

Allgemeine Ausschlüsse für eine Vielzahl von Kategorien oder für alle Subkategorien einer 3-stelligen Kategorie sind direkt nach dem Titel des Kapitels, der Gruppe oder der Kategorie aufgeführt und ebenfalls durch „Exkl.:" gekennzeichnet (siehe Beispiel 1: K31.– *Sonstige Krankheiten des Magens und des Duodenums*).

Glossar

Kapitel V „Psychische und Verhaltensstörungen" enthält außer den Ein- und Ausschlussbezeichnungen ein Glossar mit inhaltlichen Hinweisen zu den Rubriken. Es wurde deshalb eingesetzt, weil die Terminologie der psychischen Störungen unterschiedlich ist, insbesondere in den verschiedenen Ländern. Zur Beschreibung gänzlich unterschiedlicher Krankheitszustände werden oft dieselben Bezeichnungen verwendet.

Runde Klammern „( )"

1. Runde Klammern (Parenthesen) umschließen zusätzliche Wörter, die bei einer Diagnosenangabe stehen können, ohne dass dadurch die Verschlüsselung beeinflusst wird.

Beispiel 2

In den Einschlussbegriffen bei I12.– *Hypertensive Nierenkrankheit* bedeutet die Zeile „Arteriosklerotische Nephritis (chronisch) (interstitiell)", dass I12.– die Schlüsselnummer für die Bezeichnung „Arteriosklerotische Nephritis" ist, sei es allein oder mit den Worten „chronisch" oder „interstitiell" (oder beiden) konkretisiert.

2. Runde Klammern werden zur Angabe der zutreffenden Schlüsselnummer bei Exklusiva benutzt.

Beispiel 3

I88.– ***Unspezifische Lymphadenitis***
Exkl.: *Lymphknotenvergrößerung o.n.A.* (R59.–)

3. Runde Klammern bei den Gruppenbezeichnungen umschließen die 3-stelligen Schlüsselnummern der Kategorien, die in diese Gruppe fallen.
4. Schließlich werden runde Klammern für das Kreuz-Stern-System benutzt. Runde Klammern werden zur Angabe des Kreuzkodes bei Sternkodes oder des Sternkodes bei Bezeichnungen mit Kreuzkode benutzt.

Beispiel 4

A32.1† ***Meningitis und Meningoenzephalitis durch Listerien***
durch Listerien:
- *Meningitis (G01*)*
- *Meningoenzephalitis (G05.0*)*

G01* ***Meningitis bei anderenorts klassifizierten bakteriellen Krankheiten***
Meningitis (bei) (durch):
- *Anthrax [Milzbrand] (A22.8†)*
- *Gonokokken (A54.8†)*
- *Leptospirose (A27.–†)*
- *Listerien (A32.1†)*

Eckige Klammern „[ ]"

Eckige Klammern werden benutzt zur Bezeichnung von Synonyma, alternativen Formulierungen oder erläuternden Ausdrücken, zum Beispiel:

Beispiel 5

A30.–	***Lepra [Aussatz]***
A46	***Erysipel [Wundrose]***

Doppelpunkt „:"

Ein Doppelpunkt wird bei Aufzählungen von Inklusiva und Exklusiva verwendet, wenn das vorangestellte Wort für die Zuordnung zu der betreffenden Rubrik keine vollständige Bezeichnung darstellt. Ein oder mehrere der nach dem Doppelpunkt stehenden modifizierenden oder genauer beschreibenden Wörter werden benötigt, damit der Begriff der Rubrik zugeordnet werden kann.

Beispiel 6

In K36 *Sonstige Appendizitis* ist die Diagnose „Appendizitis" nur dann einzuordnen, wenn sie durch die Wörter „chronische" oder „rezidivierende" genauer beschrieben ist.

K36 ***Sonstige Appendizitis***
Appendizitis:
- *chronisch*
- *rezidivierend*

Senkrechter Strich „ | "

Ein senkrechter Strich wird bei Aufzählungen von Inklusiva und Exklusiva benutzt, wenn weder das vorangegangene Wort noch das folgende Wort vollständige Bezeichnungen sind. Jede vor dem senkrechten Strich stehende Bezeichnung muss mit einer oder mehreren der dahinter stehenden Bezeichnungen kombiniert werden.

Beispiel 7

O71.6 ***Schädigung von Beckengelenken und -bändern unter der Geburt***

	Abriss des inneren Symphysenknorpels	
	Schädigung des Steißbeins	unter der Geburt
	Traumatische Symphysenruptur	

Ohne nähere Angabe „o.n.A."

„o.n.A." ist eine Abkürzung für „ohne nähere Angabe". Sie ist praktisch gleichbedeutend mit „n.n.bez." = „nicht näher bezeichnet".

Manchmal wird ein ungenau bezeichneter Begriff dennoch zusammen mit spezifischeren Begriffen unter derselben Schlüsselnummer klassifiziert. Das hängt damit zusammen, dass in der medizinischen Terminologie oft der allgemeine Begriff für die üblicherweise vorkommende Form einer Krankheit benutzt wird, während die weniger häufig vorkommenden Arten näher bezeichnet werden. Zum Beispiel wird gewöhnlich „Mitralklappenstenose" als Bezeichnung für die „rheumatische Mitralklappenstenose" benutzt und deshalb mit ihr zusammen klassifiziert; eine Pulmonalstenose wird jedoch nur dann als rheumatisch verschlüsselt, wenn sie auch so bezeichnet ist, da sie meist anderer Genese ist.

Beispiel 8

I05.– ***Rheumatische Mitralklappenkrankheiten***

Inkl.: *Zustände, die unter I05.0 und I05.2–I05.9 klassifizierbar sind, unabhängig davon, ob als rheumatisch bezeichnet oder nicht*

Exkl.: *Als nichtrheumatisch bezeichnet (I34.–)*

I05.0 ***Mitralklappenstenose***

Mitralklappenobstruktion (rheumatisch)

I05.1 ***Rheumatische Mitralklappeninsuffizienz***

Solche impliziten Annahmen müssen zur Vermeidung einer falschen Verschlüsselung berücksichtigt werden. Eine sorgfältige Durchsicht der Inklusiva wird deutlich zeigen, wo solche Ursachen vorausgesetzt wurden. Eine Bezeichnung sollte solange nicht unter „nicht näher bezeichnet" verschlüsselt werden, bis genau feststeht, dass keine weiteren Angaben vorhanden sind, die eine spezifische Zuordnung an anderer Stelle zulassen.

Bei der Interpretation von Statistiken auf ICD-Basis ist darauf zu achten, dass es immer wieder einige „nicht näher bezeichnete" Krankheiten gibt, die offensichtlich mit einer Schlüsselnummer für „näher bezeichnet" kodiert wurden, die aber in den Unterlagen, nach denen verschlüsselt wurde, nicht eindeutig spezifiziert waren. Für Zeitreihen und die Interpretation von Statistiken ist es wichtig zu bedenken, dass sich solche Annahmen von einer ICD-Revision zur anderen ändern können. So wurde zum Beispiel vor der 8. Revision der ICD angenommen, dass ein „nicht näher bezeichnetes" Aortenaneurysma syphilitischen Ursprungs sei.

Anderenorts nicht klassifziert „a.n.k."

Werden in einer 3-stelligen Kategorienbezeichnung die Worte „anderenorts nicht klassifiziert" oder die Abkürzung „a.n.k." benutzt, so dienen sie als eine Art Warnung: Bestimmte näher bezeichnete Varianten der aufgeführten Krankheitszustände sind möglicherweise anderen Teilen der Klassifikation zuzuordnen. Zum Beispiel:

Beispiel 9

J16.– ***Pneumonie durch sonstige Infektionserreger, anderenorts nicht klassifiziert***

Exkl.: *Ornithose (A70)*
Plasmazelluläre interstitielle Pneumonie (B48.5)
Pneumonie:
- *angeboren (P23.–)*
- *o.n.A. (J18.9)*

J16.0 ***Pneumonie durch Chlamydien***

J16.8 ***Pneumonie durch sonstige näher bezeichnete Infektionserreger***

Auch andere Kategorien, wie in Kapitel I (z.B. B05.2 „Masernpneumonie"), Kapitel X (z.B. J10–J15) oder in anderen Kapiteln (z.B. P23.– angeborene Pneumonie) dienen der Verschlüsselung von Pneumonien durch näher bezeichnete Infektionserreger. Die Kategorie J18.– „Pneumonie, Erreger nicht näher bezeichnet", enthält Pneumonien, für die ein Infektionserreger nicht angegeben wurde.

„Und" in Titeln

„Und" steht für „und/oder". Zum Beispiel sind in der Schlüsselnummer A18.0† *Tuberkulose der Knochen und Gelenke* die Fälle „Tuberkulose der Knochen", „Tuberkulose der Gelenke" und „Tuberkulose der Knochen und Gelenke" zu klassifizieren.

Punkt Strich „.–" und Strich „-" am Ende von Schlüsselnummern

Alle 3-stelligen Schlüsselnummern, die in 4- oder 5-stellige Schlüsselnummern unterteilt sind, sind an 4. und 5. Stelle durch einen „.–" gekennzeichnet. Alle 4-stelligen Schlüsselnummern, die in 5-stellige Schlüsselnummern unterteilt sind, sind an 5. Stelle durch „-" gekennzeichnet (s. Beispiel 10).

Beispiel 10

G90. –	***Krankheiten des autonomen Nervensystems***
G90.0-	***Idiopathische periphere autonome Neuropathie***
G90.00	***Karotissinus-Syndrom (Synkope)***
G90.08	***Sonstige idiopathische periphere autonome Neuropathie***
G90.1	***Familiäre Dysautonomie [Riley-Day-Syndrom]***

Dadurch wird darauf hingewiesen, dass es für diese 3-stelligen/4-stelligen Kategorien 4-stellige/5-stellige Subkategorien gibt, die beim Kodieren verwendet werden müssen. Diese Übereinkunft gilt für alle ICD-10-Verzeichnisse.

D014d Im Alphabetischen Verzeichnis verwendete formale Vereinbarungen

Das Alphabetische Verzeichnis der ICD-10-GM unterstützt die Verschlüsselung nach dem Systematischen Verzeichnis inkl. des Kreuz-Stern-Systems und der Zusatzschlüsselnummern. Die im Alphabetischen Verzeichnis verwendeten formalen Vereinbarungen sind dort beschrieben. Maßgeblich für die Kodierung ist stets das Systematische Verzeichnis. Soweit das Alphabetische Verzeichnis zu einem unspezifischen Kode (z.B. „.9-Kode") führt, ist deshalb im Systematischen Verzeichnis zu prüfen, ob eine spezifischere Kodierung möglich ist.

D015u Erkrankungen bzw. Störungen nach medizinischen Maßnahmen

Erkrankungen bzw. Störungen nach medizinischen Maßnahmen als Hauptdiagnose

Kodes für die spezifische Verschlüsselung von Erkrankungen bzw. Störungen nach medizinischen Maßnahmen finden sich beispielsweise in den folgenden Kategorien:

Tabelle 1:

E89.–	*Endokrine und Stoffwechselstörungen nach medizinischen Maßnahmen, anderenorts nicht klassifiziert*
G97.–	*Krankheiten des Nervensystems nach medizinischen Maßnahmen, anderenorts nicht klassifiziert*
H59.–	*Affektionen des Auges und der Augenanhangsgebilde nach medizinischen Maßnahmen, anderenorts nicht klassifiziert*
H95.–	*Krankheiten des Ohres und des Warzenfortsatzes nach medizinischen Maßnahmen, anderenorts nicht klassifiziert*
I97.–	*Kreislaufkomplikationen nach medizinischen Maßnahmen, anderenorts nicht klassifiziert*
J95.–	*Krankheiten der Atemwege nach medizinischen Maßnahmen, anderenorts nicht klassifiziert*
K91.–	*Krankheiten des Verdauungssystems nach medizinischen Maßnahmen, anderenorts nicht klassifiziert*
M96.–	*Krankheiten des Muskel-Skelett-Systems nach medizinischen Maßnahmen, anderenorts nicht klassifiziert*
N99.–	*Krankheiten des Urogenitalsystems nach medizinischen Maßnahmen, anderenorts nicht klassifiziert*

Diese Kodes sind nur dann als Hauptdiagnose zu verschlüsseln, wenn kein spezifischerer Kode in Bezug auf die Erkrankung bzw. Störung existiert. Gleiches gilt für die Kategorien T80–T88 *Komplikationen bei chirurgischen Eingriffen und medizinischer Behandlung, anderenorts nicht klassifiziert.* Die Kodes aus Tabelle 1 sind Kodes aus T80–T88 vorzuziehen, soweit letztere die Erkrankung bzw. Störung nicht spezifischer beschreiben.

Beispiel 1

Ein Patient wird wegen einer Hypothyreose nach Thyreoidektomie vor einem Jahr stationär aufgenommen.

Hauptdiagnose:	E89.0	*Hypothyreose nach medizinischen Maßnahmen*

Beispiel 2

Ein Herzschrittmacherträger wird wegen einer Elektrodendislokation stationär aufgenommen.

Hauptdiagnose:	T82.1	*Mechanische Komplikation durch ein kardiales elektronisches Gerät*

Anmerkung: I97.89 *Sonstige Kreislaufkomplikationen nach medizinischen Maßnahmen, anderenorts nicht klassifiziert* ist nicht als Hauptdiagnose zu verschlüsseln, da der Kode T82.1 *Mechanische Komplikation durch ein kardiales elektronisches Gerät* (samt seiner Inklusiva) spezifisch die Art der Störung beschreibt.

Beispiel 3

Ein Patient wird nach vorangegangener Behandlung einer Fersenbeinfraktur nun wegen einer tiefen Beinvenenthrombose stationär aufgenommen.

Hauptdiagnose:	I80.28	*Thrombose, Phlebitis und Thrombophlebitis sonstiger tiefer Gefäße der unteren Extremitäten*

Anmerkung: I97.89 *Sonstige Kreislaufkomplikationen nach medizinischen Maßnahmen, anderenorts nicht klassifiziert* ist nicht als Hauptdiagnose zu verschlüsseln, da der Kode I80.28 *Thrombose, Phlebitis und Thrombophlebitis sonstiger tiefer Gefäße der unteren Extremitäten* spezifisch die Art der Kreislaufkomplikation beschreibt.

Entscheidung des Schlichtungsausschusses zu der KDE 386, veröffentlicht am 11.11.2020

Frage: Bei einem Patienten mit einem Billroth II - Magen (Operation vor drei Jahren) wird gastroskopisch eine Anastomositis an der gastrojejunalen Anastomose mit Ulcera im Jejunum beschrieben. Können hier als Nebendiagnose der ICD-Kode T81.8 *Sonstige Komplikationen bei Eingriffen, anderenorts nicht klassifiziert* oder der ICD-Kode K91.88 *Sonstige Krankheiten des Verdauungssystems nach medizinischen Maßnahmen, anderenorts nicht klassifiziert* angegeben werden?

Entscheidung: Wird ein Patient wegen einer Anastomositis an einer gastrojejunalen Anastomose bei zurückliegender Billroth II Operation (Operation vor drei Jahren) und mit Ulcera im Jejunum behandelt, ist dies mit den nachfolgend zutreffenden Kodes oder Kodes aus

K29.6	*Sonstige Gastritis*
K28.-	*Ulcus pepticum jejuni*
K52.9	*Nichtinfektiöse Gastroenteritis und Kolitis, nicht näher bezeichnet*
K91.88	*Sonstige Krankheiten des Verdauungssystems nach medizinischen Maßnahmen, andernorts nicht klassifiziert*

zu kodieren.

Der Kode K91.88 *Sonstige Krankheiten des Verdauungssystems nach medizinischen Maßnahmen, andernorts nicht klassifiziert* dient der Kodierung der Anastomositis und stellt gleichzeitig den Zusammenhang zwischen der Anastomositis und der vorangegangenen Billroth II-Operation her.

Entscheidung des Schlichtungsausschusses zu der KDE 393, veröffentlicht am 11.11.2020

Frage: Zwei Tage nach endoskopischer Polypektomie am Magen wird ein Patient mit Teerstuhl stationär aufgenommen. Ursächlich wird eine Blutung aus der Polypabtragungsstelle festgestellt. Was ist die Hauptdiagnose?
K92.2 *Gastrointestinale Blutung, nicht näher bezeichnet*
oder
T81.0 *Blutung und Hämatom als Komplikation eines Eingriffs, anderenorts nicht klassifiziert.*

Entscheidung: Wird ein Patient zwei Tage nach endoskopischer Polypektomie am Magen mit Teerstuhl stationär aufgenommen und wird die Polypabtragungsstelle als ursächlich für die Blutung festgestellt, ist der Kode K92.2 *Gastrointestinale Blutung, nicht näher bezeichnet* als Hauptdiagnose anzugeben.

Entscheidung des Schlichtungsausschusses zu der KDE 466 (ehemals KDE 20), veröffentlicht am 16.12.2020

Frage: Fallkonstellation 3 (Bis 2012 Kodierempfehlung Nr. 20)
Stationäre Aufnahme elektiv zur Thrombektomie wegen Thrombose eines AV-Shunts (Shunt aus körpereigenem Material) bei dialysepflichtiger Nierenkrankheit. Diagnostik und Indikationsstellung ambulant erfolgt, erfolgreiche Thrombektomie. Was ist die Hauptdiagnose?

Entscheidung: Wird wie in dem vorliegende Fall (KDE-466 ehemals KDE-20) ein Patient mit dialysepflichtiger Nierenkrankheit ausschließlich zur Thrombektomie bei Thrombose eines AV-Shunts (Shunt aus körpereigenem Material) elektiv aufgenommen, so ist für die Thrombose des AV-Shunts der Kode T82.8 *Sonstige näher bezeichnete Komplikationen durch Prothesen, Implantate oder Transplantate im Herzen und in den Gefäßen* als Hauptdiagnose zu kodieren.

Erkrankungen bzw. Störungen nach medizinischen Maßnahmen als Nebendiagnose

Die Regelungen gelten für die Kodierung als Nebendiagnose entsprechend. Die Kriterien der Nebendiagnosendefinition (siehe DKR *D003 Nebendiagnosen* (Seite 13)) sind zu beachten.

ALLGEMEINE KODIERRICHTLINIEN FÜR PROZEDUREN

Diese Kodierrichtlinien beziehen sich auf den **amtlichen Operationen- und Prozedurenschlüssel OPS Version 2024**.

P001f Allgemeine Kodierrichtlinien für Prozeduren

Alle signifikanten Prozeduren, die vom Zeitpunkt der Aufnahme bis zum Zeitpunkt der Entlassung vorgenommen wurden und im OPS abbildbar sind, sind zu kodieren. Dieses schließt diagnostische, therapeutische und pflegerische Prozeduren ein.

Die Definition einer signifikanten Prozedur ist, dass sie entweder

- chirurgischer Natur ist
- ein Eingriffsrisiko birgt
- ein Anästhesierisiko birgt
- Spezialeinrichtungen oder Geräte oder spezielle Ausbildung erfordert.

Es ist besonders wichtig, dass alle signifikanten und kodierbaren Prozeduren, einschließlich traditioneller „nicht-chirurgischer" Prozeduren verschlüsselt werden.

Es gibt keine Kodierrichtlinie, die die Reihenfolge der Prozeduren regelt. Jedoch sollten die aufwändigeren Prozeduren zuerst angegeben werden, da die Anzahl der zur Verfügung stehenden Schlüsselnummer-Felder begrenzt ist.

Die Reihenfolge der Prozeduren hat keinen Einfluss auf die DRG-Gruppierung.

Prozedurenkomponenten

Normalerweise ist eine Prozedur vollständig mit all ihren Komponenten, wie z.B. Vorbereitung, Lagerung, Anästhesie, Zugang, Naht, usw., in einem Kode abgebildet (siehe Beispiel 1 und 2). Abweichungen davon sind in den Hinweisen beschrieben. Bei den Operationen am Nervensystem zum Beispiel ist gewöhnlich der Zugang zusätzlich zu kodieren.

Deshalb werden diese individuellen Komponenten einer bereits kodierten Prozedur nicht noch einmal gesondert verschlüsselt.

Ebenso sind eingriffsverwandte diagnostische Maßnahmen nicht gesondert zu kodieren, wenn diese in derselben Sitzung durchgeführt werden und regelhaft Bestandteil der interventionell-therapeutischen Prozeduren sind und dies im OPS nicht anders geregelt ist (z.B. diagnostische Arthroskopie vor arthroskopischer Meniskektomie wird nicht verschlüsselt).

Auch andere Prozeduren, wie z.B. Schmerztherapie (mit Ausnahme des OPS-Kodes 8-919 *Komplexe Akutschmerzbehandlung*), sind nur dann zu kodieren, wenn sie als alleinige Maßnahmen durchgeführt wurden (siehe Beispiel 3).

Beispiel 1

Die Laparotomie als operativer Zugang ist enthalten in

5-511.02 *Cholezystektomie, einfach, offen chirurgisch, mit operativer Revision der Gallengänge*

Eine Episiotomie als Prozedurenkomponente ist enthalten in

5-720.1 *Zangenentbindung aus Beckenmitte*

Beispiel 2

Eine Schmerztherapie bei operativen Eingriffen und diagnostischen Maßnahmen ist im Kode enthalten (mit Ausnahme des OPS-Kodes 8-919 *Komplexe Akutschmerzbehandlung*), während eine Schmerztherapie als alleinige Maßnahme mit einem Kode aus 8-91 verschlüsselt wird.

Die prä- und postoperative Schmerztherapie ist bei einer offen chirurgischen radikalen Uterus-exstirpation mit pelviner und paraaortaler Lymphadenektomie im Kode enthalten.

5-685.3 *Radikale Uterusexstirpation mit pelviner und paraaortaler Lymphadenektomie*

Beispiel 3

Eine epidurale Schmerztherapie als alleinige therapeutische Maßnahme (ohne direkten Zusammenhang mit einer anderen Prozedur), zum Beispiel während eines stationären Aufenthaltes mit Chemotherapie (3 Tage, 2 Medikamente) bei metastasierendem Karzinom, wird gesondert kodiert.

8-543.32 *Mittelgradig komplexe und intensive Blockchemotherapie, 3 Tage, 2 Substanzen*

8-910 *Epidurale Injektion und Infusion zur Schmerztherapie*

Eigenständige Prozeduren, die nicht im direkten Zusammenhang mit einer operativen Prozedur stehen, werden getrennt kodiert.

Beispiel 4

Ein präoperatives CT des Abdomens mit Kontrastmittel und eine Hemikolektomie links werden beide kodiert.

3-225 *Computertomographie des Abdomens mit Kontrastmittel*

5-455.64 *Partielle Resektion des Dickdarmes, Resektion des Colon descendens mit linker Flexur [Hemikolektomie links], offen chirurgisch mit Anastomosen-Anus praeter*

P003s Hinweise und formale Vereinbarungen für die Benutzung des OPS

Dieser Abschnitt der Kodierrichtlinien ist weitgehend identisch mit den Hinweisen zur Benutzung des OPS und ist insbesondere durch Beispiele erweitert.

Aufbau und Kodestruktur

Der Operationen- und Prozedurenschlüssel ist ein überwiegend numerischer, hierarchisch strukturierter Schlüssel. Er weist überwiegend einen 5-stelligen Differenzierungsgrad auf, bezogen auf die International Classification of Procedures in Medicine (ICPM) der WHO. Einige Kodes sind jedoch nur 4-stellig differenziert.

Es gibt folgende Hierarchieebenen:

Kapitel
Bereichsüberschriften
3-Steller
4-Steller
5-Steller
6-Steller

3-Steller-Klassen werden auch als Kategorien, 4- bis 6-Steller als (Sub)-kategorien bezeichnet.

In einigen Kodebereichen wird eine alphanumerische Gliederungsstruktur verwendet, da die zur Verfügung stehenden 10 numerischen Untergliederungen für die erforderlichen Inhalte nicht ausreichend waren. Die alphanumerischen Notationen finden sich in der 4., 5. und 6. Stelle der Systematik.

Eine alphanumerische Angabe wurde ebenfalls für die Bezeichnung der Resteklassen „Sonstige ...“ und „Nicht näher bezeichnete ...“ gewählt. Dadurch war es möglich, zwei weitere numerische Positionen für fachspezifische Inhalte zu gewinnen. Die Position „x“ beinhaltet dabei sonstige Prozeduren, die Position „y“ nicht näher bezeichnete Prozeduren. Der 4-stellige Kode „Andere ...“ ist als Platzhalter für spätere Erweiterungen durch Neuentwicklungen und bisher nicht berücksichtigte Prozeduren gedacht.

Die Textbeschreibung auf der 5. und 6. Gliederungsstelle ist in Buchausgaben oft aus Gründen der Übersichtlichkeit verkürzt angegeben. Sie enthält nur die wesentlichen Unterscheidungsmerkmale gegenüber der zugehörigen Textbeschreibung der jeweils übergeordneten Gliederungsstelle. In der EDV-Version und in den Metadaten des BfArM ist der OPS in allen Gliederungsstellen vollständig ausformuliert.

Buchausgabe:

5-44 **Andere Operationen am Magen**
Inkl.: Innere Schienung
Hinw: Die Verwendung eines Einmal-Endoskops ist gesondert zu kodieren (5-98m ff.)

...

5-448 **Andere Rekonstruktion am Magen**
Hinw.: Der Zugang ist für die mit ** gekennzeichneten Kodes in der 6. Stelle nach folgender Liste zu kodieren:
0 Offen chirurgisch abdominal
1 Offen chirurgisch thorakal
2 Laparoskopisch
3 Umsteigen laparoskopisch - offen chirurgisch
x Sonstige

../.. (wird fortgesetzt)

../.. (Fortsetzung)

**	5-448.0	Naht (nach Verletzung)	
**	5-448.1	Verschluss einer Gastrostomie oder (Ernährungs-)Fistel	
**	5-448.2	Gastropexie	
**	5-448.3	Kardiaplastik (z.B. nach Belsey)	
**	5-448.4	Fundoplikatio	
	5-448.5	Hemifundoplikatio	
		.50	Offen chirurgisch abdominal
		.51	Offen chirurgisch thorakal
		.52	Laparoskopisch
		.53	Umsteigen laparoskopisch - offen chirurgisch
		.54	Endoskopisch
		.5x	Sonstige
**	5-448.6	Hemifundoplikatio mit Hiatusnaht	
**	5-448.a	Vertikale Gastroplastik nach Mason	
**	5-448.b	Implantation oder Wechsel eines nicht anpassbaren Magenbandes	
**	5-448.c	Implantation oder Wechsel eines anpassbaren Magenbandes	
**	5-448.d	Neufixierung eines dislozierten Magenbandes	
**	5-448.e	Entfernung eines Magenbandes	
	5-448.f	Magenplikatur	
		.f0	Offen chirurgisch
		.f1	Laparoskopisch
		.f2	Umsteigen laparoskopisch - offen chirurgisch
		.f3	Endoskopisch
		.fx	Sonstige
**	5-448.x	Sonstige	
	5-448.y	N.n.bez.	

EDV (Metadaten):

Neu dazu kommende Textpassagen sind durch Fettdruck gekennzeichnet.

5-44	**Andere Operationen am Magen**
...	
5-448	Andere Operationen am Magen: **Andere Rekonstruktion am Magen**
5-448.0	Andere Operationen am Magen: Andere Rekonstruktion am Magen: **Naht (nach Verletzung)**
5-448.00	Andere Operationen am Magen: Andere Rekonstruktion am Magen: Naht (nach Verletzung): **Offen chirurgisch abdominal**
5-448.01	Andere Operationen am Magen: Andere Rekonstruktion am Magen: Naht (nach Verletzung): **Offen chirurgisch thorakal**
5-448.02	Andere Operationen am Magen: Andere Rekonstruktion am Magen: Naht (nach Verletzung): **Laparoskopisch**
5-448.03	Andere Operationen am Magen: Andere Rekonstruktion am Magen: Naht (nach Verletzung): **Umsteigen laparoskopisch - offen chirurgisch**
5-448.0x	Andere Operationen am Magen: Andere Rekonstruktion am Magen: Naht (nach Verletzung): **Sonstige**
5-448.1	Andere Operationen am Magen: Andere Rekonstruktion am Magen: **Verschluss einer Gastrostomie oder (Ernährungs-)Fistel**
5-448.10	Andere Operationen am Magen: Andere Rekonstruktion am Magen: Verschluss einer Gastrostomie oder (Ernährungs-)Fistel: **Offen chirurgisch abdominal**
...	

../.. (wird fortgesetzt)

../.. (Fortsetzung)

5-448.x	Andere Operationen am Magen: Andere Rekonstruktion am Magen: **Sonstige**
5-448.x0	Andere Operationen am Magen: Andere Rekonstruktion am Magen: Sonstige: **Offen chirurgisch abdominal**
...	
5-448.y	Andere Operationen am Magen: Andere Rekonstruktion am Magen: **N.n.bez.**

Achtung: Hinweise, Inklusiva und Exklusiva fehlen in den Metadaten.

Reihenfolge und Besetzung der Kodes

Im vorliegenden Schlüssel sind nicht alle 4-stelligen Kodepositionen besetzt. Auf ein „Aufrücken" der nachfolgenden Kodes wurde aus Gründen der Vergleichbarkeit mit der ICPM der WHO verzichtet. Die freien Kodes stehen für ggf. später erforderliche Erweiterungen zur Verfügung.

Topographische Gliederung

Der Operationen- und Prozedurenschlüssel weist in Kapitel 5 Operationen eine topographisch-anatomische Gliederung auf. Auf eine fachgebietsbezogene Gliederung wurde verzichtet. Dies bedeutet, dass Eingriffe, die von mehreren Fachgebieten durchgeführt werden, unter dem jeweiligen Organkapitel zu finden sind. So wurden z.B. die kinderchirurgischen Prozeduren in die jeweiligen organbezogenen Kapitel integriert. Es gibt demnach keine altersbezogene Gliederung mit Ausnahme einiger weniger Schlüsselnummern in Kapitel 8 (Neugeborene).

Abweichend von Kapitel 5 Operationen sind die Kapitel 1, 3, 6, 8 und 9 des Operationen- und Prozedurenschlüssels nach medizinischen Verfahren strukturiert.

Informationsgehalt eines Einzelkodes

Grundprinzip des OPS ist die Abbildung eines durchgeführten Eingriffes möglichst mit einem Kode (monokausale Kodierung). Das bedeutet: jeder Einzelkode enthält normalerweise alle Informationen für eine Prozedur mit allen notwendigen Komponenten, wie z.B. Vorbereitung, Lagerung, Anästhesie, Zugang, die eigentliche Operation, Naht, usw. (s.a. den Abschnitt „Prozedurenkomponenten" in DKR P001 *Allgemeine Kodierrichtlinien für Prozeduren* (Seite 45)).

Beispiel 1

5-351.12 *Mitralklappenersatz, offen chirurgisch, durch Xenotransplantat (Bioprothese)*

Dieser Kode enthält die präoperative Vorbereitung, die Anästhesie, die Lagerung, den Zugang, die eigentliche Operation, die Klappenprothese, ..., die Hautnaht sowie die übliche post-operative Versorgung ggf. mit Weiterführung der Beatmung bis zu einer Dauer von 24 Stunden. Außerdem legt ein Hinweis bei 5-351 fest, dass die Anwendung der Herz-Lungen-Maschine im Kode enthalten ist. Dies gilt nicht für die Anwendung der Herz-Lungen-Maschine in tiefer oder profunder Hypothermie und nicht für die Anwendung der Herz-Lungen-Maschine mit intraaortaler Ballonokklusion (s.a. DKR 0908 *Zusätzliche Prozeduren im Zusammenhang mit Herzoperationen* (Seite 120)).

Kombinationskodes

Es gibt aber auch Kodes für kombinierte Eingriffe einschließlich ihrer Komponenten, bei denen mehrere einzeln durchführbare Eingriffe in einer Sitzung vorgenommen werden. Sie sind dann zu verwenden, wenn sie den kombinierten Eingriff vollständig beschreiben und die Kodierrichtlinien bzw. Hinweise nichts anderes vorschreiben.

Beispiel 2

5-063.2 *Thyreoidektomie **mit** Parathyreoidektomie*

Mehrfachkodierung

In einigen Bereichen ist eine Kodierung von Operationen mit mehreren Kodes vorgesehen. Dies ist insbesondere für die Abbildung komplexer Eingriffe erforderlich. In diesen Fällen wurden im OPS Hinweise formuliert, die auf eine gesonderte Kodierung der einzeln durchgeführten Eingriffe verweisen.

Beispiel 3

5-820 ***Implantation einer Endoprothese am Hüftgelenk***

Hinw: Eine durchgeführte Pfannendachplastik ist gesondert zu kodieren (5-829.1)
Eine durchgeführte Pfannenbodenplastik ist gesondert zu kodieren (5-829.h)
Eine durchgeführte Spongiosaplastik ist gesondert zu kodieren (5-784 ff.)
Die zusätzliche Verwendung von Osteosynthesematerial ist gesondert zu kodieren (5-786 ff.)
Die Verwendung einer Gelenkschnapp-Pfanne ist gesondert zu kodieren (5-820.7 ff.)
Die komplexe Erstimplantation einer Endoprothese z.B. mit Femurersatz oder mit Ersatz benachbarter Gelenke ist gesondert zu kodieren (5-829.a)
Die Verwendung einer Tumorendoprothese ist gesondert zu kodieren (5-829.c)
Die Verwendung einer hypoallergenen Prothese ist gesondert zu kodieren (5-829.e)
Aufwendige Gipsverbände sind gesondert zu kodieren (8-310 ff.)
Die Implantation einer Endoprothese nach vorheriger Explantation ist gesondert zu kodieren (5-829.n)
Ein durchgeführter alloplastischer Knochenersatz ist gesondert zu kodieren (5-785 ff.)
Die Implantation einer CAD-CAM-Prothese ist mit dem jeweiligen Kode für die Implantation der Endoprothese und den Zusatzkodes 5-829.m oder 5-829.p zu kodieren
Die computergestützte intraoperative biomechanische Ausrichtung des Implantates ist gesondert zu kodieren (5-86a.4)
Die Angabe zur Verwendung von Zement ist in der 6. Stelle nach folgender Liste zu kodieren:
0 Nicht zementiert
1 Zementiert
2 Hybrid (teilzementiert)

** 5-820.0 *Totalendoprothese*

** 5-820.2 *Totalendoprothese, Sonderprothese*

Inkl.: Langschaft, Tumorprothese

Beispiel 4

Unter Beachtung der Hinweise aus 5-820 ergeben sich zum Beispiel für die Kodierung einer Implantation einer Totalendoprothese am Hüftgelenk mit Spongiosaplastik folgende Kodes:

5-820.00	*Totalendoprothese, nicht zementiert*
5-784.0d	*Transplantation von Spongiosa, autogen, offen chirurgisch: Becken*
5-783.0d	*Entnahme eines Knochentransplantates: Spongiosa, eine Entnahmestelle, Becken*

Eingeschränkte Gültigkeit von Kodes

Bestimmte Kodes in den Kapiteln 1 und 8 des Operationen- und Prozedurenschlüssels bilden für ein spezifisches Patientenklientel bzw. für eine spezifische Altersgruppe ein Unterscheidungskriterium für die Zuordnung zu unterschiedlichen Fallgruppen in Entgeltsystemen. Diese Kodes sind deshalb mit einem Hinweis auf ihre eingeschränkte Anwendung versehen. Eine breite Anwendung dieser Kodes für den gesamten Krankenhausbereich hätte eine Überdokumentation zur Folge, die nicht sinnvoll ist.

Versorgung intraoperativer Komplikationen

Die Versorgung von intraoperativen Komplikationen wird gesondert kodiert.

Zusatzkodes

Der Operationen- und Prozedurenschlüssel sieht vor, weitere ergänzende Angaben zu einer Operation oder Maßnahme zusätzlich zu kodieren.

Diese Zusatzkodes sind ergänzend zu verwenden, sofern die Information nicht schon im Kode selbst enthalten ist. Zusatzkodes sind sekundäre Kodes und dürfen nicht selbständig, sondern nur zusätzlich zu einem primären Kode benutzt werden. Sie sind also nur in Kombination mit dem durchgeführten, inhaltlich leitenden Eingriff zulässig. Dabei kann der Primärkode auch durch zwei oder mehr Zusatzkodes ergänzt werden.

Zusatzkodes sind durch die Verwendung von Begriffen wie „Zusatzkode“, „Zusatzkodierung“, „Zusatzinformation“ o.Ä. im Klassentitel oder im Hinweis zu erkennen.

Zusatzinformationen

Zusatzkodes können außer als Einzelkodes in speziellen Bereichen (z.B. am Ende des Kapitels 5: *Zusatzinformationen zu Operationen* (5-93 bis 5-99)) vorhanden sein.

Ein- und Ausschlussbemerkungen und Hinweise

Zur korrekten Anwendung des Schlüssels wurden Hinweise, Einschluss- und Ausschlussbemerkungen formuliert. Diese kann es auf jeder Hierarchieebene geben: nach Kapitelüberschriften, nach Bereichsüberschriften und nach Kategorien und Subkategorien. Beim Kodieren ist daher für jeden Kode/jede Kategorie jeweils bis zur höchstmöglichen Hierarchieebene zu prüfen, ob sich dort Ein- und Ausschlussbemerkungen und Hinweise finden, die auf den Kode/die Kategorie anzuwenden sind.

Folgende Begriffe und Symbole werden dafür verwendet:

Einschlussbemerkungen („Inkl.:“)

Die Einschlussbemerkungen eines Kodes dienen der näheren Beschreibung des Inhaltes des Kodes, z.B. Nennung von Bestandteilen der Prozedur, die enthalten sind und nicht zusätzlich kodiert werden, oder geben Beispiele für Maßnahmen, die diesem Kode (ebenfalls) zugeordnet sind.

Grundsätzlich gilt, dass regelhafte Bestandteile einer Prozedur (Blutstillung, Drainage, Verband etc.) nicht explizit als Inklusivum aufgeführt sind, eine explizite Nennung kann aber zur Verdeutlichung erfolgen. Ausnahmen für Subkodes können über Hinweise (*Hinw.:*) angezeigt werden.

Beispiele für ein Inklusivum zur näheren Beschreibung:

Beispiel 5

1-415 *Biopsie ohne Inzision an der Gesichtshaut*
Inkl.: Kopfhaut

Die Biopsie ohne Inzision an der Kopfhaut ist mit dem Kode 1-415 zu verschlüsseln.

Beispiel 6

5-038.4 *Implantation oder Wechsel einer Medikamentenpumpe zur intrathekalen und/oder epiduralen Infusion*
Inkl.: Ersteinstellung

Die Ersteinstellung der Medikamentenpumpe ist in den Kodes im Bereich 5-038.4 enthalten und nicht gesondert zu kodieren.

Beispiel für ein Inklusivum mit beispielhaft genannten Maßnahmen:

Beispiel 7

3-035 *Komplexe differenzialdiagnostische Sonographie des Gefäßsystems mit quantitativer Auswertung*
Inkl.: B-Flow-Verfahren, Farbdopplersonographie/Farbduplexsonographie, fetomaternale Dopplersonographie

Das B-Flow-Verfahren, die Farbdopplersonographie, die Farbduplexsonographie und die fetomaternale Dopplersonographie sind mit dem Kode 3-035 zu kodieren.

Es kann auch ein und dasselbe Inklusivum entweder als Bestandteil der Prozedur im Kode enthalten sein oder, sofern die Art der Durchführung dem Kode entspricht, als eigenständige Maßnahme mit diesem Kode verschlüsselt werden.

Beispiel 8

5-451 *Lokale Exzision und Destruktion von erkranktem Gewebe des Dünndarmes*
Inkl.: Blutstillung

Die im Rahmen einer lokalen Exzision oder Destruktion von erkranktem Gewebe des Dünndarmes erfolgte Blutstillung ist in den Kodes im Bereich 5-451 enthalten und nicht gesondert zu kodieren; eine Ausnahme hiervon wird z.B. für den Subkode 5-451.7 durch einen Hinweis (*Hinw.:*) angezeigt.

Die lokale Destruktion von erkranktem Gewebe des Dünndarmes ausschließlich zum Zweck der Blutstillung und nicht im Rahmen eines anderen Eingriffs ist ebenfalls mit einem Kode aus 5-451 zu verschlüsseln.

Ausschlussbemerkungen („Exkl.:“)

Die Ausschlussbemerkungen eines Kodes dienen der Abgrenzung des Inhaltes des Kodes und nennen Maßnahmen, die einem oder mehreren **anderen** Kodes zuzuordnen sind; der oder die zutreffenden anderen Kodes sind jeweils angegeben.

Ausschlussbemerkungen werden i.d.R. nicht angegeben, wenn der auszuschließende Inhalt in der unmittelbar nachfolgenden Kodeliste enthalten ist.

Eine als Ausschluss genannte Maßnahme ist eine – gegenüber der im Kode selbst klassifizierten Maßnahme – abgrenzbare und andersartige Maßnahme, die folglich auch anders klassifiziert wird. Werden beide Maßnahmen am Patienten durchgeführt, können auch beide Kodes nebeneinander verwendet werden.

Beispiel 9

5-784 *Knochentransplantation und -transposition*
Exkl.: Knorpeltransplantation (5-801.b ff., 5-812.9 ff.)

Eine Knorpeltransplantation ist mit einem Kode aus den Bereichen 5-801.b ff. oder 5-812.9 ff. zu kodieren.

Wurden bei einem Patienten z.B. eine offene autogene Spongiosa-Transplantation **und** eine offene Knorpeltransplantation durchgeführt, sind ein Kode aus dem Bereich 5-784 **und** ein Kode aus 5-801.b ff. anzugeben.

Wenn eine Ausschlussbemerkung keine Kodeangabe enthält, ist die Maßnahme im OPS nicht zu kodieren.

Beispiel 10

1-334 *Urodynamische Untersuchung*
Exkl.: Uroflowmetrie

Hinweise („Hinw.:“)

Die aufgeführten Hinweise haben z.B. folgende Funktion:

- Anmerkung zur gesonderten Kodierung von Teilkomponenten einer komplexen Operation (siehe Abschnitt Mehrfachkodierung, Beispiel 3 (Seite 50))
- Anmerkung zur zusätzlichen Kodierung von ergänzenden Angaben einer Operation (siehe Abschnitte Zusatzkodes und Zusatzinformationen)
- Hinweis auf die gesonderte Kodierung des Zuganges
- Hinweis, wann dieser Kode verwendet werden kann
- Hinweis, dass der Kode nur einmal pro stationären Aufenthalt anzugeben ist

und folgende („ff.“)

In den Ausschlussbemerkungen und Hinweisen kann auf einzelne Kodes oder Kodegruppen verwiesen werden. Das „ff.“ wird verwandt, um alle untergeordneten Kodes des jeweiligen Schlüssels zu bezeichnen. So bedeutet 1-212 ff. alle endständigen Kodes unter 1-212, also 1-212.0 bis 1-212.y. Das „ff.“ kann ab den vierstelligen Kodes abwärts angewendet werden.

Listen

Listen wurden eingeführt, um für einen oder mehrere Kodes geltende, einheitliche Untergliederungen in der 6. Stelle aus Gründen der Übersicht zusammenzufassen. Listen werden z. B. in folgenden Bereichen verwendet:

- Lokalisationsangaben für die Bezeichnung der Blutgefäße
- Bezeichnungen von Knochen und Gelenken
- Angaben zu Zugängen und Verfahren

Wird in den Listen mit Lokalisationsangaben ein „und" verwendet, ist dies immer sowohl im Sinne von „und" als auch im Sinne von „oder" zu verstehen. (s.a. Verwendung von „und")

Auf die Gültigkeit einer Liste für einen Kode wird jeweils durch einen Hinweis aufmerksam gemacht. Listen gelten generell nur für die im Kode ausgewiesenen spezifischen Kodepositionen, nicht jedoch für die Resteklasse „.y Nicht näher bezeichnet".

An einigen Stellen ist darauf zu achten, dass nicht jede Listenposition mit jedem 5-Steller kombinierbar ist.

Verwendete Begriffe und Symbole

Verwendung von „und"

Der Begriff „und" wird in folgenden Fällen im Sinne von „und/oder" verwendet:

- bei 3- und 4-stelligen Kodes, z.B. bei der Aufzählung von Prozeduren wie „Inzision, Exzision und Destruktion ..." oder von Lokalisationen wie „... Naht eines Nerven und Nervenplexus"
- bei nicht endständigen 5-stelligen Kodes, deren Klassentitel ausschließlich Lokalisationsangaben ohne weiteren Zusatz enthält und die ihre 6. Stelle über eine Lokalisationsliste erhalten (Bsp. 5-380.1 ** *Arterien Schulter und Oberarm*)
- bei endständigen 5-stelligen Kodes, deren Klassentitel ausschließlich Lokalisationsangaben ohne weiteren Zusatz enthält (Bsp. 1-502.2 *Oberarm und Ellenbogen*)
- in den Lokalisationslisten für die 6. Stellen (z.B. Liste unter 5-89)

Bei nicht endständigen 5-stelligen Kodes mit Lokalisationsangaben, die ihre 6. Stelle nicht über eine Lokalisationsliste erhalten, sondern z.B. über eine Zugangsliste, wird „und" also ausschließlich im Sinne von „und" verwendet. Dasselbe gilt für endständige und nicht endständige 5-stellige Kodes, deren Klassentitel außer Lokalisationsangaben weitere Zusätze enthält, hier ist das „und" tatsächlich als kumulatives „und" zu verstehen (Bsp. 5-016.4 *Schädelbasis und Hirnhäute, Tumorgewebe*; 5-455.9** *Resektion des Colon ascendens mit Coecum und rechter Flexur und Colon transversum [Hemikolektomie rechts mit Transversumresektion]*).

Verwendete Symbole

** Ein Doppelstern (**) links neben dem jeweiligen Kode kennzeichnet 5-Steller, bei denen für die Kodierung eine 6-stellige Untergliederung zu benutzen ist, die durch die Kombination des 5-Stellers mit einer Liste entsteht.

( ) Runde Klammern innerhalb einer Prozedurbezeichnung enthalten ergänzende Bezeichnungen oder Erläuterungen zu dieser Prozedurenbezeichnung. Diese Angaben können vorliegen, aber auch fehlen, ohne dass die Verschlüsselung dadurch beeinflusst wird. Runde Klammern nicht innerhalb einer Prozedurenbezeichnung enthalten ergänzende Angaben wie Erläuterungen oder Beispiele.

Runde Klammern umschließen Angaben von Kodes oder Kodebereichen in Hinweisen und Exklusiva.

[ ] Eckige Klammern enthalten Synonyme, alternative Formulierungen, andere Schreibweisen und Abkürzungen zu einer Bezeichnung. Eckige Klammern umschließen Angaben zu den gültigen 6. Stellen bei postkombinierten Kodes.

⇄/↔ Alle Schlüsselnummern, die mit einem Zusatzkennzeichen (**R**=rechts, **L**=links, **B**=beidseitig) versehen werden müssen, sind in dieser Fassung mit dem Zeichen (⇄ oder ↔) gekennzeichnet.

Verwendete Schreibweisen

Die Nomenklatur im vorliegenden Schlüssel lehnt sich an die deutsche Fassung der ICD-10 an. Entsprechend werden Prozedurenbezeichnungen sowie Fachbezeichnungen der Anatomie in der Regel in deutscher Schreibweise angegeben. Sofern es sich um Fachbezeichnungen aus mehreren Wörtern oder um lateinische Termini technici handelt, wurde die lateinische Schreibweise verwendet. Trivialbezeichnungen sind in deutscher Schreibweise angegeben. Deutsch-lateinische Mischformen wurden nach Möglichkeit vermieden. Grundsätzlich wurde die im medizinischen Duden verwendete Schreibweise übernommen.

P004f Nicht vollendete oder unterbrochene Prozedur

Wenn eine Prozedur aus irgendeinem Grund unterbrochen oder nicht vollendet wurde, ist wie folgt vorzugehen:

1. Wenn von einem laparoskopisch/endoskopischen Verfahren auf „offen chirurgisch“ umgestiegen wird, so ist zu prüfen, ob es für den Umstieg einen eigenen Kode im OPS gibt.
   a. Gibt es einen spezifischen Kode für „Umsteigen auf offen chirurgisch“, so ist dieser zu verwenden (siehe Beispiel 1).
   b. Gibt es dafür keinen spezifischen Umsteigekode, so wird **nur** die offen chirurgische Prozedur kodiert (siehe Beispiel 2).
2. Gibt es einen spezifischen Kode für eine misslungene Prozedur (siehe Beispiel 3), so ist dieser zu verwenden. In diesen Fall ist der Zusatzkode 5-995 *Vorzeitiger Abbruch einer Operation (Eingriff nicht komplett durchgeführt)* nicht anzugeben.
3. Lässt sich die bisher erbrachte Teilleistung mit dem OPS kodieren, so wird nur die Teilleistung kodiert (siehe Beispiele 4 und 5).
4. Wird eine Prozedur nahezu vollständig erbracht, so wird sie ohne Zusatzkode 5-995 kodiert.
5. In allen anderen Fällen ist die geplante, aber nicht komplett durchgeführte Prozedur zu kodieren; bei Operationen ist zusätzlich der OPS-Kode 5-995 anzugeben.

Beispiel 1

Eine laparoskopisch begonnene Hysterektomie wird fortgesetzt als (offen chirurgische) abdominale Hysterektomie. Als Prozedur wird in diesem Fall kodiert:

5-683.04 *Uterusexstirpation [Hysterektomie], ohne Salpingoovarektomie, Umsteigen endoskopisch – offen chirurgisch*

Beispiel 2

Versuchte endoskopische Erweiterung des Karpal-Tunnels, Umwandlung in einen offen chirurgischen Eingriff. Als Prozedur wird in diesem Fall kodiert:

5-056.40 *Neurolyse und Dekompression eines Nerven, Nerven Hand, offen chirurgisch*

Beispiel 3

Für einige misslungene Prozeduren gibt es spezifische Kodes.

5-733	*Misslungene vaginale operative Entbindung und zugehörige 5-Steller*
8-510.1	*Misslungene äußere Wendung*

Beispiel 4

Wenn eine Laparotomie vorgenommen wurde, um eine Appendektomie durchzuführen, aber die Appendektomie aufgrund eines Herzstillstandes nicht ausgeführt wurde, wird nur die Laparotomie kodiert.

5-541.0 *Explorative Laparotomie*

Beispiel 5

Wenn die Operation eines Ösophagus-Ca vor der Präparation des Ösophagus wegen Inoperabilität abgebrochen wurde, wird nur die durchgeführte Thorakotomie kodiert.

5-340.1 *Explorative Thorakotomie*

P005u Multiple Prozeduren/Prozeduren, unterschieden auf der Basis von Größe, Zeit oder Anzahl/Bilaterale Prozeduren

Multiple Prozeduren/Prozeduren, unterschieden auf der Basis von Größe, Zeit oder Anzahl

Die Prozedurenkodierung soll, wo es möglich ist, den Aufwand widerspiegeln, und daher sind allgemein multiple Prozeduren so oft zu kodieren, wie sie während der Behandlungsphase durchgeführt wurden.

Beispiel 1

Bei einem Patienten mit chronisch ischämischer Herzkrankheit wird in unterschiedlichen Sitzungen jeweils ein nicht medikamentefreisetzender Stent in unterschiedliche Koronararterien eingebracht.

Prozeduren:	8-837.k0	*Perkutan-transluminale Gefäßintervention an Herz und Koronargefäßen, Einlegen eines nicht medikamente-freisetzenden Stents, ein Stent in eine Koronararterie*
	8-837.k0	*Perkutan-transluminale Gefäßintervention an Herz und Koronargefäßen, Einlegen eines nicht medikamente-freisetzenden Stents, ein Stent in eine Koronararterie*

Anmerkung: Mehrere Sitzungen während eines stationären Aufenthaltes sind mit mehreren Kodes zu verschlüsseln.

Ausnahmen:

1. Nur **einmal** während einer **Sitzung** zu kodieren sind: z.B. multiple Exzisionen von Hautläsionen, multiple Biopsien oder ähnlich aufwändige Prozeduren, wenn diese bzgl. der Lokalisation an gleicher Stelle kodierbar sind (siehe Beispiel 2).

Beispiel 2

Ein Patient wird zur Exzision von zehn Läsionen aufgenommen: eine bei rezidivierendem Basalzellkarzinom der Nase, drei Läsionen bei Basalzellkarzinom am Unterarm, drei Läsionen bei Keratosis solaris am Rücken, eine Läsion bei Keratosis solaris am Unterschenkel und zwei Läsionen bei Basalzellkarzinom am Ohr.

Hauptdiagnose:	C44.3	*Basalzellkarzinom, Nase, rezidivierend*
Nebendiagnose(n):	C44.2	*Basalzellkarzinom, Ohr*
	C44.6	*Basalzellkarzinom, Unterarm*
	C97!	*Bösartige Neubildungen als Primärtumoren an mehreren Lokalisationen*
	L57.0	*Keratosis solaris*
Prozeduren:	5-212.0	*Exzision und Destruktion von erkranktem Gewebe an der äußeren Nase*
	5-181.0	*Exzision und Destruktion von erkranktem Gewebe des äußeren Ohres*
	5-894.08	*Lokale Exzision von erkranktem Gewebe an Haut und Unterhaut, Unterarm*
	5-919.0	*Operative Versorgung von Mehrfachtumoren an einer Lokalisation der Haut in einer Sitzung, 3-5 Tumoren*
	5-894.0a	*dto., Rücken*
	5-894.0f	*dto., Unterschenkel*

2. Nur **einmal** während einer **stationären Behandlung** zu kodierende Prozeduren sind aus pragmatischen Gründen **unter Angabe des Datums der ersten Leistung** anzugeben,

   2.1 wenn Hinweise oder Richtlinien anweisen, einen Kode nur einmal anzugeben bzw. wenn Verfahren während einer stationären Behandlung grundsätzlich wiederholt durchgeführt werden (s.a. nachfolgende, nicht abschließende Liste in Tabelle 1).

Tabelle 1:	**Prozeduren, die jeweils nur einmal pro stationärem Aufenthalt zu kodieren sind**

- Verband bei großflächigen und schwerwiegenden Hauterkrankungen (8-191)
- Applikation von Medikamenten und Nahrung (8-01)
- Diagnostische perkutane Punktion der Pleurahöhle (1-844)
- Therapeutische perkutane Punktion von Organen des Thorax, Pleurahöhle (8-152.1)
- Diagnostische (perkutane) Punktion und Aspiration der Bauchhöhle, Aszitespunktion (1-853.2)
- Therapeutische perkutane Punktion der Bauchhöhle (8-153)
- Spülung (Lavage) (8-17)
- Entfernung von erkranktem Gewebe an Haut und Unterhaut ohne Anästhesie (im Rahmen eines Verbandwechsels) bei Vorliegen einer Wunde (8-192)
- Lagerungsbehandlung (8-390)
- Frührehabilitative Komplexbehandlung (8-55)
- Physikalisch-therapeutische Einzelmaßnahmen (8-56)
- Offenhalten der oberen Atemwege (8-700)
- Sauerstoffzufuhr bei Neugeborenen (8-720)
- Schmerztherapie (8-91)
- Patientenmonitoring (8-920 bis 8-924, 8-930 bis 8-932)❶, (8-925, 8-933)
- Phoniatrische und pädaudiologische Komplexbehandlung (9-31)
- Psychosoziale, psychosomatische und neuropsychologische Therapie (9-40, außer 9-403)

Anmerkung:

❶ Patientenmonitoring ist nur dann zu kodieren, wenn es sich um eine intensivmedizinische Überwachung oder Behandlung handelt und wenn es nicht Komponente einer anderen Prozedur (z.B. Beatmung, Narkose) ist.

Entscheidung des Schlichtungsausschusses zu der KDE 275, veröffentlicht am 06.10.2020

Frage: Bei einem Patienten wird im Rahmen einer Herzoperation ein Pulmonaliseinschwemmkatheter gelegt. Präoperativ wie auch postoperativ werden hierüber zur besseren Steuerung der Katecholamintherapie verschiedene hämodynamische Parameter gemessen. Ein Parameter ist hierbei das Herzzeitvolumen, das mindestens 3 mal täglich gemessen wird.

Ist für die Messung des Herzzeitvolumens einmalig der OPS-Kode 8-932 *Monitoring von Atmung, Herz und Kreislauf mit Messung des Pulmonalarteriendruckes* zu verwenden oder ist jeweils ein Kode aus 1-273 *Rechtsherz-Katheteruntersuchung* zu verwenden?

Entscheidung: Das in diesem Fall (KDE-275) zur Steuerung einer Katecholamintherapie durchgeführte prä- und postoperative Monitoring des Herzzeitvolumens über einen Pulmonalis-Einschwemmkatheter ist bei dem intensivmedizinisch behandelten Patienten als Patientenmonitoring einmal mit dem OPS-Kode 8-932 *Monitoring von Atmung, Herz und Kreislauf mit Messung des Pulmonalarteriendruckes* zu kodieren (siehe Hinweis zum Kode 8-93 und DKR P005, Tabelle 1).

2.2 wenn Verfahren Mengenangaben (z.B. Bluttransfusionen) oder Zeitangaben im Kode enthalten (s.a. nicht abschließende Liste in Tabelle 2)

Bestimmte Prozeduren des OPS, insbesondere aus Kapitel 6 und 8, werden auf der Basis von **Größe, Zeit oder Anzahl** unterschieden.

Hier sind die Mengen- bzw. Zeitangaben zu addieren und die Summe ist einmal pro Aufenthalt zu kodieren.

Soweit der OPS für die Gabe von Medikamenten oder Blutprodukten eine Dosis- bzw. Mengenangabe vorsieht, ist nur die dem Patienten tatsächlich verabreichte Dosis bzw. Menge zu kodieren (siehe Beispiel 3).

Tabelle 2:	**Prozeduren, die jeweils nur einmal pro stationärem Aufenthalt als Summe zu kodieren sind**
	▪ Applikation von Medikamenten (6-00) ▪ Spezialverfahren zur maschinellen Beatmung bei schwerem Atemversagen: Inhalative Stickstoffmonoxid-Therapie (8-714.0) ▪ Transfusionen von Vollblut, Erythrozytenkonzentrat und Thrombozytenkonzentrat (8-800) ▪ Transfusion von Granulozyten (8-802.6) ▪ Transfusion von Plasmabestandteilen und gentechnisch hergestellten Plasmaproteinen (8-810)

Beispiel 3

8-810.8	*Transfusion von rekombinantem Faktor VIII*
8-810.83	*Bis unter 500 Einheiten*
8-810.84	*500 Einheiten bis unter 1.000 Einheiten*
…	…
8-810.8z	*280.000 oder mehr Einheiten*

Bilaterale Prozeduren

Der OPS sieht ab der Version 2005 für Prozeduren an paarigen Organen oder Körperteilen die Angabe eines Zusatzkennzeichens für die Seitigkeit (**R**=rechts, **L**=links, **B**=beidseitig) verpflichtend vor. Wenn eine Prozedur in einer Sitzung beidseitig durchgeführt wird, ist diese demnach mit dem Zusatzkennzeichen „**B**" zu versehen. Anderenfalls wird die jeweilige Seite (**R, L**) angegeben.

Beispiel 4

Amputation **beider** Unterschenkel

5-864.8 **B** *Unterschenkelamputation n.n.bez,* ***beidseitig***

P006a Laparoskopische/arthroskopische/endoskopische Prozeduren

Die Art des Eingriffes (laparoskopisch, arthroskopisch oder endoskopisch) ist im OPS in der Regel bei den Prozeduren durch eine Differenzierung auf der 5. oder 6. Stelle ausgewiesen.

Beispiel 1

Laparoskopische Entfernung der Gallenblase ohne Revision der Gallengänge

5-511.11 *Cholezystektomie, einfach, **laparoskopisch,** ohne laparoskopische Revision der Gallengänge*

Beispiel 2

5-448 ***Andere Rekonstruktion am Magen***

*Hinw.: Der Zugang ist für die mit ** gekennzeichneten Kodes in der 6. Stelle nach folgender Liste zu kodieren*

0 *Offen chirurgisch abdominal*
1 *Offen chirurgisch thorakal*
2 ***Laparoskopisch***
3 *Umsteigen laparoskopisch - offen chirurgisch*
x *Sonstige*

** 5-448.0 *Naht (nach Verletzung)*
** 5-448.1 *Verschluss einer Gastrostomie oder (Ernährungs-)Fistel*
** 5-448.2 *Gastropexie*
** 5-448.3 *Kardiaplastik (z.B. nach Belsey)*

Sollte diese Unterscheidung fehlen, was auch durch Weiterentwicklung von Operationstechniken möglich ist, so ist die Prozedur zu verschlüsseln und für die Art des Eingriffes (Zugangs) ist der entsprechende Zusatzkode anzugeben.

Beispiel 3

Endoskopisches Anlegen eines Liquorshuntes

5-023.00 *Anlegen eines Liquorshuntes [Shunt-Implantation], Ableitung in den Herzvorhof, ventrikuloatrial*

5-059.b ***Andere Operationen an Nerven und Ganglien: Anwendung eines Endoskopiesystems***

P007a Endoskopie multipler Gebiete (Panendoskopie)

Endoskopien multipler Gebiete sind nach dem am weitesten eingesehenen bzw. tiefsten Gebiet zu kodieren.

Beispiel 1

Eine einfache Ösophago-, Gastro-, Duodeno-, Jejuno- und Ileoskopie wird kodiert als

1-636.0 *Diagnostische Intestinoskopie (Endoskopie des tiefen Jejunums und Ileums), einfach (durch Push-Technik)*

Beispiel 2

Eine Endoskopie der oberen Atemwege mit Pharyngoskopie, Tracheoskopie und Bronchoskopie wird kodiert als

1-620.00 *Diagnostische Tracheobronchoskopie mit flexiblem Instrument, ohne weitere Maßnahmen*

P008a Klinische Untersuchung in Allgemeinanästhesie

Eine klinische Untersuchung in Allgemeinanästhesie ist nur dann als eigene Prozedur zu kodieren, wenn die Untersuchung in Allgemeinanästhesie als selbständige Maßnahme durchgeführt wird. Sofern der OPS keinen spezifischen Schlüssel für diese Untersuchung enthält, so ist dann – und nur dann – der Schlüssel 1-100 *Klinische Untersuchung in Allgemeinanästhesie* zu verwenden (siehe Beispiel 2).

Erfolgt in der gleichen Sitzung ein invasiver oder operativer Eingriff, der eine Anästhesie erfordert, so ist die klinische Untersuchung nicht gesondert zu kodieren (siehe Beispiel 1).

Beispiel 1

Exzision einer Vaginalzyste und Untersuchung unter Anästhesie.

5-702.1 *Exzision von erkranktem Gewebe der Vagina*

Beispiel 2

Manuelle rektale Untersuchung unter intravenöser Allgemeinanästhesie.

1-100 *Klinische Untersuchung in Allgemeinanästhesie*

P009a Anästhesie

Die Kodierung der Anästhesie mit einem Kode aus 8-90 sollte sich auf Ausnahmesituationen beschränken. Dies gilt beispielsweise dann, wenn Schockpatienten, Kleinkinder oder nicht kooperative Patienten eine Anästhesie erhalten, damit eine diagnostische oder therapeutische Prozedur durchgeführt werden kann, die normalerweise ohne Anästhesie erbracht wird.
Gibt es einen Kode für die durchgeführte Prozedur, so ist dieser zusammen mit einem Kode aus 8-90 für die Anästhesie anzugeben (siehe Beispiel 1). Gibt es keinen Kode für die durchgeführte Prozedur, so ist der Kode aus 8-90 für Anästhesie alleine anzugeben.

Beispiel 1

Ein Kleinkind wird zur Abklärung eines Verdachtes auf Hirntumor aufgenommen. Es wird ein Kernspintomogramm des Schädels unter Narkose durchgeführt.

3-820 *Magnetresonanztomographie des Schädels mit Kontrastmittel*

8-900 *Intravenöse Anästhesie*

P013v Wiedereröffnung eines Operationsgebietes/Reoperation

Bei der Wiedereröffnung eines Operationsgebietes zur

- Behandlung einer Komplikation
- Durchführung einer Rezidivtherapie
- Durchführung einer anderen Operation in diesem Operationsgebiet

ist zunächst zu prüfen, ob die durchgeführte Operation mit Wiedereröffnung des Operationsgebietes im OPS durch einen spezifischen Kode im betreffenden Organkapitel kodiert werden kann, wie z.B.:

5-289.1	*Operative Blutstillung* ***nach Tonsillektomie***
5-821.12	*Wechsel einer Femurkopfprothese in Totalendoprothese, nicht zementiert*

Gibt es keinen spezifischen Kode, dann ist die durchgeführte Operation zusammen mit einem Kode, wie z.B.

5-349.6	***Reoperation*** *an Lunge, Bronchus, Brustwand, Pleura, Mediastinum oder Zwerchfell*
5-379.5	***Reoperation*** *an Herz und Perikard*
5-559.3	***Revisionsoperation*** *an der Niere*
5-749.0	***Resectio***
5-839.5	***Revision*** *einer Wirbelsäulenoperation*
5-983	***Reoperation***

für die Reoperation anzugeben (siehe Beispiel 1 und 2).

In einigen Kapiteln des OPS gibt es eigene Kodes für eine Reoperation, die als eigenständige Kodes ausgewiesen sind, aber im Allgemeinen wie Zusatzkodes verwendet werden (siehe DKR 0909 *Revisionen oder Reoperationen an Herz und Perikard* (Seite 121)).

Beispiel 1

5-062.8	*Andere partielle Schilddrüsenresektion: Subtotale Resektion*
5-983	***Reoperation***

Beispiel 2

5-340.d	*Thorakoskopie zur Hämatomausräumung*
5-349.6	***Reoperation an Lunge, Bronchus, Brustwand, Pleura, Mediastinum oder Zwerchfell***

P014o Prozeduren, die normalerweise nicht verschlüsselt werden

Prozeduren, die routinemäßig bei den meisten Patienten und/oder mehrfach während eines Krankenhausaufenthaltes durchgeführt werden, werden nicht verschlüsselt, da sich der Aufwand für diese Prozeduren in der Diagnose oder in den anderen angewendeten Prozeduren widerspiegelt (siehe Beispiel 1). Sie wurden aus diesem Grunde auch nicht in den OPS aufgenommen. Diese sollen auch nicht mit den Resteklassen „Andere ...“ verschlüsselt werden (s.a. DKR P003 *Hinweise und formale Vereinbarungen für die Benutzung des OPS* (Seite 47)).

Tabelle 1: **Beispiele für nicht kodierbare Prozeduren**
▪ Gipsverbände mit Ausnahme aufwändiger Gipsverbände (8-310) ▪ Verbände, außer bei großflächigen und schwerwiegenden Hauterkrankungen (8-191) ▪ Kardioplegie ▪ Kardiotokographie (CTG) ▪ Medikamentöse Therapie mit folgenden Ausnahmen: - bei Neugeborenen - nicht-antibiotische Chemotherapie - systemische Thrombolyse - Immunglobulingabe - Gabe von Gerinnungsfaktoren - Andere Immuntherapie (8-547) - antiretrovirale Therapie - Medikamente aus 6-00 ▪ Ruhe-EKG ▪ Langzeit-EKG ▪ Belastungs-EKG ▪ 24-Stunden-Blutdruckmessung ▪ Legen einer Magensonde ▪ Legen eines transurethralen Blasenkatheters ▪ Subkutane Medikamentengabe, z. B. Heparin ▪ Blutentnahme ▪ Aufnahme- und Kontrolluntersuchung ▪ Visite ▪ Konsiliaruntersuchung ▪ Konventionelle Röntgenuntersuchungen ▪ Lungenfunktionstest mit Ausnahme von pneumologischen Funktionsuntersuchungen (1-71) ▪ Blutgasanalyse in Ruhe ▪ Atemgasanalyse ▪ Sonographien mit Ausnahme der Endosonographie und der komplexen differenzialdiagnostischen Sonographie mit digitaler Bild- und Videodokumentation

Beispiel 1

- Eine Röntgenaufnahme und ein Gipsverband sind bei der Diagnose einer Radius-Fraktur (Colles) üblich.
- Die intravenöse Gabe von Antibiotika wird bei der Diagnose einer Sepsis erwartet.
- Die Kardioplegie gehört zu einem herzchirurgischen Eingriff.

Es handelt sich also um Standardmaßnahmen bei bestimmten Diagnosen und Prozeduren, deren gesonderte Kodierung deshalb nicht erforderlich ist.

Verfahren, die sich bei der Entwicklung der DRGs doch als gruppierungsrelevant herausstellen sollten, werden im Rahmen der Pflege des OPS und der Kodierrichtlinien berücksichtigt.

P015u Organentnahme und Transplantation

Bei Organentnahme und Transplantation ist zwischen Spender und Empfänger zu unterscheiden. Bei der Spende wird zwischen einer Lebendspende und einer postmortalen Spende unterschieden. Bei autogener Spende sind Spender und Empfänger identisch.

1. Untersuchung eines potenziellen Organ- oder Gewebespenders

Wird ein potenzieller Spender zu Voruntersuchungen vor einer möglichen Lebendspende stationär aufgenommen, ist als Hauptdiagnose

Z00.5 *Untersuchung eines potentiellen Organ- oder Gewebespenders*

zu kodieren, sofern die Organ- oder Gewebeentnahme nicht während desselben stationären Aufenthaltes erfolgt. Kodes aus Z52.– *Spender von Organen oder Geweben* sind **nicht** anzugeben.

2. Lebendspende

Für Lebendspender, die zur Spende von Organen oder Gewebe aufgenommen werden, ist als Hauptdiagnose ein Kode aus

Z52.– *Spender von Organen oder Geweben*

anzugeben, wenn während desselben stationären Aufenthaltes die Organ- oder Gewebeentnahme durchgeführt wird. Ebenfalls sind die entsprechenden Prozedurenkodes zur Entnahme des Transplantates zu kodieren (siehe auch folgende Tabelle).

Beispiel 1

Ein Fremdspender wird zur Lebendspende einer Niere aufgenommen. Eine Nephrektomie zur Transplantation wird durchgeführt. Behandlungsrelevante Nebendiagnosen bestehen nicht.

Hauptdiagnose:	Z52.4	*Nierenspender*
Prozedur(en):	5-554.8	*Nephrektomie zur Transplantation, Lebendspender*

Beispiel 2

Ein Fremdspender wird zur Lebendspende von Stammzellen aus peripherem Blut aufgenommen. Behandlungsrelevante Nebendiagnosen bestehen nicht.

Hauptdiagnose:	Z52.01	*Stammzellenspender*
Prozedur(en):	5-410.11	*Entnahme von hämatopoetischen Stammzellen aus peripherem Blut zur Transplantation, zur allogenen Spende (verwandt oder nicht-verwandt)*

Bei **autogener Spende und Transplantation** während eines stationären Aufenthaltes sind Kodes aus Z52.– *Spender von Organen oder Geweben* **nicht** anzugeben. Die Haupt- und Nebendiagnosen sowie die OPS-Kodes für die Entnahme des Transplantates und die Kodes für die eigentliche Transplantation sind anzugeben.

3. Postmortale Spende nach Gehirntod im Krankenhaus

(Kriterien für eine mögliche postmortale Spende sind: Gehirntod nach den Richtlinien der Bundesärztekammer, Einwilligung und klinische Eignung)

Die Kodierung bei einem Patienten, der als Organspender in Frage kommt, unterscheidet sich nicht vom üblichen Vorgehen bei der Verschlüsselung von Diagnosen und Prozeduren: als Hauptdiagnose ist diejenige Erkrankung oder Verletzung zu kodieren, die die Aufnahme veranlasst hat, hinzukommen vorliegende Nebendiagnosen und die durchgeführten Prozeduren.

Der entsprechende Kode für die Organentnahme bzw. der Kode 8-978 *Aufrechterhaltung der Homöostase für die postmortale Organspende* sind **nicht** zu kodieren (siehe auch Hinweise hierzu im OPS). Ebenso ist der Kode Z00.5 *Untersuchung eines potentiellen Spenders eines Organs oder Gewebes* **nicht** anzugeben.

4. Transplantation

Empfänger des transplantierten Organs bekommen als Hauptdiagnose den Grund der Aufnahme und den entsprechenden Prozedurenkode für die Transplantation. Es ist nicht notwendig, die Entfernung des erkrankten Organs zu kodieren. Domino-Transplantationspatienten (wenn der Patient während der Behandlungsphase ein Organ sowohl erhält als auch spendet (z.B. Herz/Lunge)) erhalten eine Spender-Nebendiagnose aus Z52.– *Spender von Organen oder Geweben* und die Prozedurenkodes für die Transplantation und für die Entnahme (mit der Transplantation als Hauptprozedur).

5. Versagen und Abstoßungsreaktion nach Transplantation

Wird ein Patient aufgrund eines Versagens oder einer Abstoßungsreaktion nach Transplantation eines Organs oder Gewebes oder einer Graft-versus-host-Krankheit (GVHD) aufgenommen, wird ein Kode aus T86.– *Versagen und Abstoßung von transplantierten Organen und Geweben* als Hauptdiagnose zugewiesen.

Im Falle einer Transplantation von hämatopoetischen Stammzellen sind die Organmanifestationen einer GVHD unter Beachtung des Kreuz/Stern-Systems zu kodieren. Anschließend ist die (z.B. maligne) Grunderkrankung als Nebendiagnose anzugeben (Diese Regelung hat Vorrang vor DKR 0201 *Auswahl und Reihenfolge der Kodes* (Seite 81)).

Erfolgt die Aufnahme aus einem anderen Grund als des Versagens oder der Abstoßungsreaktion nach Transplantation, so ist T86.– *Versagen und Abstoßung von transplantierten Organen und Geweben* nicht als Hauptdiagnose anzugeben.

Entscheidung des Schlichtungsausschusses zu der KDE 598, veröffentlicht am 19.08.2020

Frage: Fall 1: Aufnahme wegen einer Sepsis / SIRS, antibiotische Therapie. Im Rahmen der Sepsis kam es zu einem akuten oligurischen Transplantatversagen bei Z. n. Nierentransplantation. Intensivmedizinische Therapie und kurzfristig Einsatz von Nierenersatzverfahren. Als Nebendiagnose wird T86.10 *Akute Funktionsverschlechterung eines Nierentransplantates* kodiert. Darf zusätzlich der Kode
Z94.0 *Zustand nach Nierentransplantation*
als Nebendiagnose angegeben werden?

Entscheidung: Entwickelt sich bei einem Patienten mit Zustand nach Nierentransplantation eine Verschlechterung in Bezug auf die transplantierte Niere (T86.10 *Akute Funktionsverschlechterung eines Nierentransplantates*) kann neben dem spezifischen Kode für die Verschlechterung der transplantierten Niere auch der Kode Z94.0 *Zustand nach Nierentransplantation* kodiert werden.

6. Erfolgte Registrierung zur Organtransplantation

Entscheidung des Schlichtungsausschusses zu der KDE 433, veröffentlicht am 16.12.2020

Frage: Bei dem Patienten wurde im Rahmen eines Voraufenthaltes die Indikation zur Herztransplantation gestellt und für die Transplantation angemeldet (Krankenhaus A). Aktuell Aufnahme in ein heimatnahes Krankenhaus (B) wegen kardialer Dekompensation. Ist die Kodierung der Schlüsselnummer U55.- *Erfolgte Registrierung zur Organtransplantation* durch das Krankenhaus B korrekt, obwohl die Diagnostik und der Aufwand bereits im Rahmen eines anderen Krankenhausaufenthaltes erfolgten?

Entscheidung: Der Kode U55.- *Erfolgte Registrierung zur Organtransplantation* sagt aus, dass bei dem Patienten eine Registrierung zur Organtransplantation erfolgt ist. Diese Registrierung muss nicht im aktuellen stationären Aufenthalt erfolgt sein. Der Kode ist zu verwenden, wenn die erfolgte Registrierung weiterhin Gültigkeit besitzt.

Organ-/Gewebeentnahme und Transplantationstabelle – Teil 1

(Diese Tabelle ist nicht als vollständige Auflistung anzusehen)

ORGAN/ GEWEBE	**SPENDE** Diagnosekode für Lebendspender	**ENTNAHME** Prozedurenkode (aus) OPS		**TRANSPLANTATION** Prozedurenkode (aus) OPS: Empfänger	
Stammzellen	Z52.01	5-410.1	*Entnahme von hämatopoetischen Stammzellen aus peripherem Blut zur Transplantation*	8-805	*Transfusion von peripher gewonnenen hämatopoetischen Stammzellen*
Knochenmark	Z52.3	5-410.0	*Entnahme von hämatopoetischen Stammzellen aus Knochenmark zur Transplantation*	5-411	*Transplantation von hämatopoetischen Stammzellen aus Knochenmark*
Lymphozyten	Z52.08	5-410.3	*Entnahme von peripheren Blutzellen, Lymphozyten zur Transfusion*	Geeigneter Kode aus 8-802 *Transfusion von Leukozyten*	
Haut	Z52.1	5-901 5-904 5-924	*Freie Hauttransplantation, Entnahmestelle* *Lappenplastik an Haut und Unterhaut, Entnahmestelle* *Freie Hauttransplantation und Lappenplastik an Haut und Unterhaut bei Verbrennungen, Entnahmestelle*	Geeigneter Kode aus 5-89...5-92 *Operationen an Haut und Unterhaut*	
Knochen	Z52.2	5-783	*Entnahme eines Knochentransplantates*	5-784	*Knochentransplantation*
Niere	Z52.4	5-554.8	*Nephrektomie zur Transplantation, Lebendspender*	5-555	*Nierentransplantation*
Lunge	Z52.80	5-324.c	*Lobektomie zur Lebend-Organspende, offen-chirurgisch*	5-335.2 5-335.3	*Lungentransplantation* *Lungen-Retransplantation während desselben stationären Aufenthaltes*
Limbus-Stamm-zellen/ Konjunktiva	Z52.88	5-112	*Exzision und Destruktion von (erkranktem) Gewebe der Konjunktiva*	5-113.0	*Transplantation von Bindehaut oder Stammzellen des Limbus*
Leber	Z52.6	5-503.3 5-503.4 5-503.5 5-503.6	*Bisegmentektomie [Lobektomie links] [Resektion der Segmente 2 und 3] zur Lebend-Organspende* *Hemihepatektomie links [Resektion der Segmente 1, 2, 3, 4a und 4b] zur Lebend-Organspende* *Hemihepatektomie rechts [Resektion der Segmente 5 bis 8] zur Lebend-Organspende* *Resektion sonstiger Segmentkombinationen zur Lebend-Organspende*	5-504 8-862	*Lebertransplantation* *Hepatozytentransplantation*

Organ-/Gewebeentnahme und Transplantationstabelle – Teil 2

(Diese Tabelle ist nicht als vollständige Auflistung anzusehen)

OPS-KODES FÜR DIE TRANSPLANTATION VON POSTMORTAL ENTNOMMENEN ORGANEN

ORGAN/ GEWEBE				**TRANSPLANTATION** Prozedurenkode (aus) OPS: Empfänger	
Herz				5-375.0 5-375.1 5-375.3	*Herztransplantation, orthotop* *Herztransplantation, heterotop* *Herz-Retransplantation während desselben stationären Aufenthaltes*
Lunge				5-335.2 5-335.3	*Lungentransplantation* *Lungen-Retransplantation während desselben stationären Aufenthaltes*
Herz und Lunge				5-375.2 5-375.4	*Herz- und Lungentransplantation* *Herz-Lungen-Retransplantation (En-bloc) während desselben stationären Aufenthaltes*
Pankreas				5-528	*Transplantation von Pankreas(gewebe)*
Leber				5-504 8-862.0	*Lebertransplantation* *Allogene Hepatozytentransplantation*
Kornea				5-125	*Hornhauttransplantation und Keratoprothetik*
Niere				5-555	*Nierentransplantation*
Dünndarm				5-467.61 5-467.62 5-467.91 5-467.92	*Dünndarmtransplantation, Jejunum* *Dünndarmtransplantation, Ileum* *Dünndarm-Retransplantation während desselben stationären Aufenthaltes, Jejunum* *Dünndarm-Retransplantation während desselben stationären Aufenthaltes, Ileum*

P016d Verbringung

Prozeduren im Rahmen einer Verbringung werden durch das verbringende Krankenhaus kodiert.

P017q Klinische Obduktion bzw. Obduktion zur Qualitätssicherung

Der Kode 9-990 für eine Klinische Obduktion bzw. Obduktion zur Qualitätssicherung ist unter Angabe des Datums, an dem der Patient verstorben ist (Entlassungstag), anzugeben.

SPEZIELLE KODIERRICHTLINIEN

1 BESTIMMTE INFEKTIÖSE UND PARASITÄRE KRANKHEITEN

0101u HIV/AIDS

Anmerkung: Wird in dieser Richtlinie auf die Kode-Gruppe „B20–B24" hingewiesen, so sind damit alle Kodes dieser Gruppe mit Ausnahme von **B23.0** ***Akutes HIV-Infektionssyndrom*** gemeint.

HIV-Kodes sind folgende:

R75	*Laborhinweis auf Humanes Immundefizienz-Virus [HIV]* (d.h. unsicherer Nachweis nach nicht eindeutigem serologischem Test)
B23.0	*Akutes HIV-Infektionssyndrom*
Z21	*Asymptomatische HIV-Infektion [Humane Immundefizienz-Virusinfektion]* (d.h. Infektionsstatus HIV-positiv o.n.A.)
B20–B24	*Humane Immundefizienz-Viruskrankheit [HIV]*
O98.7	*HIV-Krankheit [Humane Immundefizienz-Viruskrankheit], die Schwangerschaft, Geburt und Wochenbett kompliziert*

Die Kodes R75, Z21, B23.0 und die Gruppe B20–B24 schließen sich gegenseitig aus und sind während desselben stationären Aufenthaltes nicht zusammen aufzuführen.

Laborhinweis auf HIV – R75

Dieser Kode ist nur bei den Patienten zuzuweisen, deren HIV-Antikörper-Tests nicht sicher positiv sind. Dies ist gewöhnlich dann der Fall, wenn zwar ein Screening-Test für HIV positiv, der Bestätigungstest aber entweder negativ oder nicht eindeutig ist. Der Kode R75 *Laborhinweis auf Humanes Immundefizienz-Virus [HIV]* ist nicht als Hauptdiagnose zuzuweisen.

Akutes HIV-Infektions-Syndrom – B23.0

Bei einem „akuten HIV-Infektionssyndrom" (entweder bestätigt oder vermutet) ist der Kode B23.0 *Akutes HIV-Infektionssyndrom* als Nebendiagnose zu den Kodes der bestehenden Symptome (z.B. Lymphadenopathie, Fieber) oder der Komplikation (z.B. Meningitis) hinzuzufügen.

Hinweis: Im Allgemeinen sind Symptome nur dann zu kodieren, wenn ihre Ursache unbekannt ist. Diese Kodieranweisung stellt somit eine Ausnahme zu Abschnitt „Schlüsselnummern für Symptome, Befunde und ungenau bezeichnete Zustände" in DKR D002 *Hauptdiagnose* (Seite 4) dar.

Beispiel 1

Ein HIV-positiver Patient wird mit Lymphadenopathie aufgenommen. Es wird die Diagnose eines akuten HIV-Infektionssyndroms gestellt.

Hauptdiagnose:	R59.1	*Lymphknotenvergrößerung, generalisiert*
Nebendiagnose(n):	B23.0	*Akutes HIV-Infektionssyndrom*

Nach kompletter Rückbildung der primären Erkrankung werden fast alle Patienten asymptomatisch und bleiben es für mehrere Jahre. Im Falle von zukünftigen Aufnahmen ist entsprechend der existierenden Richtlinien zu kodieren. Der Kode für das „Akute HIV-Infektionssyndrom“ (B23.0) wird nicht mehr verwendet, sobald die entsprechende Symptomatik nicht mehr besteht.

Asymptomatischer HIV-Status – Z21

Z21 *Asymptomatische HIV-Infektion (Humane Immundefizienz-Virusinfektion)*

ist **nicht routinemäßig, sondern nur dann** als Nebendiagnose zuzuweisen, wenn ein HIV-positiver Patient zwar keine Symptome der Infektion zeigt, die Infektion aber trotzdem den Behandlungsaufwand erhöht (siehe DKR D003 *Nebendiagnosen* (Seite 13)).

Da sich Z21 auf Patienten bezieht, die asymptomatisch sind und zur Behandlung einer nicht in Beziehung zur HIV-Infektion stehenden Erkrankung aufgenommen wurden, wird der Kode Z21 **nicht als Hauptdiagnose** zugewiesen.

Kontakt mit und Exposition gegenüber HIV – Z20.6

Entscheidung des Schlichtungsausschusses zu der KDE 537, veröffentlicht am 15.10.2020

Frage: Unmittelbar nach geplanter Schnittentbindung wird bei einem klinisch gesunden Reifgeborenen einer HIV-positiven Mutter, welche in der Schwangerschaft eine antiretrovirale Behandlung erhalten hat, eine antiretrovirale Transmissionsprophylaxe oral begonnen. Was ist die Hauptdiagnose?

Entscheidung: Kann eine HIV-Infektion bei einem klinisch gesunden Neugeborenen, dass unmittelbar nach geplanter Schnittentbindung eine antiretrovirale Transmissionsprophylaxe erhalten hat (HIV-positive Mutter mit erfolgter ausreichender antiretroviraler Behandlung in der Schwangerschaft), nicht nachgewiesen werden, ist für das Neugeborene der Kode Z20.6 *Kontakt mit und Exposition gegenüber HIV* als Hauptdiagnose zu kodieren.

HIV-Krankheit (AIDS) – B20, B21, B22, B23.8, B24

Zur Kodierung von Patienten mit einer HIV-assoziierten Erkrankung (dies kann eine AIDS-definierende Erkrankung sein oder nicht) stehen folgende Kodes zur Verfügung:

B20	*Infektiöse und Parasitäre Krankheiten infolge HIV-Krankheit [Humane Immundefizienz-Viruskrankheit]*
B21	*Bösartige Neubildungen infolge HIV-Krankheit [Humane Immundefizienz-Viruskrankheit]*
B22	*Sonstige näher bezeichnete Krankheiten infolge HIV-Krankheit [Humane Immundefizienz-Viruskrankheit]*
B23.8	*Sonstige näher bezeichnete Krankheitszustände infolge HIV-Krankheit*
B24	*Nicht näher bezeichnete HIV-Krankheit [Humane Immundefizienz-Viruskrankheit]*

Die Kodes R75 und Z21 sind in diesem Fall nicht zu verwenden.

Reihenfolge und Auswahl der Kodes

Sofern die Erkrankung, die hauptsächlich für die Veranlassung des Krankenhausaufenthaltes des Patienten verantwortlich ist, die HIV-Krankheit ist, ist der entsprechende Kode aus B20–B24 (außer B23.0) oder O98.7 (siehe auch DKR 1510 *Komplikationen in der Schwangerschaft* (Seite 149)) als Hauptdiagnose zu verwenden. Ein Beispiel hierfür ist ein Patient, der stationär zur antiretroviralen Chemotherapie der HIV-Erkrankung aufgenommen wird.

Sofern die Erkrankung, die hauptsächlich für die Veranlassung des Krankenhausaufenthaltes des Patienten verantwortlich ist, eine Manifestation der bereits bekannten HIV-Krankheit ist, ist die Manifestation als Hauptdiagnose zu kodieren. Ein Kode aus B20–B24 (außer B23.0) ist als Nebendiagnose anzugeben.

Beispiel 2

Ein Patient wird mit Mundsoor aufgrund einer bereits bekannten HIV-Infektion aufgenommen.

Hauptdiagnose:	B37.0	*Candida-Stomatitis*
Nebendiagnose(n):	B20	*Infektiöse und parasitäre Krankheit infolge HIV-Krankheit [Humane Immundefizienz-Viruskrankheit]*

Grundsätzlich sind entgegen der Definition einer Nebendiagnose (DKR D003 *Nebendiagnosen* (Seite 13)) alle bestehenden Manifestationen der HIV-Krankheit (AIDS) zu kodieren.

0103w Bakteriämie, Sepsis und Neutropenie

Bakteriämie

Eine **Bakteriämie** ist mit einem Kode aus

A49.– *Bakterielle Infektion, nicht näher bezeichneter Lokalisation*

oder einem anderen Kode, der spezifisch den Erreger benennt z.B. A54.9 *Gonokokkeninfektion, nicht näher bezeichnet* zu kodieren. Sie ist nicht mit einem Sepsis-Kode (siehe Tabelle 1) zu verschlüsseln.

Eine Ausnahme hiervon stellt die Meningokokken-Bakteriämie dar, die mit

A39.4 *Meningokokkensepsis, nicht näher bezeichnet*

zu verschlüsseln ist.

Sepsis (Septikämie)

Im Gegensatz dazu wird eine Sepsis mit einem passenden Sepsis-Kode z.B. aus Tabelle 1 kodiert. Dies trifft auch auf eine klinisch manifeste **Urosepsis** zu.

Tabelle 1:

A02.1	*Salmonellensepsis*
A20.7	*Pestsepsis*
A22.7	*Milzbrandsepsis*
A26.7	*Erysipelothrix-Sepsis*
A32.7	*Listeriensepsis*
A39.2	*Akute Meningokokkensepsis*
A39.3	*Chronische Meningokokkensepsis*
A39.4	*Meningokokkensepsis, nicht näher bezeichnet*
A40.–	*Streptokokkensepsis*
A41.–	*Sonstige Sepsis*
A42.7	*Aktinomykotische Sepsis*
B00.70	*Sepsis durch Herpesviren*
B34.80	*Sepsis durch Viren, anderenorts nicht klassifiziert*
B37.7	*Candida-Sepsis*
B38.70	*Sepsis durch Coccidioides*
B39.30	*Sepsis durch Histoplasma capsulatum*
B40.70	*Sepsis durch Blastomyces*
B41.70	*Sepsis durch Paracoccidioides*
B42.70	*Sepsis durch Sporothrix*
B44.70	*Sepsis durch Aspergillus*
B45.70	*Sepsis durch Cryptococcus*
B46.40	*Sepsis durch Mucorales*
B48.80	*Sepsis durch Pilze, anderenorts nicht klassifiziert*
B58.90	*Sepsis durch Toxoplasmen*
B60.80	*Sepsis durch Protozoen, anderenorts nicht klassifiziert*
P36.–	*Bakterielle Sepsis beim Neugeborenen*

Sepsis im Zusammenhang mit Abort, ektoper Schwangerschaft, Molenschwangerschaft, Geburt oder Wochenbett ist mit dem passenden Kode aus Tabelle 2 zu verschlüsseln. Zusätzlich ist ein Sepsis-Kode z.B. aus Tabelle 1 anzugeben, um auf den Erreger und das Vorliegen einer Sepsis hinzuweisen.

Tabelle 2:

O03–O07	*Schwangerschaft mit abortivem Ausgang*
O08.0	*Infektion des Genitaltraktes und des Beckens nach Abort, Extrauteringravidität und Molenschwangerschaft*
O75.3	*Sonstige Infektion unter der Geburt*
O85	*Puerperalfieber*

Definition der Sepsis

Die Definition der Sepsis erfolgt nach der internationalen Sepsis-3 Konsensus-Konferenz.

Eine Sepsis ist eine akut lebensbedrohliche Organdysfunktion, hervorgerufen durch eine inadäquate Wirtsantwort auf eine Infektion. Für die Diagnose einer Sepsis assoziierten

Organdysfunktion ist eine Veränderung des Sequential Organ Failure Assessment (SOFA) Score um ≥ 2 Punkte zu verwenden.

Die Organdysfunktion im Rahmen der Sepsis wird bei Erwachsenen (Alter ≥ 18 Jahre) über den SOFA-Score bestimmt (Sequential (Sepsis-related) Organ Failure Assessment Score). Bei Erwachsenen ist die Organdysfunktion im Rahmen der Sepsis definiert als Veränderung des SOFA-Scores um ≥ 2 Punkte. Zur Ermittlung des SOFA-Scores werden die Punkte für die verschiedenen Organsysteme addiert.

Die Bewertungspunkte reichen jeweils von 0 bis 4. Der schlechteste Parameterwert jedes einzelnen Tages wird jeweils in die Wertung eingebracht. Das Nicht-Vorliegen eines Parameters geht mit 0 Punkten in die Berechnung ein.

Organdysfunktionen, die offensichtlich nicht durch die Sepsis verursacht sind, dürfen nicht als Kriterium für die Diagnose einer sepsisassoziierten Organdysfunktion verwendet werden.

Bei Patienten, bei denen vor Eintritt der Sepsis offensichtlich keine Begleiterkrankungen im Sinne einer Organdysfunktion vorliegen, wird von einem Ausgangswert des SOFA-Scores von 0 ausgegangen. Bei vorbekannten Organdysfunktionen sind bei der Berechnung des SOFA-Scores die Punkte für die chronische(n) Grundkrankheit(en) zu berücksichtigen. In diesem Fall wird der Ausgangswert des SOFA-Scores durch die vorbestehende(n) Organdysfunktion(en) definiert und es ist nur der akute Anstieg zum (anzunehmenden) Grundwert zu berücksichtigen.

Beispiel 1

Eine Patientin wird wegen eines fieberhaften Harnwegsinfektes behandelt. Anamnestisch ist eine chronische Nierenkrankheit, Stadium 3 mit einem Kreatinin von 1,5 mg/dl bekannt (SOFA-Score 1 Punkt). Aktuell wird ein Kreatinin von 2,1 mg/dl gemessen (SOFA-Score 2 Punkte), für alle übrigen Parameter des SOFA-Scores ergeben sich 0 Punkte.

Bestimmung des SOFA-Scores:

Bei chronischer Nierenkrankheit liegt hier ein Ausgangswert des SOFA-Scores von 1 vor. Der akute Anstieg des SOFA-Scores beträgt 1 Punkt, die Kriterien für eine sepsisbedingte Organdysfunktion sind nicht erfüllt.

Beispiel 2

Eine junge Patientin wird mit dem klinischen Bild einer Sepsis (u.a. Hypotonie, Tachypnoe, Fieber und Verwirrtheit) stationär aufgenommen. Die Erhebung des SOFA-Scores ergibt einen Wert von 4. Nach Einleitung einer Antibiose und weiterer Sepsis-spezifischer therapeutischer Maßnahmen beträgt der nach 24 Stunden erhobene SOFA-Kontrollwert 2 Punkte. Aufgrund der erfolgten Sepsistherapie zeigt sich eine Verringerung des Sofa-Scores um 2 Punkte. Die Kriterien für eine sepsisbedingte Organdysfunktion sind in diesem Fall mit der Veränderung des SOFA-Scores um 2 Punkte erfüllt.

Beispiel 3

Ein junger Patient wird mit dem klinischen Bild einer Sepsis stationär auf die Intensivstation aufgenommen. Anamnestische Angaben liegen nicht vor und können nicht erhoben werden. Die Erhebung des SOFA-Scores ergibt einen Wert von 6. Trotz intensiver Therapie verstirbt der Patient, bevor ein weiterer SOFA-Score erhoben wird. Der anzunehmende Grundwert des SOFA-Scores bei Aufnahme beträgt 0 Punkte und ist auf 6 Punkte angestiegen. Die Kriterien für die sepsisassoziierte Organdysfunktion sind trotz nur einmaliger Ermittlung des SOFA-Scores erfüllt.

Beispiel 4

Ein verwirrter Patient wird unter dem klinischen Bild einer Sepsis (u.a. Hypotonie, Tachypnoe, Fieber) stationär aufgenommen. Anamnestische Daten liegen nicht vor und können nicht erhoben werden. Der bei Aufnahme erhobene SOFA- Score ergibt 4 Punkte. Nach Einleitung einer antibiotischen Therapie und weiterer symptomatischer (sepsisspezifischer) therapeutischer Maßnahmen klart der Patient schnell auf und verlässt das Krankenhaus noch bevor anamnestische Angaben zur Feststellung des anzunehmenden SOFA-Score-Grundwertes erhoben werden können. In diesem Fall erfolgt die Kodierung gemäß den Regelungen der DKR D008 „Verdachtsdiagnosen".

Der PaO2 sollte in der Regel über eine arterielle Blutgasanalyse (BGA) bestimmt werden, ausnahmsweise kann auf eine kapilläre BGA ausgewichen werden. Bei Patienten ohne arterielle Blutgasanalyse und somit fehlendem arteriellen Sauerstoffpartialdruck (PaO2), kann alternativ die periphere Sauerstoffsättigung durch Pulsoximetrie (SpO2) unter Nutzung der nachfolgenden Konversionstabellen verwendet werden.

SO_2 (%)	80	81	82	83	84	85	86	87	88	89
Kalkulierter PaO_2 (mmHG)	44	45	46	47	49	50	52	53	55	57

SO_2 (%)	90	91	92	93	94	95	96	97	98	99
Kalkulierter PaO_2 (mmHG)	60	62	65	69	73	79	86	96	112	145

Quelle: Deutsche Sepsisgesellschaft, Kodierleitfaden Sepsis 3.0, Stand: 05.2023 (www.sepsis-gesellschaft.de/Kodierleitfaden_23_05-002.pdf)

Bei nicht beatmeten Patienten kann die inspiratorische Sauerstofffraktion (FiO2) nicht bestimmt werden. Zur Abschätzung der FiO2 gelten bei nicht beatmeten Patienten die geschätzten Werte aus der folgenden Tabelle:

Methode	***O_2-Flow (l/min)***	***Geschätzte FiO_2***
Nasensonde, Nasenbrille	1 2 3 4 5 6	0,24 0,28 0,32 0,36 0,40 0,44
Nasopharyngealer Katheter	4 5 6	0,40 0,50 0,60
Gesichtsmaske	5 6–7 7–8	0,40 0,50 0,60
Gesichtsmaske mit Reservoir	6 7 8 9 10	0,60 0,70 0,80 0,90 0,95

Quelle: Deutsche Sepsisgesellschaft, Kodierleitfaden Sepsis 3.0, Stand: 05.2023 (www.sepsis-gesellschaft.de/Kodierleitfaden_23_05-002.pdf)

Für die Berechnung des Horovitz-Index für die Aufwandspunkte der intensivmedizinischen Komplexbehandlung sind die Konversionstabellen nicht anzuwenden.

Definition septischer Schock

Ein septischer Schock ist definiert als eine trotz adäquater Volumentherapie persistierende arterielle Hypotension mit der Notwendigkeit einer Therapie mit Vasopressoren, um einen mittleren arteriellen Blutdruck von $\geq$ 65 mmHg zu erreichen. Gleichzeitig muss der Laktatwert im Serum > 2 mmol/l (>18mg/dl) betragen.

Kodierung einer Sepsis

Eine Sepsis ist mit folgenden Kodes zu verschlüsseln:

- einem oder ggf. mehreren Kode(s) für die Sepsis z.B. aus Tabelle 1
- einem oder ggf. mehreren Kode(s) für den zeitlichen Bezug der Sepsis zur stationären Krankenhausaufnahme (U69.80!–U69.82!)

Folgende(r) Kode(s) sollen, sofern zutreffend, zusätzlich verschlüsselt werden:

- Kode(s) für den Infektfokus
- Kode(s) für den/die spezifische(n) Erreger
- Kode(s) für Erreger-Resistenzen aus Kapitel XXII ICD-10-GM,
- Kode(s) für die Organdysfunktion(en)
- Kode(s) für den septischen Schock und für den zeitlichen Bezug des septischen Schocks zur stationären Krankenhausaufnahme (U69.83!–U69.85!).

Im Gegensatz zum früheren Verständnis der Pathophysiologie septischer Erkrankungsbilder ist der Nachweis eines SIRS zur Sicherung der Diagnose Sepsis nicht erforderlich.

Neutropenie (Agranulozytose)

Sepsis bei Neutropenie-Patienten ist in folgender Reihenfolge zu kodieren:

1. Ein Kode für „Sepsis“
2. Ein Kode aus D70.– *Agranulozytose und Neutropenie*

0104u Asymptomatischer MRSA Keimträger

Entscheidung des Schlichtungsausschusses zu der KDE 17, veröffentlicht am 19.08.2020

Frage: Wie wird der asymptomatische Keimträger mit Erregernachweis MRSA verschlüsselt?

Entscheidung: Der asymptomatische Keimträger mit Erregernachweis MRSA ohne diesbezügliche Erkrankung ist mit folgenden Kodes zu kodieren:

Z22.3 *Keimträger anderer näher bezeichneter bakterieller Krankheiten*

U80.00! *Staphylococcus aureus mit Resistenz gegen Oxacillin oder Methicillin [MRSA].*

0105W SIRS

Systemisches inflammatorisches Response-Syndrom

Für die Verschlüsselung eines SIRS stehen in der ICD-10-GM folgende Kodes zur Verfügung:

R65.0! *Systemisches inflammatorisches Response-Syndrom [SIRS] infektiöser Genese ohne Organkomplikationen*

R65.1! *Systemisches inflammatorisches Response-Syndrom [SIRS] infektiöser Genese mit Organkomplikationen.*

R65.2! *Systemisches inflammatorisches Response-Syndrom [SIRS] nichtinfektiöser Genese ohne Organkomplikationen.*

R65.3! *Systemisches inflammatorisches Response-Syndrom [SIRS] nichtinfektiöser Genese mit Organkomplikationen.*

R65.9! *Systemisches inflammatorisches Response-Syndrom [SIRS], nicht näher bezeichnet.*

Dabei ist zunächst ein Kode für die ein SIRS auslösende Grundkrankheit anzugeben, gefolgt von einem Kode aus R65.–! *Systemisches inflammatorisches Response-Syndrom [SIRS].* Aufgrund der seit 2017 gültigen Sepsis-Definition (Sepsis-3) ist dabei der Kode R65.0! nicht mehr mit der auslösenden Grundkrankheit Sepsis (unter anderem Kodes aus Tabelle 1) zu kombinieren. Zur Angabe von Organkomplikationen, Erregern und deren Resistenzlage sind zusätzliche Schlüsselnummern zu verwenden.

2 NEUBILDUNGEN

0201u Auswahl und Reihenfolge der Kodes

Diagnosen

Die Reihenfolge der anzugebenden Kodes hängt von der Behandlung während des betreffenden Krankenhausaufenthaltes ab.

Erfolgt die Aufnahme zur Diagnostik/Behandlung des primären Malignoms, ist das primäre Malignom als Hauptdiagnose-Kode zuzuweisen.

Beispiel 1

Ein Patient wird zur Behandlung eines malignen Gehirntumors im Frontallappen stationär aufgenommen.

Hauptdiagnose:	C71.1	*Bösartige Neubildung des Gehirns, Frontallappen*

Der Malignom-Kode ist als Hauptdiagnose für **jeden** Krankenhausaufenthalt **zur Behandlung der bösartigen Neubildung und zu notwendigen Folgebehandlungen** (z.B. Operationen, Chemo-/Strahlentherapie, sonstige Therapie) (siehe Beispiel 2) sowie **zur Diagnostik** (z.B. Staging) (siehe Beispiel 3) anzugeben, bis die Behandlung **endgültig** abgeschlossen ist, also auch bei den stationären Aufenthalten, die beispielsweise auf die chirurgische Entfernung eines Malignoms folgen. Denn obwohl das Malignom operativ entfernt worden ist, wird der Patient nach wie vor wegen des Malignoms behandelt. War der Aufnahmegrund weder die maligne Erkrankung noch die Chemo-/Strahlentherapie, so ist die Hauptdiagnose gemäß DKR D002 *Hauptdiagnose* (Seite 4) zu wählen.[1]

[1] *Siehe hierzu auch den Beschluss des Schlichtungsausschusses Bund gem. § 17c Abs. 3 KHG, AZ 01/2015 vom 04.07.2016, der am 27.07.2016 mit Veröffentlichung in Kraft getreten ist. (https://www.dkgev.de/fileadmin/default/Beschluss_Schlichtungsausschuss_Bund_gem.____17c_Abs._3__KHG.pdf)*

Entscheidung des Schlichtungsausschusses zu der KDE 134, veröffentlicht am 06.10.2020

Frage: Patient mit einem Rektumkarzinom, Z.n. Operation und Radiochemotherapie. Ambulante Durchführung einer palliativen Chemotherapie mit FUFOX (5 FU, Folinsäure und Oxaliplatin). Aufnahme drei Tage nach der Chemotherapie mit einer massiven Enterokolitis als Nebenwirkung der Chemotherapie. Symptomatische Therapie mit parenteraler Ernährung, prophylaktisch Antibiotika und Antiemetika. Schmerzmedikation wegen Schmerzen in der Hüfte. Transfusion von zwei Erythrozytenkonzentraten bei Tumoranämie. MRT der Hüfte bei Verdacht auf Metastase, die sich nicht bestätigte. Was ist Hauptdiagnose?

Entscheidung: In dem beschriebenen Fall des Patienten (KDE-134) mit Rektumkarzinom, Z.n. Operation und Radiochemotherapie, ambulanter Durchführung einer palliativen Chemotherapie mit FUFOX (5 FU, Folinsäure und Oxaliplatin), der drei Tage nach der Chemotherapie mit einer massiven Enterokolitis als Nebenwirkung auf die Chemotherapie aufgenommen und symptomatisch mit parenteraler Ernährung, prophylaktischer Antibiotika- und Antiemetikagabe sowie Schmerzmedikation bei Hüftschmerzen und Transfusion von zwei Erythrozytenkonzentraten bei Tumoranämie behandelt wird und bei dem zusätzlich ein MRT der Hüfte bei Verdacht auf Metastase durchgeführt wird, welche sich nicht bestätigte, ist für die Auswahl der Hauptdiagnose der Beschluss des Schlichtungsausschusses Bund alter Fassung vom 04.07.2016 anzuwenden.

Demnach gilt:

„Wird bei einem Patienten – mit zum Zeitpunkt der Aufnahme bekanntem Malignom und bevor die Malignom-Behandlung endgültig abgeschlossen ist – während des stationären Aufenthaltes ausschließlich eine einzelne Erkrankung (oder Komplikation) als Folge einer Tumortherapie oder eines Tumors behandelt, wird in diesem Fall die behandelte Erkrankung als Hauptdiagnose angegeben und der Tumor als Nebendiagnose.
Hiervon ausgenommen sind solche Fälle, bei denen weitere diagnostische oder therapeutische Maßnahmen in direktem Zusammenhang mit der Tumorerkrankung durchgeführt werden.“

In dem beschriebenen Fall ist das Rektumkarzinom mit dem Kode C20 *Bösartige Neubildung des Rektums* als Hauptdiagnose zu kodieren.

Entscheidung des Schlichtungsausschusses zu der KDE 231, veröffentlicht am 15.10.2020

Frage: Mit Operation und postoperativer Nachbestrahlung behandeltes Karzinom des Mittelgesichtes; ferner Unterkieferteilresektion bei Knochenmetastase. Anschließend persistierende intra- und extraorale Fistel. Aktuell: Fistelresektion; sonst keine weiteren diagnostischen oder therapeutischen Maßnahmen in direktem Zusammenhang mit der Tumorerkrankung. Was ist die Hauptdiagnose?

Entscheidung: In dem beschriebenen Fall (KDE-231) des Patienten, bei dem ein Karzinom des Mittelgesichtes mit Operation und postoperativer Nachbestrahlung behandelt wurde, eine Unterkieferteilresektion bei Knochenmetastase erfolgte und anschließend eine persistierende intra- und extraorale Fistel auftrat und aktuell eine Fistelresektion und ansonsten keine diagnostischen oder therapeutischen Maßnahmen in direktem Zusammenhang mit der Tumorerkrankung durchgeführt werden, ist für die Auswahl der Hauptdiagnose der Beschluss des Schlichtungsausschusses Bund alter Fassung vom 04.07.2016 anzuwenden.

Demnach gilt:

„Wird bei einem Patienten – mit zum Zeitpunkt der Aufnahme bekanntem Malignom und bevor die Malignom-Behandlung endgültig abgeschlossen ist – während des stationären Aufenthaltes ausschließlich eine einzelne Erkrankung (oder Komplikation) als Folge einer Tumortherapie oder eines Tumors behandelt, wird in diesem Fall die behandelte Erkrankung als Hauptdiagnose angegeben und der Tumor als Nebendiagnose.
Hiervon ausgenommen sind solche Fälle, bei denen weitere diagnostische oder therapeutische Maßnahmen in direktem Zusammenhang mit der Tumorerkrankung durchgeführt werden. In diesem Fall ist die Tumorerkrankung als Hauptdiagnose zu kodieren.“[2]

In dem beschriebenen Fall ist die Fistel mit dem Kode K12.28 *Sonstige Phlegmone und Abszess des Mundes* als Hauptdiagnose zu kodieren.

Entscheidung des Schlichtungsausschusses zu der KDE 357, veröffentlicht am 15.10.2020

Frage: Eine Patientin wird mit einer dekompensierten Herzinsuffizienz stationär aufgenommen. Sechs Jahre zuvor war bei Patientin ein Mammakarzinom brusterhaltend operiert worden, Lymphknoten waren nicht befallen, eine Behandlung des Mammakarzinoms erfolgt derzeit nicht. Bei der Röntgenuntersuchung des Thorax wird eine Lungenmetastase festgestellt. Weiterführende Diagnostik (CT, Biopsie) erfolgt während dieses Aufenthaltes nicht, allerdings wird der Fall der Patientin in der Tumorkonferenz vorgestellt. Darf C78.0 *Sekundäre bösartige Neubildung der Lunge* kodiert werden?

Entscheidung: In dem vorliegenden Fall (KDE 357) ist die Metastase mit dem Kode C78.0 *Sekundäre bösartige Neubildung der Lunge* auch dann als Nebendiagnose zu kodieren, wenn ausschließlich eine Besprechung in einer Tumorkonferenz stattgefunden hat und dort das weitere Vorgehen in Hinblick auf die Metastase beraten wurde.

---

[2] *Der letzte Satz ist Bestandteil der Entscheidung des Schlichtungsausschusses nach § 19 KHG zu der KDE 231, veröffentlicht am 15.10.2020. Er ist kein Zitat des Beschlusses des Schlichtungsausschusses Bund gem. § 17c Abs. 3 KHG, AZ 01/2015 vom 04.07.2016.*

Entscheidung des Schlichtungsausschusses zu der KDE 583, veröffentlicht am 16.12.2020

Frage: Ein Patient wird wegen einer symptomatischen Epilepsie mit komplexen fokalen, sekundär generalisierenden Anfällen auf dem Boden von Hirnmetastasen eines Bronchialkarzinoms stationär aufgenommen. Ein Behandlungsaufwand bezüglich des Bronchialkarzinoms oder der Hirnmetastasen selbst besteht während des Aufenthaltes nicht. Wie sind Haupt- und Nebendiagnose zu kodieren?

Entscheidung: Wird ein Patient wegen einer symptomatischen Epilepsie auf dem Boden von Hirnmetastasen bei einer Tumorerkrankung aufgenommen und wird ausschließlich die symptomatische Epilepsie behandelt, so sind gemäß DKR 0201 *Neubildungen* und Schlichtungsausschuss Bund alter Fassung (Beschluss vom 04.07.2016) die symptomatische Epilepsie als Hauptdiagnose sowie die Hirnmetastasen und der Tumor als Nebendiagnosen zu verschlüsseln.

Beispiel 2

Eine Patientin wird bei vorangegangener Mastektomie bei Mammakarzinom (oberer äußerer Quadrant) anschließend erneut für drei Tage zur Strahlentherapie stationär aufgenommen.

Hauptdiagnose:	C50.4	*Bösartige Neubildung der Brustdrüse, oberer äußerer Quadrant*

Beispiel 3

Ein Patient wird zum Staging eines Morbus Hodgkin (lymphozytenreiche klassische Form) nach vorangegangener Chemotherapie stationär aufgenommen.

Hauptdiagnose:	C81.4	*Lymphozytenreiches (klassisches) Hodgkin-Lymphom*

Beispiel 4

Bei einer 34-jährigen Patientin erfolgte vor zwei Jahren eine Ablatio mammae links mit Axilladissektion bei Mammakarzinom. Im postoperativen Verlauf wurde eine adjuvante Chemotherapie durchgeführt. Die Patientin wird nun im Rahmen der geplanten Gesamtbehandlung für einen Mammaaufbau mittels Expander und Musculus latissimus dorsi-Lappen aufgenommen. Andere therapeutische und/oder diagnostische Maßnahmen bezüglich der malignen Grunderkrankung erfolgen nicht.

Hauptdiagnose:	C50.4	*Bösartige Neubildung der Brustdrüse [Mamma]: Oberer äußerer Quadrant der Brustdrüse*

Sofern ein Patient eine auf mehrere Eingriffe verteilte chirurgische Behandlung eines Malignoms/von Metastasen benötigt, ist jedem weiteren Krankenhausaufenthalt, bei dem eine Folge-Operation durchgeführt wird, das Malignom/die Metastasen ebenfalls als Hauptdiagnose-Kode zuzuweisen. Obwohl das Malignom/die Metastasen möglicherweise durch die erste Operation entfernt worden ist/sind, wird der **Patient** während des darauf folgenden Krankenhausaufenthaltes **nach wie vor wegen der Folgen des Malignoms/der Metastasen behandelt**, d.h. das Malignom/die Metastasen ist/sind auch der Anlass zur Folge-Operation.

Erfolgt die Aufnahme nur zur Behandlung von Metastasen, ist/sind die Metastase(n) als Hauptdiagnose-Kode anzugeben und zusätzlich, sofern bekannt, eine bzw. mehrere Nebendiagnose(n) für den Primärtumor (siehe Beispiel 5). Das primäre Malignom ist selbst einige Jahre nach der Resektion des Primärtumors Nebendiagnose, da der Patient nach wie vor wegen dieses Malignoms behandelt wird. Ist die Lokalisation des Primärtumors unbekannt, ist ein Kode aus C80.– *Bösartige Neubildung ohne Angabe der Lokalisation* zu kodieren.

Beispiel 5

Ein Patient wird zur Resektion von Lebermetastasen stationär aufgenommen. Drei Monate zuvor war ein Karzinom am Colon transversum operativ entfernt worden.

Hauptdiagnose:	C78.7	*Sekundäre bösartige Neubildung der Leber*
Nebendiagnose(n):	C18.4	*Bösartige Neubildung des Kolons, Colon transversum*

Erfolgt die Aufnahme des Patienten primär zur systemischen Chemotherapie, „systemischen" Strahlentherapie (siehe Tabelle 1) oder zur systemischen Therapie mit Antikörpern oder Zytokinen (siehe Tabelle 1)

Tabelle 1: Prozeduren für systemische Strahlentherapie und systemische Therapie mit Antikörpern oder Zytokinen

8-523.4	*Ganzkörperbestrahlung*
8-530.2	*Therapie der blutbildenden Organe mit offenen Radionukliden*
8-530.5	*Sonstige systemische Therapie mit offenen Radionukliden*
8-530.6	*Intravenöse Therapie mit radioaktiven rezeptorgerichteten Substanzen*
8-530.7	*Intravenöse Therapie mit radioaktiven Antikörpern*
8-530.9	*Intravenöse Therapie mit radioaktiv markierten metabolischen Substanzen*
8-531	*Radiojodtherapie*
8-547.0	*Andere Immuntherapie: Mit nicht modifizierten Antikörpern*
8-547.1	*Andere Immuntherapie: Mit modifizierten Antikörpern*
8-547.2	*Andere Immuntherapie: Mit Immunmodulatoren*

des Primärtumors und/oder der Metastasen, ist das primäre Malignom als Hauptdiagnose zuzuweisen. Erfolgt die Aufnahme des Patienten primär zur systemischen Chemotherapie und ist ausnahmsweise der Primärtumor nicht bekannt, wird ein Kode aus C80.– *Bösartige Neubildung ohne Angabe der Lokalisation* als Hauptdiagnose angegeben.

Beispiel 6

Ein Patient mit Prostatakarzinom wird zur Tages-Chemotherapie aufgenommen. Es wird eine nicht komplexe Chemotherapie mit einem Medikament durchgeführt. Die Entlassung erfolgt am selben Tag.

Hauptdiagnose:	C61	*Bösartige Neubildung der Prostata*
Prozedur(en):	8-542.11	*Zytostatische Chemotherapie, Immuntherapie und antiretrovirale Therapie, nicht komplexe Chemotherapie, 1 Tag, 1 Substanz*

Beispiel 7

Ein Patient wird zur systemischen Chemotherapie von Lebermetastasen stationär aufgenommen. Drei Monate zuvor war ein Karzinom am Colon transversum operativ entfernt worden.

Hauptdiagnose:	C18.4	*Bösartige Neubildung des Kolons, Colon transversum*
Nebendiagnose(n):	C78.7	*Sekundäre bösartige Neubildung der Leber und der intrahepatischen Gallengänge*

Erfolgt hingegen die Aufnahme zur lokalen Chemotherapie oder lokalen Bestrahlungstherapie der Metastase(n), ist/sind die Metastase(n) als Hauptdiagnose und der Primärtumor als Nebendiagnose anzugeben (siehe Kodierung in Beispiel 5).

Erfolgt die Aufnahme des Patienten sowohl zur Behandlung des Primärtumors als auch der Metastasen, ist gemäß DKR D002 *Hauptdiagnose* (Seite 4) (zwei Diagnosen erfüllen gleichzeitig das Kriterium der Hauptdiagnose) diejenige Diagnose als Hauptdiagnose auszuwählen, die die meisten Ressourcen verbraucht hat.

Beispiel 8

Ein Patient wird wegen eines sonografischen Verdachts auf Lebermetastasen zur Primärtumorsuche und weiteren Abklärung stationär aufgenommen. Dabei findet sich ein Kolonkarzinom mit Lebermetastasen. Es wird sowohl eine Hemikolektomie als auch eine Leberteilresektion durchgeführt.

Hauptdiagnose: Nebendiagnose(n):	Wird vom behandelnden Arzt entschieden

Wenn sich ein Patient mit einem Symptom vorstellt und die zugrunde liegende Erkrankung zum Zeitpunkt der Aufnahme bekannt ist, ist das Symptom als Hauptdiagnose zu kodieren, sofern ausschließlich das Symptom behandelt wird. Die zugrunde liegende Erkrankung ist als Nebendiagnose-Kode anzugeben.

Beispiel 9

Ein Patient, bei dem drei Monate vorher ein großer, mehrere Bereiche überlappender maligner Gehirntumor diagnostiziert wurde, wird wegen rezidivierender Krampfanfälle aufgenommen. Es werden **nur die Krampfanfälle** behandelt.

Hauptdiagnose:	R56.8	*Sonstige und nicht näher bezeichnete Krämpfe*
Nebendiagnose(n):	C71.8	*Bösartige Neubildung des Gehirns, mehrere Teilbereiche überlappend*

Rezidiv eines primären Malignoms

Sofern ein primäres Malignom, das bereits früher aus dem selben Organ oder Gewebe radikal entfernt wurde, rezidiviert, ist es als primäres Malignom des angegebenen Gebietes zu verschlüsseln, d.h. ein Rezidiv ist wie ein Primärtumor zu kodieren.

Beispiel 10

Ein Patient wird nach zwei Jahren wegen eines Rezidivs eines voroperierten Magenkarzinoms im Corpus ventriculi stationär aufgenommen.

Hauptdiagnose: C16.2 *Bösartige Neubildung des Magens, Corpus ventriculi*

Ausgedehnte Exzision eines Tumorgebietes

Bei Aufnahmen zur ausgedehnten Exzision eines bereits früher entfernten Tumors ist der Kode für den Tumor zuzuweisen, selbst wenn der histopathologische Befund keinen Hinweis auf einen Resttumor ergibt.

Malignomnachweis nur in der Biopsie

Wenn das Ergebnis einer Biopsie zur Diagnose eines Malignoms führt, sich aber im Operationsmaterial keine malignen Zellen finden, ist die ursprüngliche Diagnose, die aufgrund der Biopsie gestellt wurde, zu kodieren.

0206a Benachbarte Gebiete

Bekannte Primärlokalisation

Sofern sich die Ausbreitung eines Tumors von einer bekannten Primärlokalisation auf ein Nachbarorgan oder -gebiet (z.B. vom Darm auf die Blase oder vom Jejunum zum Ileum) fortsetzt, ist nur die Primärlokalisation zu kodieren. Die Ausbreitung im Nachbargebiet wird nicht verschlüsselt.

Beispiel 1

Eine Patientin mit einem Karzinom der Ektozervix, das auf die Vagina übergreift, wird zur Operation aufgenommen.

Hauptdiagnose: C53.1 *Bösartige Neubildung der Ektozervix*

0206

Unbekannte Primärlokalisation

Eine Neubildung, die zwei oder mehr anatomisch-topographisch aneinandergrenzende Teilbereiche **innerhalb einer dreistelligen** ICD-Kategorie überlappt und deren Ursprungsort nicht bestimmt werden kann, ist entsprechend der Subkategorie .8 („mehrere Teilbereiche überlappend“) zu klassifizieren (s.a. ICD-10-GM Hinweise zu Kapitel II), vorausgesetzt, dass die Kombination nicht speziell an anderer Stelle aufgeführt ist, wie zum Beispiel C16.0 *Bösartige Neubildung der Kardia (Ösophagus und Magen).*

Beispiel 2

Eine Patientin mit einem Karzinom der Endo- und Ektozervix wird zur Operation aufgenommen.

Hauptdiagnose: C53.8 *Bösartige Neubildung der Cervix uteri, mehrere Teilbereiche überlappend*

Die ICD-10-GM stellt für bestimmte bösartige Neubildungen, deren **Entstehungsort** nicht festgestellt werden kann und deren angegebene Lokalisation **zwei oder mehr dreistellige Kategorien** überlappt, eigene Kodes zur Verfügung.

Beispiel 3

Eine Patientin mit einem Karzinom der Zervix und der Vagina wird zur Strahlentherapie mehrtägig aufgenommen. Der Entstehungsort des Malignoms konnte nicht festgestellt werden.

Hauptdiagnose: C57.8 *Bösartige Neubildung der weiblichen Genitalorgane, mehrere Teilbereiche überlappend*

Anmerkung: In diesem Fall liegt ein Karzinom der Zervix (C53.–) und ein Karzinom der Vagina (C52) vor. Da der **Entstehungsort** nicht festgestellt werden kann und die angegebene Lokalisation **zwei oder mehr dreistellige Kategorien** überlappt, ist

C57.8 *Bösartige Neubildung der weiblichen Genitalorgane, mehrere Teilbereiche überlappend*

zuzuweisen.

Ungenau/nicht näher bezeichnete Lokalisationen

Für ein Malignom, dessen Ursprungsort unbekannt ist und das sich über benachbarte Gebiete erstreckt (mehrere Bereiche überlappt) und dessen Lokalisation ungenau bezeichnet oder **anderenorts nicht klassifiziert** ist, steht der Kode

C76.– *Bösartige Neubildungen sonstiger und ungenau bezeichneter Lokalisation*

zur Verfügung.

Anmerkung: Die Verwendung dieser Kategorie ist nur dann zulässig, wenn keine spezifische Information bezüglich der Art der Neubildung (z.B. bösartige Neubildung des Thorax) verfügbar ist.

0208c Remission bei malignen immunproliferativen Erkrankungen und Leukämie

Die Kodes

C88.– *Bösartige immunproliferative Krankheiten,*

C90.– *Plasmozytom und bösartige Plasmazellen-Neubildungen* und

C91–C95 *Leukämie*

stellen zur **Verschlüsselung des Remissionsstatus** an fünfter Stelle

0 *Ohne Angabe einer kompletten Remission* oder
1 *In kompletter Remission*

zur Verfügung.

Hierbei ist zu beachten:

.x0 Ohne Angabe einer kompletten Remission
Ohne Angabe einer Remission
In partieller Remission

ist zuzuweisen,

- wenn es sich um das erste Auftreten und die Erstdiagnose der Erkrankung handelt,
- wenn **keine** Remission vorliegt oder trotz eines Rückgangs der Krankheitserscheinungen die Erkrankung nach wie vor existiert (**partielle** Remission),

oder

- wenn der Remissionsstatus nicht bekannt ist

.x1 In kompletter Remission

ist zuzuweisen,

wenn es sich um eine **komplette** Remission handelt, d.h. **keine Anzeichen oder Symptome eines Malignoms nachweisbar** sind.

Zur Kodierung von bösartigen Neubildungen in der Eigenanamnese siehe DKR 0209 *Malignom in der Eigenanamnese.*

Für Leukämien mit einem Kode aus C91–C95, die auf eine Standard-Induktionstherapie refraktär sind, ist die zusätzliche Schlüsselnummer

C95.8! *Leukämie, refraktär auf Standard-Induktionstherapie*

anzugeben.

0209u Malignom in der Eigenanamnese

Bösartige Neubildung in der Eigenanamnese

Ein „Anamnese-Kode“ wird dann zugewiesen, wenn man von einer definitiven Heilung ausgehen kann. Wann dies bei einem Patienten möglich ist, hängt von der jeweiligen Erkrankung ab. Da die Feststellung eigentlich nur retrospektiv möglich ist, wird die Unterscheidung eher „klinisch“ auf der Basis einer fortgesetzten Behandlung des Malignoms als nach einem festgelegten Zeitrahmen getroffen.

In Fällen, in denen die Behandlung des Malignoms endgültig abgeschlossen ist, ist ein Kode aus

Z85.– *Bösartige Neubildung in der Eigenanamnese*

als **Nebendiagnose** zuzuweisen, sofern dies den Behandlungsaufwand beim aktuellen Aufenthalt erhöht (s.a. DKR D003 *Nebendiagnosen* (Seite 13).

Sofern der Patient für einen gewissen Zeitraum keine Behandlung des primären Malignoms erhalten hat, anschließend aber ausgehend von dieser Primärlokalisation Metastasen entwickelt, **sind die Kodes aus Z85.– nicht zuzuweisen**.

Nachuntersuchungen bei Patienten mit Malignom in der Eigenanamnese

Kodes der Kategorie

Z08.– *Nachuntersuchung nach Behandlung wegen bösartiger Neubildung*

sind als **Hauptdiagnose** nur dann zuzuweisen, wenn ein Patient zur Nachuntersuchung eines Malignoms aufgenommen wurde und **kein Tumor mehr nachweisbar ist**. Als Nebendiagnose ist der passende Kode aus Kategorie Z85.– *Bösartige Neubildung in der Eigenanamnese* anzugeben.

Beispiel 1

Ein Patient wurde zur Nachuntersuchung bei vorbestrahltem Blasenkarzinom (laterale Harnblasenwand) aufgenommen. Dabei fand sich kein Rezidiv des Malignoms.

Hauptdiagnose:	Z08.1	*Nachuntersuchung nach Strahlentherapie wegen bösartiger Neubildung*
Nebendiagnose(n):	Z85.5	*Bösartige Neubildung der Harnorgane in der Eigenanamnese*
Prozedur(en):	1-661	*Diagnostische Urethrozystoskopie*
	1-999.40	*Art des Zystoskops: Starres Zystoskop*

0212d Instillation von zytotoxischen Materialien in die Harnblase

Diagnosen

Bei Patienten, die zur Instillation von Zytostatika oder BCG (Bacillus Calmette-Guérin) in die Blase aufgenommen werden, ist die zu behandelnde Neubildung als Hauptdiagnose zu verschlüsseln.

Der Kode Z51.1 *Chemotherapiesitzung wegen bösartiger Neubildung* ist **nicht** zuzuweisen.

Prozeduren

Der Prozedurenkode

8-541.4 *Instillation von und lokoregionale Therapie mit zytotoxischen Materialien und Immunmodulatoren in die Harnblase*

ist einmal pro Krankenhausaufenthalt zuzuweisen.

0214d Lymphangiosis carcinomatosa

Eine Lymphangiosis carcinomatosa wird analog einer Metastasierung (s.a. DKR 0201 *Auswahl und Reihenfolge der Kodes* (Seite 81)) kodiert.

Die Lymphangiosis carcinomatosa z.B. der Pleura wird mit

C78.2 *Sekundäre bösartige Neubildung der Pleura*

verschlüsselt.

0215q Lymphom

Lymphomen, die als „extranodal" ausgewiesen werden oder die sich in einem anderen Gebiet als den Lymphdrüsen befinden (z.B. das MALT-Lymphom des Magens), ist der entsprechende Kode aus den **Kategorien** C81 bis C88 zuzuweisen.

Ein Lymphom wird, unabhängig von der Anzahl der betroffenen Gebiete, nicht als metastatisch betrachtet.

Bei Lymphomen sind die folgenden Kodes <u>nicht</u> zuzuordnen:

C77.– *Sekundäre und nicht näher bezeichnete bösartige Neubildung der Lymphknoten*

C78.– *Sekundäre bösartige Neubildung der Atmungs- und Verdauungsorgane*

C79.0 *Sekundäre bösartige Neubildung der Niere und des Nierenbeckens*

C79.1 *Sekundäre bösartige Neubildung der Harnblase sowie sonstiger und nicht näher bezeichneter Harnorgane*

C79.2 *Sekundäre bösartige Neubildung der Haut*

C79.4 *Sekundäre bösartige Neubildung sonstiger und nicht näher bezeichneter Teile des Nervensystems*

C79.6 *Sekundäre bösartige Neubildung des Ovars*

C79.7 *Sekundäre bösartige Neubildung der Nebenniere*

C79.8- *Sekundäre bösartige Neubildung sonstiger näher bezeichneter Lokalisationen*

C79.9 *Sekundäre bösartige Neubildung nicht näher bezeichneter Lokalisation*

0215

Für die Verschlüsselung einer Knochenbeteiligung bei malignen Lymphomen ist

C79.5 *Sekundäre bösartige Neubildung des Knochens und des Knochenmarkes*
Knochen(mark)herde bei malignen Lymphomen (Zustände klassifizierbar unter C81–C88)

anzugeben.

Für die Verschlüsselung einer Beteiligung des Gehirns oder der Hirnhäute bei Neoplasien des lymphatischen, blutbildenden und verwandten Gewebes ist

C79.3 *Sekundäre bösartige Neubildung des Gehirns und der Hirnhäute*

anzugeben.

Hinsichtlich der Festlegung der Haupt- bzw. Nebendiagnosen bei Lymphomen mit Knochenbeteiligung bzw. mit Beteiligung des Gehirns oder der Hirnhäute sind die Regelungen in der Kodierrichtlinie 0201 *Auswahl und Reihenfolge der Kodes* (Seite 81) zu beachten.

3 KRANKHEITEN DES BLUTES UND DER BLUTBILDENDEN ORGANE SOWIE BESTIMMTE STÖRUNGEN MIT BETEILIGUNG DES IMMUNSYSTEMS

0304u Heparininduzierte Thrombozytopenie

Entscheidung des Schlichtungsausschusses zu der KDE 392, veröffentlicht am 19.08.2020

Frage: Ein Patient mit Heparin-induzierter Thrombozytopenie Typ II (HIT II) in der Anamnese bedarf einer parenteralen antithrombotischen Prophylaxe. Das Blutbild des Patienten ist unauffällig und die Gerinnungsparameter liegen im Normbereich. Die Klinik verabreicht deshalb Orgaran® (Danaparoid-Natrium - Heparinoid). Ist D69.53 *Sekundäre Thrombozytopenie, Heparin-induzierte Thrombozytopenie Typ II* als Nebendiagnose zu kodieren?

Entscheidung: Wird eine heparininduzierte Thrombozytopenie bei bekannter HIT II durch prophylaktische Maßnahmen verhindert, ist der Kode Z86.2 *Krankheiten des Blutes und der blutbildenden Organe sowie bestimmte Störungen mit Beteiligung des Immunsystems in der Eigenanamnese* zu kodieren. Der Kode D69.53 *Heparin-induzierte Thrombozytopenie Typ II* ist nur dann zu kodieren, wenn die heparininduzierte Thrombozytopenie tatsächlich auftritt.

0305u Folsäuremangelanämie

Entscheidung des Schlichtungsausschusses zu der KDE 25, veröffentlicht am 19.08.2020

Frage: Wie wird eine Anämie infolge Folsäuremangel verschlüsselt?
Darf zusätzlich zur Anämie E53.8 *Mangel an sonstigen näher bezeichneten Vitaminen des Vitamin B-Komplexes* kodiert werden?

Entscheidung: Eine Anämie infolge eines Folsäuremangels ist nur mit dem Kode D52.- *Folsäure-Mangelanämie* spezifisch zu kodieren. Der Kode E53.8 ist für die Abbildung der Folsäuremangelanämie nicht zusätzlich zu kodieren.

0306u Erworbener Fibrinogenmangel

Entscheidung des Schlichtungsausschusses zu dem Antrag S20210005 „Kodierung des Fibrinogenmangels", veröffentlicht am 21.07.2021

Entscheidung: Mit dem Kode D65.0 *Erworbene Afibrinogenämie* ist auch ein erworbener Mangel an Fibrinogen zu kodieren.

4 ENDOKRINE, ERNÄHRUNGS- UND STOFFWECHSELKRANKHEITEN

0401h Diabetes mellitus

Typen des Diabetes mellitus

Es gibt verschiedene Typen des Diabetes mellitus, die in der ICD-10-GM wie folgt klassifiziert sind:

E10.–	*Diabetes mellitus, Typ 1*
E11.–	*Diabetes mellitus, Typ 2*
E12.–	*Diabetes mellitus in Verbindung mit Fehl- oder Mangelernährung [Malnutrition]*
E13.–	*Sonstiger näher bezeichneter Diabetes mellitus*
E14.–	*Nicht näher bezeichneter Diabetes mellitus*
O24.0 bis O24.3	*Diabetes mellitus in der Schwangerschaft, vorher bestehend*
O24.4	*Gestationsdiabetes*
P70.0	*Syndrom des Kindes einer Mutter mit gestationsbedingtem Diabetes mellitus*
P70.1	*Syndrom des Kindes einer diabetischen Mutter*
P70.2	*Diabetes mellitus beim Neugeborenen*
R73.0	*Abnormer Glukosetoleranztest*

Anmerkung: Die Behandlung mit Insulin bestimmt **nicht** den Diabetes-Typ und ist kein Nachweis einer Insulinabhängigkeit.

Die Kategorien E10–E14

verschlüsseln an **4. Stelle** mögliche Komplikationen (z.B. Koma, Nierenkomplikationen).

An **5. Stelle** steht

0 für *nicht als entgleist bezeichneten* Diabetes mellitus,

1 für *als entgleist bezeichneten* Diabetes mellitus,

2 für Diabetes mellitus *mit sonstigen multiplen Komplikationen, nicht als entgleist bezeichnet,*

3 für Diabetes mellitus *mit sonstigen multiplen Komplikationen, als entgleist bezeichnet,*

4 für Diabetes mellitus *mit diabetischem Fußsyndrom, nicht als entgleist bezeichnet* oder

5 für Diabetes mellitus *mit diabetischem Fußsyndrom, als entgleist bezeichnet.*

Die fünften Stellen 0 und 1 sind mit den vierten Stellen „.2-.6“ sowie „.8“ und „.9“ zu benutzen. Die fünften Stellen 2-5 gelten ausschließlich für die vierte Stelle „.7“. Dabei ist zu beachten, dass nicht alle Kombinationen der jeweiligen 4-stelligen Kodes mit den 5. Stellen medizinisch sinnvoll sind.

0401

Diabetes mellitus durch Fehl- oder Mangelernährung

Diabetes mellitus durch Mangelernährung kommt überwiegend bei Patienten aus Entwicklungsländern vor. Er tritt mit oder ohne offensichtliche Merkmale einer Pankreaserkrankung auf und ist im Wesentlichen eine klinische Diagnose. Ein Diabetes mellitus im Rahmen eines metabolischen Syndroms ist hierunter nicht zu verschlüsseln.

Diabetes mellitus nach medizinischen Maßnahmen

Bei Vorliegen eines Diabetes mellitus nach medizinischen Maßnahmen ist zunächst ein Kode aus

E13.– *Sonstiger näher bezeichneter Diabetes mellitus*
Inkl.: *Pankreopriver Diabetes mellitus*

gefolgt von dem Kode

E89.1 *Hypoinsulinämie nach medizinischen Maßnahmen*

zu verschlüsseln.

Entgleister Diabetes mellitus

Weder bei Diabetes mellitus Typ 1 noch bei Diabetes mellitus Typ 2 ist der Blutzuckerspiegel zum Zeitpunkt der Aufnahme als Kontrollindikator für die Diagnose „entgleister Diabetes mellitus" zu nehmen. Die Einstufung als „entgleist" oder „nicht entgleist" wird generell in Kenntnis des gesamten Behandlungsverlaufs vorgenommen (retrospektiv). Der Begriff „entgleist" bezieht sich dabei auf die Stoffwechsellage.

Beispiel 1

Ein Patient mit Diabetes mellitus Typ 1 wird wegen einer schweren Entgleisung der Stoffwechsellage stationär aufgenommen. Es bestehen keine Komplikationen.

Hauptdiagnose:	E10.91	*Diabetes mellitus, Typ 1 ohne Komplikationen, als entgleist bezeichnet*
Nebendiagnose(n):	keine	

Hauptdiagnose Diabetes mellitus mit Komplikationen

Liegt eine Form des Diabetes mellitus vor, die mit einem Kode aus E10.– bis E14.– verschlüsselt wird, und bestehen Komplikationen des Diabetes, so ist für die korrekte Verschlüsselung zunächst festzustellen, ob

- die **Behandlung der Grunderkrankung Diabetes mellitus** oder
- die **Behandlung einer oder mehrerer Komplikationen**

hauptsächlich die stationäre Aufnahme veranlasst hat. Des Weiteren ist für die Kodierung von Bedeutung, **wie viele Komplikationen** des Diabetes mellitus vorliegen, und ob diese die **Nebendiagnosendefinition** erfüllen.

Sofern die Grunderkrankung Diabetes mellitus behandelt wird und **nur eine Komplikation** (Manifestation) des Diabetes mellitus vorliegt, ist E10–E14, vierte Stelle „.6" zu kodieren (siehe

Beispiel 2) (Siehe anders lautende Regelung zur Nebendiagnose auf Seite 99). Außerdem ist ein Kode für die Manifestation anzugeben, sofern diese die Nebendiagnosedefinition erfüllt (siehe Beispiel 3).

Beispiel 2

Ein Patient mit Diabetes mellitus Typ 1 wird wegen einer schweren Entgleisung der Stoffwechsellage stationär aufgenommen. Anamnestisch ist als einzige Komplikation eine diabetische Retinopathie bekannt, die keinen Behandlungsaufwand zur Folge hat.

Hauptdiagnose:	E10.61	*Diabetes mellitus, Typ 1 mit sonstigen näher bezeichneten Komplikationen, als entgleist bezeichnet*
Nebendiagnose(n):	keine	

Durch diese Kodierung wird angezeigt, dass eine bekannte, nicht behandlungsbedürftige Komplikation (Manifestation) des Diabetes mellitus vorliegt, die die Kriterien der Nebendiagnosendefinition nicht erfüllt und somit nicht gesondert kodiert wird.

Beispiel 3

Ein Patient mit Diabetes mellitus Typ 1 wird wegen einer schweren Entgleisung der Stoffwechsellage stationär aufgenommen. Zusätzlich besteht als einzige Komplikation eine diabetische Nephropathie, die ebenfalls behandelt wird.

Hauptdiagnose:	E10.61†	*Diabetes mellitus, Typ 1 mit sonstigen näher bezeichneten Komplikationen, als entgleist bezeichnet*
Nebendiagnose(n):	N08.3*	*Glomeruläre Krankheiten bei Diabetes mellitus*

Anmerkung: Der Kode E10.61 gilt hier als „Ätiologiekode“ für den Stern-Kode N08.3* (Manifestation) und ist daher mit einem † zu kennzeichnen.

Hinweis: In diesem Fall wird für die 4. Stelle des Diabetes-Kodes „.6“ gewählt, um durch diese Kodierung die Behandlung eines entgleisten Diabetes mellitus von der Behandlung einer Komplikation (Manifestation) zu unterscheiden (siehe auch Beispiel 6) und um dadurch eine sachgerechte Eingruppierung im DRG-System zu erreichen. Diese Kodieranweisung stellt somit eine **Ausnahme zu den Regeln der ICD-10** zur Verschlüsselung des Diabetes mellitus dar.

Sofern die Grunderkrankung Diabetes mellitus behandelt wird und **multiple Komplikationen** (Manifestationen) des Diabetes mellitus vorliegen, ohne dass die Behandlung einer Manifestation im Vordergrund steht, ist E10–E14, vierte Stelle „.7“ zu kodieren. Außerdem sind die Kodes für die einzelnen Manifestationen anzugeben, sofern diese der Nebendiagnosendefinition entsprechen.

0401

Beispiel 4

Ein Patient mit Diabetes mellitus Typ 1 mit multiplen Komplikationen in Form einer Atherosklerose der Extremitätenarterien, einer Retinopathie und einer Nephropathie wird wegen einer schweren Entgleisung der Stoffwechsellage aufgenommen. Alle vorliegenden Komplikationen werden ebenfalls behandelt.

Hauptdiagnose:	E10.73†	*Diabetes mellitus, Typ 1 mit multiplen Komplikationen, mit sonstigen multiplen Komplikationen als entgleist bezeichnet*
Nebendiagnose(n):	I79.2*	*Periphere Angiopathie bei anderenorts klassifizierten Krankheiten*
	H36.0*	*Retinopathia diabetica*
	N08.3*	*Glomeruläre Krankheiten bei Diabetes mellitus*

Anmerkung: Der Kode E10.73 gilt hier als „Ätiologiekode" und ist daher mit einem † zu kennzeichnen. Dieser „Ätiologiekode" gilt für alle folgenden Stern-Kodes (Manifestationen) bis zum Auftreten eines neuen Kreuz-Kodes oder eines Kodes ohne Kennzeichen. Somit ist mit E10.73† die Ätiologie der Manifestationen I79.2*, H36.0* und N08.3* kodiert.

Sofern Komplikationen (Manifestationen) des Diabetes mellitus vorliegen und die Behandlung **einer Manifestation** im Vordergrund steht, ist E10–E14, vierte Stelle entsprechend dieser Manifestation, zu kodieren gefolgt vom entsprechenden Kode für diese Manifestation. Die Kodes für die weiteren Manifestationen sind anzugeben, sofern sie der Nebendiagnosendefinition entsprechen.

Beispiel 5

Ein Patient mit Diabetes mellitus Typ 1 mit peripheren vaskulären Komplikationen in Form einer seit Jahren bestehenden progredienten diabetischen Angiopathie der Extremitätenarterien mit Ruheschmerz wird zur Bypass-Operation (alloplastisch) aufgenommen. Zusätzlich wird eine diabetische Retinopathie mit erheblicher Einschränkung des Sehvermögens behandelt.

Hauptdiagnose:	E10.50†	*Diabetes mellitus, Typ 1 mit peripheren vaskulären Komplikationen, nicht als entgleist bezeichnet*
Nebendiagnose(n):	I79.2*	*Periphere Angiopathie bei anderenorts klassifizierten Krankheiten*
	I70.23	*Atherosklerose der Extremitätenarterien, Becken-Bein-Typ, mit Ruheschmerz*
	E10.30†	*Diabetes mellitus, Typ 1 mit Augenkomplikationen, nicht als entgleist bezeichnet*
	H36.0*	*Retinopathia diabetica*
Prozedur(en):	5-393.42	*Anlegen eines iliofemoralen Bypasses*
	5-930.4	*Alloplastisches Transplantat*

Hinweis: Der Kode I70.23 *Atherosklerose der Extremitätenarterien, Becken-Bein-Typ, mit Ruheschmerz* dient in diesem Beispiel zur näheren Spezifizierung der durch das Kreuz-Stern-System beschriebenen Diagnose. Er ist hier nicht als Hauptdiagnose anzugeben. Der Prozedurenkode 5-930.4 *Alloplastisches Transplantat* wird hier zusätzlich angegeben, um die Art des Transplantates näher zu spezifizieren.

Sofern multiple Komplikationen (Manifestationen) des Diabetes mellitus vorliegen und die Behandlung **mehrerer Manifestationen** im Vordergrund steht, ist entsprechend der Regelung zu „zwei oder mehr Diagnosen, die gleichermaßen der Definition der Hauptdiagnose entsprechen“ in der DKR D002 *Hauptdiagnose* (Seite 4) zu verfahren. Somit ist die vierte Stelle des Kodes aus E10–E14 entsprechend der Manifestation zu wählen, die vom behandelnden Arzt als die am besten der Hauptdiagnosendefinition entsprechende ausgewählt wurde. Zudem ist der entsprechende Kode für diese Manifestation anzugeben. Die Kodes für die weiteren Manifestationen sind anzugeben, sofern sie der Nebendiagnosendefinition entsprechen.

Diabetes mellitus als Nebendiagnose

Wenn die stationäre Aufnahme **aus einem anderen Grund als dem Diabetes mellitus** erfolgt ist, so ist für die korrekte Verschlüsselung von Bedeutung,

- ob der Diabetes mellitus die Nebendiagnosendefinition erfüllt,
- ob Komplikationen des Diabetes mellitus vorliegen und
- ob diese die Nebendiagnosendefinition erfüllen.

Wenn der Diabetes mellitus die Nebendiagnosendefinition erfüllt, so ist dieser zu kodieren. Liegen Komplikationen (Manifestationen) vor, ist bei einem Kode aus E10–E14 die vierte Stelle entsprechend der Manifestation(en) zu verschlüsseln. Außerdem sind die Manifestation(en) anzugeben, sofern diese die Nebendiagnosedefinition erfüllen.

Abweichend von den Regelungen zur Hauptdiagnose Diabetes mellitus ist jedoch

- nicht .6 als vierte Stelle zu erfassen, wenn ein spezifischerer Kode für eine einzelne Komplikation gewählt werden kann, bzw.
- bei multiplen Komplikationen stets mit vierter Stelle .7 zu kodieren.

Beispiel 6

Ein Patient wird wegen einer geschlossenen Humeruskopffraktur ohne Weichteilschaden stationär aufgenommen. Zudem besteht ein Diabetes mellitus Typ 2, der diätetisch und medikamentös behandelt wird. Als einzige Komplikation liegt eine diabetische Nephropathie vor, die keinen Behandlungsaufwand zur Folge hat.

Hauptdiagnose:	S42.21	*Fraktur des proximalen Endes des Humerus: Kopf*
Nebendiagnose(n):	E11.20	*Diabetes mellitus, Typ 2 mit Nierenkomplikationen, nicht als entgleist bezeichnet*

Beispiel 7

Ein Patient mit langjähriger arterieller Hypertonie und intensivem Nikotinabusus wird aufgrund der Verschlechterung einer bekannten peripheren arteriellen Verschlusskrankheit mit Ruheschmerz zur Bypass-Operation (alloplastisch) aufgenommen. Zusätzlich werden ein Diabetes mellitus Typ 2, eine beginnende diabetische Polyneuropathie und eine beginnende diabetische Retinopathie behandelt.

Hauptdiagnose:	I70.23	*Atherosklerose der Extremitätenarterien, Becken-Bein-Typ, mit Ruheschmerz*
Nebendiagnose(n):	I10.00	*Benigne essentielle Hypertonie, ohne Angabe einer hypertensiven Krise*
	E11.72†	*Diabetes mellitus, Typ 2 mit multiplen Komplikationen, mit sonstigen multiplen Komplikationen nicht als entgleist bezeichnet*
	G63.2*	*Diabetische Polyneuropathie*
	H36.0*	*Retinopathia diabetica*
Prozedur(en):	5-393.42	*Anlegen eines iliofemoralen Bypasses*
	5-930.4	*Alloplastisches Transplantat*

Spezifische Komplikationen des Diabetes mellitus

Generell sind bezüglich der Kodierung von Komplikationen des Diabetes mellitus die vorhergehenden Absätze zu beachten.

Akute metabolische Komplikationen

Ein Diabetes mellitus mit **(Keto-)Azidose** ist mit E10–E14, vierte Stelle „.1“ zu verschlüsseln. In wenigen Fällen diabetischer Azidose können Ketoazidose und Laktatazidose bei dem gleichen Patienten beobachtet werden. In diesen Fällen ist zu kodieren:

E10–E14, vierte und fünfte Stelle „.73“ („…, mit sonstigen multiplen Komplikationen, als entgleist bezeichnet“).

Nierenkomplikationen

Nierenerkrankungen, die in kausalem Zusammenhang mit Diabetes mellitus stehen, sind als „Diabetes mellitus mit Nierenkomplikationen“

E10†–E14†, vierte Stelle „.2“

zu verschlüsseln. Außerdem ist ein Kode für die spezifische Manifestation anzugeben, sofern diese der Nebendiagnosendefinition entspricht. Dies ist für die nachfolgenden Beispiele zu beachten.

Beispiel 8

Ein Patient kommt zur Behandlung einer diabetischen Nephropathie.

Hauptdiagnose:	E10.20†	*Diabetes mellitus, Typ 1 mit Nierenkomplikationen, nicht als entgleist bezeichnet*
Nebendiagnose(n):	N08.3*	*Glomeruläre Krankheiten bei Diabetes mellitus*

Beispiel 9

Ein Patient wird zur Behandlung einer terminalen Niereninsuffizienz aufgrund einer diabetischen Nephropathie aufgenommen.

Hauptdiagnose:	E10.20†	*Diabetes mellitus, Typ 1 mit Nierenkomplikationen, nicht als entgleist bezeichnet*
Nebendiagnose(n):	N08.3*	*Glomeruläre Krankheiten bei Diabetes mellitus*
	N18.5	*Chronische Nierenkrankheit, Stadium 5*

Hinweis: Der Kode N18.5 *Chronische Nierenkrankheit, Stadium 5* dient in diesem Beispiel zur näheren Spezifizierung der durch das Kreuz-Stern-System beschriebenen Diagnose. Er ist nicht als Hauptdiagnose anzugeben.

Diabetische Augenerkrankungen

Augenerkrankungen, die in kausalem Zusammenhang mit Diabetes mellitus stehen, sind als „Diabetes mellitus mit Augenkomplikationen"

E10†–E14†, vierte Stelle „.3"

zu verschlüsseln. Außerdem ist ein Kode für die spezifische Manifestation anzugeben, sofern diese der Nebendiagnosendefinition entspricht. Dies ist für die nachfolgenden Beispiele zu beachten.

Diabetische Retinopathie

E10†–E14†, vierte Stelle „.3"	*Diabetes mellitus mit Augenkomplikationen*
H36.0*	*Retinopathia diabetica*

Eine diabetische Retinopathie **mit Retina-(Makula-)Ödem** ist wie folgt zu kodieren:

E10†–E14†, vierte Stelle „.3"	*Diabetes mellitus mit Augenkomplikationen*
H36.0*	*Retinopathia diabetica*
H35.8	*Sonstige näher bezeichnete Affektionen der Netzhaut*

Wenn die diabetische Augenerkrankung eine Erblindung oder geringes Sehvermögen zur Folge hat, wird zusätzlich ein Kode der Kategorie

H54.– *Blindheit und Sehbeeinträchtigung*

zugewiesen.

Katarakt

Eine **diabetische Katarakt** wird nur dann kodiert, wenn ein kausaler Zusammenhang zwischen der Katarakt und dem Diabetes mellitus besteht:

E10†–E14†, vierte Stelle „.3"	*Diabetes mellitus mit Augenkomplikationen*
H28.0*	*Diabetische Katarakt*

Wenn kein kausaler Zusammenhang besteht, sind Katarakte bei Diabetikern wie folgt zu kodieren:

der zutreffende Kode aus H25.– *Cataracta senilis* oder H26.– *Sonstige Kataraktformen* sowie die entsprechenden Kodes aus E10–E14 *Diabetes mellitus.*

Neuropathie und Diabetes mellitus

Neurologische Erkrankungen, die in kausalem Zusammenhang mit Diabetes mellitus stehen, sind als „Diabetes mellitus mit neurologischen Komplikationen"

E10†–E14†, vierte Stelle „.4"

zu verschlüsseln. Außerdem ist ein Kode für die spezifische Manifestation anzugeben, sofern diese der Nebendiagnosendefinition entspricht. Dies ist für die nachfolgenden Beispiele zu beachten.

Diabetische Mononeuropathie

E10†–E14†, vierte Stelle „.4"	*Diabetes mellitus mit neurologischen Komplikationen*
G59.0*	*Diabetische Mononeuropathie*

Diabetische Amyotrophie

E10†–E14†, vierte Stelle „.4“	*Diabetes mellitus mit neurologischen Komplikationen*
G73.0*	*Myastheniesyndrome bei endokrinen Krankheiten*

Diabetische Polyneuropathie

E10†–E14†, vierte Stelle „.4“	*Diabetes mellitus mit neurologischen Komplikationen*
G63.2*	*Diabetische Polyneuropathie*

Periphere vaskuläre Erkrankung und Diabetes mellitus

Periphere vaskuläre Erkrankungen, die in kausalem Zusammenhang mit Diabetes mellitus stehen, sind als „Diabetes mellitus mit peripheren vaskulären Komplikationen“

E10†–E14†, vierte Stelle „.5“

zu verschlüsseln. Außerdem ist ein Kode für die spezifische Manifestation anzugeben, sofern diese der Nebendiagnosendefinition entspricht. Dies ist für das nachfolgende Beispiel zu beachten (Siehe hierzu auch Beispiel 5).

Diabetes mellitus mit peripherer Angiopathie

E10†–E14†, vierte Stelle „.5“	*Diabetes mellitus mit peripheren vaskulären Komplikationen*
I79.2*	*Periphere Angiopathie bei anderenorts klassifizierten Krankheiten*

Diabetisches Fußsyndrom

Die Diagnose „Diabetischer Fuß“ wird kodiert mit

E10–E14, **vierte und fünfte Stelle**

„.74“ *Diabetes mellitus mit multiplen Komplikationen, mit diabetischem Fußsyndrom, nicht als entgleist bezeichnet*

oder

„.75“ *Diabetes mellitus mit multiplen Komplikationen, mit diabetischem Fußsyndrom, als entgleist bezeichnet.*

Die Kodes für die vorhandenen Manifestationen, z.B.

G63.2* *Diabetische Polyneuropathie,*

I79.2* *Periphere Angiopathie bei anderenorts klassifizierten Krankheiten*

sind **danach anzugeben**. Alle vorliegenden Manifestationen und Komplikationen sind zu kodieren, wenn sie der Definition einer Nebendiagnose entsprechen.

Die folgende Liste gibt eine Auswahl von Diagnosen wieder, die zum klinischen Bild des „diabetischen Fußsyndroms“ gehören können:

1. Infektion und/oder Ulcus

Hautabszess, Furunkel und Karbunkel an Extremitäten	L02.4
Phlegmone an Zehen	L03.02
Phlegmone an der unteren Extremität	L03.11

Hinweis: Die folgenden Viersteller zu L89.– Dekubitalgeschwür und Druckzone verschlüsseln an 5. Stelle die Lokalisation der Druckstellen (siehe ICD-10-GM).

Dekubitus, Stadium 1	L89.0-
Dekubitus, Stadium 2	L89.1-
Dekubitus, Stadium 3	L89.2-
Dekubitus, Stadium 4	L89.3-
Dekubitus, Stadium nicht näher bezeichnet	L89.9-
Ulcus cruris, anderenorts nicht klassifiziert	L97

2. Periphere vaskuläre Erkrankung

Atherosklerose der Extremitätenarterien, Becken-Bein-Typ, ohne Beschwerden	I70.20
Atherosklerose der Extremitätenarterien, Becken-Bein-Typ, mit belastungsinduziertem Ischämieschmerz, Gehstrecke 200 m und mehr	I70.21
Atherosklerose der Extremitätenarterien, Becken-Bein-Typ, mit belastungsinduziertem Ischämieschmerz, Gehstrecke weniger als 200 m	I70.22
Atherosklerose der Extremitätenarterien, Becken-Bein-Typ, mit Ruheschmerz	I70.23
Atherosklerose der Extremitätenarterien, Becken-Bein-Typ, mit Ulzeration	I70.24
Atherosklerose der Extremitätenarterien, Becken-Bein-Typ, mit Gangrän	I70.25
Sonstige und nicht näher bezeichnete Atherosklerose der Extremitätenarterien	I70.29

3. Periphere Neuropathie

Diabetische Polyneuropathie	G63.2*
Autonome Neuropathie bei endokrinen und Stoffwechselkrankheiten	G99.0-*

4. Deformitäten

Hallux valgus (erworben)	M20.1
Hallux rigidus	M20.2
Sonstige Deformität der Großzehe (erworben)	M20.3
Sonstige Hammerzehe(n) (erworben)	M20.4
Sonstige Deformitäten der Zehe(n) (erworben)	M20.5
Flexionsdeformität, Knöchel und Fuß	M21.27
Hängefuß (erworben), Knöchel und Fuß	M21.37
Plattfuß [Pes planus] (erworben)	M21.4
Erworbener Klauenfuß und Klumpfuß, Knöchel und Fuß	M21.57
Sonstige erworbene Deformitäten des Knöchels und des Fußes	M21.6-

5. Frühere Amputation(en)

Verlust des Fußes und des Knöchels, einseitig *Zehe(n), auch beidseitig*	Z89.4
Verlust der unteren Extremität unterhalb oder bis zum Knie, einseitig	Z89.5
Verlust der unteren Extremität oberhalb des Knies, einseitig	Z89.6
(Teilweiser) Verlust der unteren Extremität, beidseitig *Exkl.: Isolierter Verlust der Zehen, beidseitig (Z89.4)*	Z89.7

Beispiel 10

Ein Patient mit entgleistem Diabetes mellitus Typ 1 wird zur Behandlung eines Diabetischen Fußsyndroms mit gemischtem Ulkus der Zehe (bei Angiopathie und Neuropathie) und Erysipel am Unterschenkel aufgenommen.

Hauptdiagnose:	E10.75†	*Diabetes mellitus, Typ 1 mit multiplen Komplikationen, mit diabetischem Fußsyndrom, als entgleist bezeichnet*
Nebendiagnose(n):	G63.2*	*Diabetische Polyneuropathie*
	I79.2*	*Periphere Angiopathie bei anderenorts klassifizierten Krankheiten*
	I70.24	*Atherosklerose der Extremitätenarterien, Becken-Bein-Typ, mit Ulzeration*
	A46	*Erysipel [Wundrose]*

Hinweis: Der Kode I70.24 *Atherosklerose der Extremitätenarterien, Becken-Bein-Typ, mit Ulzeration* dient in diesem Beispiel zur näheren Spezifizierung der durch das Kreuz-Stern-System beschriebenen Diagnose. Er ist hier nicht als Hauptdiagnose anzugeben.

Metabolisches Syndrom

Bei Vorliegen eines „metabolischen Syndroms" sind die vorliegenden Komponenten des Syndroms einzeln zu kodieren (s.a. DKR D004 *Syndrome* (Seite 17)).

Störungen der inneren Sekretion des Pankreas

Die Kodes

E16.0 *Arzneimittelinduzierte Hypoglykämie ohne Koma*

E16.1 *Sonstige Hypoglykämie*

E16.2 *Hypoglykämie, nicht näher bezeichnet*

E16.8 *Sonstige näher bezeichnete Störungen der inneren Sekretion des Pankreas*

E16.9 *Störung der inneren Sekretion des Pankreas, nicht näher bezeichnet*

sind bei **Diabetikern** nicht als Hauptdiagnose zu verschlüsseln.

0403d Zystische Fibrose

Bei einem Patienten mit Zystischer Fibrose ist unabhängig davon, aufgrund welcher Manifestation dieser Erkrankung er aufgenommen wird, eine Schlüsselnummer aus

E84.– *Zystische Fibrose*

als **Hauptdiagnose** zuzuordnen. Die spezifische(n) Manifestation(en) ist/sind immer als Nebendiagnose(n) zu verschlüsseln.

Es ist zu beachten, dass in Fällen mit kombinierten Manifestationen der passende Kode aus

E84.8- *Zystische Fibrose mit sonstigen Manifestationen*

zu verwenden ist:

0403

E84.80 *Zystische Fibrose mit Lungen- und Darm-Manifestation*

E84.87 *Zystische Fibrose mit sonstigen multiplen Manifestationen*

E84.88 *Zystische Fibrose mit sonstigen Manifestationen*

Beispiel 1

Ein Patient mit Mukoviszidose und Haemophilus influenzae-Infektion wird zur Behandlung einer Bronchitis aufgenommen.

Hauptdiagnose:	E84.0	*Zystische Fibrose mit Lungenmanifestationen*
Nebendiagnose(n):	J20.1	*Akute Bronchitis durch Haemophilus influenzae*

E84.80 *Zystische Fibrose mit Lungen- und Darm-Manifestation* **wird nicht angegeben**, wenn die Behandlung der Darm-Manifestation im Vordergrund steht und die stationäre Aufnahme z.B. speziell zur Operation einer mit der Darm-Manifestation in Zusammenhang stehenden Komplikation erfolgt ist. In diesen Fällen ist

E84.1 *Zystische Fibrose mit Darmmanifestationen*

als Hauptdiagnose zuzuweisen, als Nebendiagnose wird zusätzlich E84.0 *Zystische Fibrose mit Lungenmanifestationen* kodiert. Diese Kodieranweisung stellt somit eine **Ausnahme** zu den Regeln der ICD-10 zur Verschlüsselung der Zystischen Fibrose mit kombinierten Manifestationen dar.

Bei Krankenhausaufenthalten, die **nicht die Zystische Fibrose betreffen,** wird die Erkrankung (z.B. Fraktur) als Hauptdiagnose und ein Kode aus E84.– *Zystische Fibrose* als Nebendiagnose verschlüsselt.

5 PSYCHISCHE UND VERHALTENSSTÖRUNGEN

0501e Psychische und Verhaltensstörungen durch psychotrope Substanzen (Drogen, Medikamente, Alkohol und Nikotin)

Allgemeine Hinweise

Die allgemeinen Hinweise zu den Kategorien F10–F19 in der ICD-10-GM sind zu beachten.

Beschreibungen wie „Gesellschaftstrinker“ oder „starker Trinker“ sind nicht zu kodieren.

Wenn mehr als eine vierte Stelle aus F10–F19 kodierbar ist (z.B. „akute Intoxikation [akuter Rausch]“, „Abhängigkeit“ oder „psychotische Störung“), so sind alle kombinierbaren Kodes zuzuweisen (siehe Beispiel 1).

Nehmen Patienten (verordnete oder nicht verordnete) Medikamente in einer Überdosierung zu sich, so werden die Kategorien F10–F19 nicht zur Verschlüsselung verwendet. Fälle von Überdosierung sind mit dem entsprechenden Vergiftungs-Kode aus der Liste der Medikamente und Chemikalien (Kapitel XIX) zu kodieren.

Akute Intoxikation [akuter Rausch]

Im Fall einer akuten Intoxikation (eines akuten Rausches) wird der zutreffende Kode aus F10–F19 - vierte Stelle „.0“ zugewiesen, gegebenenfalls - **zusammen** mit einem weiteren vierstelligen Kode aus F10–F19 (siehe Beispiel 1). Sofern die akute Intoxikation (der akute Rausch) der Aufnahmegrund ist, ist sie (er) als Hauptdiagnose zu kodieren.

Beispiel 1

Ein Patient wird wegen eines akuten Rausches neben bestehendem Alkoholabhängigkeits-Syndrom aufgenommen.

Hauptdiagnose:	F10.0	*Psychische und Verhaltensstörungen durch Alkohol, akute Intoxikation [akuter Rausch]*
Nebendiagnose(n):	F10.2	*Psychische und Verhaltensstörungen durch Alkohol, Abhängigkeitssyndrom*

Schädlicher Gebrauch

An vierter Stelle ist eine „.1“ zuzuweisen, wenn ein Zusammenhang zwischen einer bestimmten Krankheit/Krankheiten und Alkohol-/Drogenabusus besteht. Das ist beispielsweise der Fall, wenn Diagnosen durch Aussagen wie „alkoholinduziert“ oder „drogenbezogen“ näher bezeichnet sind.

Beispiel 2

Bei einem Patienten wird eine alkoholbezogene Ösophagitis diagnostiziert.

Hauptdiagnose:	K20.8	*Sonstige näher bezeichnete Ösophagitis*
Nebendiagnose(n):	F10.1	*Psychische und Verhaltensstörungen durch Alkohol, schädlicher Gebrauch*

Bei der oben genannten Definition ist zu beachten, dass eine vierte Stelle mit „.1“ **nicht** zugewiesen wird, wenn eine spezifische drogen-/alkoholbezogene Krankheit existiert, insbesondere ein Abhängigkeitssyndrom oder eine psychotische Störung.

6 KRANKHEITEN DES NERVENSYSTEMS

0601i Schlaganfall

1. Akuter Schlaganfall

Solange der Patient eine **fortgesetzte** Behandlung des akuten Schlaganfalls und der unmittelbaren Folgen (Defizite) erhält, ist ein Kode aus den Kategorien I60–I64 (Zerebrovaskuläre Krankheiten) mit den jeweils passenden Kodes für die Defizite (z.B. Hemiplegie, Aphasie, Hemianopsie, Neglect ...) zuzuweisen.

Beispiel 1

Ein Patient erleidet einen Hirninfarkt mit schlaffer Hemiplegie und Aphasie und wird zur stationären Behandlung aufgenommen.

Hauptdiagnose:	I63.3	*Hirninfarkt durch Thrombose zerebraler Arterien*
Nebendiagnose(n):	G81.0	*Schlaffe Hemiparese und Hemiplegie*
	R47.0	*Aphasie*

Es werden der Hirninfarkt als Hauptdiagnose und sämtliche auftretende Funktionsstörungen als Nebendiagnosen kodiert.

2. „Alter Schlaganfall“

Der Patient hat die Anamnese eines Schlaganfalls **mit** gegenwärtig bestehenden neurologischen Ausfällen. In diesem Fall werden die neurologischen Ausfälle (z.B. Hemiplegie, Aphasie, Hemianopsie, Neglect…) entsprechend der DKR D003 *Nebendiagnosen* (Seite 13) kodiert und danach ein Kode aus

I69.– *Folgen einer zerebrovaskulären Krankheit*

zugewiesen.

Beispiel 2

Ein Patient wurde mit einer Pneumokokken-Pneumonie aufgenommen. Der Patient hatte vor drei Jahren einen akuten Schlaganfall und erhält seitdem Thrombozytenaggregationshemmer zur Rezidivprophylaxe. Es besteht eine residuale spastische Hemiparese. Diese verursachte erhöhten Pflegeaufwand.

Hauptdiagnose:	J13	*Pneumonie durch Streptococcus pneumoniae*
Nebendiagnose(n):	G81.1	*Spastische Hemiparese und Hemiplegie*
	I69.4	*Folgen eines Schlaganfalls, nicht als Blutung oder Infarkt bezeichnet*

Anmerkung:

Es ist zu beachten, dass bei einem Schlaganfall **Dysphagie, Urin- und Stuhl-Inkontinenz** nur dann kodiert werden, wenn bestimmte Kriterien erfüllt sind (siehe auch DKR 1804 *Inkontinenz* (Seite 161)).

Dysphagie (R13.–) ist nur zu kodieren, wenn z.B. eine Magensonde zur enteralen Ernährung notwendig ist oder eine Behandlung der Dysphagie mehr als 7 Kalendertage nach Auftreten des Schlaganfalls erforderlich ist.

0603h Tetraplegie und Paraplegie, nicht traumatisch

Zur Kodierung einer traumatischen Tetraplegie/Paraplegie siehe DKR 1910 *Verletzung des Rückenmarks* (Seite 169).

Initiale (akute) Phase der Paraplegie/Tetraplegie

Die „akute" Phase einer nichttraumatischen Paraplegie/Tetraplegie umfasst Erstaufnahmen wegen eines nicht traumatisch bedingten Funktionsausfalls, wie zum Beispiel bei Myelitis transversa oder bei Rückenmarkinfarkt. Es kann sich auch um eine konservativ oder operativ behandelte Erkrankung handeln, die sich in Remission befand, sich jedoch verschlechtert hat und jetzt die gleiche Behandlungsintensität erfordert wie bei Patienten, die das erste Mal nach einem Trauma aufgenommen wurden.

Sofern sich ein Patient mit einer Krankheit vorstellt, die eine akute Schädigung des Rückenmarks zur Folge hat (z.B. Myelitis), sind die folgenden Kodes zuzuweisen:

Die Krankheit als Hauptdiagnose, z.B.

G04.9 *Diffuse Myelitis*

und einen Kode aus

G82.– *Paraparese und Paraplegie, Tetraparese und Tetraplegie,* fünfte Stelle „.0" oder „.1".

Für die funktionale Höhe der Rückenmarksschädigung ist zusätzlich der passende Kode aus

G82.6-! *Funktionale Höhe der Schädigung des Rückenmarkes*

anzugeben.

Späte (chronische) Phase einer Paraplegie/Tetraplegie

Von der chronischen Phase einer Paraplegie/Tetraplegie spricht man, wenn die Behandlung der akuten Erkrankung (z.B. einer Myelitis), die die Lähmungen verursachte, abgeschlossen ist.

Kommt ein Patient in dieser chronischen Phase zur Behandlung der Paraplegie/Tetraplegie, ist ein Kode der Kategorie

G82.– *Paraparese und Paraplegie, Tetraparese und Tetraplegie,* fünfte Stelle „.2" oder „.3"

als Hauptdiagnose anzugeben.

Wird ein Patient dagegen zur Behandlung einer anderen Erkrankung wie z.B. Harnwegsinfektion, Fraktur des Femur etc. aufgenommen, ist die zu behandelnde Erkrankung gefolgt von einem Kode der Kategorie

G82.– *Paraparese und Paraplegie, Tetraparese und Tetraplegie,* fünfte Stelle „.2" oder „.3"

anzugeben sowie andere vorliegende Erkrankungen. Die Reihenfolge dieser Diagnosen muss sich an der Definition der Hauptdiagnose orientieren.

Für die funktionale Höhe der Rückenmarksschädigung ist zusätzlich der passende Kode aus

G82.6-! *Funktionale Höhe der Schädigung des Rückenmarkes*

anzugeben.

0611u Neurolyse und Dekompression bei Karpaltunnelsyndrom

Entscheidung des Schlichtungsausschusses zu der KDE 468, veröffentlicht am 19.08.2020

Frage: Aufnahme zur Durchführung einer Neurolyse bei Karpaltunnelsyndrom. Ist zusätzlich zu einem OPS-Kode aus 5-056.4 *Neurolyse und Dekompression eines Nerven, Nerven Hand* der OPS Kode 5-056.3 *Neurolyse und Dekompression eines Nerven, Nerven Arm* kodierbar?

Entscheidung: Die einfache Neurolyse und Dekompression des Nervus medianus mit Durchtrennung des Retinaculum flexorum bei Karpaltunnelsyndrom wird mit einem Kode aus 5-056.4 *Neurolyse und Dekompression eines Nerven, Nerven Hand* kodiert.

Nach proximal erweiterte Eingriffe über die Beugefalte am Handgelenk hinaus mit Dekompression des Nervus medianus am Unterarm werden zusätzlich mit dem Kode 5-056.3 *Neurolyse und Dekompression eines Nerven, Nerven Arm* kodiert.

7 KRANKHEITEN DES AUGES UND DER AUGENANHANGSGEBILDE

0702a Katarakt: Sekundäre Linseninsertion

In Fällen, in denen die Linse entweder in einer vorangegangenen Operation entfernt wurde oder die Linse disloziert oder subluxiert und nicht korrekt positioniert ist, ist bei der Insertion einer Linse als Diagnosekode

H27.0 *Aphakie*

zuzuweisen.

0704c Versagen oder Abstoßung eines Kornea-Transplantates

Versagen und Abstoßung eines Hornhauttransplantates des Auges ist mit dem Kode

T86.83 *Versagen und Abstoßung eines Hornhauttransplantates des Auges*

zu kodieren.

Nebendiagnosen im Zusammenhang mit der Abstoßung oder dem Versagen eines Kornea-Transplantates werden zusätzlich zu T86.83 kodiert, zum Beispiel:

H44.0 *Purulente Endophthalmitis*
H44.1 *Sonstige Endophthalmitis*
H20.– *Iridozyklitis*
H16.– *Keratitis*
H18.– *Sonstige Affektionen der Hornhaut*
Z96.1 *Vorhandensein eines intraokularen Linsenimplantates*

8 KRANKHEITEN DES OHRES UND DES WARZENFORTSATZES

0801p Schwerhörigkeit und Taubheit

Die Diagnosen Schwerhörigkeit und Taubheit können mit einem passenden Kode aus den Kategorien

H90.– *Hörverlust durch Schallleitungs- oder Schallempfindungsstörung* und

H91.– *Sonstiger Hörverlust*

unter anderem in folgenden Situationen als **Hauptdiagnose** kodiert werden:

- Untersuchung bei Kindern, wenn ein CT unter Sedierung oder Hörtests durchgeführt werden
- plötzlicher Hörverlust bei Erwachsenen
- Stationäre Aufnahme zur Einführung eines Kochlea- oder Hörimplantates

9 KRANKHEITEN DES KREISLAUFSYSTEMS

0901f Ischämische Herzkrankheit

Angina pectoris (I20.–)

Liegt bei einem Patienten eine Angina pectoris vor, ist der entsprechende Kode **vor** dem Kode der Koronaratherosklerose anzugeben.

Wenn ein Patient mit instabiler Angina pectoris aufgenommen wird und diese sich während des Krankenhausaufenthaltes zu einem Myokardinfarkt entwickelt, ist nur der Kode für einen Myokardinfarkt anzugeben.

Wenn der Patient jedoch eine Postinfarkt-Angina entwickelt, kann I20.0 *Instabile Angina pectoris* als zusätzlicher Kode angegeben werden.

Akuter Myokardinfarkt (I21.–)

Ein als akut bezeichneter oder bis zu vier Wochen (28 Tage) zurückliegender Myokardinfarkt ist mit einem Kode aus

I21.– *Akuter Myokardinfarkt*

zu verschlüsseln.

Kodes der Kategorie I21.– *Akuter Myokardinfarkt* sind anzugeben sowohl für die initiale Behandlung eines Infarktes im ersten Krankenhaus, das den Infarktpatienten aufnimmt, als auch in anderen Einrichtungen, in die der Patient innerhalb von vier Wochen (28 Tage) nach dem Infarkt aufgenommen oder verlegt wird.

Rezidivierender Myokardinfarkt (I22.–)

Mit dieser Kategorie ist ein Infarkt zu kodieren, der innerhalb von **vier Wochen** (28 Tagen) **nach** einem vorangegangenen Infarkt auftritt.

Alter Myokardinfarkt (I25.2-)

Die Schlüsselnummer

I25.2- *Alter Myokardinfarkt*

kodiert eine **anamnestische Diagnose**, auch wenn sie nicht als „Z-Kode“ in Kapitel XXI enthalten ist. Sie ist nur dann zusätzlich zu kodieren, wenn sie Bedeutung für die aktuelle Behandlung hat.

Sonstige Formen der chronischen ischämischen Herzkrankheit (I25.8)

Ein Myokardinfarkt, der mehr als vier Wochen (28 Tage) nach dem Eintritt behandelt wird, ist mit

I25.8 *Sonstige Formen der chronischen ischämischen Herzkrankheit*

zu verschlüsseln.

Ischämische Herzkrankheit, die früher chirurgisch/interventionell behandelt wurde

Wenn während des aktuellen Krankenhausaufenthaltes eine ischämische Herzkrankheit behandelt wird, die früher chirurgisch/interventionell behandelt wurde, ist folgendermaßen zu verfahren:

Wenn die vorhandenen Bypässe/Stents offen sind und ein erneuter Eingriff durchgeführt wird, um weitere Gefäßabschnitte zu behandeln, ist der Kode

I25.11 *Atherosklerotische Herzkrankheit, Ein-Gefäß-Erkrankung,*

I25.12 *Atherosklerotische Herzkrankheit, Zwei-Gefäß-Erkrankung,*

I25.13 *Atherosklerotische Herzkrankheit, Drei-Gefäß-Erkrankung* oder

I25.14 *Atherosklerotische Herzkrankheit, Stenose des linken Hauptstammes*

und entweder

Z95.1 *Vorhandensein eines aortokoronaren Bypasses*

oder

Z95.5 *Vorhandensein eines Implantates oder Transplantates nach koronarer Gefäßplastik*

zu kodieren.

Die Kodes

I25.15 *Atherosklerotische Herzkrankheit mit stenosierten Bypass-Gefäßen*

I25.16 *Atherosklerotische Herzkrankheit mit stenosierten Stents*

sind **nur** zu verwenden, wenn der Bypass/Stent selbst betroffen ist. In diesem Fall ist

Z95.1 *Vorhandensein eines aortokoronaren Bypasses* oder

Z95.5 *Vorhandensein eines Implantates oder Transplantates nach koronarer Gefäßplastik*

als Zusatzdiagnose nicht anzugeben.

Beispiel 1

Ein Patient wurde mit einer instabilen Angina aufgenommen, die sich drei Jahre nach einer Bypassoperation entwickelt hat. Die Herzkatheteruntersuchung zeigte eine koronare Herzerkrankung im Bereich des Venenbypasses.

Hauptdiagnose:	I20.0	*Instabile Angina pectoris*
Nebendiagnose(n):	I25.15	*Atherosklerotische Herzkrankheit mit stenosierten Bypass-Gefäßen*

Voraussetzung für die Zuweisung der Kodes

Z95.1 *Vorhandensein eines aortokoronaren Bypasses* oder

Z95.5 *Vorhandensein eines Implantates oder Transplantates nach koronarer Gefäßplastik*

ist außer dem Vorliegen anamnestischer Informationen über das Vorhandensein eines Koronararterienbypasses oder eine frühere Koronarangioplastie, dass diese Angaben für die aktuelle Krankenhausbehandlung **von Bedeutung** sind (siehe DKR D003 *Nebendiagnosen* (Seite 13)).

0902a Akutes Lungenödem

Wenn ein „akutes Lungenödem" diagnostiziert wird, ist nach der zugrunde liegenden Ursache zu kodieren. Zum Beispiel ist ein akutes kardiales Lungenödem mit

I50.14 *Linksherzinsuffizienz mit Beschwerden in Ruhe*

zu verschlüsseln.

S.a. die Hinweise und Exklusiva zu

J81 *Akutes Lungenödem*

in der ICD-10-GM.

0903u Herzstillstand und operative Reanimation

Herzstillstand oder Herz- und Atemstillstand (I46.– *Herzstillstand*) sind **nur** zu kodieren, wenn Wiederbelebungsmaßnahmen in unmittelbarem zeitlichen Zusammenhang mit der Aufnahme (z.B. präklinisch durch den Notarzt) oder während des stationären Aufenthaltes ergriffen werden, unabhängig vom Ergebnis für den Patienten.

Der Herzstillstand (I46.– *Herzstillstand*) ist **nicht** als Hauptdiagnose anzugeben, wenn die zugrunde liegende Ursache bekannt ist.

Bei Reanimation durch das Krankenhaus im Rahmen eines Herzstillstandes ist außerdem

8-771 *Kardiale oder kardiopulmonale Reanimation*

zuzuweisen.

Operative Reanimation

Entscheidung des Schlichtungsausschusses zu der KDE 344, veröffentlicht am 21.07.2020

Frage: Anlage eines aortokoronaren 3fach-Bypasses. Kurz nach Abgehen von der Herz-Lungen-Maschine (HLM) kommt es bei noch offenem Thorax zum Kreislaufzusammenbruch. Entschluss zum erneuten Einsatz der HLM, bis dahin überbrückend manuelle Herzkompression über drei Minuten. Ist die manuelle Herzkompression mit

5-379.0 *Andere Operationen an Herz und Perikard, Offene Herzmassage*
und zusätzlich
8-772 *Maßnahmen im Rahmen der Reanimation, Operative Reanimation*
zu kodieren?

Entscheidung: Die manuelle Herzkompression zur Reanimation bei bereits im Rahmen einer anderen Operation eröffnetem Thorax ist mit dem Kode 5-379.0 *Andere Operationen an Herz und Perikard, Offene Herzmassage* zu kodieren.

0904d Hypertensive Herzkrankheit (I11.–)

Steht eine Herzkrankheit in **kausalem Zusammenhang** zur Hypertonie, so ist ein Kode für die Herzkrankheit (z.B. aus I50.– *Herzinsuffizienz* oder I51.– *Komplikationen einer Herzkrankheit und ungenau beschriebene Herzkrankheit*) gefolgt von I11.– *Hypertensive Herzkrankheit* anzugeben. Wenn für die Herzerkrankung kein anderer Kode der ICD-10-GM außer I11.– *Hypertensive Herzkrankheit* zur Verfügung steht, wird dieser allein kodiert.

Liegen Herzerkrankungen und Hypertonie aber *ohne* kausale Beziehung vor, werden Hypertonie und Herzkrankheit einzeln kodiert.

0905d Hypertensive Nierenerkrankung (I12.–)

Steht eine Nierenerkrankung in **kausalem Zusammenhang** zur Hypertonie, so ist ein Kode für die Nierenerkrankung (z.B. aus N18.– *Chronische Nierenkrankheit*) gefolgt von I12.– *Hypertensive Nierenkrankheit* anzugeben. Wenn für die Nierenerkrankung kein anderer Kode der ICD-10-GM außer I12.– *Hypertensive Nierenkrankheit* zur Verfügung steht, wird dieser allein kodiert.

Liegen Nierenerkrankungen und Hypertonie aber *ohne* kausale Beziehung vor, werden Hypertonie und Nierenkrankheit einzeln kodiert.

0906d Hypertensive Herz- und Nierenkrankheit (I13.–)

In Fällen, bei denen sowohl eine hypertensive Herzkrankheit (I11.–) als auch eine hypertensive Nierenkrankheit (I12.–) vorliegt, ist ein Kode für die Herzkrankheit (z.B. aus I50.– *Herzinsuffizienz*) und für die Nierenkrankheit (z.B. aus N18.– *Chronische Nierenkrankheit*) gefolgt von

I13.– *Hypertensive Herz- und Nierenkrankheit*

zuzuordnen. Wenn für die Herz- und Nierenerkrankung kein anderer Kode der ICD-10-GM außer I13.– *Hypertensive Herz- und Nierenkrankheit* zur Verfügung steht, wird dieser allein kodiert.

Die Hauptdiagnose ist entsprechend DKR D002 *Hauptdiagnose* (Seite 4) festzulegen.

0908l Zusätzliche Prozeduren im Zusammenhang mit Herzoperationen

Herz-Lungen-Maschine (HLM)

Bei Operationen, bei denen die Herz-Lungen-Maschine **grundsätzlich** zum Einsatz kommt, ist ihre Anwendung im Operationskode enthalten. Dies ist durch entsprechende Hinweise im OPS gekennzeichnet.

Eine Ausnahme davon stellen Operationen dar, bei denen der Einsatz der Herz-Lungen-Maschine in tiefer oder profunder Hypothermie erfolgt. In diesen Fällen ist ein Kode aus

8-851.4 *Operativer äußerer Kreislauf (bei Anwendung der Herz-Lungen-Maschine): Mit tiefer Hypothermie (20 bis unter 26 °C)*

oder

8-851.5 *Operativer äußerer Kreislauf (bei Anwendung der Herz-Lungen-Maschine): Mit profunder Hypothermie (unter 20 °C)*

zusätzlich anzugeben.

Eine intraaortale Ballonokklusion ist entsprechend des jeweiligen Grades der Hypothermie (auch bei Normothermie) mit einem Kode aus

8-851 *Operativer äußerer Kreislauf (bei Anwendung der Herz-Lungen-Maschine) [...]*

6. Stelle „1“ *Mit intraaortaler Ballonokklusion*

zu verschlüsseln.

Wenn die Anwendung der Herz-Lungen-Maschine **nicht** im Operationskode enthalten ist (z.B. 5-362 *Anlegen eines aortokoronaren Bypass durch minimalinvasive Technik*), ist sie mit der passenden Schlüsselnummer aus

8-851 *Operativer äußerer Kreislauf (bei Anwendung der Herz-Lungen-Maschine)*

zu kodieren.

Temporärer Herzschrittmacher, temporäre Elektroden

Da die Implantation der Sonden zur temporären Herzfrequenzstimulation ein Routinebestandteil einer Bypassoperation ist, ist sie nicht gesondert zu kodieren.

0909d Revisionen oder Reoperationen an Herz und Perikard

Die Reoperation ist ein erneuter Eingriff nach vorausgegangener Herzoperation mit Eröffnung des Perikards oder offener Operation an Herzklappen.

Grundsätzlich ist bei jeder Reoperation am Herzen zusätzlich zu den spezifischen Operationskodes der Kode

5-379.5 *Andere Operationen an Herz und Perikard: Reoperation*

anzugeben.

Wird ein vorhandener Bypass revidiert oder neu angelegt, sind zusätzlich die Kodes

5-363.1 *Koronararterienbypass-Revision*

oder

5-363.2 *Koronararterienbypass-Neuanlage*

zuzuweisen.

Beispiel 1

Ein Patient wird zum Wechsel der Aortenklappe aufgenommen. 8 Jahre zuvor wurde die Aortenklappe durch eine Bioprothese ersetzt und gleichzeitig ein Koronararterienbypass gelegt.

Prozedur(en)	5-352.00	*Wechsel eines Xenotransplantats der Aortenklappe durch Kunstprothese*
	5-379.5	*Andere Operationen an Herz und Perikard: Reoperation*

0911d Schrittmacher/Defibrillatoren

Anmerkung: Diese Richtlinie enthält Erläuterungen zur Kodierung von Diagnosen und Prozeduren im Zusammenhang mit Schrittmachern. Diese gelten sinngemäß auch für die Kodierung von Implantation, Wechsel und Entfernung eines Defibrillators.

Permanente Schrittmacher

Wenn eine **temporäre Sonde entfernt wird und ein permanenter Schrittmacher implantiert wird,** ist der permanente Schrittmacher als Erstimplantation zu kodieren, nicht als Ersatz.

Die **Überprüfung** eines Schrittmachers wird routinemäßig während des stationären Aufenthaltes zur Schrittmacherimplantation durchgeführt; daher ist ein gesonderter Prozedurenkode hierfür nicht anzugeben.

Für die Überprüfung zu einem anderen Zeitpunkt (also nicht im Zusammenhang mit einer Implantation beim gleichen Aufenthalt) ist der Kode

1-266.0 *Elektrophysiologische Untersuchung des Herzens, nicht kathetergestützt, bei implantiertem Schrittmacher*

zuzuweisen.

Bei **Aufnahme zum Aggregatwechsel** eines Herzschrittmachers/Defibrillators ist ein Kode aus

Z45.0- *Anpassung und Handhabung eines kardialen (elektronischen) Geräts*

als Hauptdiagnose zuzuweisen, zusammen mit den passenden Verfahrenkodes.

Komplikationen des Schrittmachersystems/Defibrillators sind mit einem der folgenden Kodes zu verschlüsseln:

T82.1 *Mechanische Komplikation durch ein kardiales elektronisches Gerät* (Dieser Kode beinhaltet die Funktionsstörung des Schrittmachers und der Sonden, eines Sondenstückes oder das Ablösen der Sonde.)

T82.7 *Infektion und entzündliche Reaktion durch sonstige Geräte, Implantate oder Transplantate im Herzen und in den Gefäßen*

T82.8 *Sonstige näher bezeichnete Komplikationen durch Prothesen, Implantate oder Transplantate im Herzen und in den Gefäßen*

Einem **Patienten mit Schrittmacher/Defibrillator** ist der Kode

Z95.0 *Vorhandensein eines kardialen elektronischen Geräts*

zuzuweisen.

0912f Aufnahme zum Verschluss einer AV-Fistel oder zum Entfernen eines AV-Shunts

Bei der Krankenhausaufnahme zum Verschluss einer AV-Fistel oder zum Entfernen eines AV- Shunts ist als Hauptdiagnosekode

Z48.8 *Sonstige näher bezeichnete Nachbehandlung nach chirurgischem Eingriff*

zuzuweisen, zusammen mit dem folgenden Prozedurenkode

5-394.6 *Verschluss eines arteriovenösen Shuntes.*

0913u Tachyarrhythmia absoluta

Entscheidung des Schlichtungsausschusses zu der KDE 338, veröffentlicht am 19.08.2020

Frage: Ein Patient wird vom Notarzt wegen neu aufgetretener Tachyarrhythmia absoluta bei Vorhofflimmern eingewiesen. Es erfolgt eine frequenzregulierende Therapie und der Patient wird antikoaguliert. Kann neben der Hauptdiagnose I48.10 *Vorhofflattern und Vorhofflimmern, Vorhofflimmern, paroxysmal* I47.1 *Paroxysmale Tachykardie, Supraventrikuläre Tachykardie* zusätzlich als Nebendiagnose kodiert werden?

Entscheidung: Eine Tachyarrhythmia absoluta aufgrund von Vorhofflimmern ist mit dem zutreffenden Kode aus I48.- *Vorhofflimmern und Vorhofflattern* zu kodieren. Der Kode I47.1 *Supraventrikuläre Tachykardie* ist für die Tachyarrhythmia absoluta bei Vorhofflimmern nicht zusätzlich zu kodieren.

0914u Vitien mehrerer Herzklappen

Entscheidung des Schlichtungsausschusses zu der KDE 533, veröffentlicht am 21.07.2020

Frage: Bei einem Patienten liegen eine leichte Aortenstenose und eine höhergradige Mitralinsuffizienz vor. Die Genese der Klappenvitien ist nicht bekannt. Sind die Vitien jeweils spezifisch nach der Art des Vitiums zu kodieren oder ist eine Schlüsselnummer aus I08.- *Krankheiten mehrerer Herzklappen* zu verwenden?

Entscheidung: Liegen gleichzeitig Vitien mehrerer Herzklappen vor, so ist für jede betroffene Herzklappe jeweils der Kode, welcher Art und Ursache des Vitiums zutreffend beschreibt, zu kodieren. Kombinations-Schlüsselnummern dürfen nur verwendet werden, wenn sie die genannten Informationen klappenspezifisch genau beschreiben.

10 KRANKHEITEN DES ATMUNGSSYSTEMS

1001w Maschinelle Beatmung

Definition (im Sinne der Deutschen Kodierrichtlinien)

Maschinelle Beatmung („künstliche Beatmung") ist ein Vorgang, bei dem Gase mittels einer mechanischen Vorrichtung in die Lunge bewegt werden.

Beatmung kann invasiv über eine Trachealkanüle oder einen Tubus erfolgen. Beatmung kann auch nichtinvasiv über ein Maskensystem erfolgen.

Für die Berechnung von Beatmungsstunden bei Patienten, die das 6. Lebensjahr vollendet haben, sind nur Verfahren heranzuziehen, bei denen bei positiver Druckbeatmung eine Druckdifferenz zwischen Inspiration und Exspiration von mindestens 6 mbar besteht.

Kodierung

Beatmungsstunden sind nur bei „intensivmedizinisch versorgten" Patienten zu kodieren, das heißt bei Patienten, bei denen die für das Leben notwendigen sogenannten vitalen oder elementaren Funktionen von Kreislauf, Atmung, Homöostase oder Stoffwechsel lebensgefährlich bedroht oder gestört sind und die mit dem Ziel behandelt, überwacht und gepflegt werden, diese Funktionen zu erhalten, wiederherzustellen oder zu ersetzen, um Zeit für die Behandlung des Grundleidens zu gewinnen. Das Grundleiden, das die intensivmedizinische Behandlung bedingt hat, muss in diesem Zusammenhang nicht mit der Hauptdiagnose identisch sein.

Diese intensivmedizinische Versorgung umfasst mindestens ein Monitoring von Atmung und Kreislauf und eine akute Behandlungsbereitschaft (ärztliche und pflegerische Interventionen zur Stabilisierung der Vitalfunktionen unmittelbar möglich).

Entscheidung des Schlichtungsausschusses zu dem Antrag S20220010 „Klärung: Notwendigkeit einer täglichen art. oder kap. Blutgasanalyse zur Berechnung von Beatmungsstunden", veröffentlicht am 19.10.2022

Entscheidung: Das zur Kodierung von Beatmungsstunden gemäß DKR 1001 erforderliche Monitoring der Atmung erfolgt im Einzelfall gemäß den bestehenden medizinischen Erfordernissen. Es umfasst dabei die Gasaustauschparameter (z.B. pO2, pH, pCO2, sO2) mit invasiven oder nicht invasiven Messverfahren (z.B. arterieller, kapillärer oder venöser Blutgasanalyse, Pulsoxymetrie, transkutane Oxymetrie und CO2-Messung) sowie relevante Gerätemesswerte (z.B. Atemfrequenz, Atemzugvolumen, Atemminutenvolumen, Beatmungsdrücke).

Wenn eine maschinelle Beatmung die obige Definition und die o.g. Anforderungen erfüllt, ist

1) zunächst die **Dauer** der künstlichen Beatmung zu erfassen. Hierfür steht ein separates Datenfeld im Datensatz nach § 301 SGB V (Sozialgesetzbuch Fünftes Buch) sowie § 21 KHEntgG (Krankenhausentgeltgesetz) zur Verfügung.

2) Dann ist **zusätzlich:**

    2a) einer der folgenden Kodes

        8-701 *Einfache endotracheale Intubation*
        8-704 *Intubation mit Doppellumentubus*
        8-706 *Anlegen einer Maske zur maschinellen Beatmung*

        und/oder

2b) der zutreffende Kode aus

5-311 *Temporäre Tracheostomie* oder

5-312 *Permanente Tracheostomie*

anzugeben, wenn zur Durchführung der künstlichen Beatmung ein Tracheostoma angelegt wurde.

3) Bei **Neugeborenen und Säuglingen** ist **zusätzlich** ein Kode aus

8-711 *Maschinelle Beatmung und Atemunterstützung bei Neugeborenen und Säuglingen*

anzugeben.

Bei **Kindern und Jugendlichen** ist **zusätzlich** ein Kode aus

8-712 *Maschinelle Beatmung und Atemunterstützung bei Kindern und Jugendlichen*

anzugeben.

4) Bei **heimbeatmeten Patienten, die über ein Tracheostoma beatmet werden**, sind die Beatmungszeiten zu erfassen, wenn es sich im Einzelfall um einen „intensivmedizinisch versorgten Patienten" handelt (Definition: s.o.).

5) Für die Beatmungsentwöhnung und die Einstellung einer häuslichen Beatmung sind die passenden Kodes aus

8-718 *Beatmungsentwöhnung [Weaning] bei maschineller Beatmung*

und

8-716 *Einstellung einer häuslichen maschinellen Beatmung*

anzugeben.

6) Bei allen Patienten, die länger als 95 Stunden beatmet werden, ist gemäß der „Vereinbarung gemäß § 9 Absatz 1a Nummer 8 KHEntgG über das Nähere von Abschlägen bei Nichteinschätzung des Beatmungsstatus/Beatmungsentwöhnungspotentials und fehlender Verordnung einer erforderlichen Anschlussversorgung (B-BEP-Abschlagsvereinbarung)" der Status zur Beatmung bei Entlassung und zu der formlosen Verordnung gemäß § 3 der B-BEP-Abschlagsvereinbarung durch die Angabe eines passenden Entlassungs-/Verlegungsgrunds (Schlüsselverzeichnis 1. u. 2. Stelle 01 bis 04 oder 09 bis 11) in Verbindung mit der 3. Stelle des Entlassungs-/Verlegungsgrunds wie folgt anzugeben:

3 arbeitsfähig: keine Angabe; invasiv beatmet i.S. B-BEP-Abschlagsvereinbarung; keine Verordnung einer Anschlussversorgung zur Beatmungsentwöhnung

4 arbeitsfähig: keine Angabe; invasiv beatmet i.S. B-BEP-Abschlagsvereinbarung; Verordnung einer Anschlussversorgung zur Beatmungsentwöhnung

5 arbeitsfähig: keine Angabe; invasiv beatmet; B-BEP-Abschlagsvereinbarung nicht anwendbar; keine Verordnung

Berechnung der Dauer der Beatmung

Eine maschinelle Beatmung (siehe Definition, Abs. 1), die zur Durchführung einer Operation oder während einer Operation begonnen wird und die **nicht länger als 24 Stunden** dauert, **zählt nicht** zur Gesamtbeatmungszeit. Die maschinelle Beatmung während einer Operation im Rahmen der Anästhesie wird als integraler Bestandteil des chirurgischen Eingriffs angesehen.

Wenn die maschinelle Beatmung jedoch zur Durchführung einer Operation oder während einer Operation begonnen wird und **länger als 24 Stunden** dauert, dann **zählt** sie zur Gesamtbeatmungszeit. Die Berechnung der Dauer beginnt in diesem Fall mit der Intubation; die Intubation ist in diesem Fall zu kodieren, obwohl sie zur Operation durchgeführt wurde.

Eine Beatmung, die nicht zum Zweck einer Operation begonnen wurde, z.B. in der Intensivbehandlung nach einer Kopfverletzung oder einer Verbrennung, zählt unabhängig von der Dauer immer zur Gesamtbeatmungszeit. Werden bereits beatmete Patienten operiert, so zählt die Operationszeit zur Gesamtbeatmungszeit.

Die Beatmungsdauer berechnet sich wie folgt:

- Liegen die Beatmungsstunden (gemäß der Definition in DKR 1001) pro Kalendertag unter 8 Stunden, werden nur die erbrachten Beatmungsstunden (gemäß DKR 1001) entsprechend berechnet.
- Liegen die Beatmungsstunden (gemäß der Definition in DKR 1001) pro Kalendertag bei 8 Stunden oder mehr, werden 24 Beatmungsstunden für den Kalendertag berechnet.

Am Tag der Aufnahme und der Entlassung oder der Verlegung sind nur die erbrachten Beatmungsstunden zu berücksichtigen.

Solange ein Patient für mindestens 8 Stunden pro Kalendertag ein Verfahren erhält, bei dem bei positiver Druckbeatmung eine Druckdifferenz zwischen Inspiration und Exspiration von mindestens 6 mbar besteht (gilt nur für Patienten ab dem vollendeten 6. Lebensjahr), sind auch beatmungsfreie Intervalle an diesen Tagen mitzuzählen, unabhängig davon, ob sich der Patient bereits in der Entwöhnung von der Beatmung befindet oder nicht und unabhängig davon, ob der Patient während der beatmungsfreien Intervalle eine Sauerstoffinsufflation oder Sauerstoffinhalation erhält.

Während eines Krankenhausaufenthaltes ist zunächst die Gesamtbeatmungszeit gemäß obigen Regeln zu ermitteln, die Summe ist zur nächsten ganzen Stunde aufzurunden. (s.a. DKR P005 *Multiple Prozeduren/Prozeduren, unterschieden auf der Basis von Größe, Zeit oder Anzahl/Bilaterale Prozeduren* (Seite 56)).

Beispiel 1

Ein 40-jähriger Patient wird seit dem 05.07. ab 21:00 Uhr intubiert über die Notaufnahme aufgenommen und in Folge fortlaufend invasiv mit einer Druckdifferenz > 6 mbar beatmet.

Am 08.07. um 07:00 Uhr wird der Patient extubiert und weiter nichtinvasiv mit einer Druckdifferenz > 6 mbar intermittierend beatmet.

Am 10.07. wird der Patient letztmalig insgesamt 7 Stunden (Druckdifferenz > 6 mbar) beatmet.

Die Berechnung der Gesamtbeatmungsdauer ergibt sich wie folgt:

1001

Datum	Beatmung	Beatmung von – bis	Beatmung h/Tag ohne beatmungs-freie Intervalle	Anzurechnende Beatmungsdauer
05.07.	fortlaufend invasiv	21:00 Uhr – 24:00 Uhr	3	3
06.07.	fortlaufend invasiv	00:00 Uhr – 24:00 Uhr	24	24
07.07.	fortlaufend invasiv	00:00 Uhr – 24:00 Uhr	24	24
08.07.	Wechsel auf NIV (um 07:00 Uhr) intermittierend	00:00 Uhr – 07:00 Uhr (invasiv) 07:00 Uhr – 24:00 Uhr (NIV) davon insgesamt 12 h Beatmung mit Druck-differenz (> 6 mbar)	7 + 12	24
09.07.	NIV intermittierend	00:00 Uhr – 24:00 Uhr davon 10 h Beatmung	10	24
10.07.	NIV intermittierend	00:00 Uhr – 24:00 Uhr davon 7 h Beatmung	7	7
			Gesamtbeatmungsdauer:	106 Stunden

Beginn

Die Berechnung der Dauer der Beatmung beginnt mit **einem der folgenden Ereignisse**:

- **Endotracheale Intubation**

  Für Patienten, die zur künstlichen Beatmung intubiert werden, beginnt die Berechnung der Dauer mit dem Anschluss an die Beatmungsgeräte.

  Gelegentlich muss die endotracheale Kanüle wegen mechanischer Probleme ausgetauscht werden. Zeitdauer der Entfernung und des unmittelbaren Ersatzes der endotrachealen Kanüle sind in diesem Fall als Teil der Beatmungsdauer anzusehen; die Berechnung der Dauer wird fortgesetzt.

  Für Patienten, bei denen eine künstliche Beatmung durch endotracheale Intubation begonnen und bei denen später eine Tracheotomie durchgeführt wird, beginnt die Berechnung der Dauer mit der Intubation. Die Zeitdauer der Beatmung über das Tracheostoma wird hinzugerechnet.

- **Maskenbeatmung**

  Die Berechnung der Dauer der künstlichen Beatmung beginnt zu dem Zeitpunkt, an dem die maschinelle Beatmung einsetzt.

- **Tracheotomie**

  (mit anschließendem Beginn der künstlichen Beatmung). Die Berechnung der Dauer der künstlichen Beatmung beginnt zu dem Zeitpunkt, an dem die maschinelle Beatmung einsetzt.

- **Aufnahme eines beatmeten Patienten**

  Für jene Patienten, die maschinell beatmet aufgenommen werden, beginnt die Berechnung der Dauer mit dem Zeitpunkt der Aufnahme (s.a. „Verlegte Patienten", unten).

Verlegte Patienten

Beatmete und/oder intubierte Patienten

Wenn ein **beatmeter** Patient verlegt wird, finden die folgenden Grundregeln Anwendung:

Das verlegende Krankenhaus erfasst die Dauer der dort durchgeführten Beatmung und gibt die zutreffenden Kodes an:

- für den Zugang bei maschineller Beatmung (8-70),
- für die Tracheostomie (5-311; 5-312),
- für maschinelle Beatmung und Atemunterstützung bei Neugeborenen und Säuglingen (8-711),
- für maschinelle Beatmung und Atemunterstützung bei Kindern und Jugendlichen (8-712),
- für Beatmungsentwöhnung (Weaning) (8-718)

wenn diese Maßnahmen von der verlegenden Einrichtung durchgeführt worden sind.

Das aufnehmende Krankenhaus erfasst die Dauer der dort durchgeführten Beatmung, bei Neugeborenen und Säuglingen wird zusätzlich ein Kode aus 8-711 bzw. bei Kindern und Jugendlichen zusätzlich ein Kode aus 8-712 zugewiesen. Ein Kode für die Einleitung der Beatmung wird nicht angegeben, da diese Maßnahmen vom verlegenden Krankenhaus durchgeführt wurden.

Wenn ein **nicht beatmeter** intubierter oder tracheotomierter Patient verlegt wird, kodiert das verlegende Krankenhaus den Zugang bei maschineller Beatmung (8-70) sowie ggf. die Tracheostomie (5-311; 5-312). Das aufnehmende Krankenhaus kodiert diese bereits geleisteten Prozeduren nicht noch einmal.

Intubation ohne maschinelle Beatmung

Eine Intubation kann auch durchgeführt werden, wenn keine künstliche Beatmung erforderlich ist, z.B. wenn es notwendig ist, den Luftweg offen zu halten.

Eine Intubation ist in diesen Fällen mit einem Kode aus

8-700 *Offenhalten der oberen Atemwege*

8-701 *Einfache endotracheale Intubation*

zu verschlüsseln.

Atemunterstützung: Kontinuierlicher positiver Atemwegsdruck (CPAP), High flow nasal cannula (HFNC) und Humidified high flow nasal cannula (HHFNC)

Kodes aus

8-711.0 *Atemunterstützung mit kontinuierlichem positivem Atemwegsdruck [CPAP]* oder

8-711.4 *Atemunterstützung durch Anwendung von High-Flow-Nasenkanülen [HFNC-System]*

sind nur bei **Neugeborenen und Säuglingen** zu kodieren, unabhängig von der Behandlungsdauer (also auch unter 24 Stunden; bei OPS-Kode 8-711.00 mindestens aber 30 Minuten).

Die Dauer der Atemunterstützung mit kontinuierlichem positivem Atemwegsdruck (CPAP) ist bei Neugeborenen, Säuglingen und Kindern bis zum vollendeten 6. Lebensjahr für die

1001

Ermittlung der Beatmungsdauer zu berücksichtigen, sofern diese intensivmedizinisch versorgt sind.

Die Dauer der Atemunterstützung mit High flow nasal cannula (HFNC) und Humidified high flow nasal cannula (HHFNC) ist bei Neugeborenen und Säuglingen für die Ermittlung der Beatmungsdauer zu berücksichtigen, sofern diese intensivmedizinisch versorgt sind.

Wenn diese Atemunterstützung (HFNC/HHFNC bis zum vollendeten 1. Lebensjahr/CPAP bis zum vollendeten 6. Lebensjahr) weniger als 8 Stunden pro Kalendertag beträgt und eine intensivmedizinische Versorgung stattfand, sind nur die erbrachten Atemunterstützungsstunden als Beatmungsstunden zu berechnen.

Wenn diese Atemunterstützung (HFNC/HHFNC bis zum vollendeten 1. Lebensjahr/CPAP bis zum vollendeten 6. Lebensjahr) 8 oder mehr Stunden pro Kalendertag beträgt und eine intensivmedizinische Versorgung stattfand, sind 24 Beatmungsstunden zu berechnen. Dies gilt unabhängig davon, ob der Patient während der Intervalle ohne Atemunterstützung eine Sauerstoffinsufflation oder Sauerstoffinhalation erhält.

Am Tag der Aufnahme, der Entlassung oder der Verlegung sind nur die erbrachten Beatmungsstunden zu berücksichtigen.

Beispiel 2

Ein drei Monate alter intensivmedizinisch versorgter Säugling erhält seit dem 06.07. (Aufnahmetag) ab 12:00 Uhr Atemunterstützung mit HFNC.

Seit dem 10.07. wird die Atemunterstützung mit HFNC schrittweise reduziert

am 11.07. erfolgt HFNC für insgesamt 6 Stunden

am 12.07. erfolgt HFNC für insgesamt 4 Stunden.

Die Berechnung der Gesamtbeatmungsdauer ergibt sich wie folgt:

Datum	Atemunter stützung	Atemunterstützung von – bis	Beatmung h/Tag ohne beatmungsfreie Intervalle	Anzurechnende Beatmungsdauer
06.07.	HFNC	12:00 Uhr – 24:00 Uhr	12	12
07.07.	HFNC	00:00 Uhr – 24:00 Uhr	24	24
08.07.	HFNC	00:00 Uhr – 24:00 Uhr	24	24
09.07.	HFNC	00:00 Uhr – 24:00 Uhr	24	24
10.07.	HFNC	Insgesamt 10 h HFNC	10	24
11.07.	HFNC	Insgesamt 6 h HFNC	6	6
12.07.	HFNC	Insgesamt 4 h HFNC	4	4
			Gesamtbeatmungsdauer:	118 Stunden

Wenn **bei Erwachsenen, Kindern und Jugendlichen** eine Störung wie Schlafapnoe mit CPAP behandelt wird, sind Kodes aus 8-711.0 und 8-712.0 *Atemunterstützung mit kontinuierlichem positivem Atemwegsdruck [CPAP]* sowie die Beatmungsdauer **nicht** zu verschlüsseln. Die Ersteinstellung einer CPAP-Therapie bzw. die Kontrolle oder Optimierung einer früher eingeleiteten CPAP-Therapie werden mit einem Kode aus 8-717 *Einstellung einer nasalen oder oronasalen Überdrucktherapie bei schlafbezogenen Atemstörungen* verschlüsselt.

1004u Respiratorische Insuffizienz

Entscheidung des Schlichtungsausschusses zu der KDE 37, veröffentlicht am 15.10.2020

Frage: Wann ist respiratorische Insuffizienz zu kodieren?

Entscheidung: Eine respiratorische Insuffizienz (J96.-) kann kodiert werden, wenn bei Vorliegen diesbezüglich bestehender klinischer Zeichen (ein oder mehrere) unter Raumluft (sofern der Zustand des Patienten eine Messung unter Raumluft zulässt):

- eine pathologisch veränderte arterielle oder kapilläre Blutgasanalyse (z. B. Sauerstoffsättigung oder eine Hyperkapnie oder Hypoxämie (gemäß den Normwerten des verwendeten Analysegerätes) vorliegt oder
- eine erniedrigte Sauerstoffsättigung ≤ 92% (nur bei Messung durch eine periphere Pulsoxymetrie) gemessen wurde.

1005u Misslungene oder schwierige Intubation

Entscheidung des Schlichtungsausschusses zu der KDE 403, veröffentlicht am 19.08.2020

Frage: Bei zu erwartender schwieriger Intubation wegen einer Säbelscheidentrachea mit inspiratorischem Stridor und begleitender Adipositas per magna wird zur Struma-Operation elektiv eine komplikationslose fiberoptische Intubation der wachen Patientin durchgeführt. Ist als Nebendiagnose T88.4 *Sonstige Komplikationen bei chirurgischen Eingriffen und medizinischer Behandlung, anderenorts nicht klassifiziert, Misslungene oder schwierige Intubation* zu kodieren?

Entscheidung: Erfolgt bei einer zu erwartenden schwierigen Intubation beispielsweise wegen einer Säbelscheidentrachea, Struma oder Adipositas per magna eine primär geplante und komplikationslose fiberoptische Intubation, so ist der Kode T88.4 *Misslungene oder schwierige Intubation* nicht zu kodieren. Diejenigen Erkrankungen/Störungen, die den erschwerten Intubationsbedingungen zugrunde liegen, sind zusätzlich zu kodieren (hier Säbelscheidentrachea, Struma, Adipositas per magna).

1006u Bronchoskopische Blutstillung

Entscheidung des Schlichtungsausschusses zu der KDE 493, veröffentlicht am 19.08.2020

Frage: Im Rahmen einer Bronchoskopie wird eine Biopsie aus der Bronchialschleimhaut entnommen. Bei der abschließenden Inspektion zeigt sich eine Sickerblutung an der Biopsiestelle. Diese wird mittels Adrenalinlösung gestillt. Ist in diesem Fall die Blutstillung gesondert zu kodieren?

Entscheidung: Erfolgt in einer, im Rahmen einer Bronchoskopie durchgeführten Biopsie aus der Bronchialschleimhaut, eine Blutstillung mittels Adrenalinlösung, so ist diese in den Kodes aus 1-430.1- *Endoskopische Biopsie an respiratorischen Organen, Bronchus* enthalten.

Entscheidung des Schlichtungsausschusses zu der KDE 571, veröffentlicht am 06.10.2020

Frage: Stationäre Aufnahme wegen leichten, rezidivierenden Hämoptysen zur Abklärung. Im Rahmen der flexiblen Tracheobronchoskopie konnte eine leichte Sickerblutung im Unterlappenbronchus nachgewiesen werden. Zur Blutstillung erfolgte die Einlage eines resorbierbaren Hämostyptikums in den Unterlappenbronchus.
Wie ist die bronchoskopische Blutstillung zu kodieren?

Entscheidung: Wird im Rahmen einer flexiblen diagnostischen Tracheobronchoskopie eine leichte Sickerblutung nachgewiesen und wird diese Blutung durch Einlage eines resorbierbaren Hämostyptikums gestillt, so ist dies nicht zusätzlich zu kodieren.

11 KRANKHEITEN DES VERDAUUNGSSYSTEMS

1101a Appendizitis

Zur Zuweisung einer Schlüsselnummer aus den Kategorien

K35.– *Akute Appendizitis*

K36 *Sonstige Appendizitis*

K37 *Nicht näher bezeichnete Appendizitis*

ist die **klinische** Diagnose Appendizitis ausreichend. Es ist nicht zwingend erforderlich, dass ein histopathologischer Befund diese Diagnose sichert.

1102v Adhäsionen

Die Lösung von abdominalen Adhäsionen kann eine aufwändige „Hauptprozedur" oder eine im Rahmen einer anderen Prozedur mitdurchgeführte Begleitprozedur („Nebenprozedur") sein. Auch wenn Adhäsionen im Verlauf einer anderen Bauchoperation gelöst werden, kann der Vorgang im Einzelfall relevanten Aufwand verursachen. Dann sind ein Diagnosekode (z.B. K66.0 *Peritoneale Adhäsionen*) für die Adhäsion und ein Prozedurenkode aus

5-469.1 *Bridenlösung* oder

5-469.2 *Adhäsiolyse*

für die Lösung der Adhäsionen anzugeben.

Entscheidung des Schlichtungsausschusses zu dem Antrag S20220002 „Adhäsiolyse", veröffentlicht am 27.04.2022

Entscheidung: Die DKR 1102 ist anzuwenden. Ein „relevanter Aufwand" liegt beispielsweise vor, wenn:

- das Fortschreiten einer Operation oder die eigentlich geplante Operation durch eine notwendig werdende Adhäsiolyse deutlich behindert oder verzögert wird oder
- außerhalb der Präparation des geplanten Operationsfeldes eine eigenständige aufwendige Adhäsiolyse vorgenommen wird.

Eine Adhäsiolyse, die durch einfaches Lösen mittels Schere (wenige Scherenschläge) erfolgt, stellt keinen relevanten Aufwand dar.

1103a Magenulkus mit Gastritis

Bei Patienten mit Magenulkus ist ein Kode aus

K25.– *Ulcus ventriculi*

anzugeben, gefolgt von einem Kode aus

K29.– *Gastritis und Duodenitis*,

wenn beide Erkrankungen vorliegen.

1105d Gastrointestinale Blutung

Wenn ein Patient zur Abklärung einer oberen gastrointestinalen (GI) Blutung aufgenommen wird und bei der Endoskopie ein Ulkus, Erosionen oder Varizen gefunden werden, wird die gefundene Erkrankung „mit einer Blutung" kodiert; ein akutes Ulcus ventriculi mit Blutung ist zum Beispiel mit

K25.0 *Ulcus ventriculi, akut, mit Blutung*

zu kodieren.

Im Falle einer Refluxösophagitis mit Blutung ist

K21.0 *Gastroösophageale Refluxkrankheit mit Ösophagitis* und

K22.81 *Ösophagusblutung*

zu kodieren.

Man kann davon ausgehen, dass die Blutung der Läsion, die im Endoskopiebericht angegeben wird, zugeordnet werden kann, auch wenn die Blutung weder während der Untersuchung noch während des Krankenhausaufenthaltes auftritt.

Nicht alle Kategorien, die zur Verschlüsselung von gastrointestinalen Läsionen zur Verfügung stehen, stellen einen Kode mit der Modifikation „mit einer Blutung" zur Verfügung. In solchen Fällen wird für die Blutung ein zusätzlicher Kode aus

K92.– *Sonstige Krankheiten des Verdauungssystems*

angegeben.

Wenn bei einer „peranalen Blutung" die aktuelle Blutungsquelle **nicht** bestimmt werden kann oder keine entsprechende Untersuchung durchgeführt wurde, ist

K92.2 *Gastrointestinale Blutung, nicht näher bezeichnet*

zu kodieren. Ein Kode aus

K62.5- *Hämorrhagie des Anus und des Rektums*

ist in diesem Fall **nicht** zuzuweisen.

Wird ein Patient hingegen wegen Meläna (Teerstuhl) oder okkultem Blut im Stuhl untersucht, ist nicht ohne weiteres davon auszugehen, dass eine endoskopisch gefundene Läsion auch die Ursache der Meläna oder des okkulten Blutes im Stuhl ist. Wenn keine kausale Verbindung zwischen Symptom und dem Ergebnis der Untersuchung besteht, ist zunächst das Symptom und danach das Untersuchungsergebnis anzugeben.

Patienten mit der Anamnese einer vor kurzem stattgefundenen gastrointestinalen Blutung werden manchmal zur Endoskopie aufgenommen, um die Blutungsquelle festzustellen, zeigen aber während der Untersuchung keine Blutung. Wird aufgrund der Vorgeschichte oder anderer Anhaltspunkte eine *klinische* Diagnose gestellt, schließt die Tatsache, dass während des Krankenhausaufenthaltes keine Blutung auftritt, nicht von vornherein die Eingabe eines Kodes mit der Modifikation „mit einer Blutung" aus, auch nicht die Zuweisung eines Kodes der Kategorie K92.– (*Sonstige Krankheiten des Verdauungssystems*) in den Fällen, in denen der Grund für die vorher stattgefundene Blutung nicht bestimmt werden konnte.

1107a Dehydratation bei Gastroenteritis

Bei stationärer Aufnahme zur Behandlung einer Gastroenteritis mit Dehydratation wird die Gastroenteritis als Hauptdiagnose und „Dehydratation" (E86 *Volumenmangel*) als Nebendiagnose angegeben.

1108u Gastroösophageale Refluxkrankheit Stadium IV

Entscheidung des Schlichtungsausschusses zu der KDE 513, veröffentlicht am 19.08.2020

Frage: Stationäre Aufnahme wegen retrosternalem Brennen und rezidivierendem Brechreiz. Gastroskopisch Nachweis einer Hiatusgleithernie mit ausgeprägter Refluxösophagitis Stadium IV mit mehreren cardianahen Ulcera, jedoch ohne Blutungszeichen. Wie ist die Refluxösophagitis Stadium IV zu kodieren?

Entscheidung: Das Stadium IV einer Gastroösophagealen Refluxkrankheit (GERD) ist mit einem Kode aus K21.- *Gastroösophageale Refluxkrankheit* und den im Einzelfall zutreffenden Kodes für die Komplikationen, z. B. K22.1 *Ösophagusulkus*, K22.2 *Ösophagusverschluss*, K22.7 *Barrett-Ösophagus*, K22.81 *Ösophagusblutung* zu kodieren.

1109u Therapeutische Peritonealdrainage

Entscheidung des Schlichtungsausschusses zu der KDE 596, veröffentlicht am 25.11.2020

Frage: Welche Voraussetzungen sind für die Kodierung des OPS 8-148.0 *Therapeutische Drainage von anderen Organen und Geweben, Peritonealraum* zu fordern?

Entscheidung: Bei einer therapeutischen Peritonealdrainage (OPS 8-148.0 *Therapeutische Drainage von anderen Organen und Geweben, Peritonealraum*) wird die aus therapeutischen Zwecken zu entfernende Flüssigkeit mittels eines gelegten Schlauchsystems über einen bestimmten Zeitraum abgelassen (z. B. mittels Schwerkraft, Sog- oder Kapillarwirkung). Das Legen der Peritonealdrainage erfolgt durch den Arzt. Das Ablassen der Flüssigkeit erfordert in der Regel keine ärztliche Anwesenheit und erfolgt im Rahmen der allgemeinen fachlichen Beobachtung im Krankenhaus durch das Pflegepersonal.

1110u Toxische Leberkrankheit mit Cholestase

Entscheidung des Schlichtungsausschusses zu der KDE 454, veröffentlicht am 21.07.2020

Frage: Ist bei Vorliegen einer extrahepatischen Cholestase durch ein präpapilläres Konkrement, welche durch Papillotomie behandelt wurde, neben dem ICD-Kode K80.51 *Gallengangsstein ohne Cholangitis oder Cholezystitis, mit Gallenwegsobstruktion* zusätzlich der ICD-Kode K71.0 *Toxische Leberkrankheit mit Cholestase* anzugeben?

Entscheidung: Der Kode K71.0 *Toxische Leberkrankheit mit Cholestase* ist nur dann anzuwenden, wenn eine durch Giftstoffe ausgelöste toxische Leberkrankheit mit nachfolgender, zumeist intrahepatischer Cholestase vorliegt.

12 KRANKHEITEN DER HAUT UND DER UNTERHAUT

1205u Plastische Chirurgie

Der Einsatz plastischer Chirurgie kann aus kosmetischen oder medizinischen Gründen erfolgen. Bei Operationen aus medizinischen Gründen ist der Krankheitszustand bzw. Risikofaktor, der Grund für den Eingriff war, als Hauptdiagnose zu kodieren.

Ist der Grund für den Eingriff rein kosmetisch, dann ist ein „Z-Kode“ die Hauptdiagnose.

Revision einer Narbe

Wird eine Narbe revidiert, ist

L90.5 *Narben und Fibrosen der Haut*

anzugeben, wenn die Narbe wegen Problemen (z.B. Schmerz) nachbehandelt wird.

Wenn die Nachbehandlung der Narbe(n) dagegen aus kosmetischen Gründen erfolgt, ist

Z42.– *Nachbehandlung unter Anwendung plastischer Chirurgie*

zu kodieren.

Exzision einer breiten Narbe am Unterschenkel

Entscheidung des Schlichtungsausschusses zu der KDE 206, veröffentlicht am 15.10.2020

Frage: Aufnahme eines Patienten zur Exzision einer schmerzhaften breiten Narbe am Unterschenkel. Zum Wundverschluss wurden die Wundränder durch Spreizen des Subcutangewebes mobilisiert und Burow-Dreiecke reseziert (kleine Hautdreiecke, die zum Längenausgleich an ungleich langen Wundrändern aus dem Endbereich des kürzeren Randes zu dessen Verlängerung herausgeschnitten werden), um ein kosmetisch gutes Ergebnis zu erzielen. Ist die zusätzliche Kodierung einer Dehnungsplastik mit einem OPS-Kode aus 5-903 *Lokale Lappenplastik an Haut und Unterhaut* korrekt?

Entscheidung: Erfolgt die Aufnahme eines Patienten zur Exzision einer schmerzhaften breiten Narbe am Unterschenkel und werden zum Wundverschluss die Wundränder durch Spreizen des Subcutangewebes mobilisiert und Burow-Dreiecke reseziert (kleine Hautdreiecke, die zum Längenausgleich an ungleich langen Wundrändern aus dem Endbereich des kürzeren Randes zu dessen Verlängerung herausgeschnitten werden), um ein kosmetisch gutes Ergebnis zu erzielen, ist dies bei einer lokalen Exzision (Fläche von bis zu 4 cm^2 oder Raum von bis zu 1 cm^3) nicht zusätzlich mit einem OPS-Kode aus 5-903.- *Lokale Lappenplastik an Haut und Unterhaut* zu dem zutreffenden OPS-Kode aus 5-894.- *Lokale Exzision von erkranktem Gewebe an Haut und Unterhaut* zu kodieren.

1205

Dermektomie nach Gewichtsabnahme

Entscheidung des Schlichtungsausschusses zu der KDE 107, veröffentlicht am 21.07.2020

Frage: Korrekte Kodierung der Hauptdiagnose bei plastisch-chirurgischen Eingriffen nach Gewichtsabnahme:
Eine Patientin wird wegen "Z.n. massiver Gewichtsabnahme mit Intertriginalekzem und ausgeprägten Hautüberschüssen" in einer Abteilung für Plastische Chirurgie behandelt. Therapeutisch erfolgt eine zirkuläre Dermektomie. Wird als Hauptdiagnose R63.4 *Abnorme Gewichtsabnahme* angegeben mit der Nebendiagnose L30.4 *Intertriginöses Ekzem* oder ist L30.4 Hauptdiagnose?

Entscheidung: Wird ein Patient nach einer massiven Gewichtsabnahme mit Intertriginalekzem und ausgeprägten Hautüberschüssen mit einer zirkulären Dermektomie (Fettschürzenreduktion) stationär behandelt, ist als Hauptdiagnose der Kode L98.7 *Überschüssige und erschlaffte Haut und Unterhaut* und als Nebendiagnose der Kode L30.4 *Intertriginöses Ekzem* zu kodieren.

Entfernung von Brustimplantaten

Brustimplantate werden aus medizinischen oder kosmetischen Gründen entfernt.

Bei medizinischen Gründen zur Entfernung von Brustimplantaten wird einer der folgenden Kodes

T85.4 *Mechanische Komplikation durch Mammaprothese oder -implantat*

T85.73 *Infektion und entzündliche Reaktion durch Mammaprothese oder -implantat*

T85.82 *Kapselfibrose der Mamma durch Mammaprothese oder -implantat*

T85.83 *Sonstige Komplikationen durch Mammaprothese oder -implantat*

zugewiesen.

Bei kosmetischen Gründen für die Implantatentfernung ist

Z42.1 *Nachbehandlung unter Anwendung plastischer Chirurgie der Mamma [Brustdrüse]*

zu kodieren.

Vorsorglicher Wechsel einer Mammaprothese

Entscheidung des Schlichtungsausschusses zu der KDE 430, veröffentlicht am 16.12.2020

Frage: Ablatio mammae rechts wegen Mammakarzinom. Nach abgeschlossener Chemotherapie erfolgte der Brustaufbau mit Mammaprothese. Aufgrund einer fehlerhaft hergestellten Mammaprothese wurde der Versicherten angeraten, das Implantat vorsorglich entfernen zu lassen. Die Untersuchungen einschließlich bildgebender Verfahren sind ohne pathologischen Befund. Es erfolgt eine Reoperation mit Prothesenwechsel. Bei der histologischen Untersuchung des periprothetischen Gewebes Fremdkörperreaktionen ohne Hinweis auf Prothesendefekt. Was ist die Hauptdiagnose?

Entscheidung: Wenn bei einer Patientin mit Zustand nach Ablatio mammae rechts wegen Mammakarzinom nach abgeschlossener Chemotherapie sowie nach Brustaufbau mit Mammaprothese nunmehr aufgrund einer fehlerhaft hergestellten Mammaprothese der Patientin angeraten wird das Implantat vorsorglich entfernen zu lassen, die diesbezüglichen Untersuchungen einschließlich bildgebender Verfahren ohne pathologischen Befund sind, eine Reoperation mit Prothesenwechsel erfolgt und bei der histologischen Untersuchung des periprothetischen Gewebes Fremdkörperreaktionen ohne Hinweis auf einen Prothesendefekt bzw. eine eingetretene Komplikation gefunden werden, wird der Kode Z40.8 *Sonstige prophylaktische Operation* als Hauptdiagnose angegeben.

Subkutane prophylaktische Brustamputation

Diese Operation wird z.B. bei Diagnosen wie Brustkrebs in der Familienanamnese, chronischem Schmerz, chronischer Infektion, lobulärem Mammakarzinom in der Brust der Gegenseite, Carcinoma in situ der Mamma oder fibrozystischer Mastopathie durchgeführt. **Diese Zustände sind als Hauptdiagnose zu kodieren**.

Entscheidung des Schlichtungsausschusses zu der KDE 561, veröffentlicht am 06.10.2020

Frage: Der stationäre Aufenthalt einer 35-jährigen Frau mit nachgewiesener BRCA1-Mutation und positiver Familienanamnese erfolgt zur prophylaktischen Mastektomie. Was ist die Hauptdiagnose? Kann Q99.8 *Sonstige näher bezeichnete Chromosomenanomalien* als Nebendiagnose angegeben werden?

Entscheidung: Erfolgt die Aufnahme zur prophylaktischen Operation der Brust bei nachgewiesener BRCA1-Mutation und positiver Familienanamnese und findet sich im Resektat keine maligne Neubildung ist Z80.3 *Bösartige Neubildung der Brustdrüse [Mamma] in der Familienanamnese* als Hauptdiagnose anzugeben. Der Kode Q99.8 *Sonstige näher bezeichnete Chromosomenanomalien* kann im vorliegenden Fall nicht als Nebendiagnose angegeben werden.

13 KRANKHEITEN DES MUSKEL-SKELETT-SYSTEMS UND DES BINDEGEWEBES

1310u Multimodale rheumatologische Komplexbehandlung

Entscheidung des Schlichtungsausschusses zu der KDE 372, veröffentlicht am 16.12.2020

Frage: OPS 8-983 *Multimodale rheumatologische Komplexbehandlung* fordert Leistungen in definierter „Therapiedichte" bei Einsatz explizit benannter Therapiebereiche.

1. Können solche Leistungen hinzugerechnet werden, die durch das Pflegepersonal der Station erbracht werden?
2. Können Leistungen in vollem Zeitumfang hinzugerechnet werden, die keine durchgehende Anwesenheit eines Vertreters der benannten Therapiebereiche erfordern (z.B. Belassen eines Coolpacks oder einer Rotlichtlampe für 30 Minuten)?

Entscheidung: Bei der Anrechnung von Therapiezeiten der genannten Therapiebereiche im Rahmen des OPS-Kodes 8-983 *Multimodale rheumatologische Komplexbehandlung* sind die Leistungen von Pflegepersonal nur dann anzurechnen, sofern die jeweils hierzu erforderliche berufsrechtliche bzw. fachliche Qualifikation für den zutreffenden Therapiebereich vorliegt.

Es können pauschal Leistungen in hälftigem Zeitumfang (z. B. 15 Minuten für eine Therapieeinheit von 30 Minuten) hinzugerechnet werden, die keine durchgehende Anwesenheit eines Vertreters der benannten Therapiebereiche erfordern (z. B. Rotlichtlampe).

14 KRANKHEITEN DES UROGENITALSYSTEMS

1401w Dialyse

Diagnosen

Die Hauptdiagnose bei Patienten, die speziell zur Dialyse aufgenommen werden, hängt von der Dauer des Krankenhausaufenthaltes ab.

a) Ein **Tagesfall** (Aufnahme und Entlassung am selben Tag oder nach Nachtdialyse am darauf folgenden Tag) hat die Hauptdiagnose

   Z49.1 *Extrakorporale Dialyse.*

   Als Nebendiagnose ist außerdem die zugrunde liegende Krankheit zu kodieren.

b) Bei einem **mehrtägigen Aufenthalt** (Entlassung am Tag, der dem Aufnahmetag folgt oder später) ist als Hauptdiagnose die Krankheit zu kodieren, die die Aufnahme ins Krankenhaus erforderte. Z49.1 *Extrakorporale Dialyse* und Z99.2 *Langzeitige Abhängigkeit von Dialyse bei Niereninsuffizienz* sind nicht zuzuweisen.

Prozeduren

Die Kodes für **kontinuierlich durchgeführte** Hämofiltrationen (8-853.1, .7, .8), Hämodialysen (8-854.6, .7), Hämodiafiltrationen (8-855.1, .7, .8) und Peritonealdialysen (8-857.1, .2) verschlüsseln an 6. Stelle die Dauer der Maßnahme.

Die Dauer ist vom Beginn bis zum Ende einer Behandlung zu ermitteln. Bei mehreren Anwendungen eines kontinuierlichen Verfahrens während eines stationären Aufenthaltes ist jede Anwendung mit einem Kode zu verschlüsseln (keine Addition der Behandlungszeiten). Ein Filterwechsel oder eine vergleichbare technisch bedingte Unterbrechung sowie eine Unterbrechung bis 24 Stunden eines kontinuierlichen Verfahrens begründet jedoch keine erneute Verschlüsselung.

Entscheidung des Schlichtungsausschusses zu dem Antrag S20210008 „Berechnung der Dauer einer kontinuierlichen Dialyse", veröffentlicht am 06.09.2023

Entscheidung: Bei kontinuierlichen Nierenersatzverfahren gemäß den OPS-Kodes 8-853, 8-854, 8-855, 8-857 und 8-85a sind Zeiten einer Unterbrechung von jeweils bis zu 24 Stunden bei der Berechnung der Dauer der einzelnen Behandlungszyklen/Anwendungen mitzuzählen. Sofern, retrospektiv betrachtet, das Verfahren nach einer Unterbrechung von mehr als 24 Stunden endete oder nach mehr als 24 Stunden wiederaufgenommen wurde, ist der Behandlungszyklus abgeschlossen. Am letzten Tag des Behandlungszyklus wird die Stundenzahl von 00:00 Uhr bis zur tatsächlichen Beendigung des Verfahrens, auf volle Stunden aufgerundet, berechnet.

1403d Anogenitale Warzen

Aufnahmen zur Behandlung von **anogenitalen Warzen** werden mit einer Hauptdiagnose aus der unten angeführten Liste kodiert:

Perianal	K62.8	*Sonstige näher bezeichnete Krankheiten des Anus und des Rektums*
Cervix uteri betreffend	N88.8	*Sonstige näher bezeichnete nichtentzündliche Krankheiten der Cervix uteri*
Vaginal	N89.8	*Sonstige näher bezeichnete nichtentzündliche Krankheiten der Vagina*
Vulva betreffend	N90.8	*Sonstige näher bezeichnete nichtentzündliche Krankheiten der Vulva und des Perineums*
Penis betreffend	N48.8	*Sonstige näher bezeichnete Krankheiten des Penis*

Der Kode

A63.0 *Anogenitale (venerische) Warzen*

ist als Nebendiagnose anzugeben.

15 SCHWANGERSCHAFT, GEBURT UND WOCHENBETT

1501s Definition von Lebend-, Totgeburt und Fehlgeburt

Lebendgeborenes

Ein Lebendgeborenes ist eine aus der Empfängnis stammende Frucht, die unabhängig vom Schwangerschaftsalter vollständig aus dem Mutterleib ausgestoßen oder extrahiert ist, nach Verlassen des Mutterleibes atmet oder irgendein anderes Lebenszeichen erkennen lässt, wie Herzschlag, Pulsation der Nabelschnur oder deutliche Bewegung der willkürlichen Muskulatur, gleichgültig, ob die Nabelschnur durchtrennt oder die Plazenta ausgestoßen wurde oder nicht. Jedes unter diesen Voraussetzungen neugeborene Kind ist als lebendgeboren zu betrachten.

(1) Eine Lebendgeburt liegt vor, wenn bei einem Kind nach der Scheidung vom Mutterleib entweder das Herz geschlagen oder die Nabelschnur pulsiert oder die natürliche Lungenatmung eingesetzt hat.[3]

Fetaltod [totgeborener Fetus]

Fetaltod ist der Tod einer aus der Empfängnis stammenden Frucht vor der vollständigen Ausstoßung oder Extraktion aus dem Mutterleib, unabhängig von der Dauer der Schwangerschaft; der Tod wird dadurch angezeigt, dass der Fetus nach dem Verlassen des Mutterleibs weder atmet noch andere Lebenszeichen erkennen lässt, wie zum Beispiel Herzschlag, Pulsation der Nabelschnur oder deutliche Bewegungen der willkürlichen Muskulatur.

(2) Hat sich keines der in Absatz 1 genannten Merkmale des Lebens gezeigt, gilt die Leibesfrucht als ein tot geborenes Kind im Sinne des § 21 Absatz 2 des Gesetzes, wenn

1. das Gewicht des Kindes mindestens 500 Gramm beträgt oder
2. das Gewicht des Kindes unter 500 Gramm beträgt, aber die 24. Schwangerschaftswoche erreicht wurde,

im Übrigen als Fehlgeburt. Eine Fehlgeburt wird nicht im Personenstandsregister beurkundet. Sie kann von einer Person, der bei Lebendgeburt die Personensorge zugestanden hätte, dem Standesamt, in dessen Zuständigkeitsbereich die Fehlgeburt erfolgte, angezeigt werden. In diesem Fall erteilt das Standesamt dem Anzeigenden auf Wunsch eine Bescheinigung mit einem Formular nach dem Muster der Anlage 11.[4]

(3) Eine Fehlgeburt ist abweichend von Absatz 2 Satz 2 als ein tot geborenes Kind zu beurkunden, wenn sie Teil einer Mehrlingsgeburt ist, bei der mindestens ein Kind nach Absatz 1 oder 2 zu beurkunden ist; § 21 Absatz 2 des Gesetzes gilt entsprechend.[3]

(ICD-10 Band II, Regelwerk, Kapitel 5.7.1)

---

[3] *Deutsche Definition nach Paragraph 31, Abs. 1 der Verordnung zur Ausführung des Personenstandsgesetzes i.d.F. der Bekanntmachung vom 28.11.2008 (BGBl.I.,S. 2263).*

[4] *Siehe Deutsche Definition nach Paragraph 31, Abs. 2 und 3 der Verordnung zur Ausführung des Personenstandsgesetzes i.d.F. der Bekanntmachung vom 29.10.2018 (BGBl.I.,S. 1768).*

1504o Komplikationen nach Abort, Extrauteringravidität und Molenschwangerschaft (O08.–)

Ein Kode aus

O08.– *Komplikationen nach Abort, Extrauteringravidität und Molenschwangerschaft*

wird **nur dann** als **Hauptdiagnose** zugewiesen, wenn eine Patientin wegen einer Spätkomplikation in Folge eines zuvor behandelten Aborts stationär aufgenommen wird.

Beispiel 1

Eine Patientin wird mit disseminierter intravasaler Gerinnung nach einem Abort in der 10. SSW aufgenommen, der vor zwei Tagen in einem anderen Krankenhaus stattfand.

Hauptdiagnose:	O08.1	*Spätblutung oder verstärkte Blutung nach Abort, Extrauteringravidität und Molenschwangerschaft*
Nebendiagnose:	D65.1	*Disseminierte intravasale Gerinnung [DIG, DIC]*

Die Schwangerschaftsdauer wird nicht als Nebendiagnose kodiert, da die Aufnahme zur Behandlung einer Komplikation nach zuvor behandeltem Abort erfolgt.

Ein Kode aus

O08.– *Komplikationen nach Abort, Extrauteringravidität und Molenschwangerschaft*

wird als **Nebendiagnose** zugeordnet, um eine mit den Diagnosen der Kategorien O00–O02 (*Extrauteringravidität, Blasenmole, sonstige abnorme Konzeptionsprodukte)* verbundene Komplikation zu verschlüsseln.

Beispiel 2

Eine Patientin wird wegen Tubarruptur bei Eileiterschwangerschaft in der 6. SSW mit Schock aufgenommen.

Hauptdiagnose:	O00.1	*Tubargravidität*
Nebendiagnose(n):	O08.3	*Schock nach Abort, Extrauteringravidität und Molenschwangerschaft*
	O09.1!	*Schwangerschaftsdauer, 5 bis 13 vollendete Wochen*

Wenn eine Patientin aufgenommen wird, weil nach Abortbehandlung bei einer vorhergehenden Behandlung Teile der Fruchtanlage zurückgeblieben sind, wird als Hauptdiagnose ein **inkompletter** Abort mit Komplikation kodiert (O03–O06 mit einer vierten Stelle .0 bis .3).

Beispiel 3

Eine Patientin wird mit Blutung bei retinierter Fruchtanlage zwei Wochen nach einem Spontanabort stationär aufgenommen. Der Abort fand in der 5. Schwangerschaftswoche statt und wurde ambulant behandelt.

Hauptdiagnose:	O03.1	*Spontanabort, inkomplett, kompliziert durch Spätblutung oder verstärkte Blutung*

Die Schwangerschaftsdauer wird nicht als Nebendiagnose kodiert, da die Aufnahme zur Behandlung einer Komplikation nach zuvor behandeltem Abort erfolgt.

Ein Kode aus

O08.– *Komplikationen nach Abort, Extrauteringravidität und Molenschwangerschaft*

wird in Verbindung mit Diagnosen der Kategorien O03–O07 **als Nebendiagnose** angegeben, wenn die Kodierung dadurch genauer wird (vergleiche Beispiel 3 und Beispiel 4).

Beispiel 4

Eine Patientin wird mit einem inkompletten Abort in der 12. Schwangerschaftswoche und Kreislaufkollaps stationär aufgenommen.

Hauptdiagnose:	O03.3	*Spontanabort, inkomplett, mit sonstigen und nicht näher bezeichneten Komplikationen*
Nebendiagnose(n):	O08.3	*Schock nach Abort, Extrauteringravidität und Molenschwangerschaft*
	O09.1!	*Schwangerschaftsdauer, 5 bis 13 vollendete Wochen*

1505m Vorzeitige Beendigung der Schwangerschaft

Erfolgt die Aufnahme zur vorzeitigen Beendigung der Schwangerschaft durch Abort (Fetalgewicht unter 500g, keine Vitalitätszeichen), z.B. aus medizinischen Gründen, oder aufgrund eines behandlungs- bzw. überwachungsbedürftigen Zustandes und es kommt im selben Aufenthalt zur vorzeitigen Beendigung der Schwangerschaft durch Abort, so ist

O04.– *Ärztlich eingeleiteter Abort*

als Hauptdiagnose zuzuordnen, zusammen mit einem Kode aus

O09.–! *Schwangerschaftsdauer*

und einem Kode, der den Grund für die Beendigung angibt, wie z.B.

O35.0 *Betreuung der Mutter bei (Verdacht auf) Fehlbildung des Zentralnervensystems beim Fetus.*

Erfolgt die Aufnahme zur vorzeitigen Beendigung der Schwangerschaft durch Entbindung, z.B. aus medizinischen Gründen, oder aufgrund eines behandlungs- bzw. überwachungsbedürftigen Zustandes und es kommt im selben Aufenthalt zur vorzeitigen Beendigung der Schwangerschaft durch Entbindung, so ist der Grund für die vorzeitige Beendigung der Schwangerschaft als Hauptdiagnose anzugeben, wie z.B.

O35.0 *Betreuung der Mutter bei (Verdacht auf) Fehlbildung des Zentralnervensystems beim Fetus.*

Als Nebendiagnosen sind

O60.1 *Vorzeitige spontane Wehen mit vorzeitiger Entbindung* oder
O60.3 *Vorzeitige Entbindung ohne spontane Wehen*

O09.–! *Schwangerschaftsdauer*

sowie

Z37.0! *Lebendgeborener Einling* oder
Z37.1! *Totgeborener Einling*
(bzw. die analogen Kodes bei Mehrlingen)

zuzuweisen.

1507e Resultat der Entbindung

Für **jede** Entbindung ist von dem Krankenhaus, in dem die Geburt stattgefunden hat, der passende Kode aus

Z37.–! *Resultat der Entbindung*

bei der Mutter zu kodieren. Er darf nicht die Hauptdiagnose sein.

1508n Dauer der Schwangerschaft

Ein Kode aus

O09.–! *Schwangerschaftsdauer*

ist bei stationärer Aufnahme einer Schwangeren immer als Nebendiagnose zu kodieren (in den Basisdaten der Mutter). Maßgeblich ist die Schwangerschaftsdauer zum Zeitpunkt der Aufnahme.

Bei Aufnahme zur Behandlung von Komplikationen nach zuvor behandeltem Abort wird die Schwangerschaftsdauer **nicht** kodiert.

Beispiel 1

Spontane vaginale Geburt eines gesunden Neugeborenen in der 39. Schwangerschaftswoche, Damm intakt.

Hauptdiagnose:	O80	*Spontangeburt eines Einlings*
Nebendiagnose(n):	Z37.0!	*Lebendgeborener Einling*
	O09.6!	*Schwangerschaftsdauer 37. Woche bis 41 vollendete Wochen*
Prozedur:	9-260	*Überwachung und Leitung einer normalen Geburt*

1509a Mehrlingsgeburt

Wenn eine Mehrlingsschwangerschaft zur spontanen Geburt von z.B. Zwillingen führt, werden die Kodes

O30.0 *Zwillingsschwangerschaft*

Z37.2! *Zwillinge, beide lebendgeboren*

9-261 *Überwachung und Leitung einer Risikogeburt*

zugewiesen.

Wenn die Kinder einer Mehrlingsgeburt auf unterschiedliche Weise geboren werden, sind beide Entbindungsmethoden zu kodieren.

Beispiel 1

Vorzeitige Zwillingsgeburt in der 35. Woche, der erste Zwilling wird durch Extraktion aus Beckenendlage, der zweite durch eine „klassische Sectio" (transisthmischen Querschnitt) bei Geburtshindernis durch Querlage entbunden.

Hauptdiagnose:	O64.8	*Geburtshindernis durch sonstige Lage-, Haltungs- und Einstellungsanomalien*
Nebendiagnose(n):	O32.5	*Betreuung der Mutter bei Mehrlingsschwangerschaft mit Lage- und Einstellungsanomalie eines oder mehrerer Feten*
	O30.0	*Zwillingsschwangerschaft*
	O60.1	*Vorzeitige spontane Wehen mit vorzeitiger Entbindung*
	O09.5!	*Schwangerschaftsdauer, 34 bis 36 vollendete Wochen*
	Z37.2!	*Zwillinge, beide lebendgeboren*
Prozedur(en):	5-727.1	*Spontane und vaginale operative Entbindung bei Beckenendlage, Assistierte Entbindung mit Spezialhandgriffen*
	5-740.1	*Klassische Sectio caesarea, sekundär*

1510v Komplikationen in der Schwangerschaft

Kapitel XV enthält zwei Bereiche zur Kodierung von Komplikationen in der Schwangerschaft:

O20–O29 *Sonstige Krankheiten der Mutter, die vorwiegend mit der Schwangerschaft verbunden sind*

und

O94–O99 *Sonstige Krankheitszustände während der Gestationsperiode, die anderenorts nicht klassifiziert sind.*

Zustände, die vorwiegend in Zusammenhang mit einer Schwangerschaft auftreten, können mit spezifischen Kodes aus O20–O29 verschlüsselt werden.

1510

Beispiel 1

Eine Patientin wird in der 30. Schwangerschaftswoche zur Behandlung eines Karpaltunnelsyndroms, das sich durch die Schwangerschaft verschlimmerte, aufgenommen.

Hauptdiagnose:	O26.82	*Karpaltunnelsyndrom während der Schwangerschaft*
Nebendiagnose:	O09.4!	*Schwangerschaftsdauer 26.Woche bis 33 vollendete Wochen*

Das Karpaltunnelsyndrom, verschlimmert durch die Schwangerschaft, ist mit einer spezifischen Schlüsselnummer in Kapitel XV (O26.– *Betreuung der Mutter bei sonstigen Zuständen, die vorwiegend mit der Schwangerschaft verbunden sind*) vertreten. Die Schlüsselnummer gibt die Diagnose ausreichend genau wieder.

Diffuse Beschwerden bei bestehender Schwangerschaft, für die keine spezifische Ursache gefunden wird, sind mit

O26.88 *Sonstige näher bezeichnete Zustände, die mit der Schwangerschaft verbunden sind*

zu kodieren.

Um einen Diabetes mellitus in der Schwangerschaft zu kodieren, stehen die Kodes aus O24.– *Diabetes mellitus in der Schwangerschaft* zur Verfügung. Diese werden zusammen mit Kodes aus E10 bis E14 zur Bezeichnung des jeweils vorliegenden Diabetes mellitus sowie zur Abbildung vorliegender Komplikationen angegeben. Liegen Komplikationen (Manifestationen) vor, ist bei einem Kode aus E10 bis E14 die vierte Stelle entsprechend der Manifestation/en zu verschlüsseln. Außerdem sind die Kodes für die spezifischen Manifestationen anzugeben, sofern diese der Nebendiagnosendefinition entsprechen.

Um Infektionen des Urogenitaltraktes in der Schwangerschaft zu kodieren, stehen die Kodes aus O23.– *Infektionen des Urogenitaltraktes in der Schwangerschaft* zur Verfügung. Diese werden zusammen mit dem jeweils spezifischen Kode aus Kapitel XIV *Krankheiten des Urogenitalsystems* der ICD-10-GM zur Bezeichnung der jeweils vorliegenden Infektion angegeben. Die Kriterien der Nebendiagnosendefinition gelten entsprechend.

Um Erkrankungen der Leber in der Schwangerschaft zu kodieren, stehen Kodes aus O26.6- *Leberkrankheiten während der Schwangerschaft, der Geburt und des Wochenbettes* zur Verfügung. Dieser wird zusammen mit dem jeweils spezifischen Kode aus B15–B19 *Virushepatitis* oder aus K70–K77 *Krankheiten der Leber* der ICD-10-GM zur Bezeichnung der jeweils vorliegenden Leberkrankheit angegeben. Die Kriterien der Nebendiagnosendefinition gelten entsprechend.

Um einen Schock während oder nach Wehentätigkeit und Entbindung zu kodieren, steht der Kode O75.1 *Schock während oder nach Wehentätigkeit und Entbindung* zur Verfügung. Dieser wird zusammen mit dem spezifischen Kode aus R57.– *Schock, anderenorts nicht klassifiziert* angegeben. Die Kriterien der Nebendiagnosendefinition gelten entsprechend.

Um andere Komplikationen in der Schwangerschaft (oder Zustände, die sich in der Schwangerschaft verschlimmern oder die hauptsächlicher Anlass für geburtshilfliche Maßnahmen sind) zu kodieren, stehen die Kategorien

O98.– *Infektiöse und parasitäre Krankheiten der Mutter, die anderenorts klassifizierbar sind, die jedoch Schwangerschaft, Geburt und Wochenbett komplizieren*

und

O99.– *Sonstige Krankheiten der Mutter, die anderenorts klassifizierbar sind, die jedoch Schwangerschaft, Geburt und Wochenbett komplizieren* zur Verfügung, die zusammen mit einem Nebendiagnosekode aus anderen Kapiteln der ICD-10-GM zur Bezeichnung der jeweils vorliegenden Erkrankung anzugeben sind (siehe die Beispiele 2 und 3).

Beispiel 2

Schwangerschaft (30. Schwangerschaftswoche), kompliziert durch Eisenmangelanämie

Hauptdiagnose:	O99.0	*Anämie, die Schwangerschaft, Geburt und Wochenbett kompliziert*
Nebendiagnose(n):	D50.9	*Eisenmangelanämie, nicht näher bezeichnet*
	O09.4!	*Schwangerschaftsdauer 26. Woche bis 33 vollendete Wochen*

Eine die Schwangerschaft komplizierende Anämie ist unter der Schlüsselnummer O99.0 klassifiziert. Es wird ein zusätzlicher Kode benötigt, um die Art der Anämie zu spezifizieren.

Beispiel 3

Eine Patientin in der 30. Schwangerschaftswoche wird wegen eines allergischen Asthma bronchiale aufgenommen, das die Schwangerschaft kompliziert.

Hauptdiagnose:	O99.5	*Krankheiten des Atmungssystems, die Schwangerschaft, Geburt und Wochenbett komplizieren*
Nebendiagnose(n):	J45.09	*Vorwiegend allergisches Asthma bronchiale, ohne Angabe zu Kontrollstatus und Schweregrad*
	O09.4!	*Schwangerschaftsdauer 26.Woche bis 33 vollendete Wochen*

Schwangerschaft als Nebenbefund

Wenn eine Patientin wegen einer Erkrankung aufgenommen wird, die weder die Schwangerschaft kompliziert noch durch die Schwangerschaft kompliziert wird, wird der Kode für diese Erkrankung als Hauptdiagnose mit der passenden Nebendiagnose aus

Z34 *Überwachung einer normalen Schwangerschaft* oder

Z35.– *Überwachung einer Risikoschwangerschaft*

zugeordnet.

Beispiel 4

Eine Patientin in der 30. Schwangerschaftswoche wird mit Mittelhandfraktur aufgenommen.

Hauptdiagnose:	S62.32	*Fraktur eines sonstigen Mittelhandknochens, Schaft*
Nebendiagnose(n):	Z34	*Überwachung einer normalen Schwangerschaft*
	O09.4!	*Schwangerschaftsdauer 26.Woche bis 33 vollendete Wochen*

1512m Abnorme Kindslagen und -einstellungen

Kindliche Lage-, Haltungs- und Einstellungsanomalien sind zu kodieren, wenn sie **bei der Geburt** vorliegen.

Bei Geburt z.B. aus Beckenendlage ist bei Vorliegen eines Geburtshindernisses

O64.1 *Geburtshindernis durch Beckenendlage*

zu kodieren, oder bei Spontangeburt ohne Geburtshindernis

O32.1 *Betreuung der Mutter wegen Beckenendlage.*

Hinterhauptslagen wie die vordere, hintere, seitliche oder diagonale Hinterhauptslage werden nur dann kodiert, wenn ein Eingriff erfolgt.

1514c Verminderte Kindsbewegungen

Bei Aufnahmen mit der Diagnose „verminderte fetale Bewegungen" ist

O36.8 *Betreuung der Mutter wegen sonstiger näher bezeichneter Komplikationen beim Fetus*

zu kodieren, wenn die zugrunde liegende Ursache nicht bekannt ist.

Wenn eine zugrunde liegende Ursache für die verminderten fetalen Bewegungen bekannt ist, ist diese Ursache zu kodieren. O36.8 ist in diesem Fall nicht anzugeben.

1515a Uterusnarbe

O34.2 *Betreuung der Mutter bei Uterusnarbe durch vorangegangenen chirurgischen Eingriff* ist zuzuweisen, wenn:

- die Patientin aufgrund eines früheren Kaiserschnitts für einen Elektivkaiserschnitt aufgenommen wird.
- der Versuch einer vaginalen Entbindung bei Uterusnarbe (z.B. Kaiserschnitt- oder andere operative Uterusnarbe) nicht gelingt und zu einer Kaiserschnittgeburt führt.
- eine bestehende Uterusnarbe eine Behandlung erfordert, die Entbindung aber nicht während dieses Krankenhausaufenthaltes erfolgt, z.B. vorgeburtliche Betreuung wegen Uterusschmerzen durch eine bestehende Narbe.

1518a Entbindung vor der Aufnahme

Wenn eine Patientin vor der Aufnahme in das Krankenhaus ein Kind entbunden hat, keine operativen Prozeduren bezogen auf die Entbindung während der stationären Behandlung durchgeführt wurden und bei der Mutter keine Komplikationen im Wochenbett entstehen, wird der passende Kode aus Kategorie

Z39.– *Postpartale Betreuung und Untersuchung der Mutter*

zugeordnet.

Wenn eine **Komplikation** zur stationären Aufnahme führt, ist diese Komplikation als Hauptdiagnose zu kodieren. Ein Kode aus Z39.– ist als Nebendiagnose zuzuweisen.

Wenn eine Patientin nach einer Entbindung in ein anderes Krankenhaus verlegt wird, um ein krankes Kind zu begleiten, und die Patientin dort eine nachgeburtliche Routinebetreuung erhält, wird dort ebenfalls der passende Kode aus Z39.– zugeordnet.

Wenn eine Patientin zur Nachbetreuung nach Kaiserschnitt von einem Krankenhaus in ein anderes verlegt wird, ohne dass ein Zustand die Definition einer Haupt- oder Nebendiagnose erfüllt, dann ist dort der passende Z39.– Kode als Hauptdiagnose **und**

Z48.8 *Sonstige näher bezeichnete Nachbehandlung nach chirurgischem Eingriff*

als Nebendiagnose zuzuordnen.

1519m Frühgeburt, vorzeitige Wehen und frustrane Kontraktionen

Eine Entbindung (spontan, eingeleitet oder durch Kaiserschnitt) vor der abgeschlossenen 37. Schwangerschaftswoche (Frühgeburt) wird mit

O60.1 *Vorzeitige spontane Wehen mit vorzeitiger Entbindung* oder
O60.3 *Vorzeitige Entbindung ohne spontane Wehen*

kodiert.

Vorzeitige Wehen **mit** Wirkung auf die Zervix vor der abgeschlossenen 37. Schwangerschaftswoche, die zu einer termingerechten Entbindung beim selben Krankenhausaufenthalt führen, werden mit

O60.2 *Vorzeitige Wehen mit termingerechter Entbindung*

kodiert.

Vorzeitige Wehen **mit** Wirkung auf die Zervix vor der abgeschlossenen 37. Schwangerschaftswoche, die **nicht** zu einer Entbindung beim selben Krankenhausaufenthalt führen, werden mit

O60.0 *Vorzeitige Wehen ohne Entbindung*

kodiert.

Kontraktionen **ohne** Wirkung auf die Zervix werden mit

O47.0 *Frustrane Kontraktionen vor 37 vollendeten Schwangerschaftswochen* oder
O47.1 *Frustrane Kontraktionen ab 37 oder mehr vollendeten Schwangerschaftswochen*

kodiert.

Wenn der Grund für die Frühgeburt, die vorzeitigen Wehen oder die frustranen Kontraktionen bekannt ist, so ist dieser Grund zusätzlich zu verschlüsseln.

Außerdem ist jeweils bei allen Konstellationen als Nebendiagnose ein Kode aus

O09.–! *Schwangerschaftsdauer*

zuzuordnen.

1520n Verlängerte Schwangerschaftsdauer und Übertragung

O48 *Übertragene Schwangerschaft*

ist zu kodieren, wenn die Entbindung nach vollendeter 41. Schwangerschaftswoche erfolgt oder das Kind deutliche Übertragungszeichen zeigt.

1521o Protrahierte Geburt

Bei aktiver Wehensteuerung im Krankenhaus wird eine Geburt als protrahiert bezeichnet, wenn sie nach **18 Stunden** regelmäßiger Wehentätigkeit nicht unmittelbar bevorsteht. Die Kodierung erfolgt mit passenden Kodes aus:

O63.– *Protrahierte Geburt*

O75.5 *Protrahierte Geburt nach Blasensprengung*

O75.6 *Protrahierte Geburt nach spontanem oder nicht näher bezeichnetem Blasensprung*

1524a Verlängerung der Austreibungsphase bei Epiduralanästhesie

Eine Epiduralanästhesie kann die Austreibungsphase verlängern. Ist das der Fall, wird

O74.6 *Sonstige Komplikationen bei Spinal- oder Periduralanästhesie während der Wehentätigkeit und bei der Entbindung*

zugewiesen.

1525j Primärer und sekundärer Kaiserschnitt

Ein **primärer** Kaiserschnitt ist definiert als ein Kaiserschnitt, der als geplante Prozedur vor oder nach dem Einsetzen der Wehen durchgeführt wird; die Entscheidung zur Sectio wird dabei vor Einsetzen der Wehen getroffen.

Ein **sekundärer** Kaiserschnitt (inkl. Notfallkaiserschnitt) wird definiert als ein Kaiserschnitt, der aufgrund einer Notfallsituation oder des Geburtsverlaufs aus mütterlicher oder kindlicher Indikation (z.B. HELLP-Syndrom, Geburtsstillstand, fetaler Distress) erforderlich war, auch wenn dieser primär geplant war. Zur Kodierung ist der passende Kode aus

5-74 *Sectio caesarea und Entwicklung des Kindes*

auszuwählen.

Beispiel 1

Bei einer Patientin mit Beckenendlage ist die Entbindung durch Kaiserschnitt in der 40. Schwangerschaftswoche geplant. Sie wird zwei Tage vor dem OP-Termin am Abend mit vorzeitigem Blasensprung aufgenommen. Alle Befunde sind unauffällig, kein Anhalt für eine beginnende oder drohende Amnioninfektion, keine Wehentätigkeit. Routinevorbereitung zur Sectio und Entscheidung zum Abwarten bis zum nächsten Morgen, an dem eine klassische Sectio durchgeführt wird.

Prozedur: 5-740.0 *Klassische Sectio caesarea: Primär*

Beispiel 2

Bei einer Patientin mit Beckenendlage ist die Entbindung durch Kaiserschnitt in der 40. Schwangerschaftswoche geplant. Sie wird zwei Tage vor dem OP-Termin am Abend mit vorzeitigem Blasensprung aufgenommen. Alle Befunde sind unauffällig, kein Anhalt für eine beginnende oder drohende Amnioninfektion, keine Wehentätigkeit. Routinevorbereitung zur Sectio und Entscheidung zum Abwarten bis zum nächsten Morgen. Im Laufe der Nacht zunehmende Wehen und Abgang von grünem Fruchtwasser. Entscheidung zur vorgezogenen Sectio noch in der Nacht aus kindlicher Indikation.

Prozedur: 5-740.1 *Klassische Sectio caesarea: Sekundär*

16 BESTIMMTE ZUSTÄNDE, DIE IHREN URSPRUNG IN DER PERINATALPERIODE HABEN

1601a Neugeborene

Die Neonatalperiode ist in Deutschland wie folgt definiert:

„Die Neonatalperiode beginnt mit der Geburt und endet mit Vollendung des 28. Tages nach der Geburt."

(ICD Band II -Regelwerk, Kapitel 5.7.1)

Ein Kode der Kategorie

Z38.– *Lebendgeborene nach dem Geburtsort*

ist als Hauptdiagnose anzugeben, wenn das Neugeborene gesund ist (einschließlich der Kinder, bei denen eine Beschneidung vorgenommen wurde). Diese Kategorie beinhaltet Kinder, die

a) im Krankenhaus geboren wurden

b) außerhalb des Krankenhauses geboren und unmittelbar nach der Geburt aufgenommen wurden.

Beispiel 1

Ein Neugeborenes, zu Hause geboren (vaginale Entbindung), wird aufgenommen. Es liegt keine Erkrankung vor.

Hauptdiagnose:	Z38.1	*Einling, Geburt außerhalb des Krankenhauses*

Für Frühgeborene und bereits bei Geburt oder während des stationären Aufenthaltes erkrankte Neugeborene werden die Kodes für die krankhaften Zustände **vor** einem Kode aus Z38.– *Lebendgeborene nach dem Geburtsort* kodiert.

Beispiel 2

Ein Neugeborenes, im Krankenhaus gesund geboren (vaginale Entbindung), wird wegen drei Tage nach der Geburt auftretenden Krampfanfällen behandelt.

Hauptdiagnose:	P90	*Krämpfe beim Neugeborenen*
Nebendiagnose(n):	Z38.0	*Einling, Geburt im Krankenhaus*

Beispiel 3

Ein Frühgeborenes mit Entbindung in der 36. Schwangerschaftswoche und einem Geburtsgewicht von 2280 Gramm sowie leichter Asphyxie unter der Geburt wird sofort nach der Geburt behandelt.

Hauptdiagnose:	P07.12	*Neugeborenes mit sonstigem niedrigem Geburtsgewicht, Geburtsgewicht 1500 bis 2500 Gramm*
Nebendiagnose(n):	P21.1	*Leichte oder mäßige Asphyxie unter der Geburt*
	Z38.0	*Einling, Geburt im Krankenhaus*

Kodes aus Z38.– sind **nicht** zu verwenden, wenn die Behandlung während einer zweiten oder nachfolgenden stationären Aufnahme erfolgt.

Beispiel 4

Ein männliches Neugeborenes wird am 2. Tag nach einem Kaiserschnitt mit Atemnotsyndrom und Pneumothorax aus dem Krankenhaus A in das Krankenhaus B verlegt.

Krankenhaus A:

Hauptdiagnose:	P22.0	*Atemnotsyndrom [Respiratory distress syndrome] des Neugeborenen*
Nebendiagnose(n):	P25.1	*Pneumothorax mit Ursprung in der Perinatalperiode*
	Z38.0	*Einling, Geburt im Krankenhaus*

Krankenhaus B:

Hauptdiagnose:	P22.0	*Atemnotsyndrom [Respiratory distress syndrome] des Neugeborenen*
Nebendiagnose(n):	P25.1	*Pneumothorax mit Ursprung in der Perinatalperiode*

Beispiel 5

Ein Neugeborenes wird im Alter von sieben Tagen mit Icterus neonatorum wieder zur Phototherapie aufgenommen. Es wird eine anhaltende Lichttherapie über 12 Stunden durchgeführt.

Hauptdiagnose:	P59.9	*Neugeborenenikterus, nicht näher bezeichnet*
Prozedur(en):	8-560.2	*Lichttherapie des Neugeborenen (bei Hyperbilirubinämie)*

1602a Definition der Zustände, die ihren Ursprung in der Perinatalperiode haben

Die Perinatalperiode ist in Deutschland wie folgt definiert:

„Die Perinatalperiode beginnt mit Vollendung der 22. Schwangerschaftswoche (154 Tage; die Zeit, in der das Geburtsgewicht normalerweise 500 g beträgt) und endet mit der Vollendung des 7. Tages nach der Geburt."

(ICD Band II -Regelwerk, Kapitel 5.7.1)

Zur Verschlüsselung von Zuständen, die ihren Ursprung in der Perinatalperiode haben, steht das Kapitel XVI *Bestimmte Zustände, die ihren Ursprung in der Perinatalperiode haben* der ICD-10-GM zur Verfügung. Es sind auch die Erläuterungen im Kapitel XVI zu beachten.

Beispiel 1

Ein Frühgeborenes wird mit Lungenhypoplasie in die Kinderklinik eines anderen Krankenhauses verlegt. Die Mutter hatte in der 25. SSW einen vorzeitigen Blasensprung. Die Schwangerschaft wurde durch Tokolyse bis zur 29. SSW hinaus gezögert. Wegen V.a. Amnioninfektionssyndrom und pathologischem CTG erfolgte eine Schnittentbindung in der 29. SSW. Die Lungenhypoplasie wird auf die Frühgeburtlichkeit infolge des Blasensprungs zurückgeführt. Die aufnehmende Kinderklinik kodiert wie folgt:

Hauptdiagnose:	P28.0	*Primäre Atelektase beim Neugeborenen*
Nebendiagnose(n):	P01.1	*Schädigung des Fetus und Neugeborenen durch vorzeitigen Blasensprung*

Es ist auch zu berücksichtigen, dass einige Zustände (wie z.B. Stoffwechselstörungen), die während der Perinatalperiode auftreten können, nicht im Kapitel XVI klassifiziert sind. Wenn solch ein Zustand beim Neugeborenen auftritt, ist ein Kode aus dem entsprechenden Kapitel der ICD-10-GM **ohne** einen Kode aus Kapitel XVI zuzuordnen.

Beispiel 2

Ein Neugeborenes wird wegen Rotavirenenteritis aus der Geburtshilfe in die Pädiatrie verlegt.

Hauptdiagnose:	A08.0	*Enteritis durch Rotaviren*
Nebendiagnose(n):	Z38.0	*Einling, Geburt im Krankenhaus*

1603t Besondere Maßnahmen für das kranke Neugeborene

Parenterale Therapie

Ein Kode aus

8-010 *Applikation von Medikamenten und Elektrolytlösungen über das Gefäßsystem bei Neugeborenen*

wird z.B. zugewiesen, wenn **parenterale Flüssigkeitszufuhr** zur Behandlung mit Kohlenhydraten, zur Hydratation oder bei Elektrolytstörungen eingesetzt wird. Gleiches gilt für die präventive parenterale Flüssigkeitszufuhr bei Frühgeborenen unter 2000 g, die erfolgt, um einer Hypoglykämie oder Elektrolytentgleisung vorzubeugen.

Lichttherapie

Ein Diagnosekode für Neugeborenengelbsucht wird **nur** zugeordnet, wenn eine Lichttherapie **länger als zwölf Stunden** durchgeführt wurde.

1604a Atemnotsyndrom des Neugeborenen/Hyaline Membranen-krankheit/Surfactantmangel

Der Kode für das Atemnotsyndrom bei Neugeborenen (P22.0 *Atemnotsyndrom [Respiratory distress syndrome] des Neugeborenen*) ist der Kodierung folgender Zustände vorbehalten:

- Hyaline Membranenkrankheit
- Atemnotsyndrom
- Surfactant-Mangel

1605u Massives Aspirationssyndrom und transitorische Tachypnoe beim Neugeborenen

Die Kategorie

P24.– *Aspirationssyndrome beim Neugeborenen*

ist zu verwenden, wenn die Atemstörung – bedingt durch das Aspirationssyndrom – eine **Sauerstoffzufuhr** von **über 24 Stunden** Dauer erforderte.

Der Kode

P22.1 *Transitorische Tachypnoe beim Neugeborenen*

ist bei folgenden Diagnosen zu verwenden:

- transitorische Tachypnoe beim Neugeborenen (ungeachtet der Dauer der Sauerstofftherapie)

oder

- Aspirationssyndrom beim Neugeborenen, wenn die Atemstörung eine **Sauerstoffzufuhr** von **weniger als 24 Stunden** Dauer erforderte.

Systemische prophylaktische Chemotherapie bei transitorischer Tachypnoe bei Neugeborenen

Entscheidung des Schlichtungsausschusses zu der KDE 262, veröffentlicht am 21.07.2020

Frage: Einem Frühgeborenen wird wegen stöhnender Atmung und Tachypnoe bei Zustand nach vorzeitigem Blasensprung ein Antibiotikum (Mezlocillin) verabreicht. Beendigung der Gabe nach fünf Tagen bei fehlenden Entzündungsparametern, da sich kein Hinweis auf eine Neugeboreneninfektion ergab. Kann Z29.2 *Sonstige prophylaktische Chemotherapie* zusätzlich zu P22.1 *Transitorische Tachypnoe beim Neugeborenen* kodiert werden?

Entscheidung: Die prophylaktische Gabe eines Antibiotikums an ein Früh- oder Neugeborenes wegen stöhnender Atmung und Tachypnoe sowie Zustand nach vorzeitigem Blasensprung der Mutter ist mit dem Kode P22.1 *Transitorische Tachypnoe beim Neugeborenen* und zusätzlich dem Kode Z29.21 *Systemische prophylaktische Chemotherapie* zu kodieren.

1606e Hypoxisch-ischämische Enzephalopathie (HIE)

Die hypoxisch-ischämische Enzephalopathie wird klinisch wie folgt eingestuft:

1. Grad Übererregbarkeit, Hyperreflexie, erweiterte Pupillen, Tachykardie, aber keine Krampfanfälle.
2. Grad Lethargie, Miosis, Bradykardie, verminderte Reflexe (z.B. Moro-Reflex), Hypotonie und Krampfanfälle.
3. Grad Stupor, Schlaffheit, Krampfanfälle, fehlende Moro- und bulbäre Reflexe.

Die ICD-10-GM sieht für die Kodierung einer hypoxisch-ischämischen Enzephalopathie den Kode

P91.6 *Hypoxisch-ischämische Enzephalopathie beim Neugeborenen [HIE]*

vor. Die Kodes für den jeweiligen Schweregrad der HIE sind wie unten aufgelistet zusätzlich zu kodieren. Die oben aufgeführten Symptome sind – mit Ausnahme von Konvulsionen – nicht separat zu kodieren.

Kodierung 1. Grad	P91.3 +	*Zerebrale Übererregbarkeit des Neugeborenen*
	P21.0 **oder**	*Schwere Asphyxie unter der Geburt*
	P20.–	*Intrauterine Hypoxie*
Kodierung 2. Grad	P91.4 +	*Zerebraler Depressionszustand des Neugeborenen*
	P90 +	*Krämpfe beim Neugeborenen* (falls vorhanden)
	P21.0 **oder**	*Schwere Asphyxie unter der Geburt*
	P20.–	*Intrauterine Hypoxie*

1606

Kodierung 3. Grad	P91.5 +	*Koma beim Neugeborenen*
	P90 +	*Krämpfe beim Neugeborenen* (falls vorhanden)
	P21.0 **oder**	*Schwere Asphyxie unter der Geburt*
	P20.–	*Intrauterine Hypoxie*

18 SYMPTOME UND ABNORME KLINISCHE UND LABORBEFUNDE, DIE ANDERENORTS NICHT KLASSIFIZIERT SIND

1804f Inkontinenz

Der Befund Inkontinenz ist von klinischer Bedeutung, wenn

- die Inkontinenz nicht als im Rahmen einer Behandlung „normal" angesehen werden kann (z.B. nach bestimmten Operationen und bei bestimmten Zuständen).
- die Inkontinenz nicht als der normalen Entwicklung entsprechend angesehen werden kann (wie z.B. bei Kleinkindern).
- die Inkontinenz bei einem Patienten mit deutlicher Behinderung oder geistiger Retardierung andauert.

Die Kodes für Urin- oder Stuhlinkontinenz

N39.3 *Belastungsinkontinenz [Stressinkontinenz]*

N39.4- *Sonstige näher bezeichnete Harninkontinenz*

R32 *Nicht näher bezeichnete Harninkontinenz*,

R15 *Stuhlinkontinenz*

sind nur anzugeben, wenn die Inkontinenz ein Grund für eine stationäre Behandlung ist oder eine oben genannte klinische Bedeutung hat.

1805f Fieberkrämpfe

R56.0 *Fieberkrämpfe*

wird nur dann als Hauptdiagnosekode angegeben, wenn keine auslösenden Erkrankungen wie Pneumonie oder andere Infektionsherde vorliegen. Ist eine zugrunde liegende Ursache bekannt, wird diese als Hauptdiagnose angegeben und R56.0 *Fieberkrämpfe* wird als Nebendiagnose zusätzlich kodiert.

1806u Schmerzdiagnosen und Schmerzbehandlungsverfahren

Akuter Schmerz

Wenn ein Patient wegen postoperativer Schmerzen oder wegen Schmerzen im Zusammenhang mit einer anderen Erkrankung behandelt wird, sind nur die durchgeführte Operation oder die schmerzverursachende Erkrankung zu kodieren.

R52.0 *Akuter Schmerz*

wird nur dann zugeordnet, wenn Lokalisation und Ursache des akuten Schmerzes nicht bekannt sind.

1806

Entscheidung des Schlichtungsausschusses zu der KDE 168, veröffentlicht am 15.10.2020

Frage: Es wird ein Patient mit in das Bein ausstrahlenden heftigsten Rückenschmerzen im Sinne einer Lumboischialgie aufgenommen. Radiologisch findet sich eine Osteochondrose im LWS-Bereich. Es werden eine intensive Physiotherapie durchgeführt sowie Analgetika verabreicht. Ferner kommen Infiltrationen zur Anwendung. Was ist Hauptdiagnose?

Entscheidung: In dem beschriebenen Fall (KDE-168), bei dem der Patient mit in das Bein ausstrahlenden heftigen Rückenschmerzen im Sinne einer Lumboischialgie aufgenommen wird und sich radiologisch eine leicht ausgeprägte Osteochondrose im LWS-Bereich findet, worauf der Patient insgesamt mit einer intensiven Physiotherapie, Analgetika und Infiltrationen behandelt wird, ist die Lumboischialgie als Hauptdiagnose zu kodieren.

Nichtoperative Analgesieverfahren für akuten Schmerz (mit Ausnahme des OPS-Kodes 8-919 *Komplexe Akutschmerzbehandlung*) sind anzugeben, wenn sie als alleinige Maßnahme durchgeführt werden. Sie sind mit einem Kode aus 8-91 zu verschlüsseln (siehe DKR P001 *Allgemeine Kodierrichtlinien für Prozeduren* Beispiel 3 (Seite 46)).

Chronischer/therapieresistenter Schmerz/Tumorschmerz

Wird ein Patient speziell zur Schmerzbehandlung aufgenommen und wird ausschließlich der Schmerz behandelt, ist der Kode für die Lokalisation des Schmerzes als Hauptdiagnose anzugeben. Dies gilt auch für den Tumorschmerz. Die zugrunde liegende Erkrankung ist analog zu DKR D002 *Hauptdiagnose* (Seite 4) Absatz „Zuweisung eines Symptoms als Hauptdiagnose“ als Nebendiagnose zu kodieren.

Beispiel 1

Ein Patient wird zur Behandlung chronischer, therapieresistenter Schmerzen in der Kreuzgegend aufgrund eines Knochentumors aufgenommen. Dem Patienten wird ein Rückenmarkstimulator (Einzelelektrodensystem) mit einem permanenten Einzelelektrodensystem zur epiduralen Dauerstimulation implantiert. Es wird ausschließlich der Kreuzschmerz behandelt.

Hauptdiagnose:	M54.5	*Kreuzschmerz*
Nebendiagnose:	C41.4	*Bösartige Neubildung des Beckenknochens*
Prozedur(en):	5-039.e0	*Implantation oder Wechsel eines Neurostimulators zur epiduralen Rückenmarkstimulation mit Implantation oder Wechsel einer Neurostimulationselektrode, Einkanalstimulator, vollimplantierbar, nicht wiederaufladbar*
	5-039.34	*Implantation oder Wechsel einer permanenten Elektrode zur epiduralen Dauerstimulation, perkutan*

Die Kodes

R52.1	*Chronischer unbeeinflussbarer Schmerz* oder
R52.2	*Sonstiger chronischer Schmerz*

sind nur dann als **Hauptdiagnose** anzugeben, wenn die Lokalisation der Schmerzen nicht näher bestimmt ist (*siehe Ausschlusshinweise bei Kategorie* R52.–) **und** die Definition der Hauptdiagnose zutrifft.

Beispiel 2

Ein Patient wird ins Krankenhaus zur Untersuchung eines chronischen therapieresistenten Schmerzes aufgenommen. Ursache und nähere Zuordnung des Schmerzes kann während des Krankenhausaufenthaltes nicht bestimmt werden.

Hauptdiagnose:	R52.1	*Chronischer unbeeinflussbarer Schmerz*

In allen anderen Fällen von chronischem Schmerz muss die Erkrankung, die den Schmerz verursacht, als Hauptdiagnose angegeben werden, soweit diese für die stationäre Behandlung verantwortlich war.

Beispiel 3

Ein Patient wird zur Behandlung von Knochenmetastasen eines bösartigen Lungentumors im Oberlappen aufgenommen. Er erhält u.a. Morphium, um die schweren Knochenschmerzen zu kontrollieren.

Hauptdiagnose:	C79.5	*Sekundäre bösartige Neubildung des Knochens und des Knochenmarkes*
Nebendiagnose(n):	C34.1	*Bösartige Neubildung der Bronchien und der Lunge, Oberlappen (-Bronchus)*

1807u Fieber, postoperativ

Entscheidung des Schlichtungsausschusses zu der KDE 77, veröffentlicht am 19.08.2020

Frage: Kann als Nebendiagnose T81.4 *Infektion nach einem Eingriff, anderenorts nicht klassifiziert* verschlüsselt werden, wenn nach der Operation kurzfristig postoperatives Fieber (einmalig am 3. postoperativen Tag) "ohne anatomisches Korrelat" bei "prophylaktischer" iv.-Antibiose auftritt?

Entscheidung: Einmalig auftretendes postoperatives Fieber (kontrolliert oder behandelt) ohne Infektion und ohne anatomisches Korrelat (z. B. Resorptionsfieber) ist mit dem Kode R50.9 *Fieber, nicht näher bezeichnet* zu kodieren. Der Kode T81.4 *Infektion nach einem Eingriff, anderenorts nicht klassifiziert* kann nicht kodiert werden, wenn keine Infektion vorliegt.

1808u Kachexie

Entscheidung des Schlichtungsausschusses zu der KDE 16, veröffentlicht am 15.10.2020

Frage: Wann darf R64 *Kachexie* verschlüsselt werden?

Entscheidung: Der Kode R64 *Kachexie* kann kodiert werden, wenn der Gewichtsverlust ≥ 5%* in ≤ 12 Monaten bei Vorliegen einer Erkrankung beträgt, PLUS DREI der folgenden Kriterien vorliegen:

- Verringerte Muskelkraft (z. B. Handgriffstärke)
- Erschöpfung
- Appetitlosigkeit
- Niedriger Fettfreie-Masse-Index (fettfreie Masse [kg]/Körpergröße^2 [m^2])
- Abnormale Biochemie
  - erhöhte Entzündungsmarker (CRP > 5,0 mg/L, IL-6 > 4,0 pg/mL), oder
  - Anämie (Hb < 12 g/dL), oder
  - niedriges Serumalbumin (< 32 g/L)

* ohne Ödem; falls Gewichtsverlust nicht eruierbar, ist ein BMI <20,0 kg/m^2 für die Diagnose der Kachexie ausreichend.

19 VERLETZUNGEN, VERGIFTUNGEN UND BESTIMMTE ANDERE FOLGEN ÄUSSERER URSACHEN

1902a Oberflächliche Verletzungen

Oberflächliche Verletzungen, z.B. Abschürfungen oder Prellungen, werden nicht kodiert, wenn sie mit schwereren Verletzungen derselben Lokalisation in Zusammenhang stehen, es sei denn, sie erhöhen den Aufwand für die Behandlung der schwereren Verletzung, z.B. durch eine zeitliche Verzögerung (s.a. DKR D003 *Nebendiagnosen* (Seite 13)).

Beispiel 1

Ein Patient kommt zur Behandlung einer suprakondylären Humerusfraktur und Prellung des Ellbogens sowie einer Fraktur des Skapulakorpus.

Hauptdiagnose:	S42.41	*Fraktur des distalen Endes des Humerus, suprakondylär*
Nebendiagnose(n):	S42.11	*Fraktur der Skapula, Korpus*

In diesem Fall ist die Prellung des Ellbogens nicht zu kodieren.

1903c Fraktur und Luxation

Zur Kodierung von Wirbelfrakturen/Luxationen s.a. DKR 1910 *Verletzung des Rückenmarks* (Seite 169).

Fraktur und Luxation mit Weichteilschaden

Zwei Kodes werden benötigt, um Frakturen und Luxationen mit Weichteilschaden zu kodieren. Zuerst ist der Kode der Fraktur oder der Kode der Luxation anzugeben und danach der entsprechende Kode für den Schweregrad des Weichteilschadens der Fraktur/Luxation (Sx1.84!–Sx1.89!). Nur geschlossene Frakturen 0. Grades oder Luxationen mit Weichteilschaden 0. Grades (gekennzeichnet durch „geringen Weichteilschaden, einfache Bruchform“) oder nicht näher bezeichneten Grades erhalten keine zusätzliche Schlüsselnummer.

Beispiel 1

Ein Patient wird mit einer offenen Oberschenkelfraktur II. Grades aufgenommen.

Hauptdiagnose:	S72.3	*Fraktur des Femurschaftes*
Nebendiagnose(n):	S71.88!	*Weichteilschaden II. Grades bei offener Fraktur oder Luxation der Hüfte und des Oberschenkels*

Beispiel 2

Ein Patient wird zur Behandlung einer offenen Schulterluxation mit Verlagerung des Humerus nach vorne und Weichteilschaden I. Grades aufgenommen.

Hauptdiagnose:	S43.01	*Luxation des Humerus nach vorne*
Nebendiagnose(n):	S41.87!	*Weichteilschaden I. Grades bei offener Fraktur oder Luxation des Oberarmes*

Luxationsfraktur

In diesen Fällen ist sowohl für die Fraktur als auch für die Luxation ein Kode zuzuweisen; der erste Kode für die Fraktur. In bestimmten Fällen sieht die ICD-10-GM für die mit einer Luxation kombinierte Fraktur eine von dieser Regel abweichende Kodierung vor:

Zum Beispiel ist die Monteggia-Luxationsfraktur als Fraktur klassifiziert (S52.21 *Fraktur des proximalen Ulnaschaftes mit Luxation des Radiuskopfes*).

Fraktur und Luxation an gleicher oder unterschiedlicher Lokalisation

Bei Vorliegen einer kombinierten Verletzung an gleicher Lokalisation ist die Angabe **eines** Zusatzkodes für den Weichteilschaden ausreichend.

Beispiel 3

Ein Patient wird zur Behandlung einer offenen Humeruskopffraktur I. Grades mit (offener) Schulterluxation nach vorne mit Weichteilschaden I. Grades aufgenommen.

Hauptdiagnose:	S42.21	*Fraktur des proximalen Endes des Humerus, Kopf*
Nebendiagnose(n):	S41.87!	*Weichteilschaden I. Grades bei offener Fraktur oder Luxation des Oberarmes*
	S43.01	*Luxation des Humerus nach vorne*

Liegen bei einem Patienten mehrere Frakturen oder Luxationen unterschiedlicher Lokalisation vor, so ist für jede Lokalisation der entsprechende Kode für den Schweregrad des Weichteilschadens der Fraktur/Luxation (Sx1.84!–Sx1.89!) anzugeben, soweit es sich nicht um einen Weichteilschaden 0. Grades handelt.

Knochenkontusion

Eine Knochenkontusion („bone bruise“, bildgebender Nachweis einer Fraktur der Spongiosa bei intakter Kortikalis) wird wie eine Fraktur an entsprechender Lokalisation kodiert.

1905l Offene Wunden/Verletzungen

Für jede Körperregion steht im Kapitel XIX ein Abschnitt für offene Wunden zur Verfügung. Hier sind auch Kodes aufgeführt, mit denen offene Wunden verschlüsselt werden, die mit einer Fraktur oder einer Luxation in Verbindung stehen oder bei denen durch die Haut in Körperhöhlen eingedrungen wurde (d.h. intrakranielle Wunden, intrathorakale Wunden und intraabdominale Wunden).

Die offene Wunde ist in diesen Fällen **zusätzlich** zur Verletzung (z.B. der Fraktur) zu kodieren, s.a. DKR 1903 *Fraktur und Luxation* (Seite 165).

Offene Verletzungen mit Gefäß-, Nerven- und Sehnenbeteiligung

Liegt eine Verletzung mit Gefäßschaden vor, hängt die Reihenfolge der Kodes davon ab, ob der Verlust der betroffenen Gliedmaße droht. Ist dies der Fall, so ist bei einer Verletzung mit Schädigung von Arterie und Nerv

- zuerst die arterielle Verletzung,
- danach die Verletzung des Nervs,
- danach ggf. eine Verletzung der Sehnen,
- schließlich die Fleischwunde anzugeben.

In Fällen, bei denen trotz einer Nerven- und Arterienschädigung der Verlust von Gliedmaßen unwahrscheinlich ist, ist die Reihenfolge der Kodierung je nach der Schwere der jeweiligen Schäden festzulegen.

Offene intrakranielle/intrathorakale/intraabdominelle Verletzung

Wenn eine offene intrakranielle/intrathorakale/intraabdominelle Verletzung vorliegt, ist zuerst der Kode für die intrakranielle/intrathorakale/intraabdominelle Verletzung anzugeben, gefolgt vom Kode für die offene Wunde.

Beispiel 1

Ein Patient wird mit vollständiger Zerreißung des Nierenparenchyms, Milzriss mit Parenchymbeteiligung und kleinen Risswunden an mehreren Dünndarmabschnitten sowie Heraustreten von Eingeweiden durch die Bauchwand aufgenommen.

Hauptdiagnose:	S37.03	*Komplette Ruptur des Nierenparenchyms*
Nebendiagnose(n):	S36.03	*Rissverletzung der Milz mit Beteiligung des Parenchyms*
	S36.49	*Verletzung des Dünndarmes, sonstiger und mehrere Teile des Dünndarmes*
	S31.83!	*Offene Wunde (jeder Teil des Abdomens, der Lumbosakralgegend und des Beckens) mit Verbindung zu einer intraabdominalen Verletzung*

Offene Fraktur mit intrakranieller/intrathorakaler/intraabdomineller Verletzung

Wo eine offene Schädelfraktur verbunden mit einer intrakraniellen Verletzung/offene Fraktur des Rumpfes zusammen mit einer intrathorakalen/intraabdominellen Verletzung vorliegt, ist

- ein Kode für die intrakranielle/intrakavitäre Verletzung anzugeben,
- einer der folgenden Kodes

  S01.83! *Offene Wunde (jeder Teil des Kopfes) mit Verbindung zu einer <u>intrakraniellen</u> Verletzung*

  S21.83! *Offene Wunde (jeder Teil des Thorax) mit Verbindung zu einer <u>intrathorakalen</u> Verletzung*

  oder

  S31.83! *Offene Wunde (jeder Teil des Abdomens, der Lumbosakralgegend und des Beckens) mit Verbindung zu einer <u>intraabdominalen</u> Verletzung*

- die Kodes für die Fraktur

und

- ein Kode für den Schweregrad des Weichteilschadens der offenen Fraktur aus

  S01.87!–S01.89!,

  S21.87!–S21.89!

  oder

  S31.87!–S31.89!.

Komplikationen offener Wunden

Die Kodierung von Komplikationen offener Wunden ist davon abhängig, ob die Komplikation wie z.B. eine Infektion mit einem spezifischen Kode näher bezeichnet werden kann. Ist die Kodierung mit einer spezifischen Schlüsselnummer der ICD-10-GM möglich, so ist zuerst der spezifische Kode für die Komplikation (z.B. Infektion wie Erysipel, Phlegmone oder Sepsis etc.) gefolgt von dem Kode für die offene Wunde anzugeben.

Beispiel 2

Ein Patient wird mit einer Phlegmone an der Hand nach einem Katzenbiss aufgenommen. Das Alter des Bisses ist nicht bekannt. Bei der Aufnahme finden sich am Daumenballen zwei punktförmige Wunden, die Umgebung ist gerötet, die Hand und der Unterarm sind stark geschwollen. Im Abstrich findet sich Staphylococcus aureus. Es wird eine intravenöse antibiotische Therapie eingeleitet.

Hauptdiagnose:	L03.10	*Phlegmone an der oberen Extremität*
Nebendiagnose(n):	S61.0	*Offene Wunde eines oder mehrerer Finger ohne Schädigung des Nagels*
	B95.6!	*Staphylococcus aureus als Ursache von Krankheiten, die in anderen Kapiteln klassifiziert sind*

Ist eine spezifische Verschlüsselung der Komplikation einer offenen Wunde nicht möglich, ist der Kode für die offene Wunde anzugeben, gefolgt von einem Kode aus

T89.0- *Komplikationen einer offenen Wunde.*

1909c Bewusstlosigkeit

Bewusstlosigkeit im Zusammenhang mit einer Verletzung

Wenn ein Verlust des Bewusstseins **im** Zusammenhang mit einer Verletzung aufgetreten ist, ist die Art der Verletzung **vor** einem Kode aus S06.7-! *Bewusstlosigkeit bei Schädel-Hirn-Trauma* für die Dauer der Bewusstlosigkeit anzugeben.

Beispiel 1

Der Patient wird mit einer Fraktur des Siebbeins (Röntgenaufnahme) aufgenommen. Im CT zeigt sich ein großes subdurales Hämatom. Der Patient war 3 Stunden bewusstlos.

Hauptdiagnose:	S06.5	*Traumatische subdurale Blutung*
Nebendiagnose(n):	S02.1	*Schädelbasisfraktur*
	S06.71!	*Bewusstlosigkeit bei Schädel-Hirn-Trauma, 30 Minuten bis 24 Stunden*
Prozedur(en):	3-200	*Native Computertomographie des Schädels*

Bewusstlosigkeit ohne Zusammenhang mit einer Verletzung

Sofern die Bewusstlosigkeit eines Patienten **nicht** mit einer Verletzung im Zusammenhang steht, sind folgende Kodes zu verwenden:

R40.0 *Somnolenz*
R40.1 *Sopor*
R40.2 *Koma, nicht näher bezeichnet*

1910t Verletzung des Rückenmarks (mit traumatischer Paraplegie und Tetraplegie)

Die akute Phase – unmittelbar posttraumatisch

Unter der akuten Phase einer Rückenmarksverletzung versteht man den Behandlungszeitraum unmittelbar nach dem Trauma. Sie kann mehrere Krankenhausaufenthalte umfassen.

Wenn ein Patient mit einer Verletzung des Rückenmarks aufgenommen wird (z.B. mit Kompression des Rückenmarks, Kontusion, Riss, Querschnitt oder Quetschung), sind folgende Details zu kodieren:

1. Die Art der Läsion des Rückenmarks ist als erster Kode anzugeben (komplette oder inkomplette Querschnittverletzung).
2. Die funktionale Höhe (Ebene) der Rückenmarksläsion ist mit einem Kode aus

   S14.7-!, S24.7-!, S34.7-! *Funktionale Höhe einer Verletzung des zervikalen/thorakalen/lumbosakralen Rückenmarkes*

zu verschlüsseln. Für die Höhenangabe der funktionalen Höhe sind die Hinweise bei S14.7-!, S24.7-! und S34.7-! in der ICD-10-GM zu beachten.

Patienten mit Rückenmarksverletzungen haben mit hoher Wahrscheinlichkeit eine Wirbelfraktur oder -luxation erlitten; demnach sind auch folgende Angaben zu kodieren:

3. Die Bruchstelle, wenn eine Fraktur der Wirbel vorliegt.
4. Der Ort der Luxation, wenn eine Luxation vorliegt.
5. Schweregrad des Weichteilschadens der Fraktur/Luxation

1910

Beispiel 1

Ein Patient wird mit einer Kompressionsfraktur an T12 aufgenommen. Es liegt eine Kompressionsverletzung des Rückenmarks auf derselben Höhe mit inkompletter Paraplegie auf der funktionalen Höhe L2 vor.

Hauptdiagnose:	S24.12	*Inkomplette Querschnittverletzung des thorakalen Rückenmarkes*
Nebendiagnose(n):	S34.72!	*Funktionale Höhe einer Verletzung des lumbosakralen Rückenmarkes, L2*
	S22.06	*Fraktur eines Brustwirbels, T11 und T12*

Die akute Phase – Verlegung des Patienten

Wenn ein Patient in Folge eines Traumas eine Verletzung des Rückenmarks erlitten hat und unmittelbar von einem Akutkrankenhaus in ein anderes Akutkrankenhaus verlegt wurde, ist in beiden Häusern der Kode für die Art der Verletzung als Hauptdiagnose anzugeben und der entsprechende Kode für die funktionale Höhe der Rückenmarksverletzung als erste Nebendiagnose.

Beispiel 2

Ein Patient wird mit einer schweren Rückenmarksverletzung in Krankenhaus A aufgenommen. Ein CT bestätigt eine Luxation des T7/8 Wirbels mit Verletzung des Rückenmarks auf derselben Höhe. Neurologisch zeigt sich ein inkompletter Querschnitt unterhalb T8. Nach Stabilisierung im Krankenhaus A wird der Patient ins Krankenhaus B verlegt, in dem eine Spondylodese durchgeführt wird.

	Krankenhaus A	
Hauptdiagnose:	S24.12	*Inkomplette Querschnittverletzung des thorakalen Rückenmarkes*
Nebendiagnose(n):	S24.75!	*Funktionale Höhe einer Verletzung des thorakalen Rückenmarkes, T8/T9*
	S23.14	*Luxation eines Brustwirbels, Höhe T7/8 und T8/9*
Prozedur(en):	3-203	*Native Computertomographie von Wirbelsäule und Rückenmark*
	Krankenhaus B	
Hauptdiagnose:	S24.12	*Inkomplette Querschnittverletzung des thorakalen Rückenmarkes*
Nebendiagnose(n):	S24.75!	*Funktionale Höhe einer Verletzung des thorakalen Rückenmarkes, T8/T9*
	S23.14	*Luxation eines Brustwirbels, Höhe T7/8 und T8/9*
Prozedur(en):	5-836.41	*Spondylodese, dorsal und ventral kombiniert, interkorporal, 2 Segmente*
	5-83b.31	*Osteosynthese (dynamische Stabilisierung) an der Wirbelsäule: durch ventrales Schrauben-Platten-System, 2 Segmente*

Rückenmarksverletzung – chronische Phase

Von der chronischen Phase einer Paraplegie/Tetraplegie spricht man, wenn die Behandlung der akuten Erkrankung (z.B. einer akuten Rückenmarksverletzung), die die Lähmungen verursachte, abgeschlossen ist.

Kommt ein Patient in dieser chronischen Phase zur Behandlung der Paraplegie/Tetraplegie, ist ein Kode der Kategorie

G82.– *Paraparese und Paraplegie, Tetraparese und Tetraplegie,* fünfte Stelle „.2“ oder „.3“

als Hauptdiagnose anzugeben.
Wird ein Patient dagegen zur Behandlung einer anderen Erkrankung wie z.B. Harnwegsinfektion, Fraktur des Femur etc. aufgenommen, ist die zu behandelnde Erkrankung gefolgt von einem Kode der Kategorie

G82.– *Paraparese und Paraplegie, Tetraparese und Tetraplegie,* fünfte Stelle „.2“ oder „.3“

anzugeben sowie andere vorliegende Erkrankungen. Die Reihenfolge dieser Diagnosen muss sich an der Definition der Hauptdiagnose orientieren.

Für die funktionale Höhe der Rückenmarksschädigung ist zusätzlich der passende Kode aus

G82.6-! *Funktionale Höhe der Schädigung des Rückenmarkes*

anzugeben.

Die Kodes für die Verletzung des Rückenmarks sind nicht anzugeben, da diese nur in der akuten Phase zu verwenden sind.

Beispiel 3

Ein Patient wird zur Behandlung einer Infektion des Harntraktes aufgenommen. Zusätzlich bestehen eine inkomplette schlaffe Paraplegie auf Höhe von L2, ein inkomplettes Cauda- (equina-) Syndrom und eine neurogene Blasenentleerungsstörung.

Hauptdiagnose:	N39.0	*Harnwegsinfektion, Lokalisation nicht näher bezeichnet*
Nebendiagnose(n):	G82.03	*Schlaffe Paraparese und Paraplegie, chronische inkomplette Querschnittlähmung*
	G82.66!	*Funktionale Höhe der Schädigung des Rückenmarkes, L2-S1*
	G83.41	*Inkomplettes Cauda- (equina-) Syndrom*
	G95.81	*Harnblasenlähmung bei Schädigung des unteren motorischen Neurons [LMNL]*

Anmerkung: Bei Vorliegen eines Cauda- (equina-) Syndroms mit neurogener Blasenfunktionsstörung wird der zutreffende Kode aus G83.4- *Cauda- (equina-) Syndrom* zusammen mit dem zutreffenden Kode aus G95.8- *Sonstige näher bezeichnete Krankheiten des Rückenmarkes* angegeben (siehe auch Hinweise in der ICD-10-GM bei den Kodes G83.4- und G95.8-).

Kodierung von Wirbelfrakturen und -luxationen

Siehe auch DKR 1903 *Fraktur und Luxation* (Seite 165).

Bei Mehrfachfrakturen oder -luxationen wird jede Höhe einzeln angegeben.

1910

Beispiel 4

Ein Patient wird mit einer komplizierten offenen Fraktur II. Grades des zweiten, dritten und vierten Brustwirbels mit Verschiebung auf Höhe T2/T3 und T3/T4 und kompletter Durchtrennung des Rückenmarks in Höhe T3 aufgenommen. Die neurologische Untersuchung bestätigt einen kompletten Querschnitt unterhalb T3.

Hauptdiagnose:	S24.11	*Komplette Querschnittverletzung des thorakalen Rückenmarkes*
Nebendiagnose(n):	S24.72!	*Funktionale Höhe einer Verletzung des thorakalen Rückenmarkes, T2/T3*
	S22.01	*Fraktur eines Brustwirbels, Höhe: T1 und T2*
	S22.02	*Fraktur eines Brustwirbels, Höhe: T3 und T4*
	S21.88!	*Weichteilschaden II. Grades bei offener Fraktur oder Luxation des Thorax*
	S23.11	*Luxation eines Brustwirbels, Höhe: T1/T2 und T2/T3*
	S23.12	*Luxation eines Brustwirbels, Höhe: T3/T4 und T4/T5*

1911s Mehrfachverletzungen und multiple Verletzungen

Diagnosen

Die **einzelnen** Verletzungen werden, wann immer möglich, entsprechend ihrer Lokalisation und ihrer Art so genau wie möglich kodiert.

Kombinationskategorien für **Mehrfachverletzungen** (T00–T07 *Verletzungen mit Beteiligung mehrerer Körperregionen*) und Kodes aus S00–S99 (Kodierung unterschiedlicher Verletzungen einzelner Körperregionen), die z.B. mit einer „.7“ an vierter Stelle **multiple Verletzungen** kodieren, sind nur dann zu verwenden, wenn die Anzahl der zu kodierenden Verletzungen die maximale Zahl der übermittelbaren Diagnosen überschreitet oder wenn die einzelnen Verletzungen entsprechend ihrer Lokalisation und Art bereits mit einer Kombinations-Schlüsselnummer so genau wie möglich kodiert werden können (siehe Beispiel 2). In den Fällen, bei denen die maximale Zahl der übermittelbaren Diagnosen überschritten wird, sind spezifische Kodes (Verletzung nach Lokalisation/Art) für die schwerwiegenderen Verletzungen zu verwenden und die Mehrfachkategorien, um weniger schwere Verletzungen (z.B. oberflächliche Verletzungen, offene Wunden sowie Distorsion und Zerrung) zu kodieren (*s.a.* DKR D012 *Mehrfachkodierung* (Seite 26)).

Beispiel 1

Schmetterlingsfraktur des Beckens

S32.5 **B** *Fraktur des Os pubis*

und

S32.81 **B** *Fraktur: Os ischium*

In der ICD-10-GM ist der Schmetterlingsbruch als Inklusivum dem Kode S32.7 *Multiple Frakturen mit Beteiligung der Lendenwirbelsäule und des Beckens* zugeordnet. Gemäß der oben aufgeführten Regeln zur möglichst genauen Kodierung der einzelnen Verletzungen und der Verwendung der Kodes aus S00–S99, die z.B. mit einer „.7" an vierter Stelle multiple Verletzungen kodieren, ist der Schmetterlingsbruch mit den spezifischen Kodes S32.5 *Fraktur des Os pubis* und S32.81 *Fraktur: Os ischium* zu kodieren, da sowohl die Lokalisation als auch die Art der Verletzungen durch die Einzelkodierung genauer als im Kode S32.7 abgebildet werden.

Beispiel 2

Bimalleolare Sprunggelenkfraktur

S82.81 *Bimalleolarfraktur*

Der Kode S82.81 *Bimalleolarfraktur* beschreibt die Art und Lokalisation der Verletzungen bereits spezifisch. In diesem Fall sind die Kodes S82.5 *Fraktur des Innenknöchels* und S82.6 *Fraktur des Außenknöchels* nicht zu verwenden. Mit der Verwendung der genannten Einzelkodes wäre kein zusätzlicher Informationsgewinn hinsichtlich der Lokalisation und Art der Verletzung verbunden.

Hinweis: Das Alphabetische Verzeichnis der ICD-10-GM schlägt für eine „Mehrfachverletzung" oder ein „Polytrauma" den Kode T07 (*Nicht näher bezeichnete multiple Verletzungen*) vor. Dieser Kode ist unspezifisch und deshalb nach Möglichkeit **nicht** zu verwenden.

Reihenfolge der Kodes bei multiplen Verletzungen

Im Fall von mehreren näher beschriebenen Verletzungen, die in Bezug zu Aufnahme, Untersuchungsbefunden und/oder der durchgeführten Therapie gleichermaßen die Kriterien für die Hauptdiagnose erfüllen, muss vom behandelnden Arzt entschieden werden, welche Diagnose am besten der Hauptdiagnose-Definition entspricht. Nur in diesem Fall ist vom behandelnden Arzt diejenige auszuwählen, die für Untersuchung und/oder Behandlung die meisten Ressourcen verbraucht hat.

1911

Beispiel 3

Ein Patient wird mit fokaler Hirnkontusion, traumatischer Amputation eines Ohres, 20-minütiger Bewusstlosigkeit, Prellung von Gesicht, Kehlkopf und Schulter sowie mit Schnittwunden in Wange und Oberschenkel aufgenommen.

Hauptdiagnose:	S06.31	*Umschriebene Hirnkontusion*
Nebendiagnose(n):	S06.70!	*Bewusstlosigkeit bei Schädel-Hirn-Trauma, weniger als 30 Minuten*
	S08.1	*Traumatische Amputation des Ohres*
	S01.41	*Offene Wunde der Wange*
	S71.1	*Offene Wunde des Oberschenkels*
	S00.85	*Oberflächliche Verletzung sonstiger Teile des Kopfes, Prellung*
	S10.0	*Prellung des Rachens*
	S40.0	*Prellung der Schulter und des Oberarms*

In diesem Fall werden S09.7 *Multiple Verletzungen des Kopfes* und T01.8 *Offene Wunden an sonstigen Kombinationen von Körperregionen* **nicht** angegeben, da individuelle Kodes anzugeben sind, wann immer dies möglich ist.

Prozeduren

Zusätzlich zu den Kodes für die einzelnen durchgeführten Prozeduren ist bei der Versorgung von Mehrfachverletzungen und Polytraumen der passende **Zusatzkode**

5-981 *Versorgung bei Mehrfachverletzung*

bzw. aus

5-982 *Versorgung bei Polytrauma*

anzugeben.

1914u Verbrennungen und Verätzungen

Reihenfolge der Kodes

Das Gebiet mit der schwersten Verbrennung/Verätzung ist zuerst anzugeben. Eine Verbrennung/Verätzung 3. Grades ist demnach **vor** einer Verbrennung/Verätzung 2. Grades anzugeben, auch dann, wenn die Verbrennung/Verätzung 2. Grades einen größeren Teil der Körperoberfläche betrifft.

Verbrennungen/Verätzungen desselben Gebietes, aber unterschiedlichen Grades sind als Verbrennungen/Verätzungen des höchsten vorkommenden Grades zu kodieren.

Beispiel 1

Eine Verbrennung 2. und 3. Grades des Knöchels ist zu kodieren mit

Hauptdiagnose:	T25.3	*Verbrennung 3. Grades der Knöchelregion und des Fußes*

Verbrennungen/Verätzungen, die eine Hauttransplantation erfordern, sind immer **vor** denjenigen anzugeben, die keine Hauttransplantation erfordern.

Wenn mehrere Verbrennungen/Verätzungen **selben Grades** existieren, dann wird das Gebiet mit der größten betroffenen Körperoberfläche zuerst angegeben. Alle weiteren Verbrennungen/Verätzungen sind, wann immer möglich, mit ihrer jeweiligen Lokalisation zu kodieren.

Beispiel 2

Eine Verbrennung Grad 2a der Bauchwand und des Perineums ist wie folgt zu kodieren:

Hauptdiagnose:	T21.23	*Verbrennung Grad 2a des Rumpfes, Bauchdecke*
Nebendiagnose(n):	T21.25	*Verbrennung Grad 2a des Rumpfes, (äußeres) Genitale*

Wenn die Anzahl der Kodes für einen stationären Fall die maximale Zahl der übermittelbaren Diagnosen übersteigt, ist es sinnvoll, die Kodes für mehrfache Verbrennungen oder Verätzungen (T29.– *Verbrennungen oder Verätzungen mehrerer Körperregionen*) zu benutzen. Bei Verbrennungen/Verätzungen 3. Grades sind immer die differenzierten Kodes zu verwenden. Wenn Mehrfachkodes erforderlich sind, werden diese für Verbrennungen/Verätzungen 2. Grades benutzt.

Körperoberfläche (KOF)

Jeder Verbrennungs-/Verätzungsfall ist **zusätzlich** mit einem Kode aus

T31.–! *Verbrennungen, klassifiziert nach dem Ausmaß der betroffenen Körperoberfläche*
bzw.

T32.–! *Verätzungen, klassifiziert nach dem Ausmaß der betroffenen Körperoberfläche*

zu versehen, um den Prozentsatz der betroffenen Körperoberfläche anzuzeigen.

Die vierte Stelle beschreibt die Summe aller einzelnen Verbrennungen/Verätzungen, angegeben in Prozent der Körperoberfläche.

Ein Kode aus T31.–! und T32.–! ist nur einmal nach dem letzten Kode für die betroffenen Gebiete anzugeben.

Komplikationen von Verbrennungen

Entscheidung des Schlichtungsausschusses zu der KDE 555, veröffentlicht am 25.11.2020

Frage: Aufnahme eines Patienten bei Zustand nach großflächiger Kontaktverbrennung II. Grades am Rumpf, welche er sich Tage zuvor zugezogen hatte. Die Wunde zeigte sich infiziert. Im Wundabstrich Nachweis von Streptokokkus agalactiae, Staphylokokkus aureus, Serratia marcescens und Serratia ureilytica. Als Wundmanagement erfolgten eine antibiotische Therapie, wiederholt chirurgische Eingriffe sowie aufwändige Verbandswechsel. Was ist die Hauptdiagnose?

Entscheidung: Wird ein Patient bei Zustand nach großflächiger Kontaktverbrennung II. Grades am Rumpf, welche er sich Tage zuvor zugezogen hat und die sich infiziert zeigt, aufgenommen sowie im Wundabstrich Streptokokkus agalactiae, Staphylokokkus aureus, Serratia marcescens und Serratia ureilytica nachgewiesen und erfolgen als Wundmanagement eine antibiotische Therapie, wiederholt chirurgische Eingriffe sowie aufwändige Verbandswechsel, ist als Hauptdiagnose die Verbrennung zu kodieren.

1915l Missbrauch/Misshandlung von Erwachsenen und Kindern

In Fällen von Missbrauch/Misshandlung ist/sind die vorliegende(n) Verletzung(en) bzw. psychischen Störungen zu kodieren.

Ein Kode der Kategorie

T74.– *Missbrauch von Personen*

als Ursache der Verletzung(en) oder psychischen Störungen ist nur bei Kindern und Jugendlichen bis zur Vollendung des 18. Lebensjahres anzugeben.

Dies gilt auch für die Kodierung beim Münchhausen-Stellvertreter-Syndrom.

1916k Vergiftung durch Arzneimittel, Drogen und biologisch aktive Substanzen

Die Diagnose „Vergiftung durch Arzneimittel/Drogen" wird gestellt bei **irrtümlicher** Einnahme oder **unsachgemäßer** Anwendung (z.B. Einnahme zwecks Selbsttötung und Tötung).

Vergiftungen sind in den Kategorien

T36–T50 *Vergiftungen durch Arzneimittel, Drogen und biologisch aktive Substanzen*

und

T51–T65 *Toxische Wirkungen von vorwiegend nicht medizinisch verwendeten Substanzen*

klassifiziert. Die Absicht der Selbsttötung (X84.9!) ist nicht zu kodieren.

Erfolgt die stationäre Aufnahme **wegen einer mit der Vergiftung in Zusammenhang stehenden Manifestation** (z.B. Koma, Arrhythmie), ist der Kode für die Manifestation als Hauptdiagnose (entsprechend DKR D002 *Hauptdiagnose* (Seite 4)) anzugeben. Die Kodes für die Vergiftung durch die beteiligten (Wirk-)Stoffe (Medikamente, Drogen, Alkohol) sind als Nebendiagnose zu verschlüsseln.

Beispiel 1

Ein Patient wird im Koma aufgrund einer Kodeinüberdosis aufgenommen.

Hauptdiagnose:	R40.2	*Koma, nicht näher bezeichnet*
Nebendiagnose(n):	T40.2	*Vergiftung durch Betäubungsmittel und Psychodysleptika [Halluzinogene], sonstige Opioide*

Beispiel 2

Ein Patient wird mit Hämatemesis aufgrund der Einnahme von Cumarin (verordnet), versehentlich in Verbindung mit Acetylsalicylsäure (nicht verordnet) aufgenommen.

Hauptdiagnose:	K92.0	*Hämatemesis*
Nebendiagnose(n):	T39.0	*Vergiftung durch Salizylate*
	T45.5	*Vergiftung durch primär systemisch und auf das Blut wirkende Mittel, anderenorts nicht klassifiziert, Antikoagulanzien*
optional:	X49.9!	*Akzidentelle Vergiftung*

Für die Insulinüberdosierung ist ein Kode aus E10–E14 (vierte Stelle „.6" für *Diabetes mellitus mit sonstigen näher bezeichneten Komplikationen*) zuerst anzugeben. Die Vergiftung (T38.3 *Vergiftung durch Insulin und orale blutzuckersenkende Arzneimittel [Antidiabetika]*) ist als eine Nebendiagnose anzugeben (*siehe* DKR 0401 *Diabetes mellitus* (Seite 95)).

Bei **Vergiftungen ohne Manifestation** ist als Hauptdiagnose entsprechend DKR D002 ein Kode aus den Kategorien T36–T50 *Vergiftungen durch Arzneimittel, Drogen und biologisch aktive Substanzen* und T51–T65 *Toxische Wirkung von vorwiegend nicht medizinisch verwendeten Substanzen* anzugeben (siehe auch Beispiel 3).

Beispiel 3

Eine Patientin stellt sich in der Notaufnahme vor und gibt an, kurz zuvor in einer unüberlegten Kurzschlussreaktion 20 Tabletten Paracetamol eingenommen zu haben. Nach einer Magenspülung zeigen sich im weiteren Verlauf keine Manifestationen.

Hauptdiagnose:	T39.1	*Vergiftung durch nichtopioidhaltige Analgetika, Antipyretika und Antirheumatika, 4-Aminophenol-Derivate*
Prozedur:	8-120	*Magenspülung*

1917u Unerwünschte Nebenwirkungen von Arzneimitteln (bei Einnahme gemäß Verordnung)

Unerwünschte Nebenwirkungen indikationsgerechter Arzneimittel bei Einnahme gemäß **Verordnung** werden wie folgt kodiert:

ein oder mehrere Kodes für den krankhaften Zustand, in dem sich die Nebenwirkungen manifestieren, **optional** ergänzt durch

Y57.9! *Komplikationen durch Arzneimittel oder Drogen.*

Beispiel 1

Ein Patient kommt zur Behandlung einer Hyponatriämie, die durch ordnungsgemäß eingenommenes Carbamazepin induziert ist.

Hauptdiagnose:	E87.1	*Hypoosmolalität und Hyponatriämie*
Nebendiagnose, optional:	Y57.9!	*Komplikationen durch Arzneimittel oder Drogen*

Beispiel 2

Ein HIV-positiver Patient kommt zur Behandlung einer hämolytischen Anämie, die durch die antiretrovirale Therapie induziert ist.

Hauptdiagnose:	D59.2	*Arzneimittelinduzierte nicht autoimmunhämolytische Anämie*
Nebendiagnose(n):	Z21	*Asymptomatische HIV-Infektion [Humane Immundefizienz-Virusinfektion]*
Nebendiagnose, optional:	Y57.9!	*Komplikationen durch Arzneimittel oder Drogen*

1917

Entscheidung des Schlichtungsausschusses zu der KDE 67, veröffentlicht am 19.08.2020

Frage: Ein Patient bekommt während des stationären Aufenthaltes Cortison, entwickelt daraufhin eine Hyperglykämie und bekommt Altinsulin. Kein Diabetes bekannt, keine weitere Diagnostik diesbezüglich. Wie ist die Hyperglykämie zu kodieren?

Entscheidung: Eine mit Altinsulin therapierte Hyperglykämie, die sich unter einer stationären Kortisontherapie bei einem Patienten entwickelt, bei dem kein Diabetes mellitus bekannt ist, und bei dem keine Diagnostik im Hinblick auf einen Diabetes mellitus erfolgt, wird mit dem Kode R73.9 *Hyperglykämie, nicht näher bezeichnet*, optional ergänzt um den Kode Y57.9! *Komplikationen durch Arzneimittel oder Drogen* kodiert.

Erfolgt die stationäre Aufnahme **wegen einer Blutung unter Einnahme von Antikoagulanzien,** ist der Kode für das konkrete Blutungsereignis als Hauptdiagnose (entsprechend DKR D002 *Hauptdiagnose* (Seite 4)) anzugeben. Die Kodes für die hämorrhagische Diathese durch Antikoagulanzien sind als Nebendiagnose zu verschlüsseln, **optional** ergänzt durch

Y57.9! *Komplikationen durch Arzneimittel oder Drogen.*

Beispiel 3

Ein Patient wird mit unstillbarem Nasenbluten unter Antikoagulation bei ordnungsgemäß eingenommenem Cumarinpräparat stationär aufgenommen. Er erhält eine Nasentamponade, die Antikoagulation wird vorübergehend pausiert und ein Vitamin-K-Präparat verabreicht.

Hauptdiagnose:	R04.0	*Epistaxis*
Nebendiagnose(n):	D68.33	*Hämorrhagische Diathese durch Cumarine (Vitamin-K-Antagonisten)*
Nebendiagnose, optional:	Y57.9!	*Komplikationen durch Arzneimittel oder Drogen*

Beispiel 4

Ein Patient unter Antikoagulation bei ordnungsgemäß eingenommenem Cumarinpräparat wird mit Schlaganfallsymptomatik stationär aufgenommen. Im Schädel-CT zeigt sich eine intrazerebrale Blutung.

Hauptdiagnose:	I61.0	*Intrazerebrale Blutung in die Großhirnhemisphäre, subkortikal*
Nebendiagnose(n):	D68.33	*Hämorrhagische Diathese durch Cumarine (Vitamin-K-Antagonisten)*
Nebendiagnose, optional:	Y57.9!	*Komplikationen durch Arzneimittel oder Drogen*

Entscheidung des Schlichtungsausschusses zu der KDE 326, veröffentlicht am 21.07.2020

Frage: Ein Patient wird wegen eines nichttraumatischen Rektusscheidenhämatoms unter Marcumar®-Einnahme (INR im therapeutischen Bereich) aufgenommen. Was ist die Hauptdiagnose?

Entscheidung: Wird ein Patient wegen eines nichttraumatischen Rektusscheidenhämatoms unter Marcumartherapie® (INR im therapeutischen Bereich, Einnahme gemäß Verordnung) stationär behandelt, ist der Kode M62.88 *Sonstige näher bezeichnete Muskelkrankheiten, sonstige Lokalisation (u.a. Rumpf)* als Hauptdiagnose und der Kode D68.33 *Hämorrhagische Diathese durch Cumarine (Vitamin-K-Antagonisten)* als Nebendiagnose, optional ergänzt um den Kode Y57.9! *Komplikationen durch Arzneimittel oder Drogen* zu kodieren.

Entscheidung des Schlichtungsausschusses zu der KDE 109, veröffentlicht am 06.10.2020

Frage: Der Versicherte stellte sich planmäßig in der gefäßchirurgischen Sprechstunde zur Kontrolle nach Bypass-Operation bei pAVK rechts vor. Zudem Z.n. Mitral- und Aortenklappenersatz (mechanisch). Im Hinblick auf eine geplante zahnärztliche Behandlung war ambulant Marcumar abgesetzt und durch Gabe eines niedermolekularen Heparins ersetzt worden. Aktuell kritischer Abfall der INR. Notfallmäßige stationäre Einweisung zur Vollheparinisierung. Was ist Hauptdiagnose?

Entscheidung: Ein stationärer Aufenthalt eines antikoagulierten Patienten zum Zwecke einer Vollheparinisierung vor einer geplanten zahnärztlichen Behandlung (KDE-109) ist unter anderem mit folgenden Kodes zu kodieren:

- Z51.4 *Vorbereitung auf eine nachfolgende Behandlung, anderenorts nicht klassifiziert* (Hauptdiagnose)
- Z29.9 *Prophylaktische Maßnahme, nicht näher bezeichnet* (Nebendiagnose)
- Z92.1 *Dauertherapie (gegenwärtig) mit Antikoagulanzien in der Eigenanamnese* (Nebendiagnose)

ANHANG A

Grundregeln zur Verschlüsselung (WHO)

Das Alphabetische Verzeichnis enthält viele Bezeichnungen, die in Band 1 nicht vorkommen. Für die Bestimmung einer Schlüsselnummer sind sowohl das Alphabetische Verzeichnis als auch das Systematische Verzeichnis heranzuziehen.

Bevor der Kodierer mit der Verschlüsselungsarbeit beginnt, müssen die Grundsätze der Klassifikation und des Verschlüsselns bekannt sein. Ferner sollte über einige Übungspraxis verfügt werden.

Im Folgenden wird für den gelegentlichen Benutzer der ICD ein einfacher Leitfaden aufgezeichnet:

1. Feststellung der Art der Angabe, die verschlüsselt werden soll, und Zugriff auf den entsprechenden Teil des Alphabetischen Verzeichnisses. Handelt es sich bei der Angabe um eine Krankheit oder Verletzung oder um einen sonstigen in den Kapiteln I-XIX oder XXI-XXII zu klassifizierenden Zustand, ist Teil 1 des Alphabetischen Verzeichnisses zu berücksichtigen. Handelt es sich bei der Angabe um die äußere Ursache einer Verletzung oder um ein Ereignis, das Kapitel XX zuzuordnen ist, ist Teil 2 des Alphabetischen Verzeichnisses zu berücksichtigen.
2. Auffinden des Leitbegriffes. Bei Krankheiten und Verletzungen ist das gewöhnlich die Hauptbezeichnung des pathologischen Zustandes. Dennoch sind im Alphabetischen Verzeichnis auch einige Zustände, die mit Adjektiven oder Eponymen ausgedrückt werden, als Leitbegriffe aufgenommen.
3. Jeder Hinweis unter dem Leitbegriff ist zu lesen und zu befolgen.
4. Sämtliche Bezeichnungen, die in runden Klammern hinter dem Leitbegriff stehen, sind zu lesen (sie haben keinen Einfluss auf die Schlüsselnummer). Ebenso sind sämtliche eingerückte Bezeichnungen unter den Leitbegriffen zu lesen (diese Modifizierer können die Schlüsselnummer verändern), bis sämtliche Einzelbegriffe der Diagnosebezeichnung berücksichtigt sind.
5. Sämtliche Querverweise des Alphabetischen Verzeichnisses („siehe" und „siehe auch") sind zu beachten.
6. Die Richtigkeit der ausgewählten Schlüsselnummern ist durch Rückgriff auf das Systematische Verzeichnis zu überprüfen. Es ist zu beachten, dass im Alphabetischen Verzeichnis eine 3-stellige Kategorie mit einem Strich in der 4. Stelle bedeutet, dass in Band 1 4-stellige Unterteilungen vorhanden sind. Weitere Unterteilungen, die für zusätzliche Stellen angewandt werden können, sind im Alphabetischen Verzeichnis nicht aufgeführt, falls sie doch benutzt werden sollen, sind sie nach Band 1 zu bestimmen.
7. Die Inklusiva und Exklusiva [Inkl. bzw. Exkl.] der jeweils ausgewählten Schlüsselnummer bzw. des Kapitels, der Gruppe oder der Kategorienüberschrift sind zu beachten.
8. Zuweisung der Schlüsselnummer.

ANHANG B

ZUSAMMENFASSUNG DER ÄNDERUNGEN

Deutsche Kodierrichtlinien Version 2024 gegenüber der Vorversion 2023

Arbeitsschritte

Zur Erstellung der Deutschen Kodierrichtlinien (DKR) Version 2024 wurden folgende Arbeitsschritte durchgeführt (s.a. Einleitung Version 2024):

- Redaktionelle Überarbeitung des Manuskripts der Version 2023 (Korrektur grammatikalischer und sprachlicher Fehler sowie fehlerhafter Verweise)
- Anpassung an die ICD-10-GM Version 2024
- Anpassung an den OPS Version 2024
- Inhaltliche Klarstellung einzelner existierender Kodierrichtlinien

Geänderte Textpassagen und Beispiele wurden durch Balken am rechten Seitenrand gekennzeichnet. Geringfügige redaktionelle Änderungen zur Vorversion 2023 sind nicht markiert.

Neue Kodierrichtlinien und Kodierrichtlinien, bei denen sich inhaltliche Änderungen ergeben haben, wurden in der fortlaufenden Nummerierung am Ende mit „w" bezeichnet. Ergaben sich durch die Anpassung von ICD-10-GM bzw. OPS neue Kodiermöglichkeiten, so wurde dies als inhaltliche Änderung der DKR bewertet. Kodierrichtlinien, in denen z.B. nur die Texte in Beispielen angepasst wurden, wurden in der Nummerierung nicht geändert. Rein redaktionelle Anpassungen von ICD-10-GM und OPS werden im Anhang B nicht aufgeführt.

Nachfolgend sind die wesentlichen Änderungen in den einzelnen Abschnitten und für die verschiedenen Kodierrichtlinien kurz dargestellt.

Wesentliche Änderungen

Anmerkung: Veränderungen in den Deutschen Kodierrichtlinien, die sich aufgrund von Streichungen und daraus evtl. resultierenden Umformulierungen anderer Kodierrichtlinien bzw. aus der redaktionellen Bearbeitung (siehe Punkt 1 und 2 unter „Arbeitsschritte") ergeben haben, werden hier nicht explizit aufgeführt, solange die jeweiligen Veränderungen auf eine Kodierrichtlinie beschränkt waren.

Für die Version 2024 werden alle vom Schlichtungsausschuss auf Bundesebene zur Klärung strittiger Kodier- und Abrechnungsfragen nach § 19 KHG (Krankenhausfinanzierungsgesetz) getroffenen Entscheidungen, die bis zum 06.09.2023 veröffentlicht wurden, entweder in den bereits bestehenden Kodierrichtlinien oder im Anhang C zitiert. Zur besseren Übersicht wird in einem Index (SAB-Entscheidungsverzeichnis, Seite 215) für jede Entscheidung dargestellt, an welcher Stelle in den Deutschen Kodierrichtlinien sie zitiert wird. Eine gesonderte Erwähnung jeder einzelnen Entscheidung in der folgenden Zusammenfassung der Änderungen in den jeweiligen Kapiteln erfolgt nicht.

Allgemeine Kodierrichtlinien für Diagnosen

D012v Mehrfachkodierung

Anpassung des Kodebereiches U69.7-! *Sekundäre Schlüsselnummern zur Angabe des Schweregrades einer Hypoglykämie oder des Vorliegens einer Hypoglykämiewahrnehmungsstörung* in der Tabelle 2 (mit einem Ausrufezeichen gekennzeichnete Kategorien/Kodes, die obligatorisch anzugeben sind) an die Änderungen in der ICD-10-GM Version 2024. Darüber hinaus Anpassung des Kodes U69.0-! *Anderenorts klassifizierte, im Krankenhaus erworbene Pneumonie* der Tabelle 2 an die Änderungen in der ICD-10-GM Version 2023. Zusätzlich Streichung des Links zu der Kodierfrage zur ICD-10-GM Nr. 1018 des BfArM und der Fußnote 1 zu den Kodes U07.1!, U07.2! und U99.0! der Tabelle 2.

Allgemeine Kodierrichtlinien für Prozeduren

P003s Hinweise und formale Vereinbarungen für die Benutzung des OPS

Ergänzung des in den OPS Version 2024 aufgenommenen Hinweises bei dem Kodebereich 5-44 *Andere Operationen am Magen* in der Darstellung der 5. und 6. Gliederungsstelle des OPS für die Buchausgabe.

Spezielle Kodierrichtlinien

Kapitel 1 Bestimmte infektiöse und parasitäre Krankheiten

0103w Bakteriämie, Sepsis und Neutropenie

Umfangreiche Überarbeitung der Kodierrichtlinie hinsichtlich der Definition und Kodierung einer Sepsis und der Definition eines septischen Schocks.

0105w SIRS

Ausgliederung des Absatzes „Systemisches inflammatorisches Response-Syndrom [SIRS]" der Kodierrichtlinie 0103 in eine eigene Kodierrichtlinie.

Kapitel 15 Schwangerschaft, Geburt und Wochenbett

1510v Komplikationen in der Schwangerschaft

Anpassung des Klassentitels des Kodes O75.1 *Schock während oder nach Wehentätigkeit und Entbindung* in der Regelung zur Kodierung von Komplikationen in der Schwangerschaft für Fälle mit Schock während der Schwangerschaft, der Geburt und des Wochenbettes.

ANHANG C

Entscheidungen des Schlichtungsausschusses auf Bundesebene zur Klärung strittiger Kodier- und Abrechnungsfragen nach § 19 KHG (Krankenhausfinanzierungsgesetz)

Gemäß § 19 Abs. 6 KHG sind Entscheidungen des Schlichtungsausschusses zu veröffentlichen und gelten als Kodierregeln. In diesem Anhang bzw. in den DKR werden Entscheidungen des Schlichtungsausschusses zitiert, die bis einschließlich 06.09.2023 auf den Internetseiten des Schlichtungsausschusses veröffentlicht wurden. Entscheidungen des Schlichtungsausschusses, die nach dem 06.09.2023 veröffentlicht werden, stehen auf der Internetseite des Schlichtungsausschusses unter www.schlichtungsausschuss-19khg.de zur Verfügung.

Die Entscheidungen des Schlichtungsausschusses gelten gemäß § 19 Absatz 4 KHG für die Erstellung oder Prüfung von Krankenhausabrechnungen für Patientinnen und Patienten, die ab dem ersten Tag des übernächsten auf die Veröffentlichung der Entscheidung folgenden Monats in das Krankenhaus aufgenommen werden und für die Krankenhausabrechnungen, die zum Zeitpunkt der Veröffentlichung der Entscheidung bereits Gegenstand einer Prüfung durch den Medizinischen Dienst nach § 275 Absatz 1 Nummer 1 des Fünften Buches Sozialgesetzbuch sind.

Die Schlichtungsentscheidungen sind unabhängig von der Art und Weise sowie ihrer Verortung in den DKR Kodierregeln gemäß § 19 Absatz 6 KHG.

Entscheidungen gemäß § 19 KHG

Das Veröffentlichungsdatum der Entscheidung auf den Internetseiten des Schlichtungsausschusses wird jeweils hinter der Nummer der Kodierempfehlung bzw. der Verfahrensnummer aufgeführt. Zu jeder Kodierempfehlung werden die ihr zugrunde liegende Frage (Stand 31.12.2019) und die Entscheidung des Schlichtungsausschusses aufgeführt. Die Positionierungen der Sozialmedizinischen Expertengruppe Vergütung und Abrechnung der Medizinischen Dienste (SEG 4) und des Fachausschusses für ordnungsgemäße Kodierung und Abrechnung der Deutschen Gesellschaft für Medizincontrolling (FoKA) zu den zugrunde liegenden Fragen können den Veröffentlichungen der SEG 4 (www.mdk.de/leistungserbringer/kodierempfehlungen/) bzw. des FoKA (foka.medizincontroller.de/index.php/SEG-4) entnommen werden. Die Anträge, die einer Entscheidung des Schlichtungsausschusses zu einer konkreten Verfahrensnummer zugrunde liegen, stehen auf der Internetseite des Schlichtungsausschusses unter www.schlichtungsausschuss-19khg.de zur Verfügung.

Entscheidung des Schlichtungsausschusses zu dem Antrag S20230003 „Ist die Anlagerung von Knochenfragmenten an die Wirbelsäule eine Spondylodese", veröffentlicht am 10.08.2023

Entscheidung:

Die Spondylodese (OPS 5-836) kann sowohl als nicht instrumentierte als auch als sogenannte. Instrumentations-Spondylodese erbracht werden. Eine nicht instrumentierte Spondylodese setzt neben der Verwendung von Knochenersatzmaterialien oder Knochentransplantaten auch die Eröffnung und Anfrischung (Entknorpelung) der Wirbelgelenke voraus.

Entscheidung des Schlichtungsausschusses zu dem Antrag S20220015 „Kodierung Hauptdiagnose bei Wiederaufnahme zur Cholezystektomie nach ERCP bei Cholangitis oder Cholezystitis mit Gallenwegsobstruktion", veröffentlicht am 10.08.2023

Entscheidung:

Wenn bei einem Patienten in einem vorangegangenen Aufenthalt bei Gallengangstein mit Obstruktion eine ERCP zur Steinentfernung durchgeführt wurde und in einem zweiten Aufenthalt die stationäre Aufnahme zur Cholezystektomie erfolgt, ist für die Festlegung der Hauptdiagnose für diesen zweiten Aufenthalt der für den aktuell vorliegenden Befund (z.B. Gallenblasenstein ohne Gallenwegsobstruktion) zutreffende Kode aus K80.- *Cholelithiasis* zu verwenden.

Entsprechend ist bei diesen Fällen beim Aufenthalt zur Gallenblasenentfernung nicht mehr eine Obstruktion und/oder Entzündung zu kodieren, wenn diese nicht mehr vorliegen.

Die Regelungen zur Fallzusammenführung bleiben hiervon unberührt.

Entscheidung des Schlichtungsausschusses zu dem Antrag S20230002 „Kann bei einer Infektion mit SARS-CoV-2 der Kode B34.2 (Infektion durch Coronaviren nicht näher bezeichneter Lokalisation) angegeben werden?", veröffentlicht am 07.07.2023

Entscheidung:

Wird ein Patient wegen eines Symptoms oder mehrerer Symptome für COVID-19 aufgenommen und liegt keine organspezifische Manifestation vor, so ist das führende Symptom als Hauptdiagnose zu kodieren. Die Kodierung der ICD Schlüsselnummern B34.2 *Infektion durch Coronaviren nicht näher bezeichneter Lokalisation*, B34.88 *Sonstige Virusinfektionen nicht näher bezeichneter Lokalisation* und B34.9 *Virusinfektion, nicht näher bezeichnet* ist in Verbindung mit einem Kode aus U07.1! *COVID-19, Virus nachgewiesen* oder U07.2! *COVID-19, Virus nicht nachgewiesen* ausgeschlossen.

Entscheidung des Schlichtungsausschusses zu dem Antrag S20220001 „Thrombektomie ZE 133", veröffentlicht am 27.04.2022

Entscheidung:

Die vorliegende Konstellation wurde durch die Änderung des OPS-Kataloges 2022 abschließend geregelt. Demnach gilt ab 01.01.2022:

Sofern ein Stentretriever, zu kodieren mit den OPS-Kodes 8-83b.84 bis .86 und zusätzlich ein Thrombektomie-Aspirationskatheter, zu kodieren mit den OPS-Kodes 8-83b.87 bis .89 verwendet werden, können die jeweiligen Zusatzentgelte abgerechnet werden.

Bis zum 31.12.2021 gilt:

Sofern ein Stentretriever-System (bestehend aus mehreren Komponenten wie z.B. Führungsdraht, Katheter, weitere Komponenten), zu kodieren mit den OPS-Kodes 8-83b.84 bis .86, und zusätzlich ein Aspirationskatheter-System (bestehend aus mehreren Komponenten wie z.B. Microdraht, Aspirationskatheter, Vorrichtung zur Aspiration), zu kodieren mit den OPS-Kodes 8-83b.80 bis .83, verwendet werden, können für die Systeme jeweils die Zusatzentgelte ZE152 (für das Stentretriever-System) und ZE133 (für das Aspirationskatheter-System) abgerechnet werden. Die individuelle Zusammenstellung der Systeme aus zur Leistungserbringung erforderlichen und geeigneten Einzel-Komponenten ist möglich.

Entscheidung des Schlichtungsausschusses zu dem Antrag S20220004 „Sepsiskodierung", veröffentlicht am 27.04.2022

Entscheidung:

Der Antrag wird abgelehnt. Die Zuweisung der Hauptdiagnose ist in der DKR D002 umfassend geregelt.

KDE-47 (25.11.2020)

Frage:

Ein Patient wird mit pectanginösen Beschwerden unter Verdacht auf koronare Herzkrankheit aufgenommen. Die kardiologische Diagnostik einschließlich Linksherzkatheteruntersuchung ergibt keinen Hinweis auf eine kardiale Ursache. Rechtfertigt diese Symptomatik alleine die Kodierung der Angina pectoris als Hauptdiagnose?

Entscheidung:

Die Angina pectoris (I20- *Angina pectoris*) ist unter der Gruppe Ischämische Herzkrankheiten (I20-I25) eingeordnet und ist ein Missverhältnis zwischen Sauerstoffbedarf und-Angebot im Herzen (Ischämie). Die Diagnose kann basierend auf den Kriterien der ESC Leitlinie[1] klinisch gestellt werden bei Vorliegen von mindestens 2 der folgenden Kriterien:

- Retrosternale Schmerzen oder Schmerzen im Bereich von Hals, Kiefer, Schulter oder Arm; Voraussetzung ist, dass die Schmerzsymptomatik nicht auf andere in Frage kommende Ursachen zurückzuführen ist
- Hervorgerufen durch körperliche Anstrengung
- Besserung innerhalb von fünf Minuten durch Ruhe und/oder Nitrate.

[1] ESC Guidelines for the diagnosis and management of chronic coronary syndromes

KDE-129 (16.12.2020)
Frage: Aufnahme wegen gastrointestinaler Blutung. Bei der Notfall-Gastroskopie Feststellung einer Magenblutung. 4 Konserven werden gekreuzt, aber während des stationären Aufenthaltes nicht gegeben. Laborchemisch Anämie gesichert, Hb-Kontrolle wird durchgeführt. Eine Behandlung der Anämie wird nicht durchgeführt, keine Eisenmedikation. Berechtigt das Kreuzen von Konserven die Kodierung von D62 *Akute Blutungsanämie* als Nebendiagnose?
Entscheidung: In dem beschriebenen Fall (KDE-129), bei dem der Patient wegen einer vermuteten gastrointestinalen Blutung aufgenommen wird und bei einer Notfall-Gastroskopie eine Magenblutung festgestellt wird, für den Patienten 4 Blutkonserven gekreuzt, laborchemisch eine Anämie gesichert, eine Hb-Kontrolle durchgeführt, aber die Blutkonserven während des stationären Aufenthaltes nicht gegeben werden und auch sonst keine Behandlung der Anämie, z.B. keine Eisenmedikation erfolgt, kann u. a. der Kode D62 *Akute Blutungsanämie* als Nebendiagnose kodiert werden.

KDE-149 (21.07.2020)
Frage: Bei Tumorverdacht erfolgte eine endosonographisch gesteuerte, transgastrale Punktion der Nebenniere. Welcher OPS-Kode ist für die erbrachte Leistung zu verwenden?
Entscheidung: Eine endosonographisch gesteuerte transgastrale diagnostische Punktion der Nebenniere ist mit den folgenden Kodes 1-631.- *Diagnostische Ösophagogastroskopie* (zutreffender Kode ist auszuwählen) 1-408.0 ↔ *Endosonographische Biopsie an endokrinen Organen, Nebenniere* 3-05a *Endosonographie des Retroperitonealraumes* zu kodieren.

KDE-174 (21.07.2020)
Frage: Was ist eine tiefe Hypothermie im Sinne des OPS-Kodes 8-851.2 Operativer äußerer Kreislauf (bei Anwendung der Herz-Lungen-Maschine): Mit tiefer Hypothermie?
Entscheidung: Der OPS-Kode 8-851.4 Operativer äußerer Kreislauf (bei Anwendung der Herz-Lungen-Maschine) mit tiefer Hypothermie ist nur bei Vorliegen einer Temperatur innerhalb des dort genannten Temperaturintervalls (zum Zeitpunkt der Schlichtung, Temperatur von 20 bis unter 26 °C) zu kodieren.

KDE-202 (19.08.2020)
Frage: Wie wird die Biopsie an der Lippe kodiert? Handelt es sich um eine Biopsie mit Inzision oder um eine Biopsie ohne Inzision?
Entscheidung: Eine Lippenbiopsie ohne Inzision ist mit dem Kode 1-420.0 *Biopsie ohne Inzision an Mund und Mundhöhle, Lippe* und eine Lippenbiopsie mit Inzision mit dem Kode 1-545.x *Biopsie an anderen Strukturen des Mundes und der Mundhöhle durch Inzision, Sonstige* zu kodieren. Die Inzision bezieht sich auf die Art des Zugangs und erfordert eine Freilegung des Biopsiegebietes durch Inzision. Eine Stichinzision, die ausschließlich der leichteren Einführung einer Biopsienadel dient, stellt keine Inzision im Sinne des OPS 1-545.x dar.

KDE-268 (15.10.2020)
Frage: 1. Nach welchen Kriterien wird ein akutes Nierenversagen (ohne Histologiebefund) verschlüsselt? 2. Wie wird ein prärenales Nierenversagen z.B. bei Exsikkose kodiert? 3. Wann wird von einer chronischen Niereninsuffizienz gesprochen? 4. Kann eine chronische Niereninsuffizienz als Nebendiagnose kodiert werden, wenn die glomeruläre Filtrationsrate (GFR) nur unter Verwendung der MDRD (Modification of Diet in Renal Disease)- oder Cockroft-Gault-Formel bestimmt wird ohne sonstige Maßnahmen?
Entscheidung: Die Kodierung des akuten und chronischen Nierenversagens richtet sich nach dem Wortlaut des ICD-10-GM. Die chronische Niereninsuffizienz ist eine strukturelle oder funktionelle Auffälligkeit der Niere über mehr als 3 Monate mit Auswirkung auf die Gesundheit.

KDE-309 (11.11.2020)
Frage: Ein Patient wird wegen Bandscheibenvorfällen und Spinalkanalstenose mit Radikulopathie C6/C7 und Parese des M. trizeps brachii im Krankenhaus operiert (Bandscheibenexzision, Spondylodese, Dekompression). Kann als Nebendiagnose aufgrund der Trizepsparese auch G83.88 (ab 2016 G83.8) *Sonstige näher bezeichnete Lähmungssyndrome* angegeben werden?
Entscheidung: Wird ein Patient wegen Bandscheibenvorfällen und Spinalkanalstenose mit Radikulopathie C6/C7 und Parese des M. trizeps brachii im Krankenhaus operiert (Bandscheibenexzision, Spondylodese, Dekompression), kann die Trizepsparese mit dem Kode G83.2 *Monoparese und Monoplegie einer oberen Extremität* als Nebendiagnose kodiert werden.

KDE-354 (11.11.2020)

Frage:

Während einer Koronarangiographie bei Drei-Gefäßerkrankung wird eine RIVA-Stenose aufgedehnt und dann ein medikamentenfreisetzender Stent eingelegt. Anschließend wird versucht, eine weitere Einengung distal des Stents mit einem zweiten medikamentenfreisetzenden Stent zu versorgen. Dies gelingt nicht, weil sich der Stent an einer Gefäßbiegung verhakt. Der Stent wird verworfen. Ist die Stenteinlage mit

8-837.m0 *Einlegen eines medikamentenfreisetzenden Stents, ein Stent in eine Koronararterie*

oder

8.837.m1 *Einlegen eines medikamentenfreisetzenden Stents, 2 Stents in eine Koronararterie*

zu verschlüsseln?

Ist der Schlüssel 8-83b.0 *Zusatzinformationen zu Materialien, Art des medikamentenfreisetzenden Stents* ein- oder zweimal anzugeben?

Entscheidung:

Wird bei einem Patienten während einer Koronarangiographie bei Drei-Gefäßerkrankung eine RIVA-Stenose aufgedehnt und dann ein medikamentenfreisetzender Stent eingelegt, anschließend versucht eine weitere Einengung distal des Stents mit einem zweiten medikamentenfreisetzenden Stent zu versorgen, dies jedoch nicht gelingt, weil sich der Stent an einer Gefäßbiegung verhakt, so dass der Stent verworfen wird, ist gemäß Ziffer 4 der DKR P004 *Nicht vollendete oder unterbrochene Prozedur* auch der verworfene Stent bei der Kodierung der zutreffenden Kodes aus 8-837.m- *Einlegen eines medikamentenfreisetzenden Stents* und aus 8-83b.0- *Zusatzinformationen zu Materialien, Art der medikamentenfreisetzenden Stents oder OPD-Systeme* zu berücksichtigen. In dem Fall (KDE-354) ist das Einlegen der Stents daher mit dem Kode 8-837.m1 *Einlegen eines medikamentenfreisetzenden Stents, 2 Stents in eine Koronararterie* zu kodieren. Für die Art der medikamentenfreisetzenden Stents sind die zwei sechsstelligen Kodes aus dem OPS 8-83b.0- *Art des medikamentenfreisetzenden Stents* zu kodieren.

KDE-359 (06.10.2020)

Frage:

Ein 45-jähriger Patient wird mit einem spontan aufgetretenen Thoraxschmerz rechts stationär aufgenommen. Im Röntgen-Thorax wird ein Pneumothorax rechts nachgewiesen (mantelförmiger Pneuspalt von max. 2 cm). Im CT-Thorax Beschreibung von kollaptischen Lungenbezirken rechts ohne Hinweis auf einen Spannungspneumothorax. Anlage einer Thoraxdrainage rechts. Im Verlauf des stationären Aufenthaltes wird zusätzlich eine flexible Bronchoskopie mit unauffälligem Befund durchgeführt. Kann neben der Hauptdiagnose J93.1 *Pneumothorax, Sonstiger Spontanpneumothorax* als Nebendiagnose zusätzlich J98.1 *Sonstige Krankheiten der Atemwege, Lungenkollaps* kodiert werden?

Entscheidung:

Ein Lungenkollaps in Verbindung mit einem Pneumothorax darf nur dann mit dem Kode J98.1 *Lungenkollaps* zusätzlich zu dem zutreffenden Kode aus J93.- *Pneumothorax* kodiert werden, wenn es sich um einen vollständigen Lungenkollaps mindestens eines Lungenlappens handelt.

KDE-404 (11.11.2020)
Frage: Bei einem Patienten wird während des stationären Krankenhausaufenthaltes durch Laserresektion ein Zungenkarzinom lokal in sano entfernt und es erfolgt eine Neck dissection links. Es ist nun eine adjuvante Radiatio geplant. Während des aktuellen Aufenthaltes wird der Patient dem Mund-Kiefer-Gesichtschirurgen vorgestellt, welcher eine "Abformung" von Oberkiefer und Unterkiefer für die spätere Anfertigung einer Strahlenschutzschiene vornimmt. Die Strahlenschutzschienen werden weder während des stationären Aufenthaltes noch nachstationär innerhalb der OGVD angefertigt. Der Patient soll sich 12 Tage nach Entlassung zum Planungs-CT vorstellen. Ist die Kodierung des OPS 8-527.6 *Konstruktion und Anpassung von Fixations- und Behandlungshilfen bei Strahlentherapie, Behandlungshilfen* korrekt?
Entscheidung: Wird bei einem Patienten während des stationären Krankenhausaufenthaltes durch Laserresektion ein Zungenkarzinom lokal in sano entfernt und eine Neck dissection links durchgeführt sowie eine adjuvante Radiatio geplant (der Patient soll sich 12 Tage nach Entlassung zum Planungs-CT vorstellen) und wird der Patient während des aktuellen Aufenthaltes dem Mund-Kiefer-Gesichtschirurgen zur "Abformung" von Oberkiefer und Unterkiefer für die spätere Anfertigung einer Strahlenschutzschiene vorgestellt, die Strahlenschutzschienen jedoch weder während des stationären Aufenthaltes noch danach vom Krankenhaus angefertigt, ist für die Abformung von Ober- und Unterkiefer in diesem Fall (KDE-404) der OPS 8-527.6 *Konstruktion und Anpassung von Fixations- und Behandlungshilfen bei Strahlentherapie, Behandlungshilfen* nicht zu kodieren.

KDE-410 (11.11.2020)
Frage: Bei einer vaginalen Hysterektomie werden eine hohe Peritonealisierung und Scheidenecknähte als prophylaktische Maßnahme durchgeführt. Darf in diesem Fall zusätzlich 5-704.43 *Scheidenstumpffixation, vaginal* verschlüsselt werden?
Entscheidung: Die Frage, ob der Kode 5-704.43 in dem genannten Fall (KDE-410) zusätzlich kodiert werden darf, kann nicht beantwortet werden, da der Kode nicht mehr existiert und im OPS der Kode-Bereich zur Abbildung von Scheidenstumpffixationen umstrukturiert wurde. Ob und welcher Kode für eine Scheidenstumpffixation zu verwenden ist, ergibt sich aus den einschlägigen Regelungen der DKR und den entsprechenden Kodes und Hinweisen im OPS.

KDE-428 (25.11.2020)
Frage: Können die durch einen Seelsorger erbrachten Leistungen z.B. bei den OPS-Komplexkodes 8-982 *Palliativmedizinische Komplexbehandlung* und 8-98e *Spezialisierte stationäre palliativmedizinische Komplexbehandlung* für die Therapiezeit berücksichtigt werden?
Entscheidung: Die von einem Seelsorger/ einer Seelsorgerin erbrachten Leistungen sind nicht im Rahmen der OPS-Kodes 8-982 *Palliativmedizinische Komplexbehandlung* und 8-98e *Spezialisierte stationäre palliativmedizinische Komplexbehandlung* bei der Ermittlung der pro Patient erbrachten Leistungen/Therapiezeit zu berücksichtigen.

KDE-463 (06.10.2020)
Frage: Bei Vorliegen eines inneren Rektumprolaps' wird eine zirkuläre Stapler-Vollwandexzision der überschüssigen Rektumwand mittels Contour® Transtar™ vorgenommen. Ist hierfür der OPS-Kode 5-484.27 *Rektumresektion unter Sphinktererhaltung, Tubuläre Resektion unter Belassen des Paraproktiums, Peranal* zutreffend?
Entscheidung: Bei einer zirkulären Vollwandexzision von überschüssiger Rektumwand bei einem inneren Rektumprolaps mit Sphinktererhaltung unter Anwendung eines Staplers (peranale tubuläre Resektion) ist für die Auswahl des entsprechenden OPS-Kodes (in diesem Fall (KDE-463) entweder OPS 5-484.27 oder OPS 5-482.b0) die Länge der resezierten Rektummanschette ausschlaggebend. Beträgt die Länge der resezierten Rektummanschette ≥ 4 cm, so ist der OPS-Kode 5-484.27 *Rektumresektion unter Sphinktererhaltung: Tubuläre Resektion unter Belassen des Paraproktiums: Peranal anzuwenden.* Beträgt die Länge der resezierten Rektummanschette hingegen < 4 cm so ist der OPS-Kode 5-482.b0 *Peranale lokale Exzision und Destruktion von erkranktem Gewebe des Rektums: Vollwandexzision, mit Stapler, peranal: Zirkulär [Manschettenresektion]* zu kodieren.

KDE-545 (19.08.2020)
Frage: Für die Berechnung der Aufwandspunkte im Rahmen der intensivmedizinischen Komplexbehandlung (8-980) werden für die „Neoplasie mit Metastase“ täglich Punkte berücksichtigt. Gilt dies auch, wenn im Einzelfall Metastasen nach den Regelungen der DKR nicht zu kodieren sind?
Entscheidung: Sind Metastasen gemäß den Deutschen Kodierrichtlinien entweder als Haupt- oder als Nebendiagnose zu kodieren, sind sie für die Ermittlung der SAPS-Punkte bei der Kodierung der intensivmedizinischen Komplexbehandlung unter der Kategorie *„Chronische Leiden, metastasierende Neoplasie“* entsprechend den *„Dokumentationsvorgaben zur Erfassung der Intensivmedizinischen Komplexbehandlung“* des BfArM zu berücksichtigen.

KDE-549 (16.12.2020)
Frage: Ein Patient wird auf der Intensivstation von Beginn an diskontinuierlich (über Maske) nichtinvasiv stundenweise beatmet. Wie ist die Dauer der Beatmung zu berechnen?
Entscheidung: Die Beatmung eines von Anbeginn an diskontinuierlich nichtinvasiv über Maske beatmeten, intensivmedizinisch versorgten Patienten richtet sich nach den Regelungen der jeweils gültigen DKR 1001 *Maschinelle Beatmung*. Diese schließen die Anrechnung von Zeiten mit Beatmung und beatmungsfreien Intervallen in dem dort geregelten Umfang mit ein.

KDE-558 (25.11.2020)
Frage: Ist die tägliche Erfassung des Betriebs einer/s Extrakorporalen Membranoxygenierung (ECMO) / Extracorporal Life Support System (ECLS) als spezielle Intervention auf der Intensivstation im Rahmen der intensivmedizinischen Komplexbehandlung korrekt?
Entscheidung: Die Extrakorporale Membranoxygenierung (ECMO) / Extracorporal Life Support System (ECLS) gehören zu den speziellen Interventionen auf der Intensivstation. Im Rahmen einer intensivmedizinischen Komplexbehandlung ist nur die Anlage der ECMO/ECLS bei der Ermittlung der diesbezüglichen Aufwandspunkte für den TISS zu berücksichtigen.

KDE-562 (11.11.2020)

Frage:

Eine strahlentherapeutische Behandlung bei Mammakarzinom erfolgt mit simultan integriertem Boost (SIB), d.h., dass der Drüsenkörper eine unterschiedliche Dosis während der Bestrahlung erhält, nämlich eine höhere im Boostgebiet. Die Patientin wird einmal gelagert, es wird nur eine unterschiedliche Dosisverteilung erzielt.
Vor Anwendung des SIB erfolgte die Boostbestrahlung klassischerweise im Anschluss an die Bestrahlung des primären Zielvolumens im Rahmen einer zweiten Strahlentherapeutischen Sitzung mit Umlagerung.
Wie ist die Bestrahlung mit SIB zu kodieren?

Entscheidung:

Gemäß OPS 8-52 *Strahlentherapie* ist jede Fraktion einer Strahlentherapie einzeln zu kodieren. Eine Fraktion umfasst alle Einstellungen und Bestrahlungsfelder für die Bestrahlung eines Zielvolumens. Ein Zielvolumen ist das Körpervolumen, welches ohne Patientenumlagerung oder Tischverschiebung über zweckmäßige Feldanordnungen erfasst und mit einer festgelegten Dosis nach einem bestimmten Dosiszeitmuster bestrahlt werden kann.

In dem vorliegenden Fall (KDE-562), in dem bei der Patientin mit Mammakarzinom während der strahlentherapeutischen Behandlung der Drüsenkörper mit simultan integriertem Boost (SIB) eine höhere Dosis im Boostgebiet erfährt, die Patientin für die eine Sitzung aber nur einmal gelagert wird und nur eine Dosisverteilung erzielt wird, ist der Boost in diesem Fall nicht gesondert zu kodieren, da der Aufwand pro Bestrahlungssitzung dem bei der Bestrahlung eines Zielvolumens entspricht.

KDE-584 (16.12.2020)

Frage:

Setzt ein Weaning eine Mindestdauer einer vorangegangenen Beatmung voraus?

Entscheidung:

Die Berücksichtigung des Weanings bei der Ermittlung der Gesamtbeatmungsdauer richtet sich nach den Regeln der jeweils gültigen DKR 1001 *Maschinelle Beatmung*. Diese schließen die Anrechnung von Zeiten mit Beatmung und beatmungsfreien Intervallen im Rahmen des Weanings in dem dort geregelten Umfang mit ein.

KDE-585 (25.11.2020)
Frage: 78-jährige Patientin kommt geplant zur Operation einer Aortenklappenstenose. Intraoperativ findet sich eine bikuspidale Aortenklappe mit Stenose. Wie ist die Aortenklappenstenose in diesem Fall zu kodieren?
Entscheidung: Bei der 78-jährigen Patientin (KDE-585), die zur geplanten Operation einer Aortenklappenstenose kommt und bei der erst intraoperativ eine bikuspidale Aortenklappe mit Stenose festgestellt wird, deren Vorhandensein nicht zu einer Änderung im geplanten Operationsablauf führt, ist der Kode I35.0 *Aortenklappenstenose* als Hauptdiagnose zu kodieren. Die bikuspidale Aortenklappe wird in diesem Fall nicht mit einem Kode aus Q23.- *Angeborene Fehlbildungen der Aorten- und der Mitralklappe* als Nebendiagnose kodiert.

KDE-586 (25.11.2020)
Frage: Elektive stationäre Aufnahme zur geplanten Leistenhernien-Operation rechts. Intraoperativ Auftreten eines reanimationspflichtigen Herz-/Kreislaufversagens im Rahmen eines Myokardinfarktes (STEMI). Vorzeitiger Abbruch der Operation, notfallmäßige Durchführung einer Herzkatheteruntersuchung mit Stentimplantation und Aufnahme auf die Intensivstation. Welches ist der korrekte Aufnahmestatus bei der Berechnung für die Aufwandspunkte für die Intensivmedizinische Komplexbehandlung bei Erwachsenen?
Entscheidung: Für die Berechnung der Aufwandspunkte für die intensivmedizinische Komplexbehandlung gilt für die Auswahl des korrekten Aufnahmestatus Folgendes: Die Definitionen der Kategorien „geplant chirurgisch“, „nicht geplant chirurgisch“ und „medizinisch“ stellen nur auf den Zeithorizont zum Operationstermin ab. Eine nicht geplante chirurgische Aufnahme auf die Intensivstation liegt vor, wenn der Operationstermin erst in den letzten 24 Stunden geplant war oder postoperativ eine ungeplante Aufnahme auf Intensivstation erforderlich ist. Der OPS differenziert nicht nach den Gründen, die zur postoperativen Aufnahme auf die Intensivstation geführt haben. Demnach liegt in dem vorliegenden Fall (KDE-586) eine nicht geplante chirurgische Aufnahme vor.

KDE-588 (19.08.2020)

Frage:

Stationäre Aufnahme eines Patienten elektiv für drei Behandlungstage ausschließlich zur Kontrolle und Optimierung einer früher eingeleiteten noninvasiven häuslichen maschinellen Beatmung bei chronischer respiratorischer Insuffizienz.

Die Anpassung der maschinellen Beatmung erfolgt auf der Intensivstation.

Sind neben dem OPS

8-716.10 *Kontrolle oder Optimierung einer früher eingeleiteten nicht invasiven häuslichen maschinellen Beatmung*

auch die Beatmungsstunden zu erfassen?

Entscheidung:

Bei heimbeatmeten Patienten, die ausschließlich zur Kontrolle und Optimierung einer früher eingeleiteten noninvasiven häuslichen maschinellen Beatmung stationär behandelt werden, sind die Beatmungszeiten nur dann zu erfassen, wenn es sich im Einzelfall um einen „intensivmedizinisch versorgten Patienten“ handelt. Die Definition der intensivmedizinischen Versorgung richtet sich nach der DKR 1001 *Maschinelle Beatmung*.

Der intensivmedizinisch versorgte Patient ist dort wie folgt definiert:

„*Beatmungsstunden sind nur bei „intensivmedizinisch versorgten“ Patienten zu kodieren, das heißt bei Patienten, bei denen die für das Leben notwendigen sogenannten vitalen oder elementaren Funktionen von Kreislauf, Atmung, Homöostase oder Stoffwechsel lebensgefährlich bedroht oder gestört sind und die mit dem Ziel behandelt, überwacht und gepflegt werden, diese Funktionen zu erhalten, wiederherzustellen oder zu ersetzen, um Zeit für die Behandlung des Grundleidens zu gewinnen. Das Grundleiden, das die intensivmedizinische Behandlung bedingt hat, muss in diesem Zusammenhang nicht mit der Hauptdiagnose identisch sein.*
Diese intensivmedizinische Versorgung umfasst mindestens ein Monitoring von Atmung und Kreislauf und eine akute Behandlungsbereitschaft (ärztliche und pflegerische Interventionen zur Stabilisierung der Vitalfunktionen unmittelbar möglich).“

KDE-589 (15.10.2020)

Frage:

Aufnahme eines Patienten ins Krankenhaus nach schwerem Sturz. Nachweis einer Schmetterlingsfraktur des Beckens (nicht dislozierte Beckenringfraktur bds., d. h. Fraktur des Os ischii und des Os pubis, AO Klassifikation: A2).
Wie sind die Frakturen zu kodieren?

S32.89 *Fraktur der Lendenwirbelsäule und des Beckens, Sonstige und multiple Teile des Beckens*
oder
S32.81 *Fraktur der Lendenwirbelsäule und des Beckens, Os ischium* i.V.m.
S32.5 *Fraktur der Lendenwirbelsäule und des Beckens, Fraktur des Os pubis*

Entscheidung:

Es gelten die Regelungen der DKR 1911 Beispiel 1 und die Hinweise im Anhang B der DKR Version 2020.

SCHLAGWORTVERZEICHNIS

A

B

C

D

E

F

G

H

I

K

L

M

N

O

P

R

S

Z

SCHLÜSSELNUMMERVERZEICHNISSE

ICD-Kode-Index

OPS-Kode-Index

SAB-ENTSCHEIDUNGSVERZEICHNIS

Verzeichnis der Entscheidungen des Schlichtungsausschusses auf Bundesebene (SAB) zur Klärung strittiger Kodier- und Abrechnungsfragen nach § 19 KHG (Krankenhausfinanzierungsgesetz)